教育科学精品教材译丛

Foundations of Education

教育基础

（第十一版）

〔美〕艾伦·奥恩斯坦
丹尼尔·莱文 著
杰拉尔德·古泰克
苏 娟 译
程晋宽 审校

江苏教育出版社
JIANGSU EDUCATION PUBLISHING HOUSE

图书在版编目（CIP）数据

教育基础 ：第11版 / （美）奥恩斯坦著 ；苏娟译
— 南京 ；江苏教育出版社，2013.5
（教育科学精品教材译丛）
ISBN 978-7-5499-2844-6

Ⅰ.①教… Ⅱ.①奥… ②苏… Ⅲ.①教育理论
Ⅳ.①G40

中国版本图书馆CIP数据核字(2013)第099045号

Original English language title: Foundations of Education,11th edition by Allan C. Ornstein, Daniel U. Levine & Gerald L.Gutek.

教育科学精品教材译丛

教育基础（第十一版）
Foundations of Education
[美]艾伦·奥恩斯坦　丹尼尔·莱文　杰拉尔德·古泰克　著
苏　娟　译
程晋宽　审校
责任编辑　韩宇新

出版发行　凤凰出版传媒股份有限公司
　　　　　江苏教育出版社(南京市湖南路1号A楼　邮编210009)
苏教网址　http://www.1088.com.cn
集团网址　http://www.ppm.cn
照　　排　江苏凤凰制版有限公司
印　　刷　镇江中山印务有限公司（电话 0511-86917818　86917816）
厂　　址　丹阳市朝阳路1-3号
开　　本　787×1092毫米　1/16
印　　张　42
版　　次　2013年5月第1版　2013年5月第1次印刷
书　　号　ISBN　978-7-5499-2844-6
定　　价　76.00元
网店地址　http://jsfhjy.taobao.com
邮购电话　025-85406265, 85400774 短信 02585420909
E - mail　jsep@vip.163.com
盗版举报　025-83658579

苏教版图书若有印装错误可向承印厂调换
提供盗版线索者给予重奖

目 录

■ **前言**/1

■ **第一部分 理解教师职业**/1

第一章 教师从教的动机、准备及条件/3

第一节 选择教学生涯/3
一、选择执教的动机/3
二、教育所有学生的挑战/4
三、教师队伍的多样性:一个备受关注的话题/6
第二节 教师供求与薪金状况/8
一、工作机会/8
二、工资等级与趋势/10
第三节 教师的培养/13
一、教师资格认证/13
二、职前教师培训的趋势/17
三、教师培养方案的适当性/19
第四节 未来的教师:能力与测试/21
一、教师的能力/21
二、对教师的测试/21
第五节 教师职业满意度与不满/23
一、教师的满意度/23
二、州和学区的成绩标准与教师压力/24
三、应对压力/25
第六节 通过提高教师资格和职责改革学校/25
一、全国报告/26
二、《不让一个孩子掉队》法案/26
三、霍姆斯合作伙伴及其他团体/29
四、对国家教育改革的反应/30
五、学校改革与教师赋权增能/31
第七节 教学前景/32

第二章 教师职业/35
第一节 教师是一种专业吗？/35
一、明确的知识体系/36
二、控制职业准入和认证要求/38
三、工作范围内的决策自主权/39
四、较高的社会声望和经济地位/40
第二节 迈向专业化的趋势/43
一、集体谈判的范围/43
二、专业实践理事会/44
三、入职适应调整制度/45
四、教职员工发展/46
五、绩效工资/47
六、校本管理/49
第三节 教师组织/52
一、全国教育协会(NEA)/52
二、美国教师联合会(AFT)/53
三、专门化的专业组织/55
四、宗教教育组织/56
五、家长-教师团体/56
六、未来教师的组织/58

■ 第二部分 教育的历史和哲学基础/61

第三章 美国教育的世界根源/63
第一节 前文字社会的教育/64
第二节 古代中国文明中的教育/66
一、儒家教育/66
二、中国对世界和西方教育的贡献/71
第三节 古埃及的教育/72
一、宗教情怀与世俗关怀/73
二、埃及的历史争议/74
第四节 希伯来人的教育传统/74
第五节 古希腊和古罗马文明中的教育/76
一、智者派/78
二、苏格拉底：自省的教育/80
三、柏拉图：永恒的真理和价值观/81
四、亚里士多德：理性的培养/84

五、伊索克拉底:雄辩术及修辞学/87
六、古罗马的教育/87
七、古希腊和古罗马对西方教育的贡献/90
第六节　伊斯兰教、阿拉伯人的学习和教育/90
第七节　中世纪文化与教育/92
一、阿奎那:经院哲学教育/94
二、中世纪对西方教育的贡献/97
第八节　文艺复兴时期的古典人文主义/98
一、伊拉斯谟:评论家和人文主义者/99
二、文艺复兴对西方教育的贡献/100
第九节　宗教改革与教育/102
一、路德:新教改革家/105
二、宗教改革对西方教育的贡献/106
第十节　启蒙运动对教育的影响/107
第四章　教育先驱/111
第一节　夸美纽斯:探索新的方法/112
一、教与学的原则/113
二、教育与学校教育/114
三、对当今教育实践的影响/114
第二节　卢梭:教育自然的人/115
一、教与学的原则/119
二、教育与学校教育/120
三、对当今教育实践的影响/120
第三节　裴斯泰洛齐:重视感觉和情感的教育家/121
一、教与学的原则/121
二、教育与学校教育/123
三、对当今教育实践的影响/123
第四节　赫尔巴特:教学的系统化/124
一、教与学的原则/124
二、教育与学校教育/125
三、对当今教育实践的影响/125
第五节　福禄贝尔:幼儿园运动/126
一、教与学的原则/126
二、教育与学校教育/127
三、对当今教育实践的影响/128
第六节　斯宾塞:社会达尔文主义者和功利主义教育家/129
一、教与学的原则/130

二、教育与学校教育/130
三、对当今教育实践的影响/131
第七节 杜威:从经验中学习/132
一、教与学的原则/132
二、教育与学校教育/134
三、对当今教育实践的影响/135
第八节 亚当斯:社会化教育/135
一、教与学的原则/136
二、教育与学校教育/136
三、对当今教育实践的影响/137
第九节 蒙台梭利:有准备的环境/137
一、教与学的原则/138
二、教育与学校教育/138
三、对当今教育实践的影响/139
第十节 皮亚杰:发展性成长/140
一、教与学的原则/141
二、教育与学校教育/142
三、对当今教育实践的影响/143
第十一节 弗莱雷:解放教育学/144
一、教与学的原则/144
二、教育与学校教育/144
三、对当今教育实践的影响/145
第十二节 将教育先驱视为逝去的良师益友/146
第五章 美国教育的历史发展/149
第一节 殖民地时期/149
一、新英格兰殖民地/150
二、大西洋中部地区殖民地/154
三、南部殖民地/156
四、殖民地教育总览/156
第二节 美国建国初期/157
一、富兰克林:文实学校/158
二、杰弗逊:公民教育/159
三、本杰明·拉什:与教会关联的学校/161
四、韦伯斯特:共和国的校长/161
第三节 公共学校教育运动/162
一、共同学校/163
二、贺拉斯·曼:为建立公立学校而斗争/164

三、师范学校和女性教育/165
四、凯瑟琳·比彻:培养女性教师/166
五、单班学校/167
六、麦加菲读本/168
第四节 美国中等学校的发展/169
一、文实学校:中学的前身/169
二、中学/170
三、中等学校的组织结构/172
四、教育技术的发展/173
第五节 美国的学院和大学/174
第六节 文化多元社会的教育/176
一、美国黑人/176
二、印第安人/180
三、拉丁裔美国人/183
四、亚裔美国人/186
五、阿拉伯裔美国人/188
六、移民政策的争议/189
第七节 结束本章的两个历史问题/190
一、进化论的教学:一个持久的问题/190
二、全球化社会中的教学:一个全新的问题/191
三、教育史贯穿全书/193
第六章 教育的哲学基础/196
第一节 专门术语/198
第二节 理想主义/201
一、关键概念/202
二、基本问题/204
三、对当今课堂教师的启示/205
第三节 现实主义/206
一、关键概念/207
二、基本问题/208
三、对当今课堂教师的启示/209
第四节 实用主义/210
一、关键概念/211
二、基本问题/213
三、对当今课堂教师的启示/214
第五节 存在主义/216
一、关键概念/216

二、基本问题/217
三、对当今课堂教师的启示/218
四、存在主义学校:夏山学校/219
第六节　后现代主义/219
一、关键概念/221
二、基本问题/222
三、对当今课堂教师的启示/224
第七节　教育理论/225
第八节　要素主义/226
一、基本问题/228
二、对当今课堂教师的启示/229
第九节　永恒主义/230
一、派迪亚计划/232
二、基本问题/232
三、对当今课堂教师的启示/232
第十节　进步主义/234
一、关键概念/236
二、基本问题/237
三、对当今课堂教师的启示/238
第十一节　批判理论/240
一、关键概念/240
二、基本问题/241
三、对当今课堂教师的启示/243
第十二节　创建自己的教育哲学/246

■ 第三部分　教育的政治、经济、法律基础/251

第七章　公共教育的行政与管理/253
第一节　地方政府的职责和各项活动/253
一、地方教育委员会的特征/254
二、地方教育委员会的职责/257
三、教育局长和中心办公室职员/259
四、校长和学校/262
五、家长和社区的参与/264
六、学校和学区的规模/268
第二节　中间部门/271
第三节　州政府的职责和各项活动/272

一、州长和州议会/273
二、州教育委员会/274
三、州教育厅/274
四、州首席教育官员/275
第四节 联邦政府在教育中的角色作用/276
一、联邦教育机构/276
二、联邦政府职责的回归/277
第五节 非公立学校/278
第八章 公共教育财政/283
第一节 学校资金的税收来源/284
第二节 公立学校的地方财政/285
一、财产税/285
二、地方财政经费的其他来源/286
三、地方资源及其差距/288
第三节 公立学校的州财政/289
一、州财政收入的来源/289
二、州政府的教育财政能力/292
三、州政府对地方学区的财政补助/294
四、州法院和学校财政改革/295
第四节 联邦教育拨款/298
一、联邦政府资助教育的当前趋势/298
第五节 学校财政趋势/301
一、纳税人的抵制/301
二、绩效责任运动/302
三、税额抵免、教育券和择校/303
四、提高学校预算的使用效率/305
五、学校基础设施和环境问题/307
第九章 教育的法律问题/311
第一节 法院系统/311
一、州法院/312
二、联邦法院/312
第二节 教师的权利和义务/314
一、教师资格认证或聘用的准则和审查/314
二、雇佣合同和终身任职权/315
三、解聘教师的正当法律程序/318
四、谈判和罢工/319
五、保护教师免受攻击/319

六、保护教师免受无理搜查和监视/320
七、言论自由/321
八、学术自由/323
九、作为榜样或角色模范的教师/324
十、侵权行为的赔偿责任与过失犯罪/326
十一、报告虐待儿童的事件/329
十二、版权法/330
第三节 学生的权利和义务/332
一、言论自由/333
二、勒令停学和开除/338
三、保护学生免遭暴力侵害/340
四、搜查和查封/342
五、课堂纪律和体罚/345
六、对学生的性骚扰或调戏/347
七、学生档案和隐私权/349
八、强制性入学和在家学习/350
九、权利和义务之间需要平衡/351
第四节 宗教和学校/352
一、祈祷、阅读圣经和宗教祈福与展出/352
二、宗教团体进入公立学校的途径/354
三、效忠宣誓词/355
四、关于课程的宗教异议/356
五、教授有关宗教的内容/358
六、政府对学校中祷告和宗教的指导原则/358
七、政府对非公立学校的规定和支持/360

■ 第四部分 教育的社会基础/365

第十章 文化、社会化与教育/367

第一节 社会化的机构/368
一、家庭/368
二、同辈群体/378
三、学校文化/382
四、电视和数字媒体/388
第二节 性别角色和性别差异/393
一、学习成绩和能力的性别差异/395

二、女性的教育和职业成就/398
第三节 青少年和青年问题/399
一、吸毒和酗酒/399
二、自杀/400
三、青少年怀孕/401
四、少年犯罪和暴力行为/402
五、对学校的影响/403
第十一章 社会阶层、种族和学业成绩/407
第一节 社会阶层与在学校中取得成功/407
一、社会阶层的分类/408
二、对社会阶层和在校学业成功的研究/409
第二节 种族、民族与在校学业成功/412
一、少数群体社会地位及城市贫困的特殊问题/417
二、社会阶层和民族对学生成绩的影响比较/419
第三节 社会地位低的学生成绩低下的原因/420
一、家庭环境/420
二、遗传与环境的争论/425
三、教室中的障碍/428
第四节 学校使教育机会平等化了吗？/437
一、传统派与修正派的解释/440
二、传统派的观点/440
三、修正派的观点和批判教育学/441
四、中间派的观点/442
第十二章 提供平等教育机会/447
第一节 废除种族隔离/448
一、美国教育种族隔离简史/448
二、废除种族隔离制度取得的进步/451
三、废除种族隔离的计划/454
四、非黑人的其他少数群体/455
五、对学生成绩和态度的影响/457
第二节 补偿教育/459
一、早期儿童补偿教育/460
二、综合生态干预/461
三、《不让一个孩子掉队》法案/462
四、《不让一个孩子掉队》法案的实施情况/467
五、对补偿教育的质疑/467
第三节 多元文化教育/469

一、多元文化教学/471
二、未来的多元文化主义/480
第四节 残障学生的教育/481
一、学生的分类和标签/486
二、少数群体学生的安置比例过大/488
三、问题和困境/489

■ 第五部分 教育的课程基础/495

第十三章 不断变化的美国教育目的/497
第一节 设立教育目标和教学目标/498
一、教育目标/499
二、教学目标/502
第二节 教育目的的历史回顾/505
第三节 呼唤卓越的教育目标/510
一、政策报告概述/510
第四节 教育目标的"钟摆"现象/517

第十四章 课程与教学/521
第一节 课程的组织/521
一、学科中心课程/522
二、学生中心课程/528
三、课程对比回顾/534
第二节 课程编制的问题/536
第三节 教学方法/539
一、差别化教学/540
二、合作学习/541
三、直接教学法/543
四、21 世纪所需的技能/545
五、技术增强型教学/546
第四节 新兴的课程发展趋势:未来的议程/551
一、艺术的重要性/551
二、英语语言学习者的教育/552
三、为了健康青年的教育/554
四、绿色教育/555
五、结语/557

第六部分　有效教育:国际和美国教育展望/561

第十五章　国际教育/563

第一节　教育制度的共同性/563

一、社会阶层出身和学校教育结果/565

二、多元文化的人口及问题/565

三、教学方法和教学条件/567

第二节　教育制度和教育结果的差异性/567

一、教育资源/568

二、中央集权的程度/571

三、课程内容和教学重点/573

四、职业教育与学术教育/573

五、高等教育入学人数/574

六、非公立学校/576

七、学业水平/576

第三节　发展中国家教育的问题和前景展望/580

第四节　示范性教育改革选萃/581

一、法国的儿童早期教育/581

二、英国的小学阅读和数学/582

三、日本的数学和科学教育/583

四、威尔士的可持续发展教育/586

五、欧洲和北美洲的多元文化教育/586

第五节　结论:国际背景及美国学校面临的挑战/587

第十六章　美国学校效能与学校改革/591

第一节　改进学校的迫切性/591

第二节　有效课堂和有效学校的特征/593

一、课堂管理/593

二、用于任务的时间/594

三、提问/594

四、直接教学和显性教学/595

五、显性理解教学/596

六、针对成绩低下学生的认知教学/597

第三节　有效学校的研究/598

一、小学/598

二、中学/599

三、对有效学校研究的评价/600

第四节　成功的学校改革的特征/601

第五节　年级或学校层次的改进方法/605
一、高级思维技能(HOTS)方案/605
二、全员成功方案/606
三、阅读理解能力程度的发展方法/606
四、科门学校发展方案/607
五、2000 年教育平等计划和代数项目/607
六、知识就是力量方案(KIPP)/607
七、通过个人决心取得进步方案(AVID)/608
八、干预反应法与分层教学/609
第六节　学校综合改革方案/610
第七节　教育效能的相关努力措施和方向/611
一、商界、社区和其他机构的合作和参与/611
二、学校改革中的技术/613
三、农村教育/617
四、天才学生/618
五、增加教学和学习时间/619
第八节　择校/622
一、有关择校的争议/625
第九节　系统重建和基于标准的改革/629
一、州级的系统改革/629
二、学区级的系统改革/630
第十节　结论:对教育的挑战/631

术语表/635

译后记/644

前 言

我们致力于为教育工作者提供专业的就职准备，为实现该目标，我们在本书中提供了大量高质量的内容、各种技术和服务以确保新教师就课堂中将要面临的各种现实问题作好充分准备，从而能将职前培养与教学实践进行有效衔接，成就教师一生的事业成功，这就是我们期望达到的目的。

《教育基础》第11版是涵盖教育基础各个方面的一个综合知识体系，提供了对教师职业的全面理解，对各种有争论的问题进行了不失偏颇的讨论，旨在帮助学生为将来应对课堂中将出现的各种现实情况作好准备。

一、本版的出版目标和主旨

《教育基础》已经出版第11版了，这次修改是以以下三个目标为指导：

目标一：囊括当代教育的实质性主题。为实现该目标，我们不断完善本书中反复出现的各个主题：

■ 多样性：在这次修订中，文化多样性对教育事件的影响仍然是我们关注的重点。本书中，我们将讨论多样化的人群加入教师职业的重要性、补偿教育、入境移民的历史发展趋势、教育平等的发展趋势，以及如何应对美国学生多样性日益增加的现状。

■ 标准和责任制：在几个章节中我们增加了一些新信息，进一步强调学生、教师和学校应当负起责任，按照已制定的地方、州及国家标准履行自己的职责。同时我们还在几个章节中增加了更新后的《不让一个孩子掉队》法案的内容，以及该法案对学校责任制和教育改革日益深远的影响。

■ 技术：我们系统地论述了技术在教育中所担当的越来越重要的角色，对技术我们最关注的内容包括教育技术的发展历史、学校改革中技术的作用、社交网络等新技术素养的覆盖面不断拓宽、数字技术对儿童的影响等。

■ 形成自己的教育哲学：在新版本中，我们继续在多个章节中反复强调教师要形成自己个人的教育哲学，并要明白个人教育哲学与每日的教学现实之间的关联。

此外，第 11 版中的新内容还包括：

第一章：新增教师教育中城市教师住校实习模式，以及 2009 年《美国复苏与再投资法案》相关要求。该法案要求州政府必须明确规定，州政府在为困难学校聘用经验丰富的教师方面一直在取得进步。

第二章：新增有关全国教师教育认证委员会对教师培养计划的影响的信息，另外还增加了绩效工资计划对教师工资影响的新材料。

第五章：新增一个小节介绍了全球化是历史的必然发展趋势，全球化对社会及教育有重大意义。

第七章：新添有关社区学校和中间部门的内容。

第八章：新添《不让一个孩子掉队》法案的要求和"无资金保障的强制责任"这个概念，另外还有奥巴马政府早期的教育提案和教育基础设施现代化的内容。

第九章：新增内容有保护教师不受无理的审查和监控、学生对因特网和电子设备的使用、视频监控、对学生的审查等。

第十章：新增有关忙碌儿童或被父母管教过多的孩子、无家可归的孩子的内容，还有 Web 2.0 和社交网络的内容。

第十一章：新增信息缺乏的家庭和街区对儿童的累积影响。

第十二章：新增内容包括如何对英语语言学习者进行有效教学，以及差异模型、干预反应法及贴错标签的诱因。

第十三章：新标题"不断变化的美国教育目的"。这个标题反映了本章的重点。新增学生成绩变化趋势的有关材料。

第十四章：本章经过了全面的修改，新增差异教学、直接教学、21 世纪技能、技术增强型学习、艺术的重要性、英语语言学习者的教育、年轻人的健康教育、绿色教育等内容。另外，本章还增加了新的关于最低能力测试、回归基础运动以及新核心课程等内容。

第十六章：新增通过干预反应法进行分层教学、对将计算机技术运用于教育可能产生的负面影响提出警告、成功的学区整体改革、教育面临的挑战等内容。

本书第 11 版还关注的其他当前重要话题还包括教师的职业发展、校本管理、中国教育发展的历史、全球化、法律如何保护教师和学生免受人身侵犯、《不让一个孩子掉队》法案存在的问题和远景、运用于教室和学校的技术在教育中的地位、择校和特许学校、课程和测试标准、前景光明的教学革新和干预措施、帮助弱势学生的方法、如何保证教育机会平等、学校和其他教育机构之间的合作、国际的教育学业成绩模式等。

我们还勤勉工作以获得当代教育话题的最新数据，这些话题包括教师聘用趋势、学生和学校的人口统计学状况、学校经费供应趋势、学校管理的变化、学生择校的发展状况、学生的学习成绩等。本书最独特之处在于读者将发现书中的脚注不仅仅提供最新的信息源，还能帮助学生去探索自己特别感兴趣的话题。本书提供了广泛的材料，能让学生进入一个丰富的有益于他们进一步研究各种教育事件的资料库。

目标2:增强学生学习课文的有效性，并为学生提供能跨越职前教育和具体教学实践之间的鸿沟的桥梁，为讲师提供他们所需的各种材料，以有效帮助他们的学生为未来的教师工作作好充分准备。《教育基础》第11版拥有很多特殊的专门为帮助学生理解而设计的特色版块，也为教授们提供各种工具帮助他们能在课堂上组织深入而活跃的讨论。

■"教学资源视频案例":这是一个优异的在线视频栏目(可以在免费的学生学习网站上观看)，除了视频，该栏目还提出问题，帮助学生将其所学章节的主要话题与视频的内容、教师资格证考试和他们自己的教学实践相结合。

教学资源视频案例

社会发展和情感发展:同辈群体的影响

请观看学生学习网站上的视频"社会发展和情感发展:同辈群体的影响"。在这段视频中，戏剧教师翁西尔·萝丝(Voncille Ross)正在处理她6年级学生因同伴压力而产生的针锋相对事件。在观看视频的过程中，你将注意到翁西尔怎样通过公开讨论帮助她的学生摆脱他们所经历的同伴压力(例如感觉需要与特定社会群体达成认同)，随后你还将看到学生们怎样利用戏剧获得对他们所遇到的真实生活境况的看法，明白他们可以做出不同选择，以及这些选择可能带来的结果。观看视频后，请思考以下问题:

(1) 本章陈述了学校应该培养积极的能促进学生学习的同伴关系，视频中的翁西尔·萝丝老师是怎样做到这一点的?举出具体实例来说明。

(2) 在这个视频中，学生和教师通过戏剧和课堂讨论的形式讨论了同伴压力的问题，在观看视频后，你对当今学校中的同伴文化有怎样的见解?

■"焦点问题"和"焦点问题回顾"栏目:"焦点问题"出现在每一章的开始，为学生提供高度概括的本章主要内容。与焦点问题相关的"焦点问题回顾"，出现在每一章主要内容之后，将书中讨论过的概念与学生自己的个人实际情况相联系，以此来帮助学生巩固理解本章内容。

焦点问题回顾

你希望执教的州对教师资格证书有什么要求?你如何找到这些要求?你如何让自己作好充分准备从而能在各州之间进行流动?

焦点问题

■ 想成为教师的一般理由是什么?和你的理由相比，有何异同?

■ 目前教师的聘用呈现什么趋势?

■ 教师的收入和福利情况如何?与其他职业相比有何异同?

■“从职前到实践”栏目：该栏目帮助学生运用每章重点讨论的概念，并对这些概念进行批判性思考。在该栏目中，学生阅读描述新教师可能会亲身经历的情景的小短文，然后回答问题，激发他们认真思考该如何运用所学内容应对各种情景。

从职前到实践

资金的困境

凯伦(Karen)问道："斯图尔特(Stuart)，你能够相信学区教育委员会提出的削减预算计划吗？我很清楚现在经济衰退很严重，但我不认为像我们这样贫困的学区还应该这样大规模地减少课外活动的经费！州政府给我们每位学生的拨款应该比其他有钱的学区多，我想这才符合州议会去年刚通过的新拨款规定。"

斯图尔特回答道："你是对的，凯伦，这不公平，但情况就是这样。我们俩都选择了在这里工作。由于汽车制造企业和其他企业的关闭而造成的大量裁员，人们现在已不像以前那样大量购物了，所以营业税收入一直在下降。最糟糕的是，我们市镇东边新开发的地区，许多房主取消了抵押品赎回权，法院在大量拍卖房屋，所以财产税也在不断减少。教育委员会现在真的束手无策，而我们有些必须的经费是无法削减的"。他继续说道，"你知道，我们的很多学生都符合免费午餐或减免午餐费的资格或'第一条款'项目，再加上由于我们学校又一次未能达到年度进步目标(AYP)，根据《不让一个孩子掉队》法案的要求，我们还得为学生提供课后辅导。我们学区中另一所获得'第一条款'补助的学校不得不为家长提供让学生到另一所能达到年度进步目标的学校就读的选择，但这样就会增加学区的交通费用。只要看看我自己的汽油费和电费账单，我就能想象学区要支付的能源费用是在怎样的增长。"

凯伦叹着气说："我只希望教育能够得到应有的优先权，能很好地为所有学生服务。我知道学区的教育经费来自于地方、州和联邦政府，但是在这个州，随着时间的推移，现在好像地方政府要负担越来越多的经费，州政府好像已经竭尽全力了。哎，至少有传言说联邦政府的经济刺激计划可以帮助我们修修学区里的一些老旧建筑。"

斯图尔特说："这里的房屋所有权人也已经通过缴纳财产税，负担了学校预算的大部分。这也会影响我们这些租房子住的人。我的房东刚给他的租户寄了封信，告诉他们由于他的财产税增加了12%。这是一个很大的增长，他不得不提高租金，把这个费用转嫁到我们这些租户身上。财产税的增长主要是由于新制定的学区税率。"

"尽管地方税收增长了不少，但我认为我们学区的经费还是少于其他学区"，凯伦回答道，"如果这种情形继续恶化，下一步学区教育委员会该怎么办呢？我猜他们会扩大高年级的班级规模，然后开始裁减学校教师。"

"我打赌你是对的，凯伦"，斯图尔特赞同地说，"富裕的学区能找到多种办法来筹措资金，而不仅仅是依靠财产税。有几个学区已经通过援助者俱乐部的方式建立起了基金会，而居住在那些富裕社区的百万富翁们每年也会捐赠很多钱，以此达到免税。"

"但是我们这里就没有几个慷慨的百万富翁，这实在太糟糕了。"凯伦说着，笑了笑，然后她又恢复了严肃，问道："你认为我应该担心工作的问题吗？毕竟我是个新教师。"

"今年应该没问题，因为现在看来低年级的教师还是很安全的。但是你肯定不知道，大多数学校的预算是用于人员经费的，也就是用在你我的工资上的。同时，我猜我们能做的最好的事就只能是多多关注学生了。"

续表

从职前到实践
思考问题 1. 对像凯伦和斯图尔特这样的新教师而言,为什么对学校财政有基本了解很重要? 2. 在你所在的州,目前的经济形势与学校的财政状况有何关联? 3. 在你所在的州,学区所在地的富有情况与学校的财政状况有何关联? 4. 在你所在的地方学区获得的资金来源中,百分之多少是地方提供的?百分之多少是州提供的?百分之多少是联邦政府提供的?如果你不清楚,可以估计大概的数值,然后查看你估计的数值与实际的数值是否接近。

■ 主题"概述"表栏目:这是一个简明扼要的表格,归纳和比较每个章节中的重点概念,是学生复习的工具,出现在每一章的课文中。

概述 1.1 提升就业前景的策略

提前准备	搜索与规划	材料汇总	工作申请	准备面试
查看你所在州对教师资格证书的要求,并根据要求进行正确的准备。 多学一些教学以外的有用技能,使自己更全面,准备好为学生的各种活动提供帮助,例如能指导或监督学生自办报纸等。 不断更新你的简历,记录所有你参与的与职业相关的活动、成绩和获奖情况等。 将你从课堂观察中学到的知识记录下来,整理成条理清晰的笔记。 开始记录与教学相关的特别日志,通过日志来反思你的所见所闻,并形成自己的观点。	收集有招聘需求的学区的信息。 你可以从你所在学校的职业规划安置办公室以及州教育厅的教师招聘办公室获取相关信息。你可以浏览教师行业组织经营的职位库或网络中任何可找到教师招聘信息的资源。 通过直接走访、打电话或写信等方式与你特别感兴趣的学区联系。 提前规划好你的求职策略。	准备一份简洁、准确、清晰的简历。 准备一个专业文件包,装有教案、同伴的评论、相关经历描述、导师评语,如果可能,再加入一段你上课的录像。 咨询职业规划安置办公室的工作人员还需要准备什么材料,以便在求职时和你的其他证明文件一起提交。	尽早开始求职。 一次向几个不同的职位提出申请。	精心阐明你的教育和学习哲学观。明确你的信念,并能够做出解释。 同时对各种可能出现的面试问题作好准备,尤其需要对课堂管理、课程设计、以及你的工作经历等问题做好准备。 尽可能多地了解你将进行面试的学区,比如,学区的组织结构、教学职位的层次、学校的类型、技术的使用情况等。

■"热点问题争鸣"栏目:该栏目展示了教育领域中引起争论的问题,提供该问题

争论双方的论述，以此帮助学生理解该问题为何重要、如何影响当今学校。这个特色栏目涵盖的争论点包括：替代性教师资格证、绩效工资、磁石学校、高利害关系毕业测试等。讲师可以该表为基础，进行课堂讨论或布置论文写作。

表 热点问题争鸣：学校和美国文化

美国教育中一个长期存在的问题是，公立学校的教育应该在何种程度上建构一种美国文化身份。一些教育学家相信，公立学校应当向学生教授以西方基督教传统和英国-美国共同法律传统为基础的一种共同文化和价值核心；而另一些人则认为，学校应当促进多元文化、多元信仰和多样性的发展。

争论问题

美国的公共教育应该有意地传播一种特定的文化核心吗？

正方观点	反方观点
1. 美国的领导者如诺亚·韦伯斯特坚持认为，学校的主要目的是传播能够构建美国同一性的文化价值核心，包括各种思想、知识、政治进程以及在此之上建立的美国价值观。	1. 从美国历史的最早时期起，这个国家一直都存在着不同的多元文化。没有一种大一统的文化能将美国人与其他国家的人区分开来。
2. 美国是一个移民国家，更需要共同的核心文化将不同群体统一起来。贺拉斯·曼意识到了这一点，而这一点在今天更加重要。如果没有一个共同的文化将不同的人群和文化统一起来，我们的社会就面临分崩离析的危险。	2. 美国社会发展的力量来自于美国人民富于创造性的多样化，而不是来自于让所有人千篇一律的所谓统一的核心文化。我们能够发现真正的统一其实存在于我们对多样性的欣赏，以及我们对每个群体对美国作出的贡献的尊敬。
3. 学校能将不同的人聚集在一起，因此能创造一种由大家共同分享的信仰和价值观构成的文化。	3. 如果学校试图将单一模式的文化价值观强加于学生身上，就会将那些来自其他文化背景的学生边缘化。相反，学校应当鼓励学生去欣赏不同群体为美国社会作出的贡献。
4. 由于日益激烈的全球经济竞争，美国公民能共享某种共同的奋斗目标是非常重要的。学校应当传播美国文化中独特的价值观和观念，以此促进人们形成共同的目标。	4. 在当今这个全球化的时代，同时也是遭受国际恐怖主义威胁的时代，美国需要的是对外国文化更深层次的了解和欣赏。学校应当重视多元文化和国际化发展，而不能仅局限于严格定义的美国主义。

本书目录中列出了这些栏目，可以方便读者快速定位这些特色栏目。

另外，本书原来具有的其他教学特点和学习帮助特色都继续保留，包括以下几点：

■ 空白处标记：用于巩固课文中出现的中心点。（译者注：中文版因为排版的关系，本来标注在正文左边的这部分内容被放在相应段落的前面。）

■ 章尾特色栏：包括每章内容的总结列表，方便学生理解和分析内容；关键术语表；讨论题，用于激发学生认真审视课文材料；还有给学生推荐的专业发展建议方案。

■ 术语表：本书最后的术语表给出了每一个重要术语的概念和定义。

目标3：广泛采用因特网和其他电子媒体来强化学习。我们在尽可能的范围内吸收了大量可从因特网上获取的资源来保证本书的时效性，学生可以进一步仔细阅读我们引用的各种出版物的原始版本，就自己感兴趣的领域进行探索。出现在本书中的出版物有《纽约时报》、《教育周刊》，以及专业期刊如《美国地方教育委员会杂志》、《教育领导》等。除此以外，我们更多地引用了学生能在因特网上找到的资源或是学生通过搜索大学图书馆内资源如EBSCO学术期刊数据库等就可方便获得的材料。

为方便检索，我们通常提供本书出版之前仍能正常使用的网站网址，对于许多学术报纸和期刊上发表的文章，我们只提供这些报纸或期刊的网址，读者可以进入网站后点击网站首页上的"Archives"（存档文件）或"Back Issues"（过期期刊）（或类似的栏目）寻找到指定的文章，也可以使用首页上的搜索功能进行查询。针对颇有争议的问题，我们尽量使用能代表各种不同观点的网站。本书中所有提及的网站链接都能在我们提供的免费网站上获得。

二、内容组织结构

本书分为六大部分，一共十六章。第一部分"理解教师职业"分析了当前教师的工作环境氛围对教学的影响及教师的职业市场和职业地位的变化，还详细论述了诸如教师赋权增能、校本管理、替代性教师资格认证等人们关注的焦点问题。

第二部分"教育的历史和哲学基础"中共有四章，通过调查影响美国教育发展的事件和观点，为理解当前教育实践和教育发展趋势提供了历史背景和哲学基础的分析。这些章节提供了教育行业中的所有职业都需要的历史和哲学观点，同时鼓励学生在本门课程的开始阶段就要努力形成自己对教育的哲学理解，建立一个良好的知识基础，帮助他们更好地理解后面章节中将要讨论的当代教育基础的内容，并能对这些内容进行批判性思考。

第三部分"教育的政治、经济、法律基础"对教育机构组织、管理情况、中小学教育的行政管理、公共教育财政、教育相关的法律等进行了概述。

第四部分"教育的社会基础"分析了社会与为社会服务的学校之间的关系。该部分的三章分别讨论了文化与社会化；社会阶层、种族与学业成绩之间的复杂关系；几个不同的旨在为所有学生提供平等教育机会的项目等内容。

第五部分"教育的课程基础"阐述了由社会变化而导致教育目标、课程和教学方法的改变。在这两章中，我们明确指出我们在第四章中所介绍的特定教育哲学流派是怎样和教育目标、课程及当代教育的其他方面相联系的。最后通过对已经显现的课程发展趋势的展望来对本部分进行总结。

第六部分"有效教育：国际和美国教育展望"对世界各国的学校及其发展作了概括性的比较，并深入分析了美国学校为提高教育成效而作出的努力。

三、教学和学习的补充材料

除了正文外，本书还有以下补充内容：

■ 在线教师手册和试题库：《教师手册》已经进行了全面更新和修订，能充分体现更新的内容；《教师手册》提供了每一章的章节大纲、章节概览、学生学习目标、讲座和讨论话题、学生研究计划、精选的各种资源及教学大纲范本。试题库主要包含上千道测试题，都是根据合理的原则和测试标准设计的题目。

■ 学生免费学习网站中包含 Infotrac 期刊数据库：

● 教师可以从该网站的教师专区输入密码后进入，并能获得一些受保护的资源，如电子版的《教师手册》、《附录使用指南》、PowerPoint 教学幻灯等。

● 学生可以登录该网站并进入"教学资源视频案例"——该栏目中有很多 4～6 分钟的视频和音频，能展现实际的教室情境，另外还有教师访谈、问题分析、手工制作及奖励的视频等内容。这些视频能让这些未来的教师对这些问题进行现实的全面分析。"教学资源视频案例"能让学生体验教师每天都会面对的真实课堂中的两难问题的复杂性。另外还提供 ABC 新闻网上的实时视频片段。该网站的其他学习工具和学习资源还包括："技术@学校"栏目展示了每个章节中提到的相关技术、推荐学生进行深入探索的各种资源、自学测试、词汇表、闪卡、没有收入本书的材料如原始阅读材料等、网站上的各种活动等等。请访问 www. cengage. com，登陆注册获取你的登录码。

● Infotrac 大学版是一个在线研究和学习中心，其特点是能获取近 6000 份杂志的超过两千万篇文章的全文。这些杂志广泛覆盖了各学科、各主题，对任何一种研究而言，都是理想的网上图书馆。

四、致谢

如果没有这么多人的倾力奉献和反馈，本书第 11 版的发行是不可能的，特别是陶森大学的教育学教授大卫·沃克(David Vocke)，为第二、第七、第八、第十三和第十四章的修订工作付出了大量心血。他对本书作出的杰出贡献本身就是其渊博知识的一种证明，他以一个教育工作者的深刻和敏锐致力于改进教师职业的准备工作。另外要特别感谢的是芝加哥罗耀拉大学的教育学历史学名誉教授杰拉尔德·古泰克(Gerald Gutek)，他是第三、第四、第五和第六章的作者，对这些章节他进行了全新修订，为本版的完善作出了卓越的贡献。

还有许多审阅者认真地审核校对了全书，并提出了许多宝贵意见，在此热忱感谢以下人士在本版的编写中提供的帮助：

Darilyn Butler（夏洛特皇后大学）

Pam E. Green(西南学院)

Leslie Griffin（德尔塔州立大学）

Carole Wylie Hancock（华盛顿州立社区学院）
Kelly Kolodny（弗雷明汉州立学院）
Innes J. Villalpando(西南学院)

此外，我们也对为以前的版本作出贡献的许多审阅者表示深深的谢意。他们是：
H. Rose Adesiyan(普渡大学盖莱默分校)
Louis Alfonso（罗德岛学院）
Terryl J. Anderson（得克萨斯大学帕米亚盆地分校）
Mario L. M. Baca（加州大学弗雷斯诺分校）
Harold B. Bickel(南阿拉巴马大学)
Nancy A. Blair（波尔州立大学）
Les Bolt（詹姆斯麦迪逊大学）
John A. Bucci（罗德岛学院）
Patricia Burdell（中密歇根大学）
Paul R. Burden（堪萨斯州立大学）
John Caruso, Jr.（西康涅狄格州立大学）
Donna Lynn Ciampa（萨福克社区大学）
Gary K. Clabaugh（拉塞尔大学）
Charles R. Colvin（纽约州立大学弗雷多尼尔分校）
Jack Conklin（北亚当斯马萨诸塞州）
James F. Cummings（南加州纽柏利学院）
Arnold Danzig（北亚利桑那大学）
Donald C. Edinger（伟谷州立大学）
Virden Evans（佛罗里达农工大学）
Jerry R. Franklin（摩尔海德州立大学）
Kate Friesner（圣达菲学院）
Sherell M. Fuller（北卡罗来纳大学夏洛特分校）
F. H. George（东南俄克拉何马州立大学）
Judith A. Green（堪萨斯州立大学）
Thomas W. Gwaltney（东密歇根大学）
Dwight Hare（东北路易斯安那大学）
JoAnn Hatchman（加州州立大学东湾分校）
Samuel Hinton（东肯塔基大学 ）
Patrick B. Johnson（道林学院）
Ralph R. Karst（东北路易斯安那大学）

James Lawlor（陶森大学）
Edith Lombardo（西弗吉利亚州立学院）
Joseph Matthews(杨百翰大学）
Derwyn McElroy(蒙哥马利奥本大学）
Colleen A. Moore（中密歇根大学）
William Phillips（费尔蒙特州立学院）
Richard R. Renner（佛罗里达大学）
Maureen A. Reynolds（印第安那大学）
Patrick Socoski（宾州西彻斯特大学）
Jack Stirton（圣华金三角洲社区学院）
John P. Strouse（波尔州立大学）
T. Lavon Talley（奥格尔索普大学）
Margaret Tannenbaum（罗文大学）
Sevan G. Terzian（佛罗里达大学）
Roderick M. Thronson（卡罗大学）
Rosita Tormala-Nita（威斯康星大学密尔沃基分校）
Cheryl Valdez（加州查普曼大学）
Guy O. Wall（印第安纳大学东南分校）
J. W. Weatherford（中央俄克拉何马州立大学）
Lowell E. Whiteside（中央密苏里州立大学）
Jody Messinger Wolfe（西弗吉利亚大学）

我们同时特别感谢高级开发编辑 Lisa Mafrici，她是这一版准备各阶段的领导，从收集市场反馈到决定哪些内容需要更改，她给我们提供了有力的指导，也确保了体例的一致性。Lisa 对本版各方面的协调工作作出了贡献，确保了本版的阅读价值和时效性。另外圣智学习出版公司中为本书的出版作出重要贡献的还有组稿编辑 Chris Shortt、内容项目经理 Samen Iqbal、艺术总监 Maria Epes、媒体副编辑 Ashley Cronin、助理编辑 Rebecca Dashiell、文字编辑 Paula Bonilla、校对 Heather Mann、索引编辑 David Luljak 等。

第一部分

理解教师职业

sky is good for your heart today
and
fell
butter
noodles
35-12 =
71+ 9 =

第一章
教师从教的动机、准备及条件

你可能一直在想，教师是否是你理想的职业？选择这个职业是否能为你提供良好的个人和专业发展机会？即使你一直就希望当一名教师，你仍然可能想知道，在你所选择的或正在考虑选择的教学领域中会遇到什么困难，又有怎样的奖励和回报？你想当教师的愿望是否足够强烈，能支撑你应对各种可能面临的挑战？你对即将接受的培训课程方案有何期望？成为教师后你将面临什么状况？本章(以及随后的章节)将探讨以下这些问题，包括想当教师的动机、教师的供求、教师的工资等级、职业准备情况，以及为提高教师队伍质量和给予教师更多决策权所作出的努力等。为帮助你关注本章的重点内容，请在阅读本章时将下列问题牢记于心：

焦点问题：

■ 想成为教师的一般理由是什么？和你的理由相比，有何异同？

■ 目前教师的聘用呈现什么趋势？

■ 教师的收入和福利情况如何？与其他职业相比有何异同？

■ 怎样培养教师？教师如何获得资格认证？

■ 目前教师教育的趋势是什么？

■ 教师对其工作的满意度如何？不满之处又有什么？

■ 教师队伍质量和教学条件现在取得了怎样的发展？

第一节 选择教学生涯

当你选择以教学为职时，你就踏上了成为一名教师之路。在本节中，我们将回顾一些常见的选择从教的动机，以及选择从教后可能面临的各种挑战。另外，我们还将审视一个人们日益关注的问题：很少有来自少数群体的大学生想成为教师。

一、选择执教的动机

从事教学工作的理由

选择从事教学工作的动机有很多，既有理想主义的动机，也有现实主义的动机。通常，一个人选择从事教师行业的理由源自他或她的个人教育哲学，这个主题将在本书中不断提及。如果你正在考虑加入教师的行列，请问问你自己理由是什么。你的动机可能属于以下几种：(1) 喜爱孩子；(2) 渴望传授知识；(3) 对教学的兴趣和热忱；(4) 渴望从事对社会有价值的工作。也可能你的理由是希望工作稳定、有退休金，与其他职业的准备相比，成为一名教师的准备工作相对容易且轻松一些。

进入教师职业的理由

为研究人们选择教师职业的原因，有一项研究对76所师范学校和学院就读的未来教师进行了抽样调查。90%的被调查对象把“帮助孩子们成长学习”作为他们从教的理由，居于第二位的原因是“教学似乎是一个富有挑战的领域”(63%)，接下来几个理由百分比接近，分别是“喜欢教师的工作条件”(54%)、“受自己最喜欢的教师的影响”(53%)、“教师的使命感和荣誉感”(52%)。最近的一些研究也引证了以上这些理由，有些研究还进一步发现，对自己中小学教师的崇拜对他们作出成为教师的决定具有根本的作用[1]。本章的“从职前到实践”栏目也将展示人们决定从教的原因。

焦点问题回顾：与这些接受调查的师范生相比，你选择成为教师的理由是什么？你的原因列表的顺序是否和调查结果相同？你还有其他理由可以补充吗？

二、教育所有学生的挑战

你可能在预想自己成为一名教师时动力十足，相信自己一定能表现良好，但一旦你真的开始了教学，你很可能发现要实现这个目标会遇到一些困难。正如我们在下文及以后的章节中将指出的那样：学校中会有很多的工作岗位对新教师开放，但其中很多都需要教师对弱势学生进行教学，这些学生生活在你可能完全不熟悉的困难环境中。

教育所有学生的各种挑战

很多的工作涉及需要特殊教育的群体、刚开始学习英语的学生、你几乎没有接触过的某个独特的种族或民族少数群体。虽然你可能对你选择的学科领域作好了充分的准备，完全能够胜任该学科的教学，但分配给你的学生中可能有不少阅读理解能力低下、需要获得更多的帮助才能提高他们的理解能力以及学会如何学习。

虽然这些情形本身就存在各种各样的困难，但你仍要保证让所有学生的成绩表现

---

[1] 美国大都会人寿保险公司对美国教师的调查，2004—2005年(纽约：大都会人寿保险公司，2005)，网址：www.metlife.com；简·G.克格肖，“职业前景”，《教师质量研究与政策简报》(2006年10月)，网址：www.tqsource.org；“年轻一代教师寻求变革”，《美国教师》(2008年2月)，网址：www.aft.org。

达到州和国家法律要求的相当水平，特别是联邦政府颁布的《不让一个孩子掉队》法案的要求。虽然在过去，很少有学校或班级在有很多难教（hard-to-teach）学生的情况下，仍然能让大多数学生的成绩都能够达到要求，但最近几年，这样的学校和班级数量一直在增加。我们在下文讨论有效教学和高效能学校的材料中将对这样的学校和班级给予关注。

从职前到实践

思考：选择教师职业的原因

"你们每个人都确定想从事教师这一职业吗？"约翰逊教授问道，"请记住，职业中面临的挑战会转化成压力，大约有一半的教师在从教的最初几年内离开了，所以请告诉我为什么你想成为一名老师？珍妮弗。"

"我奶奶是一名老师，我妈妈也是老师，她们告诉我这是一个非常有价值的职业。另外我很喜欢孩子，喜欢在夏令营里和孩子们一起相处的经历，所以我想当一名小学老师。"珍妮弗说。

马克回答说："我想从事教练和教学工作。我的一些最美好的时光是我打篮球和打网球的时光，我的教练们所做的工作就是让我紧跟着他们进行训练，同时让我专注于我的学业，这些经历教会我很多新的价值观和训练方法，也让我明白我人生中想要做的事情是什么，所以我想到中学工作。"

"我并不十分渴望从事教学工作，"凯特琳说，"但我毕业后必须养活自己，我父母已经明确告诉我明年之后我就必须经济独立。我想成为一名艺术家，如果一开始我能通过教书赚钱养活自己的话，我相信我可以做到。这个地方有好几家美术馆，如果我能找到一份教初中或高中学生美术的工作，也许我就可以在当地办作品展，然后就会有人要我的画，这样我就可以实现我的艺术家之梦。"

彼得的回答是："我知道我不可能很富有，但是看到学生脸上露出豁然开朗的表情真是非常迷人的。我曾在暑假的时候教学生学游泳和潜水，当这些小男孩、小女孩最终学会一个技能，他们的成功让我觉得我的教学很有价值，所以我想在小学里教体育。"

听了学生的回答，约翰逊教授说："看来你们每个人都考虑过为何作出这样的选择，我还可以跟你们一起分享别的学生的原因。有人选择教书的原因是这个职业可以让你周游世界，很多国际学校和外国的私立学校经常寻找像你们这样的人，作为第二语言的英语教学就给很多人免费到中国、日本和韩国的机会。或者你们也可以以传教士的身份到教会学校教书。另一个重要原因是，州政府的教师退休体制通常能为教师提供良好的长期保障，这种安全保障在当今这个商业社会中是很难找到的。这次讨论后，请就本次讨论和你选择从事教育的原因写一篇反思报告，下个星期带到课堂来。"

请回答下列问题：

1. 为什么正在进行职前培训的教师对他们选择教师职业的原因进行反思是很重要的？

2. 你为什么选择教师职业？

3. 从地理位置考虑，你打算在什么地方执教？为什么？你在完成学业时，在你选择的地方有什么就业机会？

概述 1.1 提升就业前景的策略

提前准备	搜索与规划	材料汇总	工作申请	准备面试
查看你所在州对教师资格证书的要求，并根据要求进行正确的准备。 多学一些教学以外的有用技能，使自己更全面，准备好为学生的各种活动提供帮助，例如能指导或监督学生自办报纸等。 不断更新你的简历，记录所有你参与的职业相关的活动、成绩和获奖情况等。 将你从课堂观察中学到的知识记录下来，整理成条理清晰的笔记。 开始记录与教学相关的特别日志，通过日志来反思你的所见所闻，并形成自己的观点。	收集有招聘需求的学区的信息。 你可以从你所在学校的职业规划安置办公室以及州教育厅的教师招聘办公室获取相关信息。你可以浏览教师行业组织经营的职位库或网络中任何可找到教师招聘信息的资源。 通过直接走访、打电话或写信等方式与你特别感兴趣的学区联系。 提前规划好你的求职策略。	准备一份简洁、准确、清晰的简历。 准备一个专业文件包，装有教案、同伴的评论、相关经历描述、导师评语，如果可能，再加入一段你上课的录像。 咨询职业规划安置办公室的工作人员还需要准备什么材料，以便在求职时和你的其他证明文件一起提交。	尽早开始求职。 一次向几个不同的职位提出申请。	精心阐明你的教育和学习哲学观。明确你的信念，并能够作出解释。 同时对各种可能出现的面试问题作好准备，尤其需要对课堂管理、课程设计、以及你的工作经历等问题作好准备。 尽可能多地了解你将进行面试的学区，比如，学区的组织结构、教学职位的层次、学校的类型、技术的使用情况等。

三、教师队伍的多样性：一个备受关注的话题

尽管美国学校的学生多样性在不断增加，但教师队伍的多样性却跟不上这个变化。例如，公立学校中非洲裔、亚裔和西班牙裔的学生几乎占学生总数的40%，但来自这些少数群体的中小学教师估计只占15%或更少。这种差异在大城市学区中尤为明显，那里少数群体的学生时常占就学学生数的90%或者更多。

对教师多样性的需求

来自少数群体的教师人数占教师队伍总数比例不足的情况在未来会越来越严重。目前，仅有大约10%教师教育专业的学生是美籍非洲人或美籍西班牙人，然而，在未来几年中，来自少数群体的中小学学生预计将保持更高的比例。近年来美籍亚裔教师

的缺乏已经成为一个严重的问题，如今，亚裔学生占幼儿园—12年级(K-12)学生总人数的比例约为5%，而相应的亚裔教师比例却不到2%[1]。

增加教师多样性的原因

增加教师队伍多样性以便更好地适应学生多样性，这被视为未来教育发展的一个重要目标。首先，与非少数群体的教师相比，来自少数文化或民族群体的教师，他们有其优越性，他们能更好地成为少数群体学生的积极角色榜样。在很多情况下，来自少数群体的教师能更好地理解少数群体学生的期望和学习风格(参见"社会阶层、种族与学业成绩"及"提供平等教育机会")，尤其是，如果来自少数群体的教师自己就是在劳动阶层家庭中成长的，他们在与那些低收入家庭的孩子一起工作时就更能理解这些学生。例如，丽萨·德尔皮特(Lisa Delpit)和其他分析家指出，非少数群体教师会错误地认为只要教师在课堂上态度友善，黑人学生就会非常友好地对待教师，但美国黑人教师则更少犯这个错误。另外，学校也需要更多来自亚裔、西班牙裔和其他少数群体的美籍教师为那些英语技能有限的学生提供服务[2]。

促进教师多样性的建议

美国教师教育学院协会(AACTE)的官员指出，少数群体教师所占比例低下的数据意味着一种"毁灭性"危机。美国教师教育学院协会和其他组织一起倡议通过立法设立各种新方案，以增加少数群体教师的数量，包括增加对未来少数群体教师的财政资助、增加少数群体教师的录取名额、新设大学预科方案(precollegiate programs)以吸引少数群体学生[3]。

焦点问题回顾：不论是对少数群体还是对非少数群体，你认为是什么使教师成为对当今大学生更有吸引力的职业选择？如果你是一名少数群体的成员，什么能吸引你从事教学工作？面对与你的民族或社会经济背景可能不同的学生，你将如何准备与他们一起工作？

---

[1] 詹妮弗·麦克纳尔迪，"扫除阻碍亚裔美国人从教的障碍"，《加州大学圣克鲁兹分校学报》(2000年2月14日)，网址：www. ucsc. edu/currents/99-00/02-14；罗娜·F.费利普、朱莉·G.卡尼夫，"谁不在教我们的孩子"，《多元文化视野》(2003年第2期)；《教育情况》(华盛顿特区：国家教育统计中心，2008)。

[2] 丽萨·德尔皮特，"无声的对话"，《哈佛教育评论》(1988年8月)，pp. 280—298；托马斯·S.迪依，"种族的联系"，《教育未来》(2004年第2期)，网址：www. hoover. org；葛罗瑞亚·J.德森-比林斯，"这个组全对吗?"《教师教育期刊》(2005年5—6月)，pp. 229—234；玛洛尼·A. L.格雷厄姆-贝里，"不完全的身份"，《学校的再思考》(2008年秋季刊)，网址：www. rethinking schools. org。

[3] 《少数群体教师的供求》(华盛顿特区：美国教师教育学院联合会，1990年)，p. 3；另参见瑞格·维瓦，"不断变脸的学校"，《今日全国教育协会》(2006年9月)，网址：www. nea. org/neatoday；保罗·E.巴顿、理查德·J.科莱，"第二部分成绩差距解析"，2009年美国教育考试服务中心论文，网址：www. ets. org；卡罗·P.麦克纳尔蒂、马克·S.布朗，"帮助需要帮助的"，《儿童教育》(2009年春季刊)，p. 179。

第二节 教师供求与薪金状况

你要找一份教师工作吗？你将获得的薪水是多少？这两个问题息息相关，并遵循经济学的**供求**(supply and demand)原则。当教师的供应大于需求，教师的工资就会降低；相反，高需求而低供应会导致增加工资。正如“教师职业”一章中所讨论的，供求关系也影响着特定职业的社会地位及职业声望。

一、工作机会

对教师职业的兴趣日益增加

20 世纪 60 和 70 年代，人口出生率不断下降，从而引起教师过剩。大学生和教师教育者都认识到了教师供应的实质性过剩，教师教育计划的招生人数减少了，大学新生中有志成为教师的人数也从 1968 年的 23%下降至 1982 年的 5%。随后，形势发生了逆转，在 20 世纪 80 年代后期到 90 年代期间，有志成为教师的大学生数上升了将近 100%，并从此以后一直维持在相对较高的水平上。另外，很多社区学院现在也参与教师培训工作，而经济萧条似乎也让更多的人申请参加教师培训[1]。

预计出现教师短缺的原因

分析家预测，未来会增加许多求职者，也会有许多的教师工作岗位。在下一个十年中，将需要数百万名新教师，作出这种预测的理由如下[2]。

1. 二战后的生育高峰期出生的一代已经生育子女，这样就又形成一个“较小”的生育高峰，这些孩子大多数现在就学于幼儿园—12 年级的学校。另外，近年来许多移民家庭进入美国，使得学校注册人数一直不断上升(见表 1.1)。

2. 今后十年中，有相当比例的在职教学人员将要达到退休年龄。

3. 教育改革者们正努力缩小班级规模，扩展学前教育，更加重视数学和科学课的教学，引进其他革新变化，这些变化都需要更多教师。

4. 对教师资格不断提出的更高要求将限制教师的供应。

5. 很多地区都在新建更多的特许学校。

---

〔1〕 黛布拉·D. 布拉格，“教师流水线”，《社区学院评论》(2007 年 7 月)，pp. 10—29；艾米·拉比诺维茨，“近 2.5 万年轻人申请加入国家教师大军”，2008 年由“为美国而教”出版发行。

〔2〕 克劳迪娅·格拉日阿娄，“落伍的学校”，《教育乌托邦》(2005 年 2 月)，网址：www. edutopia. org；吉恩·A. 巴蒂格，“一场完美的风暴”，《卡潘》(2006 年 10 月)，pp. 114—116；杰弗里·鲍曼、N. 马利特萨·道林，“教师的去留”，《教育研究评论》(2008 年 9 月)，pp. 367—409；芭芭拉·麦拉，“教学的旋转门”，《学校的再思考》(2008 年/2009 年冬季刊)，网址：www. rethinking school. org。

6. 相当比例的教师在不断流失，离开课堂或离开教师职业。

预计不会出现教师短缺的原因

然而，另外一些教育工作者坚持认为，今后十年出现教师大量匮乏的几率很小。一方面因为近来的教师缺乏主要出现在大的城市学区和某些特定学科领域，如数学和科学，许多学区都报告，潜在的教师不存在普遍的短缺。另一个方面与早些年相比，现在离开教师职位的人数越来越少，而不断增加的师范生注册人数将与离开教师职位的人数持平。不断增加的工资待遇也可能让已经离职的教师重新回到学校，并吸引更多受过教师培训但并没有成为教师的人加入教师队伍〔1〕。

表 1.1 公立及私立学校幼儿园—12 年级注册学生人数，1992—2017（单位：百万）

年份	总数	公立学校	私立学校	私立学校占总数的百分比
1992	48.5	42.8	5.7	11.8
2000	53.4	47.2	6.2	11.6
2017（预计）	60.4	54.1	6.4	10.6

注：以上数据包括大部分的幼儿园和一些幼儿园之前的学生。因为四舍五入，预计的总数不是百分百与实际数字相符。

【资料来源】威廉.J.胡萨尔 & 塔比瑟·M.贝利，“2017 年前的教育统计规划”（华盛顿特区：美国政府印刷局，2008 年），表 1。

特殊教育需求领域的教师缺乏

对教师是否会短缺这一问题，有不同的争论，因此很难判定今后十年中主要的教师是否存在大范围短缺的情况，但在某些有特殊需求的领域中，如残疾学生的教育、补救教育（remedial education）、双语教育（bilingual education）以及数学、科学及外语等学科领域，教师缺乏的现象将会继续。此外，在许多乡村地区和一些城市及市郊人口增长较快的地区，尤其是美国西部及西南部地区，仍存在教师供应短缺的现象〔2〕。

---

〔1〕 帕特里克·墨菲、迈克尔·德阿蒙，“一个国家的危机还是地方的问题”《教育政策分析档案》，2003 年 7 月 31 日，网址：http://epaa.asu.edu；唐纳德·博伊德等，“谁会离开”，2008 年美国全国经济研究所论文，摘要所在网址：www.nber.org。

〔2〕 安德鲁·J.罗瑟汉姆，“错误的教师短缺”，《蓝图》（2003 年 3 月/4 月），网址：www.ndol.org/blueprint；俄林·E.博伊、琳妮·H.库克、罗伯特·J.桑德兰德，“教师流动率”，《特殊需要儿童》（2008 年秋季刊），pp. 7—31。

非公立学校中的工作机会

升级的课程方案

未来的教师会发现，在今后十年中他们能在非公立学校中找到大量的就业机会。如表 1.1 所示，私立学校的学生注册人数已占全国中小学生总数的 10%以上。同公立学校一样，私立学校也在更新它们的教学方案，通常要招聘更多的在科学、数学、计算机、残疾人教育、双语教育等特殊领域学有专长的教师。

不断变化的就学形态

过去的 30 年里，天主教学校的学生注册人数不断下降，但新建了许多其他类型的非公立学校。私立学校注册学生人数的增加主要集中在独立学校（非教派学校）以及由福音派和原教旨主义教会团体资助的学校。此外，许多天主教学校一直在教职员工中增加世俗教师的比重，这种趋势将会继续。更重要的是，很多天主教学校已经或正在转变成特许学校，越来越多的教职员工不隶属于教会组织[1]。

无论在今后十年中是否会出现大量教师短缺的现象，精明的未来教师都应该采取妥善措施以增强他们获得好职位的机会。具体策略列举在概述 1.1 中。

焦点问题回顾：你在准备进入一个需求量较大的教学专业吗？如果不是，你能做什么来提升你的就业前景？

二、工资等级与趋势

工资的增长

过去，教师的工资收入一直相对较低。例如，在 1963 年，教师的年平均工资以现期美元折算还不到 3.6 万美元。到 2005 年，这个数字上升到 5.2 万美元以上。如今，一个在富裕学区工作的资深教师通常可收入 8 万到 10 万美元。此外，教师还有机会通过辅导学生的校外课程、体育运动、戏剧表演和其他课外活动来增加他们的收入。一些提升至管理职位的教师，其年薪可大大超过 10 万美元。另外，需要牢记的是，公立学校的教师通常都能享受比其他行业的工作人员更优厚的福利（如养老金和医疗保险等）[2]。

---

〔1〕 罗珊娜・L. 威力比，“聘用并留住高质量教师”，《天主教教育》（2004 年 12 月），pp. 175—193；保罗・魏提楼、胡维妮，“为了所有天主教学校——危机与宣泄”，《纽约时报》，2009 年 1 月 17 日。

〔2〕 杰・钱伯斯、萨伦・包碧特：《教师薪酬的模式》（华盛顿特区：美国教育部，1996 年）；《2008 年各州教育排名及 2009 年学校预算统计》（华盛顿特区：全国教育协会，2008），网址：www.nea.org。

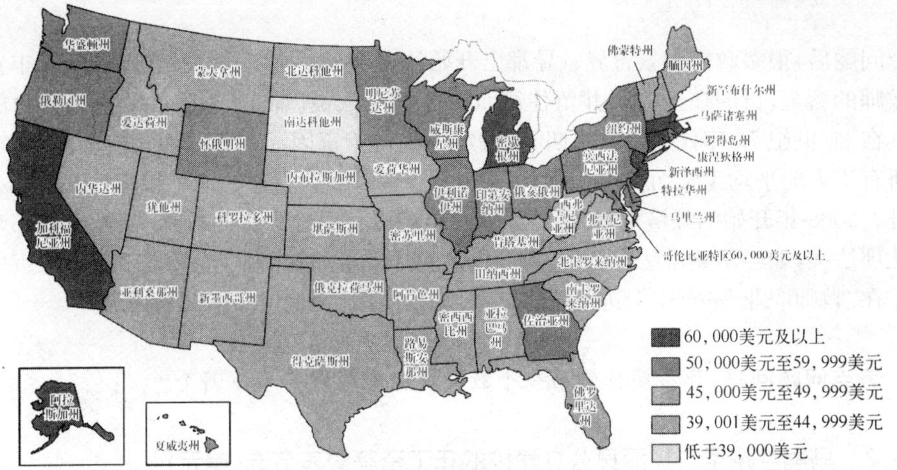

图 1.1　美国各州教师年平均工资

【资料来源】节选自《2008 年各州教育排名及 2009 年学校预算统计》(华盛顿特区：全国教育协会，2008 年)表 16.1。

各州间的工资差异

各州之间及州内部不同地区的教师工资水平存在差异性，图 1.1 显示了各州教师年平均工资的差异范围，工资最高的三个州(康涅狄格州、加利福尼亚州、新泽西州)的年平均综合工资比年平均工资最低的三个州(蒙大拿州、北达科他州、南达科他州)高很多。当然，我们还必须考虑不同州的相对生活成本，例如，纽约州的生活成本肯定高于北部平原各州的生活成本。在那些平均工资水平高的州内部，教师的工资也有很大差异，富裕郊区的工资水平要比大多数其他学区的工资高很多。

工资因工作经验与受教育程度而变化

造成教师工资差异的最大因素是工作经验和教师所受教育程度的不同，那些有教学经验、受教育程度高的教师工资要高于那些经验欠缺、受教育程度低的教师的工资。表 1.2 是马里兰州圣玛丽县(St. Mary's County, Maryland)公立学校教师的一个典型的工资表，展示了教龄、受教育程度对工资差异的影响。拥有标准教师资格证书、教龄为一年的教师年薪为 4.0055 万美元，而教龄最长、受教育程度最高的教师年薪为 7.7354 万美元。尽管这种工资差异在学区与学区、州与州之间存在区别，但最高工资水平和最低工资水平之间的差距巨大是相当普遍的。

起点工资

尽管工资表中排在首位的教师能拿到一份诱人的工资(尤其是考虑到一学年还不到十个月的工作时间)，但教师的起点工资却往往低于其他一些行业的起点工资。认识到这个问题后，很多政界和教育界领导都已开始致力于提高刚工作的新教师和经验丰富的老教师的薪金，目的在于吸引并留住高水平的教学人员。图 1.2 显示了这些努力的结果。在 20 世纪 70 年代通货膨胀期间，教师的绝对工资因通货膨胀而相应下降，相对其他所有工人的平均工资而言也有所下降，但从 1980 年起，教师的绝对和相对工资都有所回升。2008 年开始的经济危机，导致今后几年难以实质性地提高教师工资，但联邦政府的几项法案，如经济刺激法案，以及各项提高教师质量的举措，可能会带来教师工资的增长。在“教师职业”一章中会进一步将工资作为教师社会地位的指标来讨论。

焦点问题回顾：你希望你的第一个教师职位能够获得多少薪金？

表 1.2　马里兰州圣 · 玛丽县公立学校的年工资等级表节选（美元）

	学士学位及标准教师资格证书	硕士学位或高级教师资格证书	硕士学位及高级教师资格证书＋15小时核准的培训时间	硕士学位及高级教师资格证书＋51小时核准的培训时间
第 1 年	40 055	42 270	43 386	45 608
第 5 年	42 083	45 526	47 245	52 522
第 10 年	50 794	53 086	56 013	61 240
第 13 年	56 474	69 167	72 173	77 354

注：在获得州初级教师资格证书后的十年内，所有教师必须获得高级教师资格证书。

【资料来源】马里兰州圣 · 玛丽县公立学校网站：www.smcps.k12.md.us.

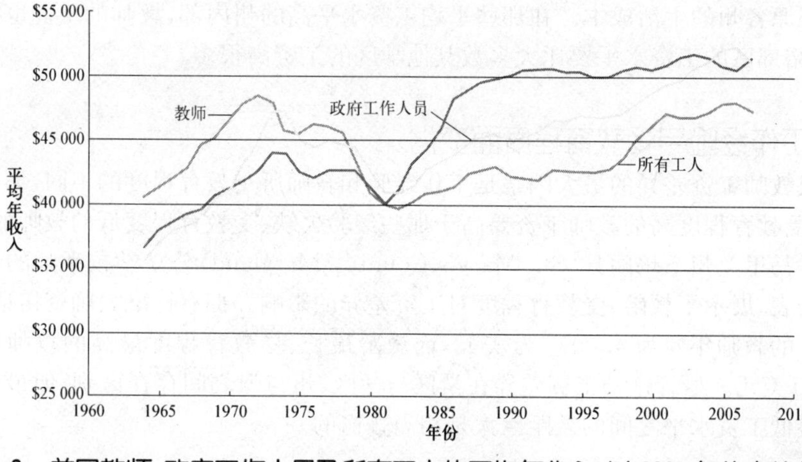

图 1.2　美国教师、政府工作人员及所有工人的平均年收入，以 2007 年的定值美元计

【资料来源】节选自马修 · 狄卡罗、内特 · 约翰逊、帕特 · 柯克伦：《2007 年教师工资趋势的调查与分析》（华盛顿特区：美国劳工联合会-产业工会联合会美国教师联合会，2008 年），表 1 - 2，网址：www.aft.org。

第三节 教师的培养

教师培训的演变

在美国殖民地时期，甚至到19世纪初期，任何一个想成为教师的人，通常都能从一个地方神职人员或与宗教组织有联系的理事会那里获得许可而成为教师，没必要拥有中学或大学的文凭，只要能读、能写、会拼写并具备良好的道德品质，就可以到学校任教。到19世纪20年代，未来教师开始就读于师范学校（详见“美国教育的历史发展”一章），但拥有正式的教师资格证书还未成为教师的必要条件。最终，师范学校发展成了师范学院，而今大多数师范学院已演化为各种学院和综合性大学。今天，所有公立学校教师都必须通过资格认证，除了替代性教师资格证书或临时教师资格证书以外，作为教师入职门槛，美国所有州都要求教师具有学士学位或五年的大学学习。

一、教师资格认证

教师资格认证的要求

想在美国公立学校教书的未来教师必须通过各州所规定的相关学科领域和教学年级水平的资格认证。过去，教师候选人只要提供其受过适当的专业培训并具有良好道德品质的证件，多数州都会为其颁发**教师资格证书**（certification）。然而，公众对教育质量的日益不满引发了对教师资格证书颁发实践的改革[1]。

过去几十年中，教师资格证书通常可终身使用，现在则相反，一些州颁发的资格证书有效期只有三到五年。尽管如今已经拥有终身教师资格证书的教师不受新政的影响，但那些拥有需更新资格证书的教师，则需要提供自己工作良好的积极评价或大学课程学习的证明来保持更新他们的证书。

教师资格证书要求的差异性

各州间的差异巨大

各州对颁发教师资格证书的要求各不相同，相应的各州教师的培养方案也各不相

〔1〕 伊丽莎白·A.卡伊（编辑），《2009—2010年教师、顾问、图书管理员以及中小学行政管理人员资格证书的要求》第74版，（芝加哥：芝加哥大学出版社，2009）。

同，这就带来一个棘手的问题：如何判定这些新教师实际的培养情况？例如，中等教师资格证书所要求的接受普通教育（指文科和理科）的学时数，全国各地从30学时到70学时不等，而且教师教育专业课程的最低学时数以及需要用于教一门学科的学期数量或学季课时数也根据各州不同的要求而各不相同。再加上不同的高等教育机构所开设的课程，虽然名目相同，但内容可能完全不同，这就是为什么尽管有州的要求和高校的要求，甚至将这两个要求合并在一起，也无法保证教师能学到一套统一的教学技能和教学观念。

教师资格证书的互认

州际间的教师流动

一直以来，州与州之间教师资格证书要求的不同限制了教师在全国范围内的流动。例如，如果你在纽约州获得教师资格证书，你却很可能无法达到伊利诺伊州的资格认证要求。关注教育质量的组织通常会对这种各州之间缺乏一种融通互认机制的情况提出批评。许多教育工作者认为，教师能方便地在各州流动会带来以下好处：(1) 平衡教师的供求矛盾；(2) 增加教师的就业机会；(3) 减少地方学校系统的近亲繁殖和地方主义；(4) 提高教师的工作积极性。

区域性教师资格证书

早在1900年，一些州之间就制定了教师资格证书互认的协议并获得一定的成功。近年来，一些区域性协议得到签署，认同州之间不同的教师培养标准，目前大多数州已经签署了这类跨州合同，教师只要在获得认可的高等教育机构完成必需的教师培养计划，就可获得合同覆盖区域内通用的教师资格证或从业执照。此外，很多教育组织也致力于寻找全国通用的方法来促进教师的区域流动[1]。

焦点问题回顾：你所在的州是否与其他州签署了区域教师培养协议？如已签署，你所在的高等教育机构的毕业生是否就能自动具有到协议规定的州应聘教师的资格？如未签署，在附近的哪个州里你能最轻松地获得该州的教师资格证书？

---

〔1〕 简·G.克格肖、苏珊·K.塞克斯通，"教师在行动"，2008年国家师资培育及证书指导联合会（NASDTEC）报告，网址：www.nasdtec.org；这些组织包括国家师资培育及证书指导联合会、全美州首席教育官理事会及美国教育考试服务中心。参见www.nasdtec.org网站上的文件。

替代性教师资格认证

非传统的教师培养方案

大多数州已经引进了**替代性教师资格认证**(alternative certification)项目,一方面是为了吸引更多有才华的人从教,另一方面是为了解决目前存在的或预计将会存在的某些学科的教师(如科学教师和数学教师)短缺的问题。这些项目能帮助未来教师不通过传统的在教育学院或教育学部接受培训的方法也能获得教师资格证书。例如,新泽西州的一个方案就是为了吸引"未在大学学过教育的人才"。目前,全国范围内已有成千上万的人通过这种替代性教师资格认证项目而通过教师资格认证,其中很多人是从部队退役后通过这种方法而成为新教师并开始教学生涯的[1]。

对替代性教师资格认证的批评

替代性教师资格认证项目能加强对新教师的特别指导,新教师在完成最初几年的教学任务期间,可以修习精简的正规培养课程。这种项目总是要求教师在学习如何教学的同时,参与各种专业发展活动和课程。替代性教师资格认证项目还设计了一系列的测试,令人鼓舞的测试结果证明这些项目不仅能吸引一些受过良好教育的个人,还能达到对新教师特别指导的目标。但是,许多已经实施的替代性教师资格认证项目却存在着要求与结果有较大差异的现象,一些评估方式也存在问题。例如,一些替代性教师资格认证项目的数据表明,许多参与者只接受了少量甚至未接受学区应该提供的教学培训或指导。在一些情况下,项目的参与者还欠了不少培训债务,却无法找到教学工作。此外,监管那些替代性教师资格认证的教师也加重了学区的负担[2]。

为美国而教

或许最有名的替代性教师资格认证项目当属"为美国而教"(TFA),这是一个全国性项目。该项目的目的是吸引近期毕业的大学生,他们的在校学业成绩较高。"为美国而教"项目已经花费数千万美元,用来招募有潜力成为教师的毕业生,对他们进行为期八个星期的强化培训,并将他们安排到有各种严重都市问题的学区任教。对该项目最初的报

〔1〕 C.艾米利·菲丝翠兹,"替代性教师资格认证:对每个州的分析",2007,本文概要可在以下网站中获得:www.teach-now.org;保罗·E.彼得森、丹尼尔·拉德勒,"当州政府拥有真正的替代性教师资格认证模式之时会发生什么",《教育未来》(2009年冬季刊),网址:www.hoover.org。

〔2〕 R.克拉克·福勒,"马萨诸塞州为新教师签署的奖金计划",《教育政策分析档案》,2003年4月22日,网址:http://epaa.asu.edu;沙瑞林·C.史迪德曼、约翰·S.西蒙斯,"指导未通过大学学习而获得教师资格认证的教师的代价",《卡潘》(2007年1月),pp.364—368;丹尼尔·C.汉弗莱、马乔里·E.韦克斯勒、希瑟·J.霍夫,"有效替代性教师资格认证项目的特征",《师范学院学报》(2008年1月),pp.1—63;吉尔·康斯坦丁等,"对通过不同途径的培训而获得教师资格证的教师的评估",2009年美国教育科学学院的报告,网址:www.ed.gov。

道非常鼓舞人心，例如，几年中有超过四分之一的参与者来自少数群体，很多到中等学校任教的参与者在数学或科学学科都具备相当的必需技能，数万名教师接受了培训，许多人仍然在从事教学或担任学区中的其他职位。一些研究报告称赞，“为美国而教”项目的参与者所作的贡献已经产生了令人欣慰的结果；但另一些研究则指出，许多有潜力的新教师因为在困难学校任教而备感受挫，有些人在完成教学任务之前就选择了放弃[1]。

尽管替代性教师资格认证项目获得越来越多的欢迎，大多数教师仍然选择传统的教师培养方案。“热点问题争鸣”栏目呈现了关于替代性教师资格认证项目正反双方的争论。

表 热点问题争鸣：替代性教师资格认证

很多州已经引进了替代性教师资格认证项目，使之与传统的教师培养要求并行。总体来说，这些计划有助于大学毕业生适应教学环境，在他们学习教学技能和教育学的同时，让他们在全职教师岗位上接受培训，以获取教师资格证书。

争论问题：我们应该鼓励与传统教师培养要求并行的替代性教师资格认证项目吗？

正方观点：	反方观点：
1. 在工作中学习教学更加有效，这样他们有更多的机会判定哪些方法在现实世界里是有效的，哪些是无效的，同时有更多机会与那些成功教师进行交谈，观察并效仿他们。	1. 在工作中学习教学通常不能成功，因为许多参与者发现，在工作中有太多需要他们即刻达到的要求，这让他们感到不堪重负，不能充分形成和磨炼他们的教学技能。
2. 与以理论学习为主的大学课程相比，专业学习与全职教学相结合更有意义，也更具实践性。	2. 一些替代性教师资格认证项目的最初数据显示，在实践中要为参与者提供专业学习，学区要么缺乏足够的资源，要么有其他的优先事项要做。
3. 替代性教师资格认证项目可避免花费多年时间来获取教师资格证书，从而能吸引更多候选人充实到教师短缺的领域，如数学、科学和双语教学等。	3. 这些项目只能在短期内缓解教师短缺的问题，因为很多参与者一旦意识到自己不适合当教师或对此不感兴趣，就会在第一年内或第一年后放弃教师工作。
4. 替代性教师资格认证项目有助于吸引来自少数群体的教师、有特殊技能的退休人员和其他能为教育系统的完善作出重要贡献的人。	4. 替代性教师资格认证项目加强了教育中的不公平，因为它会让一些毫无经验的人到市中心的学校任教，这些学校往往人员流动率高，最需要的是受过良好培训、有经验的教职人员。
5. 具有竞争力的替代性教师资格认证项目能刺激各学院和大学进一步完善它们的教师培养方案。	5. 具有竞争力的替代性教师资格认证项目，会让学院或大学不再花几年时间培养既具有理解力、又具有教学技能的反思型教师。

〔1〕 艾尔迪克·拉克科-科尔、大卫·C. 贝琳娜，“为美国而教的有效性及其他未认证教师对学生学业成绩的影响”，《教育政策分析档案》，2003 年 9 月 6 日，选自艾希莉·哈利迪的《为美国而教》，http://epaa. asu. edu；教育政策电子期刊（2006 年冬季刊），网址：http://jep. csus. edu；朱莉·米库塔、亚瑟·怀兹，“美国教师”，《教育未来》（2008 年春季刊），网址：www. hoover. org。

城市教师住校实习模式(Urban Teacher Residency)

介于传统和替代性之间的教师培养方案

城市教师住校实习模式是介于传统获取教师资格证书的途径和替代性教师认证途径之间的一种教师培养方案。一方面,该模式招募有志成为教师但并未接受过教师培训的候选人,这与替代性教师资格认证项目的做法相同;另一方面,该模式让教师候选人用一年的时间住校实习,并接受有经验的教师的监督指导,这样他们就有充足的时间开始或完成其硕士学位的学习,这是传统教师培养方案中最常见的模式。城市教师住校实习模式由学区和高等教育机构合作开展,帮助学区获得能成功处置各种教学困难的新教师,同时也帮助高校完成它们为城市学校培养出色教师的职责[1]。

最先实施城市教师住校实习项目的分别是波士顿、芝加哥、丹佛三个城市。早期的研究表明,该项目毕业生的教学水平很高而且留任教学工作的比例很大。根据《高等教育机会法案》(the Higher Education Opportunity Act),城市教师住校实习项目获得了大量的资金资助,因此很多院校都在计划或探索如何参与并共同承办城市教师住校实习项目。

焦点问题回顾:你希望执教的州对教师资格证书有什么要求?你如何找到这些要求?你如何让自己作好充分准备从而能在各州之间进行流动?

二、职前教师培训的趋势

近年来,职前教师教育的主要发展方向是:推行"第五年"和"五年制"培养方案(fifth-year and five-year programs);更加重视"反思型"教师的培养;增加计算机和其他新型技术的使用;要求未来的教师学习有关如何对残疾学生和其他特殊群体施教的方法;培养方案要能培养适应当代美国学校多元文化和多种族环境的教师。

"第五年"培养方案和"五年制"培养方案

教师专业学习组成部分的进度安排

20 世纪 80 年代期间,一些州和许多教育学院和教育学部引入了"第五年"培养方

〔1〕 巴奈特·贝里、戴安娜·蒙哥马利、乔恩·斯奈德,"城市教师住校实习模式和高等教育学院",2008 年全国教师教育认证委员会的报告,网址:www. ncate. org;巴奈特·贝里等,"创建和维护城市教师住校实习模式",2008 年为阿斯彭研究所和教学质量中心提供的论文,网址:www. teachingquality. org。

案或“五年制”培养方案，将教师教育分摊到为期五年的教师培养中。“第五年”培养方案包括两部分，前四年的学习不涉及或极少涉及教师的专业学习，未来的教师在四年拿到学士学位后，在第五年中集中进行教师的专业培训。与此相反，“五年制”培养方案则将教师专业培训贯穿大学各学年，逐步增加临床教学实践和培训[1]。

反思性教学

善于思考的从业人员

为了与近来所强调的提高学生思维能力和理解能力的呼声相一致，许多院校都把**反思性教学**(reflective teaching)作为教师培训的主题。反思型教师要不断观察和思考他们的教学成果，并据此对他们的教学方法进行调整，与此紧密相关的术语还有“以探究为导向的教师教育”(inquiry-oriented teacher education)、“专家决策”(expert decision making)、“高级自我反思”(higher-order self-reflection)等，它们都描述了这一概念。数百所教育院校已经重新编制了它们的培养方案以培养反思型教师，但这些方案千差万别，而且几乎未能达成对反思性教学的共识[2]。

计算机及新技术的使用

教师的技术培训

你所接受的教师培养方案中很可能会为你提供一些进入计算机机房的培训。教师教育培养方案的全国性调查显示，超过90%的学校建立了计算机或技术实验室，进行内容丰富的培训工作，例如指引未来的教师学习计算机的使用、介绍为中小学校开发的硬件和软件、增强学生对用于课程设计或课程讲解的技术兴趣和使用能力等。许多院校已经开始重视技术和电子媒体的运用，帮助教师学习如何运用这些新技术促进学生批判性思维的发展、社会和公民意识的形成，以及提高学生数字和视觉等的基本能力。事实上，提高教师技术使用能力的目的之一是为了不让这些未来的教师在遇到那些熟识甚至擅长最新科技的学生时感到不知所措[3]。

---

[1] 琳达·达琳-哈蒙德，“教师和教学”，《教育研究者》，(1998年1—2月)，pp. 5—15；“教师培养与入职”，《1999—2001年教育改革进展状况》(2000年10—11月)，网址：www. ecs. org。

[2] 维多利亚·J. 瑞斯可、卡罗·乌克里奇、凯斯琳·罗斯克斯，“培养能进行反思实践的教师”，《语言艺术》(2002年11月)，pp. 134—145；约翰·卢登伯格、西奥·贝尔根，“教师的反思”，《教师与教学》(2008年10月)，pp. 543—566；拉娜·M. 丹尼尔森，“培养反思型教师”，《教育领导》(2009年2月)。

[3] 美国教师教育学院联合会：《成功还是失败》(华盛顿特区：美国教师教育学院联合会，2000)；克里斯丹·罗斯切特，“你准备好了吗”，《今日全国教育协会》(2003年4月)，网址：www. nea. org/neatoday；菲利斯·K. 爱德考克，“用技术改进教学和学习”，《DKG国际妇女联合会新闻简报》(2008年夏季刊)，pp. 37—41。

教育残疾学生的要求

为主流教育和全纳教育作好准备

目前，很多州和教师培训机构都要求所有未来的教师必须作好准备，以应对将来教学对象是有重大残疾的学生的情况。作为一名教师，将来在你的班上可能出现有特殊需要的学生。目前，美国法律规定应当尽可能将残疾学生纳入正规班级，而且这种发展趋势的最终结果是将所有残疾学生完全纳入(full inclusion)正规学校，不论他们有多大的特殊需求(关于主流教育、全纳教育及相关主题，请参见“提供平等教育机会”一章)。这种发展趋势的必然结果是，大多数教师都将担负教育有特殊需求学生的责任。现在对教师培训的主要要求包含以下内容[1]。

教师培训的主要要求：

■ 高等教育的教职员工与知识渊博的各学科领域的教育工作者进行跨学科的合作，努力帮助未来教师学习与残疾学生共同工作的方法。

■ 许多州要求所有未来的教师能完成一门或多门特殊教育的课程，或是要求在现有课程中融入大量相关的学习材料。

准备在多样化环境中执教

为多元文化课堂作好准备

在美国学校注册的各种族和各民族少数群体学生越来越多，这种现状促使未来教师的培养方案增加相关内容，以帮助这些未来教师能成功地在多样化环境中任教。在教师认证方面也正在增加类似的内容，例如，美国教育考试服务中心(ETS)主办的Praxis Ⅲ教师水平考试，特别规定一个想要获得教师执照的应试者应该能够证明自己充分理解熟知学生的背景和经历的重要性[2]。

三、教师培养方案的适当性

要想评价美国数不胜数的各种教师培养方案总体是否合适、是否真正有效，虽不是不可能，但也非常困难。这些培养方案有的非常庞大，有的非常微小；有的相对而言

〔1〕 塔玛拉·J.阿索德等，“培养职前教师的合作技能”，《教师教育和特殊教育》(2007年冬季刊)，pp. 1—12；卡拉·路易斯，“让东南地区的教师作好与残疾学生共同工作的准备”，2008年为教育科学研究院准备的论文。

〔2〕 南希·L.康明斯、欧非利亚·B.米拉门特斯，“从入口开始处理语言不同的问题”，《教师教育杂志》(2006年5月/6月)，pp. 240—246；米思提·M.摩根、威廉·A.克里特索尼斯，“超越在校的最初时日”，《教育管理与监督杂志国家论坛》(2008年9月)，pp. 51—59。

资金充足，而有的则经费短缺；有的是全新的，而有的则有上百年的历史。此外，这些培养方案对他们要尽力培养的高质量教师的定义各不相同。尽管困难重重，分析家们仍然试图对这些方案进行评估。

《教学的危机》

“教学委员会”(The Teaching Commission)是一个由一群商界和民众领导组成的团体，对教师质量的各个方面进行了考察，并发表了一份题为《教学的危机》(Teaching at Risk)的报告。关于重新制定教师培养方案的问题，教学委员会对为重新制订方案进行的努力给出“C”的评分，而对此努力所得的结果只给了个“D”。此次调查发现：太多的教师对数学、科学和其他正在教授的学科知识知之甚少；替代性教师资格认证项目并不能为最需要的地方提供足够的有技能的教师；未来教师的培训对增加他们的教学技能和能力“基本没什么价值”[1]。

教育学院项目

一个名为“教育学院项目”(Ed Schools Project)的组织也发表了一个关于“五年制”教师教育培养方案成果的报告，题为《培育学校教师》，其结论是：只有四分之一到三分之一的教师工作出色，但大多数未来教师所接受的培养方案课程不足、要求标准低、而负责培养未来教师的高校教职人员大多长期未与中小学校联系。这份报告还提出不少建议，建议关闭那些失败的教育学院；推广有“质量”的培养方案；用奖学金来吸引那些最好最聪慧的学生进入教学行业；加强教师的质量控制[2]。

示范性培养方案

正如上文所述，教师教育的批评者也都承认，在美国一千多所教师培养机构中有许多优秀的培养方案和培训内容。关于这些优秀培养方案及其实践操作的详细描述和分析可以在以下网站中找到：国家教学委员会与美国前途(the National Commission on Teaching and America’s Future)(www. nctaf. org/strategies/assure/index. htm)、兰德公司(the Rand Corporation)(www. rand. org/ pubs/monographs/ MG506)、教育学院项目(www. edschools. org/pdf/Educating_Teachers_Report. pdf)。美国教育研究协会(the American Educational Research Association)前主席从这些示范性培养方案中总结出十大鼓舞人心的趋势，其中包括：将教师培养视为所有大学的责任；认可通往教学的多元之路；用研究来指导课程；不仅仅只看测试分数来评

〔1〕 路易斯 V. 加斯特勒等:《教学的危机:前进和探索》(纽约:教学委员会,2006)。

〔2〕 亚瑟·莱文:《对学校教师的教育》(华盛顿特区:教育院校项目,2006 年),网址:www. edschools. org;詹妮·惠特科姆、希尔达·波克、丹·李斯特恩,“比小说还奇怪”,《教师教育杂志》(2007 年 5 月/6 月)pp. 195—201。

测各方案的有效性[1]。

焦点问题回顾:你所接受的教师培养方案与上文所列的哪些趋势一致?你希望你的培养方案向哪个方向发展?

第四节 未来的教师:能力与测试

近年来,关于如何提高教师队伍质量的话题引发了大量争论,尤其就如何提高未来教师的能力以及如何检测他们的教学能力存在颇多争论。

一、教师的能力

标准化测试分数

对教师队伍质量问题的讨论通常集中到能力分数问题上,这种能力分数是通过标准化测试,诸如学术性向测试(SAT)和美国大学入学考试(ACT)所得到的。在 20 世纪 70 年代,未来将成为教师的学生参与这些考试的分数一直在下降,这种状况与商科专业和大多数其他专业的情况一样。例如,在 1973 年到 1981 年间,大学师范生 SAT 的语言类平均分从 418 分下降至 397 分。但 1982 年以来,意欲成为教师的大学生的考试分数略微上升,总体与商务、心理学和健康等其他专业的大学生的得分相当。另外,最近的一些研究发现,教师的平均测试分数与其他受过大学教育的成年人大致相同[2]。

二、对教师的测试

基础技能测试

为提高教师队伍质量,对职前教师、新教师,以及有经验教师进行**基本技能测试**(basic skills testing)成为努力的重点。其依据的观点是,那些在阅读、数学、沟通、以及专业知识等方面分数低的教师,很可能教学效果很差。因此,许多州要求未来教师必须通过某种形式的基本技能考试,以证实其阅读和语言、数学、学科专业,以及教育

---

〔1〕 玛丽琳·柯克伦-史密斯,“十大鼓舞人心的趋势(以及三大困扰)”,《教育领导》(2006 年 3 月);玛丽琳·柯克伦-史密斯等,“恢复教育质量”,2007 年为美国教育研究协会年会准备的论文;玛丽琳·柯克伦-史密斯,“新的美国教师教育”,《教师与教学》(2008 年 8 月),pp. 271—282。

〔2〕 芭芭拉·A. 布鲁彻、理查德·J. 科莱:《怎样比较教师?》(新泽西州普林斯顿:美国教育考试服务中心,2000),网址:www.ets.org;杜鲁·H. 吉特默:《不断变化的政策局面下的教师质量》,(新泽西州普林斯顿:美国教育考试服务中心,2007 年),网址 www.ets.org;“教学整体质量的提升”,《今日阅读》(2008 年 2 月/3 月)。

专业知识达到最低要求。目前，有40多个州采用教育考试服务中心主办的Praxis考试来达到此目的，因此，要成为一名认证教师，你很可能需要通过一系列的Praxis测试[1]。

对测试的批评

对未来的和在职的教师进行测试，这仍然是个颇有争议的话题。许多政治领导人将测试视为他们能采取的几种可行的提高公众对教师队伍信任度的措施之一。反对者则认为，测试的过程会将那些不善于书面考试的人排除在外，是不合理的。很多反对者还认为，现行的测试对来自少数群体的考生和非主流文化的考生存在偏见。批评者们还以数据为证，表明未来教师标准化测试的分数与随后测量的实际教学效果之间的相关度很低[2]。

对测试的支持

测试的支持者则认为，要想胜任自己的工作，所有或几乎所有的教师必须能证实他们至少很好地掌握了7年级或8年级的阅读、写作和数学，这是一些考试指定的最低水平要求。支持者还反驳说，目前的研究已提供充分的信息，可以证明这些最低标准的测试具有合理性，并在考虑创建更有效的测试[3]。不管怎样，对教师进行测试仍很流行，你应当确定你接受的教师培养课程和通识课程的学习是否能帮助你通过必须参加的考试。

马萨诸塞州的论战

1998年马萨诸塞州出台了全州范围内的第一次教师能力测试后，针对未来教师的能力测试就引起了全国的关注。这次考试的结果是30%的考生未通过阅读和写作考试，63%想拿到数学教师资格证书的考生未通过他们所选领域的考试科目。州教育委员会主席严正地指出："真实的情况是，如此多的未来将到公立学校担任教师一职的学生未能通过考试，而这是任何一个聪明的10年级学生都能毫无困难通过的考试。"而且"没有一个有责任心的人会同意将任何人的孩子，更不用说他自己的孩子，交给这些未能通过考试的老师"。随后，马萨诸塞州及其他地方的议员和教育

---

〔1〕 琳达·达琳-哈蒙德：《教师政策的演变》（加利福尼亚州圣塔莫尼卡：兰德公司，1998）；克里斯·奥尼尔，"改善教师质量"，2008年发表于《教育乌托邦》的随笔，网址：www. edutopia. org。

〔2〕 艾尔思·G. 德科斯塔，"法院对教师能力测试的影响"，《理论联系实践》（1993春季刊），pp. 104—112；卡珊德拉·M. 瓜里诺、鲁克蕾西亚·桑提巴雷、格伦·A. 达雷，"教师的聘用和留任"，《教育研究评论》（2006年夏季刊），pp. 173—208；约书亚·D. 安格瑞斯特、乔纳森·戈杨，"教师测试能提高教师质量吗"，《教育经济学评论》（2008年9月），pp. 483—503。

〔3〕 理查德·J. 莫奈姆，"以成绩为基础颁发从业执照的实例"，《卡潘》（1991年10月），pp. 137—142；彼得·杨、艾伦·欧登、安德鲁·C. 波特，"与教师执照相关的州政策"，《教育政策》（2003. 05），pp. 217—236；马克·霍里，"教师从业执照考试的成绩表现"，2008年为"公共政策麦基诺中心"准备的论文，网址：www. mackinac. org。

工作者展开了长期的辩论和争论，论战涉及是否可以把适当的考试成绩水平作为决定学生接受和退出教师培养方案的依据，以及作为决定他们是否能获得和保有教师资格证书的依据[1]。

焦点问题回顾：你所在州是否要求教师通过测试？如果是，测试的要求是什么？你所在州和你所在院校的考试通过率和不及格率是多少？

第五节 教师职业满意度与不满

成为教师的人们通常对自己的工作满意吗？工作条件对满意度有很大的影响，在本节中我们将看到，教师的工作条件正随着不断高涨的教育改革呼声而不断发生改变，其中有些变化可能会提升教师的工作满意度。

一、教师的满意度

全国调查

大都会人寿保险公司(Metropolitan Life Insurance Company)所作的一项民意调查中有一项教师要回答的问题："你对教师这一职业的总体满意程度如何?"大多数调查对象的回答是"非常满意"或"比较满意"，大约一半的人说他们现在比刚从事教师这一职业时更有激情。另外，对教师职业满意的人数百分比也由1984年的40%上升至2008年的62%，其他几项民意调查也获得类似的结果。在"教师职业"一章中有更多关于教师职业满意度的信息[2]。

不满意的原因

然而，还是有不少教师确实对他们的工作存在不满。全国调查显示，相当比例的教师认为他们没有足够的时间辅导学生、备课，以及完成其他教学任务。其他的抱怨包括：上级对他们的期望不明确、管理人员缺乏快速反应能力、破旧的器材、必须参加的员工培训缺乏效率或与工作无关、工资不高、缺乏必要的供给和设备、不得不将精力主要用于教授低水平的技能、过多的文字工作和文件记录工作、缺乏参与组织决策等。

---

〔1〕 约翰·西尔伯，"那些不能教书的人"，《纽约时报》，1998年7月7日。另参见拉里·H.拉德洛，"教师测试的责任"，《教育政策分析档案》，2001年2月22日，网址：http://epaa.asu.edu；丹·哥德哈伯、迈克尔·汉森，"种族、性别和教师测试"，2008年为"公共教育革新中心"准备的论文，网址：www.crpe.org。

〔2〕 国家教育统计中心，《〈国家处在危险之中〉发表十年后的美国教师》(华盛顿特区：美国教育部，1995年)；安德鲁·S.莱瑟姆，"教师满意度"，《教育领导》(1998年2月)pp.82—83；史蒂夫·法卡斯、珍·约翰逊、安·杜斐特，"伴我同行"，2003年为"公共议程"准备的论文，网址：www.publicagenda.org；《大都会人寿保险公司对美国教师的调查：过去、现在和将来》，(纽约：大都会人寿保险公司，2008)，网址：www.metlife.com。

为了应对《不让一个孩子掉队》法案提出的要求，人们过分重视呆板的教学和低水平的考试，这也成为近年来教师不满的重要方面[1]。

二、州和学区的成绩标准与教师压力

高利害关系测试(High-stakes tests)

教师通常要承担很大的压力，因为教学不是一个轻松容易的工作。近年来，各州和学区都制定了学生的学业成绩标准，此举大大增加了教师的压力。学生学业成绩标准常常是与责任机制息息相关的，涉及标准化测试、学校考试成绩的公布，有时甚至是个别班级的成绩都要公布。目前，所有各州都要求州所辖各学区进行某种统一考试，很多的考试利害关系重大，例如关系到学生是否能升级、是否能顺利毕业、是否需要参加暑期班，同时也关系到学校是否因学生考试成绩太差而被迫关闭或是进行彻底整改。

应试教学

高利害关系测试具有重大的利害关系，许多教师为了提高学生考试分数而感到压力深重。这种现象在那些学业成绩低下的学校尤为普遍，也同样出现在一些学业成绩很好的学校，这是因为其所在的州或学区为了每年都能提高成绩而设置了较高要求。许多学校的教职员工不断将学年的大部分时间用于考试的准备工作，在获取和使用教学资源时也只重视用于考试准备的材料，这种做法被统称为“应试教学”。正如我们在本书其他地方所指出的，这种情形提出了一个具有争议的问题，即：当教师只针对需要考试的技能进行教学时，那么，标准化运动到底是促进了还是阻碍了学生学业成绩的提高？有些教师声称，根据州和学区测试框架而设定的需要持续关注的学习目标，他们已经找到了既有趣又高质量的教学方法，但这些教师在学会如何在这种测试框架内进行有效教学的同时，通常也承受了很大的压力[2]。

---

〔1〕 辛西娅·科普柯娃斯基，“为什么他们会离开”，《今日全国教育协会》(2008 年 4 月)，网址：www. NEA. org/neatoday；“什么能让好教师留在教室里”，《问题摘要》(2008 年 2 月)，网址：www. all4ed. org。

〔2〕 斯图亚特·S. 叶尔，“限制高利害关系测试的意外结果”，《教育政策分析档案》，2005 年 10 月 28 日，网址：http://epaa. asu. edu；大卫·C. 贝丽娜，“学校教育失衡的场景”；理查德·罗斯坦，“学校责任感的堕落”，两篇文章都发表于《学校行政人员杂志》(2008 年 6 月)，网址：www. aasa. org；“教育中测试的乐趣”，《美国教师》，(2008 年 10 月)，网址：www. aft. org；麦克·斯基默克，“对重要问题的测量”，《教育领导》(2009 年 1 月)。

教学资源视频案例

一个实习教师对教师职责的看法

阅读本节后，请到本书的学生学习网站上观看视频“一个实习教师对教师职责的看法”。该视频是一次非正式的讨论，讨论教师如何才能以一种积极的、没有威胁的、既对教师有益又对学生有益的方式来实现其教师的责任。看完视频后，请回答以下问题：

（1）本章描述了教师职业要经受的压力，诸如要对学生的进步及其学习成绩负责。为应对绩效责任运动（accountability movement）带来的各种挑战，视频中的教育专业人士使用了什么特定的策略？

（2）根据你对本章的阅读及该视频的观看，你是否同意视频中专家教师们的观点。他们相信标准化测试提供了“反思自己教学实践的机会”，请阐述你同意或不同意该观点的原因。

三、应对压力

教学会有压力

正如我们平时所见，教学工作有困难重重的时刻。研究也表明，中小学教学工作近年来面临越来越大的压力。许多专业组织和学区为教师举办相关课程或研讨会专门讨论应对压力的技巧以及其他缓解压力的方法。

应对压力的技巧

咨询辅导专家指出，运动、休息、兴趣爱好、良好的营养、冥想或其他放松的技巧、休假、有效安排个人生活等，都能帮助个人应对高压力的工作。如果你能参加一些专业更新的活动或加入相关的协作小组，将工作与自己的家庭生活分开，对变化保持开放的心态，就能更好地减缓压力。第一年参加工作的新教师，在他们进入新的教学岗位时，会经历特殊的压力。因此，许多专业组织、学区甚至美国教育部都会为他们提供支持性的计划。

第六节　通过提高教师资格和职责改革学校

众所周知，大多数教师从教的动机是渴望与年轻人一起工作，进入一个充满挑战又令人尊敬的行业。大多数教师对他们的职业大体很满意，但也产生了一些不满，主要表现在对各种各样非教学因素的顾虑，以及对为提高学生成绩标准的改革运动而强加给教师的各种要求感到不满。接下来我们将看到，全国上下正努力解决让教师们感到棘手的一些问题，并通过提高教师的合格率和职责来进行学校改革。

一、全国报告

在过去20年中，教育改革的呼声不断，最广为人知的呼声来自关于美国教育现状的一系列**全国报告**(national reports)，其中最引人注目的改革措施之一是联邦政府颁布的《不让一个孩子掉队》法案，这项法案以及本节将要讨论的其他改革已经并即将从根本上改变教师的工作条件。

《国家处在危险之中》提出的问题

20世纪80年代中期以来，大量的报告都关注着美国的教育问题。《国家处在危险之中》(*A Nation at Risk*，1983)是最受关注的，也是最具影响力的一份全国报告，它是由美国教育部资助的"国家优质教育委员会"(the National Commission on Excellence in Education)起草的。报告指出：在一定程度上美国正"处在危险之中"，它"曾经从未受到挑战的商业、工业、服务业及技术创新等优势，正在被全世界的竞争者赶超"。该委员会的结论是：国家衰落的一个主要方面是学校中"平庸的泛滥"。这里，我们要特别关注该报告中提出的让教师成为一份更有价值并令人尊重的职业的建议[1]。

对教师职业的提议

- 设立更高的职业准入标准；
- 提高教师工资，工资是以"专业竞争力、市场敏感性、业绩为基础的"，这样，就把工资作为奖励优秀教师制度的一部分(即设立绩效工资制度，这一实践举措将在"教师职业"一章中讨论)；
- 每年给教师增加一个月的额外工资；
- 设立"职业等级制度"(career ladder)，以便合格的人员能从新教师成长为熟练教师，最终达到专家教师(master teacher)的级别；
- 让专家教师承担培养和指导试用期教师的任务。

二、《不让一个孩子掉队》法案

《不让一个孩子掉队》法案

2001年，随着《不让一个孩子掉队》法案(No Child Left Behind，NCLB)的通过，

〔1〕 国家优质教育委员会：《国家处在危险之中》(华盛顿特区：美国教育部，1983)，p. 5；另参见理查德·罗斯坦，"《国家处在危险之中》发表二十年后"，卡托研究所，2008年4月7日，网址：www.cato-unbound.org；玛格丽特·斯佩林斯：《一个负责的国家》(华盛顿特区：美国教育部，2008)，网址：www.ed.gov。

教师质量改进运动成为全国学校改革运动中不可分割的一部分。我们将在本书其他部分，尤其是"提供平等教育机会"一章中，讨论该法案中有关学生学习成绩的主要方面，这里我们只评论本法案对教师的要求这部分主要内容，即在接受联邦政府资助学区就职的教师必须是"高质量"的。

高质量教师

本小节中关于对高质量教师的要求在2004年美国教育部的一份文件中有详细解释(参见《教师工具包》，下载网址 www. ed. gov/teachers/nclbguide/nclb-teachers-toolkit. pdf)。这份文件指出：《不让一个孩子掉队》法案"表明联邦政府正在作出一次彻底全面的教育改革努力，以支持中小学教育"，并"确定了让每个孩子在2013—2014学年结束时都能成功达到各州制定的教育标准的目标"。作为全面教育改革的一部分，《不让一个孩子掉队》法案"描绘了从事各种课堂教学的教师及教辅人员所必备的最低合格标准，它要求各州制定实现以下目标的计划：在2005—2006学年结束时，核心学科的所有教师必须是高质量的"[1]。

三项要求

根据《不让一个孩子掉队》法案，**高质量教师**(highly qualified teacher)必须具备以下三个条件：(1) 学士学位；(2) 州颁发的正式教师资格证书和许可证；(3) "证实自己能达到州规定的教授核心学科的能力。"

对能力的定义

新任小学教师可"通过严格的针对阅读、语言艺术、写作、数学和其他小学基础课程的学科知识及教学技能的州统一测试"来证实自己的能力。新的中间学校和中学教师可通过两种途径来证实自己的能力，要么是"通过一次严格的他们所教科目的州统一测试"，或者是"参与一个学科专业或等同于一门学科专业的课程学习，并获得更高的学位或高级教师资格证书"。那些已经被聘用的教师，不论在哪一级别的学校工作，都可通过达到上述对新教师的要求来证实自己的能力，也可通过达到州规定的"高度客观一致的评估标准"(HOUSSE)来证实自己的能力。各州都已为教师规定和制定了自己的"高度客观一致的评估标准"以证实他们的能力。许多州都在使用积分制度，教师任教以来成功的课堂教学经验、能够评估教师学习内容的高质量专业发展的参与情况、课程编制小组的供职，以及其他与发展学术领域知识相关的各种活动等，都可折算成教师的能力积分。

---

〔1〕《教师工具包》(华盛顿特区：美国教育部，2004)。

初步的进展

为提高教师质量的目标而实施的《不让一个孩子掉队》法案，已经取得如下的进展：[1]

■ 联邦政府拿出数百万美元用于各项活动，其中包括：创造并实施了教师及教学管理人员的替代性教师资格认证项目、建立了教师绩效工资（teacher merit-pay）制度、为高需求学科和极度贫困学校的教学提供了额外津贴、以教师所教授的课程对教师进行测试、成立教师援助团（Teacher Assistance Corps）帮助州实施教师质量改进新方案。

■ 2006年，教育部部长玛格丽特·斯佩林斯（Margaret Spellings）发表了一份《教师质量第五年度报告》，她在报告中列举了各州为遵守《不让一个孩子掉队》法案而作出的努力措施，她承认各州政府已经接近但并未完全达到为每个课堂提供高质量教师的目标，而且大多数州获得教师资格证书的最低考试分数线仍然太低。

■ 关于各州确保每个教室都配备高质量教师的进展情况引起了许多争论。例如，尽管许多州报告说超过90%的课程由高质量教师授课，但一些观察家以各种不同的数据证明，许多教授科学、数学和其他特殊科目的教师不是“本专业科班出身”，或是在教授那些他们还未能证实自己能力的课程，这种现象在一些极度贫困的学校尤为严重。观察家们总结道：要么是州给出的数据不正确，要么是“高质量”教师的标准设定得太低，或是两种情况皆有。

缺乏耐心与怀疑态度

很多组织和个人都对《不让一个孩子掉队》法案中有关教师质量内容的实施显得缺乏耐心并持怀疑态度。例如，“教育信托基金”（Education Trust）批评联邦政府几乎没有做什么实质性的工作来确保城市学校的教师都真正合格，并能提高低收入家庭学生和来自少数群体学生的学习成绩。观察家也指出，很多乡村的学区面临不可逾越的困难，难以达到《不让一个孩子掉队》法案对高质量教师的要求。为解决这些相关的问题，2009年颁布的《美国复苏与再投资》法案（the American Recovery and Reinvestment Act）（即联邦政府的经济刺激计划）要求，各州必须保证在委派有经验的教师到困难学校任教方面取得进展，它们才有资格获得部分“复苏法案”中的50亿美元的教育刺激拨款。

---

〔1〕 迈克尔·A. 瑞贝尔、莫里·A. 亨特，“高质量教师”，《卡潘》（2004年5月）pp. 690—696；玛丽·M. 肯尼迪，“教师质量的分类”，《卡潘》（2008年9月）pp. 59—63；玛格丽特·斯佩林斯，“教育部部长和副部长签署的主要政策信件”，2008年由美国教育部发表的信件，网址：www. ed. gov；弗瑞德·赫斯、迈克尔·J. 派屈里，“学校改革之路上的致命弯道”，《教育未来》（2009年2月/3月），网址：www. hoover. org。

问题依旧存在

至2009年,依据各州的标准,有超过95%的教师被认定为高质量教师,此外,大约半数的州仍在资助新教师的入职培训与指导项目。但必须注意的是,“高质量”教师的含义到底是什么?各州之间和州内部对新教师的支持范围和效果都存在很大的差异。此外,大多数分析家们相信,主要的问题依旧存在,包括提供高质量教师的问题;对非常贫困城市学区教师的支持问题,以及对特定的教学领域,如特殊教育以及英语语言学习的教学支持问题(参见“提供平等教育机会”一章及本书其他章节)。

三、霍姆斯合作伙伴及其他团体

“霍姆斯小组”的建议

我们已经提到过“教学委员会”和“教育学院项目”的报告。霍姆斯小组(Holmes Group)是由美国各州重要研究性大学的教育学院院长和学术领导人组成的团体,自1986年以来,教学改革也成为该小组关注的主要焦点,1996年该小组更名为“霍姆斯合作伙伴”(The Holmes Partnership)。该组织先后发表了一系列报告,包括《明日之教师》(1986)、《明日之学校》(1990)和《明日之教育学院》(1995)。与其他团体报告对教育改革的关注重点相一致,霍姆斯合作伙伴组织一直强调,师范生需要尽早具备在学校工作的经历。因此,该小组一直致力于创建教师**专业发展学校**(professional development schools, PDSs)。和传统的实验学校一样,教师专业发展学校旨在加强地方学区与大学或教育学院之间的联系,但其联系的方式更综合、更系统,大学的教职人员在教师专业发展学校担任课堂教师并成为新教师的导师。教师专业发展学校允许有经验的教师、刚入职的教师、教师的教育者、教育管理者一起工作,以创设一个学习者共同体,并改进成绩较差学生的教育机会。目前,已经建立的教师专业发展学校有一千多所[1]。

支持教师专业发展学校

其他的团体,如美国教师联合会(AFT)、美国教师教育学院联合会(AACTE)、以及美国全国教育协会(NEA)等,也一直致力于创立与教师专业发展学校相似的学校。调查表明,很多教育学院和教育学部都在跟教师专业发展学校或类似的机构进行合作,但由于资金缺乏,以及学区与更高教育机构之间的合作存在其他的困难,阻碍了这

〔1〕《霍姆斯合作伙伴计划三部曲》(纽约:比特兰出版集团,2007);罗伯塔·荃齐曼,“教师专业发展学校的调查和职责”,《教育研究杂志》(2007年3月)pp. 197—203;基尼·杜尼特尔、玛利亚·苏德克、彼得·拉蒂根,“创建专业学习社团”,《理论联系实践》(2008年秋季刊),pp. 303—310;玛吉·谢丽,“所有教师都能学习的观点”,《教育领导》(2009年2月)。

种合作[1]。

"复兴小组"的建议

复兴小组(Renaissance Group)也对教师职业的改革提供了很多支持,复兴小组是一种高等教育机构联盟,主要由以前的教师培训学院组成。复兴小组主张把教师培训融合到学生整个大学阶段中,而不是等大学最后一年再接受培训,而且教师培训应当将精心安排的循序渐进的现场与临床经验纳入其中[2]。

四、对国家教育改革的反应

对全国报告及其建议的批评

对众多全国报告以及上述采取的改革措施,人们的反应莫衷一是。我们注意到,为执行《不让一个孩子掉队》法案而采取的提高教师质量的各种做法,就引起了众多的争议和不满。毫无疑问,这些发展措施已经有效地让大家关注存在的教育问题,那些具体的提议也获得了很多支持。但是,很多教育学者认为,这些报告和法案对教育问题的诊断及提出的解决方案都太过简单,一些提议也遭到了实质性的反对和批评[3]。

例如,许多教师、学校管理人员以及研究人员都对重视"首席教师"(lead teacher)和"职业等级制度"(career ladder)的改革方法提出了批评,认为这些做法给部分教师比其同事更多的权力和报酬。此外,有关教师专业发展学校的批评则集中于以下两点:一是建立教师专业发展学校的成本过高,且缺乏可用的资金;二是利益的分歧阻碍了学区与高等教育机构之间的合作。还有人担心,那些参与改革活动的教师会因为多样且相互冲突的教育变革要求而负担沉重[4]。

州的教育改革

尽管缺乏共识,但几乎所有的州政府都会依据某个全国报告而采取了行动。目

---

〔1〕 安妮·利伯曼、琳妮·米勒,"教师专业实践学校对教师的培养",《师范学院学报》(1990 年秋季刊),pp. 105—122;玛莎·莱文(编辑):《教师专业实践学校》(纽约:师范学院出版社,2002);莎伦·卡瑟尔、瑞贝卡·K. 福克斯、凯斯琳·O. 苏德,"教师专业发展学校会带来不同吗",《教师教育杂志》(2006 年 1 月/2 月),pp. 65—80;萨门沙·S. 巴塞洛缪、朱迪丝·H. 桑德霍尔兹,"中小学与大学合作模式中对教学的矛盾观点",《教学与教师教育》(2009 年 1 月),pp. 155—165。

〔2〕 有关复兴小组的信息可在以下网址中获得:http://education.csufresno.edu/rengroup。

〔3〕 迈克尔·弗兰等:《教师教育改革的升温和停滞》(华盛顿特区:美国教师教育学院联合会,1998);蒙蒂·尼尔,"把孩子们留下",《卡潘》(2003 年 11 月),pp. 225—228;杜安·坎贝尔,"加利福尼亚州培养教师过程中的干扰、迎合和困顿",《加利福尼亚州进度报告》,2007 年 1 月 2 日,网址:www.californiaprogressreport.com。

〔4〕 威廉·R. 约翰逊,"增加从业人员的能力:霍姆斯、卡内基以及历史教训"《教育史季刊》(1987 年夏季刊),pp. 221—240;苏珊·M. 约翰逊,"教师专业资格证书能将教学重塑为令人尊敬的职业吗",《卡潘》(2001 年 1 月),pp. 393—399;雪莉·勒菲弗尔-大卫、查尔斯·约翰逊,"合作伙伴的两个面",《教育研究杂志》(2007 年 3 月),pp. 204—210;"这是一所真的教师专业发展学校还是一个自封的学校",发表于"三难困局解决法"网站,日期不详,网址:www.trilemmasolutions.com/lectures.html。

前，所有的州政府都根据《不让一个孩子掉队》法案开展了各种改革活动。大多数州已经增加了教师工资，严格规范了教师教育的招生标准和毕业标准，扩展了对新教师的测试。

五、学校改革与教师赋权增能

有些教育改革具体涉及**教师赋权增能**（teacher empowerment）运动，这项运动涉及的范围包括从增加教师在学校范围内进行决策的权利，到允许教师在教室里有更多的自主权。该运动旨在增加教师的权利，主要包括以下几个方面的内容：[1]

■ **校本管理**（school-based management）。校本管理是指很多学区的教育委员会与教师协会之间达成协议，赋予教师更多决定学校政策和事务的权利，让教师参与学校管理。这项规定通常给教职员工在选择教学方法、教学材料以及决定如何使用学校获得的资金等方面的更多机会。（在"教师职业"一章中将详细探讨校本管理）。例如，在佛罗里达州戴德县（Dade County），一些学校已经采取了自治的方法，让教师和教学管理人员一起工作，重新设计自己学校的教育方案，在很大程度上，教职员工能决定教学人员的数量和职责。作为这个校本管理计划的一部分，教育局不再对诸如班级的最大规模、学日的时长、每个科目的课时数等方面对学校提出要求。

■ 首席教师。首席教师制度是为了扩大教师的职责而采用的一种人事安排。例如，纽约罗彻斯特（Rochester）学区在 1987 年设立了"首席教师"职位，这些教师工作的时间比其他教师要多 10%，并且他们至少要把自己一半的时间用于顾问指导工作、规划教学改进工作，或是承担其他的领导职责。首席教师是由四名教师和三名教学管理人员组成的小组选拔产生的。

■ 专业实践社团（Professional Practice Communities）。组建和资助专业实践社团的目的是为了让教师能分享各自的观点，一起工作找出改善教学的方法，并协调全校及班级之间的活动来促进学习。例如，许多学校的在职培训现在就是由教师们自己来设计和实施的，另外，很多学校和学区的教师合作研讨需要强调的课程标准及课程实施的顺序，目的是让学生的成绩能够达到预定的标准。

关于这些制度安排是否成功，现在尚不能得出定论。尽管这些改革措施可能有助于个别教师或个别教师群体提高教学效果，但它们是否能在大范围内引起较大的改

---

〔1〕"初步报告：重点内容"，2003 年发表于佛罗里达州学校报告网站，网址：www.floridabestpractices.com/casestudies/fascell.html；亚当·乌尔班斯基等，"公共教育中的劳资关系"，2003 年的音频文件，网址：www.forumnetwork.org/wgbh；朗达·巴顿，"协调合作实现 NCDL 的目标"，《西北教育工作者》（2005 年秋季刊），网址：www.nwrel.org/nwedu；凯伦·S. 克鲁姆、惠特尼·H. 谢尔曼，"促进高学习成就"，《教育行政管理杂志》（2008 年第 4/5 期），pp. 562—580；琳达·南森，"教师共同交谈"，《贺拉斯》（2008 年春季刊），网址：www.essentialschools.org，点击"Resources"；辛迪·瑞格斯比，"从封闭的壁橱到开放的社区"，《教师杂志》，2008 年 7 月 2 日；简·L. 大卫，"研究结果说明什么——协同研究"，《教育领导》（2008 年 12 月/2009 年 1 月）；珍妮弗·L. 斯蒂尔、凯瑟琳·P. 卜德特，"合作的优势"，《教育领导》（2008 年 12 月/2009 年 1 月）。

变，这尚不清楚。这些改革措施遇到了不少障碍，涉身改革的教育者们也仍在探索如何将赋予教师的权力转化为学校和学生的成绩提高。

焦点问题回顾：上述种种改革措施中，你最希望在你想执教的学区中看到的是哪一种？哪一种改革措施你认为可能导致教师不满或增加教师压力？为什么？

第七节 教学前景

教师的光明前景

在20世纪80年代学校改革开始之前，选择教育专业的大学生面对的是教师的买方市场，曾有不少人质疑，选择进入这样一个在工资和社会地位都可能呈下降趋势的职业是否明智。但从那时以来，人们对教育的关注日益增加，关于教师职业的前景不断传出利好消息。教师过剩的形势已经缓解，各级政府正在采取行动以改进教师的招募及培养、改善教师的工作条件和增强教师的职业责任感。有志于帮助年轻人在校学习和成长的人们，一定有相当多的机会来实现他们的志向。在未来的岁月中，教学职业还将继续点燃人们的热情，人们会更深刻地意识到，教学职业对美国社会至关重要。

总结

(1) 虽然选择进入教师行业的原因各不相同，但研究表明，大多数教师做出这样的选择是为了帮助年轻儿童并为社会提供服务。

(2) 很多教育者都很重视通过各种途径增加教师队伍的多样性，以更好地反映学生群体的多样性。

(3) 对新教师的需求很可能继续增加。

(4) 教师的工资状况近年来得到改善。

(5) 对教师资格认证的要求各州都各不相同，各个高等教学机构间也各不相同。

(6) 教师教育的趋势包括采用“第五年”培养方案和“五年制”培养方案，同时重视培养反思型教师。教师也越来越要准备好使用不断更新的各种新技术，并准备好与具有特殊需要的学生一起工作，并要学会在各种不同的环境中施教。

(7) 尽管要概括各种不同的教师培养方案是不可能的，但有几个重要的报告认为，很多培养方案在培养未来教师上没有充分的作为。

(8) 虽然有些教师对起点工资和教师职业的某些方面还存在某种不满，但大多数教师对其工作总体是满意的。

(9) 教师队伍质量仍是广泛关注的问题。重要的全国教育报告以及《不让一个孩子掉队》法案促使出台了更高的教师认证标准，并设立了可获更高报酬的“首席教师”

职位。

(10) 很多学区都在寻找方法赋予教师更多权力从而提升学校效能。

(11) 随着公众对教育的关注度越来越高,学校在发生改变,教师的前景越来越光明,这将给教师职业带来活力,教师的角色也越来越重要。

关键术语

供求
教师资格证书
替代性教师资格认证
反思性教学
基本技能测试
全国报告
《国家处在危险之中》
《不让一个孩子掉队》法案
高质量教师
教师专业发展学校(PDS)
教师赋权增能运动

讨论题

(1) 你想成为一名教师的理由是否经常改变?如果是,改变的缘由是什么?未来最可能改变你的动机的理由是什么?

(2) 你认为本章中陈述的教师教育趋势值得期待吗?它们能对学校教育有所改善吗?要使学校有效的必备条件是什么?

(3) 哪些举措能提高教师的工资待遇?其中哪一种最可能成功?决定这些举措成功与否的因素是什么?

(4) 除教学工作外,中小学还有什么工作对有教学资格证书的年轻人开放?要获得这些工作,哪些准备是必要的或有益的?

专业发展的建议方案

(1) 到几个附近学区去收集教师工资表并加以分析。把你的数据与你同学在其他学区所获数据进行比较,你能看出其中的规律吗?在这些学区教学的优点和缺点各是什么?

(2) 在你的学校校园调查教师教育拨款情况。你所在的教育学院或教育学部是否像"现金奶牛"(cash cow,意为财源,译者注),能为校园中的其他单位提供大量资金?

(3) 采访一名小学教师和一名中学教师，调查他们的工作满意度，以及满意或不满意的原因。将你的发现与你班级同学的结果进行比较。

(4) 作为个人或小组成员，编制一份教师培养方案及方案的组织实施计划，该方案要能确保教师都能完成高水平的准备以胜任他们的教学工作。你可以查阅相关内容，例如，美国州际新教师评价与支持联盟(INTASC)(www. ccsso. org/Projects)，以及美国国家教学专业标准委员会(NBPTS)(www. nbpts. org)。

(5) 找出你所在的州对教师资格的要求作出了哪些审查和修订。找出你所在的州为响应2001年颁布的《不让一个孩子掉队》法案，是如何限定新教师和在职教师的能力的? 你正在接受的教师培养方案是否因为这些举措而有所改变? 这些改革举措在你所在的州是引发了新教师的问题，还是引起了在职业教师地位的各种争议? (相关信息可在你所在州的教育部网站上获得，网址可在以下网站的首页上找到：www. ccsso. org。)

第二章 教师职业

20世纪前，教师接受的培训相对较少，对是否能被雇佣也很少有发言权。那时正式的教师培训由一年制或两年制的师范学校或教师学院完成，教师在校外的行为必须遵守严格的规章制度。教师由于没有组织起来，各自分散在不同的学校和学区里，所以很可能仅仅因为某个社区成员的反对而被告知没有教书的能力，并被地方教育局开除。很多教师被告知不能教授某些社区成员可能会有异议的内容。

时代已经发生巨变。如今，教师正努力成为专业人士，拥有自己特定领域内的教学方法、教学内容、教学手段等专门知识。另外，教师已经很好地组织成为团体，获得了更多的权利，能让人们通过他们的工作成绩而不是校外的行为表现来判断他们的好坏。他们还能经常参与有关他们工作条件的决策。很多时候教师与学校管理人员、大学研究人员、政府官员以及所在社区的人们建立了密切的联系。本章第一部分描述了教师努力获得完全专业化地位的方式；第二部分讨论了教师组织扩大其权力和声望的方式。阅读本章时，请仔细思考以下问题：

焦点问题：

■ 哪些趋势表明教师正逐步成为一个完全成熟的专业？

■ 从哪方面说教师还未完全专业化？

■ 绩效工资制度对教师职业具有帮助作用还是阻碍作用？

■ NEA（全国教育协会）和 AFT（美国教师联合会）这两个主要的教师专业组织的宗旨是什么？有些什么活动？

■ 其他重要的教师专业组织还有哪些？

■ 教育类学生和刚分配工作的新教师可以加入哪些专业组织？

第一节 教师是一种专业吗？

教师是否能被称为一种真正的专业，教育学家们已经关注这个问题数十年了。一些教育学家试图识别一个专业应具备的理想特征，然后据此对教师职业进行评估，以此判断教师是否是一种专业。根据20世纪后半期一些著名权威人士的研究

* 本章由陶森大学的大卫·E. 沃克博士修订。

结果，以下是一个完全专业(profession)的特征[1]。

专业的特征

1. 具有公共服务意识，事业献身精神；
2. 拥有一套明确的知识和技能体系，外行人无法掌握；
3. 需要长期的专业训练；
4. 严格控制从业许可标准或职业准入要求；
5. 对特定工作范围的决策具有自主权；
6. 承担与所提供的服务相关的判断和行为责任；拥有一套业绩标准；
7. 拥有由专业人士组成的自治组织；
8. 由专业协会或精英团体对个人的成就进行鉴别；
9. 以一套伦理标准澄清有分歧的事件或解释所提供服务的疑惑之处；
10. 具有很高的社会威望和经济地位。

半专业化的教师职业

批评者声称，教师尚未达到完全意义上的专业化，因为它尚不具备上述一些专业的特征，但可以将其视为"半专业化"或"形成中的专业"，处于达到上述专业特征的过程中[2]。一些社会学家认为，护士和社会工作者也是"半专业化"的职业。

教师职业与律师、医生等职业的专业水平相比，尤为落后，主要体现在以下四个方面：(1) 拥有一套明确的知识和技能体系，外行人无法掌握；(2) 严格控制从业许可标准或职业准入要求；(3) 对特定工作范围的决策具有自主权；(4) 具有很高的威望和经济地位。在以下章节中，我们将就这四个方面对教师职业进行探讨。

一、明确的知识体系

未达成共识的知识体系

任何专业都具有独特的知识体系，能将其成员与其他大众加以分别，也能让他们对该职业进行控制。只有具备这样一套明确的知识体系，其成员才能通过掌握这套知识体系来建立自己的专长，从而将未掌握这套知识体系的门外汉拒之门外，同时保护公众不接受未受过训练的外行的服务。过去，"教育"或"教学"并不是建立在一套已经

---

〔1〕 罗纳德·G. 考尔文：《教育社会学》(纽约：阿普尔顿-世纪-克罗夫茨出版社，1965)；罗伯特·B. 郝山姆等：《教育，一种专业》(华盛顿特区：美国教师教育学院联合会，1976)；苏珊·J. 罗森霍茨：《教师的工作场所：学校的社会组织》(纽约：朗文出版社，1989)。

〔2〕 艾米泰·艾奇厄尼：《半专业及其组织：教师、护士和社会工作者》(纽约：自由出版社，1969)，p. v。

达成共识的、专门的知识体系之上的，[1]它也不像医学或工程学那样，是由大量的程序规则和特有的方法论来指导的。结果，很多的人，尤其是外行的公众，他们在谈论教育时就像专家一样，这造成了许多相互冲突的，有时是消极的言论[2]。

职前培养的主要内容构成

由于教师职业的知识体系正在形成之中，这就使得教师教育课程的内容在各州之间，甚至某个州内各教师培训机构之间大不相同。通常而言，教师的职前培养由三个主要部分构成：(1) 通识教育或普通教育(liberal or general education)；(2) 专门学科领域的教育，即学生的专业课程或辅修课程；(3) 教师专业教育。几乎所有的教育工作者都认为，好教师的培养依赖于这三个组成部分，但哪一部分相对应当更加受重视却引起了争论。例如，教育类课程培养方案应该要求开设多少通识教育课程、专业学科教育课程及教师专业教育课程？另外，强调在真实学校环境中进行教学实践的实习活动应当在何种程度上与教师专业教育课程相融合，人们对此也存在不同观点。因此，你所接受的教师教育课程培养方案很可能不同于另一所大学或学院[3]。

20 世纪 60 年代，詹姆斯·科纳和詹姆斯·布莱恩特·科南特(James Koerner and James Bryant Conant)在其具有高度批判性的著作中对这个问题进行了深入的讨论，他们在几十年前发出的批判之声至今仍不绝于耳。科纳指出，由于要求开设太多的教育课程，有些州立教师教育学院开设的教育类课程竟有 60 学时之多，而且对这些课程的要求太过宽松，因此，教育学院培养出的教师能够精通教育学，却是以牺牲学术内容为代价的[4]。虽然批评家的批评意见已经帮助减少了必修的教育课程数，但是争论仍在继续，[5]要实施全国统一的教师培养标准仍有很大的困难。

NCATE 标准

教育行业的许多人员正采取各种措施改变这种状况，并把不断完善的教师专业知识基础纳入一系列的国家成绩标准中，这些标准被用于保证和约束教师培训机构的责任。**全国教师教育认证委员会**(National Council for Accreditation of Teacher Educa-

---

〔1〕 罗伯特·J. 英格、阿曼德·L. 诺伦，“依然存在的合法性挑战”，《卡潘》(2003 年 1 月)，pp. 386—390；丹妮·里威奇，“教师专业化简史”，论文在“培养明日之教师白宫会议”上宣读(2003 年 8 月)。

〔2〕 亨德里克·D. 基德昂斯：《教师教育相关的知识》(华盛顿特区：美国大学教师教育协会，1989)；乔纳森·萨菲亚：《篝火和魔术子弹：让教学成为真正的专业》(马萨诸塞州卡莱尔：教学改进研究出版社，1995)；瓦勒里·R. 海尔特博朗，“专业化：教师掌握缰绳”，《信息交流中心》(2008 年 1 月)，pp. 123—127。

〔3〕 亚瑟·莱文，“学校教育急需改革吗”，《托管制度》(2007 年 1 月)，p. 40。

〔4〕 詹姆斯·D. 科恩纳：《美国教师的错误教育》(波士顿：霍顿·米夫林出版公司，1963)；詹姆斯·布莱恩特·科南特：《美国教师的教育》(纽约：麦格劳希尔集团，1963)；阿勒莫纳·哈托克里斯，“对教师的教学：谁需要教育学院”，《纽约时报教育增刊》(2005 年 7 月 31 日)；乔治·威尔，“教育学部与教育”，《新闻周刊》(2006 年 1 月 16 日)。

〔5〕 亚瑟·E. 怀斯，“打造高质量的教师队伍”，《教育领导》(2000 年 12 月—2001 年 1 月)，pp. 18—21；派伯·福格，“报告揭示教师教育项目既陈旧过时又质量低下”，《高等教育纪事报》(2006 年 9 月 29 日)，p. 10。

tion, NCATE)已设立了教师培养方案的国家标准，以判断那些培养准备进入教室的教师候选人和专家的教师培养方案是否达到国家标准。就在 2009 年，1200 所教师培养学院中，有 42%的学院未能通过 NCATE 的认证。尽管如此，大多数 NCATE 的成员院校都在勤奋工作，努力争取达到 NCATE 的标准。大约有 700 个教师培养方案已经通过了认证或正在接受认证，其余 500 所教师教育培养机构中，大多数也正用 NCATE 标准来进行州级评估。因此，到 2008 年年底，有 26 个州直接采用了或修订了 NCATE 的成套标准来评估州的教师教育方案，所有 50 个州都在与该组织合作，对其教师培训方案实施严格的审查。NCATE 标准正逐步成为教师培养的核心标准，有 17 个州的所有公立教师教育方案通过了 NCATE 认证，另有 28 个州的大多数公立学校教师教育方案通过了 NCATE 认证[1]。此外，美国教师教育学院联合会(AACTE)正大力促进各院校达到 NCATE 的标准。为进一步实现这个目标，美国教师教育学院联合会为各院校提供技术支持，包括在认证评估期间向未通过认证的学校提供咨询等[2]。

焦点问题回顾：你所在的学院是否通过了 NCATE 的认证？请到网站 www.ncate.org 了解更多关于 NCATE 标准的内容。

二、控制职业准入和认证要求

教师资格认证的多样化

虽然大多数行业都对其行业的准入和许可证发放有独特的要求，但教师行业在历史上一直缺乏这样的要求。现在，50 个州各自设立了自己的教师资格要求，而且各州的要求各不相同。正如第一章“教师从教的动机、准备及条件”所述，大多数州的未来教师只需要通过阅读、写作、数学的最低能力水平测试。另外，像“国家教学专业标准委员会”等一些团体已经制定了测量熟练教师能力的方法。你可能希望研究一下你所在的州对获取教师资格证书的资格和考试要求，并与附近其他州的要求进行比较。

更有甚者，很多中学教师似乎处于无证执教的状况，换言之，这些教师可能是在其受到认可的专业领域之外进行教学。这个问题在一些核心学科如英语、社会学、科学和数学中尤为严重，这些学科中有 17%的课堂是由非本专业的教师进行教学的。这

〔1〕 参见“NCATE 对教师培训机构的益处”，网址：http://ncate.org/documents/NCATEImpacts_web.pdf(2009)；另参见“有关 NCATE 的常见问题”，网址：http://ncate.org/public/FaqaboutNCATE.asp? ch=3(2009)。

〔2〕 美国教师教育学院联合会，“NCATE 特别小组促进项目审查质量”，《美国教师教育学院联合会简报》(2003 年 8 月 25 日)，pp.1,3；另可参见网站上的“认证问题”，网址：http://aacte.org/index.php? /Accreditation-Issues/(2009)。

个问题在贫困地区更为严重，大约有27%的核心课程由非本专业的教师执教[1]。

有关替代性教师资格认证的争论

正如在第一章“教师从教的动机、准备及条件”中所讨论的那样，替代性教师资格认证的发展趋势为教师资格认证的前景进一步蒙上了阴影。替代性教师资格认证的过程旨在开辟一条快速通道，解决某些学科领域如数学、科学、特殊教育等领域的教师短缺的问题，或是提高新教师质量的问题，通过这一过程可以招募各种有经验的、谋求第二职业的大学毕业生充当教师，它也被视为满足《不让一个孩子掉队》法案提出的高质量教师要求的方法[2]。外行人和地方教育委员会成员通常赞誉替代性教师资格认证项目既实用又创新，但另一方面，大多数教师培养组织却将其视为对教师职业的威胁。有一位评论家曾写道，“那种认为一个人只要知道点什么就自然能够教学的想法……不可能解决教师质量的问题”[3]。美国教师教育学院联合会也毫不客气地批评了替代性教师资格认证项目，认为教师只有在完成高质量的教师培养后才能到教室里工作[4]。

教师组织的参与

教师对各种不同的教师资格认证的要求不管有何想法，他们过去一直对这些事务都极少能够发表自己的看法。但教师组织现在正逐渐展开与州立法机关和教育厅的合作，一起修订教师资格认证的标准和建立专业实践理事会(professional practice board)(将在本章后面进行讨论)。教师的投入越多，他们越能对自己的职业认证程序行使更多的控制，教师也越能被认为是一种完全专业化的职业。

三、工作范围内的决策自主权

专业控制与外行控制

在一个完全专业化的职业中，专业群体的每个成员，而不是局外人，都有资格对该

[1] 丹尼尔·C.汉弗莱、马乔里·E.韦克斯勒，“对替代性教师资格认证模式的见解：一次全国性调查的初期报告”，《师范学院学报》(2007年3月)，pp. 483—530；瓦萨利·霍拉瓦，“达到‘高质量’教师状态的教师人数在不断上升”，《教育周刊》(2008年6月11日)，pp. 14—15；美国教育信托基金会：《核心问题：非专业人员执教关键学术科目的问题依然存在，尤其是美国高度贫困和少数群体聚集的学校内尤为严重》(2008年11月)，网址：http://www2.edtrust.org/EdTrust/Press+Room/CoreProblems.htm。

[2] 梅勒尼·肖，“替代性教师资格认证项目对教师短缺的影响”，《国际学习杂志》(2008年7月)，pp. 89—97。

[3] 李·S.夏尔曼，“知识与教学：基础和革新”，《哈佛教育评论》(1987年2月)，p. 324；克里斯多夫·纳吉、王宁，“教师进入教室的其他途径”，在线提交的美国教育研究协会年会论文，2006年3月9日。

[4] 苏珊·摩尔·约翰逊，“教师的专业资格证书能将教学重塑成为一种专业吗”，《卡潘》(2001年1月)，pp. 393—399；理查德·M.英格索尔，“短于权力，长于责任”，《教育领导》(2007年9月)，pp. 20—25；美国教师教育学院联合会，“教育对教师质量规定的诉求”，《美国教师教育学院联合会新闻》(2008年1月19日)，网址：http://www.aacte.org/index.php?/Press-Center/AACTE-in-the-News/。

职业的工作性质作出专业的评判。确实，外行控制被视为是一个专业的天敌，它限制了专业人员的权力，而开启了外界的干扰之门。专业人员通常会制定一定的规章制度和惯例，能让他们在自己的能力优势领域里以及在与客户的关系中获得特殊的支配权。

教师参与的传统性缺失

与专业控制相对照，教师一直以来很少参与课程决策，而且当教师们引用某些压力团体认为具有争议的教材或讨论话题时，往往很容易遭受责难。实际上，学校官员经常雇佣一些几乎没有教学经验的局外"专家"来帮助他们选择课本、编制拨款资金计划，或是解决地方学校与社区的纠纷问题。更常见的情况是，学校改革的设想来自于政府官员、商业领导者、市民团体，而非来自教师。

四、较高的社会声望和经济地位

高声望的职业

职业声望(occupational prestige)是指特定社会赋予某种职业的尊重。你认为教师属于高声望的职业吗？如果一种职业总是能为社会作出特别有价值的贡献，这种职业就可列为高声望的职业；如果一种职业需要从业人员受过高水平教育或拥有高水平的技能，而且几乎不需要从事手工的或体力的劳动，这样的职业也常常具有较高的社会声望。从社会地位的这些方面来看，中小学教师这个职业历来排名相对较高。

教师声望

最有名的职业声望研究或许当属美国"全国民意调查研究中心"(National Opinion Research Center，NORC)从1947年起所进行的一系列调查研究。在对500多种职业的社会声望进行调查的研究中，平均分最高的主要职业是82分的内科医生和外科医生；平均分最低的是只有9分的擦皮鞋者；小学教师的分数是60分，中学教师的分数是63分，都在百分位第90名以上[1]。2008年的哈理斯民调(The Harris Poll)显示，52%的调查对象认为教师是一种具有"很高社会声望"的职业，消防员以57%的成绩排名第一，房地产经纪人则以6%的成绩排名最后(见图2.1)[2]。

---

〔1〕 C. C. 诺什、保罗·K. 哈特，"工作与职业：一种流行的评价"，《舆论新闻》(1947年9月1日)，pp. 3—13；罗伯特·W. 霍奇、保罗·M. 西格尔、彼得·H. 罗西，"美国的职业声望，1925—63"，《美国社会学学刊》(1964年11月)，pp. 286—302；唐纳德·J. 特雷曼：《比较视野下的职业声望》(纽约：学术出版社，1977)。

〔2〕 "声望的悖论：高薪不一定等于高声望：30年内教师声望增加最多"，哈理斯民调(哈理斯互动公司，2008年8月5日)，网址：http://www.harrisinteractive.com/harris_poll/index.asp? PID=939。

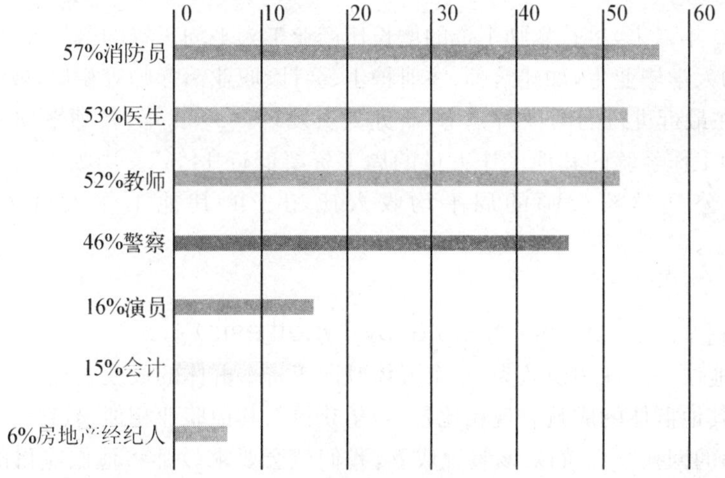

图 2.1 高声望与高收入

【资料来源】"声望的悖论：高薪不一定等于高声望：30 年内教师声望增加最多"，哈理斯民调(哈理斯互动公司，2008 年 8 月 5 日)，网址：http://www.harrisinteractive.com/harris_poll/index.asp? PID=939。

工作复杂性带来的声望

教师之所以能在有关职业声望的调查中保持甚至提升他们排名，原因之一是教师的平均受教育水平已经比过去的一个世纪有了大大的提升，另一个原因可能是教学工作的复杂性本质。布赖恩·罗文(Brian Rowan)将教师工作与其他职业进行了对比，发现工作的复杂性与职业声望直接相关，而教学工作比其他所有职业要复杂 75%，因此其声望的排名非常高。教师工作的复杂性主要体现在需要运用逻辑思维和科学思维的原理来定义问题、收集数据、证明事实、得出结论等。要成为一名教师，你必须精通语言(阅读、写作、演说)，另外最重要的是，你必须能有效地与各种人打交道，包括儿童、青少年、家长、同事及你的上级等。正由于教师要与人高度互动，这使教师的声望与大多数从事其他工作的人之间差距甚远。但是，社会还是把比教师更高的声望(当然，还有更高的报酬)给予了内科医生、律师、工程师等专业人员，主要因为他们必须处理一般被认为更抽象(也就是更复杂)的信息，而且也因为这些领域需要更严格的学术培养和许可认证[1]。

---

〔1〕 布莱恩·罗文，"教师工作与其他职业的对比"，《教育研究者》(1994)，pp. 4—17；埃里克·霍伊尔，"教学所获得的声望、社会地位和尊重"，《教育管理与行政》(2001 年 4 月)，pp. 139—152。

教师工资趋势

从1930年以来，尽管教师工资的增长比产业工人平均工资的增长要高，但与从事其他行业的大学毕业生，如建筑师、注册护士、会计、职业治疗师等相比，教师工资仍然很低[1]。在最近进行的两项研究中，研究人员发现，“2003年，教师平均周工资比有相似学历和工作经验的其他工作人员的周工资要低近14%”。周收入的趋势分析表明，2006年公立学校教师的周平均收入比相当的其他工作人员的周收入要低15%[2]。

地位一致性假说(status-consistency hypothesis)

然而，地位一致性假说认为，一个群体倾向于将本群体的成就表现(包括声望和工资收入)与其他群体的成就表现相比较，希望获得与其他职业相似、教育背景相似的群体可以对等的回报[3]。如果该假说成立，我们就会要求教师将他们应得的回报与其他类似群体进行比较，进而继续游说当局以获取同等的报酬。一些研究人员认为，回报的低下也是让一些教师选择离开教师职业的动因。大都会人寿保险公司于2008年所作的美国教师的调查结果显示，62%的教师对他们的职业感到“非常满意”，虽然这是20年来满意度最高的一次，但只有16%的教师“非常同意”教学工作能让他们有机会获得一份体面的工资[4]。

教师的地位在上升

值得称赞的是，20世纪80年代和90年代的教育改革运动让教师成为公众关注的中心，也给学区施加了压力以增加教师的工资。但不幸的是，20世纪最后20年取得的成果并没有在21世纪的第一个十年中得到保持。尽管教师的工资增长陷入停滞状态，但教师们仍对其职业保持较高的满意度，其职业声望也相对维持较高水平。

焦点问题回顾：在上述专业化的几项特征中，哪一项对你个人对专业的定义而言是最重要的？是明确的知识体系、控制职业准入和认证要求、工作范围内的决策自主权，还是较高的社会声望和经济地位？教师职业在这些方面似乎落后于其他职业，这

[1] 史蒂文·L.邓林格，“教师缺乏问题之我见”，《信息交流中心》(2002年1—2月)，pp. 116—117；丹·歌德哈伯、丹尼尔·佩雷尔，“什么不同的基准点显示了在公立学校教书如此具有经济吸引力”，《教育金融学杂志》(2005年冬季刊)，pp. 211—230；约翰·M.克立格，“书评——如何比较教师薪酬”，《教育经济学评论》(2007)，pp. 265—266。

[2] 西尔维娅·A.阿里格瑞特、肖恩·P.柯克伦、劳伦斯·米歇尔：《教学的处罚：教师薪酬不断降低》(华盛顿，特区：经济政策研究所，2009)。

[3] 大卫·J.霍夫，“政治将教师推至最前线”，《教育周刊》(2006年1月)，pp. 1，21，24。

[4] 劳拉·葛瑞芙拉，“教师职业满意度达20年新高，大都会人寿保险公司调查的发现”，《教育周刊》(2006年10月18日)，p. 11；杰瑞尔德·W.布雷西，“教师薪酬的快速增加”，《校长领导力(中学版)》(2007年5月)，pp. 64—66；大都会人寿保险公司：《大都会人寿保险对美国教师的调查：期望和经验》(2008)。

对你而言重要吗？为什么是或为什么不？

第二节 迈向专业化的趋势

正如我们所见，尽管教师还不算一门完全专业化的职业，但某些趋势正在有助于教师职业向专业化方向迈进。例如，**集体谈判**(collective bargaining)就能增强教师自主决定课堂教学工作的能力。下面，让我们一起来看看长期以来人们为实现教师专业化而作出的主要努力。

一、集体谈判的范围

第二次世界大战结束以来，美国大部分地区的大部分教师赢得了派代表与教师的雇主"学校教育委员会"进行正式谈判的权利。目前有34个州已经通过了法律，规定学区必须与教师进行工资谈判，另有11个州允许进行集体谈判。集体谈判的范围和本质各不相同，有在缺乏相关法律支持或禁止集体谈判的情况下通过协商进行的谈判，也有在罢工权利支持下进行的彻底的合约谈判[1]。然而私立学校还没有进行集体谈判。

集体谈判是专业性的吗？

从某种角度上说，集体谈判可能被视为非专业性的活动，甚至是与专业性相左的行为。例如，在法律界、医疗界或神职人员那里，很少有专业人员加入某些组织，通过组织的集体谈判来决定聘用条款。但是，集体谈判的确显著地促进了教师专业化，它给予教师更多自主权来影响其工作条件和提高教师的效能。

集体谈判关注中心的转变

除了基本的工资问题外，集体谈判越来越关注的是其他方面。如今，关注的重点是同行审查、职业阶梯、绩效工资、特许学校、标准设置和校本管理等，[2]本章接下来将分别讨论这些主题。负责教师集体谈判的部门常常感到被"踢皮球"，尤其在谈判像工资和福利这类"面包与牛奶问题"时，而在谈判像学生成绩等专业问题时，常常感到遭受敌视[3]。其他推动学校改革的运动、学校重组的运动及教师赋权增能运动等，都

---

〔1〕 南森·伯勒斯，"论点与证据：有关集体谈判在公共教育中作用的争论"，《教育政策简报》(伊利诺伊州布卢明顿：评估和教育政策中心，2008年秋)。

〔2〕 鲍比·安·斯塔恩斯，"对教学的思考：约翰·L.路易斯、耶稣及布什总统"，《卡潘》(2004年2月)，p. 475；R. D. 卡伦贝格，"教师集体谈判的历史"，J. 汉纳韦、A. J. 罗瑟勒姆(编辑)：《教育中的集体谈判》(马萨诸塞州坎布里奇：哈佛教育出版社，2006)，pp. 7—26；路易·斐雪、大卫·希米尔、莱斯利·斯蒂尔曼：《教师与法》(纽约：朗文出版社，2007)，pp. 44—56。

〔3〕 丹尼·G.博尔顿，"更好的谈判方式：合同协商中常见的错误及如何避免这些错误"，《美国教育委员会会刊》(2001年3月)，pp. 16—20。

将带给教师更多的专业自主权、联盟力量及更高的工资,但同时也要承担更多的责任以及要减少对抗性谈判。延续这种方式,集体谈判将不仅能解决学校教育委员会与教师间的矛盾,更能提升教师这个职业整体的地位[1]。

二、专业实践理事会

设置专业标准

尽管教育工作者不可能完全拥有设置专业实践标准的自主权,但他们的角色作用越来越大。今天,各州都成立了专业标准理事会,具有颁发、更新、停止和废除教师及学校管理人员资格证书的权力。目前有 25 个州的专业标准理事会具有咨询顾问的功能,而有 15 个州的专业标准委员会有独立作出决策的权力[2]。

全国性的理事会

一些教育工作者主张成立一个全国统一的理事会,而不是各州设置独立的理事会。美国教师联合会(AFT)一直坚持这一立场,全国教育协会(NEA)也已经接受了这个观点。1987 年,在卡内基公司的大力协调下,美国**国家教学专业标准委员会**(National Board for Professional Teaching Standards, NBPTS)成立,美国教师联合会和全国教育协会这两个主要教师组织的主席都成了 NBPTS 理事会的理事长,而且该理事会的大部分成员都来自教师行业[3]。目前,NBPTS 已经在 26 个认证学科领域,为 7.4 万多名专家教师(master teacher)颁发了国家教师资格证书。专家教师是指那些通过一系列严格测评,证明拥有专家应具备的各项技能的教师[4]。尽管 NBPTS 的资格证书是由教师自愿申请,不是聘用教师时的必需条件,但很多州、地方教育委员会和地方学校的主管都已设立奖励机制来鼓励教师们获取国家教师资格证书。现在,所有 50 个州都已出台各种支持政策,以补偿认证费用或以补发工资的形式支持教师通过全国性认证[5]。更多关于全国委员会标准和国家教师资格证书的内容请访问网站 www.nbpts.org。

---

〔1〕 佩里·A.泽克尔,"罢工的结果",《卡潘》(2003 年 2 月),pp. 478—479;苏珊·布莱克,"谈判:为了你的最大利益",《美国教育委员会会刊》(2008 年 4 月),pp. 52—53。

〔2〕 全国州教育委员会协会,"专业标准理事会的作用",《主要实体和利害关系人》(弗吉尼亚州亚历山大:全国州教育委员会协会,2008)。

〔3〕 阿尔伯特·珊珂,"质量保证:加强教学专业必须做的",《卡潘》(1996 年 11 月),pp. 220—224;另参见"美国国家教学专业标准委员会"网站:http://www.nbpts.org(2009)。

〔4〕 参见"全国委员会认证教师名录"网址:http://www.nbpts.org/resources/nbct_directory(2009)。

〔5〕 朱莉娅·E.柯丕奇、丹尼尔·C.汉弗莱、海瑟·J.霍夫,"利用教师所知的和能做的:政策、实践和全国委员会认证",《教育政策分析档案》(2006 年 4 月 3 日),pp. 1—27;另参见"通过全国认证的益处",网址:http://www./nbpts.org/become_a_candidate/the_benefits(2009)。

三、入职适应调整制度

入职适应调整制度(mediated entry)是指在他人认真的督导下进行职业实践,以顺利进入一个专业化职业的制度,它有助于人们学会如何将专业知识成功地运用于实际工作环境中。例如,想当内科医生的人要先做一年或一年以上的实习医师,然后再成为住院医师,最后才能成为完全的专业人员。

缺乏对新教师的帮助

丹·罗提(Dan Lortie)从社会学的观点对教师的工作进行了经典研究,其结论是:教师职业介于可随意进入的职业和准入要求很高的职业之间。例如,对文秘工作人员知识和技能的要求,明显要低于对医生的要求[1]。由于教师职业缺乏更系统的入职适应调整安排,这就意味着新教师相对较少有机会能受益于从业更早的教育工作者已经形成的一套教学原则和实践方法。教师们时常报告说,他们只能通过教室中的各种尝试和错误,独自学习如何教学;教师们还报告说,刚开始教学的头几年完全充满焦虑、懊恼、恐惧,甚至是精神创伤。也许正因为这个缘故,14%的新教师在他们任教满一年之际选择离开了教师行业[2]。尽管任何职业刚开始时都可能产生各种问题和焦虑,但一个更系统的入职适应调整制度很可能会消除一些压力。

教学资源视频案例

对第一年新教师的指导:通向专业成功的关键因素

在阅读完本节之后,请观看学生学习网站上的视频"对第一年新教师的指导:通向专业成功的关键因素"。在该视频中,你将看到新教师丹尼娅·迪亚斯与她的指导教师阿波迪·阿里一同工作的情景。你如何把丹尼娅和她的经历与一个新教师联系起来(参见访谈文字稿 2)?观看视频后,请回答下面的问题:

(1) 该视频是如何阐述本章描述的概念"入职的适应调整"的?

(2) 你认为在接受阿里先生的指导后,丹尼娅对教学获得了什么见解?

作为实习基地的教师专业发展学校

越来越多的学院和大学将教师专业发展学校(PDSs)(在第一章"教师从教的动机、准备及条件"中有详细描述)作为实习基地,让想成为教师的学生在正式开始对学生的教学前,在这里获取更多更深入的课堂教学经验。这种方法需要几个学期来完

〔1〕 丹·C.罗提:《对学校教师的社会学研究》(芝加哥:芝加哥大学出版社,1975)。

〔2〕 苏珊·布莱克,"帮助教师不掉队",《教育文摘》(2004 年 12 月),pp. 46—51 黛布拉·怀尔德拉,"工作条件胜过薪酬",《教育周刊》(2008 年 1 月 10 日),pp. 32—35;凯西·韦伯克、乔·巴丁,"对新教师的支持",《教职员工发展杂志》(2009 年冬季刊),pp. 34—38。

成，它是在真实的教室中，在有经验的教师和大学教授的共同指导下进行的，可以为学生进入教学职业提供更多的教学方法的引导。这样，新教师在开始他们的职业生涯后，就能够更多地留在这个职业领域中[1]。

建立入职过渡期

教育界已经意识到，应当设立一个新教师的入职过渡期，以引导新教师进入教学工作，尤其是在目前高达45%的新教师在工作五年后选择离开的情况下，这个过渡期尤为重要。这样的话，在开始执教的最初几年里，你可能被认为是试用教师。从20世纪80年代初以来，有30多个州已经立法建立了州范围内的激励机制，或是通过提供资金来达到建立教师过渡期的目的。例如，俄亥俄州托莱多市的学区与托莱多市教师联盟合作，让指导教师为实习教师提供反馈和帮助[2]。业绩测评的方法有助于确定新教师是否掌握了一些最重要的教学技能。其他的学区则安排接受过特殊训练的指导教师或援助小组与新教师一起工作，尤其是对被安排教授高危学生的新教师提供指导和帮助[3]。作为帮助新教师的回报，指导教师可享受额外的休息时间或津贴。在很多其他的学区，所有教师都要接受评估，但是对试用期教师和有经验的教师的期望值和培训时间是不相同的[4]。一些大学和学院为即将从事教学工作的毕业生提供过渡期指导，这种指导要么是通过直接指导的方式，要么是通过员工培训的方式，或是两种形式兼有。总而言之，这种建立越来越细致的入职适应调整制度的趋势还将继续，主要的教师工会和其他数个教育改革群体都支持这种制度，联邦政府的立法，例如，《不让一个孩子掉队》法案也支持这种制度，强令要培养“高质量”的教师[5]（我们在第一章“教师从教的动机、准备及条件”中对“高质量”教师进行了定义和讨论）。

四、教职员工发展

与时俱进

开始全职教学工作并不意味着教师培训的结束，教学工作需要严格的不断培训，

---

〔1〕 安·雷诺兹、史蒂文·罗斯、珍宁·洛克瓦，“教师留任、教学效率及专业培训：教师专业发展学校与非教师专业发展学校毕业生的比较”，《教学与教师教育》（2002年4月），pp. 289—303；托马斯·古斯克，“什么促进专业发展的高效率”，《卡潘》（2003年6月），pp. 748—750；莎伦·卡瑟尔，“教师专业发展学校会带来不同吗”，《教师教育杂志》（2006年1月/2月），pp. 65—80。

〔2〕 托马斯·托克、罗伯特·罗斯曼：《匆忙作出的判断：公共教育中的教师评价》（华盛顿特区：独立思想库教育领域，2008年1月）；托莱多教师联合会：《托莱多计划》，网址：http://www./tft250.org/the_toledo_plan.htm（2009年1月）。

〔3〕 苏珊·摩尔·约翰逊、苏珊·卡德斯，“牢记新教师”，《教育领导》（2002年3月），pp. 12—16。

〔4〕 亚瑟·E. 怀斯、琳达·达琳-哈蒙德、巴奈特·贝利：《有效地选择教师：从聘用到留任》（加利福尼亚州圣塔莫尼卡：兰德公司，1987）；劳拉·M. 胡可、琳达·伦道夫，“优秀的教师培养：为成功而合作”，《儿童教育》（2004年夏季刊），p. 231。

〔5〕 卓越教育联盟，“了解并减少教师的流动率”，《教育文摘》（2008年5月），pp. 22—26。

这种培训常常被称为**员工发展**(staff development),或称为学区内教职员工的继续教育和培训。为跟上专业培训的时代要求,并掌握新的课堂教学技能,教师按照惯例要参加各种不同的在职培训或在职攻读硕士学位。大多数州都要求教师完成所教学科领域的硕士学位,或是教育专业硕士学位的学习,以此保持拥有教师资格证书,也才可能自动升任为"高质量教师"(HQT)。

员工发展日益重要

全国教育协会(NEA)和美国教师联合会(AFT)都非常支持员工发展的理念,认为这是教师专业成长中不可分割的一部分。美国教师的平均教龄大约为 15 年,很多州都要求教师必须参加员工发展课程项目以保住自己的教师资格证书。年轻的教师,指教龄少于十年的教师,通常会利用员工发展的课程项目来获取新的学位(多数是硕士学位),而教龄在十年或十年以上的老教师更可能参加专门的研讨会或在职培训项目[1]。最迫切需要的员工发展的内容包括提高学生的阅读和写作技能、技术技能,与全纳学生相处、与多样化人群交流、主动学习策略、课程修订、校本管理以及与教育相关的法律问题等。

美国教师联合会也制定了一项"教育研究与传播"(ER&D)计划,以便让教师更多地接触重要的教育研究成果。该计划包括一系列的大学研讨会,探讨最新的研究成果及这些成果在课堂中的实际运用。很多大学已经专门培训了 1500 多名教师,让他们成为研讨会的领导者,该计划还在不断发展中[2]。教师也可利用互联网不断发展自己的专业水平。

五、绩效工资

对绩效工资的批评

美国各地只有少数学区正在对教师工资进行真正的改变,但这类学区的数量正在不断增加。这些学校教育委员会采纳了**绩效工资**(merit pay)(绩效工资是为奖励教师的优异表现而在基本工资之外增加的工资),这被认为是一种激励教师、改善教学、成本效率高的方法[3]。但是,教师工会和其他批评者则对绩效工资计划持保留态度,一些人认为教师的工作非常复杂,难以衡量好坏,而且绩效的评定大多非常主观,尤其是当评定工作

---

〔1〕 约翰·诺顿,"植根于研究",《教职员工培训杂志》(2001 年夏季刊),pp. 30—32;万·E. 库勒,"技术的运用,将教师作为训练员",《技术和教师培训杂志》(2001),pp. 269—284;保罗·加兰德,"技术专家:用你的闲暇时间开展以教师-网络为基础的员工培训",《教育技术发展趋势》(2002 年 5 月—6 月),pp. 7—10;伊丽莎白·哈特威尔-杨,"在由学校技术保障的专业实践社团中的教师作用和学习社团",《技术和教师教育杂志》(2006 年 7 月),pp. 461—480。

〔2〕 海耶斯·米泽尔,"如何从这里到那里",《教职员工培训杂志》(2001 年夏季刊),pp. 18—20;《美国教师联合会"教育研究与传播":一项专业发展计划》,网址:http://www.aft.org/topics/teacher-quality/downloads/introduction.pdf。(2009 年 1 月)。

〔3〕 威斯康星教育研究中心:《为教师提供报酬的其他方式:承诺与诱惑》(2008 年 1 月),p. 1,网址:http://www.wceruw.org/news/coverStories/approaches_to_alternate_teacher_comp.php。

交由学校校长个人来完成时[1]。教师和教师专业组织更喜欢对教师进行同行评价。据报道，在一些已经实行绩效工资制度的学校里，教师经常不认可被选出来获得绩效工资的人。一些观察者也担心，这种工资奖励只能给相对较少的教师，却可能牺牲了其他大多数的教师，甚至会威胁到这些教育工作者的团结和合作关系[2]。批评者们认为，现在需要的是让教师参与工资改革计划的设计和实施，重点是帮助教师在课堂上更加成功[3]。"热点问题争鸣"栏目呈现了关于绩效工资制度正反双方的争论。

表 热点问题争鸣：绩效工资

一直以来，教师工资的高低取决于教学年限和教师获得的最高学历，但现在有了另一种工资制度，对那些被认为在教学技能、工作习惯、领导才能、学生成绩的提高等方面都优于一般教师的教师给予额外奖励。

争论问题：教师个体应该根据其业绩而获得特殊的额外报酬吗？

正方观点：	反方观点：
1. 有些教师的学生考试成绩一直很好，或是有健康的社会态度，这样的教师肯定是优秀的，或是能成为公民的榜样。这样的教师应当获得额外的奖金。	1. 影响学生成绩和社会态度的因素多种多样，因此难以将教师的功劳与学生家庭、社会阶层、同伴的影响区分开来。
2. 一些教师为学生提供有创造性也很有趣的教育体验，他们认真备课，为学生牺牲了许多自己的时间，他们也应当获得特殊奖励。	2. 是否努力工作或许可以评测，但很多有创造性的活动并不一定与良好的教学相关。如果将创造力作为一个评判标准，那么绩效工资可能是对教师表面的创造发明进行奖励，而非对学生学习情况的奖励。
3. 绩效工资鼓励教师形成自己不同的教学方法，独立思考、不照本宣科，这就大大降低了教学内容的雷同。	3. 对教师业绩进行评判的人可能会无意识地支持那些不对学区政策提出异议或不会因提出各种创新的建议而威胁到学校稳定的教师，因此，绩效工资很可能是在鼓励从众行为。
4. 如果不能根据业绩获得相应报酬，人们将选择报酬更高的职业，如商业，这样最优秀的人才就不会被教师职业吸引，高质量的教师也可能离开教师岗位。	4. 商业领域可以通过提高商品价格来抵消额外支付的大额奖金，但是学校的收入依赖于税收，纳税人不愿意也无力支持高昂的奖金，也就无法支持一个合理的绩效工资系统。
5. 绩效工资可以激励教师提高他们的教学成绩，从而提升教学质量。每个教师都会受到鼓舞，不断完善自己的教学行为，更加关心学生的利益，这种激励在商业和许多其他行业都有，为什么不能用于教师行业呢？	5. 根据定义，奖励性工资只能给予少数人，对于那些合格的却因名额不够而不能得到奖励的教师而言是不公平的，而且为获得奖金而相互竞争还可能让教师之间相互斗争，鼓励人们玩政治游戏，这将破坏学校内部的合作和团结，而这种合作对良好的教育而言是至关重要的。

〔1〕 詹妮弗·艾卓德根等，"多样化的教师薪酬制度"，《研究报告》(丹佛州教育委员会，2005)；山姆·狄龙，"教师中获得绩效工资收益的人遭到长期辱骂"，《纽约时报》(2007年6月18日)，p. 1。

〔2〕 杰·马修斯，"绩效工资可能会毁掉教师的团队合作"，《华盛顿邮报》(2008年10月6日)，p. 82。

〔3〕 戴尔·巴鲁，"公立学校和私立学校中的按业绩付酬"，《教育经济学评论》(2001年2月)，pp. 51—61；玛丽莎·麦凯布，"绩效的权衡：正在实施按业绩付酬计划的几个州"，《教师杂志》(2005年3月/4月)，p. 22；诺拉·凯尔，"按业绩付酬的诱惑"，《美国地方教育委员会杂志》(2008年2月)，pp. 38—39。

按业绩付酬计划

尽管争论不断，但是绩效工资的概念已经在许多学区中广泛传播，所有的州都在考虑这项工资改革计划。如今，绩效工资制有时也与“按业绩付酬”(pay-for-performance)计划联系在一起，就是将工资奖励与学生成绩取得的进步挂起钩来。例如，丹佛学区于 2005 年 11 月投票通过并开始使用教师职业工资制(the Professional Compensation System, ProComp)，其中包括按业绩付酬计划。教师职业工资制也向在贫困地区工作的教师和高需求学科领域的教师支付额外的工资[1]。总而言之，提高教师工资上限、根据业绩区分好坏教师的趋势，能吸引更多优秀的学生加入教师职业，也能防止好教师离开课堂去其他行业中寻求更好的工资待遇。

六、校本管理

由学校来制定决策

正如我们所了解的，很多教育改革都涉及增加教师权利的问题，也就是要增加教师对影响他们自己的工作和职业发展的各项决定的参与度。其中一项改革就是**校本管理**(school-based management)，或称为现场管理(site-based management)、现场决策(site-based decision making)、分权(decentralization)。它是一种由单个学校，而不是由学区主管、或学区中心办公室(central office)管理人员来决定学校的课程计划、教学方法、员工培训、资金分配、人员安排等方面的制度。学校的教师、管理人员，可能还有学生家长或社区成员，共同制订计划来完成学校的使命。

让教师来当专家

校本管理的潜在假设是，能共同分担责任和决定的人，更坚信他们正在做的工作，也会为了共同的目标而更有效地工作。这个改革理念还认可教师是专家，教师在与学校管理人员的合作下，能将他们的才智运用到学校的计划制定中[2]。埃得蒙顿(加拿大亚伯达省)、芝加哥、休斯敦、西雅图、纽约市和北卡罗来纳州进行的校本管理改革都成功地提高了学生的成绩[3]。

---

〔1〕 玛吉·谢丽，“改善教师队伍质量：与大卫·D. 贝琳娜的对话”，《教育领导》(2001 年 5 月)，pp. 6—10；丹·歌德哈伯、迈克尔·德阿蒙、丹尼尔·佩雷尔、崔荣杰，“为什么如此少的公立学区使用绩效工资制度”，《教育金融学杂志》(2008 年冬季刊)，pp. 262—289；瓦萨利·霍拉瓦，“绩效工资的试点计划正在酝酿”，《教育周刊》(2008 年 7 月 31 日)。

〔2〕 科瑞·L. 布里格斯、普里西拉·沃赛特尔，“成功校本管理策略的关键要素”，《学校效能与学校革新》(2003 年 9 月)，pp. 351—372。

〔3〕 威廉·奥奇，“给校长的权利：三大学区内的放权”，《组织科学杂志》(2006 年 3—4 月)，pp. 298—307；艾格尼丝·M. 理查森，“校本管理的未来：关键在于校长”，《学术领导力》(2007 年 10 月 17 日)；琳·奥尔森，“给予学校更多的权力”，《教育周刊》(2007 年 11 月 28 日)，pp. 23—26。

参与的意愿

校本管理改革的命运尤其依赖于在改革过程中担任领导角色的校长和教师之间的关系，也取决于教师是否愿意负责地指导自己的行为、增强责任感并愿意付出额外时间来解决各种问题并达成一致意见〔1〕。校本管理的倡导者声称，大多数教师都欢迎这种越来越多的参与，教师士气和学校的整个风气都得到显著提高〔2〕。

教学资源视频案例

作为专业的教学：与同事的合作

请观看学生学习网站上的视频“作为专业的教学：与同事的合作”，思考教师合作对你意味着什么。你认为合作会带来什么样的挑战和回报？观看完视频后，请回答下列问题：

(1) 请解释为何视频中教师的所作所为是“教师增能赋权”及“校本管理”这两个本章的重点概念的体现。

(2) 在该视频中，我们遇见了一群教师，他们正试图解决学校数学课课程方案中遇到的一些重要问题，他们的合作成功吗？请阐述原因。

对校本管理的批评

批评者认为，进行校本管理的各项努力收效甚微。他们认为，学校把大量的时间用于讨论日常的教学问题，诸如班级管理、设备需求、办公室常规以及工作条件等，那将几乎没有时间解决提高学生成绩这样的重大问题。另外，一些学校管理人员抱怨，学区中心办公室并不情愿真正将决策权移交给单个学校，同时很多没接受过培训不懂得如何与他人共享领导权的教师非但不合作，相反采取了敌对的集体谈判立场〔3〕。

进一步扩大校本管理的改革不仅需要耐心，还要能测算出对此项改革的不同期望值。但不论如何，一旦校本管理付诸实践，共享决策权就能有助于教师享有更多的权力，也能进一步提高他们的专业地位。

焦点问题回顾：你认为教师专业化运动将会对你有怎样的影响？你希望到一个会努力帮助新教师适应教学工作的学校谋求职位吗？在你成为全面专业化的教师之前，你希望参加一项类似于医疗专业的入职适应调整项目，先成为实习教师，然后成为住

〔1〕 科瑞·L. 布里格斯、普里西拉·沃赛特尔，“成功校本管理策略的关键要素”，《学校效能与学校革新》(2003 年 9 月)，pp. 351—372；贝琪·布兰德，“中学改革的强化：从四个城市的实地访问中获得的教训”(华盛顿特区：美国青年政策论坛，2005)。

〔2〕 玛丽·阿波达卡-塔克，“校本管理：从公立和私立小学校长的视角分析”，《教育政策分析档案》(2002 年 4 月)，p. 23。

〔3〕 艾伦·B. 亨金、彼得·J. 西斯特恩、杰·迪伊，“实施校本管理的学校内矛盾的校长管理策略”，《教育行政管理杂志》(2000 年 2 月)，pp. 42—58；科瑞·L. 布里格斯、普里西拉·沃赛特尔，“成功校本管理策略的关键要素”，《学校效能与学校革新》(2003 年 9 月)，pp. 351—372；简·S. 汉森、玛格丽特·罗萨：《学校决策的放权：对旧观点的新承诺?》(加利福尼亚州圣塔莫尼卡：兰德公司，2005)。

校教师吗？你将如何让自己作好充分准备，可以有效地执行校本管理改革赋予你的共享领导责任？

从职前到实践

校本管理小组

课间休息时，教师休息室里一群教师在交谈。安娜·苏拉米妮是第一年参加工作的教师，她听到她的同事们在谈论最近进行的一次员工培训，几个同事的抱怨集中在学区中心办公室不能为他们提供有益的专业培训上。朱莉娅·史密斯是一位资深教师，她说道："他们干吗总是让我们坐在那里听关于学习风格的讲座，我们大多数人都已经至少听了三次了！"

另一位工作时间很长的教师皮特·米登多夫说："我希望他们能真正关心我们到底需要什么样的专业培训。校本管理小组似乎总是忽视我们春季时完成的调查，我很清楚的表示需要获得帮助，以提高教师使用各种新技术的能力；还有些新教师请求获得有关如何进行课堂管理的帮助。这个学习风格的讲座根本没有关注我们想要学习的东西。"

另一个教师补充了很重要的一点，这让安娜更好地理解了一些有分歧的观点。那位教师解释说，校本管理小组是由教师、学校管理人员、来自社区的家长组成的，应由他们共同决定专业培训的主要主题，可能他们没有充分地了解全体教职人员的想法。教师们都想知道，上次的调查结果是否已经确实统计造表并交给了校本管理小组。毕竟，教师们在上个春季时每人都完成了一份调查问卷表，选取了几个需要在这个秋季进行的专业培训的主题。她的新同事也表达了自己的看法，认为如果问教师自己对专业培训有什么需求，就意味着增加了教师作为专业人员的权力，那么，忽视这次调查的结果，同样就意味着是一种给教师去专业化的方式。

听了关于校本管理小组的其他一些作用后，安娜开始认为在这个小组中工作也就是为学校服务。这个经历也能有助于她的专业发展。她问朱丽叶自己如何才能参与其中，朱丽叶说："这可能比较困难，因为大多数小组成员都有几年以上的教学经验，对其他教师有一定的影响力，最后，要成为小组成员还必须获得校长的批准，而校长更喜欢有经验的老教师。"

安娜说："但我原以为参加校本管理小组的教师是选出来的，教师主要看重哪些重要因素呢？"

"大多数教职员工相信，那些愿意表达出自己观点的老教师应当服务于校本管理小组。"朱丽叶回答到。

"但是我认为，对于像我这样刚参加工作的新教师而言，加入校本管理小组将是非常好的学习经历。"安娜说。

"不错，但对新教师而言，在校本管理小组中任职要承担非常多的工作。如果你相信你有足够的时间来开会、落实会议内容，并真正想做这个工作，那么，你可以告诉校长和其他教职员工。也许你入选这个小组，能给这个小组带来新希望。"

回答问题：

1. 在安娜准备加入校本管理小组之前，她还需要进一步获取哪些信息？
2. 你是怎样看待朱丽叶关于只有有经验的老教师才能被选入校本管理小组这个观点的？
3. 为什么有些教师拒绝服务于校本管理小组？
4. 你支持安娜要加入校本管理小组的请求吗？

第三节 教师组织

NEA 和 AFT

尽管今天教师的工作条件还有待改善，但与教师们曾经受到的种种限制则形成了鲜明的对比。例如，1922 年一名威斯康星州教师签订的合同就禁止女教师约会、结婚，不许晚上八点后还在外不归，不许抽烟、喝酒，不许在冰淇淋店闲逛，不许染发、画眉、抹口红等[1]。在教师作为一个专业的发展过程中，一个关键的因素是教师专业组织的成长。全国教育协会（NEA）和美国教师联合会（AFT）是美国两个最重要的教师专业组织，一直被认为是竞争对手，它们为争取更多的成员、认可度和影响力而相互竞争，概述 2.1 总结了这两个组织的主要不同之处。尽管一些教育工作者认为，这两个组织的存在有利于创造一个健康的专业竞争环境，但其他人则认为，这两个组织的分设对教师专业化是致命的，因为这样会导致权力的分割及资源的浪费。还有人认为，只有用一个统一的声音为教师说话，教师才能获得完全的专业地位。各种批评最终有了结果，2000 年形成了“NAE-AFT 伙伴关系”，共同致力于“NEA 和 AFT 两个组织成员的利益，以及它们所服务的对象的利益”[2]。

组织会员的益处

不论你更喜欢或更希望加入哪个教师组织，重要的一步就是作出承诺并成为活跃的会员。组织会员的身份不仅能提升你的专业性，也能让你与更多同行建立关系。你对组织的支持也将帮助很多其他教师提高工资待遇、改善工作条件以及获得各种利益。此外，阅读专业组织出版的各种期刊或新闻简报，也能让你了解教育的最新发展。

一、全国教育协会（NEA）

NEA 的会员

全国教育协会是一个复杂的多面组织，涉足很多地方、州和国家层面的教育问题。与美国教师联合会不同的是，全国教育协会的会员既包括全国各地的教师，也包括全国各地的教育管理人员。如表 2.1 所示，2009 年，该协会共有会员 320 万人[3]。在 2009 年的所有会员中，有 236 万是普通教师[4]。全国 320 万的公立学校教师中大约

---

〔1〕《芝加哥论坛报》1975 年 9 月 28 日，第一部分 p. 3。
〔2〕参见“NAE-AFT 伙伴关系”网址：www. nea. org/home/11204. htm(2009)。
〔3〕参见 http://www. nea. org/home/1594. htm(2009)。
〔4〕参见 http://www. nea. org/home/1594. htm(2009)。

有四分之三的教师是该协会的会员[1]。由于郊区和乡村学校的教师是其主要的成员,全国教育协会已经成为全国第五大政治游说力量,它拥有 50 个州的分支机构,以及 1.4 万多个地方分支机构,都是最有影响力的州级教育游说团体[2]。另外,全国教育协会最不支持教师以参加罢工的方式来解决争端问题,相反,美国教师联合会却毫不迟疑地会使用这种战术来解决争端。

NEA 的服务

全国教育协会为教师提供的专业服务范围很广。会员个人能获得的利益还包括可以参加附加险储蓄项目、金融服务,以及享有各种其他服务项目的会员折扣等。该协会的研究部每年进行一次教师职业地位的调查,还出版研究备忘录和每年的民意调查结果。全国教育协会的主要出版物是一份每月发行的刊物,名为《今日全国教育协会》。50 个州的分支机构大多数都有自己的月刊。

焦点问题回顾:全国教育协会和美国教师联合会相比,哪个组织的目标和活动对你更有吸引力? 为什么?

二、美国教师联合会(AFT)

AFT 的会员

美国教师联合会始建于 1916 年,隶属于美国劳工联合会-产业工会联合会(AFL-CIO)。美国教师联合会成立之初只对普通中小学教师开放,但在 1976 年,为了增加会员,它将高等教育的教职人员、护士、健康护理专业人员等专业雇员吸收为会员,它还将其他与学校相关的各类人员如教辅人员、食堂工作人员、保管员、维修人员和负责运输的人员等都作为该联合会的目标会员。2009 年,其会员人数刚超过 140 万人(表 2.1),其中 80 万人是教师。

AFT 的服务

美国教师联合会出版一份专业季刊,名为《美国教育工作者》和一份每月发行的报纸《美国教师》。此外,每家地方分支机构都发行双月的简报。美国教师联合会能为会员提供的个人利益与全国教育协会的相似,但与全国教育协会不同的是,美国教师联合会一直要

---

〔1〕 参见 http://www.nea.org/assets/docs/membership.pdf(2009);与艾米·布丰博格的电话谈话,“全国教育协会媒体研究和内容分析”,2009 年 1 月 13 日。

〔2〕 参见 http://nces.ed.gov/fastfacts/display.asp? id=28(2009)。

求其会员要同时加入地方分支机构(3000 个)、州分支机构(43 个)和全国机构[1]。

概述 2.1 全国教育协会与美国教师联合会的比较

	NEA	AFT
总会员数(2009 年)	320 万	140 万
普通教师会员	236.3 万	80 万
主席	丹尼斯·凡·罗克尔 (Denni Van Roekel)	兰迪·韦恩加滕 (Randi Weingarten)
主席任期	三年(每个人最长六年)	两年(无个人最长任期限制)
组织性质	专业协会	隶属美国劳工联合会- 产业工会联合会的工会组织
主要势力范围	郊区和乡村地区	大中型城市

表 2.1 NEA 和 AFT 的会员情况

年份	NEA 会员(万)	AFT 会员(万)
1960	71.4	5.9
1970	110	20.5
1980	165	55
1990	205	75
1995	220	87.5
1998	230	95
2003	270	100
2009	320	140

【资料来源】"美国教师联合会的迅猛发展",《1988—1990 年美国教师联合会官员报告》(华盛顿特区:美国教师联合会,1990 年),p. 15;《全国教育协会指南,1986—1987 年》(华盛顿特区:全国教育协会,1986 年),表 4,p. 142;《全国教育协会指南,1994—1995 年》(华盛顿特区:全国教育协会,1995),表 1,p. 164;《全国教育协会指南,1997—1998 年》,表 1,p. 166;网址:http://www. nea. org/home/1594. htm(2009)以及 http://ww. aft. org/about/index. htm(2009)。

[1] 参见"组织简介",网址:http://www. aft. org/about/index. htm(2009);与辛西娅·加尔萨的电话访谈,美国教师联合会公共事务部副主任,2009 年 1 月 12 日。

教师斗争与美国教师联合会

20世纪六七十年代，美国教师联合会快速扩张，在此期间，其分支机构率领的教师罢工和其他斗争活动显著增加，这使得美国教师联合会很快成为很多大城市中心的主要教师组织。工会一直以来就在大城市中繁荣壮大，罢工也是最常见的斗争手段，而且在大城市中，教师一般也需要一个强有力的组织作为他们的代表。在乡村和郊区，那里的工会斗争手段没有那么受支持，全国教育协会在那里占据了主要地位。

除了NEA和AFT这两大教师组织外，美国还有几百个其他的教育组织存在，[1]在接下来的章节中，我们将描述一些基本的组织类型。

三、专门化的专业组织

学科类的协会

从课堂教学工作的角度看，最有助于教师（和师范生）的专业组织，通常要关注他们的学科专业领域。以学科为中心的各种教师协会可以为具有共同爱好的教师提供聚会场所，这些专业组织通常会举办区域性和全国性的会议，并出版专业期刊，可为教师提供最新的教学建议以及大量当前各学科的研究重点，并对当前的研究与实践的关系进行总结。概述2.2中列出了15个以学科为中心的主要组织。

学生类的组织

其他一些全国性的组织，关注特定类型学生的需要和权利，确保这些儿童和青少年能够得到受过良好教育的人员的服务。概述2.2第二栏中列举了几个这一类的组织。这些协会也举办区域性的和全国性的会议，并发行月刊或季刊。

其他专业协会

还有一类组织是成员来自不同学科和不同学生类型的专业组织，例如，美国"督导与课程开发协会"（ASCD）和"国际教育发展联合会"（*Phi Delta Kappa*，PDK），这些组织也在概述2.2第二栏中列出。这些组织倾向于关注总的教学实践创新，描述影响整个教育领域发展的新趋势和新政策，其会员范围很广，致力于促进一般的教学专业发展。这两个组织都有非常有影响力的期刊，分别是"督导与课程开发协会"主办的《教育领导》和"国际教育发展联合会"主办的《卡潘》（*Phi Delta Kappan*）。

---

〔1〕 参见《教育资源组织目录》（教育资源组织目录—美国教育部），网址：http://wdcrobcolp01.ed.gov/Programs/EROD/。

四、宗教教育组织

在整个幼儿园—12年级中，大约有37.5万名非公立学校教师，其中13.5万名教师属于宗教教育组织，其中最大的一个宗教教育组织是“全国天主教学校教师协会”(NACST)，该协会成立于1978年，目前有5000多名教师，主要来自大城市。天主教幼儿园—12年级教师中很少有加入全国教育协会或美国教师联合会的[1]。

最大也是最老的天主教教育组织是“全国天主教教育协会”，有20万名天主教教育工作者，大多数会员是各个学校的校长、督导和督学等管理人员。估计目前全美有大约7500所天主教的中小学，学生有230多万人[2]。

概述 2.2 主要的专门教师专业组织

针对特定学科的专业组织	针对学生或普通教育问题的专业组织
1. 美国健康、体育、娱乐和舞蹈联合会	1. 美国天才儿童协会
2. 美国外语教学委员会	2. 美国蒙台梭利协会
3. 美国工艺协会	3. 国际儿童教育协会
4. 美国学校卫生协会	4. 学习障碍儿童协会
5. 美国职业协会	5. 体验教育协会
6. 美国新闻教育协会	6. 督导与课程开发协会
7. 国际阅读协会	7. 特殊儿童委员会
8. 现代语言学会	8. 全国幼儿教育协会
9. 全国音乐教师委员会	9. 全国中间学校协会
10. 全国艺术教育协会	10. 国际教育发展联合会(PDK)
11. 全国商业教育协会	11. 从事对外英语教学(TESOL)的教师
12. 全国社会研究委员会	
13. 全国英语教师委员会	
14. 全国数学教师委员会	
15. 全国科学教师协会	

五、家长-教师团体

家长-教师协会会员

家长-教师团体(parent-teacher group)为家长和教师的共同工作提供了论坛，以

〔1〕 与弗吉尼亚·克罗瑟的电话谈话，“办公室管理成员资格”，全国天主教学校教师协会，2009年1月9日。
〔2〕 参见 http://www.ncea.org/FAQ/CatholicEducationFAQ.asp(2009年1月)。

便让家长和教师共同为全国各地的学校创设积极的学习环境。作为教师，你可以积极参加这些家长-教师协会，与家长一起制定课程和教学方案，确定学生政策，以及促进学校与社区的关系等。

家长-教师协会(Parent-Teacher Association，PTA)始建于1897年，是家长-教师团体中最富盛誉的组织。该协会是一个松散的联盟，由54个州代表大会和2.5万个散布在各州的地方机构组成，到2007年协会会员已超过500万人。每个家长-教师协会机构自行规定自己的组织模式和服务内容，以更好地适用于自己所在的学校和社区。所有人都可获得家长-教师协会的会员资格，只要有志促进儿童和青少年的福利，愿意为教师和学校工作，支持家长-教师协会的目标，就可加入该协会[1]。该协会的官方出版物是《我们的孩子》和《华盛顿本周要闻》[2]。家长-教师协会的官方网站提供在线的媒体阅览室(访问该协会网站 www. pta. org，然后点击"pressroom")，里面有关于该组织的法律信息和新闻信息的资源。

概述 2.3　学生可以加入的专业组织

名称与地址	成员简介	关注重点	主要出版物
全国学生教育协会，华盛顿特区，www. nea. org	本科生和研究生(6万人)	未来教师；了解教师职业，责任范围	《明日之教师》(年刊)；《今日全国教育协会》(月刊)
PLT(国际教育荣誉组织和专业协会)，印第安纳州布卢明顿，www. pilambda. org	本科生、研究生、专业教育工作者(1.5万人)	国际荣誉社团，促进教师专业化	《教育视野》(季刊)
PDK(国际教育发展联合会)，印第安纳州布卢明顿，www. pdkintl. org	本科生、研究生、教师、管理人员、教授(5万人)	专业协会；研究；服务、领导与教学；教育问题、趋势与教育政策	《卡潘》(月刊) 《PDK联系报》(电子期刊) 《话题与趋势》(电子期刊) 《课堂教学建议》(电子期刊)
KDP(国际教育荣誉协会)，印第安纳州拉斐特，www. kdp. org	研究生、本科生、教师、管理人员、教授(5.4万人)	国际荣誉社团；教学；专业成长	《教育论坛》(季刊)； 《新教师辩护者》(季刊)； 《KDP大事记》(季刊)； 《实习教师支持者》(电子期刊)

〔1〕苏珊·路德维格，"教育利益集团"，《初学者教育研究：教育利益集团》(2008年6月)，p. 1；参见网站 http://pta. org/1169. asp 中的常见问题和家长教师协会年度报告，(2009年1月)。

〔2〕参见 http://pta. org/pta_magazine. asp(2009年1月)。

续 表

名称与地址	成员简介	关注重点	主要出版物
美国教育研究会，华盛顿特区 http://aera.net	研究生和教授（2.6万人）	科研及其在教育中的运用	《教育研究》(月刊)；《美国教育研究杂志》(季刊)；《教育研究评论》(季刊)；《教育评估与政策分析》(季刊)

【资料来源】http://www.nea.org/home/Student%20Program.htm(2009)；http://www.pilambda.org(2009)；http://www.pdkintl.org(2009)；http://www.kdp.org(2009)；http://aera.net(2009)。

全国家长-教师协会的活动

作为全国最大的保护儿童的组织，全国家长-教师协会不断评估学生的福利状况，以应对社会的变化和儿童的需要。全国家长-教师协会近年来一直四处游说，鼓励家长更多参与教育以响应《不让一个孩子掉队》法案的相关规定、增加联邦政府对教育经费的投入、减少学校中学生旷课的现象、完善针对青少年的司法系统、加强儿童营养项目，以及为低收入家庭的孩子提供医疗保健等。[1]

六、未来教师的组织

帮助未来教师理解教师职业

正在考虑选择教师职业的学生也可以加入一些专业组织，这些组织能帮你回答你想要知道的问题；开展对教师职业的调查；构建专业伦理、专业标准、专业培训的理念；提供在地方性和全国性会议与其他学生和教育工作者聚会的机会；跟上教师职业发展的最新趋势。

在概述 2.3 中列出的专业组织中，有些组织能为学生会员提供特定的服务。如果你有兴趣加入其中任一组织，可以向你的教授打听相关信息。多数专业组织都给学生会员提供会费打折。在互联网上搜索上面列出的任一组织，查找更多的关于如何成为会员的内容。

〔1〕 参见“2009 家长-教师协会公共政策议事日程”，网址：http://pta.org/Documents/PTA_PublicPolicyPDF_final.pdf(2009 年 1 月)。

焦点问题回顾：本章列出的哪个专业组织最能引起你的兴趣？在以后的职业生涯中，你加入哪个组织可能会更有用？你怎样才能发现更多使你感兴趣的专业组织信息？

总结

(1) 大家普遍认为，虽然教师还未完全专业化，但是正不断努力向完全的专业方向发展。

(2) 集体谈判是教师职业中一个不可分割的部分，集体谈判给予教师更多的自主权来决定他们的工作条件和工作的有效性。

(3) 许多教育改革的倾向都是努力提高教师的专业化水平。例如，各州"专业实践理事会"和美国"国家教学专业标准委员会"，都让教师能够参与制定教师行业的准入标准；入职适应调整制度和员工发展项目有助于形成这样一种观念，即需要长期持续的培训，教师才能成为一种完全的专业；绩效工资和校本管理为教师提供了加薪的机会，也增加了教师的专业责任。

(4) 全国教育协会和美国教师联合会两大组织代表了大多数的教师；这些组织提高了教师工资、改善了教师工作条件，增加了教师在学校教学方面的更大决策发言权。

(5) 许多专业组织都对本科生、研究生和教师开放。所有这些组织都为不同职业水平的教育工作者提供有用的信息和服务。

关键术语

专业
全国教师教育认证委员会(NCATE)
专业实践理事会
职业声望
集体谈判
国家教学专业标准委员会(NBPTS)
入职适应调整制度
员工发展
绩效工资
校本管理
全国教育协会(NEA)
美国教师联合会(AFT)
家长-教师团体
家长-教师协会(PTA)

讨论题

(1) 以你之见,教师是否是一个专业?教师要获得真正的专业地位还需做哪些改变?教师专业化对你而言意味着什么?

(2) 你所在的教育学院与周围学区或学校之间有什么联系?这些联系是怎样提高你的教师准备工作的,同时又是怎样促进学校教师和学校管理人员的工作的?如何进一步加强这种联系?

(3) 员工发展计划对于保持高质量的教学是必要的吗?如果是,员工发展计划应当重点关注哪些内容?应当由谁来制定员工发展计划?如何制定员工发展计划?

(4) 你同意教师应当在学校管理中发挥更大作用的校本管理支持者的观点吗?作为一名教师,你希望参与哪种类型的决策?有没有你不愿意参与的学校管理工作?如果有,是什么工作?为什么?

专业发展的建议方案

(1) 浏览美国"国家教学专业标准委员会"(NBPTS)网站,详细阐述你所在的州获得"国家委员会证书"(NBC)的教师的具体情况。然后回答以下问题:有多少获得该证书的教师?多数在哪些地区?哪一门学科获得该证书的教师人数最多?与当地一名获得该证书的教师联系,邀请他或她到你的班级讲解国家教师资格证书的各种事宜。在此之前请事先准备一份问题列表。

(2) 对当地公立学校教师和你所在院校的教职员工进行一项调查,调查他们对绩效工资制度的看法。将你的调查结果与"热点问题争鸣"栏目中的观点进行比较和对照。你持什么观点?你对什么问题还不确定?你该如何获取更多的信息来澄清这些不确定的问题?

(3) 通过电话或网络,与当地的全国教育协会和美国教师联合会的分支机构联系,询问关于会费、会员利益、会员服务等问题,同时获取这些机构对一些重要教育问题的立场声明。参观一所学校,与该校教师交谈,询问哪些组织能够代表你所在地区的教师,为什么?制作一张图表展示你的访谈所获得的信息,并与全班分享。

(4) 与你的教育学教授和与你参观的当地学校的教师交谈,询问他们加入了哪一种专业组织?为什么?复习概述 2.2 中列出的专门的专业组织,选择两三个你最感兴趣的,通过访问它们的网站,与这些组织联系,看看学生会员的会费是多少,可享有什么特殊利益?该组织的公开发行物是什么?有什么特别的活动项目?

第二部分

教育的历史和哲学基础

第三章 美国教育的世界根源

本章以全球历史的视角，讨论中国、埃及、希伯来、阿拉伯和欧洲文化中的教育起源、目的与发展。通过回顾历史，我们可以发现当代教育制度的起源、指引教育发展的教育目的、教学和学习方法的发展进程，我们可以看到历史如何影响教育实践的发展。纵观整个历史，教师面临许多不断出现却一直悬而未决的问题，这些问题包括如何定义知识、教育、学校教育、教学和学习的真正含义。在不同的历史时期，因为性别、种族、社会经济地位的歧视，教育机会又是怎样受到限制的？在你阅读本章时，请思考以下问题：

焦点问题：

■ 在各个重要的历史时期，知识、教育、学校教育、教和学是如何被定义的？

■ 在本章讨论的各个历史时期中，教育的目的是如何表达和形成的？

■ 种族、性别和社会经济地位在过去是如何影响教育机会的？

■ 学校教育是从何时开始，又是如何被用于文化的传播和变革的？

■ 不同的历史时期分别使用的是什么课程（教育内容）和教学方法？

■ 重要教育家的思想对现代教育的目的和情境作出了怎样贡献的？

考察美国教育的世界根源，可以为我们提供一次从历史的角度思考教育的机会，尤其是对教育目的的建构方式的思考。你可以通过编写自己的教育自传，从历史的角度来思考自己的教育根源。通过深入了解你祖父母、父母以及你自己所受的教育，你就可以追溯你的教育观念和信念的根源。当你找到你自己的教育根源时，你就能在自己的经历与本章要讨论的教育的历史发展之间建立联系。为了编写你的教育自传，你应该(1)采访你的祖父母、父母和其他人，了解他们的教育经历；(2)找出家里跟教育有关的物品、相片、记录，以及值得记忆的事件等；(3)认真深入地反思自己的教育经历。然后，你可以把你的发现记录下来，开始撰写你的自传。随着对本章学习的深入，你将读到一些观点，会促使你增添或修改教育自传的内容。

第一节 前文字社会的教育

文化传播

我们的讲述从文字出现前的时代开始，那时尚未发明读写，我们的祖先用歌曲、故事等口头形式将他们的文化代代相传。我们会在我们自己的家庭里发现这种非正式学习的起源，也会对这种教育方式为什么至今仍有如此强大影响力表示赞赏。尽管在我们生活的时代里，信息可以电子的方式进行存储和检索，但是，考察文字出现以前的教育，能帮助我们理解为什么学校在训练青年人基本生存技能时常常拒绝变革。

文字出现以前的人们，生活在一个极端困难的生存环境里，他们不得不与干旱、洪水、野兽以及敌对群体的袭击相抗争。通过不断的尝试和犯错，他们逐渐形成了生存技能，随着时间的推移，这些技能变成了他们的文化范式。

为了文化的延续，这种文化必须由成年人传给他们的孩子。通过**文化适应**(enculturation)，孩子们学会了本群体的语言和技能，并将本群体的道德观和宗教观吸收同化。

道德规范

在过去漫长的岁月里，各群体形成了各自的生存技能，并将这些技能传承给年轻的一代。他们用祭祀舞蹈、音乐和戏剧表演来祝贺一个孩子从童年长大成为成年人，赋予这一事件强大的超自然意义，并唤起一种道德反应。通过这种方式，孩子们学会了群体的约定俗成(可接受的行为)以及禁止做的事或禁忌(被禁止的行为)。

群体中的成年人，通常是部落中的长者，如祭司和族长，负责决定教育的目的。他们认为，最重要的教育目的是将群体已有的传统、文化模式和生存技能传给后代。为了保护现有文化的安全，他们用教育来限制各种变化的出现。

从职前到实践

用爱国歌曲学习民族认同感

这段文字是本章作者古泰克博士(Gutek)对他在一所小学的经历的反思。

在学习本章关于教育的历史和哲学时，我希望大家能不断反思自己过去、现在的教育经历，并用这些反思来建构自己的教育哲学。在这里，我就对自己到一所地方小学参加名为“自由”的主题活动的经历进行反思。在对美国效忠宣誓后，一年级的孩子们集体演唱了几首爱国歌曲，诸如“这是我的国旗”、“美国，我的祖国”、“乔治·华盛顿”等。舞台后面是一面大幅的美国国旗。

续　表

从职前到实践
一个孩子装扮成乔治・华盛顿，讲述了华盛顿被他爸爸发现砍倒樱桃树时没有撒谎的故事。另一个孩子则装扮成了阿伯拉罕・林肯。 作为一名教育历史学家，我开始反思这场表演的意义。我想到了口头传统，即用故事、歌曲及符号来构建一个群体的特征和价值观。这面大幅国旗，这些爱国歌曲，还有服装道具等，都能帮助孩子们形成对美利坚民族的认同感。"乔治・华盛顿与樱桃树"这个众所周知的故事也强化了这样的观念，那就是我们的领导人应当是诚实守信的。也许你们也参加过或观察过这类活动。
思考问题： 1. 当代学校的这类表演在哪些方面与前文字社会中的口头传统相类似？ 2. 歌曲和故事是如何让孩子们形成认同感的？ 3. 请反思你自己类似的教育经历，并将这种经历与本章所学内容相关联。

口头传统(Oral tradition)

由于缺乏文字来记录过去，在文字出现以前的社会中，人们依赖口头传统，即用口述故事的方式传递他们的文化遗产。年长者或祭司通常是天才的讲故事能手，他们歌唱或吟诵群体过去的故事。这种口头传统是神话和真实历史事件的结合，通过向年轻人讲述群体的英雄、成功和失败，让年轻人逐步形成群体的认同感。同时，这些歌曲和故事还能帮助年轻人学习群体的口语、传统和价值观。

故事和讲故事至今仍然是一种重要的、有吸引力的教学策略，尤其是在学前教育和小学教育阶段。通过故事，孩子们开始认识自己的文化，以及文化里的英雄人物、传奇和历史故事。

作为工具的制造者，人类制造并使用了矛、斧子以及其他工具，这些是最早科技的代表。同样，作为语言的使用者，人类也创造并能灵活使用各种符号。人类逐渐开始用各种记号、象形文字和字母来作为语言符号，然后创造了书写语言，这是人类文化上的一次巨大飞跃，从此进入了文字时期，然后开始了学校教育。一旦文字被发明，就必须有人教孩子们学习阅读和书写。

有了书写和阅读，就可能记录过去发生的事情，这就创造了历史。在世界的某些地方，各种群体不断发展自己的书面语言，这是对史前早期口头传统的极大补充。为了阐述教育的发展，我们将回顾三大古代的文化：中国文化、埃及文化和希伯来文化。首先我们要看它们产生自己文化传统的背景是什么，然后将它们的文化与我们现在的生活和时代联系起来。

第二节　古代中国文明中的教育

中国文明历史悠久、影响深远，它是了解人类教育发展的重要窗口。现代中国拥有世界最多的人口，是一个重要的全球性的强国。历史上，中国是一个伟大的帝国，它的文明达到了政治、社会、教育发展的顶峰。这个帝国从公元前2200年到公元1912年，跨越了4000多年的历史，历经了一系列朝代的统治[1]。中华帝国产生了许多教育传统，尤其是儒家学说，至今仍然具有深远的影响(参见概述3.1中国和其他国家的重大教育历史时期)。

文化的延续性(Cultural continuity)

中国教育史揭示了人们为维护文化的延续性不受破坏而作出了不懈努力。像许多其他民族一样，早期的中华民族具有很强的民族优越感，它们相信自己的语言和文化大大优于其他民族的语言和文化[2]。中国人具有保守的特征，他们嘲笑外国人是野蛮人，几乎看不到其他文化的价值。最终，由于中华帝国不愿意接纳其他国家的先进技术而闭关自守，国力渐弱，而到了19世纪，面对外国侵略者的进攻变得不堪一击。如何适应新观念，尤其是科技新思想，还要保持自己的文化特征，这种挑战至今仍是中国和其他一些国家一个重要的教育论题。这个论题揭示出一个有关教育目的的问题，这是作为教师的你也必须问自己的问题：你该如何满怀欣赏地向学生呈现过去取得的文化和科学成就？同时又该如何对社会科技的变化保持开放的态度？文化的延续和变革之间存在怎样的关系？教育是如何促进文化延续或文化变革的？

一、儒家教育

与本章将要讨论的埃及和犹太人的文化不同，中国人的哲学更加关注现世的生活，而不是来世和灵魂不死等永恒问题。为了考察中国教育的起源，我们要追溯到公元前3世纪，当时中国正遭受一场政治和文化混乱。在这段社会动乱的时期，教育的目的要么是维持现有文化不变，要么对现有文化进行变革。在这样的背景下，三种相互竞争的哲学思想产生了，分别是法家思想、道家思想和儒家思想，它们提出了不同的教育道路或教育目的。

秦朝时期，秦始皇和法家学者一起，把法家思想定为秦朝帝国的官方哲学思想。法家认为皇帝的诏令是不容置疑的法律，提倡建立一个高度约束的专制政府来残忍地维持社会秩序。由于害怕产生异己意见，法家实施了严酷的审查制度，镇压其他哲学思想，如道家思想和儒家思想。对于法家来说，教育的目的就是通过灌输，强行推行统

〔1〕 爱德华·肖尼西：《中国：帝国与文明》(纽约：牛津大学出版社，2000)。

〔2〕 罗克斯安·普拉兹尼亚克：《跨越文明的对话：源于中国和欧洲经历的世界历史概略》(科罗拉多州博尔德：哈伯柯林斯出版集团韦斯特维尔出版公司，1996)。

一的中国文化概念。

道家思想由老子创立，老子是生活在公元前6世纪的一位哲学家，他的思想至今依然影响着中国文化和教育。道家提出了与法家不同的观点。在《道德经》中，老子开始了他的哲学探索，以寻求一条通常隐藏在表象之下的通往真正现实的道路。老子认为，所有事物，都来自于并遵循一种看不见的、潜在的、统一的力量，这种力量驱使世界的运转。与想控制其他人的法家不同，老子建议人们停止企图控制任何人和任何事，生活要顺其自然，过一种简单、自然的生活[1]。在道家的思想中，教育的目的则是要鼓励自省，以发现自己的真我，同时不要控制任何其他的人。

概述 3.1 重要教育历史时期

历史时期	教育目标	学生	教学方法	课程	教育实施者	对现代教育的影响
前文字社会，前7000—前5000	传授群体的生存技能；增强群体的凝聚力	群体中的儿童	非正式教学；儿童模仿成年人的技能和价值观	打猎、捕鱼、采摘食物等生存技能；故事、神话、歌曲、诗歌、舞蹈。	家长、部落长者、祭司	重视非正式的教育方法来传授技能和价值观
中国，前3000—1900	以儒家思想原则培养帮助统治帝国的精英官员	士阶层的男子	记忆和背诵经典著作	儒家经典著作	官吏	为选拔公务人员或其他职员而进行的笔试。
埃及，前3000—300	培养管理国家的祭司、文书人员	上层社会的男子	记忆和抄写口述的课文	宗教或技术著作	祭司和文书人员	限制对神职精英的教育控制和服务；用教育培养官僚
犹太人，前1200—现在	传播犹太教和犹太人的文化认同	群体中的儿童和成年人	听讲、记忆、背诵、分析、讨论圣典；通过阅读和书写而有文化	摩西五经、法律、仪式、传记	家长、祭司、文士、拉比（犹太人的职业教师，译者注）	一神论的概念以及上帝和人类之间的圣约；宗教仪式和保持文化认同

〔1〕 保罗·T.韦尔蒂：《亚洲人不断进化的遗产》（纽约：哈伯与罗出版社，1984），pp. 177—183。

续　表

历史时期	教育目标	学生	教学方法	课程	教育实施者	对现代教育的影响
希腊,前1600—前300	雅典:培养公民责任感和对城邦的认同;培养全面发展的人;斯巴达:训练士兵和军事领导	公民的男性儿童;年龄7—20岁	初级学校的练习、记忆、背诵;中学的演讲、讨论和对话	雅典:阅读、写作、算术、戏剧、音乐、体育、文学、诗歌;斯巴达:军事训练、军歌、战术	雅典:私人教师和学校,智者、哲学家;斯巴达:军官	雅典:全面、自由的受教育者的概念;斯巴达:为军事国家效力的概念
罗马,前75—450	培养共和国及后来的帝国的公民责任心;培养管理和军事技能	公民的男性儿童,年龄7—20岁	初级学校的练习、记忆、背诵;修辞学校的雄辩	阅读、写作、数学、十二铜表法、法律、哲学	私人学校和教师;修辞学校	强调实用管理技能的教育;把教育与公民责任联系起来
阿拉伯人,700—1350	培养对伊斯兰教信仰的宗教忠诚;发展数学、医学和科学的专长	上层阶级中的男孩,年龄7—20岁	低级学校的练习、记忆、背诵;高级学校的模仿、讨论	阅读、写作、数学、宗教文献、科学研究	清真寺;宫廷学校	阿拉伯数字和计算方法;重新引入科学和医学的经典材料
中世纪,500—1400	培养对宗教的虔诚,了解宗教知识和仪式;为等级社会培养担任适宜角色的人员	上层社会的男孩或侍奉宗教生活的男孩;侍奉宗教团体的女孩和年轻女性,年龄7—20岁	低级学校的练习、记忆、背诵、咏唱;大学或高级学校的文本分析、争论	阅读、写作、算术、文科;哲学、神学、手工艺;军事战术;骑士制度	教区、小教堂和大教堂学校;大学;学徒制;骑士制	使大学成为高等教育的主要机构,建立大学的结构、内容、组织等;知识的制度化与知识保护
文艺复兴,1350—1500	以(希腊和拉丁文)经典著作培养人文专家;培养为国王服务的廷臣	贵族和上层社会家庭的男孩,年龄7—20岁	记忆、翻译、分析希腊和罗马的经典著作	拉丁文、希腊文、古典文学、诗歌、艺术	古典人文主义教育家和学校,如大学预科学校、体操学校、拉丁学校	重视文化知识,文笔优美及古典文学作品所表现的写作风格;学校的双轨制

续　表

历史时期	教育目标	学生	教学方法	课程	教育实施者	对现代教育的影响
宗教改革，1500—1600	培养对特定宗教教派的虔诚；培养普通的读写能力	本国语学校：7—12岁的男孩、女孩；人文学校：7—12岁上层社会背景的男孩	本国语学校的记忆、练习、灌输、问答式教学；人文学校的翻译、分析古典文学作品	阅读、写作、算术、教义问答、宗教观念和仪式；拉丁文和希腊文；神学	为大众服务的本国语初等学校；为上层阶级服务的古典学校	致力于全民教育，为大众提供识字教育；为保障教义的一致性，对学校系统进行监管的起源；根据社会经济阶层和职业目标而设置双轨学校体制

社会和谐的需要

公元前207年，汉朝掌握了统治权，儒家思想取代了法家思想，成为中国的官方哲学思想。与任何一位西方哲学家不同的是，孔子(Confucius，前551—前479年)从未就人类与上帝或宇宙的关系进行过任何神学或形而上的思考，他相信建立一个道德社会的秩序比回答那些不可回答的问题更重要。与专制的法家和脱离政治的道家不同，孔子创建了一种基于伦理责任等级的教育哲学，它上至皇帝，下到社会中的每个平民百姓。他的人伦等级关系的理念，可以描述为是一个伦理阶梯，每一台阶上站立的人都与其上层和下层站立的人联系在一起。儒家的主要教育目的是维持一个和谐的社会，在这样的社会里，每个人都很清楚自己的社会地位、义务和责任，同时知道如何以恰当的礼仪对待他人。

仪式与礼仪

孔子的品格教育的伦理制度非常重视"礼"，"礼"即礼貌、正确而恰当的行为。孔子相信，儿童通过模仿学会一套清晰而恰当的行为之后，就能做出合乎道德的行为。教师应当让自己成为"礼"的模范，在教室里做到谦谦有礼。

孔子相信在每个情境中都存在一套正确的行为标准，每个人都应当遵守这个标准。孩子们会认为这些适当的行为是一套仪式，他们会模仿，最终能熟练地遵循这些行为的正确程序，这是所有人都应当以相同的方式执行的行为。请注意，品德形成的儒家模式把偶然因素排除在意外情况下发生的行为之外。

在儒家的社会等级中，人被定义为父亲或母亲、兄弟或姐妹、君主或臣民，品格教育的目的就是要根据自己特定的角色和等级，学会如何正确地执行恰当的行为。当所有成员都学会并能负责任地按照他们的等级要求而举止得当时，这样社群就能够维护其社会的和谐。

一些对美国学校的批评指出，美国学校没有给学生灌输礼貌的行为标准及其价值观。但要注意的是，在儒家社会系统中，每个人的角色都受到特别规定的限定，而不像在美国社会里那样可以自由地进行自我定义。

孔子创立了私学，以培养中国封建帝王政府的官员。他对其学校设定了严格细致的入学标准，并为学生的职前教育，也就是学生成为政府官员之前的训练期，设定了细致的标准。孔子相信，入学要求的高标准，有助于选拔到动机强的学生。孔子教给学生各种礼貌行为的仪式、宫廷礼仪以及各种庆典仪式。像所有高效能教师那样，孔子制定了一个完备的课堂管理系统。孔子对每个学生的期望值都很高。作为导师，他与学生保持适当的距离，但又平易近人。在中国，师生关系，和其他各种关系一样，都有一套精确的行为标准需要遵守，他会用一种积极的、建构性的方式来纠正学生的错误或批评学生。在他的教育哲学中，指导学生是非常重要的。作为一名教师，孔子被他的学生尊称为“夫子”。

儒家学派的教师肩负着保护和传承文化遗产、维护文化的延续性和社会稳定的重任〔1〕。儒家的核心课程包括孔子选编的经典著作，如《易经》、《尚书》、《诗经》、《礼记》、《春秋》等。这些书概括了孔子的哲学思想，在1313—1905年间被当做中国教育的主要教科书〔2〕。

人伦等级关系

伦理关系的等级观念对教育有着重要的影响，尤其是对性格的形成。在孔子的人伦等级关系观念中，有的人比其他人优越，而有的人则位于从属的地位，这与美国今天普遍以人人平等为基础的人际关系观念截然不同。

在人人平等的条件下，个人可以随时重新定义他与其他人之间的关系，可以开创彼此的新关系和边界。在这种注重人人平等的情境中，品格教育的伦理规定是，我们应当平等地对待每一个人，应当尊敬甚至珍视他们与我们的不同。

但与此相反，儒家的伦理观是先设置好明确的行为规范，而不是可通融或可随意改动的行为模式。人们根据他们的职位、社会地位、成就的不同而获得不同等级的尊重。品格教育就意味着不仅要学会扮演自己在人伦关系网络中应该扮演的角色，这种人伦关系网络构成了共同体；还要实现规定的角色行为，这种角色行为可以维护社会

〔1〕 康拉德·希罗考尔：《中国文明简史》（纽约：H. B. 乔万诺维奇出版社，1991），pp. 30—31。

〔2〕 詹妮弗·欧德斯通-莫尔：《孔子学说》（牛津、纽约：牛津大学出版社，1999），pp. 35—37；多尼·K. 加德纳：《四书：后世儒家传统的基本命题》（印第安纳波利斯：哈克特出版公司，2007）。

的和谐。

因为变革、新奇和创新会导致不可预料的结果，那些无法预期的变革就成了孔子时代的一个社会问题，因此孔子将他的伦理制度建立在传统之上。任何行为或实践活动，只要能对维护和平、安全和安宁作出贡献都被认为值得采纳，并将这种行为固化为惯例，成为一种仪式化的行为，然后传承下来，沿袭至今。正如孔子所说"温故而知新，可以为师矣"[1]。在你建构自己的教育哲学并反思教育的目的时，请比较和对照儒家和当今美国的理想和价值观。你是如何定义有礼的行为和价值观的？这些价值观是反映了传统价值标准，还是开放的？

尊师重教

在中国，师生关系非常正式，必须遵循等级规定，实行得到认可的行为。学生举止得体表示他对教师非常尊敬。这种对教育、学习和教师的尊敬成为中国及东亚教育的一个重要特征，儒家思想在这些地方是一种重要的智慧和教育力量[2]。在中国、日本、韩国和新加坡，孔子被尊为世界上最伟大的哲学家和教育家。儒家学说从中国传播到其他亚洲国家，揭示了教育思想和教育过程进行跨文化传播的方式。

二、中国对世界和西方教育的贡献

考试的重要性

古代中国贡献的一项重要教育遗产就是它的全国考试制度。中国的教育工作者制定了综合的笔试方法来评测学生的学术能力。学生们在官办学校或书院内跟国学大师学习古代中国典籍和儒家著作，准备考试。考试强调背诵记忆考试内容，而不是解决实际问题。要在全国考试中获得高分，教师必须根据所考内容来进行教学，而不鼓励对考试内容进行讨论和理解。异端的思想被视为是对文化遗产传承的威胁，也是无效的浪费时间，胡思乱想会让人分神，无法记忆被认为正确的答案。

考试的过程，就像中国社会制度一样，等级森严，层层选拔。学生必须通过一系列难度不断增加的严格考试，如果考试失败，他们就不能参加更高一级的考试[3]。在封建时代，只有为数很少的一些最终胜利者有资格获得封建王朝最高士官的官位。教育

---

〔1〕 孔子:《论语》(第2卷),出自D. C. 罗《导读》,《论语》,翻译:D. C. 罗(纽约:企鹅出版社,1979),p. 64。

〔2〕 T. R. 瑞德:《孔子住在隔壁:生活在东方的人教我们如何在西方生活》(纽约:温特吉出版社,2000);参见威廉·西欧多尔·德巴利:《儒家传统和全球教育》(纽约:哥伦比亚大学出版社,2007),这是有关儒家学说对当今世界的影响,尤其是对全球化的影响的讨论。

〔3〕 有关儒家学说和考试制度的讨论,可参阅网站:http://www.csupomona.edu/~plin/ls201/confucian2.thml;另参阅希罗考尔:《中国文明简史》,pp. 57,124,128。

和考试制度的机会只为上层阶级的男性所保留，女性没有资格为官，因此也被排除在学校之外。

现在，全国性考试，尤其是大学入学考试，仍然支配着现代中国、新加坡、日本和韩国的教育。其他的一些国家，如英国和法国，也要求进行全国考试。

在美国，2001 年颁布的《不让一个孩子掉队》法案规定 3—8 年级学生每年必须进行一次考试，检测学生数学和阅读的学业成绩[1]。这项规定的理论前提是这类考试能让学校和教师对学生的学业成绩更加负责，但批评者却认为标准化测试会阻止教师使用不同的教学策略，让教师缺乏创造性，这将导致教师的教学只针对要考试的内容。作为学生，你肯定参加过标准化测试；作为教师，你很可能要实施标准化测试。因此你必须作出判定，这些外界的考试对你教学的影响程度有多大。

焦点问题回顾：请再思考本章开头提出的几个问题，用这些问题来撰写你的教育自传、构建你的教育哲学观以及你对教育目的的定义。例如，像史前部落使用的口头传统那样，你的家庭或群体有什么故事，影响了你对教育、学校教育、教与学的看法吗？你是否有过这样的经历，你的举止行为受到一些约定俗成的规定的限制，你必须做什么或不能做什么，就像儒家教育里对礼节的规定那样？你设定了自己的行为标准吗？或那些行为标准是强加于你的吗？

（请访问本教材的学生学习网站，自学古印度教育。）

第三节 古埃及的教育

古埃及文明是世界最早的文明之一，它是一种河谷文化。由于尼罗河提供了维持生命的河水，以农业为生的群体在河两岸逐渐建成了小村落，最后组成了部落王国。大约在公元前 3000 年，这些大大小小的王国合并成为一个大的帝国，并最终成为高度集权、组织精良的政治大国。

不变的宇宙

埃及的宗教信仰坚信法老或国王是神的化身。这种神圣王权的观念赋予国王超自然的权力基础，给埃及帝国带来了社会、文化、政治和教育的稳定。知识和价值观被视为是对有序的、亘古不变的、无垠的宇宙的思考。这种国王祭司一体化的观念也赋予那些担任神职的精英很高的社会地位，并让他们在埃及社会中享有相当大的权力。教育制度强化了他们的地位和权力，教育将这些担任神职的精英分子培养成国家文化

[1] 美国教育部部长办公室，《不让一个孩子掉队》法案，（华盛顿特区：美国教育部，2001），pp. 3，8。

的守护者。在中国,著名教育家通常由儒士担当,而与此相反,埃及的教育由神职精英们负责。因此,在古埃及的大部分历史中,祭司或其他宗教人物掌控了大部分的正式教育。

一、宗教情怀与世俗关怀

在教育方面,埃及人既是尘世的,又是超脱尘世的。尽管埃及人完全相信神灵的超自然力量,但他们还是发明了灌溉尼罗河的技术,设计并修建了埃及宏伟壮观的金字塔和神殿;为了管理和保护他们庞大的帝国,埃及人研究了民政管理;为了达到死而不朽的妄想,埃及人钻研了医术、解剖学及防腐术;他们还发明了一套文字,这种象形文字使他们能够创造并记录保存传播一种书面文化。因此,埃及学校教育的一大特色就是要教学生读和写,这种特征延续了数个世纪。

寺庙和宫廷学校

埃及需要受过教育的官员来管理帝国,征收税款。公元前2700年,埃及人已经建立了广泛的寺庙和宫廷学校系统来培养文士,文士多数都是祭司,要懂得如何书写和阅读。学校是寺庙系统的一部分,这也印证了在埃及正规教育与宗教间的亲密关系[1]。完成初等教育后,男孩们开始学习文学,这是他们将来职业所需要的。还有一些特殊的高级学校专门为培养祭司、政府官员和医生而开设。

文士教育

在培养文士的学校里,学生们通过抄写纸莎草上的文件来学习如何书写象形文字,纸莎草是一种由长在尼罗河沿岸的芦苇制成的纸张。教师教学的基本方法是向学生口述,让学生抄写他们所听到的内容,这样做的目的是为了能正确无误地复制一份文本。学生们经常要吟诵一小段文章直至完全记住。那些要继续进行高级学习的学生要学习数学、天文、宗教、诗歌、文学、医学和建筑学[2]。

古埃及的领导人制定了一系列教育目的,这些教育目的在埃及历史早期的大部分时间里一直被沿用,这个主要的教育目的就是传承由政治和宗教精英们创造的文化遗产的精华,并再生产支配性的领导精英。这种教育同时也传播了各种阅读、书写的技能,以及更高级的研究成果,如防腐术、医学、民政管理和建筑学等。

---

〔1〕 有关埃及文化和教育著述的全面讨论,可参阅约翰·贝恩斯:《古埃及的视觉和书面文化》(纽约:牛津大学出版社,2007),pp. 117—140。

〔2〕 有关古埃及的科学、医学和宗教的讨论,可参阅穆斯塔法·加达拉:《古埃及文化揭秘》(北卡罗来纳州格林斯博罗:特胡迪研究基金,2007)。

二、埃及的历史争议

埃及文化的传统解释

古埃及文明在西方文明的形成中到底扮演什么角色，这是一个历来纷争的问题。公元前332年，马其顿国王亚历山大大帝(Alexander the Great，前336—前323)带领军队征服了波斯、美索不达米亚和埃及。他征服了埃及，为埃及带来了希腊文明，而同时埃及文明也被输入希腊，给古希腊文化以影响。根据传统的对埃及文化的解释，古埃及文明是一个高度静止不变的专制文明，其主要的文化遗产就是由恢宏的建筑作品构成的。根据这种解释，希腊文化，尤其是雅典的民主政体，才是西方文明的摇篮。

伯纳尔理论

历史学家马丁·伯纳尔(Martin Bernal)却提出了一个具有高度争议性的解释。他认为古希腊从古埃及那里借鉴了许多有关政府、哲学、艺术、科学以及医学的概念。除此而外，埃及人居住在北非，属于非洲人，因此，西方文化的起源实际是在非洲[1]。尽管评论家们也认为埃及文化和希腊文化存在相互交流，但评论家们还是认为伯纳尔过分强调了埃及对古希腊的影响[2]。历史学家们还在继续争论这个问题的时候，一些尚未确证的发现表明，埃及人和希腊人的接触，尤其是在克里特岛的接触，将埃及的知识和艺术介绍给了希腊。

这个复杂的历史争议具有非常重要的意识形态意义，因为无论谁对过去进行诠释，都能获得启迪和影响现在的力量。尤其是，这个争议与当前的一场争论密切相关，争论的主题就是非洲中心主义和学校中的非洲中心课程(Afrocentrism and an Afrocentric curriculum)。这个争论本身也体现了教育观念和教育过程从一种文化传播至另一种文化的情况。

第四节　希伯来人的教育传统

美国教育，如同西方文化一样，深深植根于**犹太教-基督教传统**(Judeo-Christian tradition)。在此，我们将考察的希伯来或犹太教育，对犹太人来说，是一种持续不断的宗教和文化传统，对基督教徒和穆斯林教众来说，也是一个重要的参考。

---

〔1〕 马丁·伯纳尔:《忧郁的雅典娜:古典文明的亚非语系根源——古希腊的建造 1785—1985》(新泽西州新伯朗士威:罗格斯大学出版社，1987)，pp. 2—3；关于希腊对埃及教育的后期影响的讨论，可参阅拉菲尼亚·克里比埃尔:《心灵的体操:希腊和罗马统治埃及时期的希腊语教育》(普林斯顿:普林斯顿大学出版社，2005)。

〔2〕 有关长期以来争论不休的古埃及对希腊可能产生的影响的内容，可参阅以下网站中的“古埃及-数学和人文学科”，网址:http://math. truman. edu/～thammond/history/AncientEgypt. htm。

一神教

犹太教、基督教和伊斯兰教三大宗教都是一神教。它们都信仰上帝，把上帝作为圣灵的造物主；它们把《圣经》或《可兰经》作为值得尊敬的圣书，书的内容都是上帝向先知们揭示的内容。这三大宗教都强调阅读和研究经文，为阅读圣书，这三大宗教都很重视培养人们的读写能力，教育的目的就是要学习圣经的内容并把教义运用到生活之中。

摩西五经(Torah)

在希伯来人的传统中，犹太人是上帝的选民，上帝向他们揭示了真理和律法。从这些启示中，人们得到了圣约，这是一份以宗教为基础、得到认可的约定，它把犹太人与他们的造物主绑定在一起[1]。摩西(Moses)带领犹太人逃离了埃及，脱离了束缚，来到应许之地朱迪亚(Judea)，在西奈山(Mount Sinai)上接收了神圣的启示，这些启示构成了《摩西五经》的主要部分。《摩西五经》是犹太人从儿童时期开始终身都要学习和传授的经文，[2]《摩西五经》包括摩西的五本书：《创世纪》、《出埃及记》、《利未记》、《民数记》、《申命记》。犹太人的教育以《摩西五经》为基础，强调要能背诵并评论这些宗教经文，同时还必须学习律法及其道德伦理的规定与禁忌。

犹太人的教育目的是通过精心设计的教育过程将他们的宗教信仰和仪式代代相传，并向年轻人灌输他们的文化传统。犹太教育强调，学习应该以上帝和人类之间神圣的契约书为基础，遵守戒条和宗教仪式，还要按时祈祷。犹太人认为，教与学非常有价值，因为教育关系着上帝和犹太人之间的契约，教育也是根据宗教认可的群体规范来约束人们行为的工具[3]。圣约的学习是两代人的共同学习，同时也是终身的学习，从孩童时期开始，贯穿犹太人的一生。

对儿童而言，犹太民族的基本教育目的是让儿童学会如何祈祷，知道并遵循圣戒，还要能认清犹太民族在历史中的特殊地位。和大多数早期社会一样，父母是孩子最初的教师，负责孩子的早期教育。父母，尤其是父亲负责教孩子《摩西五经》和其他宗教庆典的内容，孩子们则要遵从《十诫》的规定，尊敬自己的父母。随着犹太社会逐渐安定，社会分工明细化，在类似学校的正规场所教学的教师(长者、祭司、文士)数量不断增加，但他们并不能取代家长的角色作用。

---

〔1〕 汉南·A. 亚历山大、希姆·格利克，"犹太人的传统"，兰德尔·卡伦(编辑)：《教育哲学指南》(马萨诸塞州摩顿市：布莱克维尔出版社，2006)，pp. 33—49。

〔2〕 同上，p13。

〔3〕 同上，p33。

拉比学校

公元前17世纪，拉比，作为对经文尤为精通的男人，成为以色列和巴比伦地区犹太人的教师，[1]拉比学校主要使用的教学方法是让学生认真听拉比诵读经文以及阅读、记忆和背诵。认真聆听经文诵读的目的是将经文的要旨带入学习者的心灵。通过聆听、阅读和记忆，学生应该能够内化和理解课文的意思和主旨。为了形成群体凝聚力和认同感，孩子们要认真聆听希伯来人历史上一些重要事件的故事，如出埃及记，还要学习用什么礼仪来庆贺这些事件。

在形成教育目的的过程中，犹太人和埃及人一样，想要将他们的宗教信仰传承给年轻的一代，目的是让自己的宗教信仰生生不息。对犹太人而言，这种教育目的关系到是否能让年轻人形成并延续成为上帝特殊子民的理想。

希伯来传统把一神论的观念带入了阿拉伯和西方文化。耶稣·基督被基督教徒们奉为上帝之子，他是在犹太文化中被抚养长大的。犹太人皈依基督教，如圣保罗，在罗马帝国各处传教。穆斯林信奉穆罕默德，他是伊斯兰教的先知，也广为犹太教和基督教所熟悉。和本书中讨论到的所有宗教一样，这三大宗教的传统都把教育融入其中，并对教育产生了深远的影响。

焦点问题回顾：请再次思考本章开头列出的焦点问题，用这些问题来建构你的教育自传、教育哲学，同时反思教育的目的。你是否发现美国当代的教育目的也很看重对文化遗产的传承及良好行为的教导？你是怎样看待宗教对教育所起的作用的？

第五节 古希腊和古罗马文明中的教育

古希腊和古罗马的教育历史照亮了西方文化和教育的源头。一直以来，西方文化被认为是由欧洲以及定居北美和南美洲的欧洲人逐渐形成的。但是现在，关于美国教育是对西方文化核心内容的传承，还是对受到包括非洲文化和亚洲文化影响的多元文化的传承，人们还争论不休。

古希腊人和古罗马人一直在寻求对以下永恒的教育问题的答案：什么是真、善、美？为了培养好公民，教育应该采用什么模式？教育应该如何应对社会、经济、政治的变革？

荷马式教育

荷马史诗出现在大约公元前1200年，它不仅让一代代人对《伊利亚特》和《奥德赛》

---

〔1〕 汉南·A.亚历山大、希姆·格利克，“犹太人的传统”，兰德尔·卡伦（编辑）：《教育哲学指南》（马萨诸塞州摩顿市：布莱克维尔出版社，2006），p. 34—35。

中戏剧性的悬念兴奋不已，也帮助希腊人明确了自己和自己的文化。荷马(Homer)戏剧性地描述了希腊武士与特洛伊人之间的战斗，他的史诗像所有文字出现前的社会举行的祭司仪式一样，达到了以下几个重要的教育目的：(1) 在一代代成年人将史诗传授给年轻人的过程中，保存了希腊文化；(2) 在希腊神话和历史起源的基础上，培植了希腊人的文化认同；(3) 塑造了年轻人的品质[1]。史诗中的阿伽门农、尤利西斯、阿喀琉斯(Agamemnon，Ulysses，Achilles)等希腊勇士，戏剧化地展现了生活中英雄的形象。这些英雄成为希腊年轻人的行为榜样，年轻的希腊人从中可以学习英雄武士应当具备的行为特征、道德观和伦理观，也了解了导致一个人沉沦的品德缺陷[2]。

公民教育

古希腊人诠释了教育在政治社会化过程中的作用，认为教育的目的就是培养好公民。与美国人一样，尤其是与美国社会学科的教育家们一样，希腊人对如何教育好公民总是争论不断。与集权帝国不同，古希腊分成很多小的、互相竞争的城邦，其中的代表是雅典和斯巴达，这两个城邦对公民身份和公民的责任与权利，各有不同的定义。雅典是民主制国家，重视让公民共享决策权等公共责任。斯巴达是雅典的主要竞争对手，是专制的军事独裁国家，公民必须服从统治者的命令[3]。雅典的教育方式很多，而斯巴达只有严厉的由城邦控制的教育系统，唯一的目的是将所有体格强壮的男子训练成英勇的士兵。

文化适应与正式教育

希腊人懂得把文化适应与正式教育相互关联起来具有重要性，文化适应是一种融入并参与一个城邦共同文化的过程。文化适应能帮助希腊的年轻人准备好成为社会的公民，而正式教育的目的就是为其公民提供知识，达到社会对公民的期望。例如，雅典人相信，一个自由民需要一种博雅的教育，才能既行使他的公民义务，同时个体又得到全面发展[4]。但是，他们并没有对女性提供这样的教育。

奴隶的地位

希腊城邦的经济依赖于奴隶的使用。大部分奴隶，包括女性和儿童，都是战俘或

---

〔1〕 路易斯·戈德曼，“荷马、文学和教育”，《教育理论》(1989 年秋季刊)，pp. 391—400；对希腊文化的详细讨论，可参见亚历山大·马其顿：《寻求卓越：希腊文化的历史根源》(芝加哥州立大学)，网址：http://webs. csu. edu/～amakedon/articles/GreekCulture. html。

〔2〕 罗伯特·霍尔莫斯·贝克，“伊利亚特：原则和教训”，《教育理论》(1986 年春季刊)，pp. 179—195。

〔3〕 奈吉尔·M. 科奈尔：《美德的体操学校：古斯巴达的教育和文化》(教堂山：北卡罗来纳大学出版社，1995)；摩根斯·赫尔曼·汉森：《城邦：希腊城邦国家导论》(纽约：牛津大学出版社，2006)，pp. 33—37。

〔4〕 凯文·罗伯：《古希腊的识字教育和派迪亚(Paideia)》(纽约：牛津大学出版社，1994)。

因有罪而被宣判为奴的人。在雅典，虽然有少部分受过教育的奴隶负责教导富人家的孩子，但大多数奴隶从事的是农业和商业。雅典虽然提出了博雅教育的思想，却将奴隶排除在博雅教育之外。

女性教育

在希腊这个男权社会中，只有少数智力超常的女性接受过正规教育。在雅典，女性的法权和经济权受到严格的限制，几乎很少有女性能进入学校学习，大多数家庭富裕的女性在家由家庭教师教学。其他的女性，如一些宗教团体中的女祭司，可在僧侣学校学习宗教礼仪。与雅典被剥夺教育权利的女性相比，斯巴达的年轻女性则享有更开放的生活方式和教育权利。斯巴达城邦控制的教育系统非常重视对军事和运动的训练，年轻的斯巴达女性接受身体训练和体操训练，目的是将她们培养成斯巴达未来士兵的健康母亲。

女诗人萨福(Sappho，前630—前572)的生活和事业与大多数未受教育的希腊女性形成了鲜明对比。萨福是一位早期的女性自由权利的拥护者，她的诗歌表达了对女性的爱，她相信女性应当受教育，目的是完成她们人格的自我发展，而不是为了成为某个人的妻子和母亲这个传统固定角色。她在莱斯博斯岛的米蒂利尼(Mytilene)创办了一所女子学校。在这所学校里，她教年轻的贵族女性祭拜女神阿芙罗狄蒂(Aphrodite)的祭祀仪式，还教她们许多文化知识、装饰艺术及各种技能，如唱歌、跳舞、弹里拉琴、写诗以及各种礼仪〔1〕。

一、智者派

公元前5世纪，殖民扩张给雅典带来新的财富，也产生了社会和教育的新变化。新兴的商业阶级需要一种新教育，以培养能为它们获得更多政治权力的人才，这对旧有的贵族势力形成了挑战。**智者**(Sophists)，是一群到处游历的教育家，他们设计了新的教学方法以适应当时社会经济的变化。他们的教学方法既不同于古老的、依靠历史故事和英雄模范来进行的荷马式教育，也不同于那些重视抽象、对现实本质的思考太过笼统的哲学方法。

智者们承诺要帮他们的学生塑造出一种受大众欢迎的公共形象，这个形象将会带给他们社会地位和权力。智者认为，通往权力的方式来自于有效演讲的能力，要能规劝你的听众，让他们接受你的论点。在雅典，有效的公开演讲或演讲术是非常重要的，人们要用这种方法劝说议会和法庭支持自己的言论〔2〕。

---

〔1〕有关萨福的生平简介，以及她的《萨福之歌》的节选，可参阅麦当娜·M. 墨菲的《教育史和教育哲学：教育先驱的声音》(新泽西州上部马鞍河：培生/梅林/普伦蒂斯·霍尔出版公司，2006)，pp. 17—23。

〔2〕《智者的哲学》，http://www. radicalacademy. com。

文法、逻辑与修辞

对智者而言，教育的目的就是要培养学生的沟通能力，这样他们就能成为成功的辩护人和立法者。智者派所教授的最重要科目是逻辑、文法和修辞，这些学科后来演变成人文学科。逻辑或者说是进行正确辩论的规则，能让学生的陈述条理清晰、组织得当；文法能培养他们有效使用语言的能力；而**修辞**(Rhetoric)这门关于演说的学问，对未来的演说家而言尤为重要。

作为工具的知识

智者派声称，只要教会学生下列技能，他们就能够在公共辩论中获胜：(1) 运用群体心理学判断什么能吸引、打动听众的情感；(2) 组织有说服力的、值得相信的论点；(3) 了解什么词语、事例和推理路线能获取辩论或法庭审理的胜利，从而成为熟练的公共演说家。

如果这些古代的智者至今仍然健在，他们很可能会辩称他们的教育方法教给了人们所想要的东西，也就是能把观点组织得有条有理，并能把这些观点用一种强有力的方式呈现出来，打动听众，劝说听众接受他们的言论。但是，智者派的批评者，包括苏格拉底和柏拉图，却指责智者只教授学生如何通过争辩来支持问题的某一面，目的是获得争论的胜利，而不是为了争取真理。智者派就像现代的形象设计师，他们利用媒体为政治候选人和各界名流进行形象包装，或对产品进行包装以销售给消费者。尽管如今的政治辩论是在电视上进行的，而不是像雅典时代那样是在城市中心进行的，但智者们一定会认为他们的技巧依然有用。了解自己的听众、迎合他们的需求、使用高明的说服技巧取信于听众，现在仍然很重要。他们一定会认为，当代的焦点小组座谈会(focus groups)、公共民意测验(public opinion poll)和负面的政治宣传(negative political advertising)都是有用的说服工具。

普罗塔哥拉的方法

普罗塔哥拉(Protagoras，前 485—前 414)是一位杰出的智者，他设计出一套非常有效的五步教学策略[1]。第一步，他先做一场精彩的演讲，让学生知道他们的老师切实能做到他们所教授的东西，这个演讲也是要学生模仿的范本；第二步，普罗塔哥拉让学生仔细学习著名演说家的伟大演讲，尽可能多地增加学生学习的范本；第三步，让学生学习逻辑、文法和修辞等主要科目；第四步，让学生进行实际的演说练习，普罗塔哥拉进行评测并反馈给学生；最后第五步，学生在公众面前练习演说。普罗塔哥拉的教

〔1〕 爱德华・西阿帕：《普罗塔哥拉和理性：希腊哲学和修辞的研究》(哥伦比亚：南卡罗来纳大学出版社，2003)。

学方法与今天的职前教师培养方案很相似，未来的教师要先学习通识教育课程和专业教育课程，然后就不同的教学方法进行实践练习，在经验丰富的教师的指导下，参加各种实习和真正的教学工作。

永恒真理还是相对主义？

智者派的教育方法引起的严肃论战，至今仍伴随着我们。智者派是道德相对主义者，认为我们需要知道的东西依赖于我们生活的环境。因此在很多方面，智者是文化相对主义的先驱，在“教育的哲学基础”一章所讨论的实用主义、后现代主义和批判理论中都能发现文化相对主义的观点。苏格拉底、柏拉图和亚里士多德都对智者派的相对主义表示质疑，坚持认为存在所有人必须了解的永恒真理。伊索克拉底作为演讲术教师，试图消解这一争论，认为学生和市民不仅需要知道什么是真理，还要明白如何将真理运用于他们生活的不同环境中。

二、苏格拉底：自省的教育

苏格拉底(Socrates，前469—前399)是古希腊著名的哲学家和思想家。与认为知识依赖于人们使用知识的情境的智者派不同，苏格拉底相信，无论何时何地，知识都是建立在普遍真理之上的[1]。苏格拉底在教育史上的重要地位缘于他坚定地捍卫了人类思考、质疑及教学的学术自由，他的重要性还体现在他是柏拉图的老师，柏拉图后来系统整理了苏格拉底的思想，形成了一套完整一致的哲学体系[2]。

道德卓越

苏格拉底强调的伦理原则是，一个人应当努力追求道德卓越，让自己过一种明智的生活，做出理性的行为。苏格拉底相信，以道德卓越为目标的教育远远优于智者派进行的技术训练。

苏格拉底的教师角色观

苏格拉底的教师观不同于智者派的教师观。他不认为知识或智慧可以从教师那里传递给学生，因为他相信，真正的知识存在于人的头脑之中，只是被埋藏在人的头脑深处。真正的博雅教育，就是要激发学习者去发现各种理念，让他们意识到潜藏在他们头脑中与生俱来的真理。

---

〔1〕 有关对哲学家和教育家苏格拉底的介绍，参阅霍普·梅：《苏格拉底》(加利福尼亚州贝尔蒙特：沃兹沃斯/汤姆森学习集团公司，2000)。

〔2〕 盖里·阿兰·斯科特：《教育家柏拉图和苏格拉底》(奥尔巴尼：纽约州立大学出版社，2000)，pp. 1—12。

自省、对话及苏格拉底法

苏格拉底鼓励学生通过批判性的自省去寻求并意识到存在于每个人头脑中的普遍真理。作为教师，苏格拉底向学生提出各种引导性的问题，激发学生深入思考并反思生命、真理和公正的意义所在。在回答这些问题的时候，学生要进行严肃讨论，或通过对话来澄清、批判和重新构建他们的基本观念。这种通过严肃对话进行教学的方法，现在仍以**苏格拉底法**(Socratic method)而闻名，这种方法对教师和学生都很具挑战性[1]。苏格拉底常常光顾雅典的集市，吸引了一群年轻人，与他一起批判性地审视各种宗教、政治、道德及美学问题。但作为一名社会批评家，苏格拉底为自己招来许多强势的敌人。当时，正和现在一样，有些人，包括一些身居高位的人，总是害怕批判性思维会挑战社会的现状，并导致社会的动荡。公元前 399 年，苏格拉底被指控犯有对神的不敬以及使雅典年轻人堕落的罪行，并被判处死刑。对这一判决，他拒绝逃亡。

三、柏拉图：永恒的真理和价值观

作为普遍、永恒观念的实在

柏拉图(Plato，前 427—前 346)是苏格拉底的学生，遵循着他老师的教育路线，于公元前 387 年建立了一所哲学学校，被称为学园。他的著作《普罗塔哥拉》(*Protagoras*)是一部关于美德的对话著作，《理想国》(*Republic*)和《法律篇》(*Laws*)是有关政治、法律、教育的论著[2]。柏拉图驳斥了智者派的相对主义，认为实在存在于亘古不变的完美理念世界中，诸如真、善、正义、美等普遍理念。我们通过感观感受到一些个别理念的存在，但这些被感觉到的只是普遍永恒理念中的一些不完美的代表，而普遍永恒的理念是存在于一个绝对观念形式中的，那就是"善"的形式。柏拉图的哲学思想是理想主义的一种早期形式，在"教育的哲学基础"一章中将会讨论理想主义。

表 热点问题争鸣：普遍真理还是文化相对主义？

古希腊时代，思想家们总在争论这个问题：教育应当反映普遍真理，还是反映生活在不同时期不同地方的人具有的不同信念。智者派认为，任何事情都相对于时间和情境而存在，而柏拉图则认为，真理是恒久不变的，并就此与智者派进行了辩论。今天，这个论题依然存有争议，那些希望在学校中向学生灌输普遍道德价值观的人和那些希望学生自己能阐释自己的价值观的人依然争论不休。持普遍真理观的人认为，今天的真理永远是真理；而相对主义者则认为，在特定的时间和地点，不断变化的价值观让生活能得到满足。

---

〔1〕 克里斯多夫·布鲁尔：《苏格拉底教育论》(马里兰州兰哈姆：柔曼、利特菲尔德出版社，1999)。
〔2〕 德温·斯托弗：《柏拉图对公正问题的引论》(奥尔巴尼：纽约州立大学出版社，2001)。

续　表

争论问题：我们应当把教育建立在普遍真理基础上，还是建立在不同时期和不同地点与不同文化相关的信仰和价值观基础上？	
正方观点： 1. 真理是普遍永恒的。人类在追求真理的过程中，他们的追求会得出相同的普遍观念和价值观。真理在任何地方和任何时代都是真理。民意测验不能制造真理，也不可能改变真理。 2. 尽管生活在地球上的人们属于不同人种、不同民族，说着不同的语言，但他们都是人类大家庭中的一员，因此拥有共同的希望，也拥有普遍的人权。 3. 正如苏格拉底及柏拉图所言，教育应当让学生参与探讨诸如"什么是真、善、美"这些重大问题的答案。尤其是在这个新的计算机推动的信息时代里，我们必须紧紧围绕永恒真理和价值观来制订教育方案。 4. 学校应当特别重视对特定的文化和政治障碍的超越，要在宗教、哲学、数学、文学、科学和其他科目中发现普遍真理和普遍价值观。	反方观点： 1. 所谓"真理"事实上只是暂时的对知识的认识，这种认识是相对的，不同时代生活在不同地方的不同人群会有不同的认识。能在历史特定时期解决问题的即为"真"。 2. 社会是相对的，并不断发生变化。人类行为需要灵活多变，才能适应社会、经济、政治和技术的变化。 3. 教育是一种实用的工具，是个人和社会适应的一种方式。教育应当重视新的学习方法，培养人们成为各种新技术的有效使用者。对学生而言，更重要的是能够具备计算机使用的能力，寻找到需要的信息，而不是思考诸如真、善、美这类无法回答的问题。 4. 根据人们的需要，学校教育因不同的文化、不同的时代会出现差异。这就是为什么建构主义的教学方法在当今学校中十分有用的原因，通过这种方法，学生能创建他们自己对现实的看法。

回忆论

柏拉图的知识论被称为**回忆论**(reminiscence)，回忆的过程就是个体将他们头脑中固有的潜在观念回想出来。回忆论指出，人类灵魂在出生前，是生活在一个精神的理念世界里的，它是所有真理和知识的来源。出生时，这些先天的观念被压制进个人的潜意识中。对柏拉图而言，学习就意味着一个人重新发现和收集这些完美理念的过程[1]。

普遍主义与相对主义

如柏拉图这样拥护普遍真理和价值观的人声称，真知即是智慧、不变并永存的，并

〔1〕 杰拉尔德·L.古泰克：《教育的历史和哲学基础：一种传记性介绍》(俄亥俄州哥伦比亚：梅林/普伦蒂斯·霍尔出版公司，2005)，pp. 37—40。

不是相对的、能被感知的。因为真的总是真的，所以教育的内容也应当是普遍而不变的。关于这种观念的争论在“热点问题争鸣”栏中有详细陈述。

柏拉图的理想社会

《理想国》

柏拉图在《理想国》(*Republic*)中设计了一个完美的社会制度，由“哲学王”这个知识分子精英来统治。尽管柏拉图这个乌托邦式的国家从未实现过，但他的观念对于描绘一种理想类型的教育模式是很有用的[1]。《理想国》把居民分为三个阶层：(1) 哲学王，或智慧的统治者；(2) 国家的辅助人员，或军事守护者；(3) 制造物品和提供服务的劳动者。一个人的智慧能力将决定他或她的等级分配，柏拉图《理想国》中的教育家们根据智力水平对人们进行分类，并依此对他们进行相应的教育和训练，这与今天那些仍然主张通过考试结果来决定一个人应接受何种教育的人的观点相似。相反，智者派则认为，他们可以对任何学习他们的方法的人实施教育。

对应社会角色的教育

一旦被划分至某个阶层，《理想国》的个体就会接受这个阶层所需的教育和培训，以扮演其特定的社会、政治和经济角色。哲学王要被教育成为领袖，并负责辨别下一代人的智能，还要让下一代为自己预定的角色作好充分准备。第二阶层的勇士，需要勇猛而非智慧，因此应当训练他们听从哲学王的命令，并保卫理想国免遭敌人的侵犯。第三阶层是人数最多的劳动者阶层，应被训练成为农民和工匠。遵循各群体不同的教育轨道，理想国把其成员培养成担负各自不同社会功能的人，这样就反过来有助于形成柏拉图所界定的公正，柏拉图将公正界定为社会群体和谐而有效地发挥各自的功能。现代评论家对学生分轨，或学校学生的同质分组进行了批评，认为这种筛选机制，就像柏拉图《理想国》中所描述的那样，只能再生产现存的阶层状况，而不能促进社会流动。

女性教育

与大多数雅典男性不同，柏拉图相信女性与男性一样拥有相同的智力水平，应当享有与男性相同的教育特权和公民职责[2]。具有高水平认知能力的女性也可以成为具有统治地位的哲学精英中的一员，其他智力稍逊的女性可以分配给她们较低的职

---

〔1〕 柏拉图：《理想国》(伦敦：对开本书社，2003)；另参见《柏拉图对话选》，本杰明·乔威特译，(纽约：现代文库，2001)。
〔2〕 罗伯特·S. 布鲁鲍，“柏拉图理想的课程论和当代教育哲学”，《教育理论》(1987 年春季刊)，pp. 169—177。

位。和男性一样，女性也要接受适合她们能力和预定职业的教育或训练。

柏拉图的课程论

国家办理的托儿所

在《理想国》中，柏拉图的教育目的是维护现存的阶级结构，防止产生任何可能破坏社会和谐的变革。他的课程论是与造就一个等级性的社会而非平等社会的教育目标相切合的。由于害怕将父母自身具有的无知和偏见传给他们的孩子，柏拉图希望由专家来抚养孩子并对孩子们实施早期教育。因此孩子应当与他们的父母分开，生活在国家经办的托儿所中，在那里学会积极的道德价值观。

柏拉图的基本课程

从 6—18 岁，儿童和青少年到学校学习音乐和体操。"音乐"的范围很广，包括阅读、书写、文学、算术、合唱、舞蹈等。在掌握读写之后，学生们就要阅读得到认可的经典著作。柏拉图相信课程应接受审查，他认为年轻人应当阅读经官方选择的诗歌和故事，这些诗歌故事蕴涵了诚实、顺从、勇气和情感克制等优良品质。在掌握基本的数学知识后，学生开始学习几何和天文学，这样能培养学生较高水平的抽象思维能力。体操是很有用的军事训练，包括击剑、箭术、掷标枪、骑马等，这些训练内容有助于发展孩子的身体协调能力和灵巧性。

高等教育

从 18—20 岁，学生将进行深入的体育和军事训练；20 岁时，有望成为未来哲学王的学生被挑选出来，继续进行为期十年的高等教育，学习更抽象、更高等的数学、几何、天文、音乐及科学；30 岁时，这个群体中智能稍逊的人将成为国家的行政人员，而最聪明、最有天赋的人将继续更高层次、形而上的哲学学习，探索能解释终极现实的原理。当他们的学习结束后，就成为哲学王，执掌理想国；50 岁时，哲学王成为理想国中年长的政治家。

四、亚里士多德：理性的培养

柏拉图的学生亚里士多德（Aristotle，前 384—前 322）是亚历山大大帝的家庭教师，他创立了吕克昂学园，一种雅典的哲学学校。他还撰写了大量有关物理学、天文学、动物学、植物学、逻辑学、伦理学以及形而上学的著作。他的著作《尼各马可伦理学》(*Nicomachean Ethics*)和《政治学》(*Politics*)考察了教育与社会、政府的关系[1]。亚里士多德的《尼各马可伦理学》非常强调完整与和谐生活的价值,要实现这种生活,必须采取中间、稳健的道路,避免走极端。

客观实在

柏拉图相信,现实存在于完美纯正的理念王国之中,而亚里士多德与他的老师不同,相信现实是客观存在的。因此柏拉图创立了哲学理想主义,而亚里士多德则创建了现实主义。亚里士多德的现实主义通过强调客观现实,试图培养学习者过本真的现实生活,而柏拉图的理想主义则鼓励学习者追求超越感觉之上的更好、更高的世界。(“教育的哲学基础”一章中将详细讨论理想主义及现实主义)

亚里士多德认识到,物体存在于人们的头脑之外,但他相信,通过感知和抽象,我们可以获取有关这些物体的知识。亚里士多德还坚持认为,人类拥有智慧,它是一种能进行思考和推理的能力。作为理性动物,人类有潜能根据控制宇宙的自然法则来认知和生活。

作为知识来源的感知

对亚里士多德而言,认识始于人对环境中物体的感知,然后从感知到的信息中抽象出物体的本质,从而形成关于该物体的普遍概念。亚里士多德强调把对物体的感知经验作为认识和教学的开始,这被后来 18 和 19 世纪的一些教育家如裴斯泰洛齐(Pestalozzi)等所重视。

亚里士多德论教育

作为理性养成的教育

亚里士多德在他的著作《政治学》中指出,善良的社会,或社会公正的社会,依赖于公民的理性。教育的目的是培养受过博雅教育的理性的人,他们能运用理智来作出决定并统治社会。亚里士多德对博雅教育与技术或职业训练进行了区分。亚里士多德认为博雅教育能帮助一个人扩展视野、提高意识、增加选择,而职业培训是只局限于对某种特定技能的学习。当代教育家仍在争论是应该对学生进行博雅教育还是职业教育,这与当时亚里士多德及希腊其他哲学家争论的问题相同。作为教师,你可能也会遇到类似的问题,你的学生可能会问:他们为什么要学习一些他们相信永远也不会用到的东西?你为什么要教授某些技能及科目而不是其他的技能和科目?我们怎样才

---

〔1〕 克里斯多夫·罗、莎拉·布罗迪:《亚里士多德:尼各马克伦理学》(英国牛津:牛津大学出版社,2002)。

能知道哪些知识和技能是我们将来要使用的呢？

亚里士多德的课程论

亚里士多德提倡实施义务学校教育。幼儿的学校教育由游戏、体育活动、英雄故事和道德故事等组成。7—14岁的孩子需要学习阅读、书写、算术，同时要养成良好的道德习惯，作好进一步学习人文学科及科学的准备；他们的课程也包括体操和音乐，以培养学生身体的灵巧性和情感的灵敏性。15—21岁，年轻人要学习数学、几何、天文、文学、诗歌、修辞、伦理及政治，这体现了希腊人的博雅教育观。21岁时，学生开始学习更高等的科目，如物理学、宇宙学、生物学、心理学、逻辑学及形而上学。亚里士多德和柏拉图一样，相信学校教育的每个阶段都是为学生进入下一个更高阶段的学习作准备的。后来，杜威及其他进步主义教育家对这种"为未来作准备"教育观念进行了抨击，他们认为学生应当追求自己的兴趣，并学习解决他们眼前的问题。你认为教育的目的是为未来的学习作准备，还是解决自己生活中的问题？

女性的有限角色

亚里士多德认为女性在智力上不如男子，因此他只关注男性的教育。他认为，女孩应接受如何操持家务和抚养孩子的训练，这对将来她们担当妻子和母亲的角色是必要的。

亚里士多德的知识论

基于客体概念的知识

亚里士多德是一个现实主义者，与理想主义的柏拉图不同，他认为知识源自我们对客体的感知，而非来自事先存在的观念。学校课程中的知识，关注将不同的客体划分至不同的科目中。例如，按照亚里士多德的方法，你在教植物学时，要先将树木作为一个门类来进行教学，这是对植物客体的一种总的分类；还要教授某种特定的树，它只是这个门类中的一个个体成员。

亚里士多德的持久影响

亚里士多德学派把培养理性的学生作为学校的主要教育目的。学校作为学术机构，应当为学生提供预先设计好的学科课程，这些课程应当以学术的、科学的学科为基础。在教师接受职前培训时，他们需要掌握他们所教科目的专业知识，同时需要学习激发学生学习热情并有效传授知识的方法。亚里士多德的哲学思想对西方教育影响重大，它和基督教教义一起，成为中世纪经院哲学教育的基础，本章后面将对此进行讨论。他的哲学思想也是现实主义和永恒主义的基础，这将在“教育的哲学基础”一章中探讨。

五、伊索克拉底：雄辩术及修辞学

希腊修辞学家伊索克拉底（Isocrates，前 436—前 388）的重要地位在于他的教育理论，他的教育理论建构得特别精良，他非常强调知识和修辞技巧的作用[1]。在他的著作《驳智者派》中，伊索克拉底阐述了自己的教学方法，他在智者派和柏拉图的教学方法之间开拓了一条中间道路。

重视修辞学

伊索克拉底认为，教育的首要目的是把学生培养成思维清晰、充满理性、真实诚信的政治家。他相信，一个美好的社会需要教育出品德高尚、有效率的领导人。在所有人文学科的学习中，伊索克拉底坚持认为，修辞学作为理性地表达思想的学问，是培养政治领导人最重要的科目。修辞教育应当把文科和理科的内容与有效沟通的技能结合起来。与智者派强调公共关系的技巧和操控听众的能力不同，伊索克拉底认为，修辞的目的是通过辩论推出能推进社会福利的好政策。伊索克拉底的学生到他的学校学习四年，学习修辞学、政治、历史及伦理学，他们对演讲范本进行分析和模仿，练习进行公共演讲。伊索克拉底相信，作为导师和模范教师，他有责任通过自己对知识、演讲技能和合乎道德的行为的示范来影响学生。

柏拉图和智者派之间的平衡

尽管伊索克拉底反对智者派的机会主义，他也拒绝柏拉图把教育纯粹理论化和抽象化的主张。对伊索克拉底而言，教育是在知识的指引下致力于公共服务。伊索克拉底对教育中的修辞传统产生了重大影响，尤其是对古罗马教育理论家昆体良（Quintilian）影响重大。通过对修辞的人文主义方面的认识，伊索克拉底也为如何培养受到博雅教育的人的理念作出巨大的贡献。

柏拉图、亚里士多德以及伊索克拉底的哲学思想传入罗马，然后又对西方文化产生影响。这个过程说明，教育理念可以从其发源地和产生的时代慢慢传播到其他地方，对其他历史时期发生影响。

六、古罗马的教育

当希腊文化和教育在地中海东部不断发展时，罗马人也在不断巩固他们在意大利

〔1〕 叶卡捷琳娜·V. 哈斯金丝：《伊索克拉底和亚里士多德的理性和力量》（哥伦比亚：南卡罗来纳大学出版社，2004）；另可参见杰拉尔德·L. 古泰克，《西方教育历程史》（伊利亚诺州展望高地：威乌兰德出版社，1995），pp. 52—54。

半岛的政治地位，随后又征服了整个地中海地区。随着罗马从一个弱小的共和国成长为一个庞大的帝国，罗马人也完全投入到战争和政治之中。当他们最终获得帝国权力之后，他们开始集中精力进行行政治理、法律制定和外交斡旋来维护他们的帝国。与希腊人为哲学问题争论不休不同，罗马人更重视培养实际的政治家、能干的管理者和技艺超群的将军。

源自《十二铜表法》的罗马法律不断发展成为一个详尽的法律系统，用于解决各种财产权和所有权的争端，同时也成为后来西方法律的基础；罗马人在建筑和工程方面技艺高超，他们建造了大量的公路网络，不仅促进了贸易，也让他们的罗马军团能在整个帝国范围内快速机动；他们还修建了引水渠系统，能将淡水从山地引入罗马和其他城市；他们创造了新的建筑设计，用拱门和圆柱支撑庞大的寺庙和公共建筑。

教育机会

和古希腊一样，只有少数罗马人能够享受正规教育。学校是私人开办的，只有能付得起学费的男性可以入学。上层阶级的女孩经常在家学习读写，或由家庭教师对她们进行教学，这些家庭出身的男孩先到一所鲁德斯(ludus)学校(一种小学)学习，然后升至中学，由拉丁语和希腊语的文法教师执教[1]。男孩子们由受过教育的希腊奴隶护送到这些学校，这些奴隶被称为“教仆”(pedagogues)，具有教学艺术含义的教学法(pedagogy)一词就是从教仆演变而来的。

理想的演说家

罗马的教育理想可用演说家为例来说明，理想的罗马演说家应当是公共生活中受过博雅教育的人，可以是议员、律师、教师、公务员和政治家。为了进一步审视罗马理想的雄辩术是什么样的，我们先来看看昆体良。

昆体良：雄辩术大师

基于不同成长阶段的教学

马库斯・费比乌斯・昆体良(Marcus Fabius Quintilianus，或 Quintilian，35—95)是罗马帝国公认的最优秀的修辞学者之一，[2]国王指定他为拉丁修辞学的首席代表。

---

〔1〕 安东尼・克贝尔《罗马共和时期的教育：传统的缔造》(荷兰莱顿、马萨诸塞州波士顿：荷兰皇家布瑞尔出版社，2001)。

〔2〕 有关昆体良的生平简介及其《雄辩术原理》的节选，参阅麦当娜・M. 墨菲：《教育史和教育哲学：教育先驱的声音》(新泽西州上部马鞍河：培生/梅林/普伦蒂斯・霍尔出版公司，2006)，pp. 59—66。

昆体良的《雄辩术原理》(*Institutio Oratoria*)是一部系统的教育专著,其中讨论了以下几方面的内容:(1)为学习修辞学作准备的教育;(2)修辞学理论和教育理论;(3)公共演讲或雄辩的实践练习。昆体良强调,应当根据学习者的准备情况和发展阶段而采用不同的教学方法。从现代教师职前培养的角度看,他已经认识到学生个体差异的重要性,因此建议教师的教学应当与学生的准备情况和能力相适应,同时他鼓励教师上课要生动有趣,富有吸引力,这样才能激发学生的学习积极性。

昆体良以儿童发展阶段为基础提出了一个早期的教育形式,它与人类发展的模式相对应。他认识到早期儿童是成年人行为模式形成的重要时期。儿童发展的第一阶段是从出生开始至7岁,此时儿童极力寻求满足自己的直接需求和欲望,因此昆体良建议,父母要选择受过良好训练、善于言辞的保姆和教仆,孩子的玩伴也需要精心挑选。

读和写

第二阶段的教育从7岁开始至14岁,昆体良认为,这一阶段男孩应当从感觉经验中学习,形成清晰的概念,还必须让他们的记忆力得到训练。此时,男孩可以开始学习书写他们已经会说的语言了。在鲁德斯学校教阅读和书写的小学教师,或称读写员(litterator),必须具备优良的品质和高超的教学能力。阅读和书写的教学应当缓慢而深入地进行,首先让孩子通过描摹一副象牙制作的字母表来学习字母的书写。昆体良建议通过描摹字母的轮廓来学习书写,这种教学方法和很多世纪后教育家玛丽亚·蒙台梭利使用的方法相似。从现代教育的角度看,他极力主张教学日应当包括课间游戏和娱乐的休息时间,这样学生可以从疲惫状态中恢复,重新变得精力充沛。

人文学科的学习

第三阶段的教育从14岁开始至17岁结束。在这一阶段,昆体良把教育重点集中在人文学科的学习上。学生要学习希腊语和拉丁语的语法,还要学习文学、历史和神话,要掌握两种语言和文化。学生还要学习音乐、几何、天文学和体操。

修辞学的学习

未来的演说家要进行修辞学的学习,这是第四阶段的学习内容,年龄从17—21岁。昆体良对修辞学的学习内容进行了分类,分为戏剧、诗歌、法律、哲学、公共演讲、雄辩术和争论[1]。雄辩术是一种系统的演说练习,对演说家而言非常重要。在经过充分的准备后,这些演说新手们就要在论坛上面对公共听众进行演讲,然后返回修辞

---

〔1〕 要获得昆体良的《雄辩术原理》的网络版,可访问以下网站:http://honeyl. public. iastate. edu/quintilian/index. html。

学大师那里听取专家意见。教师要以权威的身份纠正学生的错误，但要有耐心、机智，要能体谅学生。昆体良设计的修辞学学习方案与当代教师的职前教育非常相似，进行演说实践与教师的教学实践相似，导师对刚开始课堂教学的新教师提供批评意见，这一点也与修辞大师对演说新手的演讲进行评判相似。

七、古希腊和古罗马对西方教育的贡献

人文学科

西方的文化和教育继承了古希腊、古罗马遗留的一笔丰富遗产，很多构成西方文明的文化和教育观念都是在古希腊和古罗马文明的影响下形成的。古希腊人和古罗马人认为，培养人的优秀品质是可能的，他们赋予了教育推进社会政治健康发展这个重要的功能。但是，一些希腊-罗马式的教育实践，包括博雅教育和职业培训的区分，却导致课程问题的持久争论贯穿整个西方教育史。

很多源于希腊人和罗马人的观念，影响了阿拉伯学者，他们保护了这些观念并对其进行了解释。当欧洲人接触到阿拉伯人的学术后，这些观念又被传回欧洲，后来又传至美国，成为它们文化的一部分。

焦点问题回顾：请再次思考本章开头列出的焦点问题，利用这些问题编撰你的教育自传。例如，你经历的教育是像古希腊人那样纯理论化的和抽象的吗？或者，你经历的教育是像古罗马人那样是实际而又实用的吗？你接受教育的目的是让你为下一阶段的学校教育作好准备，还是帮助你处理你在日常生活中面对的各种问题？

第六节　伊斯兰教、阿拉伯人的学习和教育

穆罕默德

伊斯兰文明由阿拉伯人创建，它吸收知识并对知识进行重新解释，再将知识从世界的一个区域传播至另一个区域，因为这个能力，伊斯兰文明成为具有全球性文化和教育影响力的力量[1]。伊斯兰文化起源于穆罕默德（569—632），他是一位阿拉伯宗教的改革者和皈依者，被他的追随者奉为上帝最后的，也是最重要的一位先知。公元610年，穆罕默德在阿拉伯的麦加城（Mecca）开始了他的宗教使命，他向人们讲道，劝诫人们要忠诚、祈祷、忏悔，还要过一种有道德的生活。他将他的信仰融入**伊斯兰教**（Islam）这个新兴的宗教，其圣书为《可兰经》（the Koran 或 Qur'an）。

〔1〕 玛丽斯·鲁斯文：《世界中的伊斯兰教》（纽约：牛津大学出版社，2000）。

和犹太教及基督教一样，伊斯兰教也是一神教，坚信唯一上帝的存在，认为上帝是宇宙的创造者。

可兰经

可兰经是用阿拉伯文撰写的，对伊斯兰教徒的主要信仰及宗教仪式作出了详细规定。教徒每天必须在拂晓、中午、下午三点、日落和傍晚分别进行五次祈祷。可兰经还吩咐穆斯林要周济穷人。每年斋月，从拂晓至日落期间，教徒要斋戒食物、饮料，还必须禁欲。麦加朝圣(Hajj)是那些身体和财力都没问题的教徒必须履行的义务[1]。

今天，信奉伊斯兰教的教徒占世界人口的八分之一，也是中东和北非阿拉伯国家的主要宗教，它的影响还扩大到印度尼西亚、马来西亚、巴基斯坦以及亚洲的其他国家。另外，穆斯林，作为伊斯兰教的追随者，虽然常常被当做少数群体，却生活在世界各地的国家中。

伊斯兰的宗教和文化传播范围很广，而且在21世纪，穆斯林和世界各地人民的交往越来越多。这张照片上的是亚洲一所伊斯兰学校里的学生们。

公元661年，阿拉伯军队占领了巴勒斯坦、叙利亚、波斯和埃及，将伊斯兰教立为国教。巴格达、开罗、大马士革、科尔多瓦等城市成为著名的伊斯兰教文化和教育中心，尤其是巴格达，成为非常著名的教育中心，吸引了大量阿拉伯、希腊、波斯和犹太学者。

〔1〕 有关伊斯兰教的讨论，可访问伊斯兰教育基金网站：http://www.Fiesite.org；有关伊斯兰教的内容可访问网址：http://www.iad.org。

穆罕默德的追随者也通过征服和劝诫皈依不断扩大伊斯兰教的影响，他们征服了北非之后，阿拉伯人获得了西班牙大部分领土的控制权，在那里，信仰伊斯兰教的阿拉伯人和西方的基督徒们在为权力和领土而战的同时，也相互借鉴了各自的思想观念[1]。在摩尔人(the Moorish)统治时期，科尔多瓦(Cordoba)的人口达到 50 万人，有 700 座清真寺和 70 个图书馆，是首屈一指的阿拉伯文化教育中心[2]。这个由伊斯兰教或摩尔人统治的西班牙王国延续至公元 1492 年，直至他们被西班牙基督教军队征服[3]。

伊斯兰学者将大量顶尖的古希腊学者的著作，如亚里士多德、欧几里得、阿基米德、希波克拉底的著作，翻译成阿拉伯语。这些译著在伊斯兰教育中起着非常重要的作用，这些译著通过阿拉伯人与欧洲人的交流，再次被引入西方教育。尤其是伊本·路世德(拉丁名为阿威罗伊，Ibn-Rushd 或 Averroës，1126—1198)，他对亚里士多德哲学的研究和评论非常著名，对中世纪欧洲的经院哲学教育家产生了重要的影响。

伊斯兰学者对天文学、数学及医学也作出了杰出的贡献。数学方面，阿拉伯学者采用了印度人发明的数字体系，并增加了关键的数字“零”。这个新数字体系替代了繁琐的拉丁数字体系。

在 21 世纪全球化的社会和经济背景下，阿拉伯、伊斯兰社会与欧洲、美洲社会的交流越来越多。在美国，以及很多欧洲国家，如法国、英国和意大利，那里居住的阿拉伯人和伊斯兰教徒在不断增加。由于“9·11”事件这样的恐怖主义袭击以及伊拉克战争，一些这样的交流合作被蒙上了怀疑和敌对的阴影。但美国一直努力通过对话和相互理解，特别是通过多元文化教育项目，增加美国境内外与阿拉伯国家的积极合作交流。今天，越来越多的美国人开始了解阿拉伯文明和伊斯兰教，很多美国学校和大学开设了有关阿拉伯文化和伊斯兰教的教学单元和课程。

焦点问题回顾：请再次思考本章开头列出的焦点问题，利用这些问题编撰你的教育自传。诸如“向恐怖主义宣战”或“伊拉克战争”这类事件，是否让你重新思考了你的教育取向？例如，你对阿拉伯文化和伊斯兰教有什么了解？

第七节 中世纪文化与教育

学问的衰落与复兴

历史学家将罗马帝国的灭亡到文艺复兴之间这段时间(500—1400)确定为中世纪

---

〔1〕 http://www.islamicity.com/mosque/ihame/Sec5.htm(2003 年 9 月 25 日)，pp. 1 - 2.

〔2〕 同上。

〔3〕 莫蒂默·钱伯斯、雷蒙德·格鲁、大卫·赫利希、西奥多·拉伯、伊萨·沃洛奇：《西方的经历》(纽约：诺夫出版社，1983)，pp. 228—235。

(Middle Ages),或称为中世纪时期(medieval period),跨越了希腊罗马古典时代结束至现代时期开始的时间。中世纪的主要特征是,前期呈现学术衰落,后期在经院哲学教育家的努力下逐步复兴。

学习机构

西罗马帝国瓦解之后,罗马天主教教堂由罗马教皇执掌,教会部分成为填补当时的政治、文化、教育真空的机构。当时欧洲正式的初等教育主要由教区内的教堂、附属礼拜堂的小教堂(教授礼仪圣乐)以及修道院学校来完成;中等水平的教育由主教学校(由主教负责)和修道院学校承担,教学生学习宗教和人文学科课程;高等教育和神学、法学、医学等领域的专业教育由诸如巴黎大学、博洛尼亚大学、牛津大学、剑桥大学等大学承担;[1]商人和手工业行会也建立了自己的职业学校,培养训练特定行业的学徒;骑士属于军事贵族,他们需要学习战斗技能、骑士精神和行为规范。

学校教育机会

正如早期的希腊和罗马时代一样,由于阶级和性别的限制,只有少数人才能享受学校教育。大多数学生是准备将来成为牧师或修道士的男子。当时大多数人是农奴,基本都不会读写,只能在封建地主的庄园里务农。

中世纪女性教育

中世纪社会的女性教育与她们所属的社会经济阶层密切相关,各不相同。尽管中世纪的基督教强调女性在精神上享有同男性一样的平等权,她们的婚姻在本质上是圣洁的,但是女性仍然摆脱不了传统赋予她们的性别角色的束缚。农奴和农民阶层的女孩主要通过模仿她们的母亲来学习如何操持家务和抚养孩子,贵族阶层的女性则要学习如何扮演她们出生时就被指定的符合骑士等级制度的社会角色,这意味着她们要学会如何管理城堡或庄园内的家庭生活[2]。教会所辖的教区也为一些女性提供教育机会,女修道院和其他修道院一样,也有图书馆和学校,培养修女如何遵循她们所在教区的宗教制度。尽管女性也有接受教育的可能性,但中世纪的学校和大学主要为男性提供服务,以确保男性的社会群体优势。

希尔德加德·冯·宾根

希尔德加德·冯·宾根(Hildegard of Bingen,1098—1179)是中世纪著名学者,

〔1〕 C.斯蒂芬·耶戈尔:《天使的嫉妒:中世纪欧洲的教会学校和社会理想,950—1200》(费城:宾夕法尼亚大学出版社,1994),p.153。
〔2〕 朱迪丝·M.贝内特:《现代视野下的中世纪女性》(华盛顿特区:美国历史学会,2000)。

她接受的教育是成为一名本尼迪克特神职修女[1]。(在天主教教堂中,宗教神职名称通常根据它们的创始人来命名,例如,本尼迪克特神职的名称就来源于该教团规则的创建者圣·本尼迪克特的名字。)希尔德加德是德国一所本尼迪克特女修道院的院长,在那里她负责领导修女们的宗教及教育。希尔德加德集学者、教师、作家、作曲家于一身,和大多数中世纪的教育家一样,她也把基督教教义作为教育的主要参照。她著有《认识主道》和《神之功业书》,用于教导她教区内的女性能够得到精神上的长进。希尔德加德是一位多才多艺的教育家,创作了很多宗教赞美诗,还写了很多有关致病原因、疾病的症状和治疗的医学小册子。

一、阿奎那:经院哲学教育

信仰和理性的结合

11世纪末,经院哲学(Scholasticism)在中世纪教育家的努力下逐渐形成,这是一种神学与哲学相结合的学问和教义。经院哲学坚持基督教圣典和教义是真理的源头,同时它们也很重视人的理性,特别是把亚里士多德的哲学看做是对真理的一个补充来源。经院哲学相信《圣经》和教会的其他教义能向人们传达超自然的真理,人的头脑被信仰之光照亮后,就能演绎出自然法则,最终找到真理。

用希腊理性诠释经文

圣托马斯·阿奎那(Saint Thomas Aquinas,1225—1274)是巴黎大学的一名"道名会"(Dominican)神学家,他的《神学大全》(*Summa Theologiae*)将经院哲学的哲学思想和教育理念推上了最高点。圣托马斯·阿奎那一直在探寻一条调和各种权威的道路,也就是如何将基督教教义与亚里士多德的希腊哲学相调和的方法。阿奎那同时用信仰和理性来回答关于基督上帝的概念、人类和宇宙的本质、上帝和人类的关系等一些基本问题[2]。对阿奎那而言,人类同时拥有一个物质的肉身和一个精神的灵魂,尽管他们暂时生活在地球上,他们生存的终极目的是到天堂与上帝一起经历永恒。阿奎那赞同亚里士多德关于人类的知识始于各种感觉、终于对这些感觉进行概念化的观点(参见本章概述3.2中对阿奎那和其他教育家思想的总结)。

在他的《论教师》(*de Magistro*)一文中,阿奎那将教师职业描述为信仰、仁爱和学

---

[1] 有关希尔德加德的生平简介及其作品的节选,参阅墨菲的《教育史和教育哲学》,pp. 104—112。她的传记可参阅菲奥娜·麦多克斯:《希尔德加德·冯·宾根:她的时代的伟大女性》(纽约:双日出版社/兰登书屋,2001)。

[2] 弗朗西斯·J. 塞尔曼:《圣托马斯·阿奎那:真理之师》(苏格兰爱丁堡:T&T克拉克出版公司,1994);艾迪安·吉尔松:《圣托马斯·阿奎那的基督教哲学》(印第安纳州圣母城:圣母院大学出版社,1994);弗朗西斯·塞尔曼:《阿奎那101:圣托马斯·阿奎那思想的基本介绍》(印第安纳州圣母城:基督教经典著作/万福玛利亚出版社,2007)。

识的综合体,教师需是能潜心默祷、不断反思的学者,对要教授的科目非常擅长,他还必须是积极主动、有教学技巧的讲师,深深地热爱人类。阿奎那的这些观念对今天的我们依然有很大的启示,接受职前培训的未来教师和所有其他的教师都必须把教学作为神圣的使命或神职,同时要对他们所教科目的知识有很深的造诣。阿奎那还强调教师必须对他们的教学不断进行反思,以便更深刻地发现他们课堂行为的意义。

学科科目

经院哲学的教师由牧师或宗教团体的成员担任,在由教会控制或受教会保护的学校中执教。受古希腊罗马人文学科传统的影响,学校的课程由各种正式科目组成,例如,在高等教育阶段,主要学科科目有逻辑学、数学、自然哲学和道德哲学、形而上学以及神学。在教学中,经院哲学家们使用三段论,即用演绎推理法来创建条理清晰的知识体系。他们还重视基本原理及其意义。除了正规的学校教育,阿奎那还认识到在家庭、朋友和环境中接受非正式教育的重要性[1]。

阿奎那的哲学思想也被称为托马斯主义(Thomism),对现代的天主教学校教育有深刻的影响。在天主教学校里,托马斯主义是学校与宗教信仰结合的基础。在美国,天主教学校是公立学校以外最大的学校系统,注册学生达到227万,占私立学校注册学生总数的44.4%[2]。托马斯主义同样影响了后世的人文主义者如罗伯特·赫钦斯、雅克·马利坦、莫蒂默·阿德勒(Robert Hutchins, Jacques Maritain, Mortimer Adler)等,这几位人文主义者将在"教育的哲学基础"一章中讨论。

概述 3.2 公元1600年之前的主要教育理论家

理论家	哲学取向	人性观	教育观和课程观	贡献和影响
孔子(前551—前478,中国)	根据人类关系和角色的等级秩序制定道德体系;强调以服从来维持社会秩序和礼仪	人类需要高度稳定的社会秩序,在这种社会中,人们要承担他们所处等级固有的义务	教育通过培养人们对祖先和传统的尊敬,使人们能够扮演社会政治的角色;以古老的中国经典著作和孔子的《论语》(*Analects*)为课程;高度选拔性的考试	儒家的伦理学说对中国文化的影响持续了数个世纪,创造了一套影响深远的价值体系

---

〔1〕 约翰·W. 多诺霍:《圣托马斯·阿奎那与教育》(纽约:兰登书屋,1968),pp. 76—89。

〔2〕 有关2007—2008学年天主学校的学生注册数,可访问全国天主教教育协会的网站:http://www.ncea.org/news/AnnualDataReport.asp#enrollment。另可访问网站:http://www.capenet.org/Facts.html。

续　表

理论家	哲学取向	人性观	教育观和课程观	贡献和影响
苏格拉底（前469—前399，希腊）	社会和教育偶像的反对者；倾向于哲学的理想主义和政治的保守主义	人类能通过理性的自省来界定自己	采用智慧的对话探究方式来回答人类关心的基本问题；教育应当培养道德卓越的人	以苏格拉底式的对话作为教学方法；教师是角色楷模
柏拉图（前427—前346，希腊）	哲学的理想主义者；社会政治的保守主义者	可根据智能对人类进行分类	对潜在观念的回忆；音乐、体操、几何、天文学以及基本读写技能；哲学王为统治精英所需要的哲学	学校根据智能挑选学生；教育与市民（政治）目的密切联系
亚里士多德（前384—前322，希腊）	哲学的现实主义；基于古典现实主义的社会观、政治观、教育观	人类具有指导他们行为的理智力量	重视客观的和科学的教学；基本读写能力、数学、自然和物理科学、哲学	重视博雅教育、培育全面发展的人；推理的重要性
伊索克拉底（前436—前388，希腊）	修辞学家；为自我和社会服务的演说教育	人类有能力用言语（演说）来完善社会和政治	学习修辞学；基本读写能力；政治、历史、修辞、雄辩术、公共演讲	把知识运用于公共事务和政治领导中；教师教育有学科内容和教学实践两方面
昆体良（35—95，罗马）	修辞学家；为个人获利和公共服务而学习演讲术	个人是否具备领导才能，要看他是否气质出众、知识渊博、演说技巧超群	基本读写能力；文法、历史、文学、戏剧、哲学、公共演讲、法律	动机在学习中的作用；认识到个体的差异性
希尔德加德·冯·宾根（1098—1179，德国）	中世纪女修道院院长；基督教的灵性和自然医学	人类需要精神的不断丰富，也需要掌握自然知识	女性应当接受多维度的教育，包括宗教、自然科学和音乐	教师是个体精神、身体和道德发展的导师和向导

续 表

理论家	哲学取向	人性观	教育观和课程观	贡献和影响
阿奎那(1225—1274,意大利中世纪神学家)	基督教神学和亚里士多德(现实主义)哲学	人类具有精神(灵魂)和身体(肉体)的双重本质	教育应以人的本性为基础,从精神和身体两方面进行适当的学习	教师是道德的代理人;教育与普遍的神学目标相关;神学和哲学的综合;罗马天主教学校的哲学基础
伊拉斯谟(1465—1536,荷兰文艺复兴人文主义者)	基督教的宗教取向;作为社会和学术批评的教育家	人类能取得巨大的成就,但也非常愚笨	教育是为了培养注重批评和分析的文学精英	中等和高等教育在文学和社会批评中的作用;重视批判性思维
路德(1483—1546,德国新教徒)	新教的神学取向;用信仰和个人良心来拯救灵魂	人类因信仰而被救赎;圣典和改革后的神学理论能塑造个人的良心	初等学校负责教授读、写、算和宗教;中等学校以培养领导者为目的,学习古典著作、拉丁文、希腊文和宗教;职业培训	重视普及文化;学校重视宗教价值观、职业技能和知识;宗教、学校教育与国家间的紧密关系

焦点问题回顾:请再次思考本章开头列出的焦点问题,利用这些问题编撰你的教育自传并仔细考虑教育的目的是什么。例如,中世纪的教育家寻求宗教信仰与理性之间的调和,认为这是真理的另一个补充源头。回顾你自己的教育经历,反思你接受的科学和宗教教育。你是否遇见过两者之间的冲突,或者这两个领域是否能相互补充?托马斯主义和政教分离理论之间有冲突吗?

二、中世纪对西方教育的贡献

知识的保存和制度化

中世纪的教育家对西方教育的主要贡献是他们记载、保存、传播了知识,并用基于基督教和亚里士多德的哲学思想搭建起来的经院哲学框架来呈现这些知识。中世纪的主要教学机构,如教区学校、修道院学校、主教学校以及大学,都以教授组织条理清晰的科目的方式来传播知识。中世纪时期形成了一座横跨古希腊罗马时期的古典教育和现代教育的文化桥梁。

第八节　文艺复兴时期的古典人文主义

经典作品的人文复兴

文艺复兴运动始于14世纪，于15世纪达到顶峰，是中世纪向现代过渡的一个时期，这一时期的主要特征是重新重视希腊和拉丁经典著作中人文主义方面的内容。文艺复兴的教育家，被称为**古典人文主义者**(classical humanists)，他们总是回顾过去而不是展望将来，这一点与中世纪经院哲学家们相同。但是与经院哲学家们所不同的是，古典人文主义者以文学而不是神学作为他们教学的基础[1]。

意大利古典人文主义

意大利是文艺复兴时期的艺术和文学中心，这里的人文主义者将自己视为文学评论家和知识的保管者，但丁、彼特拉克、卜伽丘(Dante，Petrarch，and Boccaccio)是那一时期著名的作家，他们用意大利文而不是拉丁文写作。意大利贵族修建了人文学校，让他们的孩子接受复兴的古典学问的教育。

廷臣的模范作用

人文主义教育家从对古希腊罗马经典著作的学习中发现，廷臣不但文学修养精深，而且举止优雅，风度翩翩，因此将廷臣视为读书人的理想境界[2]。巴达萨列·卡斯提里奥尼(Baldesare Castiglione，1478—1529)在其《廷臣论》(*The Book of the Courtier*)中将廷臣描绘为机智聪慧、善于外交，[3]精通经典文学，受过博雅教育，侍奉君主时气度优雅、举止不凡[4]。

批判性思维

文艺复兴时期的人文教育家大都精于文学，多为作家、诗人、翻译家和文学评论家。作为艺术家兼教师，还有社会和艺术评论家，他们的作品充满机智风趣的言语，不乏幽默讽刺，同时也展示了他们的博学多才。他们希望培养具有批判头脑的人，敢于向现存的习俗挑战，揭露生活中以及文学作品中的平庸并加以改正。在北欧的古典人

---

〔1〕 J. R. 黑尔：《欧洲文艺复兴》(纽约：巴兹尔布莱克威尔出版社，2000)。

〔2〕 同上。

〔3〕 有关廷臣的评论参阅彼得·伯克：《廷臣的命运：欧洲人对卡斯提里奥尼的〈廷臣论〉的接受》(宾夕法尼亚州立大学帕克分校：宾夕法尼亚州立大学出版社，1996)；巴达萨列·卡斯提里奥尼：《廷臣论》(纽约：多佛出版社，2003)。

〔4〕 伯克：《廷臣的命运》。

文主义学者，通过批判性地审视中世纪的神学著作，逐渐走上了新教改革之路。

但文艺复兴时期的人文主义者们还是保持着自己与大众百姓之间的距离，小心翼翼地从陈年的文学作品中提取出人性的观念。正如葡萄美酒是用来为精致的晚餐增光添彩一样，人文主义教育也只是给鉴赏家欣赏的，其教育不是为每个人服务，而只为精英服务。

就学渠道的限制

文艺复兴时期的学校就学人数并未极大地增加，因为人文主义的预备学校和中等学校只负责贵族和上层阶级孩子的教育。小学一般为商业中产阶级服务，而来自较低社会经济阶层的孩子几乎很少能受到正规的学校教育。

一、伊拉斯谟：评论家和人文主义者

伊拉斯谟的教育观

德西德里斯·伊拉斯谟(Desiderius Erasmus，1465—1536)是文艺复兴时期主要的古典人文主义学者，他认为模范的教师应当是见识广博的基督教人文主义者[1]。伊拉斯谟强调基督教的统一性特征，由所有信徒共同享有，而不是用各种教义将教徒们分隔开。他尽管是一名言辞犀利的评论家，但当他开始教育儿童时又表现出温柔的性格。伊拉斯谟认识到早期教育对塑造儿童品质的重要性，所以他建议家长和教师都应当成为儿童能效仿的优秀文化和伦理楷模。

伊拉斯谟相信，一个教师的世界观和学术准备情况与他是否能成为一名成功的人文主义教育家密切相关。教师需要具有泛基督教的和全球性的世界观，不能受狭隘的兴趣所限制。作为教师职前培训的部分内容，教师应当接受良好的人文学科的教育，尤其是古典希腊和拉丁的语言与文学，以及历史和宗教的学习。

促进读书和文学

作为人文主义者，伊拉斯谟非常关注文学的教学方法，他认为让学生探索文学作者在学生生活中的意义，是激发学生阅读好书的一种方式。他鼓励教师使用交谈、游戏、活动的方式揭示一本书的意义。伊拉斯谟形成了下列教授文学课程的一套方法：(1) 介绍作者生平；(2) 辨析作品的文体、体裁；(3) 讨论故事情节；(4) 反思作品的道德和哲学含义；(5) 分析作者的写作风格[2]。

---

〔1〕 有关伊拉斯谟的传记，访问网站：http://www.newadvent.org/cathen/05510b.htm；莫里斯·威尔金森：《鹿特丹的伊拉斯谟》(比布里奥巴扎出版社，2008)。

〔2〕 想查看克里斯·库巴巴克提供的拉丁文和英语文本，可访问伊拉斯谟文本项目，网址：smith2.Sewanee.edu/Erasmus。

反对暴力

伊拉斯谟在《基督教君主的教育》(1516)一书中表明了他对战争和暴力的反对态度[1]。他建议君主的导师一定要让君主了解生活在其王国内的人民,包括了解他们的传统习俗、工作状况,还要了解他们面临的困难和问题。他与尼克科洛·狄·伯纳多·马基雅维利(Niccolo di Bernardo Machiavelli,1469—1527)不同,马基雅维利是意大利的人文主义者,主张国王用强权操控来统治国家,伊拉斯谟则建议君主学习和平的艺术,尤其是避免战争的外交之道,以此获得人民的爱戴和尊敬。

二、文艺复兴对西方教育的贡献

重视古典语言和文学

文艺复兴时期的人文主义者非常重视拉丁语和希腊语的学习,把掌握这两种语言作为受过良好教育的标志。古典人文主义者这种对希腊语、拉丁语的偏爱对后来西方中等和高等教育的影响长达数个世纪,直到19世纪末,欧洲和美国的很多学院和大学还把具有拉丁语知识作为入学的必要条件。

人文知识(不是科学知识)

另外值得一提的是,伊拉斯谟和其他文艺复兴时期的教育家开始转向人文主义的知识观,或者说是以人为中心的知识观,而不是以神为中心的神学知识观。但是,他们只是通过文学来探索他们关注的问题,而不是通过科学来探索。这种人文主义者采用的文学式的教育方式受到后世的卢梭、裴斯泰洛齐、斯宾塞及杜威的质疑(“教育先驱”一章将讨论这几位教育家),他们都反对这种只注重文学而忽视实际经验的教学方法。

印刷机

欧洲于1423年发明了印刷机,这项革新极大地促进了识字和学校教育的发展。在印刷机出现以前,学生只能通过教师口授、听写的方式,刻苦地将教师讲述的课文记录下来,编制一份自己的副本。在过去和现在,大学讲座对学生而言都是一种听抄练习,因为学生都要记录下教授讲述的话语。

到了15世纪中期,欧洲的印刷工人开始进行金属活字印刷的试验。一位德国的

---

〔1〕 罗伯特·D.赛德、约翰·B.佩恩(编辑):《伊拉斯谟作品集》(多伦多:多伦多大学出版社,1994)。

珠宝商约翰尼斯·古登堡(Johannes Gutenberg)发明了一种耐用的金属合金,可以为印刷厂制作字母模型。他于1455年印刷出版了《圣经》,这是出版的第一部重要书籍,也被称为《古登堡圣经》。这种印刷技术迅速在欧洲传播,极大地增加了书籍印刷的产量,同时大大节约了书的成本,这就让越来越多的人能够通过阅读获得信息[1]。印刷机的发明是一项具有重大意义的技术革新,引发了一场"信息革命",这项技术革命导致的结果让人们联想到当前电子计算机技术引发的信息高速传播,两者的结果是一致的(参见概述3.3中印刷机的发明及教育史的其他重要事件)。

概述 3.3 公元1650年前西方教育史中的重大事件

时期	政治和社会事件	重大教育事件
希腊	前1200年,特洛伊战争 前594年,雅典宪法改革 前479—前338,希腊(雅典)文化的黄金时代 前445—前431,伯利克里时代 前431—前404,雅典和斯巴达间的伯罗奔尼撒战争	前1200年,荷马的《伊利亚特》和《奥德赛》 前399年,审判苏格拉底 前395年,柏拉图的《理想国》 前392年,伊索克拉底在雅典创办学校 前387年,柏拉图创立学园 前330年,亚里士多德的《政治学》
罗马	前753年,罗马城建成的传统纪年 前510年,罗马共和国成立 前336—前323,亚历山大大帝时期 前272年,罗马统治意大利半岛 前146年,希腊成为罗马的一个省 前49年—前44年,恺撒大帝专政 前31年,罗马帝国开始 476年,西罗马帝国灭亡	前449年,有资料提到了拉丁小学校(Ludi)的存在 前167年,希腊文法学校在罗马开办 96年,昆体良的《演说术原理》
中世纪	713年,阿拉伯征服西班牙 800年,查理曼加冕为神圣罗马帝国皇帝 1096—1291,十字军东征圣地 1182—1226,阿西尼的圣·弗朗西斯(St. Francis of Assisi)	1079—1142,阿伯拉德(Abelard),《是与否》的作者 1180年,巴黎大学正式获得罗马教皇特许和认可 1209年,剑桥大学成立 1225—1274,托马斯·阿奎那,《神学大全》的作者

〔1〕 吕西安·费夫贺、亨利-让·马丁:《书的由来:印刷术的影响,1450—1800》(伦敦:沃叟出版社,1990)。

续　表

时期	政治和社会事件	重大教育事件
文艺复兴	1295 年，马可・波罗探险 1304—1374，彼特拉克，《歌集》的作者 1313—1375，薄伽丘，意大利本土文学之父 1384 年，共同生活弟兄会成立 1393—1464，佛罗伦萨的科西莫・德・美第奇(Cosimo de'Medici)鼓励艺术和学术复兴 1423 年，印刷机的发明	1428 年，维多里诺(De Feltre)，古典人文主义教育家，在曼图亚创建宫廷学校 1507—1589，斯图谟(Sturm)，德国文科中学的创建人 1509 年，伊拉斯谟的《愚人颂》
宗教改革	1455 年，古登堡的《圣经》印刷出版 1492 年，哥伦布到达美洲 1517 年，路德公布《九十五条论纲》，号召教会改革 1509—1564，约翰・加尔文，新教改革家，加尔文主义创始人 1509—1547，英国亨利八世，英格兰教会的创立者 1540 年，罗耀拉(Loyola)创办耶稣会 1545 年，特伦托议会发动罗马天主教的反宗教改革运动	1524 年，路德的《为了基督学校的信件》 1524 年，梅兰希顿，路德的同事，在德国各邦组建路德学校 1630—1650，约翰・诺克斯(John Knox)在苏格兰组建加尔文学校

焦点问题回顾：请再次思考本章开头列出的焦点问题，利用这些问题编撰你的教育自传并仔细考虑教育的目的是什么。例如，文艺复兴时期的人文主义教育者把自己视为受过良好教育的楷模和学术评论家。在你自己的教育经历中，你遇见过担当学术楷模和学术评论家的教师吗？你打算成为这样一种楷模和评论家吗？

第九节　宗教改革与教育

摆脱教皇权力、获取自由

16、17 世纪的新教宗教改革是在欧洲社会、经济、政治各方面的重大变化下激发产生的。人文主义者对经院哲学权威人士的批评，削弱了天主教会强迫实施宗教顺从的核心权力；经济的变革导致中产阶级的兴起，他们开始反抗旧贵族的政治特权；中央集权制国家的出现，使人们把原来对教皇的忠诚转向对自己君主的忠诚。新教的宗教改革者，诸如约翰・加尔文、马丁・路德、菲利普・梅兰希顿、胡尔德莱斯・慈运理

(Ulrich Zwingli),他们试图把自己和追随者从罗马教皇的权威中解脱出来,创建自己的宗教教义和宗教修炼方法[1]。与此同时,新教改革者们也形成了自己的教育理论,并且建立了自己的学校,建构了自己的课程,并用改革后的教义来培养他们的孩子。

民众读写教育的扩展

路德、梅兰希顿、加尔文以及其他宗教改革领导人都很关注知识、教育和学校教育等问题,因为他们希望使用这些有力的文化武器来推进新教的发展。对于知识的问题,他们坚信每个人都有阅读《圣经》的权利,因为《圣经》是宗教真理的根本来源。宗教改革者们把阅读《圣经》作为最基本的救赎方式,为提高民众的读写能力,他们不断推广普及初等学校教育。

新教改革者们建立了**方言学校**(vernacular schools),教导学生用他们自己常用的语言来进行各种宗教仪式,例如,教徒们可以使用德语、瑞典语、英语等,而不是只能使用拉丁语。这些由各教派控制的初等学校为学生提供基本的阅读、书写、算术和宗教等课程。为了与新教竞争,虽然天主教学校也开始在教授拉丁语之余教授学生本国语,但天主教的礼拜仪式仍然使用拉丁语,而不是本国语。

插图选自一本教义问答手册,它描绘了一位虔诚正直的教徒之死。

教义问答手册

新教徒和天主教徒都利用学校向孩子们灌输他们认为正确的宗教信仰和实务。只有官方批准的教会成员才能被雇成为教师,教师会受到严格的监督,以确保他们教授的是得到认可的教义。事实上,对教师进行监督及给教师颁发许可证都是宗教改革时期的产物。为保证对教义的

〔1〕 W.罗伯特・戈弗雷:《宗教改革概述:对路德、加尔文和〈忏悔录〉的见解》(新泽西州利普斯堡:P&R出版社,2003);帕特里克・科林森:《宗教改革史》(纽约:现代文库,2004);戴尔梅德・马克库罗奇:《宗教改革》(纽约:企鹅出版社,2005)。

认同，宗教教育者形成了一种教义问答的教学方式。教义问答手册以提问与回答的形式，将某一特定教派的教义和实务进行概括。虽然背诵一直是学校教育的一个主要特色，但这种教义问答的方法还是加强了学校的记忆方法。新教改革者们相信，如果孩子们能记住教义问答手册上的内容，他们就能够将教会的教义逐渐内化。这种提问与回答的形式在学校得到高度认可，还被用于历史、地理等世俗科目的教学中。

例如，加尔文在他的"日内瓦教会"的《教义问答手册》中也使用了这种问答的方法：

大师：人类生命的最高终点是什么？

学者：了解创造人的上帝。

19 世纪，达文波特(Davenport)所著的《美国史》中也用到了这种方法：

问：列克星敦战役是何时发生的？

答：1775 年 4 月 19 日，这里流出了美国独立战争的第一滴血。

提高识字率

新教改革非常重视大众的读写能力和增加学校的入学率，因此接受学校教育的人数大大增多，识字率也得到提高。例如，在 1500 年，英格兰只有 10%的男性和 2%的女性具有读写能力；到 1600 年，28%的男性和 9%的女性具有了读写能力；而到 1700 年，近 40%的英格兰男性和大约 32%的英格兰女性具有读写能力。北部欧洲的识字率要高于南部欧洲，城市的识字率要高于乡村地区，上层阶级的识字率要高于社会经济地位较低的阶层[1]。

增加学校入学人数

正如以上数据所揭示的，改革者们希望女孩和男孩都能到初级方言学校上学，这使得男孩和女孩的入学人数都有明显增加。但是，新教改革者继续为上层阶级的男孩保留了到中等学校和有声望的古典人文预备学校深造的特权。大学预备学校和中等学校，如德国的文科学校(gymnasium)、英国的拉丁文法学校、法国的大学预科(lycée)等，主要培养上层阶级的男孩，让他们学习拉丁文和希腊文，这是大学入学必需的两种古典语言。这种精英教育的目的是为教会和国家培养领导人才。

这一时期出现了很多著名人物，如加尔文、慈运理、伊格内修斯·罗耀拉、亨利八世等，他们对新教的改革和罗马天主教的反宗教改革运动产生了巨大的影响。马丁·路德是首屈一指的德国新教改革者，他的影响遍及整个北部欧洲。

〔1〕 玛丽·乔·梅恩思：《西欧学校教育：一部社会史》(奥尔巴尼：纽约州立大学出版社，1985)。

一、路德:新教改革家

路德对天主教会的挑战

马丁·路德(Martin Luther,1483—1546)是宗教改革者中最重要的人物之一,他改变了西方的历史和西方的教育[1]。路德是德国奥古斯丁教团的教士,他对天主教的很多实务越来越不满。1517年,他在维滕贝格(Wittenberg)将他著名的《九十五条论纲》(*Ninety -Five Theses*)张贴在城堡教堂的门上,开始了对罗马教皇和罗马天主教会权威的挑战。他的挑战成了新教改革的催化剂,使得新教改革之风迅速吹遍整个西欧。

作为宗教改革一部分的教育

路德把教育看做宗教改革的强大同盟,他认为教会、国家、家庭、学校都是关键的改革机构。路德相信家庭对形成孩子的品格和良好行为作用重大,他鼓励在家庭中阅读圣经和进行祈祷。他还要求父母确保他们的孩子接受职业培训,这样孩子成年后就能自食其力,成为有生产能力的公民。

路德的学校教育观

路德在他的《致德国市长和市政官员支持天主教学校书》中提议,政府公务员要承担教育的责任,强调了学校教育对政治、经济和精神的好处[2]。路德坚持认为,学校应当由国家官员负责组织和监察,以确保教师教给学生正确的宗教教义,将学生培养成有文化、循规蹈矩、有生产能力的公民。文科学校和大学中实施的高级教育主要为路德派教会培养受过良好教育的牧师。

路德的女性教育观

路德对女性教育的看法反映了传统的性别角色观念,但其中也有一些自由解放的观点。由于受圣保罗(Saint Paul)的影响,他一方面认为丈夫作为一家之长,享有对妻子的权威,操持家务和抚养孩子仍然是女性最应该担当的任务。但另一方面,路德也

---

〔1〕 路德的传记作品有詹姆斯·A.雷斯提根的《马丁·路德的一生》(明尼苏达州明尼阿波里斯市:奥格斯堡出版社,2003);弗雷德里克·诺尔的《路德:一位改革者的传记》(密苏里州圣路易斯:康卡迪亚出版社,2003);詹姆斯·M.科特尔森:《路德:一位改革者》(费城:要塞出版社,2003);斯蒂芬·T.尼克尔斯:《宗教改革:一个修道士和一根木槌如何改变了世界》(伊利诺伊州惠顿:十字路出版社,2007)。

〔2〕 有关路德的生平简介、路德教育思想的评论以及他的《致德国市长和市政官员支持天主教学校书》的节选,可参阅麦当娜·M.墨菲的《教育史和教育哲学:教育先驱的声音》(新泽西州上部马鞍河:培生/梅林/普伦蒂斯·霍尔出版公司,2006),pp.143—149。

强调所有人都应当用自己的语言阅读圣经，这就意味着男孩和女孩都要到初级方言学校上学。这样，接受过学校教育的妇女也能与男性一起共同教育自己的孩子，虽然她们可能只承担次要的教育责任。

学校章程

为了设计和实施教育改革，路德非常倚重人文主义教育家菲利普·梅兰希顿(Philipp Melanchthon，1497—1560)。1559年，梅兰希顿起草了《符腾堡学校章程》，该章程成为德国其他公国的模仿样板。这份学校章程详细规定每个村庄都必须建立初级方言学校，教学生宗教教义、阅读、书写、算术和音乐，作为古典中等学校的文科学校，应该为期望到大学深造的、经过选拔的年轻学生，提供拉丁语和希腊语的教学。

二、宗教改革对西方教育的贡献

新教的宗教改革对教育的主要贡献在于它巩固了文艺复兴以来教育的各项发展成果，尤其是确立了**双轨制学校系统**(dual-track system of schools)。在双轨制学校系统中，一方面方言学校为社会经济地位较低的人提供初级的教学，而古典人文主义的文法学校则培养上层阶级的男子去接受高等教育。欧洲的殖民者将这种双轨制学校系统带到了新大陆。

新教改革者们很重视阅读圣经，这也对后世的教育家产生影响，使他们很关注基本读写能力的教育，它尤其加速了普及学校教育运动的发展。

从古代开始，一直到21世纪，宗教始终影响着教育和学校。很多学校曾经接受或正在接受教会、寺庙和清真寺的资助。美国也是一样，早期的学校和学院都从属于某个宗教教派，现在仍然有大约400万的美国中小学生在教会附属学校上学[1]。

在18世纪的欧洲和美洲，理性时代及启蒙运动产生的自然主义和理性主义，对宗教对教育的影响发起了挑战。

焦点问题回顾：请再次思考本章开头列出的焦点问题，利用这些问题撰写你的教育自传并仔细考虑教育的目的是什么。例如，用问答法来回顾前面背过的课文，这种方法在宗教改革时期大量使用，你自己在学校是否接触过这种教学方式？你对这种方法的看法如何？这种方法的优点和缺点分别是什么？宗教是否影响过你的教育观和你对教育目的的看法？

---

〔1〕 全国天主教教育协会：《2007—2008年天主教学校学生注册人数》，网址：http://www.ncea.org/news/AnnualDataReport.asp#enrollment；http://www.capenset.org/facts.html。

第十节 启蒙运动对教育的影响

理性和科学方法

与中世纪经院哲学及文艺复兴时期人文主义者把他们的教育思想建立在过去的经典著作和教育理论之上不同，启蒙运动时期的哲学家、科学家和教育学家们则不断审视现在并展望未来，他们不倚重传统，而是重视用理性和科学方法来改善现在的情况，创造更先进的未来。他们使用经验观察的科学方法来探索自然和宇宙的运行规律。在教育上，他们对儿童进行观察，特别是观察他们的发展阶段、游戏和活动情况，以建构一种自然的教学方法。启蒙运动认为儿童天性善良，教师应当依据孩子的兴趣和需求进行教学，这种观点影响了教育改革者卢梭、裴斯泰洛齐以及进步主义教育家们，这些人物在“教育先驱”和“教育的哲学基础”两章中有详细介绍。

本杰明·富兰克林和托马斯·杰弗逊(Benjamin Franklin and Thomas Jefferson)等美国独立战争的领导者也受到了启蒙运动政治思想的影响，他们的观点将在“美国教育的历史发展”一章中讨论。启蒙运动的基本原则，如生命的自然权利、自由、追求幸福、反对专制、建立共和政府等，都体现在美国的《独立宣言》和美国宪法之中。

启蒙运动的思想在美国深深扎根，并在美国培育出对政治民主的乐观信仰，也滋养了全民教育的发展。富兰克林非常重视实用科学的教育，而杰弗逊则力争把国家与教会分离，认为教育应当由国家创办的学校负责，这些都是因为受到启蒙运动思想的影响。美国人相信他们有能力决定自己的将来，他们将教育视为不断进步的关键。

在本章中，我们为你提供了很多建议，希望你能根据这些建议撰写你的教育自传，同时建立自己的教育哲学观。在你阅读下面三章的内容时，你可能希望重新反思并修改你的自传及教育哲学。“教育先驱”一章主要阐述那些伟大的教育先驱们如何影响你个人的教育，在阅读这一章时，你可以确定谁可以成为自己的导师，并把对他们的评论加入你的自传中，以此丰富你的教育哲学；“美国教育的历史发展”一章为你提供了把自己的教育故事置于美国历史情境中的机会；“教育的哲学基础”一章鼓励你找出自己的教育哲学观与教育自传之间的联系。

焦点问题回顾：请再次思考本章开头列出的焦点问题，利用这些问题撰写你的教育自传。例如，在你自己的教育经历中，是否感受过启蒙运动的教育原则：重视理性、科学方法、教会与国家分离？

总结

(1) 我们探讨了在不同历史时期人们对以下问题的思考和回答:什么是知识? 什么是教育? 教育的目的是什么? 什么是学校教育? 谁应当上学? 应当怎样进行教与学? 当代教育家仍在继续思考这些非常重要的问题。一些教育家很看重传统知识和价值观,如古代中国的孔子;一些人强调对传统文化的保护,如古埃及人;一些教育家以普遍性的术语对这些问题作出了回答,如柏拉图;另一些教育家认为这些问题的答案必须以适应特定的文化条件和情况为基础,如智者派。

(2) 我们探讨了教育目的的观念,教育的目的是为了传播和保存文化,将文化代代相传。正如在前文字社会和古代社会,学校教育一直致力于把文化遗产从上一代人那里传承给下一代人。

(3) 日益增强的国际相互依赖及美国社会的多元文化根源,共同增加了了解教育的全球背景的重要性。通过考察古代中国、埃及、以色列、古希腊和古罗马等这些文化多元社会的教育情况,我们探讨了跨文化交流怎样改变了人们对知识、教育目的和入学等观念。

(4) 很多美国的教育制度和教育程序都源自欧洲。在古希腊,苏格拉底、柏拉图、亚里士多德和伊索克拉底阐述了有教养的人、理性探究、思想自由等概念,同时还提出了博雅教育的理念;而智者派则提出了修辞教育的概念和方法,伊索克拉底对这种方法进行了改善,而罗马修辞学家昆体良则进一步完善了这种方法。

(5) 在中世纪时期,大学的基础得以确立;中世纪教育将从阿拉伯人那里传入西方世界的数学和科学成就融为一体;文艺复兴时期的古典人文主义教育家详细论述了全面发展的、接受自由教育的人的概念;新教的宗教改革强调识字教育、方言教育和宗教教育,对殖民时期的美国学校有直接的影响;启蒙运动对美国政治制度和教育制度的形成有突出的影响。

(6) 从古希腊、罗马的古典时期开始到15世纪的新教宗教改革,只有很少的一部分儿童能上学。出生富有家庭的男性能获得的就学机会最多。宗教改革时期,由于新教徒重视让所有人识字并阅读《圣经》,另外还因为印刷机器的发明,男童和女童的上学机会都开始不断增加。

(7) 西欧社会的学校根据社会经济阶层的差异逐渐发展成为双轨制。普通人可以上初级学校,而上层阶级的男性可以上预备学校,为将来进入大学和学院作好准备。女孩们也可以上初级学校,但基本被排除在中等和高等教育之外。

关键术语

文化适应

孔子
基督教传统
摩西五经
智者派
修辞
苏格拉底法
回忆论
柏拉图的《理想国》
伊斯兰教
可兰经
经院哲学
古典人文主义者
方言学校
双轨制学校系统

讨论题

(1) 仔细观察幼儿园和小学各年级的课堂，记录下节日庆典、故事、艺术是如何被用于向孩子们介绍他们的文化。这些例子是与前文字社会的口头教育传统和希伯来教育中的宗教仪式相似，还是不同？

(2) 请反思孔子对人与人之间适当关系的重视。今天，谈论"有关系"或"在交往"是非常普通的事情，这种现代意义上的"关系"和孔子所言的"关系"相比较，有何异同？另外，请认真审视儒家的行为伦理准则，即社会中的每个人都要按照自己的地位采用相应的行为方式，合乎你身份的行为即为"有礼"。对比儒家的道德行为观与现代美国社会的道德行为观。那些历史上产生的人际关系的概念，特别是师生关系的概念，对教育有什么深刻含义？

(3) 大多数历史时期中，教师的作用是传承文化遗产，尤其是某一特定群体的语言、知识、信仰和价值观。你如何看待将教师视为文化的传承人这一观点呢？你的教育经历中是否有教师扮演过知识传承人的角色？在你阅读完"教育先驱"这一章中有关保罗·弗莱雷的内容，以及"教育的哲学基础"一章中有关后现代主义和批判理论的内容后，请再次思考上述问题。

(4) 阿拉伯的学者会刻意从其他文化中借鉴知识，但古代中国则抵制借用其他文化。你是否能找出从其他国家借用教育观念和方法的当代事例？对美国教育中的这种借鉴，你是支持还是反对？

(5) 你认为智者派会如何评价当代政治竞选活动的一些趋势，诸如焦点问题小组座谈会、民意测验、抓住对方的话语片断反复进行电视广告、负面竞选广告等。电视和网络能产生公共舆论，这对教育有何意义？这些外界的信息源如何影响学校中的教与学？

（6）性别、社会经济地位、宗教是怎样影响过去的教育和学校的？这些因素又是如何对今日的教育产生影响的？

专业发展的建议方案

（1）准备一份有注解的关于儒家教育的网站列表，你要谈谈这些网站提供的信息是否有价值，从中我们是否能了解孔子的思想，他的思想可以怎样被运用于当代教育中？你的研究可以从访问 http://www. csupomona. edu/这个网站开始。接下来，请访问 http://www. answers. com/这个网站，进入“孔子”的主题页。你还可以用这些网站上提供的网址链接至其他网站。完成你的网站列表之后，请与班上其他成员共同分享。

（2）准备一份有注解的有关伊斯兰教育的网站列表，你要谈谈这些网站提供的信息是否有价值，这些信息如何能对教师发挥作用。你的研究可以从访问 http://www. Fiesite. org 这个关于伊斯兰教育基础的网站开始；然后访问 www. islamicity. com，你可以了解伊斯兰教的历史。你还可以用这些网站上提供的网址链接至其他网站。完成你的网站列表之后，请与班上的其他成员共同分享。

（3）要获得专为儿童准备的古希腊的信息，请访问网站 http://www. bbc. co. uk? schools/ancientgreece，这是 BBC 公司为学校学生准备的古希腊介绍。用这些信息准备一节课或一个单元的教案，要适合小学或初中学生使用，与班上的其他同学一起分享这堂课。

（4）访问网站 http://honeyl. public. iastate. edu/quintilian，网站提供昆体良的名著《雄辩术原理》的网络版。阅读其中一章，在班上与其他同学进行讨论。如果时间允许，组织一个专题讨论小组，让其中几个学生阅读所选章节，并对阅读内容进行汇报，把这个讨论作为一项班级项目。

（5）为了能以全球视角来看待专业发展问题，请采访一些国际学生，了解他们国家中的教育状况，尤其是教师的社会地位和教师与学生的关系。

（6）为了以历史的视角来看待教师专业发展，请采访一些有经验的教师，了解从他们开始从教至今这段时间内教师职业发生了怎样的变化。

第四章 教育先驱

本章考察了历史上著名的教育先驱们如何逐渐形成自己的教育哲学观和教育理论。这些教育先驱形成了自己对学校、课程、教学方法的固定观念,这些观念一直影响着教师的职前培养以及今日的课堂教学实践。

早期的教育先驱有约翰·阿摩司·夸美纽斯、让·雅克·卢梭、约翰·亨里希·裴斯泰洛齐,他们对长期流传的儿童天性邪恶的观点以及长期以来统治学校教育的被动学习方式都提出了质疑。**儿童堕落理论**(child depravity theory)认为,儿童生而具有向恶的倾向,专制的教师才能阻止儿童向品行不端方向发展的倾向。与之相对,早期的教育先驱则坚持**自然主义理论**(naturalist theory),认为儿童天性善良,对他们的教育要遵循自然的原则。

弗里德里克·福禄贝尔、玛丽亚·蒙台梭利、赫伯特·斯宾塞、约翰·杜威、让·皮亚杰和保罗·弗莱雷等教育家主张:(1)教育应当遵循人类成长和发展的自然阶段;(2)儿童通过与日常环境中的物体和情境的互动来学习。福禄贝尔的幼儿园和蒙台梭利的"有准备的环境"都是以儿童发展为基础构建的学习环境;杜威和皮亚杰都重视儿童与他们周围环境的互动,认为这是最有效的学习方式;斯宾塞提出了一种实用、科学的教育方式,能让个体成功地适应他们所处的环境;弗莱雷极力主张用教育唤起被压迫阶级的意识,这样他们才能把自己从受压迫的社会、经济、政治和教育状况中解放出来;赫尔巴特则设计出一种使教学系统化的方法。

你可能会把这些教育先驱想象成来自过去岁月的良师益友,他们能启迪你思考有关教与学的问题。良师益友是具有重大意义的人,他的生活、思想、行为都可以成为另一个人的楷模和典范。你可以将这些先驱与你现在的良师益友相联系,尤其是与那些影响了你对教育的看法的老师,也可能是影响你作出成为一名教师的决定的老师相联系,你能从中辨别出那些塑造了你的教育观的良师益友。然后,你可以仔细思考本章所介绍的教育先驱对你的教学和学习观的形成有哪些影响。在阅读本章时,请思考以下问题:

焦点问题:

■ 什么样的人才有资格成为一位教育先驱?这位先驱能

帮助我形成自己的教学观和学习观吗？对我构建自己的教育哲学有贡献吗？

■ 这些先驱是如何形成自己的教育观的？我能用他们的观点来构建自己的教育哲学观吗？

■ 他们是怎样对知识、教育、学校教育、教与学，以及教育目的进行重新定义的？他们的观点是否让我对上述问题进行了重新定义？

■ 这些先驱的哪些观点或实际做法在今天的教学中依然存在？这些观点在现代的教师职前培养和课堂实际教学中还存在吗？

■ 我怎样才能将这些先驱与我的其他良师益友——那些影响了我对教师内涵的理解的教师、家长和同伴相联系？

第一节　夸美纽斯：探索新的方法

扬·夸美纽斯（Jan Komensky，1592—1670，这是他的捷克名字，以其德文名字 Comenius 而闻名）出生于捷克尼夫尼兹的摩拉维亚镇（Moravian town of Nivnitz）[1]。他生活在天主教和新教之间战争不断的欧洲后宗教改革时期，那是一个充满了教派仇恨和暴力的时期。他是摩拉维亚教派兄弟会的主教及教育家，摩拉维亚教派兄弟会是一个规模很小并且经常受到迫害的新教教派。

泛智论

宗教迫害迫使夸美纽斯逃离他的祖国，到其他欧洲国家过着难民的生活。为了终止这种宗教之间不能相互包容的做法，他创立了一种新的教育哲学，称为“泛智论”（pansophism），以便培养一种普遍的理解。作为一名探索和平教育的开拓者，夸美纽斯相信，学习人类共同拥有的普遍知识能让人们放弃自己的种族和宗教仇恨，并和谐地生活在一个和平的世界秩序中[2]。

用自然的方法学习语言

夸美纽斯是“美国教育的世界根源”一章中所讨论的文艺复兴人文主义教育家和后来的自然主义改革者之间承上启下的人物，他利用学生的感官来教学，而不是让学生被动地死记硬背，这种做法启迪了后世教育家卢梭、裴斯泰洛齐、蒙台梭利和杜威等。他著的《语言学入门》将拉丁文的教学与学生自己的方言口语相联系，课文从简易

---

〔1〕 有关夸美纽斯的传记，可参见丹尼尔·墨菲：《夸美纽斯：对其一生和工作的再次批评性评价》（爱尔兰都柏林：爱尔兰学术出版社，1995）；M. W. 基廷：《约翰·阿摩司·夸美纽斯的一生》（蒙大拿州怀特菲什：凯辛格出版社，2005）。

〔2〕 约翰·夸美纽斯：《世界迷局和内心乐园》，霍华德·罗斯安、安德里亚·斯特克翻译并做序言，（纽约：保利斯特出版社，1998），pp. 17—26。重印的有关夸美纽斯的著作有：M. W. 基廷：《夸美纽斯的大教学论》（蒙大拿州怀特菲什：凯辛格出版社，2005）；夸美纽斯：《世界图解》（蒙大拿州怀特菲什：凯辛格出版社，2007）；夸美纽斯：《母育学校》（蒙大拿州怀特菲什：凯辛格出版社，2003）。

的短语开始，然后逐步增加成更长更复杂的句子。极富创新精神的夸美纽斯还编写并绘制了早期的绘本《世界图解》，并把它作为一种教学辅助工具[1]。

夸美纽斯在《世界图解》中用于描绘科学家、神学家及教育家如何工作的图板图解。

一、教与学的原则

尊重儿童的需求和发展

过去人们认为儿童天性邪恶，教师必须使用体罚的手段才能训导他们从善，而夸美纽斯抛弃了这种儿童邪恶的论调，认为应当尊重儿童的自然需求和兴趣。因此，夸美纽斯希望教师是一个仁爱的人，能创造一个令人愉悦的教室氛围。他相信儿童只有在他们准备好学习某样特殊技能或科目时才能最有效地学习，所以他警告教师们不要急于求成，不要催促或逼迫儿童学习。上课内容应当与儿童的自然发展阶段相适应，他建议教师将上课内容分隔成容易同化的小步骤，让学习更加循序渐进，也更加轻松愉快。

教学原则

夸美纽斯提出了下列适用于教师职前培养和课堂实践的原则：(1) 用实物或图片

〔1〕 有关夸美纽斯的简介、大事年表以及他的《大教学论》摘要，参见麦当娜·M. 墨菲：《教育史和教育哲学：教育先驱的声音》(新泽西州上部马鞍河：培生/梅林/普伦蒂斯·霍尔出版公司，2006)，pp. 150—156。

来阐释概念;(2) 把课文与学生的实际生活联系起来;(3) 用直接简明的方法来介绍课文;(4) 在学习细节之前重视一般原理的学习;(5) 强调所有生物和物体是整个宇宙的一部分;(6) 循序渐进地呈现上课内容,一次只注重一个内容的学习;(7) 在学生完全理解某项技能或主题后才停止学习它们[1]。夸美纽斯很重视学生是否作好学习准备,在教学中使用实物,循序渐进地进行教学,这些都成为教师教育培养方案中的主要内容。

二、教育与学校教育

普遍知识:一种和平的力量

夸美纽斯是早期的一位多元文化和国际化的教育家,他尊重宗教和文化的多样性,也相信所有的人都是人类共同家庭中的成员。他还相信,通过教给学生百科全书式的所有人都能掌握的普遍知识和价值观,学校教育就能提高国际间的相互理解,促进世界和平,创造一个没有暴力的世界。作为一名改革者,夸美纽斯还利用了那个时代的技术发明,如印刷机,用教科书来广泛传播他的思想。

三、对当今教育实践的影响

进步主义和自然主义的先行者

夸美纽斯有资格成为当今所有教师的良师益友和楷模,因为他希望培养关心学生的教师,这些教师尊重全体人类的人权和尊严,尊重不同的文化和宗教;他希望教师在进行职前培养时要学习如何识别儿童的各个发展阶段,能判断儿童是否准备好学习某项具体技能;他建议教师要善于利用实物和图片,鼓励儿童通过感官学习;他还建议教师在教学实践中不要急躁,拔苗助长,不要逼迫儿童学习,而要创造一种愉悦舒适的课堂氛围。

焦点问题回顾:阅读完夸美纽斯的介绍之后,请再次思考本章开始列出的问题。作为教师,你认为夸美纽斯可以在哪方面成为你的来自历史的良师益友和楷模?在你的教育经历中,是否有教师使用过夸美纽斯的教学原则?对夸美纽斯而言,最重要的教育目的是什么?你是否计划将夸美纽斯的思想纳入自己的教育哲学中?

---

〔1〕 杰拉尔德·L.古泰克:《教育的历史和哲学基础:著作选读》(俄亥俄州哥伦布:梅林出版公司,2001),pp.50—57。

第二节　卢梭:教育自然的人

自然状态中高尚的野蛮人

让·雅克·卢梭(Jean-Jacques Rousseau,1712—1778)是出生瑞士的法国理论家,生活在美国和法国革命前夕的18世纪理性时代[1]。他是巴黎知识分子中的一员,这些知识分子对教会已有的权威和君主的绝对权力提出了质疑。他在著作《论人类不平等的起源》和《社会契约论》中谴责财富、资产和社会名望的差别,认为这是造成社会不平等的主要原因[2]。卢梭认为,在最初的自然状态下,人是“高尚的野蛮人”,也就是单纯、自由、未被社会经济的人造物腐化的自然人。卢梭因其个人对待儿童的做法与他的观点不一致而遭到批评,尽管他在作品中强调要尊重儿童的自由,但他却将自己的孩子抛弃在孤儿院,而不是亲自抚养和教育他们。

概述 4.1　教育先驱

教育先驱	历史背景	教育目的	课程	教学方法	教师作用	重要意义	对当今学校的影响
夸美纽斯,1592—1670(捷克)	17世纪新教改革后的宗教战争	将教育与儿童的自然成长和发展相联系;致力于和平与相互理解	本国语言、阅读、写作、数学、宗教、历史、拉丁文;普遍的知识	以人的发展阶段和准备情况为基础;循序渐进、按次序进行;使用实物	宽容的学习促进者;根据儿童不同的发展阶段来进行教学	建立了更人性的儿童观;设计出一种结合感觉的教育方法	根据儿童的发展阶段组织设计学校

〔1〕有关卢梭的自传,参见让·雅克·卢梭:《忏悔录》,帕特里克·科尔曼(主编),安吉拉·斯格拉译(纽约:牛津大学出版社,2000)。有关卢梭的传记,参见莫里斯·W.克兰斯顿:《让·雅克:卢梭的早期生活和著作,1712—1754》(芝加哥:芝加哥大学出版社,1991);莫里斯W.克兰斯顿:《高尚的野蛮人:让·雅克·卢梭,1754—1762》(芝加哥:芝加哥大学出版社,1991);以及里奥·达姆罗斯:《让·雅克·卢梭:不安的天才》(纽约:霍顿·米夫林出版公司,2007)。

〔2〕让·雅克·卢梭:《论人类不平等的起源》(印第安纳波利斯:哈科特公司,1991);另参见丹尼尔·卡伦:《卢梭政治哲学思想中的自由》(迪卡尔布:北伊利诺伊大学出版社,1993)。

续 表

教育先驱	历史背景	教育目的	课程	教学方法	教师作用	重要意义	对当今学校的影响
卢梭,1712—1778(瑞士—法国)	18世纪法国启蒙运动	创造一种学习环境,能让儿童天生的、自然的善良得到茁壮发展	自然界;环境	依赖于感觉;自然的经验	促进自然发展,而不是将社会成规强加到儿童身上	发起了一场反抗儿童堕落理论的浪漫主义斗争;以儿童为中心的进步主义的先行者	以儿童自由为基础的宽松的学校教育
裴斯泰洛齐,1746—1827(瑞士)	19世纪早期,后拿破仑时期和工业主义的开端	和谐地发展人类的道德、心理和身体能力;用感知觉形成清晰的观念	实物教学;形状、数字、声音	依赖于感觉;实物教学;由简到难;由近及远;先具体后抽象	创造家庭般的学校环境,富有爱心,促进学生的学习;熟练运用特殊方法进行教学	设计了一种改变小学教学的教育方法	以情感安全和实物学习为基础的学校教育
赫尔巴特,1776—1841(德国)	19世纪中期欧洲哲学和心理学的兴起	培养多种兴趣和道德品质	学术的和人文学科,尤其是历史和文学的学习	系统的教学方法:预备、呈现、联想、概括和应用	受过良好培养的专业人士,能遵循事先预定的教学程序	发明了一种非常强调按组织次序进行的教学方法,也很重视道德品质的培养	教师培养应以规定的教学方法为基础;将历史和文学纳入课程之中,作为道德的核心

续 表

教育先驱	历史背景	教育目的	课程	教学方法	教师作用	重要意义	对当今学校的影响
福禄贝尔，1782—1852(德国)	19世纪哲学理想主义的复苏和民族主义的兴起	在有准备的环境里发展儿童潜在的精神本质	歌曲、故事、游戏、恩物、手工作业	自我活动；玩耍；模仿	促进儿童的成长	创办幼儿园，一种特殊的早期儿童学习环境	用于释放儿童创造力的学前教育机构
斯宾塞，1820—1903（英国）	1859年达尔文的进化论和19世纪工业企业的兴起	能让人类过上一种有效、节俭、科学的生活	实际、实用、科学的学科	依靠感觉和科学方法；活动	在基本活动中组织教学	重视科学知识的主要课程理论家	在学校教育中强调科学知识和竞争的价值
杜威，1859—1952（美国）	20世纪早期美国进步主义运动、科学的发展和实用主义哲学的兴起	致力于促进个体的人格、社会性、智力的成长	制作和动手做；历史和地理；科学；问题	根据科学方法解决问题	以学习者共有的经验为基础创设学习环境	形成了实用主义的实验教育哲学	重视解决问题的能力和社区活动的学校教育
亚当斯，1860—1935（美国）	20世纪上半叶，大规模移民和城市变革时期	将移民同化到美国社会，同时保留他们自己种族的文化遗产	在城市中心生活所需的各种实用技能，以及文学艺术、科学和解决问题的技能	从学生的邻里社区、文化和需求开始；逐渐扩展至范围更大的社会现实和各种社会关系	和学生一起体验相互学习或共同学习	形成了进步主义的城市及多元文化教育理论	在大家共有的美国文化背景下尊重文化多样性和多元文化

续 表

教育先驱	历史背景	教育目的	课程	教学方法	教师作用	重要意义	对当今学校的影响
蒙台梭利，1870—1952(意大利)	19世纪后期至20世纪早期的女性主义的诉求；对早期儿童教育更加关注	在有准备的环境中帮助儿童感官、肌肉和智力的发展	运动和感觉技能；预先规划好的材料	同步学习；活动；实用的、感官的、形式的技能；实际生活练习	在有准备的环境中，利用教学材料，成为儿童学习促进者和指导者	形成了早期儿童教育中广泛使用的教学方法和教育哲学	早期儿童的学校教育就是对儿童的智力和发展的刺激
皮亚杰1896—1980(瑞士)	在弗洛伊德、霍尔、荣格及其他心理学家的影响下20世纪心理学快速发展	从儿童生长和发展的角度来组织教育	具体运算和形式运算	个别化培养方案；用具体材料进行探索和试验	根据儿童认知发展的不同阶段组织教学	系统阐述了认知发展理论	根据儿童认知发展的不同阶段来组织学校教育
弗莱雷，1921—1997(巴西)	20世纪后期，后殖民主义和全球主义的批判	提高对受剥削状况的觉醒	识字的范围和批判性对话	个人自传和群体传记的运用	唤起对真实生活状况的意识	形成一套具有批判意识的理论和反思实践	影响了批判理论和解放教育学

爱弥尔：一部教育小说

卢梭于1762年发表小说《爱弥尔》，并通过这部小说传达了他的教育哲学，小说讲述了一个男孩爱弥尔(Emile)从婴儿到成年所接受的教育[1]。这部颇具争议的小说抛弃了教育是要把儿童社会化的观点。卢梭对儿童堕落论和以书本为主的教育进行了抨击，他认为儿童天性善良，他们自然的需求应当获得满足，而不应当用专制的学校和凶狠的教师去压制。他希望把人们从社会制度的禁锢中解放出来，而学校是其中最

〔1〕 艾伦·布卢姆：《爱弥尔，或论教育》(纽约：基本图书公司，1979)以及让·雅克·卢梭：《爱弥尔》，由杰拉尔德·L.古泰克撰写导读(纽约：巴诺公司，2005)。

专制的机构之一，学校培养的人唯唯诺诺，只知道接受各种惯例和制度。

一、教与学的原则

发展阶段

和夸美纽斯一样，卢梭很重视人类各发展阶段的重要性。在《爱弥尔》中，卢梭把人类发展分成五个阶段：婴儿期、儿童期、童年期、少年期和青年期，每个阶段都是按照次序出现，在作好本阶段学习的准备并完成本阶段的学习后进入下一阶段[1]。为保护儿童天性中的“善”不被破坏，一位家庭教师在乡下庄园的家中开展了对爱弥尔的教育。这里远离虚假腐朽社会中的顺从和角色扮演，因此家庭教育更优于学校教育，因为学校用社会的陈规错误地教育儿童，而不能发挥儿童自己的天性。

婴儿期：与环境初步接触

卢梭的第一个发展阶段是婴儿期（出生至 5 岁）：这一阶段，小说中的人物爱弥尔开始形成对现实世界的最初印象，他用感觉器官对周围的物体进行探究，用这种方式进行直接学习。

儿童期：用感官探索世界

儿童期（5—12 岁）期间，爱弥尔从自己行为所导致的或疼痛或愉悦的结果中学习，并逐步形成个人的自我认同感。他继续在天生的好奇心驱使下用他的感官学习更多有关世界的知识。卢梭把人的眼睛、耳朵、手、脚称为第一位教师，他相信通过感觉学习的知识比教儿童学那些他们并不理解的单词更有效。这个阶段，家庭教师非常谨慎，不把图书介绍给爱弥尔，这样爱弥尔就不会因为阅读而丧失了直接自然经验的获取。

童年期：自然科学

童年时期（12—15 岁），爱弥尔开始通过观察植物和动物的生长周期来学习自然科学，他不断对自己周围的环境进行探索，这样就直接学习、而不是通过地图来学习了地理学。爱弥尔也学习一门木匠的手艺，这是为了把脑力工作和体力工作结合起来。

少年期：步入社会

当他进入少年期（15—18 岁）时，爱弥尔已经准备好对更广阔世界的学习，他开始

---

〔1〕 克里斯托弗·温奇：“卢梭的学习观：一项重新评估”，《教育理论》（1996 年秋季刊），pp. 424—425。

学习有关社会、政府、经济、商业等知识。他去参观博物馆、剧院、艺术画廊和图书馆，以此培养他的美学品味。在最后一个教育阶段青年期(18—20岁)，爱弥尔造访了巴黎和欧洲的主要城市，以此扩展他的文化意识。在本书的最后，在爱弥尔遇见了自己未来的妻子苏菲亚(Sophie)之后，他告诉他的家庭教师，他计划让他的孩子们接受和他一样的自然教育。

二、教育与学校教育

教育与学校教育的对决

卢梭对学校持怀疑态度，他认为学校只是教儿童如何遵守社会中人为制定的各种规则，而没有教儿童如何按自然的法则去生活，学校只能催生社会化，逼迫儿童接受成年人更喜欢的常规惯例，扮演成年人的角色，而不是让学生自己按照自己的天性、兴趣和需求成长[1]。传统的教师总逼迫学生背书，这种做法阻碍了儿童通过直接经验进行学习的能力。爱弥尔是自然的儿童，他自然流露而不是压抑天然的本能和冲动。如果他的所作所为很快乐，他就赢得了奖励；如果他的行为导致了痛楚，他自己必须承受这个结果。无论是快乐或是痛楚，他都能从这个经验中学习。卢梭认为以下几点是他的教育哲学中最重要的思想：(1) 儿童期是未来人类成长和发展的自然基础；(2) 儿童的自然兴趣和本能会引领他对环境进行更深入的探索；(3) 人类在其生命周期中有几个必须经历的发展阶段；(4) 成年人对儿童的压制和强迫会给儿童的发展造成负面影响。

三、对当今教育实践的影响

对进步主义教育家的影响

尽管卢梭的批评者贬低爱弥尔的教育故事，认为这是虚构的不切实际的小说，这种教育依赖于一对一的师生关系，但卢梭对现代教育的影响依然十分重大。卢梭认为，课程应当能激发学生的兴趣和需求，这个观点深深地影响了以儿童为中心的进步主义教育家。(参见“教育的哲学基础”一章中有关进步主义教育的内容。)卢梭认为儿童应当自己解释有关自己的现实问题，而不是从间接的信息来源那里学习，这个观念昭示着建构主义的观点。尽管卢梭十分不信任学校，但他认为教师应当遵循儿童的兴趣，儿童应当从他们与环境的直接互动中学习，这种见解对教师的职前培养及课堂实践都产生了深远的影响。

---

〔1〕 尤金·依希欧玛：“卢梭的教学观”，《教育思想杂志》(1997年4月)，pp. 69—81。

焦点问题回顾：阅读完卢梭的介绍之后，请再次思考本章开头提出的问题。作为教师，你认为卢梭在哪些方面可以成为你的良师益友和楷模？在你的教育经历中，是否有教师使用过卢梭的教学原则？卢梭对教育目的的看法源自哪里？你打算把卢梭的观点融入你的教育哲学中吗？

第三节 裴斯泰洛齐：重视感觉和情感的教育家

瑞士教育家约翰·亨里希·裴斯泰洛齐（Johann Heinrich Pestalozzi，1746—1827）的一生正处于欧洲和美洲工业革命的早期，工厂制造的产品开始替代了家庭制作的手工产品，早期的工业化改变了家庭生活，女性和儿童加入到了劳动队伍中[1]。裴斯泰洛齐很关注这种经济变革对家庭和儿童的影响，他开始尝试创办像家庭一样充满爱的学校，希望能促进儿童的发展。他对家庭和学校的关系的看法在今天这个日新月异的全球化社会中仍然十分有用。裴斯泰洛齐很仔细地阅读了《爱弥尔》，对卢梭的很多观点都非常赞同，如人天性善良却被堕落的社会毁坏、传统学校只注重枯燥的死记硬背、教育改革能改善社会现状等[2]。尽管卢梭曾经是裴斯泰洛齐的良师，但裴斯泰洛齐还是大幅修改了卢梭的教学方法。一方面，卢梭抛弃了学校，但裴斯泰洛齐却相信，如果组织得当，学校可以成为有效学习的中心。他还对卢梭那种对单个儿童实施的家庭教师教学法进行了调整，转变为同步小组教学法。

在布格多夫（Burgdorf）和伊韦尔东（Yverdon），裴斯泰洛齐创办了培养初等学校教师的学校，制定了教师职前培养方案，他自己担任导师并用他的方法培养未来的教师。他强调儿童应当在一个充满爱的环境中以不急不躁的方式学习[3]。

在哲学观上，裴斯泰洛齐是一个现实主义者，他认为概念在头脑中的形成是借助于感官将数据传导给大脑，再由大脑将这些数据进行抽象化处理。他使用实物教学的方法影响了福禄贝尔、蒙台梭利以及后来的进步主义教育家。（参考“教育的哲学基础”一章中对现实主义和进步主义的讨论。）

一、教与学的原则

温暖安全的学校

裴斯泰洛齐的教学方法由“普通”和“特殊”两种方法构成。在进行特殊教学之前，

〔1〕 裴斯泰洛齐的教育小说，可参见裴斯泰洛齐：《林哈德和葛笃德》（蒙大拿州怀特菲什：凯辛格出版社，2004）；裴斯泰洛齐的传记可参见，赫尔曼·克鲁西：《裴斯泰洛齐的一生、著作和影响》（蒙大拿州怀特菲什：凯辛格出版社，2005）；他的简介、大事年表以及裴斯泰洛齐的日记和教学方法摘要可参见，麦当娜·M. 墨菲：《教育史和教育哲学：教育先驱的声音》，pp. 179—186。

〔2〕 杰拉尔德·L. 古泰克：《裴斯泰洛齐和教育》（伊利诺伊州展望高地：威乌兰德出版社，1999），pp. 21—51。

〔3〕 裴斯泰洛齐：《葛笃德如何教育她的子女》，翻译：L. E. 霍兰德、F. C. 特纳（蒙大拿州怀特菲什：凯辛格出版社，2005）。

先使用“普通”教学法，主要用来创造一个宽松自由、情感健康、家庭式的学习环境。这就要求教师自身情绪稳定安全，这样才能获得学生的信任和喜爱，并培养学生的自尊。

感官学习

第一阶段的普通教学法达到应有的效果后，裴斯泰洛齐开始使用他的特殊教学法，也被称为**实物教学**(object lesson)，这种教学法与卢梭的观点一脉相承，强调从直接感觉经验中学习。在使用这种方法时，儿童首先学习他们生活环境中常见的物品，如植物、岩石、手工艺品以及其他日常能见到的物品，他们用画画或描摹的方式确定物体的形状，也可以数物体的数量，然后说出物体的名称，这样他们就学会了物体的形状、数量、名称或与物体关联的声音。随后学生逐渐从实物教学过渡到其他课程的学习，如绘画、书写、阅读、数数、加减乘除等。最初的书写练习由绘画课构成，学生练习画各种上斜或下倾的笔画，以及各种开放的或闭合的曲线，这些绘画和描摹练习能锻炼儿童的运动协调性和手部的肌肉，是为他们的书写作准备。在卢梭反对只给学生提供言语学习和抽象课程的箴言的指导下，裴斯泰洛齐建议教师要把儿童在他们生活环境中能体验的直接经验作为教学的开始。后来的进步主义教师也将裴斯泰洛齐对儿童直接经验的重视融入了他们的课堂教学中。

教学策略

裴斯泰洛齐在他的教师职前培养方案中为教师制定了以下教学策略。教师应当

裴斯泰洛齐在他位于瑞士的布格多夫学院中为学生授课。请注意墙上大幅的挂图，挂图是用于教学生计数及算术的。

(1) 在介绍抽象概念之前先学习具体物体;(2) 在接触较远较偏僻的环境前先熟悉学习者周围的环境;(3) 在开始复杂的练习前先进行简单的练习;(4) 总是循序渐进、缓慢地进行教学。裴斯泰洛齐的教学方法被广泛运用于欧洲和美国小学的课堂实践中。

二、教育与学校教育

自然主义的学校教育

和卢梭一样,裴斯泰洛齐认为学习应当遵循自然的原则,同时也强调人类情感的重要性。但与卢梭不同的是,裴斯泰洛齐使用小组教学的方法,而不是一个人的单独教学或在家上学。卢梭和裴斯泰洛齐都将"认识"定义为对自然界的形态和规律的了解,裴斯泰洛齐也很强调经验的学习,或感官的学习,他认为儿童可以通过仔细观察自然现象来了解他们周围的环境。

在友爱的环境里缓慢精确地学习

和夸美纽斯一样,裴斯泰洛齐相信儿童应当循序渐进地学习,直至完全理解正在学习的内容。他还特别关注那些穷苦、饥饿以及社会性或心理上有缺陷的儿童。如果孩子们饿了,他就先让他们吃东西,然后再开始教学;如果孩子们感到害怕,他就先安抚他们。对他而言,一个教师不仅仅应当精通教学的方法,而且应当有爱心,能关爱所有儿童。事实上,裴斯泰洛齐相信,对人类的爱是成功教学必不可少的因素。裴斯泰洛齐的教学原理不仅适用于有特殊需求的儿童,也同样适用于普通儿童。

三、对当今教育实践的影响

裴斯泰洛齐主义传入美国

裴斯泰洛齐的实物教学法在19世纪被引入美国的小学课程中。作为以过程为中心的学习法的开创者,裴斯泰洛齐强调学生要能熟练操控他们周围环境中的物体。他认为教育应当在心智和情感两个层面同时进行,这种观点激发后来的教育家研究出能同时促进儿童的认知和情感学习的教学法。当代美国教育家一直关注处于危机中的儿童的需求,而裴斯泰洛齐的观点,尤其是他的"普通"教学法,被重新用来作为解决这个问题的一个切入点[1]。他坚持认为,情感安全是学习各项技能和科目的必备前提条件,这个观点与当代重视建立相互支持的家庭-学校伙伴关系如出一辙。

焦点问题回顾:阅读完裴斯泰洛齐的介绍之后,请再次思考本章开头提出的问题。请注意夸美纽斯和卢梭都是裴斯泰洛齐的良师益友或楷模。作为教师,你认为裴斯泰洛齐可以在哪些方面成为你的良师益友和楷模?在你的教育经历中,是否有教师使用过裴斯泰洛齐的教学原则?裴斯泰洛齐是如何定义教育目的的?你打算把裴斯泰洛齐的教学原则融入你的教育哲学中吗?

第四节 赫尔巴特:教学的系统化

约翰·菲力特力赫·赫尔巴特(Johann Friedrich Herbart,1776—1841)是一位德国哲学家和心理学教授,他设计了一种让教学系统化的教育方法,同时促进了学生的道德发展。尤为重要的是,他提出用历史和文学在学生大脑中建构观念网[2]。

一、教与学的原则

统觉团

赫尔巴特将"兴趣"定义为让一个人对意识中的某一观念集中并保持注意力的能力。他认为,大量成团的观念或观念网能产生大量的兴趣。大脑中的观念之间相互联系形成一种网络,他把这种观念网络命名为"统觉团"(apperceptive mass)。赫尔巴特建议教师向学生介绍的观念要在数量上不断增加,并帮助学生建构各种观念之间的联系。

道德发展

赫尔巴特很关注学生的道德发展,他认为对历史和文学的人文主义学习会给学生提供丰富的有关道德价值观的内容。学生学习了历史上伟大人物的生平之后,就能发现这些伟人是如何作出自己的道德判断的。文学提供了一个框架,让人们能从人文主义的角度将价值观放置其中。在赫尔巴特的影响下,历史和文学被纳入了当时以古希腊文和拉丁文为主的学校课程中。

---

[1] 瑞贝卡·魏尔德:《培养好奇、有创造力、自信的孩子:裴斯泰洛齐以儿童为基础的教育实验》(波士顿:香巴拉出版社,2000)。有关裴斯泰洛齐主义在美国的情况,参见亨利·巴纳德(编辑):《裴斯泰洛齐和裴斯泰洛齐主义:裴斯泰洛齐的一生、教学原理和方法》(密歇根大学安娜堡分校图书馆/密歇根大学出版社历史书籍再版系列丛书,2005)。

[2] 有关赫尔巴特的简介、大事年表,以及他的《教育学纲要》的摘要等内容,参见麦当娜·M. 墨菲:《教育史和教育哲学:教育先驱的声音》,pp. 194—201。

二、教育与学校教育

教学步骤的顺序

为了实现教学的系统化，赫尔巴特将教学严格划分为五个步骤：

1. 预备：在这个阶段，教师要促进学生作好准备，以接收教师计划引入的新概念或学习材料。

2. 呈现：在这个阶段，教师清晰明了地解析和呈现新的概念。

3. 联想：在这个阶段，教师要将新概念和学生已经知道的观念进行比较和对比，建立新旧知识之间的联系。

4. 概括：在这个阶段，新学习的内容和以前学习的内容经过综合概括，形成新的原理。

5. 运用：在这个阶段，教师用适当的测试和练习检测学生是否真正掌握和学会了新的原理[1]。

三、对当今教育实践的影响

历史和文学

赫尔巴特的教学方法被广泛运用于美国和其他国家的教师教育方案中，尤其是在日本，教师被训练使用赫尔巴特的五步教学法，从而可以系统地组织教学。赫尔巴特的道德教育观也让历史和文学成为文化课程中的核心科目。尽管赫尔巴特深受喜爱，杜威和其他进步主义教育家还是批评他的教学法将学生变成了被动的信息接收者，而不是主动的学习者。

在19世纪末期和20世纪初期，教师的职前培养基本以赫尔巴特的教学法为主，非常重视系统有序的教学。赫尔巴特的教学方法对当今教师的意义在于：(1) 清楚地确定要介绍给学生的技能和概念；(2) 备课内容组织得当、清楚明确；(3) 通过测试确定学生是否理解并运用呈现给他们的技能和概念。

焦点问题回顾：阅读完赫尔巴特的介绍之后，请再次思考本章开头提出的问题。作为教师，你认为赫尔巴特在哪些方面可以成为你的良师益友和楷模？在你的教育经历中，是否有教师使用过赫尔巴特的教学原则？赫尔巴特是如何定义教育目的的？你计划把赫尔巴特的观点融入你的教育哲学中吗？

---

〔1〕 赫尔巴特原来提出的“四步教学法”被美国赫尔巴特学派的教育工作者调整为“五步教学法”，并在美国广泛运用。

第五节　福禄贝尔：幼儿园运动

理想主义和民族主义

德国教育家弗里德里克·福禄贝尔(Friedrich Froebel,1782—1852)是“幼儿园”的创造者。从字面上理解,幼儿园就是“儿童的花园”,是针对儿童早期教育的学校[1]。福禄贝尔和柏拉图一样是理想主义者,他相信人性的核心是一种内在固有的精神性,这种观点成为他教育哲学的基础(更多有关理想主义的内容,参见“教育的哲学基础”一章)。他相信每个儿童都拥有一种天生的内在精神本质,它是一种能量,每个儿童都尽力将这种内在本能展现出来。因此,福禄贝尔把幼儿园设计成一种能激发儿童内在固有的、但潜藏的精神性的教育环境。作为一名民族主义者,他相信一个国家的人民,包括他的祖国德国,都共同享有一种共同的民族精神,这种民族精神在这个国家的故事、歌曲和寓言中都有明显的体现。因此,讲故事和唱歌在幼儿园的培养计划中占有很重要的地位。

裴斯泰洛齐的学生

福禄贝尔想成为一名教师的愿望,让他来到裴斯泰洛齐在伊韦尔东的学院。从1808年到1810年间,他在那里作为实习教师完成了他的教师培养。裴斯泰洛齐是福禄贝尔的良师益友,但就像裴斯泰洛齐对卢梭的教学方法进行修改一样,福禄贝尔在使用裴斯泰洛齐的教学方法时也加以选择。福禄贝尔只是赞同裴斯泰洛齐教学方法的某些方面,如利用感官和实物以及要创造一种宽松的学校氛围,但他认为裴斯泰洛齐的教学过程需要建立在更多的哲学基础之上。福禄贝尔为裴斯泰洛齐的实物教学增添了更多的象征性意义,他声称具体的物体能激发儿童回想起大脑中对应的概念。他欣然接受了裴斯泰洛齐的学校观,认为学校对儿童而言应当是情感上安全的地方,但他以精神性的术语重新定义了儿童的成长。和夸美纽斯、卢梭、裴斯泰洛齐一样,福禄贝尔要求教师对儿童是否准备好学习、有什么需求必须非常敏感,而不能像监工那样只知道听儿童们背诵提前布置的内容,并逼迫儿童记忆他们并不理解的单词。

一、教与学的原则

幼儿园:精致、宽松的环境

福禄贝尔设计的幼儿园是一种有准备的环境,在那里儿童们通过各种活动将他

---

〔1〕 诺曼·布罗斯特曼:《幼儿园的发明》(纽约:哈里·N.艾布拉姆斯出版社,1997),pp.14—18,22—29;弗里德里克·福禄贝尔:《福禄贝尔的幼儿园教育学:或福禄贝尔有关儿童玩耍和玩具的观点》(太平洋大学出版社,2003)。

们内在的精神本质表现出来。1837年,福禄培尔在布兰肯堡(Blankenburg)创办了他的第一家幼儿园,设置了宽松适宜的学习环境,开设的特色课程有游戏、唱歌、故事、手工制作等[1]。幼儿园的这些活动如今已经成为儿童早期教育的标准活动的一部分,能激发儿童的想象力,向他们介绍特定文化中的一些民族英雄人物和价值观。这些游戏能帮助儿童社会化,同时发展了他们的身体和运动技能。在男孩和女孩们玩耍的过程中,他们成为群体的一部分,这为他们将要面对的社会化学习活动作好了准备[2]。

恩物和手工作业

幼儿园课程中还包括福禄贝尔称为"恩物"的东西,它们是有固定形状的物品,如球形、正方体、圆柱体等,这些物品能让儿童完全明了这些物体所代表的基本概念。此外,福禄贝尔的幼儿园的另一特点是他称为"手工作业"的活动,手工作业提供各种材料,儿童可以把这些材料剪裁或折成各种形状,也可用于设计和搭建活动中。例如,儿童能用泥土、沙子、硬纸板、小木棍等搭建城堡、城市和高山[3]。

二、教育与学校教育

教师人格的重要性

我们通常会在幼儿园时期形成对学校和教师的第一印象,这些印象可能伴随我们一生。因此,福禄贝尔相信幼儿园教师的人格至关重要,教师是否真的懂得儿童的天性,是否能尊重儿童的个性,是否本身具有较高的文化价值观,是否能成为儿童效仿的楷模等,是至关重要的。职前的教学经验能帮助教师对儿童的需求高度敏感,并让教师具备必需的知识和技能去创建充满关爱、健康的学习环境。当前幼儿园教师面临一种压力,就是要在成年人、尤其是家长的要求下,将学术性科目引入幼儿园,而不考虑儿童的需求和准备状况,但福禄贝尔则鼓励幼儿园教师反对这种做法[4]。

---

〔1〕 有关福禄贝尔的个人简介、大事年表及他的著作《人的教育》摘要等内容,参见麦当娜·M.墨菲:《教育史和教育哲学:教育先驱的声音》,pp. 201—209;另可参见弗里德里克·福禄贝尔:《弗里德里克·福禄贝尔自传》,埃米丽·米歇尔译,(比伯罗巴扎出版社,2007)。

〔2〕 《幼儿园教育的起源》(文集),凯文·布莱霍尼(编辑)(纽约、伦敦:劳特利奇书局,2001);重印的弗里德里克·福禄贝尔的著作有:《人的教育》卷1(1885);《幼儿园书信集》卷2(1887);《幼儿园教育学》卷3(1900);《弗里德里克·福禄贝尔的发展教育》卷4(1896);《慈母曲及唱歌游戏集》卷5(1900)。

〔3〕 斯科特·布特曼:《福禄贝尔的恩物:如何制作3岁以上适用的恩物2—6》(密歇根州大急流城:幼儿园信使出版社,2000年)。约阿希姆·里耶博斯基那:《一个儿童的工作:福禄贝尔教育理论和实践》(英国剑桥:卢特沃斯出版社,2001)。

〔4〕 有关儿童学术压力的内容,参见萨玛·沃夫曼:《只工作不娱乐:教育改革对学龄前儿童的伤害》(康涅狄格州韦斯特波特:普雷格出版社,2003)。

三、对当今教育实践的影响

幼儿园运动的发展

在福禄贝尔的影响下，幼儿园教育逐渐演变为一个国际性运动，德国移民们将幼儿园带到了美国，幼儿园逐渐成为美国学校系统的一部分。伊丽莎白·皮博迪（Elizabeth Peabody）创立了第一所英语幼儿园，她努力工作促使幼儿园成为美国学校系统的一部分[1]。

焦点问题回顾：阅读完福禄贝尔的介绍之后，请再次思考本章开头提出的问题。请注意福禄贝尔如何对他的良师益友裴斯泰洛齐的思想重新赋予新的意义。作为教师，你认为福禄贝尔在哪些方面能成为你的良师益友和楷模？在你的教育经历中，是否有教师使用过福禄贝尔的教学原则？对福禄贝尔而言，教育的目的是什么？你准备把福禄贝尔的观点融入你的教育哲学中吗？

从职前到实践

用故事连接过去和现在

本章作者古泰克博士在一个幼儿园的教室里与儿童们共同分享他的一本书《我的祖母有个杂货店》。

我受孙子卢克的邀请，给他的幼儿园班级读一本我的书《我的祖母有个杂货店》。这本书是自己出资出版的一个家庭项目，书的文字由我撰写，内容是关于我祖母在社区开的一家杂货店，我小的时候经常到那里帮忙，我的女儿们和她们的丈夫，还有我的孙子们一起给这本书绘制了插图。

这个幼儿班的孩子们在我面前围坐成一圈，我坐在一张小凳子上，向孩子们讲述这本书的故事，以及我是怎样根据对祖母和她的杂货店的回忆写成这本书，又怎么帮助祖母把货物摆上货架，把水果摆放整齐的。我读了一两页，然后给孩子们看插图，并且问他们有没有问题。

我读到我祖母如何早起开店，使得住在附近的妇女们可以买到新鲜面包和午餐肉，然后装进她们丈夫和孩子的午餐包里。我向孩子们解释，在我还是小孩子时，很多人家里都没有冰箱而是使用冰盒子。孩子们不知道什么是冰盒子，我就解释说那是一个大木箱子，里面装上大块的冰，我告诉他们有一个送冰人会开来一辆卡车，把大块的冰运来，把冰放在箱子里，然后放入食物，这样食物就不会坏了。我问他们，冰会怎么样呢？他们说冰会融化。然后我问他们家里有没有冰箱，他们都举起了手，还有儿童说他家里有两个冰箱。

〔1〕 贝萨·玛仁霍茨-比诺：《幼儿园如何来到美国：弗里德里克·福禄贝尔对儿童早期教育的激进观点》（纽约和伦敦：新出版社，2007）。

续　表

从职前到实践
然后我继续阅读故事，告诉他们我的祖母教我怎样摆放一听听的大豆和豌豆罐头才能让人们看见上面的商标。我告诉他们我怎样把橘子和苹果摆成一个金字塔，随后我问他们金字塔是什么？一个儿童举起手，然后给全班儿童演示了金字塔的形状，我说要把苹果和橘子摆成金字塔是很困难的，因为它们是圆形的像个球，很容易滚到一边去，然后我向他们解释我是怎么摆成金字塔的。 上完课后，我女儿劳拉和我一起讨论我的这次幼儿园之行，她就是卢克的妈妈，也是一位小学教师。她觉得这堂课很值得肯定，因为所有的儿童都曾去过大型的百货店，这和过去开在邻里小区里的小杂货店很相似，这样儿童自己的经历和这堂课的内容就联系起来了。作为一名教育历史学家，我在想福禄贝尔对我的教学会有怎样的评论，我认为他会赞同我用故事的方式建立文化与儿童间的联系，他也应当赞同我使用几何图形金字塔来描述我是怎样摆放橘子和苹果的。 思考问题： 1. 古泰克博士使用了福禄贝尔幼儿园哲学的哪方面内容？ 2. 你会在教学中使用福禄贝尔的教学方法吗？ 3. 你曾经经历过古泰克博士使用的这种教育方法吗？

第六节　斯宾塞：社会达尔文主义者和功利主义教育家

进化论

赫伯特·斯宾塞(Herbert Spencer，1820—1903)是一位英国社会理论家，他的思想在19世纪末期和20世纪初期的美国大受欢迎，影响甚广。查尔斯·达尔文(Charles Darwin)的进化论影响了斯宾塞对教育目的的看法[1]。按照达尔文的学说，物种是经过长期自然而缓慢的进化而逐渐形成的，某一物种的成员成功地适应了环境变化而生存下来并繁衍后代，它们的后代遗传了这些有用的适应特性，也能生存并延续该物种的生命，而那些无法适应环境的成员则慢慢消亡[2]。

基于达尔文进化论的社会理论

斯宾塞是**社会达尔文主义**(Social Darwinism)的主要倡导者，社会达尔文主义是将达尔文的生物学理论运用于社会的理论。斯宾塞认为，每代人中最能适应环境的个

〔1〕 有关达尔文的简明书面介绍，参见马克·雷德利：《如何阅读达尔文》(纽约：W. W. 诺顿出版社，2006)。

〔2〕 有关达尔文的内容，参见查尔斯·达尔文的《达尔文自传(1809—1883)》，由诺拉·巴洛编辑，(纽约：诺顿出版社，1993)；达尔文：《物种起源》(纽约：葛兰姆西出版社，1995)。达尔文：《人类的由来》(纽约：普罗米修斯出版社，1997)；http://pages.britishlibrary.net/charles.darwin/网站上提供了一些达尔文的著作和论文的文字材料。

体能够因其拥有的技能、智力和适应性而生存下来。对斯宾塞而言，竞争是自然的道德力量，能诱导人类最优秀、最有准备的成员攀登至社会经济阶梯的顶端，他们超过那些比自己慢、比自己更迟钝的人，成为这场竞争激烈的比赛的获胜者，成为最适应环境的人，他们就应该继承地球上的一切，并和他们智慧而且生产力极强的子孙们一起在地球上繁衍生息；而那些不适者，如那些懒惰、愚蠢、虚弱的人，则应当慢慢消失。竞争能改良人种，会缓慢但不可阻挡地推动人类的前进[1]。很多美国教育学者赞同斯宾塞的思想，认为学生间应该相互竞争。后来，杜威和进步主义教育家则努力用合作来替代学校中的竞争。

反对公立学校

斯宾塞认为学校之间应该相互竞争，所以他反对设立公立学校，他认为公立学校会产生垄断，并且公立学校要迎合大多数学生而不是天才学生，这样就会滋长平庸。而私立学校正相反，它们相互竞争以获取更多最优秀的学生，因此可以成为教育革新的中心。和当代教育券制度的支持者一样，斯宾塞认为学校应该吸收最聪明的学生和最有能力的教师[2]。

一、教与学的原则

教育的功利目的

虽然斯宾塞也是一名自然主义教育家，但他对自然的定义与卢梭和裴斯泰洛齐对自然的定义却大相径庭。斯宾塞认为，自然遵循着丛林和适者生存的法则[3]。他认为，生活在工业化社会的人需要**功利主义教育**（utilitarian education），要学习有用的科学技能和学科。他制定了基于科学和技术的课程，用来将个体培养成竞争激烈的工业社会中高效率的生产者[4]。

二、教育与学校教育

斯宾塞认为，教师需要克服他们对变化的恐惧，尤其不能只想一直教授相同的现成课程。斯宾塞发现，当时的学校一直保持着传统的对经典著作和文学的重视，却忽

---

〔1〕 近期重印的斯宾塞的著作有：赫伯特·斯宾塞：《斯宾塞论文集》（伦敦：劳特利奇书局/索尔姆斯出版社，1996）；斯宾塞：《斯宾塞作品集》（伦敦：劳特利奇书局/索尔姆斯出版社，1996）；斯宾塞：《心理学原理》（伦敦：劳特利奇书局/索尔姆斯出版社，1996）。

〔2〕 安德列亚斯·卡扎米亚斯：《斯宾塞的教育观》（纽约：师范学院出版社，1966）。

〔3〕 有关对斯宾塞的批评，参见凯尔文·伊根：《从头开始就是错误：我们所传承的赫伯特·斯宾塞、约翰·杜威和让·皮亚杰的进步主义思想》（纽约：耶鲁大学出版社，2002）。

〔4〕 R. S. 德莱尔："斯宾塞给的建议"，《督导学刊》（1993 年 5 月），pp. 22—23。

视了科学和技术。他希望学校能将课程现代化，将物理、生物、社会科学以及应用技术和工程学等囊括进来。在今天，他就应该会把计算机技术、基因学、生物工程等也列入他的实用学科名单之中。

重视科学

斯宾塞在设置课程时引入了一种现代课程设置时仍然使用的基本原理，那就是根据各种活动对健康、积极社会关系和经济生产力的促进程度进行排序。他还赋予了科学很高的优先权，因为科学与所有生活活动的有效进行有关，[1]例如：科学领域中的解剖学和生理学能解释人的生长，尤其是生理的发展；而关于营养的科学信息可以用于制定健康的饮食食谱。斯宾塞将课程分为五大类活动：(1) 为执行其他所有活动所需要的直接保全自己的活动；(2) 为谋生计而进行的职业活动或专业活动；(3) 抚养教育子女的活动；(4) 与维持正常社会政治关系有关的活动；(5) 生活中闲暇时间满足爱好和感情的娱乐活动。

三、对当今教育实践的影响

对课程设计的影响

美国教育家非常赞赏斯宾塞的思想。1918 年，全国教育协会委员会(National Education Association committee)发表了一份标志性的报告《中等教育的基本原理》(*Cardinal Principles of Secondary Education*)，重申了斯宾塞所列的五种基本生活活动。当代课程设计者将课程设计建立在人的基本需求和活动之上，这也反映了斯宾塞的影响力。

斯宾塞的思想在 19 世纪后期统治了美国的社会科学界，之后杜威的经验主义和进步主义改革逐渐取代了社会达尔文主义。但是，社会达尔文主义的主要思想再次出现在当代新保守主义的议事日程中，包括为学生上私立学校提供教育券、减少政府对学校的控制力、通过学习有市场价值的基本技能来增加经济生产力。《不让一个孩子掉队》法案中提出使用的标准化测试也是将竞争引入学校的一种方法，藉此来辨认哪些学校和教师达到要求，哪些达不到要求。

斯宾塞会赞同提高教育类学生的入学标准，让这些学生更加有竞争力，只有最聪明的申请人可以通过；教师培养计划应以科学技术为重；终止教师的终身任职权，教学工作就会竞争激烈，能胜任教学工作的教师就会取代那些不能胜任工作的教师。

---

[1] 瓦莱丽·A. 海恩斯："斯宾塞的科学哲学"，《英国社会科学学报》(1992 年 6 月)，pp. 155—172。

焦点问题回顾：阅读完斯宾塞的介绍之后，请再次思考本章开头提出的问题。注意斯宾塞是如何对达尔文的进化论进行重新概念化的。作为教师，你认为斯宾塞在哪些方面可以成为你的良师益友和楷模？在你的教育经历中，是否有教师使用过斯宾塞的教学原则？对斯宾塞而言，教育的目的是什么？你是否计划将斯宾塞的思想纳入你自己的教育哲学中？

第七节　杜威：从经验中学习

学校与社会

约翰·杜威（John Dewey，1859—1952）是最重要的美国哲学家之一。20世纪上半叶，美国的社会、政治、科学和技术都发生了巨大变化，在这样的背景下，杜威形成了他开创性的经验主义教育哲学[1]。他的哲学观融合了达尔文的进化论和爱因斯坦的相对论，他的哲学思想激励进步主义进行了一系列的社会变革。杜威认为，小组的合作活动能更好地增进社会智能，因此他反对斯宾塞的社会达尔文主义重视个体竞争的做法[2]。1896年到1904年，杜威一直担任芝加哥大学实验学校的校长，在那里开展实用主义教育哲学的实验，他在学生的学习活动和学习项目中运用了自己的教育哲学[3]。（实用主义的具体内容，参见“教育的哲学基础”一章。）

一、教与学的原则

正视问题

杜威在他的《儿童与课程》一书中阐释了经验主义的教学原则，并以此指导芝加哥大学实验学校的教师。杜威认为：(1) 儿童作为社会中积极主动的人，渴望去探索他们周围的环境；(2) 在学生与环境的接触中，他们会遇见各种个人的和社会的问题；(3) 这些问题激发儿童运用他们的智能，用一种主动、有用的方式去解决困难，从而扩展他们的知识[4]。“热点问题争鸣”栏中介绍了关于杜威哲学思想的争论。

对杜威而言，**科学方法**（scientific method）是解决问题最有效的程序。儿童们通过运用科学方法来解决问题，就学会了如何反思、如何指导自己的经验，以达到个人成长和社

---

〔1〕 有关杜威的传记，参见杰·马丁：《杜威的教育——杜威传》（纽约：哥伦比亚大学出版社，2002）。

〔2〕 有关杜威与实用主义的发展之间的关系，参见路易斯·梅娜德：《形而上学俱乐部：美国各种思潮的故事》（纽约：法勒、施特劳斯和吉劳克斯出版公司，2001）。

〔3〕 约翰·杜威：《儿童与课程》（芝加哥：芝加哥大学出版社，1902），对本书做评注的是罗瑞尔·N. 坦纳：《杜威的实验学校：今天该吸取的教训》（纽约：师范学院出版社，1997）。

〔4〕 有关杜威的民主教育方法的分析，参见桑德拉·罗森塔尔：“民主与教育：杜威的方法”，《教育理论》（1993年秋季刊），pp. 377—389。

会进步的目的。杜威通过以下几个非常重要的步骤将科学方法运用于教与学中：

科学方法运用于学习的步骤

1. 学习者在真实体验中碰到能真正激发他或她兴趣的问题；

2. 在这种体验中，学习者找出问题所在并确定问题的内容和性质；

3. 回想以前的经验，并通过阅读、研究、讨论和其他科学方式，学习者获取需要用来解决问题的信息；

4. 学习者制定出一些可能解决问题的尝试性方案；

5. 学习者选择一个解决方案，并检验是否能解决问题。这样，学习者就能建构并验证自己的知识[1]。

重构解决问题的知识

杜威认为，真正的知识不是教师传授给学生的那些毫无活力的信息，而是能用于解决问题的工具。我们运用人类知识的储备，过去的观念、发现和发明，来构成一个对现实问题的假设性解决方案，然后检验这个方案，再根据现实需要重构这种知识。由于人和他们所处的环境不断在变化，因此问题的解决方案和知识都应该不断进行重新设置和建构。一旦问题解决，解决方案就进入过去的经验库中，可以用于解决将来碰到的问题。

表 热点问题争鸣：杜威的从经验中学

约翰·杜威的经验主义或实用主义哲学对美国教育产生了极大的影响，同时也引起了很多争议。杜威的支持者大多为教育学教授，非常重视用学习者的经验来解决实际问题；而杜威教学方法的反对者则声称这种方法降低了学生的学术水平和学术成绩，因为这种方法削弱了学科科目的系统学习，同时也激发了相对主义的价值观。

争论问题：杜威的经验主义探究方法应该成为美国学校教与学的基础吗？

正方观点：	反方观点：
1. 杜威的教学方法为儿童的直接经验和学校课程之间建立了一种连贯性，这种学校课程源于直接经验并促进这种经验的发展。由于这种连贯性，学生很容易产生兴趣并激发学习动机，渴望在更广阔、更重要的教育领域内追求自己的兴趣。	1. 由于过于重视儿童和青少们的兴趣和需要，杜威的教学方法未能突出成年人在传承文化遗产上应发挥的重要作用。他的方法还轻视了一个事实，那就是在兴趣形成以前，通常儿童需要付出努力去学习。

〔1〕 约翰·杜威：《民主与教育》，本书导读由杰拉尔德·L. 古泰克撰写（纽约：巴诺公司，2005）pp. 164—165（第一版出版于1916）。

续　表

2. 杜威的教学方法强调要摆脱通过推理演绎得出现实事物的概念，并在此基础上建立事物的绝对概念的束缚，鼓励学生质疑流传下来的传统和价值观。通过这种方法形成的经验主义态度，能引领学生去发明创造，去探索发现，也能让学生把知识作为一种工具，去解决不断变化的世界中出现的各种问题。	2. 杜威的方法错误地认为在对问题背景没有深入的知识储备时，科学方法也能用于解决任何问题。相反，学生系统地学习学科，而不是实验性的学习，这是非常重要的。没有掌握学科课程导致美国学生的学习缺陷，尤其是在数学和科学这两个科目中。
3. 杜威的探究方法需要思考的自由和提问的自由，鼓励社会的民主参与。杜威的教学方法非常适合美国这种强调民主制度及对问题公开讨论的文化。	3. 杜威的教学方法是极端的相对主义和情境化，这种做法否定了普遍真理和价值观的存在。为了生存和繁荣，美国的民主制度必须一再重申某些基本的爱国主义和传统价值观，不能对所有价值观都进行质疑。
4. 杜威的教育目标是人类为了进一步生长而生长，这个目标促进了教学的灵活性，学生和教师都能对个人和社会的问题自由作出回应。这种教育鼓励对环境作出灵活的反应，这在今天这个技术高度发达、越来越相互依存的世界中是非常需要的能力。	4. 杜威认为教育的唯一目标是为进一步生长而生长，这种观点忽视了对促进智力成绩和经济生产力所需要的标准。学校、教师和学习者都需要实际目标来引导教育的进程，把人的生长这样含糊其辞的概念定为教育目标是远远不够的。

二、教育与学校教育

为了个人和社会成长的教育

杜威把教育看做一种社会进程，群体中不成熟的成员，尤其是儿童，要学习怎样参与群体的生活。通过接受教育，儿童接触他们的文化遗产，同时学习如何使用这些文化遗产来解决问题。杜威认为教育的唯一目的就是有助于社会的进步，他说："（1）教育的过程，在它自身以外没有别的目的，它就是自己的目的；（2）教育的过程是一个不断改组、不断改造和不断转化的过程。"〔1〕

课程的三层次

杜威的课程由三个不同层次的学习活动和过程构成。第一层次的学习活动是"制造和动手做"，就是让儿童投入能探索周围环境的项目中，并按照他们的想法去做自己想做的事情。这些活动能发展儿童的感觉和运动技能，也能在群体的合作项目中实现儿童的社会化。第二层次的学习活动是历史和地理的学习，以扩展学生的空间和时间

〔1〕 约翰·杜威：《民主与教育》，本书导读由杰拉尔德·L. 古泰克撰写（纽约：巴诺公司，2005）pp. 164—165（第一版出版于 1916 年）p. 54。

概念。第三层次的学习活动是“科学”，能带领学生接触不同的学科，如生物、化学、社会科学，这些学科的学习能成为他们解决问题的信息资源。通过三种不同层次的课程学习，学生从最初对简单刺激做出反应，逐渐发展到能够仔细观察环境，再到进行有计划的行动，最后达到反思并检验行动结果的水平。

自由民主的学校

杜威把民主教育和学校教育看做没有终点的过程，在这个过程中，学生和教师可以检验所有的观念、信仰和价值观。杜威反对因为种族、族群、性别或经济地位而将人们分割开，他坚信，一个民主的社群能促进人们分享他们解决共同问题的经验。

三、对当今教育实践的影响

对进步主义的影响

杜威把实用主义哲学应用于教育，致力于让学校面对社会的改革和变化。受到杜威要扩展儿童社会经验的思想的激励，进步主义教育非常重视儿童的兴趣和需求。如今，那些把学校教育和社会变革相联系的教育家，常常在遵循杜威开创性的教育概念〔1〕。

在如今的“动手做”(hands-on)或过程导向的教学法中，我们仍然能够看到杜威的影响。杜威会用以下原则来制定教师的职前教育计划：(1) 从更广的社会视角来看待教育；(2) 在使用科学方法解决问题的过程中培养能力。现任的教师应该在他们的课堂上使用小组活动、合作学习及以过程为中心的教学策略。

焦点问题回顾：阅读完杜威的介绍之后，请再次思考本章开头提出的问题。注意杜威如何将科学、社会改革和相对主义纳入他的教育哲学的。作为教师，你认为杜威在哪些方面可以成为你的良师益友和楷模？在你的教育经历中，是否有教师使用过杜威的教学原则？杜威是如何定义教育目的的？你是否计划将杜威的思想纳入你自己的教育哲学中？

第八节 亚当斯：社会化教育

赫尔馆

简·亚当斯(Jane Addams，1860—1935)是“赫尔馆”(Hull House)的创始人，也是社会工作、和平运动及女权运动的先驱。她创立了名为**社会化教育**(socialized edu-

〔1〕 有关杜威教育哲学著作的分析，参见马特·帕门托的“杜威科学伦理学的结构”以及埃瑞克·帕拉多的“对杜威伦理学的理解”两篇文章，选自《教育哲学》(乌尔班纳：教育哲学学会/伊利诺伊大学厄本那-香槟分校，2000)，pp. 143—154。

cation)的教育哲学,致力于改善芝加哥移民的生活和工作条件,鼓励女性参与社会和教育变革的工作,在此同时逐步形成了自己的教育观。亚当斯是多元文化教育、国际教育和女性教育的先驱。

她带头反抗维多利亚时代强加在女性身上的束缚,反对传统课程对女性的教育选择和机会的限制[1]。她希望女性能重新定义自己的生活,选择自己的职业,完全地参与到政治、社会和教育活动中[2]。

1889年,简・亚当斯在芝加哥西部近郊成立了"赫尔馆",这个地方是一个由来自西欧和东欧移民组成的文化多样却十分贫穷的社区。亚当斯和她的同事们,一群中产阶级的年轻妇女骨干,一起为这些移民提供教育,同时也从移民那里学到很多。在"赫尔馆"里,亚当斯和她的同事们了解到这些移民是如何积极主动地在这个新国家里生存,而"赫尔馆"也为这些移民提供了一个娱乐、教育和社会活动的中心,移民们可以在那里学习如何找到工作、支付房租、寻求医疗卫生保健以及如何教育他们的孩子[3]。

一、教与学的原则

多元文化主义的倡导者

因为亚当斯的工作对象是芝加哥的移民,她看到了城市化、工业化和科技对社会的影响。她认为,教育要肩负全新的更广泛的社会目的,教师需要了解经济、人口、技术的发展趋势,因为这些发展趋势正在把美国从一个农村为主的社会转变为一个城市社会,教师还要培养学生用智慧的、对社会负责的和民主的方式来应对这些变化[4]。

亚当斯相信,文化多样性能促使美国形成广博的共同文化,因此她努力建立移民和美国主流社会之间的联系。她从"赫尔馆"的移民那里学到了很多,她希望公立学校能将不同人种和民族群体的历史、风俗、歌曲、工艺品、故事等都纳入学校的课程[5]。

二、教育与学校教育

多功能教育

在进步主义和实用主义的影响下,亚当斯的社会化教育从更广阔的社会角度来定

---

[1] 维多利亚・毕塞尔・布朗:《简・亚当斯的教育》(费城:宾夕法尼亚大学出版社,2004),pp. 72—91。

[2] 简・亚当斯:《战争时期的和平与面包》(乌尔班纳和芝加哥:伊利诺伊大学出版社,2002);简・亚当斯、埃米丽・G. 鲍尔奇、爱莉丝・哈弥尔顿:《女性在海牙:国际女性大会及会议结果》(乌尔班纳和芝加哥:伊利诺伊大学出版社,2003)。

[3] 亚当斯的传记可参见艾伦・F. 戴维斯:《美国女英雄:简・亚当斯的一生和传奇》(芝加哥:伊万・R. 迪依出版社,2000年);詹姆斯・W. 琳:《简・亚当斯传》(乌尔班纳和芝加哥:伊利诺伊大学出版社,2000);对亚当斯写作生涯的介绍请参见凯瑟琳・乔思林:《简・亚当斯:一位作家的一生》(乌尔班纳和芝加哥:伊利诺伊大学出版社,2004)。

[4] 简・亚当斯:《民主和社会伦理》(乌尔班纳和芝加哥:伊利诺伊大学出版社,2002,1905),pp. 80—97。

[5] 简・亚当斯:《青年精神和城市街道》(纽约:麦克米伦公司,1909),pp. 98—103。

义教育。她把学校看做类似社会服务所的机构，在国家正在经历从农业社会向城市工业社会和科技社会转型的时刻，学校要承担起恢复民众社会意识的使命。她理想的学校是一个多功能的机构，在教授学生各种学术性技能和科目的同时促进学生的社会化。教师就像社会工作者一样，对学生是否能形成健康的社会能力负有多方面的责任。学校课程应当重新制定，要为学生提供更多机会探索周围环境以获取更广泛的经验，还要重视学生与科技社会的联系。

亚当斯在教学概念中添加了社会的使命，这对教师职前培养有很重要的意义。这就意味着未来的教师需要仔细审视有关社会变化和社会公正的各种事件，以及这些事件与教育和学校教育之间的关系。对现任教师而言，这就意味着要建立教室与它所服务的社区居民的联系。

三、对当今教育实践的影响

亚当斯相信教育必须去除性别偏见，这与当代女性教育的目标相一致，尤其是女性要拥有平等的权利和自由去决定自己的生活及选择自己的职业。她认为工业主义应当被赋予更多的社会目的，这一观点也适用于解释下面的论断：技术应当促进更多的交流和分享，而不是滋生以消费者为中心的物质主义。她支持世界和平，为没有战争的世界作出自己的贡献，这为当今这个遭到暴力和恐怖主义破坏的世界传达了必要的和平信息。

焦点问题回顾：阅读完亚当斯的介绍之后，请再次思考本章开头提出的问题。请注意亚当斯与居住在城市中的移民们一起工作的经验如何帮助她形成了社会化教育的哲学思想。作为教师，你认为亚当斯在哪些方面可以成为你的良师益友和楷模？在你的教育经历中，是否有教师使用过亚当斯的教学原则？亚当斯是如何定义教育目的的？你打算把亚当斯的社会化教育要素纳入你的教育哲学吗？

第九节 蒙台梭利：有准备的环境

早期儿童和女性主义

意大利教育家玛丽亚·蒙台梭利(Maria Montessori，1870—1952)设计了一种国际流行的早期儿童教育法[1]。和裴斯泰洛齐及福禄贝尔一样，蒙台梭利认识到儿童的早期经验对他们今后一生的成长都有持续的影响。作为一名女性教育先驱，她向那

---

〔1〕 蒙台梭利的传记可参见丽塔·克拉玛：《玛丽亚·蒙台梭利传》(马萨诸塞州雷丁：珀尔修斯图书集团，1988)；E. M. 斯坦丁：《玛丽亚·蒙台梭利：她的一生和工作》，由李·哈维斯撰写引言(纽约：企鹅出版集团普吕姆出版公司，1998)。

些具有陈旧性别观念的人发起了猛烈挑战，那些人认为女性不应该接受高等专业教育，而蒙台梭利克服了种种为女性教育设置的障碍，最终被罗马大学录取，并成为意大利第一位获得医学博士学位的女性[1]。

作为一名医生，蒙台梭利的工作对象是那些被认为有智力障碍和心理受损的儿童。她的治疗方法非常有效，她总结了自己的方法，并认为可以将这种方法用于所有儿童的教育。

一、教与学的原则

重视结构性的工作

1908年，蒙台梭利为那些罗马贫民窟的贫困儿童建立了一所名为"儿童之家"的儿童学校。在这所学校里，蒙台梭利创建了一个特殊的、有准备的环境，这是根据她多年对儿童的观察而设置的，在这里使用的教学方法、教具和教学活动都非常有特色[2]。她还对伊塔(Itard)和塞根(Seguin)这两位特殊教育先驱的研究成果进行了广泛的研究，并以此完善了自己的教学理论。与传统教育家的观点相反，蒙台梭利相信儿童有工作的内在需要，在他们从事感兴趣的工作时，不需要老师的敦促，也不需要外在的奖励和惩罚作为动机。她发现儿童能够保持长时间的注意力，也能持久地工作，儿童非常喜欢有结构的事物，而且喜欢工作甚于喜欢玩耍，他们喜欢重复某种活动直至他们完全掌握这个技能。事实上，儿童这种自发的学习能力能引导他们主动开始学习读写。

二、教育与学校教育

活动类型

蒙台梭利的课程包括三种主要的活动和体验类型：实用的、感觉的、形式的技能和学习。儿童通过实际的活动学习掌握一些实用的技能，包括摆放餐桌、招待客人吃饭、洗碗、扣纽扣以及实际操练一些基本的礼貌行为和社交礼仪。反复的练习能促进儿童感官和肌肉协调性的发展。儿童通过描摹可随意移动的砂纸字母模型来学习字母的拼写。他们学会书写之后，再学习如何读这些字母。他们用彩色的不同长短的小棒来学习数数，用不同大小的杯子来学习测量。

---

〔1〕 有关蒙台梭利的个人简介、大事年表及她的著作《我的教育系统》的节选等内容，参见麦当娜·M.墨菲：《教育史和教育哲学：教育先驱的声音》，pp. 368—375。

〔2〕 杰拉尔德·L.古泰克编辑的《蒙台梭利教学法：教育创新的起源》(包含玛丽亚·蒙台梭利的《蒙台梭利教学法》的删节注释版)(马里兰州兰哈姆：柔曼和利特菲尔德出版社，2004)。

教具

蒙台梭利设计了很多预先计划好要使用的教学器具和材料，用这些教具来促进儿童实用技能、感觉技能和形式技能的发展。例如，她使用鞋带和带纽扣眼的布来训练儿童系鞋带和扣纽扣，让儿童通过声音和气味来辨认不同的小盒子。蒙台梭利学校的教育者们要在有准备的环境里指导儿童学习，因此她们被称为“导师”而不是“教师”。在导师的指引下，儿童以规定的方式使用蒙台梭利教具，以获得期望掌握的技能、感官的体验和智力的发展。

三、对当今教育实践的影响

重要贡献

蒙台梭利对教育作出了开创性的贡献，她重视儿童的早期教育，认为早期教育对个人成年期的发展有非常大的影响。她重要的教育贡献包括：(1) 敏感发展时期或阶段的概念，指儿童准备好进行某种感觉、运动和认知学习的时期；(2) 相信儿童有能力在自我指导下持续工作，以学习某种特殊技能；(3) 强调学校是社区的一部分，需要家长的参与和支持。她是当前正在进行的为幼儿提供丰富学习机会运动的先行者[1]。

美国的蒙台梭利运动

世界范围内的**蒙台梭利学校**(Montessori schools)成千上万，其中美国就有大约6000所。大多数蒙台梭利学校是私立的，招收2—6岁的儿童，一些公立学校系统，尤其是磁石学校和特许学校中，则成立了蒙台梭利教学班[2]。

尽管一些大学提供蒙台梭利教学培训项目，但大多数蒙台梭利培训项目是由私立机构与“美国蒙台梭利协会”或“国际蒙台梭利协会”联合承办的。这些组织遵循蒙台梭利的告诫，严格按照她设计的教学方法培训蒙台梭利导师，未来的导师不仅要学习蒙台梭利的教学法，还要接受如何在有准备的环境中使用教具的训练。

焦点问题回顾：阅读完蒙台梭利的介绍之后，请再次思考本章开头提出的问题。作为教师，你认为蒙台梭利在哪些方面可以成为你的良师益友和楷模？在你的教育经历中，是否有教师使用过蒙台梭利的教学原则？对蒙台梭利而言，教育目的是什么？

---

〔1〕 杰拉尔德·L. 古泰克：“玛丽亚·蒙台梭利对教育心理学的贡献”，巴利·J. 齐默尔曼、戴尔·H. 雄克(编辑)：《教育心理学：一个世纪的贡献》(新泽西州莫瓦：劳伦斯·艾尔伯恩公司，2003)，pp. 171—186。

〔2〕 提摩西·D. 赛尔丁：“蒙台梭利”，詹姆斯·W. 格思里(编辑)：《教育百科全书》(第2版)卷5(纽约：美国麦克米伦参考书出版公司/汤姆森盖尔学习出版公司，2003)，p. 1697。

你打算把蒙台梭利的教学法纳入你的教育哲学吗？

教学资源视频案例

小学语文课：探究式学习

阅读完介绍裴斯泰洛齐和蒙台梭利的片段后，请观看学习网站上的视频：小学语文课：探究式学习，这段视频显示了教师婕瑞拉·威廉的课堂教学结构。在课上，儿童们把手伸入口袋里找到他们感兴趣的物体，然后根据自己对这个物体的感觉，学习写诗描述对这个物体的感觉。在观看视频的时候，请思考是否有其他的方式可以把对实物的感知学习与课堂上的探究式学习相融合，然后回答以下问题：

（1）这段视频怎样反映了裴斯泰洛齐和蒙台梭利对使用实物或教具的重视，尤其是通过感官学习的理念？

（2）描述威廉女士在这堂课中所使用的裴斯泰洛齐和蒙台梭利的教学方法。

（3）威廉女士是如何将感觉学习、实物学习和过程探究综合运用于她的这堂课中的？

在今天的蒙台梭利学校中，儿童在有准备的、能激发学习的环境中使用特别设计的教具。

第十节　皮亚杰：发展性成长

让·皮亚杰(Jean Piaget, 1896—1980)是瑞士心理学家，他对儿童的认知、道德和语言的发展进行了深入研究，形成了重要的开创性理论[1]。和蒙台梭利一样，皮亚杰使用

[1] 有关皮亚杰的简介、大事年表，以及皮亚杰有关儿童智能发展的文献摘要，参见麦当娜·M. 墨菲：《教育史和教育哲学：教育先驱的声音》，pp. 375—383。

临床观察的方法对儿童进行仔细观察，发现了儿童形成和表达他们的思想的方式[1]。

一、教与学的原则

认知发展

皮亚杰发现，儿童是在积极探索周围环境的过程中建立自己关于现实的概念的。根据皮亚杰的观点，智力发展要经过一系列不同的阶段，在某个特定的年龄阶段，儿童有该阶段特定的心理结构和操作。在到达每一个新的发展阶段时，儿童会发展出新的心理能力，他会重新构建更早阶段已建构的概念，形成对世界的更复杂的认知地图[2]。根据他的认知发展阶段理论，皮亚杰将儿童的发展分为四个本质不同但又相互关联的认知发展时期：

感知运动阶段

1. **感知运动阶段**(sensorimotor stage)是指从婴儿出生到 2 岁的认知发展阶段。在这一时期，婴儿通过对自身周围环境的积极探索开始学习，儿童用他们的感官，即嘴、眼睛、鼻子和手开始了他们最早的环境探索，他们逐步学会各感官间的协调，并开始在视觉、听觉、触觉和肢体运动层面上建立空间、时间和因果关系的简单概念。当然，儿童形成的基本概念受限于他们能直接接触的环境[3]。

前运算阶段

2. **前运算阶段**(preoperational stage)是儿童从 2—7 岁的认知发展阶段，儿童已有的直觉和语言表达能力让儿童能够开始进行操作思维，逐步形成超越当前情景外的空间、时间概念和因果关系。儿童现在能通过分组和对物体命名来重建概念，还能使用手势和符号来表达他们的思想和经历，他们将在第一阶段形成的心理结构和网络进行重组，形成更复杂、更高等的对现实世界的看法[4]。

具体运算阶段

3. **具体运算阶段**(concrete-operational period)指的是儿童从 7—11 岁的认知发展阶段。这时儿童开始进行数学思维和逻辑思维。他们已经能熟练地认识物体的普遍特征，如大小、长短、轻重等，还能将这些特性运用到更复杂的心理操作中。和前一

---

〔1〕 大卫·埃尔金的“让·皮亚杰”，选自格思里:《教育百科全书》，p. 1895。
〔2〕 同上，p. 1897。
〔3〕 同上。
〔4〕 同上。

个阶段一样，他们将上一阶段形成的概念进行重新建构，达到更抽象更复杂的水平。此时正是儿童上小学的年龄，处于具体运算阶段的儿童开始练习他们的推理能力，学习钟表和日历、地图和地理空间、实验的原因和结果等〔1〕。

形式运算阶段

4. 形式运算阶段（formal-operational period）指的是11岁到成年初期的认知发展阶段，个体开始处理逻辑命题，并形成抽象假设。现在，他们已经能够理解并解释空间、历史时间和多重因果关系，还能运用多变量的思维方式形成可行的行动方案〔2〕。既然他们已经理解了因果关系，他们就能用科学方法来解释现实世界，并能够学习更复杂的数学、语言学、机械制作过程〔3〕。

皮亚杰的发展阶段学习理论对教育意义重大，应用广泛。儿童看待世界的方式与成年人不同，他们在从一个发展阶段前进至另一个发展阶段的过程中，总是在不断重建自己对现实世界的图式。因此，儿童的现实观与成年人通过各种课程和教学不断强加于他们的现实观常常是不同的。

早期儿童教育和小学教育应当建立在儿童发展的规律基础上，并按照儿童自己的思维方式和学习进程来安排学习内容。在发展的不同阶段，儿童都有自己的发展节律，是否准备好学习新的内容要以儿童认知水平的发展情况为基础，这样才能判断他们是否能接受新的更高层次的学习体验〔4〕。尽管一个丰富的环境能够促进儿童的发展，但我们不能把学习强加给儿童。

二、教育与学校教育

皮亚杰非常重视儿童的环境，把儿童的环境作为学习的背景。他认为在学校之外，儿童可以直接从环境中进行非正式的学习。最有效的教学策略就是将儿童每天在校外进行的非正式学习复制到学校里来〔5〕。

建构主义

儿童在与他们周围环境互动的时候，逐渐形成了有关他们所处世界的知识，这个

---

〔1〕 大卫·埃尔金的“让·皮亚杰”，选自格思里:《教育百科全书》，p. 1897。

〔2〕 C. J. 布瑞纳德:《让·皮亚杰、学习研究与美国教育》，巴利·J. 齐默尔曼、戴尔·H. 雄克（编辑）:《教育心理学：一个世纪的贡献》（新泽西州莫瓦：劳伦斯·艾尔伯恩出版社，2003），p. 257；埃尔金，p. 1897。

〔3〕 让·皮亚杰:《儿童智力的起源》，玛格丽特·库克翻译，（纽约：诺顿出版社，1952），pp. 24—40；另参见威廉·O. 彭罗斯:《皮亚杰的初级读本》（印第安纳州布卢明顿：国际教育发展联合会教育基金会，1979）。

〔4〕 布瑞纳德，p. 260。

〔5〕 同上，p. 284。

创造性的过程被称为**建构主义**(constructivism)[1]。在儿童探索周围环境的过程中，他们会发现他们现有的概念不足以应对遇到的新情况，这时他们就用新获得的信息对已有知识进行重新建构或重新概念化，从而建构出更完整的高级概念[2]。为了激发儿童去探索，教师可将教室设计成学习中心，堆放能激起儿童好奇心的各种材料[3]。以下列出的是皮亚杰提出的教学原则，可以指导教师的职前培养和课堂实践：

1. 鼓励儿童探索和实验；
2. 实施个别化教学，这样儿童能根据他们的准备水平进行学习；
3. 将教室设计为学习中心，里面堆放各种儿童能触摸、操控和使用的实物。

在阅读"从职前到实践"栏目时，考察所描述的课程，判断教师可以在何种程度范围内使用建构主义教学法。

三、对当今教育实践的影响

非正式学习与建构主义

皮亚杰的认知心理学把儿童学习如何思维和推理与学校的教与学联系起来。他的理论极大地改变了美国和全世界儿童的早期教育和小学教育。他的思想激发了一场运动，将教室布局变得更加随意，与儿童的学习联系更紧密。皮亚杰认为，儿童能建构自己对现实世界的看法，而不仅仅是复制别人的看法，这个观点对当代建构主义的教学产生了非常重要的影响[4]。

焦点问题回顾：阅读完皮亚杰的介绍之后，请再次思考本章开头提出的问题。注意皮亚杰如何将卢梭、裴斯泰洛齐、杜威以及蒙台梭利的教育思想，如通过感官来学习、探索环境、使用实物等，融入自己的思想中的？作为教师，你认为皮亚杰在哪些方面可以成为你的良师益友和楷模？在你的教育经历中，是否有教师使用过皮亚杰的教学原则？对皮亚杰而言，教育的目的是什么？你计划把皮亚杰的观点融入你的教育哲学中吗？

---

〔1〕 苏珊・普斯:《通向建构主义的平行道路:让・皮亚杰与列夫・维果茨基》(康涅狄格州格林尼治:信息时代出版社，2004)。

〔2〕 同上，p. 271。

〔3〕 皮亚杰:《智力的起源》，pp. 23—42。

〔4〕 埃尔金，p. 1894。

第十一节 弗莱雷:解放教育学

解放教育学

保罗·弗莱雷(Paulo Freire,1921—1997)是巴西著名的教育家,他在他的祖国巴西发起了帮助贫困的农民和城市中的穷人摆脱文盲的识字运动,并在这个过程中逐渐形成了他的**解放教育学**(liberation pedagogy)哲学思想[1]。对弗莱雷而言,有文化并不只意味着学会读写,更意味着提高人们对生活状况的觉醒,尤其是对那些剥削压迫他们、将他们边缘化的状况的认识[2]。弗莱雷的著作《被压迫者的教育学》的发表最终形成了他的"解放教育学"理论,这是一种用于增强民众力量,抵制并战胜压迫他们的势力的教育理论[3]。

一、教与学的原则

弗莱雷教育哲学的一个重要目标是意识觉醒(conscientizaçao),这是一个葡萄牙语词,意思是意识到并彻底了解影响一个人一生的社会、政治、经济状况。为了唤醒学生的意识,学生需要通过与教师对话创建自己的生命故事以及本种族、本民族,以及同一种语言、同一经济状况和社会阶层群体的集体历史。他们必须意识清醒地审视自己生活的客观状况,辨认出那些限制他们进行自由的自我鉴定的条件和人物[4]。

二、教育与学校教育

弗莱雷坚信,学校的课程和教学可以将官方的知识灌输给学生,教导学生循规蹈矩,也可以激发学生形成一种批判意识,赋予他们进行自我解放的力量。例如,官方的历史对欧美的男性白人取得的成就大加赞扬,却极力贬低女性、美国黑人、拉丁美洲人和其他少数群体的贡献,这就会制造一种错误的观念。那种根据财富和权力来确定个人价值的教育,以及那种把学校教育看做是在剥削阶级的经济体系中获取成功的通行证的教育,是不可能实现真正的教化[5]。

---

〔1〕 有关弗莱雷的简介、大事年表,以及弗莱雷的《被压迫者的教育学》的摘要,参见麦当娜·M.墨菲:《教育史和教育哲学:教育先驱的声音》,pp. 383—391。

〔2〕 理查德·肖尔为保罗·弗莱雷的《被压迫者的教育学》作序(纽约:康提能出版社,1984),pp. 9—11;另可参见安东尼娅·达德:《保罗·弗莱雷的革新:爱的教育学》(科罗拉多州博尔德:韦斯特维尔出版公司,2002)。

〔3〕 这是几个版本中的一个:保罗·弗莱雷:《被压迫者的教育学》(纽约:康提能出版社,1996)。

〔4〕 保罗·弗莱雷:《自由教育学:伦理学、民主和公民胆识》(马里兰州兰哈姆:柔曼和利特菲尔德出版社,1998),p. 51。

〔5〕 斯坦利·阿罗诺维茨为弗莱雷的《自由教育学》撰写的引言,p. 4。

学校的现实情况

弗莱雷认为，教师既不能持有偏见，也不能对社会、政治、经济事件无动于衷[1]。相反，他认为教师要对学校中真正的权力关系和影响学生的各种状况形成一种批判意识。例如，在经济受压迫地区内的学校任教的教师，需要知道他们学生的生活正被贫困、贫乏的医疗保健和娱乐服务、毒品泛滥与帮派暴力事件一步步摧毁。教师在了解学校的真实情况后，他们就会抵制这种被压迫的状况，并致力于帮助他们的学生获取更多的力量和自信。

反对教师一言堂

对弗莱雷而言，真正的学习只有在教师和学生都投入地进行开放的持续性对话时才能发生。他对那些让学生对现实产生错误看法而不是让学生具备批判意识的教学进行了抨击，其中就包括“教师一言堂”。教师一言堂意味着教师通过告诉学生什么是真实的来传授知识，学生只需要记忆教师所讲的内容，被动地将这些内容存储在他们的大脑里，以便以后考试时回想出来。弗莱雷把这种“教师说学生听”的方法称为教育“银行”，儿童的大脑就是银行账户，教师教的知识被一点点存入这个账户，将来要用时，通常是考试时再取现[2]。在当代标准化运动中，如《不让一个孩子掉队》法案中提出使用的标准化测试，就是这种银行模式的一个范例。这些考试是以官方认定的需要传授的知识为基础编制的，目的是根据考试结果将学生分成不同的组群，而这种分组通常是将那些被边缘化的学生分离出去，因此复制了现有制度内的不公平。

三、对当今教育实践的影响

当代批判理论家把弗莱雷尊为真正的教育改革家和先驱（参见“教育的哲学基础”一章中的批判理论），弗莱雷致力于教学变革，他认为只把教学看做信息的传递太狭隘，教学应当让学生投入其中，在一个更平等、更人道、更公正的世界里完成自我认同和自我生命意义的追寻。按照弗莱雷的教育理论，教师的职前培训应当让未来的教师进行对话，在对话中批判性地评价对学校造成影响的各种社会经济政治状况。在教师进行课堂实践时，他们应当创建真实的意识，揭示那些使学生和他们所在社区边缘化的条件，帮助学生追求社会正义。

焦点问题回顾：阅读完弗莱雷的介绍之后，再次思考本章开头提出的问题。注意弗莱雷如何建构了一种革命的教育方法，这种方法与许多其他先驱们的方法都不相

---

〔1〕 弗莱雷：《自由教育学》，p. 22。

〔2〕 保罗·弗莱雷：《被压迫者的教育学》，迈拉·贝格曼·拉莫斯翻译（纽约：康提能出版社，1984），pp. 57—59。

同。作为教师，弗莱雷在哪些方面可以成为你的良师益友和楷模？在你的教育经历中，是否有教师使用过弗莱雷的教学原则？对弗莱雷而言，教育的目的是什么？你打算将弗莱雷“解放教育学”的某些要素融入你的教育哲学中吗？

第十二节　将教育先驱视为逝去的良师益友

本章回顾了一些开创性教育家们所作出的杰出贡献，并鼓励你在形成自己的教育哲学和教育理论时将他们视为自己逝去的良师益友。通常，我们选择谁是教育先驱、谁可以作为良师益友，取决于我们自己所处的情境。我们可以关注这些先驱们的见解，这些见解能帮助我们了解当前教育存在的问题，并找到解决问题的方案。

你可以判断谁有资格成为教育先驱和你的良师。作为一名教师，你将遇见很多潜在的开创者，如一些学者、作家、教授、教学实践者或其他人，这些人都可能形成一些新的教育理论和教学方法。在你评估这些现代的教育工作者时，请试着找出你认为将会成为教育开创者的那些人，以及他们的思想将帮助教师成为反思型教师并在课堂中高效授课的那些人。

这些历史上的教育先驱们也能对你大有帮助。在你建构自己的教育哲学时，请回想本章介绍的这些先驱们作出的贡献，其中你最想效仿的是谁，谁的观点你不赞同？他们的贡献你希望运用于自己的教学中吗？

总结

(1) 夸美纽斯、卢梭、裴斯泰洛齐和福禄贝尔抛弃了儿童堕落理论的教条，创立了以儿童的自然成长和善良天性为基础的教学方法。

(2) 裴斯泰洛齐发明了同步小组教学法，并使用儿童周围环境中的物品来进行教学；赫尔巴特寻求使教学系统化的方法；福禄贝尔用理想主义的哲学观构建了幼儿园的概念；通过鼓励教师对儿童的兴趣和需求保持敏感，裴斯泰洛齐和福禄贝尔使早期儿童教育获得自由。

(3) 斯宾塞的教育社会学开创性地将学校与社会联系在一起，并把社会经济活动作为课程的基础；杜威在芝加哥大学实验学校的开创性工作激发了进步主义的教育改革；蒙台梭利提出的有准备的环境让早期儿童教育在全球流行开来。

(4) 亚当斯的社会化教育理论对多元文化教育、科技对社会的影响力的审视及女性权利和教育运动都作出了卓著的贡献。

(5) 皮亚杰的发展心理学揭示了儿童认知操作的思维特点，引发了课程和教学方法的变革。

(6) 弗莱雷的解放教育理论呼吁对教育与学校教育进行彻底的变革，把学校和教育变成推动人类解放的力量。

关键术语

儿童堕落理论
自然主义理论
实物教学
社会达尔文主义
功利主义教育
科学方法
社会化教育
蒙台梭利学校
感知运动阶段
前运算阶段
具体运算阶段
形式运算阶段
建构主义
解放教育学

讨论题

(1) 你如何定义一位教育良师益友？谁是帮助你形成自己的教育、学校、教学观点的良师？本章介绍的哪一位先驱对你而言是最有吸引力的逝去的良师益友？

(2) 卢梭的《爱弥尔》对它的读者产生了两种极端的影响。一些读者认为它将儿童从暴虐的成年人的影响中解放出来，而批评者声称这本书展现的是一个太过浪漫、不切实际的儿童观和教育观，你的观点如何？你能对这个问题提出解决意见吗？

(3) 亚当斯社会化教育哲学思想的支持者认为，她的教育哲学将学校置于社会和技术变革的背景中，而批评者们则认为她的教育哲学让学校偏离了教授学术技能和学科的基本任务。你的观点如何？你能对这个问题提出解决意见吗？

(4) 请思考当前教育学的流行趋势，诸如全语言学习法、合作学习法、建构主义、档案袋评价法、科技手段的使用和标准化运动。本章介绍的这些先驱们会对这些流行趋势作出怎样的评价？

(5) 支持弗莱雷教育理论的人坚持认为，这种教育能让受压迫和被边缘化的人增加力量和自信，而他的批评者则认为他的教育理论将学校政治化，同时会产生阶级冲突。你的观点如何？你能对这个问题提出解决意见吗？

(6) 斯宾塞认为教育应当激发学生间的竞争，而杜威则认为教育应当鼓励学生之间的合作，你支持谁的观点？如果将这些关于竞争和合作的观点用于你正在接受的教师教育方案中，你认为会怎么样？

专业发展的建议方案

（1）访问芝加哥的伊利诺伊大学赫尔馆博物馆的网站，仔细了解亚当斯的赫尔馆：www.uic.edu/jaddams/hull/hull_house.html。是否应该在学校和社会各机构之间建立紧密联系，人们对这个问题一直争论不休，请列出正反双方的不同意见。

（2）准备一份附有说明的有关本章讨论的教育先驱的网站列表，确定这些网站对教师非常有用，与全班分享这份列表。如果时间允许，可将这个活动办成一个合作学习项目，并与班上的其他成员共享这个项目。

（3）制作一个有关杜威实用主义的网站列表，可向在南伊利诺伊大学的杜威研究中心咨询，网址：www.siu.edu/～deweyctr。

（4）访问一个幼儿园，观察其教育环境的主要特点。你发现这里重视玩耍、发展性活动、社会化、学术技能的引入和技术的使用吗？福禄贝尔对你的发现会做出怎样的反应？

（5）访问一所蒙特梭利学校，观察这个教育环境的主要特点。你发现这里重视玩耍、发展性活动、个别化学习、社会化、使用教具、学术技能的引入和技术的使用吗？蒙台梭利对你的发现会做出怎样的反应？

（6）在本书的学习网站上阅读文章《洛克：经验主义教育家》。分析约翰·洛克关于我们的认识方式的观点，他的这些观点与本章中介绍的其他教育先驱有何种联系？

第五章 美国教育的历史发展

本章考察了美国教育经验的历史，并对那些为促进当今美国教育制度的形成而作出贡献的历史人物和群体作了评论。本章主要包括以下七个方面的内容：(1) 殖民地时期，欧洲殖民者将他们的教育思想和制度移植到北美；(2) 美国革命和国家独立初期，美国创建了独特的教育制度；(3) 在共同学校运动中，全民教育得到广泛扩展；(4) 中等教育经历了从拉丁文法学校到文实学校，再到今天的综合性中学的发展历程；(5) 高等教育机构的发展；(6) 文化多元人口的教育；(7) 美国教育历史的发展趋势，如教育技术的发展和全球化的兴起。在阅读本章时，请将自己置身于美国教育历史之中，仔细分析这些历史的发展趋势如何造就了你的教育。你也可以反思各种历史事件如何改变了美国的教育目的。请在阅读本章时思考以下问题：

焦点问题：

■ 美国人如何改造欧洲的教育思想和教育制度以适应新世界的生活？

■ 美国社会和政治变革是怎样影响公共学校教育的？

■ 美国的教育阶梯是怎样形成的？今天这种教育阶梯还有效吗？

■ 美国怎样成为了一个文化多元的社会？文化多元主义对当代学校的意义是什么？

■ 美国教育历史的发展趋势是什么？

第一节　殖民地时期

对美洲土著人的影响

17、18世纪，北美洲的殖民扩张导致欧洲人和土生土长的美洲原住民之间发生了复杂的文化遭遇和常见的暴力冲突。尤其在大西洋沿岸，欧洲人带来了很多传染性疾病，诸如麻疹、天花等，美洲土著人对此毫无免疫能力，结果大批死亡[1]。

〔1〕 有关欧洲人与美洲土著人之间冲突的内容，参阅彼得·C.曼塞尔、詹姆斯·H.迈乐：《美洲的遭遇：从原住民与欧洲新移民的接触到驱逐印第安人，1500—1850》(纽约：劳特利奇书局，2006)。

种族各异的殖民者

欧洲殖民者分别来自许多不同种族，具有不同的语言背景。其中，法国人在加拿大和密西西比河谷地带建立了殖民地；西班牙人占据了墨西哥、佛罗里达州和北美的西南部；荷兰人在新尼德兰（New Netherland），也就是今天的纽约州建立殖民地；而英国人在北美最初建立的13个殖民地，成为了独立战争后组成美利坚合众国的最初雏形。英国人后来击败了荷兰人和法国人，对美洲殖民地的政治、社会和教育产生了最重要的影响。

殖民者最初在北美重建了他们在欧洲时就熟悉的以社会经济地位为基础的**双轨学制**（dual-track school system）。来自较低社会经济阶层的男孩和女孩们可以到初级学校学习读、写、算以及宗教，而来自上层社会的男孩可以继续上**拉丁文法学校**（Latin grammar schools），这是以教授殖民地学院入学必需的拉丁语、希腊语和文学为主的预备学校（有关双规学制的起源，请参见“美国教育的世界根源”一章）。

一、新英格兰殖民地

新英格兰殖民地包括马萨诸塞州、康涅狄格州及新罕布什尔州，是各种思想和制度交会融合的地方，对美国教育思想和教育制度的发展起到了非常重要的推动作用。马萨诸塞州制定了英属北美洲的第一部正式教育法律（参见概述5.1有关美国教育的重要事件）。

清教徒学校

马萨诸塞州的殖民者相信，那些受过教育的人能理解清教徒宣讲的上帝的圣训，也能抵制魔鬼的诱惑。为遵循清教强制人民阅读圣经的律令，教会控制的学校非常重视读、写和宗教的教学。

学校的经济和社会效用

清教徒学校遵循约翰·加尔文的神学理论，不仅受宗教目的的指引，而且受经济目的所引导。根据清教徒的工作伦理，善良的清教徒应当是勤劳节俭的商人和农民，他们按时去教堂，阅读圣经，而且工作努力。由于同时看重宗教和工作的价值，清教徒学校强调守时、诚实、服从权威和努力工作的价值观。美国教育一直很重视教育和经济生产力之间的关系。

儿童堕落论

儿童原罪观

清教徒对儿童天性的看法影响了新英格兰殖民地抚养儿童的方法和对教育的信

念。清教徒认为儿童是堕落的，或者至少是有邪恶倾向的。儿童的玩耍被视为好逸恶劳，而儿童说的话被认为是莫名其妙的胡言乱语。因此，清教教师谨遵“孩子不打不成器”这条古训，用严厉的纪律和频繁的体罚来教育学生[1]。为了给儿童灌输他们的工作伦理，清教徒希望他们的孩子勤勉劳作，帮助大人做家里和农场中的杂活。夸美纽斯、卢梭、裴斯泰洛齐以及在上一章“教育先驱”中讨论的其他教育先辈们都对清教徒的这种儿童观提出了质疑和挑战。

《老骗子撒旦法》(Old Deluder Satan)

一镇一师

清教徒们在定居马萨诸塞州后不久，就开始新建学校。1642 年，马萨诸塞州地方议会通过了一项法律，要求家长和儿童的监护人要确保儿童在他们的监管下学习阅读，并理解宗教原理和英联邦法。1647 年，地方议会颁布了《老骗子撒旦法》，这是一项企图以智取胜撒旦的法律。清教徒认为，老骗子撒旦的一个主要阴谋是阻止人们去掌握基督教圣经的知识，最终哄骗无知的人们落入罪恶的深渊。法令规定每个拥有 50 户家庭以上的市镇都必须任命一位教师来教本镇所有儿童读书写字；每个拥有 100 户以上家庭的市镇必须聘用一名拉丁文教师，以培养年轻人为进入哈佛学院深造作准备。

市镇学校

读、写、算及宗教

新英格兰殖民者重建了欧洲的双轨学制，为大多数学生新建了初级市镇学校，并为上层社会的男孩修建了拉丁文法学校。新英格兰的**市镇学校**(town school)是一种由地方控制的教育机构，招收年龄在 6 岁到 13、14 岁的男女学生。学生上学不是非常正规，可以根据天气状况和孩子是否需要到家庭农场中工作来决定是否上学。学校的课程包括学习读、写、算、教义问答手册和宗教赞美诗。孩子们通过背诵**角贴书**(hornbook)来学习字母、音节、单词和句子，角贴书是用透明材料覆盖在纸张上做成的，这种透明材料通常是由牛角压平制成。较大一点的孩子开始阅读《新英格兰初级读本》，该课本包含宗教的内容，如威斯敏斯特教义问答、十诫、主祷文和使徒信条等。算术主要教授基本的数数、加法和减法。

---

〔1〕 小罗斯·W. 比尔，“寻找历史的孩子：新英格兰殖民地成年和青年的缩影”，N. 瑞·希娜、约瑟夫·H. 哈威(编辑)，《在美国成长——历史视角中的儿童》(乌尔班纳：伊利诺伊大学出版社，1985)，pp. 7—24；梅丽莎·弗里曼、桑德拉·马西森：《对儿童经历的研究》(纽约：吉尔福德出版社，2009)，pp. 1—17。

市镇学校的氛围

新英格兰市镇学校通常是由天然木质结构的房屋构成的，每个单独房间的前面是一张教师讲台一样的桌子，学生们坐在木长凳上，背诵教师布置背诵的内容，直到被叫到校长面前去背诵。学校大多数教师是男性，其中一部分只是临时到这里教课，因为与此同时，他们还在为成为牧师作准备。其他担任教师工作的人，是为了偿还来北美洲时所欠的旅费。几乎没有几个小学老师接受过教育方法的培训，他们主要依靠体罚来维持纪律。

拉丁文法学校

上层男童的古典教育

上层阶层的男孩们通常到拉丁文法学校上学，为将来进入大学作准备。这些男孩们通常要请私人教师，教他们学习英语的读写，8 岁时，他们进入拉丁文法学校，一般在十五六岁时完成在这里的学习。学生要学习西塞罗、特伦斯、恺撒、李维、维吉尔和贺拉斯(Cicero, Terence, Caesar, Livy, Vergil, and Horace)等拉丁文作者的作品；到了更高年级，学生就要学习伊索克拉底、赫西奥德、荷马(Isocrates, Hesiod, and Homer)等古希腊作者的作品。学校很少关注数学、科学和现代语言的学习。拉丁文法学校的教师大多是大学毕业，他们的收入和社会地位都比小学教师高。拉丁文法学校与文艺复兴时期的古典人文主义学校非常相似，是美洲殖民地与欧洲教育联系最紧密的纽带之一(参见“美国教育的世界根源”中关于人文主义学校的内容)。

概述 5.1　美国教育史上的重大事件

主要政治事件	重大教育事件
1630 年，建立马萨诸塞湾殖民地	1636 年，哈佛学院成立，这是西半球第一所英语学院
	1642 年，第一部教育法律在马萨诸塞州颁布
	1647 年，马萨诸塞州颁布《老骗子撒旦法》，要求建立学校
1775—1783，美国独立战争	1751 年，本杰明·富兰克林在费城创办文实学校
1788 年，通过美国宪法	1783 年，诺亚·韦伯斯特的《美国拼读课本》出版
	1785 年，《西北土地法令》，第一部国家教育法律
	1821 年，美国第一所公立中学在波士顿开办；艾玛·威拉德(Emma Willard)的女子神学院在纽约特洛伊成立，这是一所为女性提供高等教育的学校
	1823 年，美国第一所私立师范学校在佛蒙特州康科德开办
	1825 年，韦伯斯特的《美国英语字典》完成

续 表

主要政治事件	重大教育事件
1824年，组建印第安事务局	1827年，马萨诸塞州通过了要求建立公立中学的法律
1830年，《印第安人迁移法》颁布	1837年，贺拉斯·曼被任命为马萨诸塞州教育委员会部长
1846—1848，墨西哥-美国战争；美国获得西南部的领土	1839年，第一所公立师范学校在马萨诸塞州莱克星敦开办 1855年，第一所德语幼儿园在美国创办
1849年，加州淘金热	1860年，第一所英语幼儿园在美国创办
1861—1865，美国南北战争	1862年，通过《莫雷尔赠地学院法》，要求每个州新建一所传授农业和机械知识的学院
	1865年，自由人局成立
	1872年，卡拉马祖(Kalamazoo)案判决，赞成用公共税收兴办中学
1887年，《道斯法案》颁布，划分部落土地	1881年，布克·华盛顿创立塔斯克基学院 1892年，“十人委员会”成立
1898年，西班牙-美国战争，美国获得波多黎各和菲律宾	1896年，普莱西诉弗格森案(Plessy v. Ferguson)判决，赞成为白人学生和黑人学生建立“隔离但平等”的学校合乎宪法
	1909年，第一所初级中学在加州伯克利创办
1914—1918，第一次世界大战	1917年，通过《斯密斯-休斯法》，为职业教育、家政、农业等学科提供资金
	1918年，《中等教育的基本原则》出版
	1919年，进步主义教育协会组建
1929年，经济大萧条开始	20世纪30年代，经济大萧条时期罗斯福新政方案，为失业人员的教育和学校建设提供联邦资金
1939—1945，第二次世界大战	1944年，通过《退伍军人权利法案》，为退伍军人的继续教育提供联邦资金
1950—1953，朝鲜战争	1954年，布朗诉托皮卡教育局案(Brown v. Board of Education of Topeka)，在法理上或在法律强制性上结束了公立学校的种族隔离
	1957年，苏联发射首颗人造地球卫星，引发对美国公共教育的批评和重新评判
	1958年，《国防教育法案》通过，为改善科学、数学和现代语言的教学和指导咨询服务提供联邦资金
	1964年，《民权法案》授权联邦法律明令废除学校的种族隔离制度
1965—1973，越南战争	1965年，《美国中小学教育法》通过，为公立学校尤其是补偿教育提供联邦资金资助
	1968年，《双语教育法》颁布
	1972年，通过《教育修正案第九条》，宣布接受联邦财政资助的学校的性别歧视是不合法的

续　表

主要政治事件	重大教育事件
	1975年,通过《全体残障儿童教育法案》(公法第94-142号)
	1980年,联邦政府成立教育部,具有内阁地位
	1983年,《国家处在危险之中》出版并广为传播,激起了全国教育改革运动
1990年,冷战结束 1991年,海湾战争	1994年,《2000年目标:美国教育法案》,概述了美国国家教育目标
	1996年,出台美国第一份教育技术计划《使学生为21世纪作好准备:迎接技术教育的挑战》
2001年,纽约市和华盛顿特区遭受恐怖主义袭击	2001年,《不让一个孩子掉队》法案颁布
2003年,伊拉克战争	
2009年,第一位非洲裔美国人总统宣誓就职	
2009年,全球经济衰退	

哈佛学院

在完成拉丁文法学校的学习后,上层社会的新英格兰青年男性就要努力获得哈佛学院的入学资格。清教徒相信未来的牧师和其他方面的领导人需要接受全面的古典教育和神学教育,在这个信念的基础上,新教徒于1636年创建了哈佛学院。为获得入学资格,学生必须具备良好的拉丁文和希腊文能力。哈佛学院的课程设置主要以人文学科和宗教的学习为基础,因为哈佛学院相信牧师和其他领导人必须接受人文学科的教育,所以主要教授的学科包括文法、逻辑学、修辞学、数学、几何、天文学、伦理学、哲学以及自然科学。而对未来的牧师而言,尤为重要的是学习加尔文的神学理论、希伯来语、希腊语和古代历史。

二、大西洋中部地区殖民地

多样的文化

虽然大西洋中部地区殖民地及南部殖民地和新英格兰殖民地一样,有着共同的欧洲文化背景,但它们在教育方法和学校方面却存在不同。大西洋中部地区的殖民地包括纽约州、新泽西州、特拉华州和宾夕法尼亚州,与清教徒控制的新英格兰殖民地相比,存在更多的文化差异性。新英格兰殖民地以英语为共同语言,清教为共同的宗教信仰，因此在文化上比大西洋中部地区的殖民地更加单一。而在大西洋中部地区殖民地内，荷兰人定居新尼德兰，这里后来成为纽约州，瑞典人定居特拉华州，部分德国人定居宾夕法尼亚州。因此，大西洋中部地区殖民地在种族、语言、宗教上都存在多样性，这对教育产生了很大的影响。新英格兰的清教徒们在创建十分单一的市镇学校时，大西洋中部地区殖民地的不同教会却建立了不同的教区学校，向儿童传授自己的宗教信仰和实务。

纽约

私立学校

荷兰人刚来到美洲时定居在新阿姆斯特丹(New Amsterdam)，这里后来被英国人征服，并改名为纽约。荷兰殖民者大多是改革派教会的成员，他们建立了荷兰语的教区学校，教授阅读、书写和宗教。被英国人征服后，这些荷兰教区学校在英国人统治下继续维持原来的教学，而英国国教会则在这里建立了慈善学校和教会学校。在纽约市逐步发展成为一个重要的商业港口时，一种以盈利为目的的私立学校出现了，被称为私立风险学校，提供航海学、测量学、会计簿记、西班牙语、法语、地理等课程的学习。

宾夕法尼亚州

教友会学校

宾夕法尼亚州是由威廉·潘(William Penn)建立，属于他的私有财产殖民地，因此也成为在英格兰受到宗教迫害的教友会或贵格会(the Society of Friends 或 Quakers)教徒的避难所。教友会教徒是和平主义者，他们不支持战争，拒绝到军队服役，而且他们非常宽容，欢迎其他小教派如德国虔诚派教徒到宾夕法尼亚。教友会学校对所有儿童开放，包括黑人和美洲土著人。那时费城已经形成了一个小规模的美国黑人社区，有一些美洲的土著印第安人也留在这个殖民地内。教友会学校不仅教学生其他殖民地小学中也有的标准的读、写、算和宗教，同时它还提供独特的职业培训、手工制作和农业技术等课程。教友会的教师反对儿童堕落理论的教条，不赞成使用体罚，而是通过温和的劝导激励学生学习[1]。

---

〔1〕 詹姆斯·D.亨德里克斯："寂静与认知：教友派的沉默和有异议的教育理想，1740—1812"，《中西部教育历史学会杂志》(1975年年会记录)，pp. 14—40。

三、南部殖民地

南部殖民地包括马里兰州、弗吉尼亚州、南卡罗来纳州、北卡罗来纳州和佐治亚州，这里有着另一种不同的经济和教育模式。除了几个繁荣的海滨城市如查尔斯顿(Charleston)和威廉斯堡(Williamsburg)外，南部殖民地的人口分布总体比新英格兰和大西洋中部地区殖民地更分散。因此那些分散居住在乡村的家庭很难建立位于中心地区的学校。除此而外，奴隶制把从非洲俘虏的奴隶强迫到种植园里劳动，这对南部地区的文化、经济和政治产生了深远的影响。

私人教师

由于人口过于分散，学校难以修建，那些经济条件优越、富裕的白人种植园主的孩子们通常跟随私人教师学习，也有些家庭将孩子送到由英格兰教会资助的位于威廉斯堡或查尔斯顿等城市的私立学校中学习。

尽管所有殖民地中都有奴隶，但南部的奴隶数量最多。这些奴隶都是在非洲被强行抓住，野蛮地用奴隶船运至北美的，主要被送往南部种植园里干苦力。这些非洲奴隶接受训练，成为农场的劳动力、手工艺人或是家庭里的仆人，但通常他们不能学习读写。只有少数著名的奴隶是例外，他们私下学会了阅读。随着时间的流逝，这些非洲奴隶将非洲文化遗留下来，成为美国黑人宗教和文化的基础[1]。

学校教育中的等级偏见

奴隶制度对那些经济贫穷、没有拥有奴隶的白人也有很大的影响。由于那些富裕的种植园主占据了大部分最肥沃的土地，那些贫困的农场主只能居住在贫瘠的穷乡僻壤或山区。那些富裕的拥有政治强权的种植园精英们很重视自己子女的教育，却几乎不为其他人提供接受学校教育的机会。

四、殖民地教育总览

地区间的相似之处

尽管各地区间存在宗教和语言的不同，但新英格兰、大西洋中部和南部殖民地都是属于英国的殖民地，主要遵循西欧的教育模式[2]。在大西洋中部地区的殖民地，学校一般由不同的教会经管，这些学校是以信仰为基础的私立学校的先行者。在这三个

---

〔1〕 艾勒·贝林:《数万人逝去:北美奴隶制的最初两百年》(马萨诸塞州坎布里奇:贝奈普出版社,1998)。

〔2〕 劳伦斯·A.克雷明:《美国教育:殖民地的经验,1607—1783》(纽约:哈珀与罗出版公司,1970)。

地区,教育机会都是以性别为基础的,男童和女童都可以上小学,但只有男性能上拉丁文法学校和大学。

性别歧视

女性教育只限于初等学校教育,在那里她们学习基本的读写技能,以能够担负家庭和宗教的责任。很多人,尤其是那些控制了教育机构的男性,认为女性的智力不足以接受更高等的教育。

以社会阶层分轨

殖民地学校的双轨学制反映了欧洲的阶层倾向。小学只提供基本读写技能的学习,不鼓励学生向上层社会流动,只有少数学生在完成了小学学习后可以进一步到拉丁文法学校和殖民地学院中深造。出生上层社会的男孩们则可以到拉丁文法学校学习,为上大学作准备,如果成功,就可以进入大学学习。19 世纪,边疆开拓者的平等主义思想、政治民主化和经济变革使以欧洲为基础的教育结构逐渐消失,取而代之的是美国普及公立教育制度的创建。

殖民后期,也就是 18 世纪六七十年代,英国殖民地经历了人口和经济的增长,纽约、费城和查尔斯顿这些商业城市的商人们,以及边疆的居民们,尤其是有苏格兰和爱尔兰血统的长老会教徒们开始反抗英国政府的课税,这些反抗课税的运动并没有获得令人满意的结果,但随后逐渐发展为一场轰轰烈烈的独立运动。

焦点问题回顾: 为了让你自己置身美国教育历史中,请反思你所属的种族或语言群体对美国教育所作的贡献和所面临的问题。你可以向父母、家庭其他成员和你所属群体的其他成员咨询他们的教育经历情况,从而更好地回答上述问题。请思考殖民地时期的教育目的,这些目的与当代美国的教育目的相比有何变化?是否某些教育目的依然存在?

第二节 美国建国初期

《西北土地法令》

始于 1776 年的美国独立战争结束了英国对 13 个殖民地的统治,这次成功的反抗运动创立了一个共和国,产生了一个由选举产生的代议制政府。尽管有着悠久历史的方言学校和受教派控制的小学和拉丁文法学校在美国建国初期依然存在,但是新共和国的一些领导人希望创建重视美国文化身份和民主政治进程的新型学校。

根据《美国联邦条例》的规定,议会于 1785 年制定了最早的联邦教育法律《西北土地法令》。《西北土地法令》规定每36平方英里的土地要保留一平方英里用于兴办教育。《西北土地法令》开创了19世纪联邦政府**赠地**(land grants)兴办教育的先河。

地方控制教育的传统

获得通过并成为美国大陆的第一法律的《美国宪法》并没有直接涉及教育问题。但根据宪法《第十修正案》中的“保留权利”条款(宪法未特别授权给联邦政府的或禁止各州的所有权利保留给各州),教育的责任保留给每个州自己负责。新英格兰殖民地的地方控制学校的传统,也促使美国形成了州和地方的学校制度,而没有形成统一的国家学校制度。

新国家的新教育理想

在美国建国初期,本杰明·富兰克林、托马斯·杰弗逊、本杰明·拉什、诺亚·韦伯斯特等领导人,为这个新兴共和国的学校建设提出了一系列建议。这些建议性计划总体上认为美国教育应该:(1)培养共和国的公民;(2)提供实用的和科学的技能与学科,以帮助国家不断开发广垠的边疆和丰富的自然资源;(3)摆脱欧洲文化态度的影响,创造独特的美国文化[1]。关于创建独特美国文化的问题将在“热点问题争鸣”栏中进行讨论。

一、富兰克林:文实学校

富兰克林的文实学校

本杰明·富兰克林(Benjamin Franklin,1706—1790)是著名的政治家、科学家、时事评论家,他在费城创建了一所**文实学校**(academy)。这是一所私立的中等学校,他在《宾夕法尼亚青年教育的建议》一文中描述了文实学校的课程设置[2]。富兰克林非常注重实用知识和科学,这与传统的拉丁文法学校明显不同。英语语法、作文、修辞和公共演讲替代了以拉丁文和希腊文为主的语言学习,学生可以根据自己将来的职业选择选修一门第二外语。例如,将来想当牧师的学生可以选修拉丁文和希腊文,而那些计划从事商业职业的学生可以选择法语、西班牙语或德语。数学的教学是为了将数学

---

〔1〕 杰奎琳·S.雷奈尔:《从美德到品德:美国的童年时期,1775—1850》(纽约:麦克米伦公司特韦恩出版社,1996年),p. xi。

〔2〕 沃尔特·艾萨克森:《本杰明·富兰克林:一位美国人的一生》(纽约:西蒙-舒斯特出版集团,2003),pp. 146—147;富兰克林的传记还有H. W.布兰茨:《第一位美国人:本杰明·富兰克林的一生和其生活的时代》(纽约:安克尔丛书/兰登书屋,2000年);埃德蒙·S.摩根:《本杰明·富兰克林》(纽黑文:耶鲁大学出版社,2002);有关富兰克林的简介、大事年表,以及他的自传和《宾夕法尼亚青年教育的建议》的节选,参阅麦当娜·M.墨菲:《教育史和教育哲学:教育先驱的声音》(新泽西州上部马鞍河:培生/梅林/普伦蒂斯·霍尔出版公司,2006),pp. 227—234。

实际运用于簿记、测量和工程学中，而不是作为一门抽象的学科来学习。历史和传记的学习是为学生提供道德模范，学生可以学习那些著名人士是如何作出他们的政治和道德决断的。

重视科学和实用技能

富兰克林虽然是一名业余的科学家，他却预见了科学、发明和技术对未来的重要性。他设置的课程的一大特点就是以实用技能为主，如木工手艺、造船业、雕刻技术、印刷术和畜牧业等，这些实用技能一直以来从未受到过学校的重视。到 19 世纪中期，美国新建了许多与富兰克林的设想类似的文实学校。

二、杰弗逊：公民教育

公民教育

托马斯·杰弗逊(Thomas Jefferson，1743—1826)是《独立宣言》的作者，也是美国第三任总统，他在《更全面传播知识的提案》中表达了他的教育哲学，该法案于 1779 年被弗吉尼亚州议会采用，杰弗逊还是弗吉尼亚大学的主要创始人之一〔1〕。他认为教育的主要目的是培养有文化、见识广博的公民，促进民主社会的发展。他一直致力于将教会和国家分离，他认为国家，而不是教会，应当担负起教育的主要责任。公共税收应该为州办学校提供资金，而不是为私立学校提供资金〔2〕。

杰弗逊的计划

杰弗逊的提案虽未获得通过，但向这个新兴的国家提出了一些重要的问题。例如，该提案提出要建立州立的公共学校，不仅提供平等的教育机会，也要保证优秀的教育质量；提案还建议将弗吉尼亚州的县再细分为若干行政区，除奴隶的孩子外，自由民的孩子，不论男女，都能到每个行政区的小学上学，在那里学习读、写、算和历史，学生最初三年的学费由州政府支付。杰弗逊还提议在全州建立 20 所文法学校，为男孩提供中等教育。在这些文法学校中，学生可以学习拉丁文、希腊文、英语、地理和高等数学。

---

〔1〕 有关杰弗逊的简介、大事年表，以及他的《更全面传播知识的提案》的节选，参阅墨菲：《教育史和教育哲学：教育先驱的声音》，pp. 235—241。

〔2〕 朱利尔斯·P. 博伊德(编辑)：《托马斯·杰弗逊论文集》卷Ⅱ(新泽西州普林斯顿：普林斯顿大学出版社，1950)，pp. 526—533；还可以参考弗吉尼亚大学网站上可公开访问的杰弗逊作品集：www. etext. virginia. edu/etcbin/ot2www? specific=/web/data/jefferson/texts/ jefall. 02w。

成绩优秀奖学金

杰弗逊的提案首次提出了给学业成绩优秀的学生颁发奖学金。在每所行政区学校中，学业成绩最好却无力支付学费的学生可以获得奖学金，帮助他继续完成文法学校的学习。成绩最好的前十名奖学金获得者，可以获得州政府额外的资助到威廉玛丽学院就读。

杰弗逊的计划代表了美国教育在追求教育平等和保证教育优秀之间形成一种折中办法的早期观点，一方面为多数儿童提供小学教育，这是追求平等的措施；另一方面对学生进行学业成绩的甄选，以便识别教育和学术上最优秀的学生，这导致了中等学校是“筛选机器”这一观念的形成。

表 热点问题争鸣：学校和美国文化

美国教育中一个长期存在的问题是，公立学校的教育应该在何种程度上建构一种美国文化身份。一些教育学家相信，公立学校应当向学生教授以西方基督教传统和英国-美国共同法律传统为基础的一种共同文化和价值核心；而另一些人则认为，学校应当促进多元文化、多元信仰和多样性的发展。

争论问题：美国的公共教育应该有意地传播一种特定的文化核心吗？

正方观点：	反方观点：
1. 美国的领导者如诺亚·韦伯斯特坚持认为，学校的主要目的是传播能够构建美国同一性的文化价值核心，包括各种思想、知识、政治进程以及在此之上建立的美国价值观。	1. 从美国历史的最早时期起，这个国家一直都存在着不同的多元文化。没有一种大一统的文化能将美国人与其他国家的人区分开来。
2. 美国是一个移民国家，更需要共同的核心文化将不同群体统一起来。贺拉斯·曼意识到了这一点，而这一点在今天更加重要。如果没有一个共同的文化将不同的人群和文化统一起来，我们的社会就面临分崩离析的危险。	2. 美国社会发展的力量来自于美国人民富于创造性的多样化，而不是来自于让所有人千篇一律的所谓统一的核心文化。我们能够发现真正的统一其实存在于我们对多样性的欣赏，以及我们对每个群体对美国作出的贡献的尊敬。
3. 学校能将不同的人聚集在一起，因此能创造一种由大家共同分享的信仰和价值观构成的文化。	3. 如果学校试图将单一模式的文化价值观强加于学生身上，就会将那些来自其他文化背景的学生边缘化。相反，学校应当鼓励学生去欣赏不同群体为美国社会作出的贡献。
4. 由于日益激烈的全球经济竞争，美国公民能共享某种共同的奋斗目标是非常重要的。学校应当传播美国文化中独特的价值观和观念，以此促进人们形成共同的目标。	4. 在当今这个全球化的时代，同时也是遭受国际恐怖主义威胁的时代，美国需要的是对外国文化更深层次的了解和欣赏。学校应当重视多元文化和国际化发展，而不能仅局限于严格定义的美国主义。

三、本杰明·拉什：与教会关联的学校

宗教和科学

本杰明·拉什(Benjamin Rush，1745—1813)是共和国初期杰出的医生和医学教育家，他并不赞同杰弗逊将教会与国家分离的原则，他认为科学、宗教、共和政府之间并不存在冲突，他希望圣经和基督教基本原理能成为中小学和大学的课程内容，他还预见了当今的"智能设计"(intelligent design)理论，相信科学是对上帝创造自然次序完美设计的揭示[1]。与杰弗逊不同，拉什认为，政府为与教会关联的学校提供资助，不会威胁宗教信仰自由和研究自由。

拉什提出了一个综合的州立学校和学院制度计划，由私人利益集团和公共利益集团联合办学。私人的公民团体，尤其是教会的成员，可以为学校募集资金，然后也能从州政府获得特许，获得公共资金。拉什非常重视国家的基督教根基，他希望学校接受教派的控制，提供以宗教信仰为基础的教育。

他还是坚定的女性教育支持者，他反对那些认为女性在智力上劣于男性，不需要接受太多教育的性别偏见，他坚持认为女性拥有与男性相同的智力，因此他建议为女性建立一个包含文实学校和学院的教育体系。

四、韦伯斯特：共和国的校长

通过语言学习美国文化

诺亚·韦伯斯特(Noah Webster，1758—1843)是美国著名的教育家和词典编撰者，也是美国建国初期首屈一指的文化民族主义者之一[2]。韦伯斯特希望美国在其"语言和政府体制"上都要保持文化上的独立。他相信学习共同的语言和文学就能帮助学生们建立民族认同感，所以他致力于创建有自己独特的习语、发音和文体的美式英语。

韦伯斯特对"美国化"的影响

韦伯斯特坚信教科书对教与学有强大的影响力，所以他编撰了拼读课本，这些课本十分重视展示美国民族认同和成就的内容[3]。1828 年，他在进行了多年的深入研

---

〔1〕 海曼·库瑞兹："本杰明·拉什的共和教育理论"，《教育史季刊》(1967 年冬季刊)，pp. 435—36。

〔2〕 哈罗·吉艾斯：《诺亚·韦伯斯特：一位美国爱国者的生活和时代》(纽约：约翰·威利集团及子公司，1998)。

〔3〕 有关韦伯斯特的简介、大事年表，以及他的《生为美国人》的节选，参阅墨菲：《教育史和教育哲学：教育先驱的声音》，pp. 242—248。

究后出版了《美国英语字典》。

诺亚·韦伯斯特被人们尊称为“共和国的校长”，他竭力呼吁建立统一的、个性化的美国文化身份，并形成自己独特的民族语言。多年来，美国的公立学校不断向移民子弟灌输这种独特的美国文化，成功地将他们“美国化”。然而今天，为了纠正美国过分狭隘的文化民族主义，美国教育开始倡导多元文化教育和双语教育，承认美国文化的多样性。

焦点问题回顾：请再次思考本章开头列出的焦点问题，将自己置身美国教育历史中，思考富兰克林、杰弗逊、拉什和韦伯斯特利用教育建立独特的美国文化身份而付出的努力，他们成功了吗？在你所接受的教育中，是否体验过为建立美国的民族认同感而作出的努力？在你反思教育目的时，请注意美国建国初期的政治和社会变化如何改变了从殖民地时期遗留下来的教育目的？

第三节　公共学校教育运动

星期日学校

早在19世纪大量兴建公立学校之前，人们就多次尝试建立私人的无偿学校作为由税收支持开办的学校的替代物，其中包括星期日学校和导生制学校。在那个时期，美国东北部正在不断工业化，大量儿童到工厂里工作。一些热心慈善的个人和组织就在纽约、费城这样的大城市建立了星期日学校，这种学校只在周日开放，因为周日工厂停工，在工厂工作的孩子们就可以到星期日学校学习。星期日学校只提供最基本的教育，包括读、写、算和宗教的教学。

学生担当助理教师

导生教学法（monitorial method），顾名思义，就是导师对年纪较长、经验较丰富的学生进行培训，然后让学生担任助理教师，帮助导师进行课堂教学、点名、维持纪律等工作。例如，导师先培训“导生”（monitor）某一特定技能，如个位数的加法，然后这些“导生”就可以把这个技能教给那些年龄更小、更缺乏经验的学生。由于这种方法可以向尽可能多的学生传授基础技能，因此那些希望以很小的代价建立大规模学校体系的私人慈善家们纷纷资助这种导生制学校。

导生制学校的兴衰

和星期日学校一样，导生制学校在美国东部的大城市中非常普遍，例如，大约有60多万儿童在纽约"免费学校协会"创办的导生制学校中学习[1]。直到19世纪40年代，由于人们意识到这种教育的不足，"共同学校"逐步取代了导生制学校。

一、共同学校

共同学校的发展

19世纪上半叶的"共同学校运动"对美国教育具有重要的意义，因为它创立了由政府控制和拨款的初等教育。共同学校（common school）是今天的公立小学的前身，提供基础的阅读、写作、拼写和算术课程，后来又增加了历史、地理、卫生保健、唱歌等课程。之所以被称为"共同"学校，是因为这种学校对所有的儿童开放，无论他来自何种社会和经济阶层。但从历史事实的角度来说，当时美国南部黑人奴隶的孩子是被排除在共同学校之外的，这种状况一直维持到南北内战结束以及美国宪法《第十三修正案》彻底废除了奴隶制之后才结束。

地区间的差别

由于具有地方控制学校的传统以及美国宪法《第十修正案》把教育权保留给各州所有，美国与法国、日本不同，并没有建立一个全国性的学校制度，因此各个州，甚至州内部不同地区的共同学校办学模式也千差万别，尤其是在西部边疆地区，这里有很多小型的学区，每个学区对学校办学提供的资源和资助也大不相同。由于种种历史原因，至今美国公立学校的资金来源还存在巨大的差异。

1820—1850年间，共同学校运动获得了巨大发展。隶属新英格兰地区的马萨诸塞州和康涅狄格州，因为一直以来有着兴办市镇学校和社区学校的传统，最先创立了共同学校。1826年，马萨诸塞州要求每个市镇要选举产生一个学校委员会，负责该地区管辖范围内所有的学校。十年后的1836年，马萨诸塞州成立了第一个州教育委员会。随后康涅狄格州效仿了邻居马萨诸塞州的做法，其他的北方各州也大多采纳了新英格兰共同学校的模式。随着美国的边境不断向西推移，不断有新的州获准加入联邦，这些新建的州也建立了共同学校或公共初等学校系统。然而在美国南方，除了少数几个州如北卡罗来纳州外，共同学校直到南北战争结束后的"重建时期"（1865—1876）才普遍建立起来。

---

[1] 威廉·R.约翰逊："唱诗班的吟唱：19世纪巴尔的摩小学校内学生的齐声诵读"，《教育史季刊》（1994年春季刊），pp. 1—12。

组建共同学校的立法三阶段

美国各州议会建立共同学校的典型过程如下：

■ 第一阶段，在获得当地选民同意的条件下，允许居民组建地方学区；

■ 第二阶段，州议会谨慎鼓励而不是强迫建立学区、选举产生地方教育委员会、征收教育税为学校提供资金；

■ 第三阶段，州议会规定必须建立共同学校，强制建立学区、选举教育委员会，提高税收资助学校。

共同学校为美国公共学校教育系统的建立奠定了基础。19 世纪后期，随着中学把小学与州立学院和大学连接起来，美国的**教育阶梯**（educational ladder）才得以完成。贺拉斯·曼是最负盛名的共同学校运动领导人。

二、贺拉斯·曼：为建立公立学校而斗争

马萨诸塞州议会于 1837 年成立了州教育委员会，任命贺拉斯·曼（Horace Mann，1796—1859）这位杰出的辉格党政治领导人和坚定不移的共同学校支持者出任州教育委员会主任[1]。他在每年的教育《年度报告》中阐述了自己的教育哲学观和对各种教育问题的看法。此外，他还利用自己是《共同学校杂志》编辑的身份，努力获得全国公众对公立学校的支持[2]（贺拉斯·曼的任命和其他美国教育事件，参阅概述 5.1）。

赢得人们对共同学校的支持

贺拉斯·曼利用他的政治敏锐鼓动人们支持公共教育，并建立了一个为实现公共教育而成立的政治联盟。他说服纳税人，让他们明白支持公共教育事业事实上是对自己有利的。贺拉斯·曼还将加尔文的"管家理论"（stewardship theory）运用于他的共同学校运动中，他认为富裕的人就是社会的管家，对提供公共教育负有特殊的责任。他告诉那些商人们，兴办以税收为支撑的公共教育就是为马萨诸塞州的经济增长投资。共同学校可以培训出勤劳的工人，让他们成为遵纪守法、努力勤劳工作、有责任心的公民。同时，贺拉斯·曼让工人和农民们相信，共同学校是一个重要的社会平衡器，能为他们的孩子提供必需的技能和知识，从而能够爬上更高的经济阶层。

---

〔1〕 贺拉斯·曼的权威传记是由乔纳森·梅思里撰写的《贺拉斯·曼传》（纽约：诺夫出版社，1972）。再版的有关贺拉斯·曼的著作有 B. A. 欣斯代尔：《贺拉斯·曼和美国共同学校的复兴》（凯辛格出版社，2007）；马修·黑尔·史密斯、威廉·B. 福尔、贺拉斯·曼：《共同学校中的圣经、棍棒和宗教》（凯辛格出版社，2008）；乔伊·埃尔默·摩根：《贺拉斯·曼的观点和理想》（凯辛格出版社，2008）。

〔2〕 有关贺拉斯·曼的简介、大事年表，以及他的《第 12 号报告》的节选，参阅墨菲：《教育史和教育哲学：教育先驱的声音》，pp. 259—265。

公立学校与民主社会

贺拉斯·曼在杰弗逊公民教育理论的基础上，进一步强调公共教育是建立民主社会的必由之路。公民作为选民、陪审团成员、选举产生的公务员，必须有一定的文化水平，才能作出智慧而负责任的决断。杰弗逊追求的是为那些有学术天赋的年轻人提供更多的教育机会，而贺拉斯·曼则希望为所有人提供更平等的入学机会。虽然贺拉斯·曼认为共同学校应当使阶级差异最小化，但他是一位真正的辉格党人，他还是相信经济和政治体制应当由上层社会来控制。和韦伯斯特一样，贺拉斯·曼支持"美国化"政策，认为共同学校制度应该为美国这个移民国家提供一种统一的共同文化。

教育税

贺拉斯·曼为公立学校建立了一套总的哲学思想，他认为公立学校应当：(1) 以州为单位组建公立学校系统，以地方和州税收作为其资金来源；(2) 由通过选举产生的地方教育委员会直接管理；(3) 由受过培训的教师担任教职；(4) 不受教会的控制。

三、师范学校和女性教育

共同学校运动不仅为美国大多数的儿童提供了公共支持的小学教育，它还产生了两个相辅相成的重要结果：(1) 建立了**师范学校**(normal schools)，确定了教师职前培养的模式；(2) 小学的教学工作成为女性的一个重要职业途径。

师范学校的兴起

师范学校这个名称源自法语"*école Normale*"一词，也是以法国的"*école Normale*"为样板的。师范学校是两年制的办学机构，主要课程有教育史、教育哲学、教学方法，同时为未来教师提供示范教学和教学实践。当今的教师职前培养方案中通常都开设以下几个方面的课程，包括文化和心理学基础、教学方法、教育技术以及在他人指导下进行的实习体验和教学实践等，这些都是在师范学校培养方案的影响下形成的。到19世纪末，很多师范学校被重组成为四年制的教师教育学院[1]。

增加女性就业机会

大量兴建的共同学校需要大量受过培训的教师，因此很多女性被吸纳成为教师，进入了不断扩展的初等学校系统。师范学校在培养女性成为教师的同时，也打开了在此之前一直对女性紧闭的通往高等教育的大门。尽管工资很低，工作条件苛刻，教学工作仍然带给了中产阶级女性一个家庭以外的职业。在南北内战前，乡村教师大多是

〔1〕 大卫·安格斯：《专业化和公共利益：教师资格认证简史》(托马斯·福特汉姆基金会，2001)；詹姆斯·W. 弗雷泽：《美国教师培养的历史》(纽约：师范学院出版社，2007)，pp. 27—40，43—58。

男性，然而到1900年，71%的乡村教师由女性担任。

四、凯瑟琳·比彻：培养女性教师

改革与女性权利

19世纪，很多女权主义领导人如伊丽莎白·凯迪·斯坦顿、艾玛·威拉德和苏珊·安东尼(Elizabeth Cady Stanton, Emma Willard, and Susan B. Anthony)等为争取女性的教育和政治平等权利而大声疾呼，其中最杰出的是凯瑟琳·比彻(Catharine Beecher，1800—1878)。她是一名教师教育者，致力于将共同学校与女性的教育联系起来[1]。1823—1831年间，她创办并管理了位于康涅狄格州哈特福德(Hartford)的"哈特福德女子学院"，随后，她又创办了"西部女子学院"，这所学院成为后来政府批准兴办的教师教育学院系统的楷模。

女性的重要角色

在当时女性接受高等教育和获取工作职位的机会受到严格限制的情况下，比彻认为，从事教学工作为受过教育的女性开辟了一条能为社会作出贡献的职业道路。尤为重要的是，教学工作让女性能够经济独立，同时为她们提供机会为塑造下一代的道德品质作出自己的贡献。

比彻将小学的教学工作看做女性应当承担的职业，为小学教学工作的女性化作出了贡献。她倡议建立女子学院，为女性提供高等教育，为不断成长壮大的公立学校系统培养教职人员[2]。她认为，尚未开化的西部边疆还需要九万名教师到那里去传播文明的火种[3]。比彻和其他女性教育者如艾玛·威拉德、悉帕·格兰特、玛丽·莱昂(Zilpah Grant, and Mary Lyon)一起形成了一个女性教育家网络组织，共同培养女性从事教学工作。

作为教师教育者，比彻对如何进行教师职前培养和课堂实践具有非常清晰的观点。她认为在学生进行职前培训时，应当学习新教的基督教道德准则，讨论女性教师应当承担的教化民众的使命，同时还应当仔细观察经验丰富的教师使用的教学方法[4]。在教学实践中，女教师需要利用她们天生的对孩子的直觉洞察力这种"敏感"来管理课堂，她们要教授那些能促进学生读写能力发展和礼貌行为养成的共同课程，同时要成为学生的道德模范和良师益友。

---

〔1〕凯斯琳·斯克拉、凯瑟琳·比彻:《美国家庭生活的研究》(纽约:W. W. 诺顿出版社，1976)，p. xiv;还可参阅芭芭拉·A. 怀特:《比彻姐妹》(纽黑文、伦敦:耶鲁大学出版社，2003)。

〔2〕凯瑟琳·比彻:《论女性教师的教育》(纽约:范诺丝丹、德怀特公司，1835)，pp. 14—18。

〔3〕凯瑟琳·比彻:《论女性教师的教育》，p. 19。

〔4〕爱伦·C. 杜波伊斯、林恩·杜梅尼尔:《透过女性的眼睛看美国历史及文献》(波士顿:贝德福德/圣马丁公司，2005)，pp. 139—141。

五、单班学校

小型学区的直接民主

地方学区里通常只有一所单班学校，但也体现着一种直接的民主，由选举产生的地方教育委员会负责设定教育税的税率，聘请教师，并对教师的工作实施监督[1]。在20世纪早期，很多小型学区被合并成较大的学区，在“公共教育的行政与管理”一章中将对此有进一步描述。

当时教师的资格认证非常简单，但相当混乱。每个地方教育委员会都能给自己的教师颁发教师资格证书，但其他学区通常拒绝承认这个证书的有效性。如今，各个州都有了更统一的州教师资格证书以及全国教师教育认证委员会(NCATE)的认证，这也是教师职业更加专业化的一个步骤。

典型的校舍

在西部边疆地区，木质的单班学校通常是第一栋社区建筑。直到19世纪70年

图中是一所单班学校，单班学校体现了学校管理中的一种直接民主形式：由选举产生的地方教育委员会设定教育税率，聘请教师并对其工作进行监督。这种小规模的农村学校同时也是当地社区的文化中心。

〔1〕 展示单班学校的一个网络资源是中密歇根大学克拉克历史图书馆网站上的《单班学校：密歇根的教育遗产》，网址：www.lib.cmich.edu/clarke/schoolsintro.htm。

代，漆成红色或白色的木框架校舍，才替代了以前原木结构的校舍。这些改进后的建筑可以使用烧木头的炉子来取暖，还拥有了石质的黑板和盥洗室，教师的桌子放在教室前面抬高的平台上，很多教室里都摆放着双人课桌，可以同时坐两名学生。因此，所有的课桌都不能移动，排列成整齐的行，一张桌子在另一张的后面[1]。后来，这些双人课桌大多被那种桌子和后面的椅子相连的单人课桌椅替代。

基本课程

学生的年龄从 5 岁到 17 岁不等，学习的基本课程包括读、写、语法、拼写、算术、历史、地理、音乐、绘画和卫生保健。大多数教师用背诵的方法教学，让每个学生站起来背诵布置他们记忆的课文。19 世纪后期，师范学校毕业的教师大多使用了裴斯泰洛齐和赫尔巴特的教学法，尤其是同步小组教学法来改善教学质量。学校很重视守时、诚实以及认真努力的价值观。在这种乡村单班学校任教的教师应当既是纪律严明的管理者，又是认真负责的教师，还得是“看门人、记录员和学校行政管理人员”[2]。

六、麦加菲读本

畅销 1.2 亿本

公立初等学校和教师教育项目的发展激发了对教科书的需求。为适应这种需求，威廉·H. 麦加菲(William Holmes McGuffey，1800—1873)这位牧师、教授和一所学院的院长，撰写了被广泛使用并深受欢迎的《麦加菲读本》(*McGuffey Readers*)。在 1836 年至 1920 年间，《麦加菲读本》的销量达到 1.2 亿本之多[3]。

爱国主义和道德价值观

在他的《麦加菲读本》中，白人中产阶级和美国新教徒的价值观得到重申，这套读本还非常重视人的基本读写能力，以及刻苦努力、勤劳、守时、爱国和文明礼貌等基本品质。这套读本很重视体现爱国主义和英雄主义，选择的阅读文章包括帕特里克·亨利、丹尼尔·韦伯斯特以及乔治·华盛顿(Patrick Henry, Daniel Webster, and George Washington)的演讲。

---

〔1〕 韦恩·E. 富勒:《美国中西部地区单班学校的历史(插图本)》:(罗伦斯:堪萨斯大学出版社，1994)，pp. 7—19，18—27，30—40。

〔2〕 同上，p. 61。

〔3〕 詹姆斯·M. 娄尔，“威廉·霍尔姆斯·麦加菲:一本书，还是一个人，或更多?”《学者履历》(1984 年秋季刊)，pp. 311—320；哈维·C. 明尼克:《威廉·霍尔姆斯·麦加菲和他的读本》(蒙大拿州怀特菲什:凯辛格出版社，2008 年)；《麦加菲读本》的重印本可参阅威廉·霍尔姆斯·麦加菲:《麦加菲读本》(第 5 版)(西弗吉尼亚州查尔斯顿:比布里欧来福出版社，2008)。

焦点问题回顾:请再次思考本章开头列出的焦点问题,将自己置身于美国教育历史中,思考贺拉斯·曼和比彻为建立共同学校所作出的努力,并期望共同学校帮助形成一种大众共有的美国社会感,你认为他们的努力成功了吗?你是否经历过利用学校创造大众共享的美国文化这样的做法?请思考共同学校的建立如何改变了美国的教育目的?请重点思考小学的教育目的与教师教育目的之间如何产生了相互的内在联系。

第四节　美国中等学校的发展

教育阶梯的完成

随着公立初等学校的建设,美国教育阶梯的最低一级台阶已经成型,而最高一级台阶则是由各州建立的州立大学充当。但是,这个教育阶梯最两端的台阶之间还缺乏必要的中间连接。在本节中,我们将一起探讨公立中学如何使美国的教育阶梯变得完整。

一、文实学校:中学的前身

文实学校取代文法学校

本杰明·富兰克林首创的文实学校替代了美国殖民地时期的拉丁文法学校,成为19世纪上半叶主要的中等教育模式。到1855年底,美国6000多所文实学校的注册学生数达到26.3万人。文实学校与只招收准备进入大学学习的男性学生的拉丁文法学校大不相同,它既有单一性别的学校,也有男女合校,不仅提供大学入学的准备课程,还提供范围很广的其他课程。

更广泛的课程和学生群体

文实学校的培养方案主要有以下三种模式:(1) 传统的大学入学准备课程,以拉丁语和希腊语为重;(2) 以英语为主的培养方案,为那些计划在完成中学教育后就结束正规教育的学生提供普通课程;(3) 师范类课程,为小学培养教师。还有一些男性学生进入军事学院如南卡罗来纳州的要塞军事学院学习。

女子文实学校

有一部分文实学校主要用于教育年轻女子。例如,1821年,艾玛·威拉德这位女权运动的领导者,在纽约特洛伊新建了一所女子学院。女子文实学校不仅包括家政学课程,还有古典语言和现代语言、科学、数学、艺术、音乐以及师范教育课程。尽管那时大多数的文实学校是私立的,但有少部分是半公立的,因为它们的部分资金由城市或州政府提供。文实学校一直是很普遍的中等学校形式,直至19世纪70年代,公立中学开始逐渐取代了文实学校。但私立的文实学校至今依然存在,为少部分人提供中等教育。

二、中学

为公立中学征税

尽管19世纪初期,已经有了数量很少的一些**中学**(high school),如波士顿英语古典学校,但中学成为中等教育的主要力量却是在1860年之后。19世纪70年代,法院在审理一系列案件之后(尤其是1874年密歇根州的卡拉马祖案件)作出规定,学区可以征收税款用于新建和维持公立中学[1]。到1890年,公立中学的注册学生数比私立文实学校的注册学生数多了两倍[2]。

强制入学

19世纪末期和20世纪初期,各州通过了义务教育法,规定一定年龄范围内的学生必须上学,但学生也可以到获得批准的非公立学校上学,各州对所有学校设置了最低的办学标准。

进步主义者支持义务教育的立法,在他们的积极努力下,各项保护童工的法律得以制定,如1916年颁布的《童工法》(the Keating-Owen Child Labor Act),禁止雇佣儿童和青少年,这样他们就能上学而不是成为劳力。进步主义者们认为,中学能将青少年塑造成进步主义者认为优秀的美国人,并把这看成是社会控制的一个重要因素。强制入学曾遭到一些移民父母的反对,他们害怕这是销蚀他们孩子身上的种族遗传根基的一种策略,而对农民们来说,他们需要孩子们到农场工作,所以也反对强制入学[3]。

城市化和中学

19世纪末和20世纪初,几种重大的社会经济和教育发展潮流汇聚在一起,形成了非常有利于创建中学的气候。这一时期,美国从一个农业和农村社会向工业化、城市化的国家转变。例如,纽约市的人口在1860—1910年间增加了四倍。到1930年,

---

〔1〕 参见斯图亚特诉卡拉马祖村第一学区案,密歇根州第30卷第69页(1874)。

〔2〕 L.迪恩·韦伯:《美国教育史:一次伟大的美国实验》(新泽西州上部马鞍河:培生/梅林/普伦蒂斯·霍尔出版公司,2006),pp.173—183。

〔3〕 迈克尔·麦吉尔:《强烈的不满:美国进步主义运动的兴衰,1870—1920》(纽约:自由出版社,2003),pp.109—111。

超过25%的美国人居住在纽约、芝加哥、费城、波士顿、底特律、洛杉矶和克利夫兰这七大城市地区。因此,中学的发展也是为了满足城市化和工业化社会对更专业化的体力劳动职业、脑力劳动职业和服务业人才的需求[1]。在社会经济大变革的同时,青少年心理学也取得了重要发展。例如,G. 斯坦利·霍尔(G. Stanley Hall)就曾提出,青少年在他们发展的关键时期最好接受中学教育。

重塑中学课程

课程标准化的努力

为了重新制定中学课程,教育家们对中学的教育目的开始了新的争论。尽管教授人文学科和科学的大学教授把中学看做是大学的预备学校,但是那些热衷职业教育的教育工作者却希望中学能培养青少年的实用技能,为将来工作作好准备。在一些大城市,中学又被称为"人民的学院",在提供人文学科和科学课程的同时,也提供与工作相关的各种培训课程[2]。1892年,全国教育协会(NEA)成立了一个**十人委员会**(Committee of Ten),哈佛大学校长查尔斯·埃利奥特(Charles Eliot)担任委员会主席,对中学的使命和目的进行了重新定义。该委员会提出了两个重要的建议:(1) 应当对所有学生提供相同的科目,不论是准备上大学的学生还是中学毕业就结束正规教育的学生;(2) 初级教育学制为八年,中等教育为四年[3]。中学课程可按学生使用的语言分为四组:古典学科组、拉丁语-科学组、现代语言组和英语组。但实际上,这些建议反映了委员会将中学视为大学的预备阶段的观点,因为每一组课程都包括外语、数学、科学、英语和历史。

不断增加的多样性

至1918年,所有州都实行了义务教育法,其中30个州要求16岁以下的学生必须全天上学[4]。不断增加的入学率使得中学的学生代表了总的青少年群体,而且比过去学生主要来自上层或中上社会阶层时呈现出更多的文化多样性。

全国教育协会的**中等教育改组委员会**(Commission on the Reorganization of Secondary Education)在其《中等教育的基本原则》(1918)的报告中,对中学的学生人数因社会经济结构的变化而产生的变化作出了回应。委员会将中学重新定义为一个综合的办学机构,承担为国家多元化的社会文化和经济总体服务的职责。委员会建议提供

---

〔1〕 威廉·J. 里斯:《美国中学的起源》(康涅狄格州纽黑文:耶鲁大学出版社,1995);尤根·赫尔波斯特:《过去和未来的学校:美国中等教育三百年》(纽约:劳特利奇书局,1996)。

〔2〕 赫尔波斯特:《过去和未来的学校》,pp. 95—106。

〔3〕 全国教育协会:《十人委员会中等学校研究报告》(华盛顿特区:美国政府印刷局,1893)。

〔4〕 L. 迪恩·韦伯:《美国教育史:一次伟大的美国实验》,p. 176。

不同的课程以满足农、商、工、家庭以及大学升学准备的需求，同时要维持学校课程综合融汇的社会特征[1]。委员会的建议反映了在"教育先驱"一章中讨论过的斯宾塞的课程观。

三、中等学校的组织结构

不同学生接受不同课程安排

20 世纪 20 年代，中学明显存在四类各自独立的课程体系：(1) 大学入学准备课程，包括英语语言文学、外语、数学、自然科学和物理科学、历史和社会学科；(2) 商业或贸易课程，包括簿记、速记、打字等；(3) 工业、职业、家政、农业学科课程；(4) 普通学业课程，为完成正规教育就毕业的学生开设。

连续的四年学制

尽管各有不同，但典型的中学模式都是沿用四年学制，由 9—12 年级构成，学生年龄从 14 岁到 18 岁。其他采用不同学制的模式包括一些经过重组的六年制学校，学生在结束六年的小学学习后在这里进行六年的包括初级中学和高级中学的学习，其中初级中学三年，由 7—9 年级构成；高级中学三年，由 10—12 年级构成。

初级中学

20 世纪二三十年代，教育家们设计了**初级中学**(junior high school)，把它作为小学和中学之间的过渡，从而满足青少年早期发展的需要。初级中学有两种模式，一种是两年制，包含 7、8 年级，一种是三年制，增加了一个 9 年级。初级中学的课程是小学课程的延伸，同时也包含了一些职业和商务的课程。至 1920 年底，美国共有 883 所初级中学。到 20 世纪 40 年代，一半以上的青少年上了初级中学[2]。

中间学校

20 世纪 60 年代，**中间学校**(middle school)成为小学到中学之间的另一种过渡形式，通常中间学校由 6—8 年级构成(学生年龄从 11—13 岁)，这样的年龄划分更符合儿童从少年期到青春期的过渡期。因此，中间学校的培养计划更注重学生青春期前的发展和需求[3]。中间学校的校舍通常都采用了新的建筑设计，它的特色是拥有学习

---

〔1〕 中等教育改组委员会:《中等教育的基本原则》，第 35 号公报(华盛顿特区:美国政府印刷局，1918)。

〔2〕 道格拉斯·马克拉娃、艾伦·鲁比:"中间学校"，詹姆斯·W. 格思里(编辑)《教育百科全书》(第 2 版)卷 5(纽约:麦克米伦公司/汤姆森盖尔学习出版公司，2003)，p. 1630。

〔3〕 有关对中间学校教育的讨论，请参阅托马斯·狄更生(编辑):《中间学校的革新》(纽约:劳特利奇农庄书局，2001)。

中心、语音实验室和艺术中心。中间学校的数量快速增加，很快从 1971 年的 1434 所增加至 2000 年的 9750 所，[1]尽管大多数学区至今都采用了中间学校模式，但有些学区还保留了初级中学的模式[2]。

四、教育技术的发展

早期的教育技术

20 世纪中期以来，美国学校将各种教育技术普遍运用于课堂教学中，因此学习使用课堂教学所需的技术也成为职前教师教育培养方案中一个重要的组成部分。许多州的教师资格认证方案中就明确规定教师要具备使用教育技术的能力，这也成为专业教师资格审定的一个标准。

收音机和电影片是 20 世纪 30 年代最先被引进学校的教育技术，尽管在那时，这些创新技术往往是对教学内容的补充，并未与课程相融合，但还是为教学注入了生动的声音和视觉元素。亚历山德拉·斯托达德（Alexander J. Stoddard）于 1957 年率先发起了一项在学校中使用电视的全国计划，同时美国“中西部空中电视教学节目”于 1961 年开始对学校播放教学课程[3]。除了教育电视的运用，其他的教育技术如程序学习、计算机辅助教学、教育录像等也纷纷在 20 世纪 70 年代初期开始出现在学校里。今天，很多中学都有自己的电视台和电视频道，闭路电视也经常被用来增强教师的职前教育，为实习教师的教学实践提供实时的评价。

计算机

20 世纪 90 年代是计算机大规模发展的年代，同时各种依托计算机的教育技术也纷纷被用于教学之中。电子数据存储、互联网以及计算机辅助教学标志着教育中的技术革命[4]。1990 年，蒂姆·伯纳斯-李和罗伯特·卡里奥（Tim Berners-Lee and Robert Cailliau）一起发明了“万维网”（World Wide Web）协议，创造了一种快速传播和获取信息的电子方式。1993 年，另一项重要的技术进步出现了，马克·安德森和埃里克·比纳（Marc Andresen and Eric Bina）研制出第一款能够在同一个窗口中整合显

---

〔1〕 马克拉娃、鲁比：“中间学校”，p. 1630。

〔2〕 有关中间学校教育的发展，请参阅安东尼·W. 杰克逊、盖尔·A. 戴维斯：《2000 年转折点：21 世纪青少年的教育》（纽约：师范学院出版社，2000）。有关中间学校发展趋势的内容，请参阅杰里·W. 瓦伦丁，“美国中间水平各年级的组织动态”，可在以下网址中查阅 www. mlle. org/docs/USMl。

〔3〕 杰拉尔德·L. 古泰克：《美国教育的历史导论》（伊利诺伊州展望高地：威乌兰德出版社，1991），pp. 206—207。

〔4〕 有关从历史视角看待技术在学校中的运用的内容，参阅迈克尔·E. 霍巴特、扎克利·S. 谢夫曼：《信息时代：读写能力、计算能力和计算机革命》（马里兰州巴尔的摩：约翰·霍普金斯大学出版社，1998）。

示文本文字和图像的网络浏览器软件“马赛克”(Mosaic)[1]。此后，各州和地方的学区大量增加了教室中计算机的数量，改善了互联网的接入，并为学校提供了更多的技术支持。1996年，由于认识到美国正处于一场技术革命的中心，美国教育部颁布了一项国家计划《为美国学生进入21世纪作好准备：迎接技术教育的挑战》，在这份计划中，教育部制定了如下目标：

- 让所有的学生和教师都能在教室、学校、社区以及家中使用信息技术；
- 所有的教师都将有效地运用技术进行教学；
- 所有的学生都要具备信息技术方面的知识与技能；
- 开展更多研究和评估来促进技术的教学；
- 通过数字化的内容和网络的应用改革教与学[2]。

如今，在教师的专业发展过程中，教育技术的使用已经占据重要的地位，不论是职前还是在职的教师教育培养方案中都包含了教育技术使用的学习。

第五节 美国的学院和大学

殖民地时期的学院

早在17世纪殖民地刚刚建立之初，北美洲就出现了学院，新教各教派建立了隶属于教会或由教会控制的教育机构。因为相信新大陆急需受过良好教育的牧师来传播基督教教义，马萨诸塞州地方议会于1636年特许成立了哈佛学院。至1754年，耶鲁学院、威廉玛丽学院、普林斯顿学院和国王学院(即后来的哥伦比亚大学)相继成立，它们都是隶属教会的高等教育机构。其他在殖民地时期成立的学院还有宾夕法尼亚大学、达特茅斯学院、布朗学院和罗格斯大学。殖民地时期学院的主要课程包括：第一年学习拉丁语、希腊语、希伯来语、修辞学和逻辑学；第二年学习希腊语、希伯来语、逻辑学和自然哲学；第三年学习自然哲学、形而上学和伦理学；第四年学习数学、复习希腊语、拉丁语、逻辑学和自然哲学[3]。

成为现代州立大学典范的是弗吉尼亚大学，它是由托马斯·杰弗逊设计创办的学校，学校的宗旨是培养具有“无限自由心灵的人……无论真理在何方都要执着追寻”[4]。弗吉尼亚大学于1825年成立后，其他各州纷纷效仿，也相继成立了许多学院和大学。除了州立学院和州立大学外，教会继续兴办各种人文学院，尤其是在那些刚

---

〔1〕 http://www.boutell.com.

〔2〕 参见 www.ed.gov/Technology/clearing/index.html(2001年3月27日)。

〔3〕 约翰·R.特林:《美国高等教育史》(巴尔的摩:约翰·霍普金斯大学出版社,2004),pp.2—38;另参见克里斯多夫·J.卢卡斯:《美国高等教育史》(纽约:圣马丁出版社,2006)。

〔4〕 小诺贝尔·E.康宁汉:《理性的追求:托马斯·杰弗逊的一生》(纽约:巴兰坦图书,1987),pp.344—345。

刚加入联邦的州中创办人文学院。这就形成了美国州立和私立高等教育机构的两种办学模式。

《莫雷尔法案》和赠地学院

19 世纪 50 年代,传统的人文学院遭到批评,批评者们认为联邦政府应当给各州提供土地用于建立更加实用的农业学院和工程学院。为了回应这种批评,联邦政府于 1862 年颁布了《莫雷尔法案》(the Morrill Act),规定联邦政府按照各州在国会中的议员人数,拨给每位议员三万英亩的土地,各州应将赠地收入用于支持州立学院开展农业和机械(工程)方面的教育[1]。今天的**赠地学院**(Land-grant colleges)和大学通常规模都很大,包括农业教育、教师教育、工程和其他应用科学技术的教育,同时也包含人文学科和专业教育。1876 年成立的约翰·霍普金斯大学是美国高等教育的另一个重大发展,它是模仿德国大学研讨班的模式创办的美国第一所以学术研究为主的研究生院。

社区学院

现在,美国最容易入学也最普遍的高等教育机构是两年制的社区学院,很多两年制学校的前身是 19 世纪末和 20 世纪初创办的两年制初级学院。当时几位大学校长一同建议由其他的办学机构承担前两年的本科生教育,而不是由四年制的学院来承担。二战后,很多初级学院又进行重组变成社区学院,同时还新建了大量的社区学院,学院的功能也不断扩大以满足社区的教育需求。现在社区学院已经成为州一级高等教育体系中非常重要的组成部分,它对技术革新,尤其是与通讯和电子数据革命相关的各种新技术非常的敏感,能及时提供这些技术的培训课程。

《退伍军人权利法案》

美国高等教育最重要的一次发展源自国会在二战即将结束的 1944 年颁发的《服役军人重新安置法案》,这项法案更多地被称为《退伍军人权利法案》。为了促使社会调整至和平状态,帮助退伍军人重新融入和平的经济社会中,《退伍军人权利法案》规定为退伍军人提供政府资金,资助他们上大学所需的学杂费、书本费和生活费。

入学人数的增长

这项法律使大学入学人数在 1944 年到 1951 年间急剧上升,大约有 780 万退伍军

[1] 本杰明·E. 安德鲁斯:《1862 年土地拨赠法案和赠地学院》(华盛顿特区:美国政府印刷局,1918)。

人在该法案的帮助下到各个技术学校、学院和大学学习[1]。

焦点问题回顾：请再次思考本章开头列出的焦点问题，并将自己置身于美国教育的发展历史中，思考中学作为一个初等和高等教育之间的过渡桥梁，怎样完成了教育阶梯的建立。回想你自己在中学的教育经历，思考中等教育的目的是什么？你过去是否明了这些教育目的，你是否赞成这些目的？同时还请思考教育技术，尤其是计算机和电子信息技术如何改变了美国教育和教师的职前教育。在你现在接受的教师培养方案中是否体现了这些技术的革新？

第六节 文化多元社会的教育

文化多样性的历史

历史上，美国和现在一样，一直是一个民族、人种多样的国家。除了美国土著印第安人外，美国人的根都可以追溯到其他大陆，尤其是欧洲、非洲和亚洲。本节将阐述在美国居住的非洲人、拉丁美洲人、亚洲人和阿拉伯人的教育历史。

一、美国黑人

经过南北战争的洗礼、《奴隶解放宣言》的发表、南北双方的重建和《宪法第十三修正案》的颁布，美国的奴隶制度最终被彻底废除。奴隶的解放也给美国南部那些获得自由的黑人及他们子女的教育带来了挑战。

自由人局

1865年，国会成立了"自由人局"(Freedmen's Bureau)，旨在为重建时期南方的美国黑人(African Americans)提供经济和教育上的援助。在奥利佛·霍华德(O. O. Howard)将军的领导下，自由人局建立学校，至1869年，入学的美国黑人学生达到11.4万人。"自由人局"办的学校沿用新英格兰共同学校的课程体系，主要提供读、写、语法、地理、算术、音乐，尤其是唱歌等课程，很多学校一直到1872年自由人局被取消才停止办学[2]。

教学受陈旧思想限制

尽管自由人局专门培养了一部分美国黑人教师，但是南方的大多数学校还是任用

[1] 杰拉尔德·L.古泰克：《美国教育(1945—2000)：历史和评说》(伊利诺伊州展望高地：威乌兰德出版社，2000)，pp. 9—14。

[2] 保罗·A.西姆巴拉、汉斯·L.雀福溪：《自由人局：南北战争后美国南部的重建》(克里格出版公司，2005)。

来自北方的白人作为学校教师，他们带来了自己的教育哲学和教学方法。虽然大多数白人教师都很友善，但很多教师还是暗藏着对美国黑人学生的陈旧偏见，认为他们只需要接受有限的基础教育。一些教育家，如布克·华盛顿的导师塞缪尔·查普曼·阿姆斯特朗(Samuel C. Armstrong)，非常重视工业培训和社会控制，将美国黑人牢牢地禁锢在一个次等的社会和经济地位上，他们并不鼓励美国黑人通过教育获取自我决定权[1]。

华盛顿：从奴役到自由

布克·华盛顿(Booker T. Washington，1856—1915)是南北战争之后美国黑人教育的首要代言人，正如他的自传《超越奴役》(*Up from Slavery*)中所描述的那样，华盛顿是一位生活在社会变迁时代的人物，他生而为奴，经历过重建时期的火热忙碌，以及后来与白人社会制度之间小心谨慎形成妥协的时期[2]。

通过工作提高经济地位

当布克·华盛顿还是一名汉普顿理学院(Hampton Institute)的学生时，他就接受了工业主义教育的思想，这是他的导师塞缪尔·阿姆斯特朗将军的教育哲学。阿姆斯特朗认为，美国黑人的年轻人应当接受培训，成为熟练的家仆、农民和各行各业的技术工人，而不是成为靠脑力工作的专业人才。华盛顿同意阿姆斯特朗的哲学观点，认为应当通过努力工作来获得道德和经济地位的提升。

华盛顿在塔斯克基的影响

1881年，布克·华盛顿被任命为阿拉巴马州议会在塔斯克基(Tuskegee)为美国黑人创办的一所教育机构的校长。华盛顿认为南部的美国黑人是没有土地的农民阶层，他根据这个认识设置了塔斯克基学院的课程。他希望通过学习，黑人学生们能够建立自己的经济基础，当然主要是能够在农业，或其他各种行业中找到工作。华盛顿相信哪怕是很低等的工作，也能帮助美国黑人建立一定的经济基础，然后慢慢向上攀爬。因此，塔斯克基学院重视基础学科、农业和其他职业技能的培训，强调努力工作的价值和劳动的尊严。学院鼓励学生成为小学教师、农民、技术工人，却并不鼓励学生接受高等教育，或是在法律和政治方面发展。华盛顿认为黑人接受专业教育和参与政治行动都是不成熟的，会引起黑人与在南方占统治地位的白人权力机构之间发生冲突。

---

〔1〕 罗伯特·弗朗西斯·恩格斯:《教育被剥夺了选举权和继承权的人:塞缪尔·查普曼·阿姆斯特朗和汉普顿理学院,1839—1893》(诺克斯维尔:田纳西大学出版社,1999)。

〔2〕 布克·T.华盛顿:《超越奴役》(纽约:双日出版社,1938)。

从职前到实践

连接过去与现在

艾琳·斯托佩克是大学二年级的学生，她已经登记选修了一门关于教育史的课程，这门课程将审视教育从最古老的时期到现在的整个发展过程。格瑞斯·斯坦迪什教授是这门课的讲师，她告诉学生们在第一次班级集中讨论课时他们要学习一些最重要的观点，那些观点影响了我们现在对学校和教师的看法。她说不需要把这类学习看做难以应付的或跟自己无关的学习，只要学生能在开始教育历史之旅的同时不断反思自己是如何形成有关学校和教学的观点，就会发现教育史其实很可能与你个人息息相关。她还建议学生开始创建自己的教育自传，并把撰写教育自传作为课程学习的要求。包括艾琳在内的一些学生觉得这实在是个难以完成的挑战，于是他们问了一些关于这个作业的意义和如何完成这项作业的问题。

斯坦迪什教授为了让他们放心，告诉他们她自己如何决定成为一名教育学教授的故事，她告诉他们她父母如何重视教育，她的教师如何鼓励她，而她自己当一名中学社会学科教师的经历如何让她开始教育专业研究生的学习。她还描述了一位教师如何扮演了她的导师的角色，帮助并指导她完成研究生的工作和博士论文。

艾琳现在开始对她决定接受教师教育的经历进行反思，还在大脑中设想自己如何成为一名小学教师。她仔细地回忆，发现了她是怎样及为什么会在脑海中将自己刻画成一名教师。她记得妈妈曾说起她自己的父母怎样作为难民在二战后从捷克斯洛伐克移民至美国，他们又怎样艰苦地学习英语、寻找工作、送自己的子女上学，艾琳计划让她妈妈口述自己的家庭故事和家庭历史，把这作为自己对美国教育史研究的开始。

思考问题

1. 你会问你的家庭成员关于他们教育经历的哪些问题？
2. 你家庭的教育经历对你决定成为一名教师是否有影响？
3. 你自己的教育经历怎样塑造了自己的学校观和教师观？

社会分离论

布克·华盛顿是一名充满活力，深受大众欢迎的演说者，他提出了一种种族共生理论。他认为黑人与白人在经济上相互依存不可分割，但在社会层面上是可以分离的。华盛顿于1895年在佐治亚州首府亚特兰大的棉产品展览会上向白人听众发表了著名的演说，阐述了自己的哲学观点，他认为："一个完整的社会里充满着万事万物，它们的关系就像一只手上的五根手指头一样，彼此独立但又都是手的一部分，它们相互融合，共同进步"[1]。

〔1〕 布克·T.华盛顿：《超越奴役》(纽约：双日出版社，1938)。

关于华盛顿的争议

今天看来，布克·华盛顿是历史上一位极富争议的人物。他的支持者认为，虽然他在种族问题上向白人妥协，但他一直在维护并缓慢促进美国黑人教育机会的增加；而批评者们则把他视为一个庞大的教育机器的头领，他残酷地操控着这个机器，只是为了提高他个人的地位而不是改善所有美国黑人的境况。W. E. B. 杜波依斯就是华盛顿的公开批评者之一[1]。

阿拉巴马州塔斯克基学院的学生。布克·华盛顿在这所学院里非常重视工业教育。

杜波依斯：隔离制度的挑战者

威廉·爱德华·伯格哈特·杜波依斯（W. E. B. Du Bois，1868—1963）是美国著名的社会学家、历史学家和民权运动积极分子，他对1876年重建时期结束后的19世纪后期和20世纪早期在美国南部建立起来的严格的种族隔离制度发起了猛烈攻击[2]。杜波依斯对布克·华盛顿的领导地位也发起挑战，还掀起了反对种族隔离和种族歧视的运动。

学者杜波依斯

布克·华盛顿立足的根基在南部农业经济区，而杜波依斯的职业活动范围则覆盖梅森-狄克森分界线两边（Mason-Dixon Line，也就是美国的南北分界线，译者注）。杜波依斯出生于马萨诸塞州，在纳什维尔（Nashville）的菲斯克大学（Fisk University）读书，后来到德国完成研究生学习，之后到哈佛大学获得了博士学位，随后到亚特

〔1〕 有关华盛顿和杜波依斯之间的论战，参阅杰奎琳·M. 莫尔：《布克·T. 华盛顿与W. E. B. 杜波依斯：为种族崛起而战》（特拉华州威明顿：学者资源出版社，2003），pp. 61—87。

〔2〕 有关杜波依斯的权威传记，参阅大卫·利弗霖·路易斯：《W. E. B. 杜波依斯：一个种族的传记，1868—1919》（纽约：亨利·霍尔特出版社，1973）；以及大卫·利弗霖·路易斯：《W. E. B. 杜波依斯：为平等和美国世纪而战，1919—1963》（纽约：亨利·霍尔特出版社，2000）。

兰大大学担任了“美国黑人生活状况研究所”的领导[1]。他的重要著作是《费城黑人:一项社会调查》,该著作对一个美国黑人城市社区所面临的社会、经济和教育问题进行了考察[2]。他的另一本著作《黑人的灵魂》则讲述了美国黑人如何形成了一种双重意识,一方面要展现自己的非洲根源,另一方面却表现出很多美国白人所要求的顺从[3]。

民权运动的领导者杜波依斯

1909年,杜波依斯帮助组建了“全国有色人种促进会”(NAACP),全国有色人种促进会的主要刊物是《危机》杂志,他在杂志上发表社论,提出所有美国儿童和青年,包括美国黑人,都应享有真正平等的教育机会。杜波依斯和全国有色人种促进会一直坚持反对在学校中实行种族隔离制度,他全心全意的积极行动最终帮助推翻了公立学校中的种族隔离制度(废除种族隔离将在“社会阶层、种族和学业成绩”一章中讨论)。

促进社会和教育变革

与布克·华盛顿对种族平等问题采取妥协态度不同,杜波依斯一直积极督促美国黑人组织起来,积极寻求属于自己的公民权益。杜波依斯相信美国黑人需要的是受过良好教育的领导人,尤其是各专业领域中的领导者,他提出了“黑人精英”的概念,根据这个概念,至少10%的美国黑人应当接受高等教育。杜波依斯还坚定不移地认为,一个人的职业应当由他的能力和选择来决定,而不是根据对种族的成见来决定。杜波依斯是一位有预见力的领导者,他为20世纪60年代后即将到来的美国种族关系的巨大变化搭建了舞台。

二、印第安人

传统部落教育

在欧洲殖民者踏入美洲土地前,印第安人(Native Americans)的教育基本是非正式的。儿童主要从部落群体口头流传下来的传说故事中学习,以及从父母、部落长者和部落生活的直接经验中学习各种生存技能,掌握如何扮演各种社会角色,了解自己

---

〔1〕 杜波依斯作品的一个很有用的版本,参阅小尤金·F.普洛文佐(编辑):《杜波依斯论教育》(马里兰州兰哈姆:柔曼、利特菲尔德出版社,2002)。

〔2〕 W.E.B.杜波依斯:《费城黑人:一项社会调查》(费城:宾夕法尼亚大学出版社,1998);参见迈克尔·B.卡慈、托马斯·J.萨格鲁(编辑):《W.E.B.杜波依斯,种族和城市:费城黑奴及其遗产》(费城:宾夕法尼亚大学出版社,1998)。

〔3〕 一个优秀的版本,且有一份有用的引言,参见W.E.B.杜波依斯:《黑人的灵魂》,由大卫·W.布莱特和罗伯特·古丁-威廉主编并撰写引言。(纽约:贝德福德书局,1997)。

的文化模式(参见“美国教育的世界根源”一章中关于前文字社会的教育一节)。

随着欧洲殖民者的到来,印第安人的文化和欧洲殖民者带来的文化在美洲大陆相遇。这次以相互怀疑和欧洲殖民者的暴力征服为标志的文化相遇,对这两种不同文化都产生了巨大的影响。殖民者试图在北美洲重新建立欧洲的文化,而印第安人却希望保存自己的文化,但事实上,两种文化都发生了改变[1]。

传教士的教育成就

欧洲的殖民者一直努力“教化”北美那些土生土长的印第安人,因为他们认为自己的文化优于当地人的文化。在密西西比河谷地带,法国传教士试图让当地的印第安人皈依天主教,同时让法国殖民地居民的孩子在教授法语和法国文化的学校里接受教育。

在西班牙殖民者控制的西南部地区,耶稣会和方济会的教士们试图减轻西班牙地主对印第安人的剥削,他们建立了布道所来保护当地部落,同时也控制他们,并通过布道让部落民众皈依天主教。他们建立了教会学校,教当地学生学习宗教和读写[2]。宾夕法尼亚州、俄亥俄州以及北卡罗来纳州的莫拉维弟兄会(Moravians)是夸美纽斯的宗教追随者,他们把圣经和其他一些宗教小册子翻译成印第安语,然后教当地部落的民众学习圣经等宗教内容。

塞阔雅(Sequoyah,1770—1831),切罗基族人(Cherokee),是早期的美国印第安教育家之一,他设计出切罗基族语言的字母,并将切罗基语发展成为一种书面语。

同化主义教育

19世纪,美国政府强迫大批印第安人迁往偏远的大平原和美国西南部地区位于密西西比河以西的保留地中定居。1870年后,联邦印第安事务局(BIA)在那些意图很好但实际是误导的改革者的鼓励下,再次试图通过“教化”印第安人,把他们同化到白人社会中来。这些所谓的改革者们企图彻底消除部落文化,同时通过对印第安人进行工业培训来灌输白人的价值观[3]。

寄宿制学校

1890年至20世纪30年代,印第安事务局利用**寄宿制学校**(boarding schools)来

---

〔1〕 科林·G.卡罗维:《所有人的新世界:印第安人、欧洲人以及早期美国的再造》(巴尔的摩:约翰·霍普金斯大学出版社,1997),pp.42。

〔2〕 有关教会文化的内容,参阅克里斯多夫·维克西:《神父的足迹》(印第安纳圣母城:圣母大学出版社,1996)。

〔3〕 大卫·W.亚当斯:《为了毁灭的教育:美国印第安人与寄宿制学校经历,1875—1928》(罗伦斯:堪萨斯大学出版社,1995),pp.12—24;另可参见露丝·斯派克:《美国的第二语言:美国印第安人的教育和英语的所有权,1860—1900》(林肯:内布拉斯加大学出版社,2002),p.75。

实施对印第安人的同化教育政策。寄宿制学校很重视基本课程,包括读、写、算以及职业培训,学校实行军事化管理,不允许学校中的印第安年轻人说自己的民族语言,而必须使用英语。

学生的反应

这些印第安年轻学生对此采取了各种反抗,但最终都不得不被动地接受这些规定,或是顺从了寄宿制学校的规章制度。但也有一些学生积极反抗,不断从寄宿制学校中逃走,那些妥协迁就者们期望在掌握英语的同时不丢弃自己的部落特性,[1]还有一些学生被动地接受了寄宿制学校的培养方案,把它看成是为了谋生而学习各种行业技能的方式[2]。但是很多学生为丧失自己的文化身份而痛苦,感到自己陷入介于两种不同文化之间的"梦幻之岛"(never-never land)。

当代学校教育

20 世纪 30 年代之后,寄宿制学校的概念开始慢慢淡出历史舞台,印第安人的教育经历了重大的改变。很多印第安人离开了保留地,开始到城市中心,尤其是到城市中心区生活。居住在保留地的儿童可以到几种不同的学校去上学,如印第安事务局学校、部落学校,以及其他公立或私立教育机构,而那些生活在城市里的孩子通常到公立学校上学。

1975 年,《印第安民族自决与教育援助法案》颁布,该法案替代了之前实行的民族同化政策,鼓励印第安人进行民族自决,同时该法案也鼓励和促使印第安人具有"控制自己的教育活动"的权利[3]。

与教育制度的疏远

尽管官方政府不再采取民族同化政策,但很多印第安人仍然被隔离在国家教育制度之外。与全国总人口数相比,年龄在 20 岁以下的印第安人的人口比例高于全国平均水平,但是这个群体接受学校教育的人口比例却远远低于全国受教育人口的平均数。由于学生的辍学率非常高,印第安人的中学毕业率远远低于美国总人口的中学毕业率。

---

〔1〕 斯派克:《美国的第二语言》,p. 131。

〔2〕 大卫·W. 亚当斯:"从枪弹到寄宿制学校:对美国印第安人身份的教育进攻,1878—1928",菲利普·威克斯(编辑),《美国印第安人的经历》(伊利诺伊州阿灵顿高地:论坛出版社,1988),pp. 218—239;以学生对寄宿制学校的反思为基础对寄宿制学校的历史描述,可参阅 K. 迪赛里拉·罗马威玛:《荒原之灯:基罗库印第安学校的故事》(林肯:内布拉斯加大学出版社,1994)。

〔3〕 乔治·皮埃尔·卡斯提尔:《真心流露:印第安人的自我决定和联邦政府的印第安人政策,1960—1975》(图森:亚利桑那大学出版社,1998)。

三、拉丁裔美国人

拉丁美洲人及其文化

拉丁裔美国人(Latino Americans)是美国人数增长最快的族群,拉丁美洲人是一个集体名词,主要指那些说西班牙语的人,他们大多是来自墨西哥、波多黎各、古巴和其他拉丁美洲各国。尽管拉丁裔美国人可以把西班牙语作为共同语言,共同分享很多西班牙传统,但每个族群都有自己特定的文化[1]。

西南部的民族同化

墨西哥美国人是在美国最大的拉丁族群[2]。1848年,“瓜达卢佩·伊达戈尔条约”(Treaty of Guadaloupe Hidalgo)的签署结束了墨西哥战争,迫使墨西哥割让给美国大片领土,包括现在的亚利桑那州、加利福尼亚州、科罗拉多州、内华达州、新墨西哥州和犹他州。这片土地以及得克萨斯州居住着大量的墨西哥裔美国人[3]。这些州内的公立学校推行了**美国化**(Americanization)的民族同化政策,该政策随后在美国全国普遍推行。墨西哥裔美国人的儿童必须学习英文,而不是他们的母语西班牙语,而且他们的拉丁裔传统也遭到忽视,结果,学校教育给墨西哥裔美国人的下一代强加了一个负面的自我形象,将墨西哥裔美国人描绘成为文化低等的被征服民族[4]。如今,“美国化”的教育被双语教育和多元文化教育所取代,以帮助墨西哥裔美国人逐渐形成自己的历史意识(更多关于双语和多元文化教育的内容,参见“提供平等教育机会”一章)。

几乎没有教育机会

在以后的岁月里,因为不断有移民工人跨越美国和墨西哥边境进入美国工作,墨西哥裔美国人的人口不断增加。由于墨西哥人是廉价的牧场工人、铁道工,特别是农场的工人,所以雇主非常希望更多的墨西哥人进入美国。这些墨西哥工人的薪水很低,居住的房屋简陋肮脏,工作条件也很严酷,而这些工人的孩子们,即使不和他们的父母一起工作,也很少甚至没有上学受教育的机会。尽管很多的移民工人后来返回了

---

〔1〕 有关术语和教科书的讨论,参阅约瑟夫·A.罗德里格斯、维奇L.雷兹,“无所适从:现代美国历史课本中的20世纪拉丁美洲人”,《美国历史学刊》第86卷(2000年3月),pp.1689—1699。

〔2〕 维多利亚-玛丽亚·麦克唐纳,“西班牙裔美国人、拉丁裔美国人、墨西哥裔美国人或其他称谓?对历史学家和拉丁裔美国人的教育历史之间关系的解构”,《教育史季刊》第41卷(2001年秋季刊),pp.368—369。

〔3〕 曼纽尔·G.冈萨雷斯:《美国墨西哥人的历史》(布卢明顿:印第安纳大学出版社,1999)。

〔4〕 有关墨西哥裔美国儿童的教育经历,可参阅马科斯·皮萨罗:《墨西哥裔美国人和学校的墨西哥裔美国人:种族的定性、同一性、战争和赋权》(得克萨斯大学奥斯汀分校出版社,2005)。

墨西哥，仍然有不少移民工人合法或非法地留在了美国。第二次世界大战以来，很多墨西哥裔美国人从美国西南部搬迁至其他各州，通常定居在美国东北部和中西部的大城市中，今天，大约 90%的墨西哥裔美国人居住在城市地区。

奇卡诺运动

20 世纪 60 年代末，爆发了奇卡诺运动(Chicano Movement)，即墨西哥裔美国人运动，这次运动与美国黑人的民权运动相似，是为了达到以下两个目标：(1) 组织所有墨西哥裔美国人团结起来为获得更好的社会、经济、教育条件而努力奋斗；(2) 保护墨西哥裔美国人的文化遗产，以此作为族群同一性的来源[1]。1929 年成立的“拉丁美洲市民统一联盟”(LULAC)，就旨在提升拉丁裔美国人的民权，也为了获得更多中产阶级的专业人才。凯萨・查维斯(Cesar Chavez)是墨西哥裔美国劳工运动者，他为确保农业工人的工作条件和维持较高的薪水组织成立了“农场工人联盟”[2]。这场奇卡诺运动激发了墨西哥裔美国人更多地参与政治活动，投身经济发展，也更重视教育的投入。尽管墨西哥裔美国人的儿童接受初等教育和中等教育的人数日益增加，但是接受高等教育的人数还是低于全国的平均水平[3]。

波多黎各人的“美国化”

波多黎各裔美国人，是拉丁裔美国人中另一个人数较多的族群，它的历史开始于 1898 年的“美西战争”，战败国西班牙将波多黎各岛割让给了美国。1952 年，波多黎各作为美国在加勒比海地区的一个自治领地，确立了其美国自治邦的地位[4]。

美国的行政官员们相信波多黎各需要美国式的社会和经济发展模式，对波多黎各旧式的西班牙学校体系进行了整治[5]。他们规定儿童必须强制入学，建立美国式的公立学校，聘用说英语的教师，将他们送往美国接受美国教学方法的培训。尽管还有部分班级是用西班牙语进行教学，但大多数班级强制使用英语进行教学，以达到“美国化”的目的。学生通常被两种不同的文化身份所困扰，一个是他们岛屿本土特有的西班牙文化身份，另一个则是他们被强迫接受的说英语的美国文化身份。

---

[1] 有关奇卡诺运动的内容，可访问以下网站查阅罗伯托・罗德里格斯的《奇卡诺运动的起源和历史》，http: www. jsri. msu. edu/RandS; research/opsloc07. html；还可参阅理查德・瓦伦西亚：《墨西哥裔美国学生和法院：墨西哥裔美国人为教育平等权利而做出的法律抗争》(纽约：纽约大学出版社，2008)。

[2] 弗雷德里克・J. 道尔顿：《凯萨・查维斯的道德远见》(纽约玛利诺：奥秘思图书，2003)。

[3] 维奇・L. 雷兹、约翰・R. 查韦斯(编辑)《回忆和移民：绘制波多黎各裔美国人和墨西哥裔美国人的历史》(乌尔班纳、芝加哥：伊利诺伊大学出版社，2008)。

[4] 有关波多黎各如何成为美国属地的历史，参阅约瑟・泰阿斯・蒙赫：《波多黎各：世界最古老殖民地的审判》(纽黑文：耶鲁大学出版社，1997)。

[5] 赫瓦西奥・路易斯・加西亚，“我是他者：北美人眼中的波多黎各(1898)”，《美国历史学刊》第 38 卷，(2000 年 6 月)，p. 41。

辍学率

从 20 世纪初期开始，波多黎各人不断移居美国本土。如今，200 多万波多黎各裔美国人居住在各大城市中心，如纽约、芝加哥和费城。从历史上看，他们的中学退学率一直很高，大学的入学率却很低。但是近年来，波多黎各裔美国人在政治领域较以前更活跃，尤其是在纽约和芝加哥，这大大改善了他们的经济和教育地位。

不同的教育背景

古巴裔美国人在美国的经历代表了另一种与其他拉丁裔群体不同的模式，因为到美国来的古巴人主要是政治逃亡的群体，[1]历史上的几次古巴移民潮构成了在美国的古巴裔美国人社群。从 1959 年开始到 1973 年，第一批逃亡者为了逃避菲德尔·卡斯特罗(Fidel Castro)的高压统治而来到美国，很多人属于上层和中层阶级的古巴人，他们在来到美国时也带来了他们的政治、经济、教育背景和组织，并在美国建造了独特的古巴美国人文化社区。20 世纪 80 年代，古巴移民主要以来自贫困的底层，以马里埃尔(Mariel)移民为主。古巴裔美国人社群在某些方面是他们远离的国家古巴的反映，他们在美国创立一种独特的，也是可渗透的文化，我们将在下面看到这一点[2]。

21 世纪初，拉丁裔美国人在美国的社会、政治、经济生活中扮演了越来越重要的角色，越来越多具有影响力的拉丁裔专业人才和商业中产阶级的出现证明了这一点。"可渗透文化"(permeable culture)的概念对于诠释拉丁裔美国人的文化现象是非常有用的，"可渗透"这个术语指的是拉丁裔文化与盎格鲁文化之间具有相互交融的趋向，拉丁裔美国人选择性地创造了他们自己的西班牙-美国文化模式[3]。

双语教育

随着 1968 年《双语教育法》的颁布，以及 1974 年美国最高法院作出"刘诉尼科尔斯案"(Lau v. Nichols)的最终裁决，公立学校最终以双语教育课程和多元文化教育课程替代了"美国化"的民族同化政策(参见"提供平等教育机会"一章)。但是近年来，双语教育在政治上引起争议，一些州明确将英语定为官方语言。加州率先于 1998 年结束了双语教育计划，随后其他几个州也终止了双语教育[4]。

---

〔1〕 亚历克斯·安东、罗杰·E. 赫尔南德斯：《古巴人在美国：逃亡者震荡的历史》(纽约：肯辛顿书局，2003)。

〔2〕 玛丽亚·克里斯蒂娜·加西亚：《美国的哈瓦那：古巴政治流民和在南佛罗里达州的古巴人，1959—1994》(伯克利、洛杉矶：加利福尼亚大学出版社，1996 年)，pp. 111—118；另可参阅亚历克斯·史德匹克：《这块土地是我们的土地：迈阿密的移民和权力》(伯克利：加利福尼亚大学出版社，2003)。

〔3〕 罗德里格斯、雷兹，"无所适从"，p. 1696。

〔4〕 瓜达鲁佩·圣米格尔：《有争议的政策：美国联邦政府双语政策的兴与衰，1960—2001》(得克萨斯州登顿：得克萨斯大学出版社，2004)。

四、亚裔美国人

欧洲移民大多从大西洋东岸进入美国，主要定居于纽约市。亚裔美国人（Asian Americans）则相反，他们是跨越太平洋来到美国，主要定居在洛杉矶和旧金山。由于这些地理的原因，亚裔美国人一直以来都主要集中在美国西部太平洋沿岸各州，[1]然后从那里逐步向东迁移。中国人和日本人是最先到美国定居的亚洲人，近年来亚洲的移民还包括菲律宾人、印度人、泰国人、韩国人、越南人、老挝人和柬埔寨人。

早期中国移民

在1848—1849年的淘金热时期，中国移民就来到美国加州，1848—1882年是中国移民的最高峰时期，进入美国的中国人数达到22.8945万人。早期中国移民主要从事矿工、农场工人、铁道建筑工人等工作，还有些中国商人在美国西海岸的城市里经营小买卖，开杂货店和洗衣房等。在旧金山和洛杉矶，中国人聚居在一起形成了自己的社会团体及宗教、文化和教育社团[2]。

日本移民

1885—1924年期间，日本人在中国人来到美国之后也开始移民美国。日本移民主要来自日本西南部的农业地区，那里的劳工承包商招募工人到夏威夷种植甘蔗及菠萝，也向加州的农场输送工人。日本移民的数量一直不断增加，直至1910年，由于美国政府对移民的限制，日本移民的人数才开始下降[3]。

排斥亚洲移民

1882—1924年间，美国国会颁布了一系列法律禁止更多的中国人和日本人移民至美国，同时也不允许中国人和日本人成为美国公民。1882年出台的《排华法案》，[4]使中国人成为第一个被美国官方下令不允许移民的群体。那些在该法案生效前已经到达美国的中国移民也往往不得不面对种族歧视，他们受教育和找工作的机会也受到限制。例如，在1906年，旧金山教育委员会开始将亚裔学生与其他学生分隔开来，直到日本政府对此提出外交反抗，才迫使旧金山教育委员会废除了这项种族隔离

---

〔1〕有关中国移民的教学资源，参阅《天使岛移民之旅：3—12年级学生课程指南》旧金山：天使岛移民站基金会，2004年）。

〔2〕H.赖马克：《华裔美国人社区和制度的历史》（加州核桃溪市：阿尔塔米拉出版社，2004）；有关华裔美国人个人的观点，参阅罗琴珍：《从母亲的话语中学习：一个家庭的传奇故事和华裔美国人的经历》（纽约：师范学院出版社，2005）。

〔3〕大卫·J.奥布莱恩、斯蒂芬·S.弗吉塔：《日裔美国人的经历》（布卢明顿：印第安纳大学出版社，1991），pp.4—17。

〔4〕安德鲁·基罗列：《关闭大门：种族、政治和排华法案》（教堂山：北卡罗来纳大学出版社，1998）；后期中国移民的资料可参阅赵晓健：《华裔移民移居地、家庭和社区的再造》（新泽西州新伯朗士威：罗格斯大学出版社，2002）。

政策[1]。

拘禁日裔美国人

第二次世界大战让美国人对日裔美国人的种族偏见浮出水面[2]。由于美国人害怕在美国的日本人可能为美国的敌人提供援助，美国政府立刻对此作出回应，将11万名日本人拘禁在集中营内，其中大多数是美国公民。这些集中营大多位于偏远地区，缺乏基本的生活服务和便利设施。尽管营区最终还是为年轻人修建了学校，但这种拘禁的生活还是给很多人造成了身心伤害。美国政府的这种压迫行为完全基于没有根据的恐惧，因为日裔美国人根本没有任何蓄意破坏的行为。直到20世纪80年代，联邦政府才承认了其在战争期间的拘禁行为是对公民自由权的粗暴侵害，并对那些曾遭受拘禁的人给予了赔偿。1988年颁布的《公民自由法》中有一封总统的致歉信，并对8.2万名在第二次世界大战中在没有经过正常法律程序的情况下遭到拘禁的日本人提供财政赔款[3]。

菲律宾移民

第二次世界大战开始之初，有相当数量的菲律宾人移民至美国本土。很多菲律宾男子在美国海军服役，后来和他们的家人在美国西海岸定居下来。另一些菲律宾人，特别是在20世纪30年代，来到美国本土在农场当工人。

二战后移民生活的改善

二战后，中国、日本和菲律宾裔的美国人在经济地位和教育程度上都有很大的改善。1952年颁布的《麦卡伦-沃尔特法案》(The McCarran-Walter Act)虽然仍对亚洲移民的数量进行限制，但取消了对亚洲人移民至美国和获取美国公民身份的限制，随后亚洲移民的数量急剧增加，其中有很多受过高等教育的专业人士，他们的到来增加了亚裔美国人接受高等教育的人数。例如，与相同年龄组进行比较，日裔美国人接受高等教育的人数接近90%，高于欧洲裔美国人和其他少数群体。

---

〔1〕 奥布莱恩、弗吉塔:《日裔美国人的经历》,p.17。

〔2〕 朗·古拉斯基:"双元文化主义的问题:二战前日裔美国人的民族特征和节日",《美国历史学刊》第86卷,(2000年3月),pp.1632—1654;夏洛特·布鲁克斯,"黑人和白人之间的迷离境界:芝加哥的日裔美国人安置地和社区,1942—1945",《美国历史学刊》第86卷(2000年3月),pp.1655—1687。

〔3〕 青田实、罗纳德·S.格林:《二战期间的日裔美国人:对公民自由的压制》(纽约州刘易斯顿:埃德温美伦出版社,2004年);另有由肯尼思·K.竹本提供的个人叙述:《第二代日裔美国人的回忆:我父母讲述的战争岁月》(西雅图:华盛顿大学出版社,2006)。

新亚洲移民

20世纪60年代后，其他亚洲群体的移民数量不断增加，尤其是韩国和印度人。20世纪70年代，美国支持的东南亚国家政府纷纷垮台，随后有着不同教育背景的越南人、柬埔寨人、老挝人、赫蒙族人等纷纷移民美国。例如，南越的移民大多是以前的军官、政府官员、商人和专业人士，而赫蒙族人却正好相反，大多来自没有书写语言的贫困乡村。

五、阿拉伯裔美国人

阿拉伯裔美国人

这里的"阿拉伯"是一个文化和语言学的术语，而不是一个种族术语，是指那些以阿拉伯语为第一语言的人，阿拉伯裔美国人（Arab Americans）指有阿拉伯血统的美国人。大多数阿拉伯裔美国人是来自黎巴嫩、叙利亚、巴勒斯坦、伊朗、约旦和埃及移民的后代，绝大多数阿拉伯人是穆斯林伊斯兰教的信奉者，但同时也有数百万阿拉伯人是基督教徒。

早期的阿拉伯移民是19世纪后期从土耳其奥斯曼帝国移民至美国的，1875年至1915年期间人数尤为众多[1]。很多早期从黎巴嫩和叙利亚来的移民信奉东正教或天主教，主要居住在美国东北部各州的阿拉伯社区里，其中一些移民成为了小工商业主、商人、餐馆老板。和其他移民群体一样，他们也建立了自己的互助组织和娱乐社团，如叙利亚兄弟东正教协会（the Syrian Brotherhood Orthodox Society），这些组织和社团通常由教会或清真寺出资赞助[2]。最早的阿拉伯语报纸《考卡布美国报》和《美国之星》于1892年开始正式出版发行[3]。

新的阿拉伯移民潮始于第二次世界大战的爆发，一直持续至今，[4]主要来自于巴勒斯坦、埃及、约旦。最近的阿拉伯移民绝大多数都信奉伊斯兰教，而且都比早期的移民接受过更多的正规教育[5]。

阿拉伯裔美国人与其他移民群体一样有很多共同特点。很多早期的阿拉伯裔美国人已经被同化，不仅是因为到美国公立学校上学，而且在参与各种社区活动、政治组

〔1〕 格雷戈里·奥法里：《阿拉伯裔美国人的历史》（纽约：橄榄枝新闻出版社，2006）。

〔2〕 有关阿拉伯裔美国人的经历，请参阅埃米尔·B. 玛鲁奥斯迪、凯伦·D. 麦金尼：《生活在美国的中东人》（马里兰州兰哈姆：柔曼和利特菲尔德出版社，2004）；以及兰达·A. 凯阿里：《阿拉伯美国人》（康涅狄格州韦斯特波特：格林伍德出版社，2006）。

〔3〕 伊丽莎白·布萨德：《阿拉伯美国人的脸和声音：阿拉伯移民社区的起源》（得克萨斯大学奥斯汀分校出版社，2003），pp. 84—86。

〔4〕 有关巴勒斯坦人的经历以及阿拉伯美国人同一性的形成，参阅爱德华·萨义德：《格格不入——萨义德回忆录》（纽约：诺夫出版社，1999）。

〔5〕 http：www. freekp. com/jobspage/arabs/arab4. html（2003年12月23日）。

织,以及从事商务和其他工作的过程中,逐渐接受了美国文化。尽管他们不断地融入美国大的社会环境,但很多阿拉伯人还保持着阿拉伯文化,继续使用阿拉伯语,遵循阿拉伯风俗、宗教,欣赏阿拉伯的音乐、文学和故事等[1]。很多移民都能掌握双语,他们还在教堂或清真寺开设阿拉伯语言、文化和宗教课程学习班。

阿拉伯裔美国人的大学入学率要高于美国的国家平均水平,而且很多阿拉伯裔美国人还获得了高级学位。很多阿拉伯裔美国人在家族企业中任职,大约有 60%的阿拉伯裔美国人是企业高管、专业人才、办公室职员和销售职员。

在 2001 年“9·11”恐怖主义袭击之后,很多人担心阿拉伯裔美国人会成为民族成见和歧视的牺牲者。虽然个别的种族歧视事件的确发生过,但阿拉伯裔美国人社群还是以一种主动的姿态开展了面向美国大多数民众的教育活动,希望他们更多地了解阿拉伯历史和文化。教育工作者们也积极工作,将阿拉伯裔美国人包容入多元文化教育的环境中[2]。

六、移民政策的争议

移民问题

尽管美国历史上一直以来都是一个移民国家,但它的移民政策至今仍然非常具有争议性。争议的焦点主要集中在移民对美国经济、国家安全和美国文化身份的影响方面。虽然一部分人相信移民们对美国经济长期保持活力作出了必不可少的贡献,但其他人却认为移民抢走了美国公民的工作。他们认为移民,尤其是非法移民,对国家的教育、医疗保健、社会服务等都造成了沉重的负担,因此这些现行政策的批评者们希望对移民实施限制,制止非法移民。这些批评者们害怕非法进入美国边境的移民活动会威胁国家安全,尤其是对反恐战争构成威胁。关于移民的争议引发了以下一些重要的政策问题:是否应当限制移民?非法移民的外国人和他们的孩子是否不该获得国家的教育和医疗保健服务?美国是否应当把英语定为官方语言?[3]

焦点问题回顾:请再次思考本章开头列出的焦点问题,美国怎样成为了一个文化多样的社会?思考非洲裔、拉丁美洲裔、亚裔和阿拉伯裔美国人在美国的角色身份和他们作出的贡献。请将自己置身于美国的教育历史中,回想一下你自己所属的民族或

---

〔1〕 布萨德:《阿拉伯美国人的脸和声音》,p. 9。

〔2〕 相关例子请参阅帕蒂·安迪德、G. 普力奇·史密斯,“阿拉伯裔美国人:概念和材料”,詹姆斯·班克斯(编辑),《种族研究的教学策略》(波士顿:阿伦与培根出版公司,1997)。

〔3〕 访问网站 http://www. closeup. org/immigration. htm,获取《缩小基本公民教育的距离/美国的移民政策》一文。(2007 年 1 月 1 日)。

种族群体对美国社会作出了哪些贡献，曾经或依然面临什么问题？你可能希望得到你父母、其他家庭成员和其他群体成员的帮助，你可以向他们咨询他们的教育经历。

第七节　结束本章的两个历史问题

尽管有很多历史形成的问题仍然值得探讨，但作者精心挑选了其中的两个问题来结束本章：(1) 神创论与进化论，这是美国教育界的一个持久争论；(2) 全球化的新现象和新进程及其对教育的意义。

一、进化论的教学：一个持久的问题

本章前面讨论了杰弗逊和拉什对宗教在美国教育中的作用所存在的不同观点，我们也探讨了共同学校运动的领导者们对宗教在公立学校中的地位所达成的妥协意见。这就形成了美国教育历史上一直以来争论不休的一个问题，这个问题集中在进化论的教学上。

达尔文和进化论

1859 年，查尔斯·达尔文(Charles Darwin，1809—1882)在他的著作《物种起源》中作出如下假想：所有现存的植物和动物是以自然选择的方式不断进行变化调试，逐渐进化而来，那些能帮助物种生存的变化被保存并遗传给它们的后代，最终成为遗传特性[1]。

达尔文的进化理论在宗教、哲学和教育领域激起了强烈的论战。对很多基督教徒而言，进化论直接质疑了圣经创世纪中所记载的上帝创造了世界上所有物种的说法[2]。尽管也有一些神学家对创世纪进行了寓言式的阐释，但大多数基督教原教旨主义者(Christian fundamentalist)坚决反对进化论。

斯科普斯案(Scopes Trial)

1925 年，田纳西州戴顿市发生了一件令人瞩目的事件，约翰·斯科普斯(John Scopes)，一名 24 岁的中学科学和数学教师，被指控违反了《巴特勒法案》(the Butler Act)，这是田纳西州颁布的一项禁止教授进化论的法律。斯科普斯认为，教生物学却不教进化论是完全不可能的事情。当时戴顿市内对斯科普斯案进行了大量的新闻报道，而引起全国性关注的则是在法庭上发生的戏剧性的一幕[3]。三次参加总统竞选

---

〔1〕 迈克尔·露斯:《达尔文革命》(芝加哥:芝加哥大学出版社，1979 年)；乔纳森·霍华德:《达尔文》(纽约:牛津大学出版社，1982)。

〔2〕 尼尔·C. 吉莱斯皮:《查尔斯·达尔文和神创的问题》(芝加哥:芝加哥大学出版社，1979)。

〔3〕 斯科普斯案一直都很让美国人着迷，杰罗姆·劳伦斯和罗伯特·爱德文·李 1955 年的剧本《向上帝挑战》，是美国深受欢迎的舞台剧和电影。

的威廉·詹宁斯·布莱恩(William Jennings Bryan)是诉方带头人,而辩方团队由著名的刑法和民权律师克莱伦斯·丹诺(Clarence Darrow)领导,双方在法庭上展开了激烈的论战。尽管最终斯科普斯被判有罪,并处以最低100美元的罚款,但布莱恩这位出庭作证的《圣经》专家,却说《圣经》所记述的事件年代应该从字面来理解,使得这个关乎重大问题的诉讼案的重要性被削弱了[1]。

智能设计论

进化论和神创论,或称为"智能设计论"(Intelligent Design)之间的争论,还引发了很多争论强烈的问题,尤其是有关科学教育的问题。进化论的反对者试图寻找官方对进化论进行否认,只是把进化论看做一个理论,而不是事实解释,这些反对者希望"神创论"或"智能设计论"能获得与进化论同等的关注。

堪萨斯州、宾夕法尼亚州和其他地方的一些地方和州教育委员会,已经开始尝试把那些它们认为能替代"进化论"的科学理论加入到学校的课程中。其中之一就是"神造论科学"(creation science),神造论科学声称已经有相当多的科学证据证明了圣经中《创世纪》的描述。另一种理论就是"智能设计论",这种理论断言,生命如此复杂,如果没有外在力量的干预,是不可能不断发展进化的[2](有关最高法院审判的与进化论教学有关的案子,请参考"教育的法律问题"一章)。

二、全球化社会中的教学:一个全新的问题

本章开头介绍了北美洲的那些跨越大西洋到达新大陆的欧洲殖民者们与美国原住民印第安人之间的交往和相互影响,结尾则要讨论21世纪的全球化所导致的深远影响的国际交往。

多维度的全球化进程

今天,**全球化**(globalization)作为一种多维度的进程,正在不同国家、不同种族、不同民族、不同语言的人们之间进行,它推动着经济、环境、通讯、娱乐、教育等领域的跨越国家边界的深度互动。在这样的背景下,一个非常重要的问题需要引起关注:美国的教育,尤其是公立学校,其历史是深深植根于美国这个特定环境中的,现在该如何应对全球化经济和社会带来的挑战?现在通过互联网和万维网,通讯可以是实时的,各种新型交通工具也让距离大大缩短,在这种情况下,我们该如何重新修正我们已经习

〔1〕 爱德华·J.拉尔森:《众神之夏:斯科普斯案和美国对科学和宗教的持续争论》(纽约:基本图书公司,1997);《斯科普斯案:历史照片版》由爱德华·考迪尔撰写引言,(诺克斯维尔:田纳西大学出版社,2000),pp. 1—20。

〔2〕 大卫·马斯,"从达尔文到多佛:有关进化论的重要争论的概述",宗教和公共生活皮尤论坛(2005),网址:http://pewforum.org/publications/reports/evolution-c。

得的时空观念呢?

遍及全球的通讯系统

教师和学生都很熟悉遍及全球的通讯系统的发展,这个系统能实时报道各地的突发新闻,还能提供各种娱乐报道和深度的体育报道,让各种信息快速传播。同时通过各种非正式的交流手段,如互联网和 E-mail,身处异地的人们可以直接快速地进行相互交流。请回想本章中关于单班学校的内容,那时的教师和学生基本上是与世隔绝的;然后请思考通讯的变革如何消融了这种隔绝。请思考还需要哪些改变才能将学校置身于全球技术和经济变革的世界中。请记住,我们是从过去(我们的历史)中谋求变革的,是从我们现在的状况中谋求变革的,并从我们希望到达的未来中谋求变革的。

经济变革

全球化带来了一场彻底的经济变革。本章介绍了美国共同学校、中学和大学的历史发展,讨论了这些机构的发展和应对社会经济变化的方式。如今,全球化已经改变了我们生产与消费物品和服务的方式。跨国贸易公司的经营跨越了国家边界,这些公司的资本来自全世界的投资者,而它们产品的各个组件则是在不同的国家生产和组装的,产品的市场营销是在全球范围内进行的,通常使用的是全球信息网络。这种新经济的现实给美国教育提出了不少严肃的问题。我们应当如何教育那些已经了解全球化进程的人们?美国学校的毕业生需要掌握哪些知识和技能才能参与全球经济活动?

教学资源视频案例

多媒体素养:技术与初中课程的融合

在阅读完本节后,请观看学习网站上的视频"多媒体素养:技术与初中课程的融合"。这段视频展示的是一堂使用多媒体技术的课,学生利用各种技术手段研究哥斯达黎加,并写一篇相关论文,然后用幻灯片演示他们所学的内容。在观看这段视频时,请思考让技术成为信息全球化存取过程的一部分的其他方式。尤其是,你正在观看的这个视频是否已经跨越了国家的界限?请思考以下问题:

(1) 视频中展示的这堂课是否达到本章中曾概述过的美国国家技术教育标准?为什么是,或者为什么否?

(2) 这堂有关哥斯达黎加的课如何在提高学生的技术素养和信息素养的同时,还促进了学生的全球理解?在完成这些任务之后,学生能获得哪些基本的技能?

(3) 这段视频对你理解全球化进程有何用处?

三、教育史贯穿全书

本章内容可以帮助你建立一个美国教育的基本历史背景，为理解本书后面的章节作好准备。后面的章节都将从不同的具体主题讲述更加新近的美国教育历史，例如：在“公共教育的行政与管理”一章中将讨论联邦政府对教育所起的作用以及美国教育部的建立过程；而在“提供平等教育机会”一章中将概述美国教育隔离、补偿教育、双语教育、残障儿童教育、1975年颁布的《全体残障儿童教育法案》和《不让一个孩子掉队法案》的简明历史。“不断变化的美国教育目的”一章将对一些重要的教育政策报告，诸如《中学》和《国家处在危险之中》等，进行历史的综述。

焦点问题回顾：请再次思考本章开头列出的焦点问题，为什么有关进化论的争论会成为美国教育中一个旷日持久的问题？你认为美国的学校和教师们应当如何应对全球化？

总结

（1）欧洲殖民者将欧洲的宗教和以社会经济阶层为基础的教育制度带到北美洲，并建立了类似的以宗教和社会阶层为基础的教育体系，初等学校或方言学校为学生提供基本的读、写、算及宗教课程，大学预备学校，诸如拉丁文法学校和殖民时期开办的学院，都只为上层社会的男性开放，提供古典课程，旨在将这些学生培养成教会、国家和社会所需的各种领导人才。

（2）在美国赢得独立之后，共同学校运动的开展促成了公立初等学校的建立，首先是在北方各州，然后推广到美国全国。

（3）公立中学直到19世纪末期才开始逐渐推广，这样就形成了一个完整的从共同学校到州立学院和大学的教育阶梯，中学是连接教育阶梯两端的中间环节。

（4）20世纪中叶以来，科技尤其是计算机的飞速发展，不仅改变了教育的内容和模式，而且创造了全球化的经济和通讯系统。

（5）到20世纪中期，为了给少数群体，尤其是非洲裔美国人、印第安人和拉丁裔美国人的儿童提供平等的教育，社会各界齐心协力，共同奋斗，使得美国教育出现了将更多少数群体纳入主流学校教育的趋势，另一个趋势是采用学业标准来检测学生的学业成绩。

（6）在19世纪末20世纪初，强调将少数群体同化形成一个统一文化模式的所谓“美国化”意识已经被抛弃，取而代之的是一个更多样的多元文化哲学观，重视所有美国人所作出的贡献。

（7）全球化是一个历史催生的进程，正在影响着经济、社会的各个方面，也包括教育制度。

关键术语

双轨学制
拉丁文法学校
市镇学校
角贴书
赠地
文实学校
导生教学法
共同学校
教育阶梯
师范学校
中学
十人委员会
中等教育改组委员会
初级中学
中间学校
赠地学院
寄宿制学校
"美国化"
全球化

讨论题

(1) 近年来的哪些历史发展趋势让美国教育比以往更具包容性？这些发展趋势怎样转变了早期的教育政策，如种族隔离和"美国化"的政策？作为一名教师，你认为你可以做些什么来创造更具包容性的教育？

(2) 富兰克林、杰弗逊和拉什的教育目标是否对当今的美国教育仍有意义，尤其对公民教育，以及教会与国家分离的政策是否仍是合理的解释？

(3) 就美国中等教育的历史而言，为什么中学的教育目的一直存在争议？你认为中等教育的目的应该是什么？

(4) 请阐述你对"美国化"和多元文化主义的看法。你的观点是以什么为基础的？这与你作为教师的专业发展和你个人的教育哲学有何联系？

(5) 美国教育的历史，尤其是如何对待少数群体的历史，对今天与反恐战争相关的教育政策有何启示?

(6) 从种族、民族、阶级和性别方面来看,美国的小学属于共同学校吗?

专业发展的建议方案

(1) 访问美国国会图书馆网站上的"美国往事",获取有关美国黑人、印第安人和美国移民的历史资料,网址是:www. memory. loc. gov/ammem/index. html。纵览"美国往事"中搜集的各种资料,找出可以作为本章的补充阅读材料的内容。

(2) 布克·华盛顿是一位颇具争议的历史人物,请访问布克·华盛顿国家纪念馆网站 http://www. nps. gov/bowa/home. htm,另外有关华盛顿的论文可以在以下网址获得 http://www. historycooperative. org/btw。他们是怎样描述华盛顿的?你是否同意将华盛顿描述为一名领导者?

(3) 邀请一些非洲裔美国人、拉丁美洲人、印第安人、亚裔美国人、阿拉伯裔美国人组织的代表到你所在的班级讲述他们这些群体面临的教育问题。试着找出不同群体间面对的共同问题和不同问题。

(4) 对于美国政府通过学校教育同化印第安人儿童的做法,你的观点如何?请阅读关于寄宿制学校同化美国原住民的文章《思想改造和寄宿制学校:解密可耻的遗产》,网址是:http://www. kporterfield. com/aicttw/articles/boardingschool. html;也可以访问亚利桑那州立大学图书馆拉布里奥拉中心网站上的"印第安寄宿制学校的文献目录",网址是 http://www. asu. edu/lib/archives/boardingschools. htm。以你的研究为基础,修改或重新阐述你的观点,哪些证据能够支持你的观点?

(5) 反思本章所述的主要教育发展历史,然后口头采访有经验的幼儿园—12 年级的学校行政人员和课堂教师,采访的问题主要是在他们的职业工作中经历了哪些重要的变化,最后以课堂项目的形式进行总结。你可以问的问题包括:你刚成为一名行政人员或教师时,那时的学校是什么样的?那时使用的课程,哪些至今保持不变,哪些已经改变了?根据你的观察,学生的学术准备情况、学习兴趣和行为有哪些变化?科技,尤其是计算机,怎样改变了教学?

(6) 访问以下网站,获取有关在美华裔和非洲裔的信息和他们的移民历史,网址分别是:http://www. immigrants. harpweek. com/以及 http://newton. uor. edu/Departments&Programs/AsianStudiesDept/index. html。用这些网站上的资源来补充本章内容,同时请比较来自中国和亚洲其他国家的移民以及来自欧洲、非洲和拉丁美洲的移民,他们之间有何异同。

第六章 教育的哲学基础

教师每天都必须面对一些需要立刻处理的事务，如备课、评价学生的表现、创造公平与平等的教室环境并加以管理等，这些事情都很紧急，给教师带来了很大的挑战。很多刚开始职业生涯的教师因为忙于应对这种挑战，而无暇顾及构建“全国教师教育认证委员会”(NCATE)所提出的“概念框架”。这一“概念框架”其实就是一套理智的教育哲学观，能够帮助教师找到日常必须面对的各种要求和自己长期职业发展方向以及职业承诺之间的联系，从而赋予教学工作深刻的意义[1]。概念框架能帮助教师形成一种职业的连贯感，从而能在短期目标和长期目标之间建立必要的联系。

为了鼓励教师成为反思型的实践者，提高教师的培养水平和专业发展水平，美国“州际新教师评价与支持联盟”(INTASC)制定了教师标准。该联盟将教学工作描述成一个动态的过程，在这个过程中，教师将任职前对工作的期望转变为有意义的实践活动，把所学的知识、自己的性情和教学业绩整合成一个连贯的整体。为了成为一名反思型的实践者，教师需要对教育所具有的广泛文化和道德意义进行哲学的思考。

我们可以把哲学定义为一种最普遍的思维方式，用于思考我们在世界中生活的意义何在，以及深刻反思什么是真与假、善与恶、对与错、美与丑[2]。

本章旨在为你提供一种概念框架，一种哲学的和理论的地图，在这个框架内或是地图上你可以不断反思你对教育的观点，并在这个框架之上构建自己的教育哲学。以下列出的焦点问题能指导你对本章的阅读和构建自己的教育哲学。

焦点问题：

■ 哲学有哪些分支？如何定义这些哲学分支？你的信仰和对真理与价值观的教学是哪种哲学观体系？

■ 主要的教育哲学和教育理论有哪些？是否有某种哲学

〔1〕 http://www.NCATE.org/institutions/NCATE Unit Standards(2006)。

〔2〕 教育哲学的补充书目可参见大卫·凯尔：《了解教育的意义：教育哲学和教育理论入门》(纽约：劳特利奇法尔莫书局，2003)；希娜·G.邓恩：《教育的哲学基础：将哲学与理论和实践相联系》(新泽西州上部马鞍河：培生/·霍尔出版公司，2005)；罗宾·巴罗、罗纳德·伍兹：《教育哲学入门》(纽约：劳特利奇书局，2006年)；以及大卫·T.汉森：《教育的伦理视野：实践的哲学》(纽约：师范学院出版社，2007)。

流派和理论对你的教育观、知识信念和道德价值观产生了影响？

■ 这些教育哲学思想和理论对学校中的课程以及教与学都产生了怎样的影响？包括教什么、怎么教、教师对学生的道德行为、教师之间的道德行为、教师和学生对文化多样性和社会公平的观点与态度等是怎样的？

■ 当代的一些教育潮流，如多元文化主义、标准化运动、教育技术的使用等，如何影响了你整个的教育哲学观？

在你从职前接受专业教育课程培训逐渐成长并开始进行课堂实践教学活动的过程中，你将会经常思考自己在教什么、为什么要教这些内容以及如何教等这一类的问题。你会经常问自己，你的教学是否让学生的生活发生了改变？这种自我反思就是一种形成连贯的概念框架的方式，会引导你不断反思自己的课堂实践活动。在开始构建自己的教育哲学的时候，你可以提出以下几个问题：

■ 什么是真理？我们如何认识真理，又如何进行真理的教学？

■ 我们如何认识善与恶、对与错？我们怎样才能把道德价值观教给学生并鼓励学生养成良好的道德行为？

■ 学校和教师如何才能成为真理和价值观的榜样？

■ 教师的教学和学生的学习怎样体现一个人对真理和价值的信念？

基本问题和哲学问题

这些基本的哲学问题并不容易回答，也不能以判断正误的方式或多项选择的形式回答。在你从职前的教师培养阶段不断成长并开始课堂实践的过程中，你对这些问题的答案很可能随着教学经验的增长而不断发生变化，变得越来越复杂，这最终将引导你创建出自己的教育哲学。就好像学生使用档案袋来记录自己的进步，教师也可以通过记日志的方式将每天教室里发生的事情、自己取得的成功以及面临的问题记录下来。不管是档案袋还是日志，都能为你的教学经验提供一个个人记录，根据这些记录你就能不断反思并关注自己的进步，最终成为一名反思型的专业实践者。作为创建自己的教育哲学的开始，你可以写一篇短文，内容是关于自己对真理和价值观的看法，以及你的教育经历如何帮助你形成了这样的真理观和价值观。你可以判断你的教育经历是否反映了本章讨论的哲学流派和教育理论，也可以看看你在了解这些哲学流派和教育理论后是否会改变自己最初的真理观和价值观。最后，你可以初步判断这些哲学流派和教育理论如何影响了你的教学内容、教学理由和教学方式。

哲学流派和教育理论

本章将考察五种哲学流派和四种教育理论。综合的**哲学流派**（philosophies），如理想主义和现实主义，呈现的是一种包括教育在内的普遍世界观。**教育理论**(theories)通常是从相关的哲学流派中衍生出来的，或者是源自实践，更加关注具体的教育、学校、课程以及教与学(见图 6.1)。本章中将要讨论的普遍哲学都与更具体的教育理论相联系。例如，要素主义教育理论与现实主义哲学关系紧密，而进步主义教育理论则源自实用主义哲学。

要建立自己的教育哲学，你必须像一名哲学家那样思考问题，并习惯使用哲学术语。

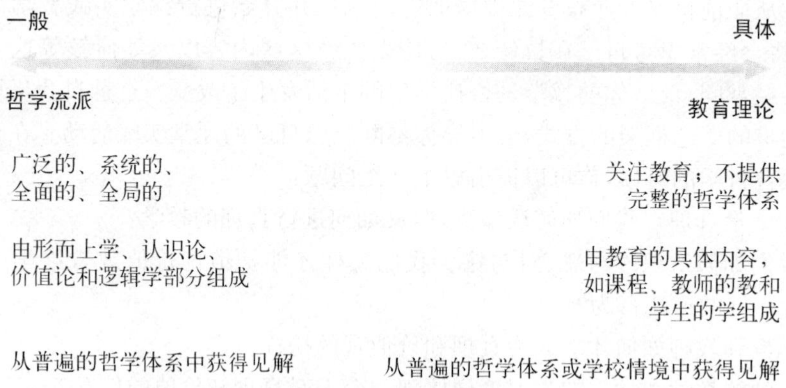

图 6.1 "哲学流派"与"教育理论"的差异

第一节 专门术语

教育哲学有自己特殊的专门用语，主要是使用形而上学、认识论、价值论和逻辑学中常用的基本术语[1]。图 6.2 概述了这些术语与教育的关系。

真实与存在

形而上学(metaphysics)主要考察自然界的终极实在。什么是真实的，而什么不是真实的？是否存在一种与物质世界分离的精神王国？例如，理想主义就以非物质的、抽象的或精神的眼光来看待现实；而现实主义者则把现实看成独立于人之外的客观秩序。学校中教授的各种科目实际上反映了课程设计者、教师、教科书作者如何将"现实"描述给学生。

〔1〕 有关这些特殊术语的讨论，参见杰拉尔德·L. 古泰克:《哲学和教育的新视角》(俄亥俄州哥伦布市:培生出版集团，2009)，pp. 3—7。

知识和认识

认识论(epistemology)讨论的是知识和认识的问题,它影响着教与学的方法。认识论所提出的问题有:“我们对世界知识的认识和对真理的理解是建立在什么基础之上的? 我们的知识是源自神灵的启示,还是潜藏在我们大脑中的理念? 或是来自经验证明,还是其他什么地方?”教师如果相信宇宙是以有序的结构存在,那么他们就会很重视教学的系统性和次序性,这是为了在学生头脑中复制宇宙的次序。他们会利用学科材料把这种现实的概念传授给学生。相反,如果教师相信认识的过程是最重要的,那么他们就会鼓励学生用问题解决的方法去形成自己对现实的看法。因此,是把学生亲身体验之前就存在的先辈们认识的现实直接传授给学生,还是鼓励学生去发现并形成自己对现实的看法,这两种传授知识的方法之间存在很大的差别。在你的教育哲学中,你更倾向于采取哪种看待现实的方法呢?

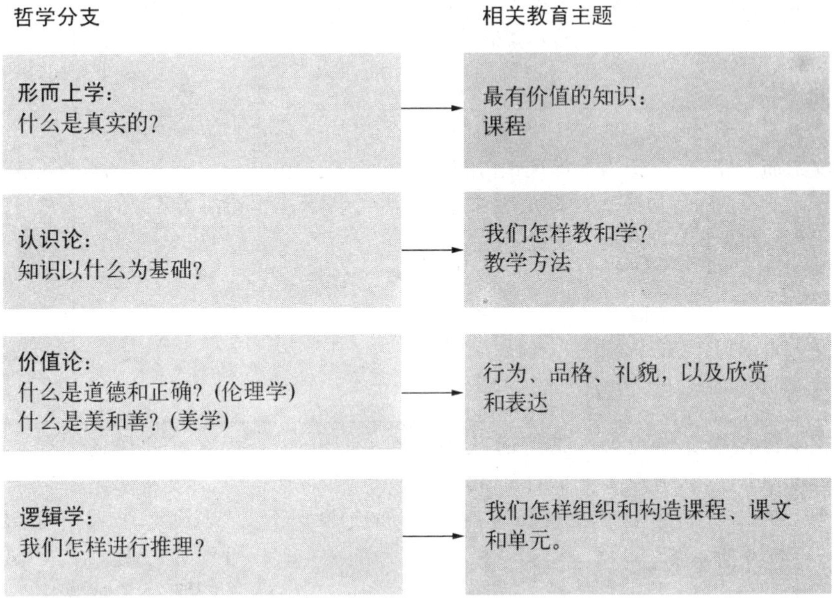

图6.2 哲学流派与教育的关系

什么是有价值的?

价值论(axiology)规范的是价值观的问题,是关于我们应该做什么或不应该做什么的问题,可细分为伦理学和美学。教师经常根据这些价值规范判断什么是恰当的行为或不恰当的行为。**伦理学**(ethics)考察道德价值观,并规范道德行为的标准;**美学**(aesthetics)则主要讨论美和艺术的价值。通常,教师和家长及社会一样,会将他们的价值观传递给年轻的学生,他们会对那些符合教师的“真、善、美”的概念的行为进行奖励和强化，而对不符合“正确”概念的行为进行惩罚。另外，教师创造的课堂环境也能让学生浸润在一种道德氛围中，课堂的道德氛围反映了教师的道德感和美感。

概述 6.1　教育的哲学流派

哲学	形而上学	认识论	价值论	教育意义	支持者
理想主义	现实是存在于精神或人的头脑中的，而且是不变的。	认识就是回忆潜在的观念。	价值是普遍的、绝对的、永恒的。	学科课程，内容强调文化中伟大而不朽的观念。	爱默生 福禄贝尔 黑格尔 柏拉图
现实主义	现实是客观的，独立于我们之外而存在，但我们能够认识它。	认识由概念构成，概念基于对现实的感知和抽象。	价值是绝对、永恒的，是建立在普遍的自然法则之上的。	学科课程，重视人文学科和科学学科的教学。	阿奎那 亚里士多德 布劳迪 马利坦 裴斯泰洛齐
实用主义（经验主义）	实用主义抛弃了形而上学，坚持认为对现实的信念是建立在经验基础之上的，只有在与环境的互动中才能获得，对现实的认识是不断变化的。	从经验中获得认识，用科学方法来验证观念。	价值是情境化的，是相对的。	教学是根据科学方法以问题解决为基础的。	蔡尔兹 杜威 詹姆斯 皮尔斯
存在主义	存在主义漠视形而上学，认为现实是主观的，存在先于本质。	我们的认识来自于我们个人的选择。	价值是个人进行自由选择的结果。	教室里的对话可以激发学生意识到每个人可以通过有意义的选择形成自我概念。	克尔凯戈尔 萨特 马塞尔 莫里斯
后现代主义	后现代主义抛弃了形而上学，认为形而上学是历史的建构，被用于操控社会经济。	解构文本（标准），以发现它们的初始含义，以及如何被优势群体和阶级所利用。	重视被边缘化的个体和群体的价值。	学校是进行民主批评和社会变革的场所，以增强被统治群体的力量。	德里达 福柯

演绎思维和归纳思维

逻辑学是有关正确、有效思维的科学，主要考察我们用来建构命题和论据的推理规则。**演绎逻辑**(deductive logic)的顺序是从一般陈述到具体事例或运用。例如，我们开始提出一个前提"所有落叶树都会季节性落叶"，然后陈述次前提"枫树在秋天会落叶"，最后得出结论"枫树属于落叶树"。按照演绎推理逻辑，如果前提是真实的，那么结论也必然是真实的。**归纳逻辑**(inductive logic)则从具体特殊的事例开始，然后得出假设性的归纳，需要进一步验证或进行必要的修改，也就是从有限的数据中得出更具概括性的结论。例如，(a) 地球的气温在过去 50 年中一直在增加；(b) 全球变暖是由于燃烧化石燃料产生的排放物造成的温室效应引起的；(c) 如果我们继续产生化石燃料的排放物，地球的气温将持续上升。这就是两种不同的逻辑思维方法。无论是课程还是教学都要按照一定的逻辑方式来安排和呈现。请思考如果用上面列举的两种方法分别上同一门科学课会产生什么差异?[1] 所授科目本身是否有某种逻辑关联，决定着这门课该如何组织和呈现给学生(演绎法)? 或者教师是否应该根据学生的兴趣、准备状况和经验来组织教学(归纳法)?

在理解这些术语后，我们可以对不同的哲学流派和教育理论进行考察。在对这些哲学流派和教育理论的重要概念进行逐一讨论之后，我们将看到，本章开头提出的基本问题获得了怎样的不同解答，这些术语是怎样帮助教师建构他或她的教育哲学的(本章讨论的哲学流派请参见概述 6.1)。

焦点问题回顾：仔细思考本章讨论到的术语：形而上学、认识论、价值论及逻辑。在建构你的教育哲学时，你认为现实、认识、价值观和思维是什么?

第二节 理想主义

著名理想主义思想家

理想主义(idealism)是世界最古老的哲学流派之一，始于柏拉图在古希腊雅典城邦教授的哲学观点。很多年以后的 19 世纪，德国著名哲学家、大学教授黑格尔(Georg W. E Hegel，1770—1831)在大学给学生讲哲学史，他认为人类的大部分历史是在不断揭示绝对精神，也就是上帝的观点[2]。美国的拉尔夫·沃尔多·爱默生(Ralph Waldo Emerson，1803—1882)和亨利·大卫·梭罗(Henry David Thoreau，1817—1862)创建了一种美国式的理想主义，被称为先验论(transcendentalism)，重视

〔1〕 萨米尔·奥卡沙:《科学哲学简介》(英国牛津:牛津大学出版社，2002)，pp. 18—24。

〔2〕 有关柏拉图和黑格尔的传记，参见大卫·博斯托克，"柏拉图"，泰德·洪德里奇(编辑)，《哲学家:西方伟大思想家》(英国牛津:牛津大学出版社，1999)，pp. 15—21；以及彼特·辛格，"黑格尔"，洪德里奇:《哲学家》，pp. 131—137。

发现自然界中的真理。福禄贝尔(在"教育先驱"一章中讨论过)以理想主义原理为基础,重视揭示儿童的精神本性,形成了自己的幼儿园理论。亚洲的宗教如印度教和佛教,同样也是以理想主义的精神世界观为基础建立起来的。

一、关键概念

形而上学

普遍的永恒真理

理想主义者相信,精神的而非物质的世界是终极的真实,他们将世界看做是伟大的宇宙意识的杰作,也就是绝对精神或上帝的一个创造物。对理想主义而言,个人的精神本质,或灵魂,是人类本性中永恒的要素,也是赋予个人思考和感觉的力量源泉。这个智慧或精神的理念世界是普遍而永恒的,因为它就像它的造物主一样完美,不需要任何改变。和宇宙精神一样,世界上任何地方的真、善、美都是相同的,不会随时间的变迁而更改。

宏观世界和微观世界

理想主义者,如美国的先验主义者,用宏观世界和微观世界的概念来解释他们感知到的现实世界。**宏观世界**(macrocosm)指的是宇宙意识、世界的本源、造物主或上帝。无论用哪种名字来称呼它,宏观世界的意识就是整体的存在,它就是一个包含一切的完整自我,其他所有更小的自我是它的组成部分,这个普遍的宏观世界的意识一直不断在思考,在进行价值判断。而**微观世界**(microcosm)指的是个人的意识或精神,是有限的、较小的自我,但作为宏观的宇宙意识的一部分,也一样是智慧的、精神的。

认识论

潜在知识

理想主义者相信,构成现实的各种理念是早已存在于绝对精神或上帝的头脑里。我们认识到某种事物,其实就意味着我们对某一个或某一些存在的观念有了意识明确的了解。柏拉图创造了他的回忆认识论。他认为认识就是通过回想,将我们毫无意识的、但已经植根在我们大脑中的**先验观念**(a priori ideas)回忆出来。每个个体只要通过深刻的思考和内省,就能审视他或她的内心,并发现那些深藏其中的观念,这些观念其实就是对宏观世界精神的复制。教师面临的挑战在于如何通过提出探究性的问题或是呈现某些观念来启发学生明了他们头脑中早已存在的知识。这个在自己内心寻找真理的教育过程，实际是要激发学生创建一个广泛的、总体的、统一的宇宙观[1]。

学科的等级

理想主义的教师相信，那些探寻真理的人们会随着时间的推移不断发现绝对真理或上帝。这些寻找真理的人不断将他们的发现和受到的启示记录下来形成一套知识体系，这个知识体系也被称为"学科"，特别是人文学科的科目。学校作为永恒真理的储藏室，用不同等级层次的学术科目组成的课程来组织教学，在这个等级层次序列中，有些科目比其他的科目更重要。排在这个等级层次最上方的是那些最普遍的学科：哲学和神学。这些非常抽象的学科能超越时间、空间和环境的限制，并可迁移至广泛的情境中。数学也很有价值，因为数学能培养抽象思维能力；历史和文学的地位也很高，因为这两门科目可以让学生学习道德和文化楷模。相对地位较低的科目包括自然科学和物理科学，这些科目主要讨论特定的因果关系。语言也很重要，它是各层次的学习所必不可少的重要工具。教师在指导学生学习这些不同科目时，他们的最终目的是形成一种跨学科的知识整合，使各个学科相互联系起来，最终形成一种高级思维的形式。

价值论

永恒的价值

由于理想主义者相信真、善、美存在于一个普遍而永恒的次序中，他们把价值观看做是永恒不变的，适用于任何地方的任何人。因此，道德行为反映出的是永恒不变的知识和人类文化的价值观。哲学、神学、历史、文学和艺术中包含着丰富的可以传递价值观的资源，因为这些学科不仅提供了这些文化价值观的内容，还提供了这些价值观存在的情境，通过学习这些学科，学生能够发现值得效仿的楷模，尤其是古典著作，这些伟大的作品具有恒久不衰的生命力。

逻辑学

逻辑一致性

对理想主义者而言，逻辑也是以整体和部分的关系为基础的。整体指的是绝对精神，而部分指的是个人精神；部分是特定的观念或原则，来源于整体，并与整体保持一

---

〔1〕 古泰克：《哲学和教育的新视角》，pp. 28—29。

致,而整体则更具概括性。理想主义的教师会使用演绎逻辑来组织上课内容,他会从总的原理或规则开始,然后用一些具体案例或例子来阐述总的原理。例如,一位理想主义的文学教师很可能先介绍"尊敬他人"这样一个总体概念,提出我们要尊重那些与自己不同的人,然后会以亨利·大卫·梭罗(Henry David Thoreau)为例,介绍梭罗怎样在瓦尔登湖(Walden Pond)用自己的方式进行非暴力不合作的反抗斗争。

二、基本问题

普遍的观念知识

如果你去问一位理想主义教师:"什么是知识?"他的回答可能是这样的:"知识是隐藏于现实之下的有关普遍精神的真理,以及反映这个真理的有关观念。"由于知识是有关普遍观念的,那么教育就是一个智慧的过程,这个过程就是把这些观念带回到学习者的意识之中。

学校教育:对真理的理智追求

如果你问一名理想主义教师:"什么是学校?"他会回答,学校是一个培养理智的机构,教师和学生在那里持续探讨苏格拉底和柏拉图提出的问题:什么是真?什么是美?什么是美好的生活?要回答这些问题,我们必须进行深入的思考,要努力将已经存在于我们头脑中的答案带到意识中来。我们需要阅读伟大的名著,研究伟大的艺术作品,作家和艺术家已经在这些著作和作品中展示了他们已经捕捉到的对真理的真知灼见。

谁应当上学?理想主义者的回答是每一个人。尽管学生具有不同的智力能力,但所有人都应当有机会尽可能地培养自己的心智。虽然天资聪颖的学生需要教师能够提供最大的智力挑战,但所有的学生都有追求一个同样的智慧课程的权利和机会。

苏格拉底法

我们应该如何教学?理想主义者会回答说,思维和学习就是把潜在的观念带入意识思考的过程。因此,一种有效的教学方法就是采用**苏格拉底法**(Socratic method),教师通过向学生提出引导性的问题,激发学生对自己大脑内部观念进行认识[1]。另一种重要的理想主义教学方法是示范,教师应当成为值得学生模仿的楷模,不仅要拥有渊博的文化遗产知识,还应当过着值得效仿的生活。

---

〔1〕 有关苏格拉底、柏拉图和亚里士多德的介绍,参见 C. D. C. 里夫,"苏格拉底运动",兰德尔·卡伦(编辑),《教育哲学指南》(马萨诸塞州摩顿:布莱克维尔出版社,2006),pp. 7—24。

高标准

理想主义者希望通过保持学生的高理智标准，抵制任何导致平庸的趋势，以保护教育的学术质量。例如，在柏拉图的《理想国》中，理智的标准相当之高，只有极有天赋的极少数人能成为哲学王。今天的理想主义者仍然坚持认为，每个人都应当接受跟个人的智慧能力相匹配的教育。

理想主义者会支持采用高标准，不仅要求教师对学生的智力持有很高期望，而且要求学生努力达到优异的智力水平。此外，高标准并不意味着统计学上的平均水平，而是尽可能地提高对学生的期望值。因此，标准化的要求不应该替代学生个体智力和道德达到优异的要求。

三、对当今课堂教师的启示

智力发展，而不是职业培训

理想主义拒绝那种常常左右着当代社会和教育价值观的消费主义和职业主义，它试图创造的学校是一种教和学的智慧中心。理想主义把教师视为引导学生实现自己全部潜在智能的关键主体，它还鼓励教师和他们的学生去见识并欣赏那些最出色、最不朽的文化成就。教师向学生们介绍经典，就是那些伟大不朽的艺术、文学和音乐作品，这样学生就能体验并分享这些作品所包含的经过时间检验的文化价值。

网络的使用

在使用技术手段或任何的革新方法方面，理想主义者希望教育工作者们能在教育最终目的的指引下发现真理，确保学校是知识和智慧的中心。理想主义者认识到，互联网能让更多的学生接触到各种巨著，但他们仍然坚持认为技术只是一种教育手段，一种教育工具，而不是教育的最终目标。教育的内容才至关重要，而不是用来传播内容的技术装备[1]。

教师该如何使用理想主义的原理来准备一堂课呢？一名 5 年级的社会科学教师，会通过一个介绍印度独立之父莫罕达斯·甘地（Mohandas Gandhi）的生活和道德影响力的单元，来向学生阐释观念和更高道德法则的力量。学生要学习甘地的生平，思考他用来反对不公正的非暴力不合作原则，这个原则指引了南非的反种族主义运动和印度的反英殖民主义运动。这堂课最重要的结果应当是，学生认识到甘地将公平原则视为普遍真理，这个普遍真理决定了所有地方的所有人。

---

〔1〕 对哲学和技术的评论，参见马克·德弗里斯：《科技教学：非哲学家的科技哲学入门》（多德雷赫特：施普林根出版社，2005）。

焦点问题回顾：当你思考如何创建自己的教育哲学时，理想主义的哪些因素对你这样的一名教师具有吸引力？哪些因素的吸引力最小？为什么？你是否想将一些理想主义的要素加入你的教育哲学之中？

第三节 现实主义

真实的客观世界

古希腊哲学家亚里士多德，柏拉图的学生，形成了最早的**现实主义**（realism）哲学观。现实主义认为，现实存在于我们的头脑之外，是客观的，而不是像柏拉图所言潜藏在我们大脑内部的。“美国教育的世界根源”一章曾经描述到，中世纪时期，托马斯·阿奎那将亚里士多德的自然现实主义和基督教教义综合成一种新的哲学思想，被称为托马斯主义[1]。科学现实主义则将现实主义思想带入到 21 世纪。科学现实主义者认为，不管我们能否认识，现实都是独立存在的，科学方法是对世界进行精确描述以及了解世界如何运行的最佳方法[2]。为了解释和运用我们的科学发现，我们有必要创

现实主义哲学强调感官学习，以及对物体的分类，例如化学，正如这些学生在一节科学课上所做的。

---

〔1〕 有关亚里士多德和阿奎那的传记和思想，参见大卫·查尔斯，“亚里士多德”，洪德里奇，《哲学家》，pp. 23—31；亚历山大·布罗迪，“阿奎那”，洪德里奇，《哲学家》，pp. 39—47；另参见乔纳森·伯恩斯：《亚里士多德简介》（英国牛津：牛津大学出版社，2000），p. 30。

〔2〕 奥卡沙，《科学哲学简介》，pp. 58—62。

建理论，随着科学的调查方法的不断改进，我们可以对创建的理论进行修改和完善，这样我们就能得出最准确的描述现实的理论。

现实主义者坚持认为：(1) 有一个真实存在的客观世界，这个客观世界不是人类创造的；(2) 人类的大脑能够认识这个真实的世界；(3) 这种客观知识是对人类个体和社会行为最可靠的指导。以这些原理为基础，我们可以考察现实主义对教育的启示。

一、关键概念

形而上学和认识论

认识是先感觉认知、后抽象概括

现实主义者相信，物质世界是独立于认识者的头脑，并存在于认识者的头脑之外[1]。所有物体都由物质构成；反过来，物质以某种特殊物体的形态或结构被组织起来。

认识(认识论)包括两个相关联的阶段：感知和抽象。首先，认识者对物体进行感知，并将该物体的感知数据记录在大脑中，如该物体的颜色、尺寸、重量、气味或声音等，然后大脑将数据分类为该物体总是表现出的属性和偶尔表现的属性，通过识别该物体的必要属性(也就是那些总是存在的属性)，学习者就能对该物体形成一个抽象的概念，并按照该物体所属的类别来认识它。这种分类进一步肯定该物体与属于同种类别的其他物体之间具有某些共性，而与不属于该类别的其他物体之间却没有相似性。

有组织的学科课程

和理想主义者一样，现实主义者相信课程应当由组织得当、各科分离的学科组成，这样的课程能提供最精确、最有效地认识现实世界的方式。按照学科主题来组织课程，就像科学家和学者们所做的那样，这也是对物体进行分类的一种复杂方法。例如，人类过去的经验可以组织成历史学科；植物学则是根据植物的分类对植物进行系统的研究；政治组织如国家、政府、立法机构、司法系统等则可以归于政治学范畴。现实主义者就是运用上述方式，通过对物体进行系统的调查来获取关于现实的知识。

---

〔1〕 有关科学现实主义如何在社会学科内的运用，参见彼得·曼尼克斯：《对社会学科现实主义哲学的解释和理解》(英国剑桥：剑桥大学出版社，2006)。

价值论

基于现实的理性行为

对现实主义者来说,应该有某些规则能控制人类智慧、理性的行为。亚里士多德将人定义为理性动物,因此,人们只有在以理性的方式行事时才最像人类,这就意味着人要在掌握一定知识的基础上决定做出何种行为。通过人们对自然和社会现实的观察,他们可以得出关于自然和社会如何运行的理论。当他们按照这些理论做事时,他们的行为才是理性的。

逻辑学

演绎逻辑和归纳逻辑

现实主义的教师在教学中会使用演绎和归纳这两种逻辑方式。例如,正在学习植物学的学生就要仔细查看不同颜色、香味、大小的玫瑰,最后通过归纳,得出结论:它们都是同一属的成员。但是,如果班级学生要执行在学校操场边的花园里种植玫瑰这个任务,那么学生就应该先查阅有关植物养护的文献资料,然后推断出正确的种植地点,并判断他们种的每株玫瑰应该施用多少肥料和水等。

二、基本问题

客观知识

为了开始我们的哲学追问,我们再次提出这样的问题:“什么是知识?”现实主义者的回答应该是,知识涉及我们生活其中的世界。当我们认识了某种事物,我们的知识一定总是和这种物体相关的。只有我们的概念与那些真正存在于世界的物体相匹配时,这个概念才是有效的[1]。科学现实主义者还会进一步指出,我们的概念,准确地说,应当是以对这个概念相匹配的物体的科学描述为基础的。

用学科课程实施教育

现实主义者认为,正式教育就是学习那些经过组织和分类,按照主题划分的学科。历史、语言、科学以及数学就属于这样组织完备的知识体系。这些学科的知识能让我们知晓我们生活其中的世界是什么样的,这些知识是我们处理日常事务的最佳指导。

对现实主义者而言,学校就是社会建立的学术机构,用来为学生提供各种与他们

〔1〕 安德鲁·纽曼:《真理对应理论:论预测的形而上学》(纽约:剑桥大学出版社,2002)。

居住其中的客观世界相关的知识。因为每个人都有理性的潜能，所以学校教育应当向所有人开放。学生应当按照同样的学术课程进行学习，这种蕴涵着知识的课程就能将他们培养成能够作出理性决策的人。

三、对当今课堂教师的启示

教室是学习的场所，不是治疗的场所

在现实主义者的教室里，教师主要的责任是让学生将有关世界的各种理念与现实相匹配，采用的方法是教授各种技巧（如读、写或计算等）以及以权威的、专家的知识为基础的科目（如历史、数学或科学）。尽管现实主义者认识到学生不仅是理性的人，同时也是感性的人，但现实主义者更强调学生的认知学习和对学科主题的掌握。现实主义的教师反对在课堂中融入非学术的活动，认为那样会干扰学校的主要目的，学校作为纪律严明的学术探究中心的功能就会受到影响。

作为学科专家的教师

在教师的职前培养中，最优先考虑的是学科主题知识和能力的培养。例如，历史教师就应该首先成为一名历史学家，他的学术专业应当是历史学。另外，现实主义的教师还应当接受人文学科和理科的普通教育，这样他们就能理解并能论证他们所学的特别专业领域与其他学科间的关系。现实主义的教师使用的教学方法很多，诸如讲座、讨论、演示、实验等。掌握学科内容是最重要的，方法只是达成这一目标所必需的一种手段，方法是次要的。

现实主义方法的实例

一位中学物理教师，应该如何在现实主义哲学思想的引导下，设计一个关于牛顿运动定律的单元呢？首先，教师应当帮助学生了解牛顿，将牛顿放在科学史中进行介绍，并讨论牛顿的科学贡献；其次，教师要通过实验室的演示来阐明运动定律；第三，学生们要对演示的内容进行讨论，然后对这个演示所说明的问题形成一个科学的概括；最后，学生要接受教师的测试，以展示学生对牛顿运动定律的理解[1]。

现实主义者支持设置课程标准，以规定学生具体应达到什么样的学术目标，尤其是阅读等技能方面，以及数学、科学和历史等科目的内容方面，都应该设置相应的标准。标准化测验能够提供可靠的、可比较的数据，能说明学生对课程规定学科的掌握情况，也能说明教师对学生的教学情况，因此课程标准能促使学校和教师更加负责任。

---

〔1〕 菲利普·H.菲尼克斯：《教育哲学》（纽约：威力出版社，1961），pp. 22—24。

但是，他们会认为，标准化测验的结果只是学业成绩阶梯上的第一个台阶，一方面它们只证明了学生对基础内容的掌握情况，但学生还需要掌握更高层次的思维能力，以展示他们知道如何将理论知识运用于实践中。

现实主义者对能够帮助学生掌握学习内容的各种方法一直都持开放的态度，因此他们也会把技术作为发展和测试学生各项技能和学科能力的辅助手段。他们希望拥有尽可能"现实"而有效的计算机程序。

焦点问题回顾：当你考虑如何创建自己的教育哲学时，哪些现实主义的因素对你最具吸引力？哪些因素的吸引力最小？为什么？你是否想将一些现实主义的要素加入你的教育哲学之中？

第四节 实用主义

实用主义的奠基者

实用主义（pragmatism）强调要用实际行动来验证各种观念的有效性和可用性，它的奠基者包括查尔斯·桑德斯·皮尔斯（Charles S. Peirce，1839—1914）、威廉·詹姆斯（William James，1842—1910）、乔治·赫伯特·米德（George Herbert Mead，1863—1931）以及约翰·杜威（John Dewey，1859—1952）。皮尔斯很注重使用科学方法，用经验验证思想观点，他认为必须用确定性来替代可能性，即可能发生的事情。现在，我们可以在统计学的基础上，对某个很可能发生的事情提出一个可信的假设，而不是确定的假设。詹姆斯则将实用主义哲学运用在了心理学、宗教和教育中[1]。米德强调儿童是通过在环境中获得的各种经验来不断发展和学习的。杜威则将他的实用主义思想（又称为经验主义思想）运用于教育之中[2]。在"教育先驱"一章中，我们已经介绍过他对教育的贡献，本章我们将重点关注他的经验主义哲学思想。

有机体和环境

由于受到查尔斯·达尔文进化论的影响，杜威把"有机体"和"环境"这两个术语引入了教育领域。他把人类看做一种生物的、社会的、会说话的有机体，能够用他们维持生命的本能促进生长和发展。每一种有机体，包括人类，都有生活的栖息地或环境。在人们与环境交互的过程中，他们就有了经验。从这些经验中，他们建构出一个有用

〔1〕 詹姆斯·W. 加里森、罗纳德·波代斯基：《威廉·詹姆斯和教育》（纽约：师范学院出版社，2002）。

〔2〕 约翰·杜威：《儿童与课程》（芝加哥：芝加哥大学出版社，1902）；约翰·杜威：《民主与教育》（纽约：麦克米伦公司，1916）；约翰·杜威：《学校和社会》（芝加哥：芝加哥大学出版社，1923）；以及约翰·杜威：《经验与教育：60 周年版》（印第安纳州西拉法叶城：KDP 美国国际教育荣誉学会，1998）。

的由经验片段构成的网络。对杜威而言，教育的目的就是要让经验促进人的最佳生长。

问题解决

理想主义和现实主义的教育者都很重视学科课程的学习，但杜威却把思维和学习看做是问题解决的过程。在他的经验主义认识论里，学习者可以是个人，也可以是群体成员，可以通过解决个人和社会问题的过程，采用科学方法去检验经验的正确性。问题解决是一种一般智力的加工方法，可以迁移到各种情况下使用[1]。

一、关键概念

形而上学和认识论

经验

实用主义哲学与理想主义和现实主义哲学观不同，它把形而上学看做是无法用经验证实的推测，而理想主义和现实主义哲学观则主张，普遍和不变的现实具有一种形而上学的基础。实用主义抛弃了形而上学，只关注认识论，关注我们如何在这个不断变化的世界里建构我们的知识。

经验(experience)被定义为个人与环境的交互作用，是实用主义哲学的关键概念。一个人与他所处的社会、文化和自然环境间的交互作用就构成了其生活、生长和发展的过程。这种交互作用可能会使个人和环境都发生改变或变化。认识就来自于学习者和环境间的交互过程[2]。

经验的检验

杜威不认同理想主义和现实主义关于现实是先验的或在人类投世之前就已存在的概念。相反，杜威更关注人类如何与环境的交互作用，并对不断变化的现实建构一种试验性的、灵活的概念。这些对现实的试验性假设总要接受进一步的检测和验证，这就可能产生新的假设。观念并非如理想主义者所断言的那样，是以一种纯粹的状态存在。待验证的观念需要接受经验的验证，这就意味着我们要用行动来检测它们，并最终判断这些观念带给我们的是怎样的后果。尽管每次与环境的交互作用都可以归

---

〔1〕 有关杜威对思维和问题解决的讨论，参见约翰·杜威：《我们如何思维》，由杰拉尔德·L. 古泰克撰写引言(纽约：巴诺公司，2005)，第1版于1910年出版。

〔2〕 有关杜威实用主义观点的分析，参见克里斯丁·L. 麦卡锡、伊芙琳·西尔斯，"杜威实用主义和对真我的追求"，《教育理论》(2000年春季刊)，pp. 213—227。

纳出一些能用于解决下一个问题的一些方面,但是每次交互作用的情形却都多少有些不同。正是每一情形中这些不同的因素导致了问题的产生。智慧的人要学会使用科学的方法来解决问题,然后把每一次解决特定问题的情形所验证的特征,加入到他们持续不断的经验中。

杜威认为,我们不能依赖教育的传统,我们需要对教育方案进行测试,看看这些方案是否真的能达到我们想要的结果,某个特定的教育方案、课程设计或教学法策略能达到它预定的目的或目标吗?[1]

个人和环境的重建

由于我们和环境都在一直不停地变化,因此一个以假想的永恒现实或普遍真理为基础的课程就站不住脚了。我们的决策只能由我们的经验所引领。任何声称是真理的论断,事实上都是试验性的断言,随着我们更深入的研究,这个断言是可以被修改的。实用主义者认为,我们所需要的是一种既具有社会智慧、又具有科学智慧的方法,能在这个不断变化的现实中给我们一些指导。

价值论和逻辑学

价值的相对性

实用主义的价值论是高度情境化和具有文化相对性的。实用主义的价值观认为,在一个不断变化的宇宙中,价值观不可能像理想主义和现实主义者所认为的那样是普遍而永恒的,它是不断变化的,是相对于时间、地点和环境而不同的。对实用主义者而言,任何对个人和社会的成长有贡献的都是有价值的,而阻碍或限制个人和社会成长的都是没有价值的。我们可以通过检测的方法澄清我们的价值观,并在我们的经验中重建价值观,而不是盲目地接受那些遗留下来的价值观。

归纳逻辑

经验主义者遵循科学方法,采用的逻辑方法是归纳法,而不是像理想主义者和现实主义者那样从基本原理开始的演绎法。任何所谓的真理都只是被证明为合理的断言,都是试验性,必须接受进一步的检测和修改。

---

[1] 有关对杜威哲学对当代教育问题的影响的阐释,参见大卫·T.汉森(编辑),《对杜威的〈民主与教育〉的批判性交锋》(奥尔巴尼:纽约州立大学出版社,2006)。

二、基本问题

知识是试验性的

因为任何知识都是试验性和暂时的，都必须接受修改，所以实用主义者更关注的是建立、使用和测试一种观念的过程，而不是把那些假定的具有永恒真理的学科传授给学生。

实验过程

对实用主义者而言，教育就是一个实验的过程。实验的过程是一种解决问题的方法，人们在与世界交互作用的时候，解决问题的方法对人们是一种挑战。对杜威而言，最智慧、最深思熟虑的问题解决方法就是使用科学方法。

跨学科的方法

实用主义者支持进行跨学科教育，而不是使用分割成各个科目的课程。实用主义者认为，当你遇见问题的时候，你会从很多不同的资源寻找需要用来解决问题的信息，而不是单单从某一学科中寻求信息。例如，为了界定环境污染的问题和提出解决的方法，我们必须使用的信息可能来自历史学、政治学、社会学、科学、技术和全世界。一个接受了实用主义教育的人懂得如何进行研究，并将来自不同渠道的信息用于问题的解决。相反，理想主义和现实主义者对此表示强烈反对，因为他们相信学生在能够跨学科地使用各种方法之前，必须首先学习和掌握各门组织严谨的学科，在获得一定的知识基础之后才能进行跨学科的运用。

作为微观社会的学校

实用主义者，例如杜威，把学校看做是学习者和教师共处的一个地方社区，是与更大意义上的社会紧密联系在一起的。

传播文化遗产

学校主要承担以下三个功能：将文化遗产进行简化、净化和平衡。为了进行简化工作，教师要对文化和社会中的各种要素进行选择，然后降低它们的复杂性，简化为适合学生准备情况、兴趣及已有经验的教学单元。为了实现净化功能，学校和教师要选择那些有价值的文化元素，剔除那些限制人的交往和成长的内容。为了实现平衡的功能，学校要将经过挑选和净化的元素进行综合，以达到各元素间的和谐与平衡。

文化多样但共享学习过程

在多元文化的社会中，实用主义的学校为鼓励来自某种文化的儿童去了解和欣赏来自其他文化的成员提供了经验。尽管文化多样性让整个社会丰富多彩，实用主义者仍然希望所有儿童都能学习使用科学方法。他们相信学校应当建立一种社会共识，重视某些共同的问题并使用共享的过程来解决这些问题。学校作为真正综合、民主的学习共同体，应该对所有人开放，并鼓励来自所有文化背景的人们最大可能地分享各种资源。

教学资源视频案例

中间学校科学课的教学：探究式学习

在阅读完本节之后，请观看学生学习网站上的视频《中间学校科学课的教学：探究式学习》。在这段视频中，你将看到一名中间学校科学课教师如何用探究式学习方法来讲授有关大峡谷地质情况的一课。在你观看学生如何通过实验建构知识的同时，你还会听见教师谈论他对使用探究式学习方法好处的看法，同时也谈到使用这种方法要面临怎样的挑战，例如要额外备课，一般情况下课堂会比较混乱等。观看视频后，请思考以下问题：

（1）视频中的教室和这堂课如何展示了实用主义的学习观？

（2）视频中的这位教师怎样将教室转变成为一个合作学习的社团？他使用了什么策略？

三、对当今课堂教师的启示

工具性的学科

理想主义和现实主义的教师以教授学科内容作为他们的首要职责，而实用主义的教师则更关注教学生解决问题的过程。实用主义的教师并不简单地把各学科内容教给学生，而是帮助学生开展各种研究和活动，为学生提供各种能用于解决问题的资源，如通过课堂技术能获取的资源[1]。

运用科学方法

在实用主义课堂中，科学方法被运用于解决所有个人的、社会的和智力的问题，学生会分享他们运用科学方法的经验。教师期望那些使用问题解决方法的学生，学会把解决问题的过程运用于校内外的情境中，并以此把学校和社会联系起来。通讯技术，诸如电子信件和互联网等，能创建一个更大的社区，让学生有更多的机会分享各自的观点、见解和经验。

〔1〕 有关对科技的哲学运用的考察，参见拉里·A. 希克曼：《技术文化的哲学工具》（布卢明顿：印第安纳大学出版社，2001）。

作为共同体的教室

实用主义的教师致力于鼓励学生分享自己的兴趣和问题，将教室转变为一个相互合作的学习共同体。因为认识到每种文化都有某些可以让其他文化分享的有价值的东西，所以实用主义的教师很重视让不同文化背景的成员之间进行跨文化交流，这样学生就能共同创建一个更融合、更民主的共同体。

作为冒险者的教师

实用主义的教师是敢于冒险的人，他们把教育视为开放式的、不确定的过程，而不仅仅是将现状传递给学生。实用主义者会对标准化运动提出严肃的质疑，尤其是对其过分依赖标准化测试提出反对。这样的测试会让学生背负预先设定的目标和期望，这些目标和期望是由那些被称为专家的成年人和机构制定的，而不是源自学生自己的经验、自己关注的事件和问题。另外，这种用纸和笔进行的考试，只能测量学生对规定内容及其衍生内容的掌握程度如何，却无法真实地测试学生解决问题的技能如何。由于教师的能力依靠学生在标准考试的成绩表现来判定，那么教师更可能为学生通过考试而教而不是为解决问题而教。

实用主义的一堂课

我们该如何将实用主义运用于课堂教学呢？我们来举个例子，一个大学的教师教育班级正在讨论标准化测验的使用问题，正如《不让一个孩子掉队》法案所规定的那样，要求把标准化测试作为设置国家教育标准的一种手段。班级成员们就会按照下列的方法去做。

1. 确定这个问题的背景：为什么标准化测试会成为一个有争议的问题？用标准化测试来设置国家教育标准，什么人支持，什么人反对？

2. 定义该问题的关键术语。

3. 进行跨学科的研究，从不同的信息源中找出该问题有关的信息，例如可以从专业的教育工作者、教育心理学家、政府机构、家长组织以及州和联邦议员那里获取相关信息。

4. 提出可能的解决方案，对提议可以认可，也可以否定。

5. 达成共识，形成最终的解决方案，并付诸实践。例如，执行协议，共同拟定一份意见书，并将该意见书送给报纸、期刊或政策决策者。

焦点问题回顾：当你思考如何创建自己的教育哲学时，实用主义的哪些因素对你具有吸引力？哪些因素的吸引力最小？为什么？你是否想将实用主义的一些要素加入你的教育哲学之中？

第五节 存在主义

存在主义(existentialism)与其说是一种系统的哲学(如同理想主义和现实主义一样),不如说它是一个哲学化的过程。存在主义要求个人对自己的生活进行审视,真切地表现出自己或绝望或希望的情感。存在主义者的教育鼓励人们对自我的身份、承诺和选择进行深刻的反思。

一、关键概念

个人反思

存在主义作家让·保罗·萨特(Jean-Paul Sartre,1905—1980)对存在主义作出了最鲜明的声明:"存在先于本质。"萨特是著名的戏剧作家和哲学家,他非常重视人类想象的作用,把人类的想象力视为认识和感觉的方式[1]。

通过选择创造个人的本质

对萨特而言,我们出生在一个我们没法选择的世界,这个世界也不是我们建造的。但是,我们却拥有一种个人的力量,即意志力,能够作出选择,并创造我们存在的目的。我们被推入一个不得不作出选择的境地中,有些选择微不足道,但有些确实关系着我们生命的目的和意义,这种选择引领着我们对自我进行界定。我们通过选择创造了自我概念,形成了自我的本质。我们是我们选择成为的人。存在主义者认为,人类的自由是绝对的,它就是我们要为自己的选择负责[2]。

存在性焦虑

存在主义认为人类是他自己本质的创造者,这个观念与理想主义和现实主义的观念存在根本的不同,它们认为人是一个普遍系统中已经界定好的类别。理想主义者和现实主义者都将个体视为栖息于一个有意义的、可解释的世界里,而存在主义者则认为世界对人的希望、渴求和计划漠不关心。存在主义集中讨论了焦虑(angst)或恐惧的概念。我们每个人都知道我们在这个世界上的存在是暂时的,我们的宿命是死亡和消失。但是,每个人都必须作出有意义的选择,自由还是依从、爱还是恨、和平还是战争、公正还是不公正,这些都是选择的结果。在我们作出这些选择的时候,我们会问:"现在的我与我所选择成为的我之间有何区别?"

---

〔1〕 托马斯·鲍德温,"让·保罗·萨特",洪德里奇,《哲学家》,pp. 245—252。

〔2〕 古泰克:《哲学和教育的新视角》,pp. 113—125。

选择自我决定

根据存在主义者的观点，我们必须应对其他人、其他制度或机构对我们自由选择的长期威胁。每个人对生活的回应其实就反映了他对下面这个问题的回答："我是选择成为一个自我决定的人，还是满足于让别人来决定我？"但存在主义在这种绝望的背后确实看到了希望，因为每个人都有生存、爱和创造的潜能，每个人都能选择成为一个自由、有主见、真实可信的人，都能认识到每次选择其实就是一次个人价值的创造行为[1]。

二、基本问题

创造个人价值

存在主义者抛弃了在人出生的那一刻就将人定性的形而上学的前提描述，相反，他们断言，人类能够在自己的一生当中通过不断作出个人的选择来创造自己的本质。从认识论的角度看，个体选择的知识是那些他希望能适用于自己生活的知识。存在主义者认为价值论至关重要，因为人类是通过选择创造自己的价值的。

唤醒对人类境况的意识

存在主义者认识到，我们生活在一个物质的现实世界里，科学提供了关于自然环境的有用信息。但是，我们生活中意义最重大的方面是属于个人的，而非科学性的。所以，存在主义者相信，我们个人对人类境况的知识和我们作出的个人选择才是最关键的。教育的目的就是要唤醒我们的意识，明白自己有选择的自由，同时创造一种自我意识感，这种自我意识感能帮助我们成为真实可靠的人。

人人享有同等的机会

存在主义者指出，在学校里，教师和学生都应当投入到关于自我生活和自我选择的讨论中。因为我们所有人都处于同样的生存困境之中，所以我们所有人都应当有机会接受学校教育。在学校，不论是教师还是学生都有机会提出问题、尝试回答问题，并且参与对话之中。

质疑与对话

存在主义的教师会鼓励学生对他们的希望和恐惧的含义、他们的欲望的含义以及

---

〔1〕 玛克辛·格林：《学习的风景》（纽约：师范学院出版社，1978）；凡·克里夫·莫里斯：《教育中的存在主义》（伊利诺伊州展望高地：威乌兰德出版社，1990）。

他们的生、爱、死的含义，进行哲学化的思考，提出问题，并参与到对话中。对于这些问题，并没有正确或不正确的答案，因为这些问题都是个人的、主观的问题，是不能用标准化测验衡量的问题。存在主义的课程包含着所有能够引领学生进行存在主义哲学思考的内容，尤其有价值的课程就是那些能生动地描述个人作出选择行为的学科，包括情感的选择和美的选择。文学和生物学能揭示人们如何作出选择，因此学生应当阅读、观看并讨论有关的书籍、戏剧、电影和电视节目，这些都能生动地描述人类的生存境况，以及在这种境况下需要作出的选择。

所需要的自我表达

学生应当能自由创建自己真实的自我表达模式，[1]也应当能够自由体验各种艺术媒介，并能自由地将他们的情感、感觉和见解生动地表达出来。教育技术因其能够生动地描绘个人的选择和自由，在存在主义者的教育中占有一定的重要地位。例如，学生能够通过设计多媒体作品来表达自己。但是，技术会产生千篇一律的思维，获取信息的途径和内容也可能完全相同，因此存在主义者仍然对技术持怀疑态度。

三、对当今课堂教师的启示

教师鼓励学生的自觉

从存在主义的观点看来，教学总是很困难的事，因为教师不得不面对强加给他们的课程。另外，存在主义者还提出说，教师不能提前制定特定的教学目的和目标，因为学生需要选择自己的教育目的。存在主义的教师不会把教育目的强加给学生，而会寻找方法激发每个学生强烈的自我意识，让他们意识到最终要对自己的教育和自我概念负责。为了做到这一点，教师会鼓励学生审视可能限制他们自由选择的制度、压力和可能的情况。另外，存在主义的教师会尽可能进一步创造一种开放的课堂，使学生选择的自由最大化。在这些开放的学习环境中，教学是在学生的自我指导下进行的。

外部标准使教育失去个性

存在主义者会反对标准化运动，尤其反对用标准化测试来衡量学生的学习成绩，认为这是对个人选择和自由的阻碍。如果每个教室里进行的都是标准化的教学，就会抹杀每个教育环境中的具有创造性的独特个性。

---

〔1〕 有关使用叙述和对话的方法来检验教育中的哲学问题的内容，参见凯罗尔·维斯瑞尔、内尔·诺丁斯（编辑），《生活述说的故事：教育中的叙事和对话》（纽约：师范学院出版社，1991）。

四、存在主义学校：夏山学校

夏山学校：自由的典范

亚历山大·萨瑟兰·尼尔(Alexander Sutherland Neill,1883—1973)是英国的教育学家,他的教育哲学显然带有存在主义倾向。他创办了夏山学校,在这所学校里,他很重视给予儿童个人自由,让儿童对自己的教育作出重要的选择。尽管尼尔公然反对给建在英国的夏山学校进行哲学分类,但夏山学校的使命、课程、教学方法和学习方法其实就是存在主义主旨的例证。在这个教育实验中,学生可以自由选择学什么,什么时候学,完全摆脱了来自外界的提前规定好的各种要求和限制,尼尔发现,他的学生们实际上都想学习,渴望按照自己的学习日程去学习[1]。

存在主义的一堂课

文学、戏剧和电影在存在主义的教学中非常重要。下面就以一堂高中历史课为例展示存在主义的教学方法。这堂课的内容是学习二战期间欧洲纳粹分子残酷杀害了600万犹太人的种族大屠杀。全班同学先观看斯蒂芬·斯皮尔伯格(Steven Spielberg)的电影《辛德勒名单》,电影讲述了一位实业家奥斯卡·辛德勒的故事,他最初希望通过迫使集中营中的犹太人到他的工厂中做劳工来赚取更多的利润,后来他却作出了一个自觉的决定,将他的工人从纳粹的毒气室中拯救出来。观看完电影后,学生们开始探讨辛德勒的道德境界,以及在那个丧失了理智的残酷世界里他所作出的选择。

焦点问题回顾：当你思考如何创建自己的教育哲学时,存在主义的哪些因素对你具有吸引力?哪些因素的吸引力最小?为什么?你是否想将某些存在主义的要素加入到你的教育哲学之中?

第六节 后现代主义

后现代主义(postmodernism)认为现代历史时期已经结束,我们现在生活在一个后现代时代。后现代主义源于德国哲学家弗里德里希·尼采(Friedrich Nietzsche,1844—1900)和马丁·海德格尔(Martin Heidegger,1899—1976)的哲学思想。尼采

〔1〕 尼尔对他的教育方法的描写,参见 A. S. 尼尔:《夏山学校:一种激进的儿童抚养方法》(纽约:哈特出版社,1960);还可参见他的自传:《尼尔!尼尔!橘子皮!》(纽约:哈特出版社,1972)。尼尔夏山学校的网址是:http: www. summerhillschool. co. uk/pages/index. html。

摒弃了形而上的普遍真理的主张，认为这些主张其实是用一些新的、同样是错误的论断来替代那些破旧的神话和超自然信仰的阴谋[1]。海德格尔系统阐释了一套被称为现象学的哲学思想，他认为人类在与各种现象交互的同时，从自己的直觉、观念和反思中建构自己的有关现实的主观真理。如今，后现代主义发挥了普遍、理性的影响力，尤其是对当代的哲学、教育、女性研究和文学等都影响甚大[2]。

与建构主义的关系

后现代主义对**建构主义**（constructivism）影响很大，建构主义是一种心理学流派和教育方法。后现代主义者和建构主义者都同意，我们是在与我们的周围环境交互的经验中创造或建构对知识的信念的。由于人类知识是不断建构的过程，所以我们的知识总是试验性的，是在推测中得出的，也就需要不断的修改。因此，我们关于知识的陈述或文本都是我们在感知现实后建构的产物，并不完全符合现实，所以这些陈述和文章都可以被解构或分解的。合作学习（collaborative learning）就是和同伴通过语言交流分享经验和观点，使我们的知识话语成为一个个人和社会建构的过程[3]。

与周围环境互动、用语言分享经验和观点，这是后现代主义的主要特征。

〔1〕 对后现代主义有深刻见解的讨论，参见克里斯多夫·巴特勒：《后现代主义简介》（英国牛津：牛津大学出版社，2002）。

〔2〕 弗里德里希·尼采：《权力意志》，翻译：沃尔特·考夫曼（纽约：温特吉出版社，1967年）；另参见大卫·E.库珀：《世界哲学史简介》（英国牛津、马萨诸塞州坎布里奇：布莱克威尔出版社，1996），p.467。

〔3〕 约翰·A.扎霍里克：《建构主义教学法》[印第安纳州布卢明顿：卡潘国际（PDK）教育基金会，1995]，pp.10—13。

一、关键概念

德里达和福柯

法国哲学家米歇尔·福柯和雅克·德里达(Michel Foucault and Jacques Derrida)是建构后现代主义过程中最负盛名的代表人物。和尼采一样,福柯完全抛弃了现代之前的理想主义和现实主义所声称的所谓普遍存在的不变真理的断言,但与尼采不同的是,福柯主要攻击的对象是那些声称自己毫无偏见、公正客观的现代专家,尤其是科学家、社会科学家和教育家们。他认为,这些专家宣称的客观现实,事实上是被那些精英分子伪装过的基本原理,那些精英分子掌握着权力,并想用权力压迫他人,尤其是那些穷人、少数群体和妇女[1]。后现代主义者在分析教育时使用了"从属"和"边缘化"这样的概念。从属是指有权势的精英对失去权力的群体和阶级的控制;边缘化是指将没有权力的群体推向社会边缘的社会过程、政治过程、经济过程和教育过程。例如,一个政治上强势的群体命令其他弱势群体遵循某项教育要求,比如规定学科的标准化测试,这即是从属的例子。而学校所教的官方历史只重视占优势地位的白人男性群体所取得的成就,却忽视女性和其他少数群体的历史,只将其作为整个历史的无足轻重的补充材料,这时边缘化就发生了。

解构

德里达声称,人类建构的知识是用语言来表达的,他因此提出了**解构**(deconstruction)的概念,并把解构作为一种能够追溯文本或经典(canon)的起源和含义的方法[2]。(canon 指的是一部著作,通常是一本书,因为包含某一文化中最权威的知识而备受推崇。)文本通常是一本书,但也可能是一段对话、一部电影或戏剧,还可能是其他的文化表现形式。在教育中,一个文本通常是一个课程的使用说明,一部录像或一本书,包括教科书,如你正在阅读的这本教材。解构的目的就是要全面展示这个文本,而不是反思形而上的真理或客观的知识,这些东西因为有政治权力关系的涉入而变成了具有偏见的历史和文化建构。例如,你可以通过回答下列问题来解构这本你正在阅读的书或任何其他教科书:作者是谁?他们为什么要写这本书?他们的动机是什么?这个文本是否赞同某一特殊的意识形态?这种意识形态是否支持某些人、某些群体或阶层而非其他的人或群体?

---

〔1〕 有关福柯和教育的内容,参见盖尔·尼科尔·贾丁:《福柯与教育》(纽约:比特兰出版集团,2005);马克·欧盛:《米歇尔·福柯:物质主义和教育》(科罗拉多州博尔德:标登出版社,2006)。

〔2〕 彼得·P.特里福纳斯、迈克尔·彼得斯:《德里达、解构主义和教育:教学与研究的伦理学》(英国牛津:布莱克威尔出版社,2004)。

在本章后面的章节中,我们将讨论那些支持使用巨著课程的人,他们将西方文化中的某些著作抬到非常高的高度,声称这些著作为我们提供了对生活和社会非常有价值的见解。但是,一些后现代主义者批评这些文本过于强调西方文化,而将亚洲和非洲文化边缘化。后现代主义者认为,这些所谓的经典文本,如柏拉图的《理想国》和亚里士多德的《尼各马可伦理学》,虽说历年来一直被推崇为长久不衰、普遍的道德权威,但事实上仅仅是历史的只言片语,我们能够对它们进行解构,以确定某些群体过去及现在如何把它们当做一种基础理论来统治其他的群体[1]。

解构文本

在解构经典或文本时,后现代主义者会提出这样的问题:(1)什么人、什么事件、在什么情况下、在什么特殊的时间赋予这部经典卓越的价值?(2)谁赋予这部经典在一定文化或社会中的特殊地位?将这个经典作为权威来接受会让谁从中受益?(3)这部经典是否将那些比例小的和被边缘化的个体和群体排除在外?对这些问题的回答直指那些在某个特定社会和文化中掌握实际社会、经济、政治和教育权利的人。

后现代主义者还对由谁来设定教育目的、决定课程如何编制等问题提出质疑。课程中哪些文本代表了官方知识?哪些文本和经验应当纳入课程或应当被排除在课程之外?我们该如何解读文本来建立和维持不同群体之间的权利关系?

二、基本问题

和存在主义者一样,后现代主义的教师为提高学生的意识而努力工作。存在主义者重视个人选择的意识,而后现代主义者则强调要通过对知识、教育、学校教育和教学的传统假设的解构来唤起学生对社会不平等的意识。他们并不将学校的课程看做一个装满客观真理和科学发现的、应该被传递给学生的知识库。他们认为学校是一个竞技场,相互冲突的不同观点在这里争斗,其中一些观点将处于支配地位,而其他一些则从属于它们。

学校对现状的再生产

后现代主义者将美国公立学校看做战场,它是一个竞争的场所,各种力量在这里斗争,为的是夺取社会、政治和经济的支配权。他们认为现在使用的官方课程充斥着各种基本理论,这些基本理论是强势群体为将自己的社会经济特权合法化,并对其他弱势群体进行支配或社会控制而制定的原理。他们驳斥了以下这类官方教育政策所

〔1〕 大卫·E.库珀,“后现代主义”,兰德尔·卡伦(编辑),《教育哲学指南》(马萨诸塞州摩顿:布莱克维尔出版社,2006),pp. 206—217。

声称的观点:公立学校能(1)公正平等地对所有儿童实施教育;(2)有利于社会群体向更高的社会和经济阶层移动;(3)对民主社会的延续是必不可少的。与这些声明相反,后现代主义者认为,公立学校和其他官方机构一样,是在帮助再生产一个这样的社会:(1)家长式的社会,更喜欢男性而不是女性;(2)以欧洲为中心的社会,其所谓的知识大多是由欧洲白人的祖先遗留下来的;(3)资本主义社会,尤以美国更为突出,在自由市场的意识形态下,私人财产和公司意志得到吹捧和赞美。其他群体,尤其是有色人种的经验,在学校课程的官方叙述中只是边缘的元素[1]。

课程的纠结

如果我们将学校看做竞争激烈的竞技场,我们就能看到后现代主义者是如何解构课程的。官方知识的支持者希望在中等和高等教育阶段有个标准的文化核心课程,这个课程是以欧洲文化的传统经典为基础的。后现代主义者对这些经典提出了质疑,认为这些经典代表的是男性主宰的、以欧洲为中心的、西方的、资本主义的文化。他们认为应当将那些非主流群体的贡献也纳入课程,这些非主流群体包括美国黑人、亚裔美国人、拉丁裔美国人、印第安人、女性、经济贫困的群体以及同性恋者等,不仅应把他们的贡献纳入课程,而且如果有核心课程,还应该纳入核心课程中。后现代主义者认为,所有儿童都应能获得文化多元的课程,尤其是那些在当代学校中被边缘化的儿童。

教学即再现

后现代主义者把教学看做是"再现","再现"的概念是指文化表达或讨论,是用来叙述现实与价值观、故事、图像、音乐和其他文化形态的[2]。例如,一名社会科学课的教师正在讲述一个关于移民的历史和争议的单元,他就需要意识到课本和他自己存在的偏见。后现代主义者强烈要求教师明白自己的强势地位,还要批判性地审视他们向学生进行再现的本质。教师必须批判性地再现出更广泛却更包容的人类经验,而不是只传递那些官方认可的知识[3]。学生有权听到各种声音和许多故事,包括他们自己的自传和传记。尽管后现代主义者和实用主义者一样都赞同学校课程中应当包含各种争议问题的讨论,但后现代主义者并不像实用主义者那样重视科学方法的使用。科学方法对后现代主义者而言代表的是另一种元叙述,是用来赋予精英群体权利并压制其他群体的工具。在这种情况下,科学方法作为一种元叙述(被认为是一种最具有权威的叙述或解说),已经被它的支持者吹捧为是检验真理的唯一方法。后现代主义者

---

〔1〕 安吉利·马特尔、琳达·彼得莱特,"排斥的边缘、转型的边缘:女性的教育地位",瑞贝卡·A.马修斯维茨、威廉·M.雷诺兹:《由里及外:教育中的当代批判观点》(纽约:圣马丁出版社,1994),p.152。

〔2〕 伊丽莎白·埃尔斯沃斯,"再现、自我再现及差异的意义:教育工作者的问题",瑞贝卡·A.马修斯维茨、威廉·M.雷诺兹:《由里及外:教育中的当代批判观点》p.100。

〔3〕 同上,pp.100—101。

认为，科学方法仅仅是众多诉求真理的方法中的一种，占支配地位的精英们征用了科学方法，是为了证明他们对他人和资源的剥削是合法的。

三、对当今课堂教师的启示

教师赋权增能

后现代主义者认为，为了让学生获得更多权力，教师必须首先让自己获得更多的权利和力量，成为专业的教育工作者。他们需要解构官方对学校教学目的、课程和组织结构的陈述，同时还包括解构教师的作用和使命。真正的赋权增能意味着在教师从职前培养到教学实践这个不断前进的过程中，他们有责任决定自己的未来，也有责任鼓励学生决定他们自己的生活。

场域哲学

赋予教师和学生权力和力量的过程始于学生和教师工作和生活的学校和社区。后现代主义者强烈要求教师创造基于自己所属场所的教育哲学。教师、学生和社区成员必须先审视下列问题，然后开始对一些关键的控制问题进行现场调查：(1) 谁实际上控制了他们的学校，制定了课程并设置了学业标准？(2) 那些控制学校的人的动机是什么？(3) 什么基本理论能够证明这些现有的课程是适用的？通过对特殊经济与政治利益和特权提出质疑，这种批判性分析能让人们获得更多权力，并变革社会。

后现代主义对标准的解构

后现代主义者很重视将那些属于被边缘化群体的故事纳入学校课程中，这样就能进一步促进学校中的文化多样性和多元文化主义。另外，后现代主义教育家还进一步解构了确定标准的基本原理，他们对《不让一个孩子掉队》法案所要求的用标准化测试来衡量学生的成绩提出了很多批判性的问题。为了找到真实的权利关系，他们会问是谁授权进行这些测试？谁来制定这些测试并诠释测试的结果？最后由谁决定怎样使用测试的结果？

类似的问题也可以用来对技术在课堂中的使用提出质疑。互联网能让人们更加强大，因为它能提供一种更快捷的交流方式，能在有意分享他们的思想或是关注共同事物的人们之间建立快捷的交流渠道。同样，如果技术被优势群体掌控，就会利用技术教导人们接受目前的现状，从而达到将人们边缘化并从属于优势群体的目的。一个后现代主义的教师首先要检查给学生使用的软件的表征是什么，同时还要思考在安排学生使用技术时涉及的权利问题。

后现代主义的一堂课应当是什么样的呢？在一堂中学美国历史课上，学生会考察为什么那些在墨西哥战争后割让给美国的领土上生活的墨西哥人会被边缘化。然后，他们可能会讨论拉丁美洲人和其他被边缘化的群体怎样在整个美国历史中努力让人们听到他们的声音。这堂课可能会布置写日志的作业，在日志中学生们要考察在他们自己生活的区域内哪些地方让他们感到权力强大而哪些地方是被边缘化的，同时学生还要提出一些行动建议，他们相信这些行动能以一种建构的方式让他们的声音被别人听见。

焦点问题回顾：当你思考如何创建自己的教育哲学时，后现代主义的哪些因素对你具有吸引力？哪些因素的吸引力最小？为什么？你是否想将一些后现代主义的要素加入到你的教育哲学之中？

第七节 教育理论

在下面章节中，我们将考察四种教育理论：要素主义、永恒主义、进步主义以及批判理论(参见概述 6.2)。哲学呈现的是对现实观的高度概括，而教育理论解释的是更具体的现象和过程，主要考察学校、课程、教与学的作用和功能。其中一些教育理论是源自哲学流派，而另一些则是在实践中发展而来的。在下面的章节中，我们以较为传统的要素主义和永恒主义开始，这两个理论都源自理想主义和现实主义，并且都采用学科课程的方式进行教与学。然后我们将讨论进步主义和批判理论，进步主义是在实用主义哲学的影响下形成的教育理论，而批判理论是在存在主义和后现代主义哲学的影响下形成的，这两个教育理论都把学习的过程与社会的变革关联起来。

概述 6.2 教育理论

理论	目的	课程	教育启示	支持者
永恒主义(源自现实主义)	传递普遍永恒的真理和价值	基本技能、人文学科及科学、西方文明的经典著作	以对永恒的真理和价值观的传承、讨论和反思为特征的教学	哈钦斯 阿德勒 马利坦
要素主义(源自理想主义及现实主义)	发展基本的文化技能、计算能力和学科课程知识	基本技能、基本的学科课程：历史、数学、语言、科学、计算机素养	为竞争激烈的全球经济培养能干且技能熟练的个体	巴格莱 贝斯特
进步主义(源自实用主义)	根据个体的兴趣和需要实施教育	活动以及设计	以进行问题解决和小组活动为特征的教学；教师扮演引导者的角色	杜威 克伯屈 帕克 约翰逊

续 表

理论	目的	课程	教育启示	支持者
批判理论(源自新马克思主义和后现代主义)	唤起学生对边缘化和赋权增能问题的意识	受压迫民族的自传	关注社会冲突	麦克拉伦吉鲁

第八节 要素主义

要素主义(essentialism)认为,学校的首要或基本功能是保护人类文明的成就,为达到这个目的,就应该把这些文明成就以技能和精心编排在课程中的各门学科的形式教授给学生。威廉·C.巴格莱(William C. Bagley,1872—1946)是一位重要的要素主义教育学教授,他相信学校应该为所有学生提供技能和知识的学习,只有掌握这些技能和知识,学生才能在民主社会中发挥自己的作用[1]。如果不能将这些必要的技能和学科传授给学生,那么人类文明就会遭到毁坏。这些重要的知识包括基本的读写技能(阅读和写作)、计算能力(算术),另外还有历史、数学、科学、语言、文学等学科。由于要学的东西如此之多而学习的时间却是有限的,课程就必须重点包含一些要素知识,教学也必须很有效。要进行有效的学习,课程的编排必须循序渐进,能让学生逐渐积累知识。课程的安排次序是先进行低级的技能学习,然后再学习更复杂的高级技能,而在较低层次中所学习的内容在随后更高级别或高层次的学习中再次出现,这就是积累[2]。

巴格莱精心制作了一个完美的教师教育培养计划,能让教师顺利地从职前培训过渡到专业的课堂教学实践。教师所需要的知识基础是人文学科和科学,教师必须掌握他们将要教授的学科和技能,同时还必须拥有丰富的专业教育经验和教育方法,这样他们就能将最重要的技能和学科高效地传授给学生。这个从职前培养到课堂实践的成功渠道,意味着教师要有能力将各种技能和主题组织成适合学生年龄和能力水平的单元,然后还要有能力对学生进行教学。

小亚瑟·E.贝斯特(Arthur E. Bestor, Jr.)是伊利诺伊大学的历史学教授,他详细阐述并重申了要素主义者的观点,并将这些观点转化为基础教育的理论,协助组建了基础教育委员会(the Council on Basic Education)。贝斯特认为,学校应当在智力训练方面为学生提供一个良好的教育,换言之,要教学生学会一种基本的思维方式,这

〔1〕 J.韦斯利·那尔:《一名受过训练的进步主义教育家:威廉·钱德勒·巴格莱的一生和事业》(纽约:比特兰出版集团,2003)。

〔2〕 威廉·C.巴格莱,"要素主义者促进美国教育的纲领",《教育管理和监督》第24卷,(1938年4月),pp.241—256。

种思维方式能在历史、科学、数学、文学、语言和艺术等学科中找到，因为这些知识学科是人们在对文化理解、智力和有用知识的探索中不断发展而来的[1]。

新教学法忽视了基础

要素主义者对很多当代颇受欢迎并获得很多支持的新教学法进行了控诉，认为这些新教学法实际上忽视了系统的、有教师指导的教学，尤其是忽视了对基本的如读、写、算等技能和基础学科的有效教学，这使得学生的学术成绩和文明礼貌方面都有了很大的滑坡。那些并未掌握本年级应该掌握的技能和学科的学生，在自动升级制度下，同样能升入下一个年级继续学习，这是为了让他们能与同龄学生保持一致，但是这种政策进一步破坏了学术标准。这些政策导致学生在"学术性向测试"（SAT）和"美国大学入学考试"（ACT）等标准化考试中的成绩出现显著的下降。此外，学校对待道德的宽容氛围也削弱了学生对文明礼貌、社会责任和爱国主义等基本公民价值观的重视。

"新基础课程"

为了纠正这些问题，一份由美国教育部资助完成的全国报告《国家处在危险之中》提出了一系列的建议，希望所有中学的学生能完成严格的"新基础"课程，包括英语、数学、科学、社会科学、计算机科学等学科[2]。

标准化运动的开始

《国家处在危险之中》对美国教育的批评，催生了"标准化运动"，提出要提高美国教育质量，就要为学生的学习成绩建立较高的学术标准或基准。标准化运动的支持者还认为，标准化测试能促使学生的成绩不断取得进步，最终达到制定的标准，教育质量的提高有赖于此。标准化运动对美国全国的学校都产生了影响，各州都纷纷制定了相关法律要求用标准化的测试来检验学生的学业成绩和教师的教学能力。

《不让一个孩子掉队》

2001年制定的《美国中小学教育法》，也就是《不让一个孩子掉队》法案（NCLB），表明了联邦政府对标准化运动的赞成和支持。该法案采纳了要素主义的提议，认定阅读和数学等是学生必须掌握的关键基本技能，标准化测试能够客观地测量学生的学习成绩。该法案还暗示，学生在标准化测试中的成绩表明了学校和教师为达到规定的目标所做的工作成效如何。

---

〔1〕 小亚瑟·E.贝斯特:《教育的荒原:退出公立学校的学习》(乌尔班纳:伊利诺伊大学出版社,1953);贝斯特:《恢复学习:挽救美国教育未实现的承诺的计划》(纽约:诺夫出版社,1956)。

〔2〕 国家优质教育委员会:《国家处在危险之中:教育改革势在必行》(华盛顿特区:美国教育部,1983),pp. 5,24。

《不让一个孩子掉队》的条款

为了有资格获得《不让一个孩子掉队》法案条款规定的联邦资助，各州应当每年对3—8年级的每个学生进行一次阅读和数学成绩评定。《不让一个孩子掉队》法案的支持者们坚信，这些测试的结果能够将那些大部分学生无法达到或超越标准的糟糕学校甄别出来[1]。另外该法案要求学区对提高贫困学生以及总体学生的成绩负责。学校和学区如果不能保证每年达到年度进步目标，那么就会被列为帮助对象；如果学校连续三年不能达到标准，该学校的学生就可能转学至其他成绩更好的学校中学习[2]。

一、基本问题

学校在教授基础课程中的作用

要素主义者认为，学校和教师必须致力于他们主要的学术使命，而不应当转向其他非学术的领域。学校最恰当的角色是教学生基本技能和学科，将学生培养成能够在民主社会中有效行使自己职能的人。尽管历史、社会科学等科目中会考察社会、经济和政治问题，但这些讨论应当是客观的，不带政治色彩的。

学科的边界

要素主义者支持使用学科课程，这种课程是按照各学科自己内部的逻辑或按时间顺序进行区分和组织编排的。在这种课程中，各种技能和学科都有清晰的界定，规定了学习的范围，并且按照循序渐进的顺序安排内容，让学生能不断积累知识并为将来的学习作好准备。要素主义认为，那种忽视过去的文化成就的课程、那些抛弃各学科边界的课程、那些要求进行跨学科学习的课程，会使学生感到困惑，使学术成就变得模糊不清，还会浪费宝贵的时间和资源，却无法让学生建立必要的知识基础。

对革新的怀疑

要素主义对那些所谓的革新性或过程性学习方法表示怀疑。例如，建构主义相信学生是以一种合作的方式建构自己的知识，并且学生对自己的进步进行真实性评估，但要素主义者对此表示怀疑。对要素主义者而言，受教育者只有在获得由科学家、学者和其他专家逐渐发展并仔细组织的知识基础之后，才能进行有效率和有效果的学习。我们不需要不断地重新发明车轮，这是在浪费时间和资源去重新发现已经知道的

---

〔1〕《不让一个孩子掉队》法案（华盛顿特区：美国政府印刷局，2001），p. 1。

〔2〕同上，pp. 8—9。

内容。我们需要的是学习和使用我们已经知道的,然后以此为基础继续向前进。

虽然有能力的教师总是试图激发学生的兴趣,但课程的内容应当以人类的那些经过时间检验的经验为基础。真正的自由来自于坚持完成一项任务,直至掌握它。例如,巴格莱总是很重视以教师为主导的教学,认为儿童有权希望教师,作为受过训练的专业人士,对自己的学习进行指导和指引[1]。和科学现实主义的观点相似,要素主义认为,学生需要学习客观真实的世界,而不是像建构主义的观点所误导的那样让学生自己创建自己对现实的观念。

二、对当今课堂教师的启示

传授基本技能

对要素主义者而言,教育的目的就是要传授并保护人类文化中必需的基本知识。学校负有向年轻人传授基本的人类技能和学科的特定使命,以便让年轻人能将这些人类掌握的技能和学科保护好并传承给下一代[2]。因此,作为高效的专业教育工作者,教师应当:(1) 坚持教授经过精心组织的由基本技能和学科组成的课程;(2) 向学生灌输西方和美国的传统价值观,包括爱国主义、勤奋工作、认真努力、严格守时、尊重权威、文明有礼的价值观;(3) 教室是纪律和秩序的场所,教师应对课堂进行高效、公正的管理;(4) 以学业成绩为基础促进学生的进步,而不是以社会现实为基础。

要素主义的一堂课

要素主义的教师会使用演绎逻辑来组织教学。他们首先教基本概念和真实信息,然后引导学生以这些知识为基础进行概括。我们来看一堂中学美国历史课,这堂课要学习两位美国黑人领袖布克·华盛顿和 W. E. B. 杜波依斯之间的差别。首先,教师布置学生阅读有关这两位领导人的文章。然后让学生们进行讨论,在讨论中引导学生仔细分辨华盛顿和杜波依斯在生活背景、所受教育和采用的政策方面有哪些不同。在这种由教师指导的研究之后,学生们对华盛顿和杜波依斯为什么会如此行事得出结论,并对他们对美国黑人以及美国历史的影响进行评定。

焦点问题回顾:当你思考如何创建自己的教育哲学时,要素主义的哪些因素对你有吸引力?哪些因素的吸引力最小?为什么?你是否想将一些要素主义的要素加入到你的教育哲学之中?

---

〔1〕 J. 韦斯利·劳尔,"有目的的社会重建:被遗忘的威廉·巴格莱的传统",凯伦·赖利(编辑),《社会改造主义:人、政治和观点》(康涅狄格州格林尼治:信息时代出版社,2006),pp. 27—44。

〔2〕 丹妮·里威奇:《落后:一个世纪的失败学校改革》(纽约:西蒙-舒斯特出版集团,2000),pp. 465—467。

第九节 永恒主义

经典中的真理

永恒主义(perennialism)和要素主义之间有很多共同的特点，如都使用学科课程来代代传承文化遗产，但两者之间也存在不同。永恒主义源自亚里士多德和阿奎那的现实主义哲学，而要素主义则以人类历史上有用的生存技能为基础。永恒主义认为，教育就像其传授的真理一样，是普遍而真实的，无论在何地、何时，也无论是在哪种文化背景中都是一样的，真理和教育两者都与时间、地点或环境无关。教育的主要目的是让每一代新人都能接触到真理，通过练习，培养每个人都拥有人类必须拥有的理性。永恒主义认识论认为，人们因为他们共同的天性，拥有认识的潜能和追寻真理的渴望，当学生接触到人类最高成就，尤其是艺术、音乐和文学方面的巨著和经典作品时，这种潜能就被激活。每一代人都会创造出经典永恒的艺术、文学、哲学、科学作品，并把它们作为文化遗产让下一代继承，真理就存在于这些经典或永恒的作品中，这些经典为我们描绘了真理。

培养理性的学校

永恒主义主要源于现实主义，但与理想主义也有相似之处。永恒主义的代表人物雅克·马利坦、罗伯特·哈钦斯和莫蒂默·阿德勒(Jacques Maritain, Robert Hutchins, and Mortimer Adler)将他们的教育理论建立在亚里士多德的现实主义上。对他们而言，学校的主要作用是帮助学生发展智力。他们反对把学校变成同时肩负多重目标的机构，尤其是反对学校重视职业培训，承担经济方面的目的。尽管永恒主义者能理解培训职业技能和能力的需求，但他们相信商界和实体产业会提供最新的职业培训，而且这种培训比学校的培训更加高效。如果把社会适应或职业培训等非学术的要求都强加给学校，那就会分散和牵制学校的时间和资源，从而不能更好地完成学校发展学生智能这个首要目的。

永恒的课程

由于真理是普遍和不变的，因此学校课程应当包含那些以人类生活中不断重现的主题为重点的永恒或持久的学问。课程应当包括认知学科，这些学科能培养学生的理性和道德观、美学以及宗教的价值观，这些价值观有助于让学生做到文明有礼，规范自己的道德行为。和理想主义、现实主义和要素主义者一样，永恒主义者支持使用学科课程，包括历史、语言、数学、逻辑、文学、其他人文学科和科学。宗教永恒主义者，如雅克·马利坦，还将宗教和神学纳入课程当中。马利坦、罗伯特·哈钦斯和莫蒂默·阿德勒的理论为永恒主义思想提供了深刻的见解。

教育培养心智

罗伯特·哈钦斯曾任芝加哥大学校长，他把理想的教育描述为“培养学生的智力”，而不是“只为满足某些眼前的需要，不是某种具体化的教育或某一专业的教育，不是功利主义的教育，而是能培养学生思维，开拓学生心智的教育”[1]。

西方文明的巨著

哈钦斯强烈建议学生讨论西方文明中的伟大著作，这些著作能让每一代人都能与历史上的伟人进行知识理性的对话。这些经典著作，都有着不断重复的主题，能激发学生对这些主题进行知性的讨论和批判性的思考。为了更好地理解经典著作，哈钦斯主张学生要学习语法、修辞、逻辑、数学和哲学。

对巨著课程的批评

正如前文提到的那样，后现代主义者对哈钦斯的巨著课程展开了批评，认为这是在帮助西方的、欧洲的文化占据主导地位，以压迫其他的文化，尤其是亚洲和非洲文化。

马利坦是一位法国哲学家，他把自己的永恒主义理论，即“完整的人文主义”建立在亚里士多德的自然现实主义和托马斯·阿奎那有神论的现实主义基础之上[2]。马利坦希望把宗教学习纳入课程，成为课程整体中不可分割的一部分[3]。马利坦反对文化相对主义和要素主义的教育观，认为教育需要由宗教提供最终的方向指导。马利坦对宗教的重视与当代美国社会中再次复苏的以信仰为基础的价值观相适应。和哈钦斯一样，马利坦赞成巨著是让学生理解文明、文化和科学发展的不可或缺的部分[4]。他认为教师事实上是学习上的牧师，鼓励学生运用所学知识去寻找真理。

对马利坦而言，初等教育应该首先培养学生正确使用语言的能力、逻辑思维的能力，并要向学生介绍历史和科学，中等教育和本科阶段的大学教育应关注人文课程和科学课程。

---

〔1〕 罗伯特·M. 哈钦斯:《美国高等教育》(康涅狄格州纽黑文:耶鲁大学出版社,1962年);哈钦斯:《教育的对话》(加利福尼亚州圣巴巴拉市:共和国基金,1963),p.1;另参见罗伯特·M. 哈钦斯:《学习化社会》(纽约:普雷格出版社,1968)。有关哈钦斯、莫蒂默·阿德勒和巨著课程的可读性极高、吸引人的讨论可参见亚历克斯·比姆:《时代的伟大思想:巨著的兴衰及其古怪的来世》(纽约:公共事务出版社,2008)。

〔2〕 道格拉斯·A. 欧利文特:《雅克·马利坦和多种认识方式》(华盛顿特区:美国马利坦协会,2002)。

〔3〕 对马利坦的重新评价,参见杰拉尔德·L. 古德克,“对雅克·马利坦和约翰·杜威教育观的重新思考”;麦当娜·墨菲,“马利坦向杜威解释道德教育原则”,韦德·A. 卡朋特,“雅克·马利坦和一些基督教徒对教师教育的建议”,韦德·A. 卡朋特(客座编辑),《教育视野》第83卷(2005年夏季刊),pp,247—263,282—301。

〔4〕 雅克·马利坦:《处在十字路口的教育》(纽黑文:耶鲁大学出版社,1960),pp.70—73。

一、派迪亚计划

派迪亚课程

莫蒂默·阿德勒所著的《派迪亚计划：一份教育宣言》(*The Paideia Proposal: An Educational Manifesto*)一书的出版标志着永恒主义的再次复苏[1]。派迪亚(Paideia)是一个希腊词语，指一个人的全面教育和文化形成。阿德勒反对将学生按照能力分组，然后采用不同的课程，他希望美国民主社会中的所有学生都能享受相同的高品质学校教育。派迪亚课程包括语言、文学、美术、数学、自然科学、历史、地理和社会学科，这些学科的学习对帮助学生形成知识技能的储备非常有用，能帮助学生掌握读、写、说、听、算、观察、测量、估算和问题解决的能力。这些技能还能帮助学生形成更高层次的批判性思维和反思的能力[2]。

二、基本问题

普通教育

永恒主义者认为，在民主社会中，所有学生都有权利获得相同的高质量智力教育。他们反对将学生进行分组，认为分组将剥夺学生获得高品质普通教育的权利。让一些学生学习学术课程，而另一些学生却学习职业课程，这种做法违背了真正的教育机会平等。

反对文化相对主义

永恒主义者强烈反对实用主义和后现代主义的**文化相对主义**(cultural relativism)。文化相对主义认为，我们的"真理"是以我们怎样应对不断变化的环境为基础而作出的暂时性表述。而永恒主义者如艾伦·布卢姆(Allan Bloom)在其著作《走向封闭的美国精神》(*The Closing of the American Mind*)中谴责文化相对主义违背了普遍标准，而只有普遍标准的存在，我们才能决定某种行为在道德上是对的还是错的[3]。

三、对当今课堂教师的启示

对永恒主义者而言，学校的首要作用是发展学生的推理能力。为了履行这个使

---

〔1〕 莫蒂默·阿德勒：《派迪亚计划：一个教育宣言》(纽约：麦克米伦公司，1982)；另参见莫蒂默·阿德勒：《派迪亚的问题和可能性》(纽约：麦克米伦公司，1983)。

〔2〕 阿德勒：《派迪亚计划》，pp. 22—23。

〔3〕 艾伦·布卢姆：《走向封闭的美国精神》(纽约：西蒙-舒斯特出版集团，1987)。

命，教师在接受职前培养时就需要接受人文学科和科学学科的教育，还需要阅读和讨论历史遗留的经典著作。在进行专业实践时，教师需要具备坚实的学术背景，这样才能更好地扮演学生的知识导师和道德楷模的角色。

永恒不变的人文关怀

小学的永恒主义教师应当教给学生一些基础技能，如读、写、算以及研究的技能，同时还要激发学生学习的渴望，这样学生才能作好准备开始他们终生的对真理的探求。中学的永恒主义教师会很重视带领学生探索有关历史、文学、戏剧、艺术和哲学经典著作中的恒久不变的人文关怀。永恒主义者和理想主义者一样很重视那些历经很多时代依然能对人们诉说真理的经典作品。

重视学术内容

永恒主义者支持设定较高的学术标准，他们希望这些标准是以知识，尤其是有关经典著作的知识为基础来设置的，只要这些标准和考试能反映那些永恒学科的知识、常见问题及伟大著作，他们都给予支持。电子版的伟大作品和其他经典著作也是传播这些作品的有效方式。同样，聊天室和其他网络社交工具也能增进有关经典著作的交流，但这些技术并不能成为经典著作的替代品。

表 热点问题争鸣：教育：以儿童为中心还是学科更重要？

美国教育界有一个长期以来争论不休的问题，那就是课程和教学应当以儿童的兴趣和需要为中心，还是以文化传承为中心？实用主义者和进步主义者相信，教育应当从儿童的兴趣出发，在兴趣的指引下形成连接儿童与更广阔世界的活动项目。而理想主义者、现实主义者、永恒主义者和要素主义者则反对这种观点，认为学校应当预先制定好学生要学习的科目，这些科目能将文化遗产由成年人（成熟的社会成员）传递给儿童（未成熟的成员）。
争论问题：教育应当以儿童为中心，重视儿童的兴趣和需求吗？

正方观点：	反方观点：
1. 儿童从与周围环境的互动中获得直接经验，这种经验让儿童能在满足自己需求的同时形成学习各种技能和知识的兴趣。只有当儿童从自己的直接经验中建构出自己的现实时，学习的效果才是最佳的。 2. 学习就是让儿童投入到他们周围环境中的过程，各种活动项目就是让儿童亲自动手、亲身体验的过程，在这一过程中他们能建立起自己对现实的概念。	1. 一直以来，受过教化的人们在不断的尝试和犯错中逐渐形成了文化。因此，依靠儿童根据自己的兴趣和需求来重复这个尝试和犯错的过程，是毫无必要和毫无效率的浪费时间。真正关键的是将这些文化遗产从成年人那里谨慎而有效地传递给儿童。 2. 某些技能，尤其是读写能力和计算能力，以及某些学科，如数学、科学、语言、历史等，都是由该文化中的伟大思想家逐渐发展形成的，这些组织精良的知识必须循序渐进地认真教给儿童。

续 表

3. 儿童只有在自己的兴趣爱好的引导下，才能对解决问题和活动项目付出必要的努力。 4. 以儿童为导向的过程学习会产生合作学习，从而形成一个真实的学习者共同体。	3. 即使儿童不会自发地对学习这些文化技能和学科感兴趣，也必须把这些东西教给他们，这样他们才能融入社会。 4. 如果把儿童的兴趣作为课程的基础，这将危害到文化的代代相传。

永恒主义的一堂课

永恒主义重视对那些不断出现的人文关怀和价值观，这可以用一堂中间学校的文学课予以说明。在这堂课中，学生将阅读和讨论路易莎·梅·奥尔科特(Louisa May Alcott)的《小妇人》。学生讨论了小说中的主要人物妈妈、乔、贝思、梅格、艾美以及马奇一家所面临的各种问题，全班的讨论揭示出马奇一家的幸福时光和悲惨时刻在当今的家庭生活中同样存在。爱丽丝是这个班上的一名学生，那天晚上晚餐时，她的奶奶问道："你在学校学什么？"爱丽丝回答说："我们刚读完小说《小妇人》。"爱丽丝的妈妈和奶奶说她们小时候也读过这本小说，而且都很喜欢这本小说。在接下来的谈话中，爱丽丝和她妈妈及奶奶一起分享了她们对这本书的印象。通过这种方式，永恒的主题成为一代又一代人的记忆，并不断传承下去。

焦点问题回顾：当你思考如何创建自己的教育哲学时，永恒主义的哪些因素对你具有吸引力？哪些因素的吸引力最小？为什么？有没有一些永恒主义的要素你想加入你的教育哲学之中？

第十节 进步主义

一场广泛的改革运动

进步主义(progressivism)源于19世纪末20世纪初的一场美国社会和政治生活的广泛改革运动。尽管进步主义者都反对传统教育并希望对学校进行改革，但是对如何产生他们希望看到的学校改革，进步主义者还不能达成一致意见。以儿童为中心的进步主义者希望能将儿童从独裁的学校中解放出来，社会改造主义者希望利用学校来改造社会，[1]从事行政管理的进步主义者，也就是那些教育局长和校长们，期望通过修建更大规模的学校，有更多班级并能提供更多样化的课程，以此使学校更加高效，并

〔1〕 最近对社会改造主义的评论，参见凯伦·L.赖利(编辑)，《社会改造主义：人、政治和观点》(康涅狄格州格林尼治：信息时代出版社，2006)。

有效减少成本。

进步主义教育者在反抗传统学校的同时，也反对要素主义和永恒主义。玛丽埃塔·约翰逊、威廉·H. 克伯屈和 G. 斯坦利·霍尔（Marietta Johnson, William H. Kilpatrick and G. Stanley Hall）等进步主义教育家都反对死记硬背和专制的课堂管理。

不断延长的儿童期

玛丽埃塔·约翰逊（1864—1938）是阿拉巴马州费尔霍普（Fairhope）"有机学校"的创始人，她是以儿童为中心的进步主义教育的代表。约翰逊相信，在这个技术社会中，儿童期的延长是尤为必需的，她希望儿童期应当延长而不是缩短[1]。她认为儿童的成长应当遵循自身内在的时间表，而不是按照成年人的时间安排。儿童拥有自己的发展准备阶段，教师和家长不应该拔苗助长，催促儿童做那些他们还未准备好去做的事情。约翰逊预见了当代建构主义的学习，她相信儿童只有在积极探索他们周围的环境，并以他们的直接经验为基础建构自己对现实的概念时，才能最有效、最成功地进行学习。

基于活动的课程

约翰逊的活动中心课程很重视体育、自然课、音乐、手工、实地地理学、讲故事、编剧和游戏。富有创造性的活动，诸如跳舞、绘画、唱歌、编织等，占据了课程的中心地位，而阅读、写作等科目则向后延迟至儿童 9—10 岁时再学[2]。

约翰逊设计了一种新的包括职前到教学实践整个过程的教师教育培养计划。在职前培训阶段，有爱心而讲实效的教师需要：(1) 形成对儿童的一种诚挚的情感和兴趣；(2) 形成有关儿童和青少年发展和心理的知识基础，以及他们要教授的技能和学科的知识基础；(3) 对社会福利感兴趣。作为教学实践者，教师应该创造安全的、有益于儿童发展的、友好的和参与性强的课堂环境，在那里儿童可以在自己兴趣的引导下，按照自己的速度学习。

威廉·H. 克伯屈（1871—1965）是哥伦比亚大学教师学院的一名教育学教授，在他的努力下，进步主义成为教师培养中不可分割的一部分，贯穿从职前到实践的整个过程。在把杜威使用的问题教学法重组为设计教学法（project method）时，克伯屈采取了三种指导原则：(1) 真正的教育应当包含问题解决；(2) 在共同研究和分享信息形成自己的假想以及检验这个假想的过程中，学生能强化自己的学习；(3) 教师可以指导学生的学习而不是支配学生的学习。克伯屈制定了四种主要的运用这些原则的设计项目类型：(1) 实施一个有创造性的想法或计划；(2) 享受美学的体验；

[1] 玛丽埃塔·约翰逊：《一个观点的三十年》（大学城：阿拉巴马大学出版社，1974），pp. 20—21。

[2] 约翰逊：《一个观点的三十年》，pp. 52—55，62—63，86—95。

(3) 解决一个知识性的问题;(4) 学习一种新技能或新的知识领域[1]。

设计教学法

克伯屈认为,教师应当使用设计教学法,这样就能将教室转变成一个合作、民主的学习社团。当学生共同合作时,他们在自己兴趣的激发下,能够全身心地投入目的明确的活动中,在这些活动中,学生设计一种活动项目并完成该项目。与要素主义和永恒主义课程预先规定好教学目标完全不同,设计教学法的最终结果是开放的,可能产生的结果不是提前规定好的,而是在活动项目中自然产生的[2]。

请访问"以项目为基础的学习空间"网站,你可以在本书提供的学习网站上找到,到该网站上了解更多设计教学法的背景、理论和运用。

一、关键概念

进步主义者反对的教学实践

"进步主义教育协会"对以下几种教学实践提出反对意见:(1) 专制的教师;(2) 完全以课本为中心的教学;(3) 对事实信息进行被动记忆;(4) 学校与社会分离;(5) 用生理或心理的高压手段管理课堂。

进步主义支持的教学实践

受到进步主义积极认同的教学实践包括:(1) 儿童应当自由、自然地发展;(2) 学习最好的刺激物是由儿童的直接经验引发的兴趣;(3) 教师应帮助学生学习;(4) 应鼓励学校和家庭密切合作;(5) 进步主义学校应该是教育改革实验的实验室。

学校中的进步主义改革

进步主义者反对使用传统的学科课程,他们对很多其他类型的课程进行了实验,包括活动课程、经验课程、问题解决课程和设计课程等。以儿童为中心的进步主义教师努力探寻将儿童从传统的束缚和压制中解脱出来的方法,而更重视社会导向的进步主义者,也被称社会改造主义者,追寻的是将学校打造为更大规模的社会变革中心[3]。在乔治·康茨和哈罗德·拉格(George Counts and Harold Rugg)的领导下,社会改造主义者认为教师和学校需要对社会、政治和经济问题进行调查,并致力于解

[1] 威廉·H.克伯屈,"设计教学法:教育过程中采用目的明确的行动",《师范学院学报》(1918年9月)。

[2] 约翰·A.贝内克:《这片土地上的巨人:威廉·H.克伯屈的一生》(纽约:比特兰出版集团,1998),pp. 106—107。

[3] 有关进步主义教育历史的权威介绍,参见劳伦斯·A.克雷明:《学校的转型》(纽约:兰登书屋,1961)。

决这些问题。**社会改造主义**(social reconstructionism)在很多方面与后来的批判理论相似,我们将在随后的章节中讨论批判理论[1]。

二、基本问题

对进步主义者而言,知识是一种用来做某事或创造某物的工具,知识可以从很多不同的渠道获得,如从书本、经验、专家、图书馆、实验室以及互联网等,只有当我们把知识作为工具用于达成某一目的时,知识才是有意义的。进步主义者很支持在教学中使用各种技术,因为他们希望技术成为一种开放的能让学生获取更多信息的手段。当学生共同合作一起学习和工作时,尤其是就某一项目进行合作时,学习的结果是开放的,存在各种不同的可能性,这样学生就能获得更多的经验,同时这种合作能让学生个体融入一种社会互动中,学会如何与同伴交往等社交技能。

准备度、兴趣和需求

对进步主义者而言,儿童是否准备就绪以及他们的兴趣是影响课程和教学的关键,而不是由事先决定的科目来构成的课程。他们反对将在学校外设定的标准强加给学校,他们认为这是另一种形式的专制或独裁控制,这种做法只能阻碍学生探究有无限可能性的问题。进步主义的教师要进行灵活的教学,采用一系列的学习活动,如问题解决、实地考察、创造性的艺术表达和项目设计等方式来进行教学。

建构现实

建构主义和进步主义一样,也很重视社会互动和以过程为导向的学生亲身体验式的学习方式,在这种学习过程中,学生之间进行合作,共同拓展和完善他们的知识基础[2]。

进步主义者对专业教育中存在的职前学习与实践工作脱离的做法提出警告,认为职前的培训和实践应该是连续的经验组合,是同一经验渠道的一部分。职前经验如教学观摩等,都直接与教师的课堂实践活动相关联,而不应该只被当做课堂实践的准备工作。相反,课堂实践应被视为在职专业发展持续的过程,在这个过程中教师不断形成新的有效教学策略。教师应引导学生开始新活动、新项目和新问题,以此不断扩展和拓宽学生的社会和文化关系。

---

〔1〕 威廉·B. 斯坦利,"批判背景下的社会改造主义教育",凯伦·赖利(编辑),《社会改造主义:人、政治和观点》,pp. 89—110。

〔2〕 有关将建构主义认识论引进教室实践的内容,参见彼得·W. 爱尔西恩、玛丽·E. 沃尔什,"建构主义者的告诫",《卡潘》(1997 年 2 月),pp. 444—449;另参见大卫·J. 马丁、金伯利·S. 卢米斯:《塑造教师:建构主义的教育方法》(圣智学习出版公司,2007)。

三、对当今课堂教师的启示

进步主义策略的示例

"西田纳西州大屠杀学习项目"是由田纳西州惠特韦尔市(Whitwell)的惠特韦尔中间学校的师生共同设计的,这个项目为我们很好地展示了设计教学法的实施过程[1]。该学习项目的目的是让学生学会尊敬不同文化,了解不能容忍其他文化会带来怎样的结果[2]。该校校长琳达·胡珀(Linda Hooper)把这个学习项目看做一个非常好的机会,"能让我们的孩子们用更宽广的眼光来看待世界……这将打破他们'白色的蚕茧壳'"[3]。

项目前期准备

在准备开始该项目时,学生们阅读了安妮·弗兰克(Anne Frank)写的《安妮日记》以及埃利·维索(Elie Wiesel)的《夜》,研究了犹太人的各种情况并观看了电影《辛德勒名单》。在纳粹集中营中被屠杀的犹太人总数达到 600 万,这个数字让学生们震惊不已,学生们很难理解为什么会发生这样灭绝人性的种族屠杀,以及这样的屠杀是如何进行的。

学生的主动性

学生们了解到一些勇敢的挪威人,为了表达他们要与生活在挪威的犹太同胞们团结一致的意志,将普通的回形针别在自己的衣领上,以此作为对纳粹占领祖国的无声反抗。一个学生对此事的反应是:"我们一起收集 600 万个回形针,将它们做成一个雕塑来纪念那些大屠杀的受害者。"于是,学生们决定收集 600 万个回形针,并用这些回形针建造一个纪念碑,纪念 600 万在大屠杀中丧失生命的犹太人。

然后学生们从自己家中和朋友那里收集回形针,并建立了这个活动项目的网页,呼吁人们捐赠回形针。然而在这个项目实施的第一年里,他们只收集了十万个回形针,距离他们要收集 600 万个回形针的目标似乎相距甚远。94 岁高龄的大屠杀幸存者莉娜·吉特(Lena Gitter)得知此事后,与两名德国记者彼得·施罗德和达格玛·施罗德(Peter Schroeder and Dagmar Schroeder)取得了联系,当时两名记者正在美国华盛顿特区的大屠杀纪念馆作研究。两名记者对这个由美国南部一个小镇上的孩子发

---

〔1〕 蒂塔·史密斯,《华盛顿邮报》(2002 年 4 月 7 日),p. C01,http://www.truthorfiction.com/rumors/s/studentmemorial.htm。

〔2〕 http://www.marionschools.org/holocaust/beginninghol.htm(2006 年 6 月 30 日)。

〔3〕 史密斯,《华盛顿邮报》。

起的纪念大屠杀遇难者的特别项目进行了报道，他们写的文章出现在德国和奥地利的报纸上。

现场学习

此后，回形针开始在学校泛滥。施罗德夫妇前来参观了惠特韦尔学校和社区。他们的到访对学生而言是一次能够丰富他们文化经验的重要事件，这是他们第一次与来自其他国家的人的会面，尤为重要的是施罗德夫妇来自德国，实施大屠杀的纳粹头目正是德国人。施罗德夫妇后来撰写了一本名为《回形针计划》的书，并在德国出版[1]。

多项技能的学习

在实施这个项目的过程中，学生的多种技能得到了培养。他们学会用一个大账本记录下回形针捐赠人的通讯地址和捐赠数目，并给捐赠人写信表示感谢，对他们网站收到的 E-mail 一一进行回复。

“西田纳西州的大屠杀学习项目”是一个采用进步主义策略的教学示例。

在该项目刚开始之初，惠特韦尔学校的学生没有一个人遇见过犹太人，但后来几位大屠杀幸存者到校访问，并向学生们和该镇居民发表了演说。2005 年，惠特韦尔学校 8 年级的学生们参观了位于华盛顿特区的大屠杀纪念馆。

学生们还决定将他们的回形针装在一列德国的火车车厢内，就像当年犹太人被运往集中营一样。在施罗德夫妇的帮助下，一列真正的德国火车车厢被运至惠特韦尔，然后在整个社区居民的帮助下，学生们建造了一个永久的纪念馆，在这个纪念馆内，回形针被装在火车车厢里，这是对大屠杀受害者永久的纪念。

[1] ACFNEWSOURCE，http://www.acfnewsource.org/religion/paper_clip_project.html(2006 年 6 月 30 日)。

社区参与

惠特韦尔的大屠杀学习项目向我们展示了设计教学法会带来的开放性结果。这个项目中的各个活动渗透到学校和社区的各个角落，将社区居民与学生们紧密联系在一起共同合作、共同努力。这个项目甚至引起了美国总统和副总统的关注，成为一本书的主题，也成为一个国际性的事业。在该项目开始之初，惠特韦尔的师生们并不知道他们的举动将感动多少生命，一名学生在对该项目进行总结时说道："现在，当我遇见某个人时，我会在我说话之前认真思考，在我有所行动之前认真思考，在我作出判断之前认真思考。"[1]

焦点问题回顾：当你思考如何创建自己的教育哲学时，进步主义的哪些因素对你具有吸引力？哪些因素的吸引力最小？为什么？你是否想将一些进步主义的要素加入到你的教育哲学之中？

第十一节　批判理论

批判理论(critical theory)是当代非常有影响力的教育理论，它呼吁人们对学校和社会展开严肃的批评，以揭示剥削者的权力关系，从而带来平等、公平和社会公正[2]。批判理论的很多假说都来源自后现代主义和存在主义哲学、新马克思主义、女性主义和多元文化主义理论以及保罗·弗莱雷的解放教育学(在"教育先驱"一章中已经讨论过弗莱雷)。亨利·吉鲁和彼特·麦克拉伦(Henry Giroux and Peter McLaren)是主要的批判理论哲学家[3]。

一、关键概念

新马克思主义的影响

卡尔·马克思是19世纪重要的哲学家，他的思想对批判理论产生了重大影响。马克思认为，所有制度都是依赖于经济基础而存在的，他把人类的历史看成是为获取社会和经济权利而斗争的过程[4]。批判理论家经常采用马克思的这类观点，诸如阶级冲突和异化等，来对社会制度和教育制度进行剖析。"异化"指的是那些没有权势的

---

〔1〕 史密斯，《华盛顿邮报》。

〔2〕 格拉斯·凯尔纳，"批判理论"，兰德尔·卡伦(编辑)，《教育哲学指南》(马萨诸塞州摩顿：布莱克维尔出版社，2006)，pp. 161—175。

〔3〕 亨利·吉鲁：《公共空间、私人生活》(兰哈姆，马里兰州：柔曼和利特菲尔德出版社，2001)；吉鲁：《跨越边界：文化工作者和教育政治学》(纽约：劳特利奇书局，2005)。

〔4〕 有关马克思和马克思主义的简介，参见彼得·奥斯博恩：《如何解读马克思》(纽约：W. W. 诺顿出版社，2005)。

人们所体现的感觉，这些人已经被边缘化，并被推到社会的边缘。

权力集团的主宰

根据批判理论者的观点，一个人要具备批判意识，就需要认清个体的社会地位，包括他的教育、经济预期和机会，这在很大程度上是由他的种族、民族、性别和所属阶层决定的。在社会经济中占统治地位的阶层能够控制社会、政治、经济和教育制度的制定，他们利用自己的权利来维持或再产生对自己有利的地位，与此同时让那些在社会和经济上都处于劣势的阶层从属于他们[1]。在美国，历史上一直以来位于从属地位的群体主要是生活在城市和农村的穷人、美国黑人和印第安人，以及拉丁美洲人、妇女和同性恋者[2]。但是，如果这些从属阶层和群体接受批判教育，他们就能意识到他们所受到的剥削，并开始反抗统治阶层的支配，进而推翻被压迫的模式，让自己获得更多的权力，变得更加强大。

二、基本问题

新公共哲学

在后现代主义和存在主义的影响下，批判理论者希望能唤起人们对与知识、教育、学校以及教与学有关的问题的意识。对批判理论者而言，知识是关于各种社会、政治、经济和教育的权力与控制的问题，他们特别希望那些因为自身的种族、民族、语言、阶层或性别而被迫边缘化并处于从属地位的人们提高意识[3]。

社会控制

批判理论者们坚持认为，在经济、政治和社会方面都占据统治地位的阶层控制了学校，并利用学校来复制和维持自己在社会和经济中的特权地位。为了维持他们的统治地位，这些统治阶层的子女可以到著名的教育机构上学，在那里为他们将来要承担的商业、工业和政府中的高级别工作作好准备。而从属群体和从属阶层的子女们则被教导应该把剥夺了他们权利的现状作为最美好的世界接受下来。例如，那些位于经济不发达的城市和衰落的农村地区的学校，主要服务的对象是穷人、美国黑人和拉丁美洲人。这些学校的共同特点是资金短缺，因此经常缺少必需的资源，学校的办学条件

---

〔1〕 马丁·卡诺依，“美国社会中的教育、国家和文化”，亨利·A. 吉鲁、彼得·L. 麦克拉伦(编辑)，《批判教育学、国家和文化斗争》(奥尔巴尼：纽约州立大学出版社，1998)，pp. 6—7。

〔2〕 安吉利·马特尔、琳达·彼得莱特，“排斥的边缘，转型的边缘：女性的教育地位”，瑞贝卡·A. 马修斯维茨、威廉·雷诺兹(编辑)，《由里及外：教育中的当代批判性观点》(纽约：圣马丁出版社，1994)，pp. 151—154。

〔3〕 亨利·A. 吉鲁、彼得·L. 麦克拉伦，“为了民主的学校教育、文化政治学与斗争”，选自吉鲁、麦克拉伦：《批判教育学、国家和文化斗争》，pp. xi—xii。

也不断恶化。

教师需要赋权增能

位于市中心的学校，以及很多其他的学校，大体都存在等级森严的教育官僚现象。由于命令都是由上至下传达的，教师几乎完全没有权力对学校该如何运作作出决策。在学校内部，教师大多也是呆在各自的教室中，相互之间并无太多往来。更有甚者，家长和当地社区中的其他人也都和学校保持距离，很少参与学校的事务。学校的课程也是由更高层的行政人员来决定的，几乎没有给地方学校留出一点自主空间，也就无法让课程与学生的生活经历或社区成员有任何的联系。标准化运动和《不让一个孩子掉队》法案则进一步将产生于学区外的要求强加于教师和学生身上。

官方课程

批判理论者认为，课程有两种形式存在，一个是正式的官方课程；另一个是**"隐性"课程**(hidden curriculum)。官方课程是由州和地方学区强制执行的，要求教师教授指定的技能和学科；而"隐性"课程是通过学校环境和氛围让学生明白哪些是许可的行为和态度。占统治地位的阶层利用官方课程把他们特定的信仰和价值观作为法定知识传授给所有学生。这些知识的获得是通过传授的方式，而不是通过批判性思考和分析的方式，学生不得不掌握这些官方认可的强制性知识。例如，官方的历史版本将美国历史描述为主要是由白人男性掌控的，欧洲裔美国人在建立这个国家的过程中以及在这个国家工业化的过程中获得了一系列的成功。而在这样的官方叙述中，女性、美国黑人、印第安人以及拉丁裔美国人都被边缘化了[1]。

"隐性"课程

隐性课程是基于学校的社会控制的关键因素。说是"隐性"，是因为这个课程既没有在公开的州政府命令中明确表述，也没有在地方学校的政策中提及，这个课程只是弥漫在公立学校的环境氛围中。例如，性别歧视主义者认为男性比女性在数学、科学方面更有才能，这种态度就会维持并不断再生产特定性别模式，人们就会选择特定性别的人员进行这些领域的教育或从事这些领域相关的职业。

尽管那些特权阶层一直以来都掌控着学校，但批判理论者并不认为他们的这种掌控是无法避免的[2]。批判理论者相信，如果教师能成为具有批判头脑的积极分子，就能把学校转变成民主的公共空间，在那里教师就能够唤醒那些被剥削者的意识，让那

---

〔1〕 有关"官方"和"非官方"历史之间的紧张压力，参见彼得·N. 斯特恩斯，彼得·塞夏斯、山姆·温伯格(编辑)，《历史的认识、教学和学习：全国视角和国际视角》(纽约：纽约大学出版社，2000)。

〔2〕 帕特丽夏·H. 辛琪：《成为一名批判性教育家：班级身份的概念，批判教学法的设计》(纽约：比特兰出版集团，2004)。

些无产者更强大。

学生的生活故事

批判理论者希望学生能创建他们自己的知识和价值观，这些知识对他们所处的环境、眼前的情境以及他们生活的社区和就学的学校都是有意义的。教师首先要让学生审视他们周围社区的状况，以此唤起学生的意识。学生能够分享他们的生活故事，从而创建一个合作群体的自传，这个自传叙述了学生在家中、在学校和在社区的各种经历。学生还可以进一步将这个群体的自传与其他经济阶层以及其他种族、民族或使用不同语言的群体各自的历史联系起来。例如，《街头日记》(*The Freedom Writers Diary*)这部影片为我们生动讲述了艾琳·格鲁维尔(Erin Gruwell)的故事，这位刚刚开始教师生涯的英语教师，在加州长岛的伍德罗·威尔逊中学有效地运用自传写作，使之成为一种教育方法。格鲁维尔的学生基本都属于"处于危机中的学生"，都有可能辍学，他们在格鲁维尔的教导下开始用日记的形式写自己的传记，他们写下了自己面临的状况，诸如暴力、流氓群体打架、吸毒和贫困。随着他们对自身的了解一点点加深，以及对自己的生活情况的解释不断深入，他们也开始明白自我的力量。最终，这些学生没有像大家对他们的预期那样辍学，相反，他们都读完了高中[1]。

美国这个多元文化的社会其实提供了很多不同版本的美国历史，而绝不仅仅是官方认可的历史故事。每一个种族、民族和语言群体都能讲述他们自己的故事，而不是让别人来告诉他们这些故事。在对自己的身份进行探索后，学生能找到识别成见和被歪曲了的事实的方法，也会对校内外的教条灌输进行反抗。他们能够学会如何掌控自己的生活，如何塑造自己的未来[2]。

三、对当今课堂教师的启示

教师必须赋予自己权力

批判理论者希望教师在职前接受培训时和在进行课堂实践时，都必须关注学校和社会中关于权力和控制的问题。他们呼吁教师做到以下几点：(1) 找出谁是在争取学校控制权的斗争中支持自己的真正朋友；(2) 通过帮助学生探索自己的身份特征，了

〔1〕 自由作家和艾琳·格鲁维尔：《街头日记：一名教师和150名青少年如何运用写作改变自己和周围的世界》(纽约：双日出版社/兰登书屋，1999)；自由作家的故事于2007年被改编成电影。另参见自由作家基金会网站：http//www. freedom-writersfoundation. org。

〔2〕 克里斯汀·E. 史莉特、彼得·L. 麦克拉伦(编辑)，《多元文化教育、批判教育学及政治差异》(奥尔巴尼：纽约州立大学出版社，1995)。

解学生是谁;(3) 与当地居民共同合作改进学校和社区;(4) 与志趣相投的教师一起加入一个由教师控制的专业组织,该组织应该为真正的教育改革而努力;(5) 参与有关美国社会面临的各种政治、社会、经济和教育问题的批判性对话。

从职前到实践

学生的看法和感受与官方课程

下面的个案研究节选自彼得·麦克拉伦(Peter Mclaren)所著的《校园生活:教育基础中的批判教育学导论》一书。这个个案研究讲述了麦克拉伦这位批判理论哲学家在加拿大北约克多伦多(the Toronto suburb of North York,Canada)市郊的一所学校教书的经历。这所学校旁边的社区中居住着很多低收入居民,因此这所学校也具备很多市中心学校的特征。该个案的讨论是以日记的形式出现的,在这篇日记中,学校校长弗雷德和麦克拉伦一起讨论了学生对自己的现实情况的感知和观点。

4月25日,星期二

这是我到这所学校以来第一次大多数的家长都前来与我交谈,尽管我为每位家长安排的谈话时间是15分钟,但有时我们的谈话却持续了一个多小时。

当这些家长都离开后,我看见弗雷德站在门厅那里,于是我和他一起走到了他的办公室,进行了一次平静的谈话。我告诉他我很沮丧,因为我的班上有一半以上的学生来自单亲家庭,而且生活在贫困线以下。

弗雷德清了清嗓子,身体微向前倾,说道:"我们在这所学校里必须做的是,真正地接受那些孩子,不管他是谁?我们不能因为这个孩子来自单亲家庭,或他的父亲是个酒鬼或是他的妈妈几乎很少回家这些事实而被搞昏了头脑。"

"作为教师,我们当然不能忽视这些事实,但我们也不能让这些事实妨碍我们,我们必须试着让这些孩子的感觉和其他人一样,也觉得自己是有价值的……"

"你必须问自己是否有什么方法能让这些孩子对自己的感觉良好……"

"听着,教师必须了解他们带到工作中的偏见。无论如何,教师都必须尊重孩子自己的价值观和孩子所生活的环境。我们可以把我们的价值观强加给他们,但这样做就会暗示他们自己的价值观不是那么良好,这将是毁灭性的。我们必须建立和这些孩子之间良好的关系,这种关系中充满情感,而不仅仅是内容和信息。对于那些贫穷的孩子,这样做更困难些,因为你几乎不得不对他们说他们是有价值的人,所以你并不在乎他们穿的什么,也不在乎他们来自哪里。"弗雷德的情绪越来越激动,他的下巴绷得紧紧的,他的手臂随着他的话语挥舞着,他的眼睛几乎要将我看穿。

"一个穷孩子,他在学校的表现简直糟透了,如果你想跟他接触,你不能通过关心他的算术的方式,而是要找到某种东西能让你靠近他,告诉他你很在乎他,把他作为人来对待。你要忘记你的课程,至少在眼下,你必须用你的情感去靠近你的孩子们。"

【资料来源】彼得·麦克拉伦:《校园生活:教育基础中的批判教育学导论》(第5版),由马萨诸塞州波士顿阿林和培根出版社出版,版权2007归培生教育集团所有。本书获得出版商的许可后进行了转载。

续 表

从职前到实践
思考问题 1. 弗雷德对官方课程在学生教育中的地位和作用持有什么观点? 2. 弗雷德认为学生的经历,即他们的自传,在教和学中有何重要意义? 3. 弗雷德如何解决教育中思考(认知层面)和感情(情感层面)之间的紧张关系? 4. 一名批判教育理论者会如何诠释弗雷德和麦克拉伦之间的讨论?

教师权力的外部限制

批判教育理论者发现,教师决定自己职场生活的权力受到了严重的限制,教师职业的入职要求主要由州教育委员会决定,而不是教师的专业组织来决定。在那些用标准化测试来判断学校效能和教师能力的地方,判断教师的标准是由他们学校和教室以外的所谓专家制定的,是由州议员来颁布执行的。

质疑技术的使用

迈克尔·阿普尔(Michael Apple)是一位新马克思主义的课程理论家,他警告说现在有关教育技术在课堂中使用的讨论大多数是夸大其词,并不是出于想要进行真正变革的愿望。他相信,如果教育技术不能被用于揭示歧视和贫穷的根源问题,那就很可能形成一种外界催生的"非个性的、预先包装好的"教育形式,而不是形成一种以学校的真实内在条件为基础的教育形式[1]。

使用批判理论教学法的一堂课

使用批评理论教学法的教师很可能设计一个让学生在中间学校社会科学课上探索自己的种族和民族遗产的课时单元。一开始让学生讲述自己家庭、风俗和庆典的故事,以此分享他们对自己传统遗产的印象;然后,邀请父母和爷爷奶奶到校做客,与学生一同分享他们的文化经历;最后学生创办一个多元文化展览,展览的内容包括家庭照片、手工制品和其他能说明当地社区居民的生活和文化的物品。

焦点问题回顾:当你思考如何创建自己的教育哲学时,批判教育理论的哪些因素对你最具吸引力?哪些因素的吸引力最小?为什么?你是否想将一些批判教育理论的要素加入到你的教育哲学中?

〔1〕 迈克尔·W.阿普尔:《官方知识:保守时代的民主教育》(纽约和伦敦:劳特利奇书局,2000),pp.132—133。

第十二节 创建自己的教育哲学

我们已经介绍了主要的一些哲学流派和教育理论，现在我们要回头看看那些本章开头提出的关于知识、教育、学校教育、教与学的问题，你也可以再次思考自己怎样回答什么是真理，什么是有价值的这些问题，并以此完成你对自己的教育哲学的建构。本章中的"焦点问题回顾"从头至尾都在问这样的问题：你是否计划将某种哲学流派和教育理论的某些要素添加入自己的教育哲学中，在了解这些理论和思想之后你是否想修改或重新思考你最初的哲学信念？在完成了你的哲学建构项目之后，你可以再次思考以下问题：

■ 你相信知识基于普遍永恒的真理之上吗？或者你认为知识是相对于不同时代和不同地方而不同的吗？

■ 教育目的是什么？是传承文化，还是提供人们所需的经济和社会技能，还是发展批判性思维的技能，抑或是批判和改革社会？

■ 学校的功能是什么？学校的功能是教授各种技能和学科，还是支持形成个人的自我概念？是发展人类的智力，还是要培养具有爱国主义情操的同时拥有经济生产力的公民？

■ 课程中应该包含什么？课程应当包括基本的技能和学科，还是各种体验和活动项目？是包含伟大著作和经典著作，还是让学生探索的过程，抑或是批判性的对话？

■ 教师和学生之间的关系应当是怎样的？师生关系是否包含文化遗产的传承、教授与学习的各种技能和学科、对伟大思想的检验、鼓励学生进行自我表达和自我定义，以及建构知识或问题解决？

总结

(1) 为了帮助你形成自己的教育哲学，本章明确了以下哲学术语的定义：形而上学、认识论、价值论（伦理学和美学）以及逻辑学，同时还讨论了各哲学分支理论与有关教育、学校教育、知识、教与学的问题之间的联系。

(2) 为给你形成自己的教育哲学提供参考，本章中我们回顾了哲学中的理想主义、现实主义、实用主义、存在主义、后现代主义，以及要素主义、永恒主义、进步主义和批判理论等教育理论。

(3) 通过学习这些哲学流派和教育理论，你应当能够建立自己个人的教育哲学，同时能审视隐藏在课程和教与学之下的哲学基础。

关键术语

哲学流派
教育理论
形而上学
认识论
价值论
伦理学
美学
演绎逻辑
归纳逻辑
理想主义
宏观世界
微观世界
先验观念
苏格拉底法
现实主义
实用主义
经验
存在主义
后现代主义
建构主义
解构
要素主义
永恒主义
派迪亚计划
文化相对主义
进步主义
社会改造主义
批判理论(批判教育学)
“隐性”课程

讨论题

(1) 请反思你的知识观、教育与学校教育观以及你的教学观。你的教育哲学是怎样的？向同学讲述你的观点并仔细聆听他们的教育哲学。讨论你们的观点之间存在的共同点和不同点。思考你可能会使用哪种策略将你的学校和教学与你的教育哲学观统一起来。

（2）思考你生活中重要的教师和导师对你教育哲学的形成产生了怎样的影响，或哪些书籍、电影以及有关教师和教学的电视节目对你产生了怎样的影响？与同学一起分享你经历的这些影响。

（3）在你正在接受的职前培养课程中，或是你的教师教育培养整体方案中，你能识别出隐藏其中的根本哲学取向吗？在你进行教学观摩时，你是否能发现那些有经验的教师的课堂实践是基于哪种哲学取向吗？思考一下这些哲学取向是否反映了本章中讨论的某种哲学流派和教育理论。

（4）是否有某些哲学流派和教育理论，或者说是某些哲学流派和教育理论的要素，你认为是不可接受的，或是不适用于当代美国社会和公共教育的？

（5）在本章讨论的哲学流派和教育理论中，哪些是彼此最兼容的，哪些是完全对立的？

（6）关注正在给你的教师教育课程上课的某个教授所使用的教学方法，从哲学取向的角度分析这种教学方法。

专业发展的建议方案

（1）访问内布拉斯加州奥马哈市的都会社区学院网站 http://commhum. mccneb. edu/PHILOS/phileduc. htm，从中获取关于教育哲学的阅读材料。以下材料与本章的内容息息相关：克里夫 · 贝克（Clive Beck）的《后现代主义、教学法和教育哲学》；大卫 · 贝克（David Becker）的《技术哲学和教育》；雷蒙德 · 博伊斯沃特（Raymond D. Boisvert）的《杜威：重新思考我们的时代》。将这些论文和本章讨论的内容联系起来，如果时间允许，安排一次对上述论文和其他材料的专题讨论会。

（2）有关“教育哲学是什么？”这个问题的评论，登录以下网址了解尼古拉斯 · 伯布勒斯（Nicholas Burbules）和他的同伴：http://faculty. ed. uiuc. edu/burbules/articles. html。

（3）制作和维护一个剪报，收集你在实习或当见习教师、或当教师时的学校附近的地方报纸上有关教育的文章。分析这些文章背后潜在的哲学和教育理论是什么，把你的观察结果与班级成员共同分享，并共同思考。

（4）仔细思考自传写作怎样能帮助你形成自己的教育观。访问自由作家基金会的网站 www. freedomwritersfoundation. org，从中找到可以用来帮助你写作自己的教育自传的策略，也可以找到如何将自传写作作为一种教学方法的策略。

（5）访问以下批判理论专题的网站：www. uta. edu/huma/illuminations/和http://www. cla. purdue. edu/academic/engl/theory/index. html。用这些网站提供的资源以及本章中有关批判理论的内容判断为什么批判理论会成为具有影响力的当代教育哲学。

（6）组织一个工作小组，也就是一个非正式的学生研讨会，所有选修本课程的学生可以定期聚会，讨论和分享他们撰写自己个人的教育哲学的进展和碰到的问题。

第三部分

教育的政治、经济、法律基础

第七章 公共教育的行政与管理

在美国，教育是由四个不同层次的政府部门负责组织实施的，分别是地方政府、中间政府（有些州下设中间政府）、州政府、联邦政府。了解学校的正式组织结构以及学校的管理可以帮助你在将来选择就职的学校时做出明智的选择和理智的决定，也有助于你参与适当的政治活动。在本章中，我们将对各级政府以及它们如何影响教育进行考察。

美国与英国、法国以及日本不同，并不存在一个集权的国家教育系统，美国有50个州，就有50种不同的州教育系统，就算在同一个州内，不同地方的学校系统也各不相同。

美国宪法中并未提及公共教育，但宪法“第十修正案”中明确规定，宪法未特别规定授予联邦政府，也未明确禁止各州行使的权利，保留给各州行使。该修正案就成为让各州承担公共教育的主要法律责任的基础。但是，各州政府在不同程度上都明确授予地方学区承担学校系统运作的日常管理责任，因此，我们首先讨论地方一级政府如何管理学校。在阅读本章的时候，请思考以下问题：

焦点问题：

■ 地方政府、州政府和联邦政府如何对教育施加影响的？

■ 地方教育委员会如何与学区教育局长合作制定学校政策的？

■ 为什么很多学区进行了合并？

■ 在决定学校教育政策时，州长、州议会、州教育委员会、州教育厅、州首席教育官员各承担什么样的角色？

■ 近年来，联邦政府在教育发展中的作用发生了什么样的变化？

第一节 地方政府的职责和各项活动

在美国，每一所公立学校都属于某个地方学区，学区是由州政府划定的。受州宪法限制的州议会可以修改地方学区的管辖权，改变学区的范围和权力，甚至可以将某个学区整个取消。在大多数州内，地方学区包含了一个相对较小的地理范围，经管为某些特定社区的儿童服务的学校。由于学区主要是

* 本章由陶森大学的大卫·E. 沃克博士负责修订。

按照州政府的政策运行的，所以地方制定的政策必须与州学校法典中的政策相一致。

一、地方教育委员会的特征

尽管**地方教育委员会**(local school boards)的权力受到州政府的限制，但地方教育委员会还是被授予了很重大的决策责任。很多的地方教育委员会有权从地方税收中募集资金，同时他们也有权决定学校的人事任免和处置学校的财产。一些州还将课程和有关学生的各项政策大部分交由地方教育委员会决定，但是另一些州则通过法律，将某种特定的要求和限制强加给地方。

多数地方教育委员会由选举产生

地方教育委员会成员的选拔方式是由州法律预先规定的，有两种标准的选拔方法，一种是选举，另一种是任命。选举的方式被认为是对公众负更大的责任，但有些人却认为任命的方式能任用更有能力的人，而且少一些政治斗争。目前来说，选举是最常用的方式，全国大约有95%的地方教育委员会成员是通过选举这种方式被任用的[1]。少数几个州详细规定了地方教育委员会成员的标准人数，其他州则规定了一个许可范围，也有少数州对此未加要求。多数地方教育委员会的成员数在5—8人的范围内。

地方教育委员会成员的多样性：一个持续受到关注的问题

很多教育工作者都很关注地方教育委员会是否能充分体现出该学区所服务的社区的多样性。全国教育委员会联合会(NSBA)近期进行的一次全国调查报告称，2002年，地方教育委员会中有40%的成员为女性，与1981年的33%相比有所上升(参见图7.1)。在同一时期内，少数群体的代表人数也在上升，由8.5%上升至14%，但还是远远落后于美国公立学校中少数群体学生比重的增长(2005年，少数群体学生占总学生数的43%)[2]。在一些较大的学区(注册学生数达到或超过2.5万人)中，其教育委员会的成员往往来自更多样的种族。这项调查表明，在地方学区的教育委员会中，来自少数群体的成员占总数的20%，女性占45%[3]。

教育委员会成员的年龄通常比当地人口的平均年龄要大(54%的委员会成员年龄超过50岁)，也比当地大多数人口接受过更多的教育(67%的成员上过四年的大学或

---

〔1〕 弗雷德里克·赫斯:《21世纪初的地方教育委员会:学区治理的现状和挑战》(弗吉尼亚州亚历山大:全国地方教育委员会联合会,2002)。

〔2〕 同上,pp. 25—26;《2007年美国教育统计年鉴》,网址:http://nces.ed.gov/programs/digest/d07/tables/dt07_040.asp? referrer=list,表40(2009年1月)。

〔3〕 艾伦·C.奥恩斯坦,"教育局长和教育委员会成员:他们是谁",《当代教育》(1992年冬季刊),pp. 157—159;弗雷德里克·赫斯:《21世纪初的地方教育委员会:学区治理的条件和挑战》。

具有更高学历）；同时也比当地大多数人更富裕（59%的成员年收入超过 7.5 万美元）。他们大多是专业人士或商人（占 45%），而几乎 96%的成员都是家长，48%的成员的孩子目前还在学校上学。这些家长成员中，只有 13%的人报告说他们的孩子没有上过公立学校。各学区都很清楚，不论教育委员会成员是否有孩子在学区的学校内上学，这都会影响委员会成员的政策制定议程，尽管不同的学区对这个共识做出的反应各不相同。一些学区要求委员会成员家中有学龄儿童，而其他一些学区允许委员会成员的孩子到学区外的学校就读。

年龄和社会经济因素可能会影响委员会成员的政治观点。36%的委员会成员认为自己的政治立场属于保守派，45%的成员声称是中立派，还有 16%的成员把自己划分为自由主义者。委员会成员总的政治观点转而会影响他们如何投票处理学区内的学校问题[1]。

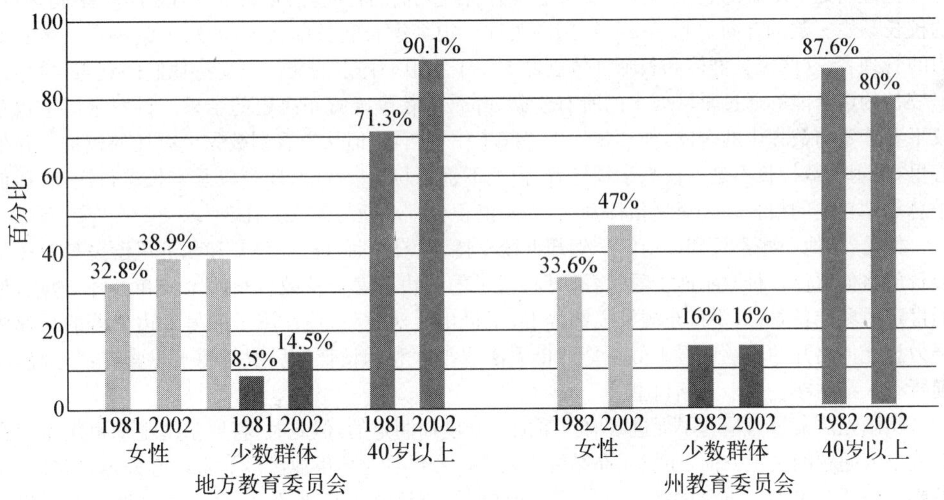

图 7.1　地方和州教育委员会成员的多样性

【资料来源】全国教育委员会联合会：《州教育委员会成员的性别、年龄、种族统计表》（弗吉尼亚州亚历山大：作家出版社，1998 年），pp. 2，4，8；弗雷德里克·赫斯：《21 世纪初的地方教育委员会：学区管理的现状和挑战》（弗吉尼亚州亚历山大：全国地方教育委员会联合会，2002 年）；以及对州教育委员会联合会执行主任布伦达·威尔本（Brenda Welburn）的电话采访，2003 年 10 月 1 日。

教育委员会会议的类型

地方教育委员会一般会召开三种类型的会议：常规会议、特殊会议和执行会议。前两种会议通常对公众开放，第三种会议则不对公众开放，主要处理人事问题、资产的

〔1〕 弗雷德里克·赫斯：《21 世纪初的地方教育委员会：学区治理的条件和挑战》。

采办，或是涉及学生个体的问题。公开的委员会会议显然能增强学校与社区之间的联系，能让家长和其他公民了解各种与学区的学校系统相关的事情，也能发表他们对这些事情的关注。然而，教育委员会利用不公开的会议，以达成主要的政策决策的做法，在很多州却常常遭受批判，而且这种做法也违反了“阳光法案”，该法案要求政府机构的会议要对公众开放。在本章的“从职前到实践”栏目中你将看到一个公开的执行会议是如何举行的。

从职前到实践

决策制定中的合作伙伴？

这是一次公开的教育委员会执行会议，当每个人都到场后，科罗尔博士，也就是教育局长，向教育委员会主席点点头，表示他已经准备好开始会议。

这应当是个艰难的会议。他们要考虑所有管理人员的合同，但是眼下“西区小学-中间学校”的校长汤姆·戴的合同引起了一些特别的关注。很多家长和教师认为，汤姆·戴不是一名有能力的管理者，这些家长群体和教师群体已经准备了小山一样多的文件来支持他们的观点，希望辞退校长的请求能够通过学区要求的所有步骤，并希望在今晚宣布决定的结果。科罗尔博士也建议不要续签与戴先生的合同，他和戴先生一起工作了两年，但从未看到戴先生有任何改进。在他心里，汤姆·戴校长不是一位教学领导者，他很不善于与学校教师、职员以及家长进行沟通，他似乎总是站在他的校长办公桌后指挥别人，而不能积极主动地与他人交往。

但是，其他一些家长和以前的学生却继续支持戴校长，而且已经公开和私下里游说教育委员会希望将他留任。科罗尔博士看了看四周，屋子的一边坐着支持戴校长的家长和教师，他想，他们肯定时刻准备着，只要宣布戴校长被辞退，就提出反对意见；而在屋子的另一边坐着的是那些努力想让他离开的人。这看来似乎是谁也无法取得胜利的情形。科罗尔博士思索着：“今晚，我们所有人都站在一个十字路口上。”

州阳光法案虽然是为了促进政府决策的公开度而制定的，但此时，科罗尔博士却再次希望在有关个人问题的决定方面，还能允许保留些私密性。尽管背地里他已经非常小心谨慎，但最终还是要在公开会议上宣布合同的最终结果。他想，他应该感到高兴的是，这至少不是一次常规会议，没有媒体和所有委员会成员的到场。但是，他想到，不管一个人多么缺乏领导才能，也不应该当众面对戴校长即将面临的尴尬。

“好吧，”他心里想到，“至少这件事很快就要结束了。”该教育委员会的政策是允许市民对委员会议事日程上的任何事件最多发表 5 分钟的意见，而持相似意见的团体只能选一名代表发言。科罗尔博士很确定，持支持和反对意见的家长们已经分别准备好代表在委员会成员前发言，但他不是非常清楚教师是否也有准备。这意味着至少有 10 分钟，也可能是 20 分钟不愉快的时间。

他希望不要出现任何超出他控制范围的事情发生。教育委员会主席相对他的职位而言还是个新手，在对人事问题的考虑上可能会容易激动。科罗尔博士很清楚，如果这个事情的过程不能完全按照章法进行，那么很可能他们就要面对起诉。

思考问题

1. 理想的说，地方教育委员会和教育局长应当以合作伙伴的关系共同工作。在这个事件中，你如何界定教育局长的作用和教育委员会的作用？

续　表

从职前到实践
2. 在这次会议中，如果规定的程序未能严格执行，可能会引起什么样的法律纠纷？ 3. 在这种人事决定中，教师如果能起作用，你认为教师能起到什么作用？ 4. 在一个较大的学区中，让学区中心办公室人员而不是由教育局长来处理这类事件如何？ 5. 教育委员会应当如何更好地处理这种有可能失控的状况呢？

地方教育委员会承受的压力

地方教育委员会成员往往要经受很大的压力，因为他们需要倾听各种相互矛盾的要求，并对这些要求进行利弊的权衡。这些要求是由不同的群体提出的，有来自市民顾问组成员、商界的要求，有来自关注特殊需求的家长（例如关注有特殊需求的学生、天才学生和天赋学生的教学计划、学校的纪律、校本管理委员会等）的要求，也有来自教师协会的要求，还有来自那些能决定学校是否能获得资金资助的关键的地方和州政治家的要求。有些决定会产生赢家和输家；委员会只能按照各种事项的优先次序来权衡，把高度优先考虑的事项置于低度优先考虑的事项之前处理，而且由于资金的限制，这就意味着委员会成员们要作出艰难的决定，有时还不得不作出不受大众欢迎的决定。

教育委员会成员由选举产生的代表组成，是州政府系统中最大的由选举产生的群体之一。教育委员会的职责是管理地方学区，而不是对学校系统内部的日常运行进行微观的经营，记住这一点非常重要。在接下来的章节中，我们将描述教育委员会的具体职责[1]。

二、地方教育委员会的职责

巨大的学校产业

学校管理和学校经营是巨大的产业，地方教育委员会的成员必须了解如何开展良好的商业经营实践。总体而言，美国地方教育委员会每年要负责经营5260亿美元的总财政预算，需要聘用600多万名教师、行政管理人员和后勤人员（如辅导员、图书管理员、护士等）[2]。地方教育委员会是全国最大的雇主。很多教育委员会的成员每个

〔1〕 约翰·卡塞尔、蒂姆·霍尔特，“公仆型领导”，《美国地方教育委员会杂志》（2008年10月），pp. 34—35。

〔2〕 “2006年公共教育财政——表1，各州公立学校体系用于中小学教育的财政概要：2005—2006”，地方政府财政年度调查（华盛顿特区：美国统计局，2008）；《2007年美国教育统计年鉴》网址：http://nces.ed.gov/programs/digest/d07/tables/dt07_080.asp? referrer=list，表80（2009年1月）。

星期要花20多个小时用于处理委员会的事务。在处理学生、教师、管理人员、家长和其他社区居民的问题时，教育委员会的成员必须非常公平公正，还要时刻注意法律的问题。

地方教育委员会的职责

地方教育委员会的权力和职责可以分为以下几类：

1. 政策。教育委员会能够设置通用规则，确定学校该做什么、谁来做、如何做等。近年的校本管理转向已经改变了学校做什么、谁来做和如何做的政策，教师、校本管理人员和家长群体获得允许，可以更多地参与学校的日常运营和指导工作。

2. 人员配备。严格意义上说，教育委员会应负责招聘学区内所有的雇员。但实际上，教育委员会通常将自己的权力限制在招募和选择教育局长(学区的首席执行官)以及学区中心办公室的高层职员。通常情况下，决定是否聘用、留任校长和教师的权力被授予了学区的行政管理人员。

3. 员工关系。教育委员会成员对员工关系的所有方面负责，包括与教师工会进行集体谈判等。大型的学区依靠咨询顾问或律师与教师进行协商，但小型的学区可能就要由教育局长或教育委员会来与教师进行协商。

4. 财政问题。教育委员会必须保证学区有偿还债务的能力，同时还必须从税收的每一美元中获得最大限度的教育经费。学区的预算通常比地方政府其他方面的预算要高。

5. 学生。教育委员会负责处理学生的权利和责任的问题，并负责制定有关学生升级和毕业的要求、课外活动和到课率的要求等。

6. 课程和成绩评定。地方教育委员会负责制定学校课程，特别是要根据联邦和州的相关法律和指导意见制定学校课程，并对教科书的挑选进行审批。同样，教育委员会必须实施州的成绩评定，并报告评定结果，例如要根据联邦政府颁发的《不让一个孩子掉队》法案进行评定(本章后面的章节将详细介绍该法案)。

7. 社区关系。教育委员会不仅必须对家长负责，而且必须对社区的其他成员负责。

8. 各级政府间的要求。联邦政府和州政府机构都设置了很多对地方学校的不同要求，地方教育委员会的一项职责就是负责监督这些要求和命令得以执行[1]。

教育委员会成员应该在不侵犯教育局长权力的同时对学校系统进行管控。在理

〔1〕 西欧多尔·科洛斯基，“教育局长沟通角色的演变”，《传播教育》(2005年4月)，pp. 101—117；州教育协会，“州教育协会政策问题网站：地方教育委员会”，网址：http://www.ecs.org/ecsmain.asp? page=/html/IssueCollapse.asp(2009年1月)；全国教育委员会联合会，“地方教育委员会的主要工作”，网址：http://www.nsba.org/MainMenu/Governance/KeyWork.aspx(2009年1月)。

论上，各成员除了在召开教育委员会会议，以及作为一个集体或委员会整体采取行动时，才拥有一定的权力，其他时间成员个体是没有任何权力的[1]。成员们在政治上还必须保持明智审慎，因为终究还是会有人想请这些委员会成员们帮帮忙，他们必须能够抵制住这种压力。

三、教育局长和中心办公室职员

学校系统的执行官

地方教育委员会一个最重要的职责就是要任命一个有能力的**教育局长**(superintendent of schools)[2]。教育局长是这个学校系统中的首席执行官，而地方教育委员会是立法决策机构。有时，教育局长实际上就是一位首席执行官(CEO)，尽管绝大多数的教育局长是教育工作者，但越来越多的学区，尤其是在西雅图、纽约、匹兹堡、圣地亚哥这些城市，已经开始聘用私营企业的领导来担任教育局长的职务[3]。

如同人们对教育委员会的关注一样，人们也关注教育局长是否能体现其服务学区的多样性的问题。目前，78%的教育局长是男性，22%是女性，与1992年6.6%的女性相比已经有了很大的增长。另外，只有6%的教育局长是来自少数群体[4]。

由外行组成而不是由学校事务的专家组成的教育委员会负责监督学校是否由专业的教育人员经管，以及他们经管的方式是否恰当。尽管教育局长制定的政策必须经由教育委员会审批，但教育委员会经常会将自己拥有的合法权利授予教育局长和其他职员，尤其是在一些较大的学区。

教育委员会对教育局长的信赖

教育局长的一个主要作用就是收集并提交有关数据，这样教育委员会就能根据这些数据制定明智的政策决定。教育局长会向教育委员会提出建议，让委员会成员及时了解问题的所在，总的来说，教育委员会在没有得到教育局长提议的情况下，会拒绝实施某些法律或制定某个政策。如果教育委员会和教育局长之间长期存在不同意见，或在主要政策的制定上存在冲突，此时往往会更换教育局长。教育局长的平均任期大约为五年，在一些大城市的学区内，教育局长的平均任期会更短，只有两年多[5]。大多

〔1〕罗伯特·L.佐恩，"对新委员会成员的教育"，《美国地方教育委员会杂志》(2008年8月)，pp. 26—27。

〔2〕道格·伊迪，"聘用一名懂得教育委员会的教育局长"，《美国地方教育委员会杂志》(2007年11月)，pp. 46—47。

〔3〕蒂姆·奎恩，"将非教育工作者培养成教育局长"，《学校行政人员杂志》(2007年8月)，pp. 22—29；美国学校行政人员协会，"学院毕业生名册"，网址：http://www.aasa.org/publications/content.cfm?ItemNumber=9278(2009年1月)。

〔4〕"美国学校行政人员协会发布对美国教育局长的研究"，《学校规划与管理》(2007年11月)，p. 8；安吉拉·帕斯科佩拉，"教育局长的状况"，《学区管理杂志》(2008年2月)，pp. 32—36。

〔5〕J. H. 施耐德，"教育局长充当了替罪羊"，《教育周刊》(2006年1月11日)，pp. 40—41。

数教育局长认为他们丢掉工作的原因主要是与教育委员会之间的交流出了问题，而且教育委员会干预了太多具体的管理事务（对学校的管理形成了干涉）[1]。科罗尔博士对教育委员会的干涉和微观管理方式会有什么样的感觉？

教育局长的职责

教育局长的职责不仅是向教育委员会提出建议和意见，通常还肩负很多其他的职能，包括以下列举的几点：

1. 专业人员和非教学人员（例如，监管者、食堂工作人员等）的管理；
2. 课程领导和教学领导；
3. 行政管理，包括学区组织、预算、长期规划，遵守州和联邦政府机构发布的指令等。

此外，教育局长还负责监督学区内学校的日常工作，并且还是学校的主要代言人[2]。

社区对教育局长施加的压力

教育局长经常会感受到来自社区不同地方的压力，如不满学校或教师的家长，或是那些有组织的社区群体，它们有自己的动机和目的（有时这些动机和目的很明显，有时则是隐秘的）。教育局长的工作效能在很大程度上依赖于他与这些施加压力的群体打交道的能力，只有一个自信的学校领导能平衡家长和社区群体之间的不同要求和期望，大家的终极目标都是要提高该学区内所有学生的学习水平。专家一致认同，要成为一名成功的教育局长，关键是交流沟通能力，要能与教育委员会成员、市民群体、教师、家长、工会以及选举产生的官员之间进行良好的交流沟通才行。如果不能获得市民、立法机构和政界的支持，那么这名教育局长将很快下台[3]。

中心办公室的组织结构

中心办公室职员（central office staff）的职责是协助教育局长（见图 7.2）。拥有 2.5 万或更多学生的大学区仅占美国所有学区的 1.9%，这样的大学区可能会设置很多不同等级的员工职位，包括一名代理教育局长，副教育局长、教育局长助理、主任、部门主管以及协调员和监督员，每个职位都有相应的下属[4]。而小规模的学区通常只有一个不那么科层化的中心办公室。

---

〔1〕 唐纳德·R. 麦克亚当斯，"让委员会远离微观管理"，《学校行政人员杂志》(2008 年 11 月)，p. 6。

〔2〕 道格·伊迪，"成功之路"，《美国地方教育委员会杂志》(2008 年 8 月)，pp. 46—47。

〔3〕 保罗·D. 休士顿，"从监管者到指挥者"，《学校行政人员杂志》(2007 年 3 月)，pp. 28—34；唐纳德·R. 麦克亚当斯，"应对教育委员会成员的信息请求"，《学校行政人员杂志》(2008 年 3 月)，p. 6。

〔4〕 凯斯琳·维尔，"变化中的教育面貌"，《教育健康体征》，2003 年，网址：www.nsba.org；《2007 年美国教育统计年鉴》，网址：http://nces.ed.gov/programs/digest/d07/tables/dt07_084.asp? referrer= list，表 84(2009 年 2 月)。

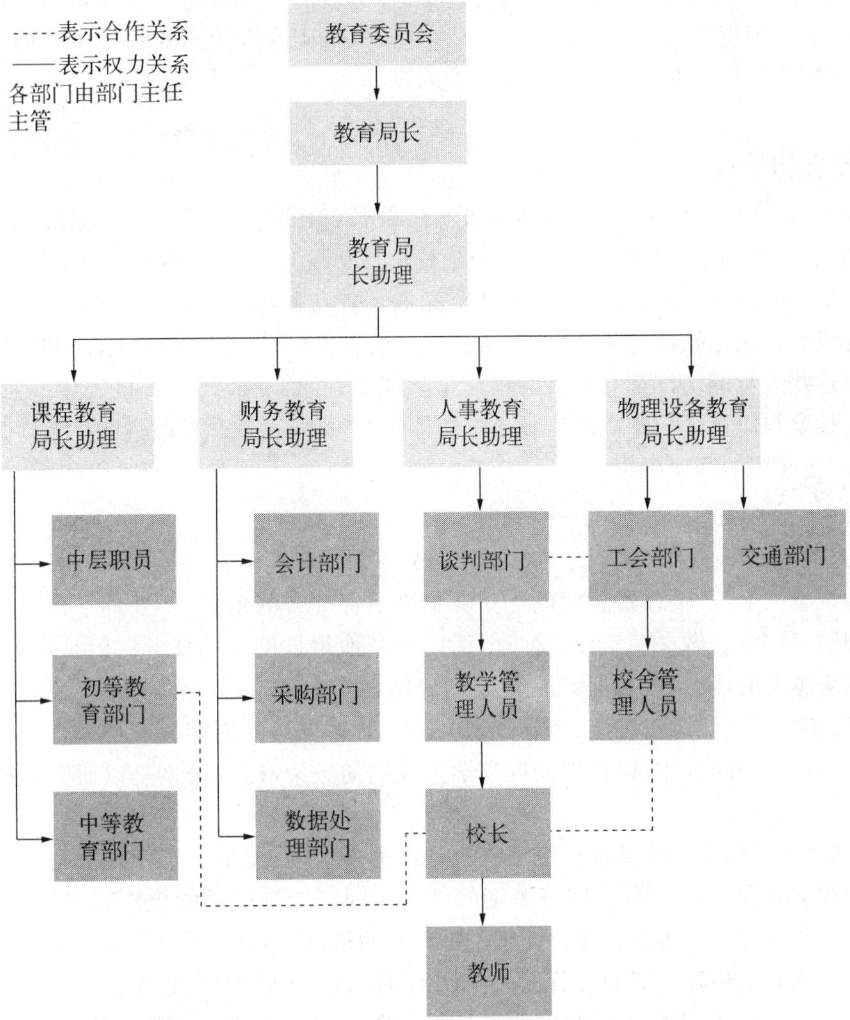

图 7.2 中等规模学区的典型行政结构(5000—25000 名学生)

这个示意图清楚地显示了一个拥有 5000—25000 名学生的中等规模学区的行政组织结构，它代表了全国 12%的学区的行政组织。全国大约有 37%的学区属于小规模学区，学生人数在 1000—5000 人，这类学区的组织结构要简单得多。更大规模学区的行政组织等级结构则更复杂，学生数达到十万甚至更多的一个学区，其行政结构图一定远远超过这页纸。

【资料来源】《2006 年美国教育统计年鉴》，表 85。

对官僚机构的批评

很多人批评大学区内这种多层次的官僚结构效率低下，是在浪费纳税人的钱财。

但事实上，从管理人员和学生人数的比例来看，最大的学区并不一定是最低效的。然而无论如何，根据《不让一个孩子掉队》法案的要求，中心办公室在指导学区内学校的工作方面，正不得不面对更多的压力[1]。

四、校长和学校

大多数学校只有一名行政官员，那就是**校长**(principal)，负责学校的日常运行。有趣的是，56%的小学校长和26%的中学校长是女性[2]。在一些小型的学校中，校长也要承担教学任务，较大型的学校可能会配备一名或多名校长助理或副校长。学校的行政等级也可能包括部门主任、负责维持纪律的官员(如学生的训导主任)和咨询辅导员等。这些人员的工作都与校长的工作密切相关，并接受校长的直接领导。另外，大多数校长要与以社区为基础的学校改进团体一起工作，这些学校改进团体常常是家长-教师协会或校本管理小组。

校长的角色

传统意义上说，校长最重要的工作就是扮演管理者的角色，要处理学校的日常运营，召开各种会议，做文字工作、接听电话以及其他每日例行的任务。但是今天，校长面临越来越大的压力，校长必须在规定的成绩评定中证实学生的学业成绩一直在提高，校长还必须关注课程编制、教学、成绩评定、数据分析的周期。成功的校长必须善于与利益各方协同合作，以作出能提高学生成绩的决策，这种决策是以研究数据为依据的[3]。

一般情况下，中学的校长更愿意将自己视为总经理，而小学校长则把自己看做是课程和教学的领导[4]。存在这一差别的部分原因可能是中学的规模相对较大，也就产生了更多的管理工作需要校长处理。更重要的是，中学校长手下通常有专门处理各门学科课程编制和教学活动的负责人，而小学校长很少有这样的助手。

作为一名教师，你将如何与你的校长打交道？在规模较大的中学里，教师与校长之间的交往可能是最少的，主要是一些正式的听课、教职员工会议，另外就是在餐厅、

---

〔1〕 弗兰·西尔弗曼，"中层管理人员的落后"，《学区管理杂志》(2004年11月)，p.14。

〔2〕 迈克尔·普拉蒂、威廉·胡扎尔、托马斯·斯奈德、史蒂文·普罗瓦斯尼克、格瑞斯·凯娜、蕾切尔·丁克斯、安吉丽娜·科娃拉玛尼、简·坎普，"第34号指标：学校校长的特点"，《2008年教育状况》(华盛顿特区：美国教育部教育科学研究院国家教育统计中心，2008)。

〔3〕 查尔斯·玛吉考斯基，"校长在监督课程实施方面的关键作用"，《美国中学校长联合会新闻简报》(2000年2月)，pp.76—83；凯文·巴特勒，"校长培养方案"，《学区管理杂志》(2008年9月)，pp.66—70；格拉斯·B.里弗斯，"更深入地挖掘数据"，《教育领导》(2008年12月)，pp.89—90。

〔4〕 劳拉·A.库柏，"作为教学领导的校长"，《校长杂志》(1989年1月)，pp.13—16；艾伦·C.奥恩斯坦，"领导者与失败者"，《教育工作执行者》(1993年8月)，pp.78—30；特里希娅·布朗-法力格诺，"成为一名校长：角色概念、初始社会化、角色身份转换"，《教育管理季刊》(2003年10月)，pp,468—503。

走廊或在班车上执勤时的偶尔碰面，以及在校长办公室里的谈话。相反，很多小学教师则经常，甚至是天天与校长打交道，在学校的大部分地方都可能遇见校长，而在处理各种与学生有关的事务时也会和校长会面。

校本管理的影响

通常情况下，有关学校政策的权力是由上至下逐级传递的，首先从教育委员会，然后通过教育局长和中心办公室职员，最后传递给校长。但是现在，有些学区的情况却发生了改变，正如我们在“教师职业”一章中提到的那样，校本管理的实施使学校拥有了更多的决策权，这也让校长和教师对很多事务，如课程的编制、员工的培养、教学任务的分配，甚至教师的聘用和学校预算等，都承担了更多的责任。由于教师要和学校其他的员工一起制定学校的政策，这就需要学校校长们采取一种参与性更强的管理模式[1]。

焦点问题回顾：作为一名新教师，你认为你与你就职学校的校长之间应该是什么样的理想关系？你是否希望成为一名校长？

校长承担多方面的职责，但或许其中最重要的是校长要把自己看做是课程、教学和成绩评定的领导者。

---

〔1〕 琳·K. 布拉德肖，“学校合作中不断变化的校长角色”，《美国中学校长联合会新闻简报》(2000 年 5 月)，pp. 86—96；杰瑞尔德·N. 提罗茨，“领导的艺术：中学校长角色的演变”，《卡潘》(2002 年 2 月)，pp. 434—439。

五、家长和社区的参与

很多的校本管理计划不仅仅包括校长和教师之间的合作，而且还让家长和其他社区成员在校本管理中发挥重要的作用。为了达到这一目的，他们从20世纪70年代开始发起了一项运动以增加家长和社区对学校管理的参与。

家长参与的原因

很多教育工作者致力于促进家长参与学校管理的最根本原因是：研究表明家长参与能提高学生考试分数，获得更好的成绩评定，同时也能提高学生到课率，改善学生对待学习的态度，尤其是市中心区的少数群体学生〔1〕。在全国范围内，民意调查显示公众非常支持家长参与这个观念，相信家长对孩子的教育起着主要的作用。正是由于这种支持，家长参与成为《不让一个孩子掉队》法案中一个重要的组成部分〔2〕。

未参与的家长

然而，教师们却认为，家长并不愿意利用现有的机会让自己参与到孩子的学校教育中去。美国教育部对家长进行了一次调查发现，只有42%的家长声称他们自愿到学校参与各种活动，而77%的家长说他们只参加家长会〔3〕。研究表明，有些家长不愿意参与学校活动，是因为他们感觉自己文化水平不够、自己当学生时在学校有负面的经历以及对学校管理人员和教师持有消极的态度〔4〕。但是，最近一次对市区学校上学的学生家长进行调查时发现，83%的调查对象表示他们感到学校员工对他们很尊重〔5〕。

---

〔1〕 艾尔希尔·拉扎尔、弗朗西斯·斯诺思达德，“怎样克服家长-教师合作过程中的障碍”，《信息交流中心》(1999年3月/4月)，pp. 206—210；安妮·T. 亨德森、凯伦·L. 马普、薇薇安·R. 约翰逊、戴维斯：《超越义卖：家校伙伴关系的重要指南》(纽约：新出版社，2006年)；黛博拉·珀金斯-高夫，“学校气氛：城市父母的观点”，《教育领导》(2008年9月)，pp. 89—90。

〔2〕 劳拉·帕帕诺，“家长会上，‘敌人’可以成为朋友”，《波士顿周日环球报》(2003年9月28日)，p. B6；詹妮弗·德普兰蒂、拉塞尔·库尔特-科恩、金姆·A. 杜查恩，“对学生学业成就中家长介入的见解”，《教育研究杂志》(2007年7月)，pp. 361—368。

〔3〕 吉尔·克洛兹亚特，“未参与的家长”，《种族、民族与教育》(2001年12月)，pp. 329—341；2007年美国教育统计年鉴，网址：http://nces.ed.gov/programs/digest/d07/tables/dt07_023.asp? referrer=list，表23(2009年1月)。

〔4〕 A. Y. 拉米雷斯，“对家长和家长参与的教师态度调查”，《学校社区杂志》(1999年秋冬季刊)，pp. 21—39；格雷戈里·弗林、芭芭拉·诺兰，“学校校长对现在的学校-家庭关系的思考”，《美国中学校长联合会新闻简报》(2008年9月)，pp. 173—190。

〔5〕 布莱恩·柏金斯：《我们的想法：家长对城市学校气氛的见解》(弗吉尼亚州亚历山大：全国教育委员会联合会，2008)；安·布拉德利，“民意调查：城市家长发现学校很安全”，《教育周刊》(2008年5月7日)，p. 4。

教学资源视频案例

家长融入学校文化中：一个读写活动项目

在阅读完本节后，请观看学生学习网站上的视频“家长融入学校文化中：一个读写活动项目”。这个视频是否是家长参与的有效例证？在你观看家长们为这个学校的活动项目而努力工作的时候，请思考是否还有其他的让家长参与的方式，然后回答下面的问题：

(1) 在观看视频和阅读本章的基础上，你是否认为家长参与到学校的活动中是很重要的？为什么是或为什么不？

(2) 两位学生家长帕特里娅和莫妮卡参与到这个读写活动项目中的动机是什么？

(3) 从课堂教师的观点出发，请描述让家长融入学校文化中有什么益处，同时面临怎样的挑战。

社区介入的类型

在学校改革的压力下，学校开始正式安排家长和其他社区成员对地方教育决策发表自己的意见。为方便讨论，我们将社区介入分为三大类：社区参与、社区控制和社区学校。

社区参与

社区参与的类型

社区参与(community participation)是最常见的社区介入形式，包括在邻近学校或教育委员会中心一级机构建立咨询委员会。这些咨询委员会通常由学校官员任命，为教育委员会提供帮助和建议。市民群体可以在很多方面提供建议和帮助，包括：(1) 教育目标、优先事项、需求的确定；(2) 教师和校长人选的选拔与考评；(3) 课程和课外活动计划的制订；(4) 对学校财政的支持；(5) 志愿者的招募；(6) 在学校以及在“家庭作业热线”节目中对学生提供帮助。几乎每个州都制定了一项涉及家长参与学校事务的法律[1]。

社区控制

权力共享

在采用**社区控制**(community control)的学校系统中，选举产生的社区委员会或

〔1〕 梅维斯·山德士，“修建通往卓越的桥梁：中学的社区介入”，《中学杂志》(2005年2月/3月)，pp. 1—9；凯尔·英斯，“家长对教育的参与”，《州政府笔录》(科罗拉多州丹佛：州教育协会，2005年3月)；加文·沙特金、亚力克·伊恩·盖斯伯格，“授予家长权力，建设和谐社区”，《城市教育》(2007年11月)，pp. 582—615；凯威萨·玛蒂娜塔、西玛·沙阿、莎拉·麦卡利斯特、诺姆·福禄切特、克里斯蒂娜·莫赫塔尔拉、丹·洛克伍德：《有组织的社区，更强大的学校》(纽约：布朗大学的学校改革安纳堡研究所，2008年3月)。

董事会所做的就不仅仅是向教育委员会提供建议，而是要与教育委员会的中心办公室分享决策权。

芝加哥的经验

20世纪90年代，芝加哥创立了一种社区控制模式，被称为"学校现场委员会"(SSCs)，该委员会是地方教育改革的一部分，旨在提高学生的学术成绩。家长与社区群体参与和投入到对学校校长的聘用和留任、课程的制定、学校的预算等事务中，并发挥重要的作用。但一直以来，要把成立"学校现场委员会"和提高教育质量联系起来却很困难。尽管芝加哥的教师、行政管理人员及地方的学校委员会对这种行政管理的变化普遍存在肯定的态度，但一些较大社区中的商人、市民、家长和议员们却不这样认为[1]。

特许学校的经管

社区介入教育的最新重要发展当属**特许学校**(charter school)的建立(在"美国学校效能与学校改革"一章中有详细介绍)。在特许学校这种制度安排中，地方教育委员会或州教育委员会授予某个社区群体一个特许执照(也就是一份罗列了具体权利、特权和预期的合同)，允许这个群体建立并经管一所公立学校。关于学校的财政、学校的运营、学校的场所、学生的录取以及责任制度等方面的具体安排可通过协商来决定。如果这个特许学校不能达到事先规定的责任制标准，那么该学校的特许执照就可能被撤销，同时学校被关闭。有关对特许学校的正反双方的论战，请看"热点问题争鸣"栏目的内容[2]。

社区学校

共同合作提高学生成绩

20世纪80年代初以来，学校仅仅被视为社区内教育机构中的一种。而在社区学校(community schools)这个概念中，学校成为社区的合作伙伴或协调机构，为社区提供教育、健康、社交、家庭救助、娱乐、文化等方面的活动，这种种的努力措施都旨在提高学生的学业成绩。例如，在明尼阿波里斯市(Minneapolis)，学生们参与了一项名为"信号灯"的活动，这项活动是与基督教青年会(YMCA)共同创办的课后活动项目，旨在培养年轻人的领导才能。这项活动的结果显示，全市学生的阅读成绩有了明显提

---

〔1〕 宝琳·利普曼，"创造全球化城市，创造不平等：芝加哥学校政策中的政治经济学和文化政治学"，《美国教育研究协会会刊》(2002年夏季刊)，pp. 379—418；加文·沙特金、亚力克·伊恩·盖斯伯格，"授予家长权力，建设和谐社区"，《城市教育》(2007年11月)，pp. 582—615。

〔2〕 卡利·亚当斯，"特许学校适合你吗？"，《教师杂志》(2008年11月)，pp. 23—25。

高，学生到课率增加了，而停学的人数减少了[1]。所有发生的这一切其实都是对社会各种变化的回应，这一类活动对那些低收入家庭的帮助尤为明显。

机构间的资源共享

作为社区学校规划的一部分，学校必须与其他社区机构，甚至是商业机构，分享学校的人员和设施。反过来，学校也可以使用其他社区机构、地方商业机构以及该区域内大学的设施、设备和人员。这种资源共享的形式在学校预算紧张、需要缩减经费的时期尤为重要。

表 热点问题争鸣：作为公立学校改革的特许学校

20世纪80年代和90年代，学校改革的压力不断增加，公众参与更多学校事务的愿望也愈加强烈。一些家长甚至要求地方教育委员会能授予他们特许执照开办学校，以此获得更多的学校控制权，因此特许学校就成为很多州颇有争议的热点问题。

争论问题

特许学校是教育学生的更好方式吗？

正方观点：	反方观点：
1. 特许学校是另一种类型的学校教育，这种教育是在传统的公立学校系统中无法实现的。	1. 特许学校的赞助商往往未能把学校的责任制目标讲清楚，这会导致误解和困惑。
2. 特许学校拥有更多的自治权，可以摆脱州和地方学区规定的束缚。	2. 州和联邦政府的各项规定依然适用于特许学校，而且往往会限制特许学校的独立性。
3. 特许学校可以为某些特殊的学生群体服务。	3. 特许学校经常得不到足够的启动资金和运营费用，尤其是如果特许学校是为特殊学生群体服务，那开销就会非常高。
4. 学生、教师和家长通过自己的选择加入到特许学校中，因此会更投入地致力于特许学校的工作，这使得学生、教师、家长之间的真正合作成为可能。在达到标准的前提下，教师拥有了更多的自由，他们可以用创造性的方式设计课程。	4. 特许学校很难招到职员，教师流失率高。此外，教师工会通常不支持特许学校，还试图限制特许学校的运营。
5. 特许学校通常规模都比较小，因此更容易管理。	5. 由于学校校舍和设施缺乏，这严重影响学生的课堂学习。
6. 在特许学校中，家长的参与度和全面的交流都有大幅增加，形成了一种利益相关者间的群体意识。	6. 由于缺乏足够的时间来规划特许学校董事会、校长和职员的职责与义务，从而导致了后续管理问题、交流问题的出现。

[1] 马丁·J.布兰克、阿提尼亚·梅拉维尔、贝拉·P.沙阿：《创造不同：社区学校的研究与实践》（华盛顿特区：社区学校联盟，2004）。

六、学校和学区的规模

对学校规模的争论

教育工作者们一直以来对学校规模的问题争论不休。一所学校到底应该有多大规模？一个学区内应该招收多少学生？40多年前，詹姆斯·科南特(James Conant)就认为，最有效的中学是那种足够大，能提供综合多样的设施的学校。然而，最近有些教育家却反对他的观点，认为小型的学校更高效[1]。

大规模学校的问题

1987年，有两名研究人员在对几个研究成果的综述中作出了如下结论：中学的学生人数不能超过250人。他们的分析表明，如果注册学生人数过多，学校就会不得不全力投入到对学生的控制和维持学校的秩序中，同时大规模学校缺乏特色，使得学校很难在学生、教师和家长中建立起群体意识[2]。例如，2007年的一项研究表明，纽约市有88所小型中学，也被称为"新世纪中学"，这些学校中2006级的学生毕业率显著高于其他可类比的中学[3]。

最近的一些研究表明，在拥有600—900名学生的中学里，学生的学习效果最好，而随着学校规模的缩小，学习质量也随之下降。在规模非常小的学校里，学生学习的情况要比在适度规模学校上学的学生差。另一方面，在学生人数超过600—900人的学校中任职的教师，与那些在规模相对较小的学校中任职的教师相比，他们更可能报告说学生中存在冷漠、迟钝和吸毒等严重问题[4]。

学区的理想规模

在对学校规模进行争论的同时，学区的最佳规模到底应该多大也是争论不断。部分人支持较大规模的学区，认为这样能获得更大的税收基础，同时也能降低生均教育成本。如此一来，这些较大的学区就能供养高素质人员，实施更大范围的教育计划，提供特殊的教育服务和良好的交通设施。在过去60年中，对这一讨论主题的大多数研

---

〔1〕 詹姆斯·B.科南特：《今日美国中学》(纽约：麦格劳希尔集团，1959)；苏珊·布莱克，"适当规模的学校"，《美国地方教育委员会杂志》(2006年4月)，pp. 63—65。

〔2〕 托马斯·B.格雷戈里、杰瑞尔德·R.史密斯：《作为社区的中学：小规模学校的重新思考》(印第安纳州布卢明顿：国际教育发展联合会，1987年)；汉娜·斯堪德拉、理查德·苏萨，"为什么越大越不好"，《胡佛文摘》(2001年夏季刊)。

〔3〕 凯瑟琳·葛维兹，"纽约市的新型小规模学校带来更高的毕业率"，《教育周刊》(2002年10月31日)，p. 10。

〔4〕 参见"学校特征和学校气氛：中学的规模"，《教育状况》(华盛顿特区：国家教育统计中心，2003)，网址：http://nces.ed.gov/programs/coe/2003/section4/indicator30.asp。

究表明，最高效的学区规模应该在一万到五万学生之间[1]。

小规模学区的优势

但是如今，对学区规模的看法，以及对单个学校的看法通常是越小越好。1993年，一项对教育委员会成员的研究表明，78%的教育委员会成员认为较小的学区更容易管理，也更容易促进市民的参与，而把大规模的学区视为行政管理的噩梦[2]。

发展大规模学区的趋势

不管正反双方的辩辞如何，美国教育还是倾向于发展较大规模的学区。到2004—2005学年，所有公立学校学生中有23%的学生属于100个最大的学区，这100个学区占所有公立学校学区数量的不足1%，每个学区都有4.6万甚至更多的学生。大多数情况下，这种较大规模的学区位于城市里或城市附近，其中最大的学区当属纽约市的学区，拥有1200多所学校，大约99万名学生，其次是洛杉矶学区，学生人数达到74万人[3]。

学区的合并

联合学区

学区招生人数的增加除了人口增长的因素外，另一个原因是**学区合并**(consolidation)，也就是把几个规模较小的学区合并成为一个或两个较大的学区。图7.3表明，学区的合并极大地减少了学区的总体数量，从1930年的13万多个学区减少至2006年的不到1.42万个学区，其中数量减少最多的时间是在1930年到1960年这30年间[4]。

学区合并的原因

学区合并的原因多种多样，主要的原因有以下几种：

■ **规模**。规模较大的学区中可供学校选择的课程更多更广泛，开设的课程也更

〔1〕史蒂文·B.梅尔滕斯，“学校规模以有趣的方式显得很重要”，《中间学校杂志》(2001年5月)，pp. 51—55；约翰·T.琼斯、尤金妮娅·F.托马、若恩·W.吉玛，“就学率、学区与学校规模”，《教育经济学评论》(2008年4月)，pp. 140—148。

〔2〕克雷格·豪利、罗伯特·比克尔，“规模的影响”，《美国地方教育委员会杂志》(2002年3月)，pp. 28—30；马修·安德鲁等，“美国教育中规模经济的再思考：我们离共识近一点了吗”，《教育经济学评论》(2002年6月)，pp. 245—262；唐娜·德里斯科、丹尼斯·哈尔库西斯、雪莉·斯沃尼，“学区规模和学生成绩表现”，《教育经济学评论》(2003)，pp. 193—201。

〔3〕安东尼·加罗法诺、詹妮弗·赛贝尔、李·霍夫曼：《美国最大的100个公立中小学学区的特征：2004—2005》(华盛顿特区：美国教育部国家教育统计中心，2008)，网址：http://nces.ed.gov/pubs2008/100_largest/overview.asp(2009年1月)。

〔4〕《2006年美国教育统计年鉴》表84；诺拉·戈登：《政治融合的原因及其在学区中的应用》(马萨诸塞州坎布里奇：美国国家经济研究所，2006)；《2007年美国教育统计年鉴》表84。

严格，行政管理组织的结构也更流畅更高效。

■ **服务**。较大的学区会合理地聘用顾问、校长助理、团队领导、专家等，这些在正常情况下是小规模学区无法做到的。

■ **经济**。在进行批量订购时，采购的决策（如书籍、纸张、艺术用品等）能节省很大的开销，这是一种规模效率。另外，合并也能让一些过于陈旧的建筑停止使用，这样也能节省一笔可观的费用。而且当学区联合后，中心办公室的高薪冗员职位也能够得到裁减[1]。

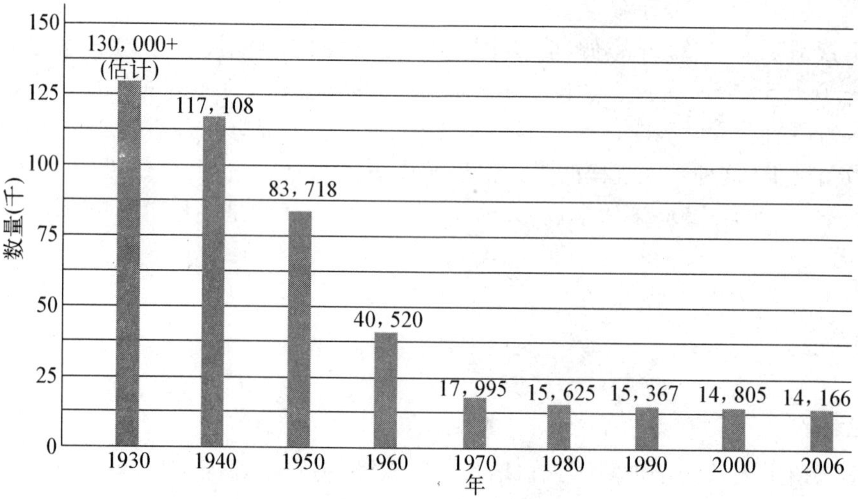

图7.3 公立学校学区数量的减少，1930—2006

【资料来源】《2007年美国教育统计年鉴》（华盛顿：美国政府印刷局，2007），表84。

继续推进学区的合并

虽然在20世纪的较早时期，随着美国逐渐转型脱离农村经济，成千上万的学区被合并，但是今天，州议会仍然继续推动学区的合并，这是因为农村学区的入学人数一直在持续下降。如缅因州、南达科他州和亚利桑那州都在实施合并计划，强制学区进行合并。以缅因州为例，有关官员预计，如果合并计划得到完全执行，整个缅因州的学区数量将从现在的大约290个减少至80个[2]。合并学区往往意味着要关闭一些学校，但学校关闭已经被证实是一件严重的涉及情感的问题，尤其是在那些小规模的农村学

〔1〕 布鲁斯·布肯南，“强制性合并对你的学区意味着什么”，《美国地方教育委员会杂志》（2004年7月），pp. 15—18；格伦·库克，“学区合并的挑战”，《美国地方教育委员会杂志》（2008年10月），p. 10。

〔2〕 凯蒂·阿希，“州政府在学区合并中采取狡猾的手段只为了确保地方的支持”，《教育周刊》（2007年10月4日），pp. 22—23。

区里，当地的学校很可能就是当地社区身份的集中体现。另一种较温和的合并方法就是让几个邻近的学区共享教学计划和工作人员[1]。

焦点问题回顾：在你阅读报纸杂志或收听新闻广播的时候所关注的媒体讨论的教育问题中，哪些是与地方学区相关的，哪些涉及州一级教育机构，哪些是属于联邦政府层面的问题？这些讨论的问题对你就职的地方学区或你曾经有过教学经历的地方学区有什么影响？

第二节 中间部门

提供协调和补充服务

中间部门（intermediate unit）或**地区教育服务机构**（regional educational service agency，RESA）这个术语指的是介于州教育厅和地方学区之间的一个办公室或代理机构，这个机构主要为当地学区提供协调和补充服务，它起到连接地方教育当局和州教育当局的作用。中间部门通常是由州议会设立的，它是州教育厅的一个法律和政治扩展机构。至2006年，有33个州设立了这样的中间部门，大约有1440个中间部门或地区教育服务机构为全美地方学区提供各种服务[2]。

提供的服务

在大多数情况下，中间部门主要为农村学区及那些行政管理人员较少的学区提供范围很广的各项帮助。近年来，中间部门在帮助学区达到《不让一个孩子掉队》法案和其他强制性的规定上成效卓著。它们不仅帮助学校招聘达到高质量标准的教师，而且还帮助学校制定成绩评定计划、撰写资金申请报告、为有特殊教育需求的学生服务，还为需要学习英语语言的学生提供服务[3]。很多教育工作者相信，这种能覆盖几个学区的中间部门，能为许多小学区或是因为财务受困而无法自己提供相关服务的学区，提供经济实惠的服务。

焦点问题回顾：你所在的州是否有这种中间部门或地区教育服务机构？如果有，这些部门或机构是怎样直接影响当地的学校的？请列举两个例子说明。

---

〔1〕 迈尔斯·布莱恩特，"大平原上的农村学区重组"，《农村教育》（2002年春季刊），pp. 14—18；格伦·库克，"农村学区面临合并的威胁"，《美国地方教育委员会杂志》（2008年12月），p. 9。

〔2〕《2007年美国教育统计年鉴》，表85。

〔3〕 霍巴特·L. 哈蒙，"挖掘服务机构的潜力"，《学校行政人员杂志》（2006年3月），pp. 34—42。

第三节　州政府的职责和各项活动

州政府的法定责任

每个州都承担支持和维护本州范围内所有公立学校的法定责任。州政府的职责如下：

- 制定颁布相关法律；
- 决定州教育税以及对地方学区的财政补助；
- 制定培养和招募教职人员的最低标准；
- 提供课程指导纲要(有些州还制定了许可使用的教材清单)；
- 制定成绩评定要求；
- 拟订学校认证的条款；
- 提供诸如学生交通和免费教科书一类的特殊服务。

州法律

州学校法规(state school code)是各项法律的汇编，这些法律确定了学校的运营方式和途径，以及州政府实施教育的方式和方法。当然，州政府不能颁布与联邦宪法相冲突的法律。很多州都就学校的办学方法制定了非常详细的法律条文。图 7.4 展示了从州到地方层面的典型组织等级层次。

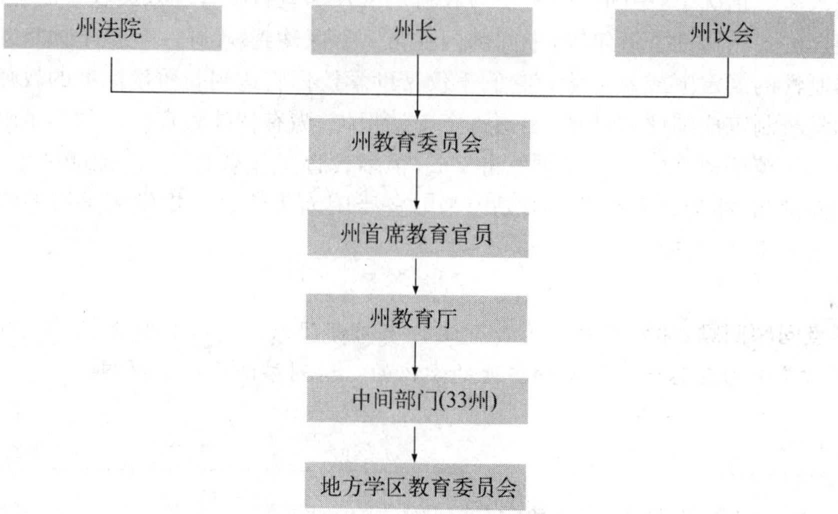

图 7.4　州学校系统的典型结构

一、州长和州议会

州长的权力

尽管各州州长的权力在很多方面都各不相同，但是州长对教育的权力却是在法律上有明确的规定。关于州长担负的主要教育职责，已经在概述7.1中进行了总结，你们可自行访问本书学生学习网站中的概述7.1。通常情况下，州长负责向议会提出教育预算的建议。很多州的州长拥有获得州财政中累计结余的合法权利，这些钱可以用于与学校相关的各种用途。通常，州长还能任用或罢免州一级的学校人员，在有些州中，州长甚至能罢免地方学区的教育局长。但是州长在行使这些权力时，都会受到一定的限制，比如说需要得到州议会的批准。在大多数州，州长能任命州教育委员会成员，而在少数几个州，州长还能任命州首席教育官员〔1〕。州长还能否决或威胁要否决某些教育措施，从而阻止州议会颁布某些州长反对的教育法律。

州议会的权力

在大多数州里，州议会主要负责公立学校的建立和维护，同时拥有颁布有关教育法律的权力。这些权力也受到联邦和州宪法以及法院裁决的限制。

州议会通常对主要的财政问题作出决定，包括州教育税的性质和增收水平以及每个地方学区的征税权等。州议会还要决定教与学的一些基本参数，包括：(1) 哪些可以教、哪些不可以教；(2) 义务教育需要多少年限；(3) 学日和学年的时间长度。另外，州议会还要制定进行测试与成绩评定的程序，批准学校的培养方案，制定学校建筑结构标准等。有些地方的州议会不制定教育政策，而是由州教育委员会负责，我们将在下面对此进行介绍。

州的新立法

作为一名教师，你必须遵守各项州制定的法律。近年来，州议会不得不遵守联邦政府颁发的《不让一个孩子掉队》法案中规定的各项义务和责任。因此，州议会也相应地制定颁布了一系列的政策法规，要求各学区提高学术标准，进行各项成绩评定，并建立制裁机制，对那些未能达到年度进步目标的学区进行制裁〔2〕。若不是1957年苏联第一颗人造卫星的成功发射引发了美国全国教育改革的浪潮，州议会还不会在教育政

〔1〕 凯尔·英斯，"州长应该知道的事情：州教育系统的重点"，《州政府记录》（科罗拉多州丹佛：州教育协会，2005年2月）；玛丽·富尔顿，"州教育的管理典范"，《州政府记录》（科罗拉多州丹佛：州教育协会，2008年3月）。

〔2〕 "幼儿园—12年级教育管理一览：管理角色的转换"，全国州议会联合会（2009年），网址：http://www.ncsl.org/programs/educ/K-12Governance.htm（2009年1月）。

策的制定上发挥如此令人瞩目的作用。

二、州教育委员会

州教育委员会(state board of education)通常是最有影响力、最重要的州级教育机构。目前除了威斯康星州和明尼苏达州以外,其他各州都成立了某种形式的州教育委员会。州教育委员会主要依靠州议会获得拨款经费和权力,同时为州议会提供咨询服务。此外,大多数州为州立学院和州立大学设立了独立的管理委员会。州教育委员会的具体职责和职能各不相同,但大多数都负责制定规章制度以实施州议会颁布的各项教育法令[1]。

州教育委员会成员的选拔

以 2008 年为例,有 32 个州的州教育委员会成员是由州长直接任命的,有两个州是由州议会任命的,另外九个州则通过公众投票选举产生州教育委员会成员。剩下的各州有的采用州议会任命的方式,有的采用部分成员任命、部分成员选举产生两种办法结合的方式。州教育委员会成员的数量在 7—21 人之间,其中最常见的是由 7 人构成的教育委员会[2](成员人数为基数,可以消除相同投票数出现的可能性)。

州教育委员会成员的构成

和地方教育委员会一样,女性常常更多地成为州教育委员会成员。1982 年,大约有 34%的委员会成员是女性,到 2002 年,这个比例上升至 47%。但是,州教育委员会成员的种族构成却几乎没有变化,1982 年和 2002 年都只有 16%的委员会成员来自少数群体[3](参见图 7.1)。委员会成员构成的变化趋势非常重要,因为多样性能扩展委员会成员看待问题的视角,而委员会也更可能反映出广泛的社会和教育所关心的问题。

三、州教育厅

州教育厅的功能

作为一名教师,你在日常工作中很有可能要和**州教育厅**(state department of edu-

〔1〕"幼儿园—12 年级教育管理一览:管理角色的转换",全国州议会联合会(2009),网址:http://www.ncsl.org/programs/educ/K-12Governance.htm(2009 年 1 月)。

〔2〕"州教育管理一览",全国州教育委员会协会(2007 年 3 月),网址:www.nasbe.org(2009 年 1 月)。

〔3〕对全国州教育委员会协会主席布伦达·威尔本的电话采访,1998 年 7 月 15 日,以及 2001 年 4 月 20 日;黛娜·威利:《州教育委员会》(弗吉尼亚州阿林顿:全国州教育委员会协会,1983 年),表 1-2,pp. 15—16。

cation)打交道。州教育厅通常是在州教育委员会的指导下开展工作的，由州首席教育官员管理。一直以来，州教育厅的任务主要是收集和分发本州内教育状态的统计数据。然而，20世纪50年代以来，州教育厅的功能也得到扩展，承担了很多其他的功能[1]。简而言之，州教育厅主要负责实施州议会颁布的法律以及州教育委员会制定的规章制度。

近期的新职责

在20世纪下半叶，州教育厅不得不忙于处理各种具有争议的事务，比如废除种族隔离、实施补偿教育、为所有孩子提供合适的教育、学生权利及骚乱运动、学校财政改革、集体谈判、最低能力测试等。如今，州教育厅除了要完成传统的任务外，还是负责制定和实施州成绩评定要求以及收集和报告学生进步的主要机构[2]。

焦点问题回顾：与当地学校的教师和行政管理人员进行交谈，看看他们认为州教育委员会和州教育厅制定的政策在哪些方面影响了学校的日常事务？他们认为这些影响是积极的，还是消极的？

四、州首席教育官员

首席执行官

州首席教育官员(chief state school officer)(也就是州教育厅厅长或州教育行政长官)负责领导州教育厅，他也是州教育委员会的首席执行官，通常由专业的教育工作者担任。

女性数量不断增加

该职位的人选目前主要由以下三种方式来确定。2008年，有13个州的首席教育官员是由州长任命的，有23个州是由教育委员会任命的，另外有14个州是由大众选举产生的。2009年，有三名州首席教育官员是美国黑人，然而，这一年女性担任这个职位的人数达到44%，比过去二三十年有了显著增长，是1990年的3倍[3]。这个职

---

〔1〕 佛瑞德·C.卢嫩堡、艾伦·C.奥恩斯坦：《教育行政管理：概念和实践》(第5版)(加利福尼亚州贝尔蒙特：沃兹沃斯出版社，2008)。

〔2〕 安妮·C.路易斯，"州政府感到《不让一个孩子掉队》法案带来的财政困难"，《卡潘》(2005年1月)，pp. 339—340；托马斯·J.萨乔万尼、保罗·凯莱赫、玛莎·麦卡锡、弗朗西斯·福勒：《教育行政和管理》(第6版)，(波士顿：阿伦与培根出版公司，2008)。

〔3〕 玛丽·富尔顿，"州教育管理的典范"，《州政府记录》(科罗拉多州丹佛：州教育协会，2008年3月)；电子邮件通信，贝文·肯尼迪，州首席教育官员理事会，2009年2月18日。

位大量由女性担任，说明这个职位不再像传统那样都是由年长的优秀男性担任，过去年长的优秀男性主宰了教育行政管理组织的高层梯队。

州首席教育官员的职责

州首席教育官员的主要职责，以及这个职位与州教育委员会之间的关系存在很大的不同。通常情况下，由选举产生的首席教育官员比被任命的首席教育官员要享有更多的自主权。2008 年，有九个州的教育厅长职位出现空缺。如此高的人员流动率，主要是因为州教育厅长现在不得不对整个州所有学生的学业成绩结果负责，另外也是因为这个职位具有政治本质的原因[1]。要查找有关州首席教育官员基本职责的内容，可参见本书学生学习网站的概述 7.1。

第四节 联邦政府在教育中的角色作用

我们将从以下四个方面来思考联邦政府在教育中的作用：(1) 负责教育政策和方案的联邦机构；(2) 让很多教育决策在联邦政府和州政府间转移的趋势；(3) 联邦的教育财政；(4) 最高法院有关教育的裁决。本章中，我们将主要关注前两个方面的内容。联邦政府的教育开支将在“公共教育财政”一章中讨论，而法院裁决部分的内容将在“教育的法律问题”一章中进行探讨。

一、联邦教育机构

联邦政府的角色作用

在 1787—1937 年这 150 年间，也是美国成立以来的大部分时间内，联邦议会仅仅颁布制定了 14 部重要的教育法；而在刚过去的 70 年里，联邦议会已经通过了成百上千的重要教育法[2]。一直以来，教师和学校行政人员的主要专业组织，诸如美国教师联合会、全国教育协会、全国教育委员会联合会等，都只希望联邦政府为教育提供财政补助和一些特殊的服务，却不希望在教育政策方面受到干扰。然而现在，很多的教育工作者都认为联邦政府已经夺取了州和地方政府的一些职责，同时还为州和地方教育机构增加了大量的没有经费资助的强制性要求，以争取提高学校的教学质量[3]。

---

[1] 克里斯蒂娜・A. 塞缪尔斯，“州首席教育官员的流动率对人才库的挤压”，《教育周刊》(2008 年 8 月 13 日)，p. 13。

[2] 《2002 年美国教育统计年鉴》，网址：国家教育统计中心，www. nces. ed. gov。

[3] 艾伦・C. 奥恩斯坦，“国家教育改革：概述和前景”，《美国中学校长联合会新闻简报》(1992 年 9 月)，pp. 89—101；劳伦斯・哈代，“主要事件：《不让一个孩子掉队》法案之年”，《美国地方教育委员会杂志特别报导：教育健康体征》(2003)，pp. 2—3。

美国教育部

美国教育部的演进

虽然现在有很多不同的联邦机构都承担各种教育计划或活动，但**美国教育部**(U. S. Department of Education)是最主要的联邦教育机构。美国教育部的前身是成立于1867年的“教育办公室”，联邦教育办公室主任的手下只有三名工作人员，可供支出的经费只有1.5万美元。尽管教育部的起点非常不引人注目，但随着它的不断成长壮大，现在已经有大约4200名雇员。2007年，教育部的年度支出已经超过了730亿美元。目前，教育部负责管理着200多个单独的教育项目[1]。

一直以来，“教育办公室”的职责主要是：(1) 管理教育资金的发放，与州教育厅、学区和高等院校签订各种合同；(2) 从事教育革新和教育研究；(3) 提供与教育相关的领导、咨询、信息交流等服务。

内阁级地位

1979年，议会在经过大量的争议和讨论后，把联邦教育办公室改成教育部，同时任命了教育部长，教育部长享有内阁成员的全部权力和地位。1980年，教育部正式开始办公。

教育部长的作用

教育部长拥有很广泛的出镜率和影响力，不仅要管理教育政策以及促进政策实施的各项教育项目，还能在政界和教育界进行游说或施加压力。多年来，历届教育部长包括威廉·贝内特、劳拉·卡瓦佐斯、拉马尔·亚历山大、理查德·赖利、罗德·佩奇、玛格丽特·斯佩林斯和阿恩·邓肯(William Bennett, Lauro Cavazos, Lamar Alexander, Richard Riley, Roderick Paige, Margaret Spelling and Arne Duncan)都利用他们内阁成员的身份大力推行自己的改革政策。尽管有不少保守人士认为应该减少教育部的活动，甚至应该取消其内阁成员的地位，但教育部还是不断成长，尤其是为了实施《不让一个孩子掉队》法案的各项条款，教育部采取了很多措施，比过去几年更为活跃地出现在公众视野中[2]。

二、联邦政府职责的回归

2001年，议会通过了布什总统的教育改革计划《不让一个孩子掉队》法案

〔1〕《2007年美国教育统计年鉴》，“美国教育部支出-表364”，网址：http://nces.ed.gov/programs/digest/d07/tables/dt07_364.asp? referrer=list；“联邦政府在教育中的角色作用”，美国教育部，网址：http://www.ed.gov/about/overview/fed/role.html(2009年1月)。

〔2〕肯尼斯·A.道奇、玛莎·普塔勒兹、大卫·马龙，“走向成熟：美国教育部”，《卡潘》(2002年5月)，pp. 674—676；威廉·G.豪威尔(编辑)，《围困：地方教育委员会和教育政治学的未来》(华盛顿特区：布鲁金斯研究所出版社，2005)。

(NCLB),奥巴马总统执政后也继续沿用了该法案。《不让一个孩子掉队》法案的宗旨是要改善学生成绩低下学校的教学质量,让州和地方学区负责让学生参加每年进行的阅读和数学水平测试,以此衡量学生是否能达到较高的学业标准。我们在"教师从教的动机、准备及条件"一章以及"美国学校效能与学校改革"一章中讨论了《不让一个孩子掉队》法案的具体条款。州和地方学区如果不能提高学生成绩,尤其是不能帮助那些成绩不良的学生有所提高,联邦政府就会削减对它们的拨款[1]。

20 世纪 80 年代,联邦政府试图削减财政开支,并试图将教育项目的职责移交给地方政府。但是布什政府通过颁布《不让一个孩子掉队》法案,增强了联邦政府对地方公立学校的影响力,这是之前 30 年的任何时候都未达到的影响力。来自州和地方学区的责任制压力,促使教育局长、校长和教师们同心协力为提高学生的阅读和数学考试成绩而努力,同时也要努力保证每个孩子都拥有一名高质量教师。尽管《不让一个孩子掉队》法案意义深远且增加了政府教育资金的投入水平,但批评家们还是认为布什政府让《不让一个孩子掉队》法案成为了"没有资金资助的强制性命令",同时也侵占了州和地方教育机构的权力[2]。

近期联邦政府的参与

由于当今学校是在一个实行责任制的时代中运行的,无论新教师是在哪个级别的学校中任教,都不得不立刻面对《不让一个孩子掉队》法案对他们的期望。在逐步从职前培养过渡到课堂实践的过程中,新教师要与学校的关键人员一起紧密工作,诸如教学资源专家、行政管理人员、教师团队,还要对各种数据进行分析,并确定哪些策略能提高个体和群体的学业成绩。在这种情况下,教师的合作和分享是最关键的,这对提高学生的学业成绩是非常必要的。

第五节 非公立学校

州政府与非公立学校

虽然本章主要讨论的是公立教育,但非公立学校也不能摆脱政府的影响。有很多州的教育法律不仅适用于公共教育机构,也可直接适用于私立学校和教区学校。这些法律涉及健康标准、校舍规范、儿童福利、学生守则等等。此外,很多州的立法机构已经通过各种法律来帮助私立学校,并在学生交通、健康服务、双重入学录取或时间分享

〔1〕《不让一个孩子掉队:家长指南》(华盛顿特区:美国教育部,2003),网址:http://www.ed.gov/nclb/landing.jhtml(2009 年 1 月)。

〔2〕伊丽莎白·黛布拉-佩罗塔、帕特里克·麦克奎因,"新教育政治学:解析后 NCLB 时代的联邦政府教育政策远景",《教育政策》(2009 年 1 月),pp. 15—42。

计划、学校午餐计划、书籍和供应采购、学生测试服务、学生学费和学生贷款等方面提供公共资金的资助。

教学资源视频案例

让教学与联邦法律保持一致的基本原则

在阅读完本节后，请观看学习网站上的视频“让教学与联邦法律保持一致的基本原则”。视频中的教师和校长在谈论联邦法律《残疾人教育法》(IDEA)和《不让一个孩子掉队》法案对他们和他们的学生产生了怎样的影响。在倾听他们的谈论时，请想想你现在和将来可能遭遇的课堂经历，《残疾人教育法》和《不让一个孩子掉队》法案将对你造成什么样的影响?

(1) 正如本章所述，《不让一个孩子掉队》法案让校长们和教师们制定了各种策略以期达到提高所有学生考试分数的目的。根据本段视频中教育专家们的观点，为什么学生(和教师)有时很难获得较高的分数?

(2) 访问一些有关《不让一个孩子掉队》法案的网站，对此做一些调查和研究。你是否认为《不让一个孩子掉队》法案提供了一种有效而准确的衡量学校和学生成绩的方法? 对你的回答作出解释。

非公立学校的就学人数

在“教师从教的动机、准备及条件”一章中已经提到，非公立学校注册学生数现在占美国所有中小学注册人数的9%左右，也就是共有510万学生。尽管天主教学校的注册学生数已经从1969年的占所有私立学生总人数的85%下降至2005年的44%，但天主教学校的注册学生人数仍然是最多的。现在，非宗教性质的、独立学校的招生人数也在不断上升，已经从1969年的8%上升至2005年的18%。福音教会学校和原教旨主义基督学校的数量和注册学生数也有很大的增长，其数量目前已经占非公立学校学生总数的16%，这反映了保守派新教徒的影响力在增强，那些保守派新教徒希望开办重视信仰和纪律的学校[1]。

私立学校的运行与公立学校的运行存在明显的不同。私立学校中也有一名中学校长或小学校长，但通常缺少本章前文中提到的其他保障人员，私立学校的管理权力主要来自学校董事会或校务委员会，这与公立的地方教育委员会不同，该机构只负责一所特定的私立学校的运营。

竞争还是合作

很多评论家将公立学校和私立学校视为相互竞争学生和资金的对手，而其他的教

〔1〕 艾伦·C.奥恩斯坦，“越来越受欢迎的私立学校”，《信息交流中心》(1990年1月)，pp. 210—213；西斯特·戴尔·麦克唐纳，“家长选择教育的时代”，《动力杂志》(2001年4月/5月)，pp. 10—15；“指标4：参与教育：私立学校入学人数趋势”，《2008年教育状况》(华盛顿特区：美国教育部教育科学研究院国家教育统计中心，2008)。

育工作者更愿意看到公立和私立学校之间的合作。事实上，公立学校和私立学校之间的区别已经开始变得模糊[1]。例如，择校计划有时就是通过允许学生将公共资金用在私立教育上来融合私立教育和公立教育的(在“美国学校效能与学校改革”一章中将详细讨论私有化的问题，在“公共教育财政”一章中将讨论择校问题)。

总结

(1) 美国教育的管理结构是由四个不同层次的政府机构组成，包括地方政府、中间部门(有些州内有)、州政府和联邦政府。

(2) 学校被组织成学区，目前美国大约有1.42万个学区。

(3) 在地方这个级别中，地方教育委员会、教育局长、中心办公室职员和校长共同参与对学校的管理。

(4) 教育工作者们已经尝试着让家长和社区更多地介入到学校中来。校本管理计划通常能让家长和社区成员发挥更大的作用。其他的公共参与形式包括社区参与、社区控制以及特许学校。

(5) 教育工作者们对学校和学区的最佳规模进行了长期的争论。很多人相信，学校规模的增大不一定意味着效能或有效性的增加，还可能导致相反的结果。

(6) 小规模的学区以及农村学区继续经历着重大的合并，学区合并是从20世纪30年代开始的一项运动。

(7) 半数以上的州设立了一个或更多的中间部门，它们为地方学区提供支持，能行使有限的管理权力。

(8) 在大多数州里，州议会主要负责公立学校的建立和维护，同时拥有颁布学校教育法律的广泛权力。

(9) 除了威斯康星州和明尼苏达州以外，所有州都设置了州教育委员会，州教育委员会负责监督由州首席教育官员领导的州教育厅。

(10) 总而言之，20世纪50年代以来，联邦政府在教育中的作用已经显著扩大了。《不让一个孩子掉队》法案给予了联邦政府更多的教育权力。

(11) 在美国中小学校中，非公立学校的学生人数占学生总数的9%以上。在这些学生中，在天主教学校上学的占到44%，而到其他非宗教的独立学校上学的人数占18%。

关键术语

地方教育委员会

---

[1] 丹尼斯·P.道尔，“私立部门管理在公立教育中的作用”，《卡潘》(1994年10月)，pp. 128—132；拉玛·亚历山大，“为幼儿园—12年级教育所做的精明交易”，《卡潘》(2002年5月)，pp. 698—699。

教育局长
中心办公室职员
校长
社区参与
社区控制
特许学校
社区学校
学区合并
中间部门
地区教育服务机构(RESA)
州学校法规
州教育委员会
州首席教育官员
州教育厅
美国教育部

讨论题

(1) 你认为地方教育委员会成员由选举产生而不是由上级任命有怎样的利弊?对州教育委员会的产生是否也有相同的争议?你愿意在由选举产生的教育委员会工作,还是由任命产生的教育委员会工作?请解释你的理由。

(2) 请就针对《不让一个孩子掉队》法案提出的如下批评作出回应:“幼儿园—12年级教育是由州政府负责的,《不让一个孩子掉队》法案只是联邦政府为了从州政府那里夺取权力而作出的努力,但愿新一届政府废除这项法案。”

(3) 反对和支持将教育职责从联邦政府移交至州政府的理由分别是什么?

(4) 作为一名教师,你能怎样影响地方一级的教育变革?对州一级的教育改革呢?

专业发展的建议方案

(1) 分别采访你同学中在大型中学上学(学生人数超过 1000 人)的人和在较小规模的中学(学生人数少于 1000 人)上学的人。列出同学们认为这两种学校各自存在的好处和不足。你愿意到哪一种学校任教,为什么?

(2) 制作一个表格,列举学区合并的好处和缺点。与你的一位同学分享你制作的表格。

(3) 与当地学校的教师和行政管理人员进行交谈,询问家长和社区能通过哪些方式参与到学校的各种事务中来。制订一项计划，能确实让学生家长以有意义的方式接触了解并参与到你的课堂以及学校中来。

（4）访问你所在地方学区的网站或你特别感兴趣的学区的网站，从网站上你可以了解到哪些有关教育委员会的活动，例如课程问题、州成绩评定项目、教育委员会优先考虑的问题以及政策方面的问题等？如果你在这个学区教书，这些信息对你是否有用？

（5）参加你学校附近地方学区的教育委员会的一次会议，考察一下会议的议事日程，并根据本章中列出的地方教育委员会的职责对会议讨论的事情进行分类。有哪些个人或社区团体出席了会议，他们各自陈述了什么观点？是否有个人或团体表达了不同或其他的意见？教育委员会对这些不同观点如何回应？教育委员会最后作出什么决定，这些决定是怎样达成的？根据你参加会议的经历，总结一下你对学区管理了解了什么？

第八章 公共教育财政

美国教育是巨大的产业。2006年，公共教育（幼儿园—12年级）的年度开支超过52万亿美元，而初等教育和中等教育的开支大约占了每年国内生产总值的4%[1]。公立学校资金的三大来源是地方政府、州政府和联邦政府。如图8.1所示，联邦政府提供的资金占公立学校资金收入的比例从1929—1930年度的不到0.5%增加至目前的9.1%（在1979—80年度曾高达近10%），州政府提供的资金也从1929—1930年度的不到17%增加至2006年的47%。随着州政府和联邦政府对教育投入的增加，地方政府提供的资金相应下降，从超过82%下降至44.4%[2]。

尽管三大资金来源提供的资金比例发生了改变，但大多数地方学区更多关心的是资金的总数。在经济下滑时期，学校教育产业出现了严重的财政困难。最近一项对地方教育委员会成员的调查显示，大约98%的受调查者把“预算和拨款”作为教育委员会成员关注的头等大事[3]。

本章主要探讨两个方面的内容及其原因，一是学校财务方面的整体变化，另一个是学校经费来源不稳定的现状。今天的教育工作者必须应对预算的限制问题、学校财政的平等和充足性问题、责任制问题以及重建学校财政支持体系的各种不同计划问题。在阅读本章的时候，请思考以下问题：

焦点问题：

■ 地方政府、州政府和联邦政府为学校提供资金的比例是多少？

■ 如果学校的资金来源主要依靠财产税，这会造成什么问题？

■ 城市学校特有的财政问题是什么？

■ 为什么各州之间以及州内部不同地区之间都存在教育

---

* 本章由大卫·沃克博士负责修订。

〔1〕“表3-国内生产总值(GDP)，中小学校的公共收入”，《教育财政统计中心》(华盛顿特区：美国教育部国家教育统计中心，2007年)，网址：http://nces.ed.gov/edfin/tables/tab_gdp.asp；“表1-公立初等教育和中等教育的收入总数和公立初等教育和中等教育的资金来源分配情况表”，《2005—2006学年公立初等教育和中等教育的资金收入与支出》(华盛顿特区：美国教育部国家教育统计中心，2008年4月)，网址：http://nces.ed.gov/pubs2008/expenditures/tables/table 01.asp。

〔2〕“表162-公立中小学校收入表”，《2007年美国教育统计年鉴》(华盛顿特区：美国教育部国家教育统计中心，2008)，网址：http://www.nces.ed.gov/programs/digest/d07/tables/dt07_162.asp? referrer=report。

〔3〕弗雷德里克·M.赫斯：《21世纪初的地方教育委员会：学区管理的现状和挑战》(弗吉尼亚州亚历山大：全国教育委员会联合会，2002)。

开支的显著不同？公众舆论是如何影响学校开支的？

■ 目前已经采取了哪些主要措施以改革学校财政制度？

■ 哪些财政问题对学校管理影响最大？

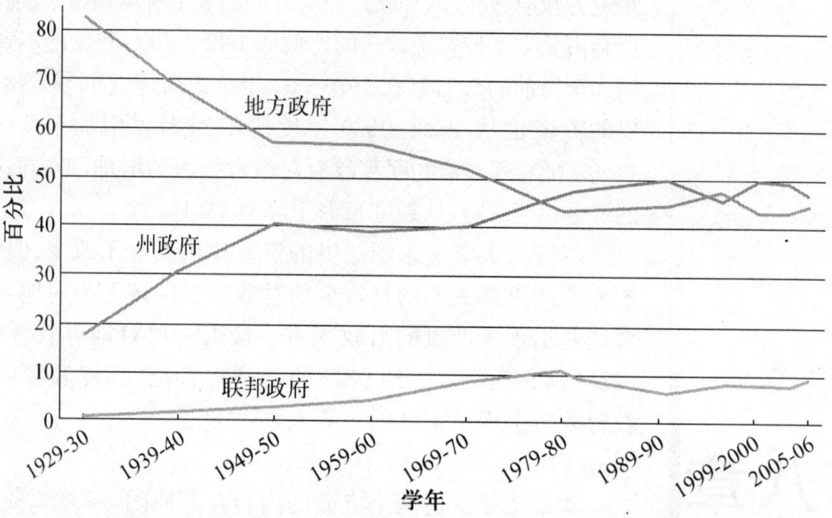

图 8.1 1929—1930 年度至 2005—2006 年度各级政府投入资金占学校总资金的比例

【资料来源】"表 162—公立初等学校和中等学校的资金收入",《2007 年美国教育统计年鉴》(华盛顿特区:美国教育部国家教育统计中心,2008),网址:http://www.nces.ed.gov/programs/digest/d07/tables/dt07_162.asp?referrer=report;"表 1-公立初等和中等教育的资金总数和公立初等教育和中等教育的资金来源分配情况表",《2005—2006 学年公立初等教育和中等教育的资金收入与支出》(华盛顿特区:美国教育部国家教育统计中心,2008 年 4 月),网址:http://nces.ed.gov/pubs2008/expenditures/tables/table_01.asp。

第一节 学校资金的税收来源

核定税收的标准

公立学校的资金来源主要依靠税收收入,尤其是地方的财产税、州的营业税和收入所得税。征收某些税种以用于教育事业被认为要比征收其他税种公平,这是因为大多数人今天都接受了下面几条核定征收税种的标准:

1. 该税种不应该引起不可预料的经济扭曲。这种税不应该改变消费者的消费模式,或引起商业、工业或人口的迁移。

2. 该税种应该是公平的。这种税应该以纳税人的支付能力为基础。那些收入更多的人或拥有更多财产的人应当交纳更多税款，这种类型的税被称为**累进税**(progressive taxes)。不公平的税种，以及那些让低收入人群交纳的税款占其总收入的比例高于高收入人群的税款的税种，被称为**累退税**(regressive taxes)。

3. 该税种应当容易征收。有关责任机构对该税种的管理应该很简单，纳税人也应该很容易达到纳税要求[1]。

4. 该税种应该针对不断变化的经济状况做出反应，随通货膨胀而增加，随经济萧条而减少[2]。能应对经济情况变化的税种是弹性税种；不能及时应对经济变化的税种则是非弹性税种。

第二节 公立学校的地方财政

尽管州政府也承担兴办教育的责任，但传统上，这种责任大部分落在了地方学区的肩上。概述 8.1 中对地方、州、联邦三级政府用于教育事业的收入来源和支出模式进行了总结。正如前面所示，地方政府对学校财政的贡献在过去的几十年中已经不断减少，但仍然占学校总经费的 44%。

一、财产税

财产税(property tax)是地方学区资金的主要来源，占全国地方学区所得资金的 77%，在 11 个州中，财产税是地方学校的唯一收入来源[3]。

如何计算财产税

要确定需要交纳多少财产税，首先要评估该财产的市场价值，也就是该财产最可能的售价，然后用一个预设的指数或比率，如四分之一或三分之一，将该财产的市场价值转换为一个评估值。例如，一个市场价值为 20 万美元的财产，它的评估值可能只有五万美元，评估值通常少于市场价值。最后，再根据地方的税率对这个评估值进行计算，税率是用密尔(mill)作为单位来表示的。1 密尔代表千分之一美元。如果税率是 25 密尔，每 1 千美元的评估值就需要交纳 25 美元的税。上述财产的评估值为五万，就要交纳 1 250 美元的税款(25 美元×50＝1 250 美元)。

---

〔1〕 艾伦·R. 欧登、劳伦斯·O. 皮库斯:《学校财政:政策的视角》(第 3 版)(波士顿:麦格劳希尔集团,2004),p. 94。

〔2〕 詹姆斯·W. 格思里、马修斯·G. 施普林格、R. 安东尼·罗尔、埃里克·A. 霍克:《现代教育财政与政策》(波士顿:培生集团/艾琳、培根出版公司,2007)。

〔3〕 "教育工作的指标",《学区管理》(2004 年 11 月),pp. 62—75;"2006 年州和地方税收来源",美国税务管理人员联合会,网址:http://www.taxadmin.org/fta/rate/slsource.html(2009 年 2 月)。

概述 8.1 学校其他收入来源的层次和支出模式

层次	收入来源	支出模式
地方	财产税 产品销售权 特殊税费和使用费 个人所得税	资金直接拨给学区内的地方学校。各学区为学校提供资金的能力大不相同,州提供的资助也不一定能均衡这种差异。
州	营业税 其他税种:消费税、开采税 彩票	各州为教育提供财政补助的能力也各不相同。地方学区接受拨款的方式主要是以下四种方案的结合:学生通用补助、基本经费、均衡财力经费、学生权重补助。很多州都在努力为所有学生提供适当的教育。
联邦	美国财政部	分配给各州的资金一般都有指定用途,例如提高学生阅读能力以及特殊教育等。目前《不让一个孩子掉队》法案的条款要求各州都要展示每年学生的成绩都必须达到年度进步目标,同时还要为每个学区提供高质量教师。

财产税的问题

财产税并不是一种公平的税种。估价手段的不同以及缺乏统一的估值方式,会让拥有同等价值财产的人支付不同的税款。另外,财产税也不能按个人支付能力来分配税务负担。例如,一对退休夫妇可能拥有一所市场价值一直持续上升的房子,他们要支付的税款也随之上升,但由于他们依靠相对固定的较低收入生活,他们就无法负担不断增加的税款。从这方面看,财产税就属于累退税。

此外,财产税并不能对经济状况的变化做出及时的反应。有些州每一到两年才重新对财产进行评估,而另一些州每三到四年才进行财产重估。所以,一个财产的评估值和实际税收,往往是以过时的市场状况为基础的。

二、地方财政经费的其他来源

除了财产税以外,学区还通过特殊的个人收入所得税和其他税种或费用来获取经费。有些市政,尤其是小规模的乡村和市镇,主要通过交通罚款和发放建筑工程规划许可证等方式为学校募集资金。

提高使用费

使用费(user fees)指的是向使用某种设施或服务的人征收的费用,这是一种最常见的特税,使用费的征收范围包括公共交通服务、教科书、体育和娱乐活动、学前班和课后活动中心的使用。这些费用通常被用来弥补来源于传统渠道不断缩水的资金。使用费现在已经占到了地方行政区收入的20%以上，由于使用费的征收并不是以个人支付能力为基础的，因此被认为属于累退税[1]。

税收是地方和州的学校资金的主要来源。财产税、个人收入所得税和营业税是学校经费的主要来源。历史上，美国各地的一些市民都曾反对增税。

独家产品销售权

越来越多的教育委员会已经与一些公司签署了利润丰厚的合同，同意授予这些公司**独家产品销售权**(exclusive product rights)或独家命名权。例如，学校与某饮料公司签订独家销售合同，只允许该公司某一特定品牌的饮料在学校资产范围内销售，以此获取固定费用。其他一些学区还与公司赞助商一起发动了数百万美元的基金筹募活动，将募集的资金用于建造新的休育场、大礼堂、计分牌以及各种设备的购置等。但是，这种合同是以学区为单位进行协商签订的，因此有些学区受益良多，而有些学区则不得不为学区预算找到资金来源而苦苦奋斗[2]。"热点问题争鸣"栏目中将对这种学校与公司之间签订合同的方式进行讨论。

---

〔1〕 罗伯特·W.沃思默、罗纳德·C.费歇尔，"幼儿园—12年级公共教育资金使用的州际差异"，《教育经济学评论》(2002年2月)，pp.87—100；基兰·基林，"媒体怎样误导了学校内的消费主义：学校财政的视角"，《皮博迪教育杂志》(2007年1月)，pp.32—62。

〔2〕 亚历克斯·莫尔纳，"我们学校中的公司品牌推广"，《教育领导》(2002年10月)，pp.74—78。

三、地方资源及其差距

富裕学区与贫困学区

尽管州和联邦政府都提供教育财政补助，但有些学区还是比其他学区更难以为教育提供财政支持。如果一个学区位于富裕地区，或者具有广泛的**计税基础**(tax base)，如有价格昂贵的居民住宅区、购物中心、商业以及工业，那么这个学区能获得的资金就远远高于位于贫困地区的学区。因此，在大多数州内，最富有的五个学区用于每个学生的支出要比最贫困的五个学区花在每个学生身上的经费多2—3倍[1]。在本章后面部分，我们还将讨论州法院和议会已经开始尝试通过改革教育财政体制来减少这种贫富差距，但在大多数州内这种相当大的贫富差距依然持续着。

市政负担过重

尽管财政问题对很多农村和市郊的学区都有影响，但最大的财政困难却经常出现在大城市里。很多城市都被一种被称之为**“市政负担过重”**(municipal overburden)的财政问题所困扰，这种严重的财政困难主要是由人口密度过高、低收入人群比重过大以及城市基础设施老化等因素引起的。另外，大城市还要花费大量额外的资金来提供和维护社会福利服务，这都阻碍了大城市不能像市郊和农村地区那样给学校很高比例的税收收入。

教育负担过重

城市学校面临的另一个问题是有特殊需求的学生比例较高，有特殊需求的学生指那些需要学习英语语言的学生、贫困学生以及有残障的学生。与使用基本教育方案的学生相比，这些有特殊需求的学生往往需要特殊的教育方案和相关服务，每个学生的开支比其他学生要多50%—100%以上[2]。

城市财政压力的恶性循环

尽管大城市非常需要获得更多的收入，但大城市往往不能真的提高税收。因为具有讽刺意味的是，提高税收会导致城市学校的衰败，这是因为税收的提高就会让商务企业和中等收入居民搬迁至市郊，那里的税负普遍要低一些。如此一来，城市的计税

〔1〕 布鲁斯·比德尔、大卫·C.贝琳娜，“美国学校经费的不平等”，《教育领导》(2002年4月)，pp. 48—59。

〔2〕 劳伦斯·哈迪，“负担过重、不堪重负”，《美国地方教育委员会杂志》(2003年4月)，pp. 18—23；科林·K.阿姆斯特朗，“对城市学校的颠覆性批评”，《学校行政人员杂志》(2008年12月)，pp. 38—39。

基础就会被破坏，资金缺乏自然还会导致服务质量下降，居民就会选择离开这种无人获益的境地。

焦点问题回顾：你所在地方学区的主要税收来源是什么？根据核定税种的标准，这些税收来源是否符合这些标准？你认为哪种或哪些税是最公平的？为什么？

第三节 公立学校的州财政

尽管各州都把很多教育权利和职责委托给了地方学区，但每个州都保留了教育本州儿童和青年人的法律责任。各州对教育的资金投入也在稳步上升，目前对中小学教育的资金投入已经成为各州的最大开支，占州平均总资金的 34.4%[1]（见图 8.1）。在本节中，我们将介绍各州为教育提供资金的主要税种、各州为学校拨款的差异、州教育财政拨款分配给各地方学区的办法，以及州法院对促进学校财政改革所起的作用。

一、州财政收入的来源

营业税（sales taxes）和**个人所得税**（personal income tax）是州财政收入的主要来源。由于现在州政府要负责支付中小学教育所有开支的 47%（见图 8.1），因此这两项税收也就成为公立学校获得的所有财政支持中的重要组成[2]。

营业税

以 2008 年为例，46 个州在全州范围内征收营业税，该税种的收入大约占州财政总收入的近三分之一。大多数州的平均税率是 6.8%，路易斯安那州、纽约州、田纳西州和华盛顿州的税率达到 8.25%[3]。

营业税估算方法

相对于其他教育资金来源的税种而言，从营业税中获取教育经费更容易获得人们的支持，这是因为如果不把食品和处方药的销售作为征税对象的话，营业税完全符合税收公平的标准。目前有 31 个州不对食品销售征税；除了一个州以外，所有的州都将药品销售排除在征税范围之外[4]（如果不把食品和药品排除在营业税收之外，那营业

---

〔1〕 州政府委员会，“2007 年和 2008 年州财政预算：前几年预算的快速增长导致财政状况的不断衰退”，《2008 年美国各州书》。

〔2〕 周磊、弗兰·约翰逊，“表 1”，《公立中小学教育的收入和支出：2005—2006 学年》（华盛顿特区：国家教育统计中心，2008 年）。

〔3〕 “2006 年州和地方税收来源”，美国税务管理人员联合会，网址：http://www.taxadmin.org/fta/rate/slsource.html（2009 年 2 月）；“常见问题解答”，州税务票据交换所，网址：http://www.thestc.com/FAQ.htm（2009 年 2 月）。

〔4〕 斯科特·麦克克莱迪，“税务最好和最差的州”，MSN 财经频道（2008 年 3 月 27 日），网址：http://www.msn.com/。

税就不属于公平的税种，低收入人群也就处于不利地位，因为他们收入的大部分是用于生活必需品，也就是食品和药品的购置上）。营业税也很容易管理和征收，因为征收营业税不需要定期估价，也不像财产税那样需要承担法律诉讼。营业税也属于弹性税种，因为营业税的税收收入基本是与经济发展同步的，如果一个州遭遇经济滑坡，消费者的消费量自然会下降，营业税收入也会大幅减少，从而降低了州的财政收入。营业税被视为非常有用的税种的另一个原因是，只要稍微增加些税率，就会增加很多的税收收入。

个人所得税

个人所得税是州财税收入的最大来源，占州总税收的35%。只有九个州不征收州个人所得税[1]。和各州营业税的税率从3%—8.25%不等一样，各州征收个人所得税的税率也各不相同，个人所得税的收取是根据个人收入的不同等级来制定递进的税率。

个人所得税的评估

制定恰当的个人所得税征收标准，就不会造成经济的扭曲。假定没有漏洞，那么从公平的角度看，个人所得税是非常公平的税种，因为它反映了纳税人的收入状况和支付能力。个人所得税比其他税种更公平，因为个人所得税会考虑纳税人的特殊情况，例如纳税人是否经济不独立，是否生病，以及是否有搬家费用等因素。由于提高了标准免税额和个人所得税减免，还有几个州完全免除了贫困家庭的个人所得税，因此总体来说，州征收个人所得税的制度已经越来越完善[2]。

个人所得税很容易征收，主要是通过工薪扣款的方式。个人所得税也是具有高度弹性的税种，各州能根据各自的经济情况来制定不同的税率，但是它的灵活性也让其对经济衰退表现得很脆弱，经济衰退就会导致个人所得税收入的锐减。

州政府征收的其他税种

其他税种能对教育提供的经费有限，包括(1) 汽车燃料、酒精饮料、烟草制品的消费税；(2) 房地产遗产税和赠与税；(3) 开采税(矿产和石油开采)；(4) 公司所得税。

州政府发行的彩票

过去40年中出现了一种趋势，州政府通过发行彩票和其他博彩业来获取资金支持教育事业的发展。尽管早期彩票发行的目的是支持教育发展，但彩票所筹募的资金

〔1〕“州个人所得税”(2008年1月1日)，美国税务管理人员联合会，网址：http://www.taxadmin.org/fta/rate/ind_inc.html(2009年2月)；帕米拉·M.普拉，“预算紧张对家庭的冲击”，Stateline.org网站(2008年3月19日)，网址：http://www.stateline.org/live/printable/story?contentId=292679(2009年2月)。

〔2〕理查德·J.芬顿等，“对公共教育税收减免的再思考：一个美国案例”，《教育经济学》(2001年4月)，pp.53—68。

却被转用于其他社会更需要的如卫生保健、社会福利机构以及道路建设等事业上。因此，在42个现在依然发行彩票的州中，有24个州将彩票收入的一部分用于教育，但这部分资金还达不到州分配给教育的总资金的2%[1]。彩票在某种意义上说也是累退税，因为相对而言，低收入的人比高收入的人更愿意买彩票，所以低收入者买彩票的钱在他们年收入中所占比例更高。

表 热点问题争鸣：增加公共教育的资金投入

公共教育的资金投入对州政府和地方政府而言都是很沉重的负担。教育委员会一直在寻找新的税收来源，以及一些创造性的方式来满足紧迫的教育财政需求。有一种革新性、同时也备受争议的资金新来源，也就是校企合作关系出现了，这也被称为校园商业活动。例如，一个当地商贸企业可能会出资修缮学校的体育馆，条件是篮球场地板上要有该企业的名字。尽管这种方法让学校和企业双方获益，但这种校企关系也给教师、学校行政管理人员以及公众带来了一些棘手的问题。

争论问题

学校和教育委员会应该与公司和商业建立这种特殊的财政关系吗？

正方观点：	反方观点：
1. 公司为学校和学区提供直接的财政资助，换取的是公司产品的独家销售权，这些产品包括饮料、小吃、电影和化妆品等。	1. 独家产品销售只允许一家公司的产品而不是多家公司的产品进入学校。另外，很多家长和教育工作者都担心，尤其是食物的置入性销售，会导致学生养成不健康的饮食习惯。
2. 一些公司为学校提供免费的电视机、DVD播放机、卫星接收器和计算机等物品。	2. 学校虽然获得了“免费”的设备，但付出的代价是允许公司向全体学生销售公司的产品。到学校里来做广告的商人们既不会考虑学生的最大利益，也不会考虑公立学校的使命。
3. 地方公司赞助商为学校的资金筹募活动提供了很多帮助，帮助学校筹集足够的资金对学校内部设施进行必要的升级改造，如修建体育场，安装计分牌以及修缮大礼堂等。	3. 能够获得地方赞助商的慷慨资助的学校和学区能获得优惠待遇，但其他不能获得资助的学校和学区则只能为获得学区预算资金而苦苦努力。
4. 通过授予公司对学校设施的独家冠名权来换取公司对学校的捐赠，这是一种让人们了解公司实体慈善行为的方式。	4. 获得独家冠名权的公司其实是用相对很少的投资而获得了一群不得不接受该公司的年轻消费者。
5. 学校和商界的合作伙伴关系是在资金短缺时校企双方为促进地方学校的教育事业发展而作出的共同努力。	5. 在生活的各个领域，孩子们都不得不面对各种广告。学校应该为他们提供一个没有市场营销信息，也没有对某些特定品牌的隐形推销的环境。

〔1〕 O.荷马·艾瑞克松、金伯利·帝萨诺、格伦·普拉特、安德鲁·L.扎尔哥特，“彩票收入的可替代性及其对公共教育的支持”，《教育财政学杂志》(2002年秋季刊)，pp.301—311；阿尔曼·科特岩、菲尔·希奇科恩，“彩票欺骗了学校吗”，哥伦比亚广播公司网站(2007年9月17日)，网址：http://www.cbsnews.com(2009年2月)；“彩票盈利了，但学生盈利了吗”，《纽约时报》(2007年10月5日)，网址：http://www.nytimes.com(2009年2月)。

二、州政府的教育财政能力

各州教育支出的差异

仅仅因为地理位置的关系，一些学生会比其他学生更幸运。居住在哪个州对一名儿童能获得的教育类型和教育质量有很大的关系。2006 年，有 14 个州每年花费于每个学生的教育支出平均超过一万美元，相对而言，有 13 各州用于每个学生的教育支出不到 8000 美元，而犹他州用于每位学生的年教育支出则不到 6000 美元[1]（参见图 8.2）。

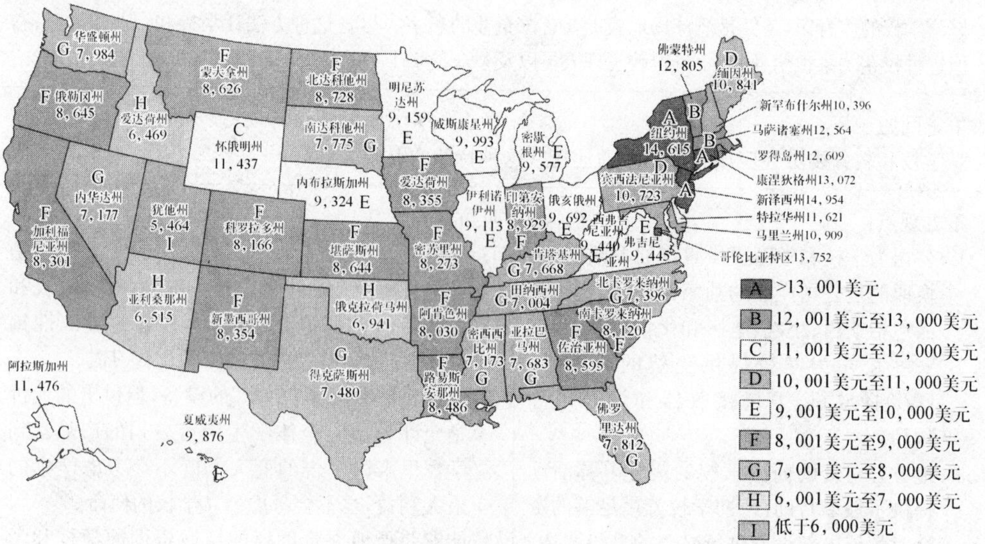

图 8.2　2005—2006 年度美国公立中小学教育的生均支出

【资料来源】"教育财政图（图 1）"，《教育财政统计中心》，（华盛顿特区：美国国家教育统计中心，2007），网址：http://nces. ed. gov/edfin/graph_topic. asp? INDEX=1。

州政府的支付能力

这些数字是否意味着一些州比另一些州更重视教育？其实不然，这些数字只是反映了各州的支付能力，这与各州居民的个人收入和财产价值有更多的关系。我们必须考虑州政府在所有其他服务和职能方面的支出，例如住房供给、道路交通建设、卫生保

〔1〕 周磊、弗兰·约翰逊，"表 3"，《公立中小学教育的收入和支出：2005—2006 学年》（华盛顿特区：国家教育统计中心，2008）。

健等。

例如，2006年，俄克拉荷马州用于每位学生的生均教育经费是6941美元，在全国范围内是第三低的州，远远低于全国9154美元的平均水平，但这个数字仍然占据了该州个人平均所得(生活在该州的每个人的平均收入)的2.7%，而全国平均教育经费只占全国国民平均收入的2.5%[1]。

教育支持和美国人口老龄化

老龄化人口和学校预算

另一个削弱各州为公共教育提供资金能力的因素是美国老龄化的人口。1900年以来，美国人口的平均年龄一直在持续增长。1900年，美国年龄超过65岁的人口占人口总数的4.1%。2000年，65岁以上的人口占到12.4%，预计到2050年，65岁以上的人口将达到24%[2]。这些上年纪的人不再有孩子在学校上学，因此大多反对为学校缴纳更多的税款。近来政府支出模式的改变就反映出这种态度。整个20世纪80年代，生均教育支出比通货膨胀的增长速度高近30%，但整个20世纪90年代，教育支出只比通货膨胀的增长速度高6%。与此同时，政府的医疗和健康保健支出在持续增长，而这部分支出主要用于老龄人口[3]。

美国北部霜冻地带的老龄化问题

人口平均年龄的增长是一个全国性的发展趋势，但美国某些地区的人口老龄化速度比其他地方更快。在20世纪的最后30年中，位于北部霜冻地带的各州，如纽约州、宾夕法尼亚州、伊利诺伊州、爱荷华州、密歇根州等，大量的年轻人流往美国南部和西部各州。美国东北部和中西部的很多地方，老年人越来越不愿意为学校提供财政和政治的支持[4]。相反，那些出现学生注册高峰的地方，如美国的东南部和西南部地区，就能够抵消老龄人群不断增加的影响力。

---

〔1〕 杰瑞尔德·布雷西，“悲惨的指数”，《卡潘》(2000年4月)，pp. 633—634；周磊、弗兰·约翰逊，“表3”，《公立中小学教育的收入和支出：2005—2006学年》(华盛顿特区：国家教育统计中心，2008年)；“全国教育协会”的研究：《排名和预估：2008年各州排名和2009年学校统计估值》(2008年12月)。

〔2〕 哈罗德·G. 谢恩，“为21世纪提高教育质量”，《教育视野》(1990年秋季刊)，pp. 11—15；美国统计局，“表3”，《老龄化人口、西班牙裔人口、美国人口总体和种族》(华盛顿特区：美国商务部，2008年11月17日)。

〔3〕 埃里克·布什，“伊利诺伊州对州普通财政补助实行地方限制的效果”，《学校事务管理杂志》(2002年春季刊)，pp. 36—42；约翰·斯库拉，“为什么我们的教育系统不再运作良好”，《教师教育行动》(2003年春季刊)，pp. 89—92；“表171-生均教育经费总量和现行支出”，《2007年美国教育统计摘要》(华盛顿特区：国家教育统计中心，2008年3月)。

〔4〕 拉里·L. 亨特、马修·O. 亨特、威廉·W. 福克，“谁在向南迁移？1970—2000年间美国黑人和白人的迁移趋势”，《社会力量》(2008年9月)，pp. 95—119；埃里克·基林，“生育高峰一代打破了退休迁移的模式”，街道网(2002年2月24日)，网址：http://www.thestreet.com/print/story/10010152.html(2009年2月)。

三、州政府对地方学区的财政补助

州政府使用四种基本方法为公共教育提供财政补助。有些州的财政策略是综合使用这四种方法。

最古老且最不平等的方法

1. 学生通用补助模式。这是对学校提供财政补助的最古老,但也是最不平等的方法。这种对地方学区的州政府补助模式是以一个固定值为基础,再乘以入学学生人数来确定补助的金额。这种方法没有考虑那些有特殊需求的学生(如需要双语教学的学生肯定比以英语为母语的学生需要更多的教育支出),也没有考虑到一些特殊的教育计划(如职业教育和特殊教育),学区的贫富状况也未考虑在内。

其余的三种拨款方式都比第一种更注重追求教育机会的平等,因此会分配更多的资金给那些最需要帮助的学区。

生均最低值

2. 基本经费计划。这是目前最普遍的一种补助方式,有 25 个州以及哥伦比亚特区都使用这种拨款方式,这种方式能保证州内每个学区的所有学生每年都获得基本的或者最少年度经费[1]。但是,改革者们通常认为,这个最低水平的经费标准太低,富裕的学区很容易就能超过这个标准。而那些低收入家庭学生人数比例大的学区会因为这个计划而更加困难。

与财富成反比

3. 均衡财力计划。很多州都以某种形式采纳了这种较新的拨款计划。每个学区保留设置自己经费支出水平的权力,但州政府可根据不同学区的富裕情况支付一定比例的地方学区经费。富庶的学区获得的州政府拨款要比贫困的学区获得的少。

根据学生特性加权

4. 加权学生计划。根据学生的特殊性或特殊教育计划,增加学生的权重,以确定每个学生的教学费用。学生的特殊性指的是学生是否有特殊需求、是否来自低收入家庭等;特殊教育方案指的是职业教育、或母语为其他语种的英语课程(ESOL)等。例如,一个州可能对普通学生每年提供 4000 美元的教育经费,对接受职业教育的学生提供的经费则是 6000 美元,是普通学生的 1.5 倍,而给有特殊需求的学生提供的经费为

---

〔1〕 凯西·切克雷,"钱的重要性一览",公共教育中心,网址:http://www.centerforpubliceducation.org(2009 年 2 月)。

8000 美元，是普通学生的 2 倍。这个计划通常与基本经费计划一起使用[1]。

四、州法院和学校财政改革

“塞拉诺诉普里斯特案”

州法院对一系列案件的裁决激发人们要努力为一个州内的各学区提供平等的教育机会，这些案件的裁决从根本上改变了大多数州对公共教育的财政拨款制度。1971 年的塞拉诺诉普里斯特案(*Serrano v. Priest*)是一项里程碑式的裁决，从根本上改变了加利福尼亚州教育经费分配的方法。加州和其他各州一样，主要依靠地方财产税的征收来支持学校。原告认为，过度依赖地方财产税的教育财政体系违反了州和联邦宪法的平等保护条款，会导致富裕学区和贫困学区间教育支出的严重差距。加州高级法院支持了这种观点。

“圣·安东尼奥独立学区诉罗德里格斯案”

在“塞拉诺案”作出裁决之后，美国最高法院于 1973 年对“圣·安东尼奥独立学区诉罗德里格斯案”(*San Antonio v. Rodriguez*)进行裁决，认定由于各地财产税收入不同而造成同一州内各学区教育经费的不同，虽然没有违反美国宪法，但是违反了州宪法。“罗德里格斯案”的裁决把学校财政经费不公平的问题摆在了州法院和州议会的面前，很多人都相信这是州议会和州法院应该解决的问题[2]。

贫富差距依旧存在

“罗德里格斯案”之后，某些州法院已经明确规定，如果由于学校经费分配方案的不合理，造成了贫富学区间生均教育支出的巨大差距，那么这种分配方案就违反了州宪法。例如，在 1989 年的“罗斯诉教育改进委员会案”(*Rose v. Council for Better Education*)中，肯塔基州高级法院宣布整个州教育体系，包括学校通过财产税获取学校经费的做法，都违反了州宪法。该裁决促使州议会将教育经费提高了差不多 30%，同时还执行了一项覆盖面广泛的教育改革计划(在“美国学校效能与学校改革”一章中有详细描述)[3]。在肯塔基州的这一法律案件之后，类似的起诉也出现在其他 30 个州中，教育经费不平等的问题也成为州议会一再遇到的问题[4]。“从职前到实践”栏

---

〔1〕 全国州教育委员会协会，“校本财政”，《政策更新》(弗吉尼亚州亚历山大：全国州教育委员会协会，2003 年 5 月)。

〔2〕 纽约州教育厅，“1945—2005 年的联邦教育政策与美国各州”，《美国各州对联邦教育政策制定的影响》，网址：http://www.sifepp.nysed.gov/edindex.shtml(2009 年 2 月)。

〔3〕 罗纳德·汉克弗，“四个州的改革变得激进”，《财富》(1991 年 10 月 21 日)，pp. 137—144；安妮·瑞贝卡·纽曼，“将道德权利转变为法律权利：学校财政诉讼案件与受教育权”，《教育哲学学会》(2006 年)，pp. 82—90。

〔4〕 大卫·里奇，“公立学校财政支持中存在的贫富差距”，《学校事务杂志》(2000 年 9 月)，pp. 29—30，32—36；丹尼斯·林德约得，“不平等的拨款：为最贫困学区内的家庭创造平等的环境”，《早期教育与家庭评论杂志》(2002 年 1 月—2 月)，pp. 35—36。

目中显示了州政府分配给地方学区的经费是如何对教师产生影响的。

从职前到实践

资金的困境

凯伦问道:"斯图尔特,你能够相信学区教育委员会提出的削减预算计划吗?我很清楚现在经济衰退很严重,但我不认为像我们这样贫困的学区还应该这样大规模地减少课外活动的经费!州政府给我们每位学生的拨款应该比其他有钱的学区多,我想这才符合州议会去年刚通过的新拨款规定。"

斯图尔特回答道:"你是对的,凯伦,这不公平,但情况就是这样。我们俩都选择了在这里工作。由于汽车制造企业和其他企业的关闭而造成的大量裁员,人们现在已不像以前那样大量购物了,所以营业税收入一直在下降。最糟糕的是,我们市镇东边新开发的地区,许多房主取消了抵押品赎回权,法院在大量拍卖房屋,所以财产税也在不断减少。教育委员会现在真的束手无策,而我们有些必需的经费是无法削减的。"他继续说道:"你知道,我们的很多学生都符合免费午餐或减免午餐费的资格或'第一条款'项目,再加上由于我们学校又一次未能达到年度进步目标(AYP),根据《不让一个孩子掉队》法案的要求,我们还得为学生提供课后辅导。我们学区中另一所获得'第一条款'补助的学校不得不为家长提供让学生到另一所能达到年度进步目标的学校就读的选择,但这样就会增加学区的交通费用。只要看看我自己的汽油费和电费账单,我就能想象学区要支付的能源费用是在怎样的增长。"

凯伦叹着气说:"我只希望教育能够得到应有的优先权,能很好地为所有学生服务。我知道学区的教育经费来自于地方、州和联邦政府,但是在这个州,随着时间的推移,现在好像地方政府要负担越来越多的经费,州政府好像已经竭尽全力了。哎,至少有传言说联邦政府的经济刺激计划可以帮助我们修修学区里的一些老旧建筑。"

斯图尔特说:"这里的房屋所有权人也已经通过缴纳财产税,负担了学校预算的大部分。这也会影响我们这些租房子住的人。我的房东刚给他的租户寄了封信,告诉他们由于他的财产税增加了12%。这是一个很大的增长,他不得不提高租金,把这个费用转嫁到我们这些租户身上。财产税的增长主要是由于新制定的学区税率。"

"尽管地方税收增长了不少,但我认为我们学区的经费还是少于其他学区,"凯伦回答道,"如果这种情形继续恶化,下一步学区教育委员会该怎么办呢?我猜他们会扩大高年级的班级规模,然后开始裁减学校教师。"

"我打赌你是对的,凯伦,"斯图尔特赞同地说,"富裕的学区能找到多种办法来筹措资金,而不仅仅是依靠财产税。有几个学区已经通过援助者俱乐部的方式建立起了基金会,而居住在那些富裕社区的百万富翁们每年也会捐赠很多钱,以此达到免税。"

"但是我们这里就没有几个慷慨的百万富翁,这实在太糟糕了。"凯伦说着,笑了笑,然后她又恢复了严肃,问道:"你认为我应该担心工作的问题吗?毕竟我是个新教师。"

"今年应该没问题,因为现在看来低年级的教师还是很安全的。但是你肯定不知道,大多数学校的预算是用于人员经费的,也就是用在你我的工资上的。同时,我猜我们能做的最好的事就只能是多多关注学生了。"

续　表

从职前到实践
思考问题 1. 对像凯伦和斯图尔特这样的新教师而言，为什么对学校财政有基本了解很重要？ 2. 在你所在的州，目前的经济形势与学校的财政状况有何关联？ 3. 在你所在的州，学区所在地的富有情况与学校的财政状况有何关联？ 4. 在你所在的地方学区获得的资金来源中，百分之多少是地方提供的？百分之多少是州提供的？百分之多少是联邦政府提供的？如果你不清楚，可以估计大概的数值，然后查看你估计的数值与实际的数值是否接近。

州法院的裁决

近年来州法院作出的裁决多数集中在教育充足性和教育公平两个方面。教育充足性要求提供充足的教育资源，帮助学生达到州测试系统规定的熟练水平；教育公平的信念要求居住在低收入学区的学生，也同样具有与高收入学区的学生同等的教育机会[1]。简言之，各州都需要尽快缩小财政状况最好和最差的教育系统间的差距。还有些州需要把私立学校也纳入州教育资金分配的方案中来。2002 年 6 月，美国最高法院以五比四的票数通过了俄亥俄州克利夫兰市的教育券计划。该计划是以教育券的形式把州政府的教育经费发放给在私立学校就读的低收入家庭学生。最高法院宣布，只要是给公立学校的低收入家庭学生或补偿教育的学生也提供同等的补偿性服务，那么这种教育券计划就是符合宪法的。随后州议会在 2005 年通过了新的教育券计划，将发放教育券的范围扩大至俄亥俄州那些被划分为处于“学业紧急状态”的公立学校的学生。俄亥俄州符合规定能领取教育券的学生达 1.4 万人之多[2]。

单靠钱能有所改变吗？

但是，有些学校财政改革的批评者认为，仅仅依靠增加资金投入对教育质量并不能起任何作用[3]。他们认为，教育的改进需要学生、教师和家长的投入和责任心。此

〔1〕 鲍勃·弗朗士，“从平等到充足”，《校长领导力》(2003 年 1 月)，pp. 25—28；彼得·哈特、罗伯特·M. 提特：《公平与充足：美国人对公立学校经费的意见》(新泽西州普林斯顿：美国教育考试服务中心，2004 年)网址：http://www.ets.org/Media/Education_Topics/pdf/2004report.pdf；迈克尔·格里菲斯，“对财政充足性研究的调查”，《州政府记录》(丹佛：州教育协会，2007 年 5 月)。

〔2〕 马克·沃尔什，“最高法院对克利夫兰教育券计划的支持”，《教育周刊》(2002 年 6 月 27 日)；克里斯蒂娜·A. 塞缪尔、卡拉·斯库恩·雷德，“俄亥俄州同意为在排名低下的学校就读的学生提供教育券”，《教育周刊》(2005 年 7 月 13 日)，pp. 23—25；“俄亥俄州州议会扩大了学校教育券计划的范围”，《教会和州政府》(2005 年 9 月)，pp. 3,21。

〔3〕 布鲁斯. J. 比德尔、大卫·C. 贝琳娜，“美国学校经费的不平等”，《教育领导》(2002 年 5 月)，pp. 48—59；杰瑞尔德·W. 布雷西，“‘差学校’阵营 2008 年依旧繁忙”，《卡潘》(2008 年 10 月)，pp. 103—114。

外，如果我们忽视了各种社会因素和认知因素，尤其是家庭的结构，这些为教育改革而付出的努力可能都将白费。如果这些问题不能得到解决，那么学校财政改革还将在今后几年中引起热议。

焦点问题回顾：营业税和个人所得税在经济衰退和滑坡时期会有怎样的反应？你认为哪一级政府应该对公共教育经费负有更多的责任，州政府还是地方政府？请解释你的理由。

第四节　联邦教育拨款

不断演变的联邦政府角色

20 世纪中期以前，联邦政府拨给州政府（或地方学区）用于美国学生教育的财政经费资助很少，甚至几乎没有（参见“美国教育的历史发展”一章）。联邦政府的这种态度和当时大多数人的观念是一致的，认为教育是州政府的职责，联邦政府与教育没有任何关系。尽管当时已经有某些全国性的法律和联邦项目对美国教育该如何发展产生了巨大的影响，但这些项目和法案都缺乏系统性，也不是经过精心构思的国家教育计划中的一部分。1957 年苏联发射了第一颗人造卫星之后，美国的国家政策与教育有了更紧密的联系，联邦教育经费也急剧增加，主要集中用于指定的具体目标领域。增加的联邦经费主要分配用于改进科学、数学和外语的教学方面以及教师教育方面。

《民权法案》

从 20 世纪 60 年代中期开始并贯穿整个 70 年代，联邦政府竭尽全力，强制推行美国最高法院作出的废除学校种族隔离制度的裁决，其动力源自 1964 年颁布的《民权法案》。该法案规定，所有由联邦政府拨款资助的项目，必须在没有种族歧视的基础上进行管理和实施，否则，所有联邦拨款都将被取消。

不同群体的项目

除了为消除种族隔离而作出不懈的努力，联邦政府还充分考虑到少数群体和女性的教育需求，并在 20 世纪 60 年代中期到 70 年代末期为此提供专门的拨款。联邦政府还为不同的学生群体，如需要双语教育的学生、印第安学生、低收入家庭学生和具有特殊需求的学生，设置了特殊的教育项目。

一、联邦政府资助教育的当前趋势

20 世纪 80 年代，里根政府给联邦政府带来了新保守主义，同时结束了联邦政府对公共教育的财政投入不断增加的发展势头。联邦政府的教育支出在随后十年的时间内不断下降(对比表 8.1 和图 8.1)。在这段时间内,学校的拨款方式也发生了改变。**分类财政补助**(categorical grants)是一种根据具体群体和指定目的而制定的拨款方式,这种拨款方式已经让位给了**综合财政补助**(block grants)的拨款方式。综合财政补助的拨款方式没有具体细致的分类,只是根据一个总目的进行的拨款。这种财政拨款方式的转变是"新联邦主义"的组成部分,它把很多联邦政府承担的社会项目和教育项目的责任从国家的层面转移至州政府,因为州政府与这些项目的关系更直接,它们应该最清楚如何花费项目资金。

20 世纪 90 年代经历了另一次转变,联邦政府开始更多地为幼儿园—12 年级学校教育提供资金拨款。联邦政府的《2000 年目标》项目获得了 G. H. W. 布什和克林顿(G. H. W. Bush and Clinton)两届政府的支持,从此扭转了联邦政府逐年减少教育项目拨款的趋势,转而开始大力支持教育的发展。同时,过去注重综合财政补助的做法也被分类财政补助的方式逐步取代,分配给各州的联邦财政拨款主要用于制定州的课程标准。

表 8.1 1970—2005 年联邦政府的中小学教育拨款

年份	金额(亿)	联邦政府拨款占学校资金来源比例(百分比)
1970	$32	8.0
1972	44	8.9
1974	49	8.5
1976	63	8.9
1978	77	9.4
1980	95	9.8
1982	82	7.4
1984	86	6.8
1986	99	6.7
1988	107	6.3
1990	127	6.1
1994	183	7.1
1996	221	6.8
2000	270	7.3
2002	331	7.9
2005	448	9.2

注:由于 1981 年颁布的《教育巩固与改进法案》,很多教育项目和资金管理在各联邦部门之间不断转换,因此,从那以后,比较的基数不一定完全一样。

【资料来源】《2007 年美国教育统计年鉴》(华盛顿特区:美国国家教育统计中心,2008),表 162,网址:http://nces.ed.gov/programs/digest/d07/tables/dt07_162.asp? referrer=report。

《不让一个孩子掉队》

进入新千年后，联邦政府越来越倾向于采用分类财政补助的拨款方式。2002 年颁布的《不让一个孩子掉队》法案注重将联邦政府的教育拨款用于制定标准、建立测试系统、绩效考核和提高教师质量等。联邦政府要求各州完善课程标准，制定 3—8 年级学生的阅读和数学成绩评定标准，并为中学制定一次水平测试，州政府还应该根据要求制定教师的绩效考评计划。除此以外，学校系统还必须确保到 2005—2006 学年结束时所有教师都达到高质量教师的标准〔1〕。

根据《不让一个孩子掉队》法案的条款，联邦政府越来越多地与州和地方一级的教育机构一起在制定和实施教育政策上发挥积极的作用。该法案不仅要求制定和管理成绩评定标准，而且还要求制定"年度进步目标"(AYP)的基准，以确保所有学生都能通过成绩评定达到熟练掌握的测试标准。此外，成绩结果必须根据学生的种族、家庭收入、母语和残障状况进行分类，只有每个学生群体都达到"年度进步目标"，学校才算是达到了"年度进步目标"。现在，《不让一个孩子掉队》法案要求所有学生要在 2014 年之前对需要考试的项目达到熟练掌握的程度〔2〕。

《不让一个孩子掉队》法案也遭到了部分人的批评。批评者们认为，联邦政府划拨给各州的教育经费不足以让各州有能力负担为执行该法案而需要支出的全部费用，这些费用包括用于确定和管理学业考试、制定判断高质量教师的标准以及该法案的其他条款。由于资金不足，州和地方学区一级的学校官员都感到很沮丧。还有些批评家把《不让一个孩子掉队》法案称为"没有经费资助的强制性要求"，也就是说，这些联邦政府的要求花费很大，却只获得了部分甚至完全未能获得联邦政府的经费资助。全国教育协会(NEA)以及几个州的州教育厅现在也正忙着起诉美国教育部，质疑这部法案是没有经费资助的强制性要求。他们认为，一个学区或一个州不能被迫使用自己的资源来执行《不让一个孩子掉队》法案的要求，现在大家都在拭目以待，看联邦法院将如何解决这个纷争〔3〕。

奥巴马政府

随着我们进一步进入新的世纪并拥有了新的政府，联邦政府对教育也将发挥更多的重要作用。奥巴马政府的教育政策包括了对《不让一个孩子掉队》法案的改革，同意为实施该法案提供更加全面的资助，同时修改了与学生成绩评定、学校绩效工资系统、

---

〔1〕 帕米拉・卡瓦辛斯基、凯瑟琳・谢克，"《不让一个孩子掉队》法案指南"，公共教育中心，(2006 年 3 月 15 日)，网址：http://www.centerforpubliceducation.org(2009 年 2 月)。

〔2〕 帕米拉・卡瓦辛斯基、凯瑟琳・谢克，"《不让一个孩子掉队》法案指南"；玛丽・伯兰罕・杜森贝利，"《不让一个孩子掉队》法案：不像 ABC 那么容易"，《国家新闻》(2007 年 5 月)，pp. 19—23。

〔3〕 马克・沃尔什、大卫. J. 霍夫，"法院对《不让一个孩子掉队》法案相关案件的裁决引发了对教育支出的争吵"，《教育周刊》(2008 年 1 月 16 日)，pp. 1, 19；吴宝林，"公立学校的经济学之痛"，《2009 年美国各州状况》(2009)，pp. 24—27。

早期儿童教育、大学入学以及教师招聘等方面的条款[1]。

最后，正如我们在本章最后将要讨论的那样，以特许学校形式出现的择校似乎仍然是议员们、公众、在某些情况下也是法院欢迎的一种获得资金资助的替代性方法。择校的压力还在不断增加，择校者主要是那些不满公立学校教育的家长以及居住在成绩表现不佳的学区的学生们。例如，在威斯康星州的密尔沃基市(Milwaukee)以及俄亥俄州的克利夫兰市(Cleveland)，州政府的拨款可以用于支付低收入家庭学生到非公立学校就读的学费。由于美国最高法院已经允准为私立学校的学生提供教育券，这就意味着能用于公共教育的公共资金会减少[2]。

焦点问题回顾：你认为联邦政府对美国的公共教育事业作出了足够多的贡献和资助了吗？请解释你的观点。

第五节 学校财政趋势

教育的财政危机往往都属于能引起人们关注的头条新闻。例如，近年来的国家经济衰退已经引发了州财税收入的大幅减少。加之开支的不断增加和其他预算问题，州财税收入的亏损使很多地方学区陷入了财政紧张的状况中。尽管过去这样的危机一直会随着经济的变化和联邦政府及州政府预算的变化起起伏伏，但现在我们仍然必须面对学校财政问题中几个长期引人关注的问题。我们在审视教育财政的历史发展趋势时，必须时刻记住，今天的教育工作者一直被要求出示证据，证明他们正在明智地使用公众教育经费。

一、纳税人的抵制

纳税人的提案

从20世纪70年代后期开始，一场抗税运动席卷全国，这场运动也抑制了学校的财政改革运动。加州政府于1978年通过了一项有关纳税人的“第13号提案”，规定财产税的税率最高为该财产的公正市场价值的1%，同时还限制每年资产估价的增长不得超过2%。到2006年，有43个州也以某种形式限制了财产税的增长或制定了增长的上限[3]。

---

〔1〕“议事日程：教育”，白宫，网址：http://www.whitehouse.gov/agenda/education/(2009年2月)。

〔2〕肯尼思·豪、马格利特·艾森哈特、达米安·彼特贝拉，“公立学校择校的价格”，《卡潘》(2002年4月)，pp. 20—24；约瑟夫·E.施耐德、罗纳德·G.考尔文，“择校未能兑现许诺”，《学校行政人员杂志》(2008年1月)，p. 6。

〔3〕艾萨克·马丁，“有关学校财政的诉讼会导致纳税人的反抗吗？塞拉诺案与《第13号提案》”，《法律与社会评论》(2006年9月)，pp. 525—558；南森·B.安德森，“财产税的局限性：一份解释性评论”，《国家税务期刊》(2006年9月1日)，网址：http://www.allbusiness.com。

纳税人抵制的结果

由于**纳税人的抵制**(taxpayer resistance),结果有35个州开始实施一些“打破僵局”的计划,为某些特定的人群(如老人和第一套房产购置者)所支付的财产税提供一定的补助[1]。

20世纪末期,教育改革运动开始关注教育质量的提高,纳税人似乎愿意支持为这一目的而增加教育投入,但还是对此表示担忧。他们对投入的结果表示出浓厚的兴趣:我们能从所花费的钱中获得什么?这一关注公共资金使用的话题导致了教育工作者绩效责任的增加。

二、绩效责任运动

对结果负责

尽管对**绩效责任**(accountability)的定义千差万别,但这个术语主要是指教师、学校行政管理人员、教育委员会成员、甚至学生自己,必须对他们努力的结果负责任的观念。教师必须符合教师能力的标准,学校则必须设计出能产出理想结果的相关开支办法。

绩效责任运动的原因

绩效责任运动发起的原因有很多。家长们不仅认识到了学校教育对子女成功的重要性,还认识到全国各地大多数儿童的学习情况都不够好。随着教育成本的逐年增长,家长们要求知道他们所花费的钱到底用到了什么地方。最近的一次民意调查显示,有80%的美国人相信公共教育需要更多的责任心,而那些希望限制学校经费增长的纳税人,也希望教育工作者们能保持责任心,对教学结果负责[2]。

联邦政府和州政府采取的措施

另外,联邦政府的拨款经费不是随便都能得到的,而是要能证明学校或学区取得了令人满意的教育进步才能获得。在过去的几十年里,随着绩效责任运动的推行,最终联邦政府在颁布的《不让一个孩子掉队》法案中给予绩效责任以广泛的重视。该法案号召各州在全州范围内对所有3—8年级的学生进行阅读和数学的成绩评定,目的是让学

〔1〕“征税与税收支出政策”,《州政府记录》(科罗拉多州丹佛:州教育协会,2004年6月),网址:http://www.ecs.org/clearinghouse/52/94/5294.doc。

〔2〕托尼·维瓦,“再造美国学校”,《卡潘》(2003年5月),pp.665—668;彼得·哈特、罗伯特·M.提特:《公平与充足:美国人对公立学校经费的意见》(新泽西州普林斯顿:美国教育考试服务中心,2004年),网址:http://www.ets.org/Media/Education_Topics/pdf/2004report.pdf。

校对所有学生在这些成绩评定中的成绩表现保持高度的责任感。也就是说，如果一所学校在规定的几年内都未能达到"年度进步目标"，那么这所学校就不得不面对一定的制裁措施。例如，如果一所学校连续三年未能达到"年度进步目标"，学校就必须为来自低收入家庭的学生提供补充教学服务；如果一个学校连续五年未能达到"年度进步目标"，该学区就必须制定一个计划对该学校进行重组，或是对学校进行彻底的变革[1]。这些变革对学校是否能获得州一级和地方学区一级的资金拨款都意义重大。

调整后重新认可

很多教育工作者都担心一种简化了的绩效责任概念，也就是仅仅把责任加在教师或学校校长身上，而忽视了家长、社区居民、教育委员会成员、纳税人和学生自身的作用。在对《不让一个孩子掉队》法案进行一系列调整之后，奥巴马政府可能会对该法案进行重新审核通过，因为议员和政策制定者们都相信，让学校对学生的学习负起责任，这具有巨大的潜在积极效力[2]。这样能形成一种教育责任感，让家长、教师、学校行政管理人员和社区都共同参与到有关学生成绩的有意义的讨论中。

教学资源视频案例

中年级学生的成绩评定:学生学习的测量

在阅读完有关绩效责任运动的内容后，请观看本书学生学习网站上的视频"中年级学生的成绩评定:学生学习的测量"。认真聆听萨默斯先生对他学生掌握数学内容的情况进行成绩评定的讨论，同时也请注意他的学生凯伦对成绩评定的好处持什么样的观点。

在观看这段视频以及阅读本章之后，你认为为什么成绩评定和绩效责任问题对今天的美国教育而言至关重要?

这位教师使用了哪些具体的策略来提高他的班级的考试成绩?

三、税额抵免、教育券和择校

学费税额抵免

税额抵免(tax credits)制度允许家长为其子女在非公立学校上学支付的教育费用申请减免应缴税款。20 世纪 50 年代以来，明尼苏达州就开始对教育支出实施减税政

[1] 艾伦·欧登，"新型学校财政"，《卡潘》(2001 年 9 月)，pp. 85—91；托德·扎尔巴适、布莱恩特·哈苏：《州教育协会问题简报——通过〈不让一个孩子掉队〉法案改组学校:州政府的潜在作用》(科罗拉多州丹佛:州教育协会，2005 年 11 月)，网址：http://www.ecs.org。

[2] 安妮·C. 路易斯，"修订前的认真思考"，《卡潘》(2009 年 1 月)，pp. 315—316；约尔塔·萨克-明，"《不让一个孩子掉队》法案怎么样"，《美国地方教育委员会杂志》(2009 年 2 月)，pp. 26—27。

策。现在,爱荷华州和伊利诺伊州也对教育支出实施某种税额抵免[1]。税额抵免运动反应了公众对增加择校权利的渴望,同时也反映了非公立学校不断寻求支持的努力。但是这个问题之所以被凸显出来,还是因为人们对公立学校的信心发生了动摇。

教育券

学校财政改革的另一大发展趋势是**教育券**(educational vouchers)的使用。在教育券制度下,州政府或地方学区给有学龄儿童的家长发放有税收补贴或学生通用补助的教育券,这个教育券就代表了其子女应得的教育经费中的一部分。儿童能用教育券到家庭选择的学校去就读[2]。2007—2008 年间,佛罗里达州、俄亥俄州、威斯康星州以及华盛顿特区就大约有 5.5 万名学生使用公共财政的教育券到私立学校就读[3]。本章前文讨论了美国最高法院批准了克利夫兰市制定的为低收入家庭学生提供教育券的计划,这很可能会增加用教育券到私立学校就读的人数[4]。

税额抵免和教育券方案的反对意见

有关税额抵免和教育券方案的争论一直都很激烈而且很情绪化。全国教育协会、美国教师联合会及其他一些教育组织认为,教育券或税额抵免会增加种族隔离,会根据社会经济的界限将公众分离开来,同时还会造成对公立学校财政支持的减少[5]。反对者还认为,这样的方案会对与教会有关的学校提供支持,这是违反宪法规定的;这样做还会削弱公立学校系统,因为这样做就会支持和鼓励学生流向非公立学校;这样做还会造成公立学校预算或州财政收入的大量流失[6]。

择校与“市场”

支持学费税额抵免和教育券制度的人,通常会把**择校**(school choice)的概念与之

---

[1] 詹妮弗·C. 帕特森,“有关择校的真相”,《课程管理者》(2001 年 1 月),p. 38;乔·南森、威廉·L. 博伊德,“明尼苏达州实施择校的经验:承诺与挑战”,《卡潘》(2003 年 1 月),p. 350—355;亚当·舍菲尔,“择校的杀手锏”,《今日美国杂志》(2008 年 3 月),pp. 10—13。

[2] 布鲁斯·D. 贝克、普勒斯顿·格林、克雷格·E. 理查德:《教育系统的财政管理》(纽约:梅林普伦蒂斯·霍尔出版公司,2008),pp. 318—321。

[3] 丽莎·巴罗、塞西莉亚·艾琳娜,“学校教育券:近期发现与未解答的问题”,《经济展望杂志》(2008 年第 3 季刊),pp. 2—16。

[4] 查尔斯·J. 罗素、拉尔夫·D. 莫德斯莱,“最高法院与教育券的重新思考”,《学校事务杂志》(2003 年 1 月),pp. 41—44;大卫·费舍尔、大卫·希米尔、莱斯利·R. 斯蒂尔曼:《教师与法》(波士顿:培生出版集团,2007 年),pp. 32,236。

[5] 蒂莫西·麦克唐纳,“教育券的错误承诺”,《教育领导》(2002 年 4 月),p. 33;全国教育协会:《反对教育券的案件》,网址:http://www.nea.org/home/19133.htm(2009 年 2 月);美国教师联合会:《学校教育券:神话与事实》(华盛顿特区:美国教师联合会,2004)。

[6] 凯斯琳·M. S. 开罗,“教育券的真相”,《教育领导》(2002 年 4 月),p. 38;安德鲁. J. 库尔森,“反对教育券的战争”,《华尔街日报》(2009 年 1 月 9 日),p. A13;伊丽莎白·格林,“自由意志主义支持者在寻求‘第二套教育计划’”,《纽约太阳报》(2008 年 1 月 14 日)。

相联系。择校的问题将在“美国学校效能与学校改革”一章中进行详细讨论。支持者们认为，通过拓宽普通人对学校教育的选择，就能增加学校之间的竞争，并提高教育质量的总水平。这个观念就是要让教育遵循市场法则：如果学生和家长能选择学校，高效能的学校就会继续经营下去，而那些不尽如人意的学校要么会倒闭，要么就不断改进自己。

支持方的观点

支持实施学费税额抵免和教育券方案的人认为，这样的税收减免政策是符合宪法规定的，并不会严重减少联邦政府的财税收入，也不会妨碍公立学校征收税款。他们还认为，这些项目和计划能为学生提供更多的机会，学生可以选择到市中心以外的学校去就读。如此一来，学费税额抵免或教育券的使用不仅不会导致种族隔离或社会隔离，甚至还可能降低种族和社会经济的隔离。很多支持者们还相信，学费税额抵免或教育券制度，尤其是当本学区内的家长获得选择权利时，不仅能为家长提供选择学校的机会，也能刺激公立学校的自我完善〔1〕。

特许学校

择校的另一主题就是特许学校的概念，这在“公共教育的行政与管理”一章中已经进行过讨论。特许学校为了免除各种规章制度的束缚，必须承诺负责达到某种指定的学业结果，如果学校不能实现这一学业目标，则面临失去学校特许权利的风险〔2〕。大多数特许学校的组织者都面临巨大的预算挑战，很多教育委员会在分配用于特许学校的运营经费时都非常节俭，害怕浪费本来就很紧张的预算。

四、提高学校预算的使用效率

学校预算审查

在现在这个纳税人高度谨慎、问责要求高涨、州财政预算紧张的时代，教育委员会在提出增加税收标准之前，不得不被迫取消所有不必要的开销。不仅学校教学结果的测量要达到期望的标准，而且学校预算也必须经得起严格的审查。由于教育委员会成员经常由公司领导担任，因此商业界非常流行的合理高效的预算信条也被广泛采纳，

---

〔1〕 格鲁·安瑞格，“逝去的时代观念”，《华盛顿月刊》(2008 年 4 月)，pp. 29—33；罗恩·马塔斯，“教育券大军在增长”，《坦帕湾时报》(2008 年 5 月 16 日)；公立学校家长网，“教育券”，网址：http://www./psparents.net/school_vouchers.htm(2009 年 2 月)。

〔2〕 卡罗·阿希尔、亚瑟·格林伯格，“特许学校改革与教育官僚制度”，《卡潘》(2002 年 3 月)，pp. 506—512；“特许学校的成功”，《巴尔的摩太阳报》(2006 年 9 月 11 日)，p. A10。

这对美国教育产生了很大的影响。我们应当继续关注下面一些重要的财政改革趋势。

学校规模的新研究

1. 学校规模。有关学校规模的研究表明，学校越小越好，小规模的学校更容易取得较高的学生成绩，更有助于学生个体的发展。小规模学校环境的支持者认为，如果地方教育委员会的目标是提高学生的成绩，那么小规模学校由于拥有更好的能与学生互动的环境，它在教育学生方面就更加高效[1]。

维修旧的学校设施

2. 旧有建筑的现代化改造。很多学区现在都不选择修建新学校，而是选择对旧有建筑进行维修和现代化改造来达到节省资金的目的。由于美国大约有75%的学校是在1970年之前修建的，所以维修和改造旧学校也是很多学区不得不作出的选择[2]。但正如我们将在下一节中所述的，旧建筑也会造成预算紧张。

教育委员会不得不被迫削减不必要的开支，因为学校预算必须经得起严格的审查。尽管存在建立更小规模学校的需求，以及教师短缺和学校老建筑老化严重等多方面的问题，很多学区仍在试图“花更少的钱办更多的事”。

〔1〕 珍·约翰逊，“家长和教师将转而支持缩减学校规模吗”，《卡潘》(2002年1月)，pp. 353—356；罗伯特·汉佩尔，“从历史的角度看小规模学校”，《卡潘》(2002年1月)，pp. 357—363；阿里·波尔吉安，“满足美国学校拉丁裔学生需求的新方法：学生对到一所重新设计的小规模中学上学的看法”，《国际学习杂志》(2008年6月)，pp. 277—285。

〔2〕 威廉·D. 艾格斯、蒂芙尼·多维，“重建美国学校”，《教育周刊》(2007年9月26日)，p. 30。

增加更多的教师

3. 增加教师的需求。正如在过去的几年中一样，对教师的需求将持续增加，至少在下一个十年中这种需求还将持续上升。目前，教师队伍在不断老龄化，2010 年至 2020 年将成为第二次世界大战后教师退休人数最多的十年[1]。

精简中心办公室职员

4. 精兵简政。很多学区正在寻求可能的方法，让学区在保持正常运作的同时减少办公人员。裁减办公人员与裁减教学人员相比，更不容易引起公众的反对。

降低能源消耗

5. 能源经济。为了降低能源消耗，节省经费，一些学校采取了调低空调温度、延迟每天早上开始供暖的时间、降低走廊门厅等地方的温度、直接从油、气批发商那里购买能源等措施[2]。

五、学校基础设施和环境问题

设施老化

现在全国的**学校基础设施**(school infrastructure)普遍都处于严重失修的状态。这里讲的"基础设施"指的是学校建筑中的基本硬件设备(包括水管设施、下水道、供暖系统、供电系统、房顶、木质物品等等)。建筑专家估计，美国学校校舍情况恶化的速度要超过修复的速度，而且学校这些设施的损坏速度远远快于大多数其他的公共设施。很多学校的水管管道、窗户、电线线路和供暖系统已经陈旧到危险的程度，房屋屋顶也已经低于建筑标准，校舍外部的砖石和木头都严重失修。2005 年，"美国工程师学会"估算，对公立学校进行现代化改造的造价在 1270 亿至 3200 亿美元之间[3]。"经济政策研究所"的一项研究表明，美国有 43％的学校报告其设施状况已经造成了教学的困难[4]。

---

〔1〕 丹尼尔·阿尔隆森、凯瑟琳·梅克尔，"生育高峰出生一代人的退休对教师劳动力市场的影响"，《芝加哥联储信函》(2008 年 9 月)，pp. 1—4。

〔2〕 克里斯蒂娜·A. 塞缪尔，"学区领导人交换意见寻求缩减能源开支的方法"，《教育周刊》(2008 年 11 月 5 日)，p. 8。

〔3〕 凯瑟琳·希尔克，"学校基础设施建设的拨款：各州的需求"，《教育财政学杂志》(2001 年秋季刊)，pp. 653—662；"摇摇欲坠的教室影响学生的成绩"，《今日美国杂志》(2003 年 9 月)，pp. 6—7；威廉·D. 艾格斯、蒂芙尼·多维，"重建美国学校"，《教育周刊》(2007 年 9 月 26)，p. 30。

〔4〕 美国教师联合会，"校舍不应该成为贫民所"，《美国教育工作者》(2008—2009 年冬季刊)。

清除石棉材料

学校建筑内的环境公害是一个很特殊的问题。例如，美国环保署(EPA)已经签发命令，要求政府部门、商业业主以及学区清除填充石棉材料的建筑物。这笔费用难以计算，有人估计学校用于这项开销的账单至少在31亿美元左右，涉及3100个学区中的4.5万所学校[1]。其他的环境危害物还包括氡气、含铅涂料等，另外建筑防震级别的升级也意味着很多学区要增加学校经费的开支。

需要更多的教室

就在教育委员会努力让年久失修的学校基础设施满足教学需求的时候，“美国人口普查局”已经修改了该局对学龄人口增长的预测。以2000年人口普查局的数字为基线，该局现在预期学龄人口将保持稳步增长直至2017年。在这个时间段内，中小学注册学生数预计将增长10%。学生数量的增加不仅仅意味着要维修旧有的校舍，还意味着新建更多的校舍，但现在从哪儿获得资金来修建更多的教室来满足我们的持续需求呢？这个问题将受到人们越来越多的关注[2]。

焦点问题回顾：对于将学生的年度测试成绩进步情况与联邦经费拨款挂钩这个计划，你感觉如何？对于这种拨款方式分别有什么赞成意见和反对意见？

总结

(1) 学校主要接受州政府和地方政府的财政支持，另外在较小程度上也获得联邦政府的财政支持。总体而言，从20世纪早期开始，州政府对学校的财政支持就开始显著增加，而地方政府的财政支持则有所下降。从20世纪80年代早期开始，联邦政府对学校的财政支持比例开始有所增加，然后又有所下降，但是现在已经恢复到早些时候的水平。

(2) 尽管征收财产税是地方政府提供学校经费的主要来源，但人们还是认为财产税属于累退税。

(3) 各州之间以及州内部各地区(地方学区一级)支持学校教育的财政能力千差万别。较贫困的学区常常比更富有的学区获得更多的州政府经费，但是多获得的数额几乎无法弥补生均教育经费之间的贫富差异。

(4) 由州法院发起、州议会负责推进的学校财政改革，一直试图减少甚至消除贫

---

[1] 凯瑟琳·C.希尔克，“资助学校基础设施建设：有哪些选择”，《学校事务杂志》(2001年12月)，pp. 12—15；朱莉·维克黑尔德，“学习度过艰苦的日子：美国学校的可怜环境”，《环境健康展望》(2002年6月)，pp. A298—A305。

[2] 国家教育统计中心，“全国中小学注册人数”，《至2017年教育统计预测》(华盛顿特区：美国教育部教育科学研究所，2008年9月)。

富学区之间的经费差距。这项改革的基本目标是提供充足的教育机会，并为贫困学区提供提高成绩的途径。

（5）从苏联发射第一颗人造卫星以来，联邦教育经费与国家政策的联系越来越紧密。随着政策重心的不断变化，拨款经费水平也不断发生着改变。

（6）有关绩效责任制、学费税额抵免、教育券、特许学校以及择校等方面的争议，反映出公众对教育系统的关注越来越多。

（7）纳税人抵制增税，尤其是抵制增加财产税，使得学校面临强大的压力，不得不提高学校预算的使用效率。

（8）很多学校都因为学校基础设施的不断老化及校园环境中的危险因素而不得不面临严峻的财政问题。

关键术语

累进税
累退税
财产税
密尔
使用费
独家产品销售权
计税基础
市政负担过重
营业税
个人所得税
分类财政补助
综合财政补助
纳税人的抵制
绩效责任制
学费税额抵免
教育券
择校
学校基础设施

讨论题

（1）地方教育委员会和地方选举产生的官员该如何设计一种税收结构，既公平又平等，还能与经济情况的变化同步？这种理想的税法应该由哪些具体元素构成？

(2) 以下列出的是几种对择校的经济支持方式，请陈述你支持或反对这些方式的理由：

(a) 政府发放教育券，让任何学生都能用此支付任何一所经过认证的学校的学费，不管是公立学校，还是私立学校。

(b) 如(a)所述的教育券，但只发放给那些证实有家庭经济困难的学生。

(c) 学生可以自由选择任何公立学校，但对选择私立或教区学校的学生不发放教育券。

(3) 你认为赞成和反对校企合作伙伴关系的理由分别是什么？比如说获得学校设施的冠名权和在课程材料中加入企业广告。

专业发展的建议方案

(1) 调查纳税人(如家长、邻居、同学、同事等)对教育税的态度。在多大程度上他们反对这样的教育税？出于什么原因或在什么条件下他们可能愿意缴纳更多的税用于学校经费？你是否注意到不同年龄、不同民族、不同收入或社会阶层的群体对这个问题有不同的观点？在班上总结你的调查发现。

(2) 这个学期你到学校参观时，请注意学校的基础设施。你看到哪些具体的问题，学生和学校教职员工在抱怨什么？附近学区的学校环境是不是明显比这里好或比这里差？如果真是这样，人们对这种明显差别的解释是什么？请将你的发现记入日志。

(3) 连续几周注意查看你经常看的日报(纸质的或网络版)，从州和地方新闻版上看看是否有与学校财政问题相关的文章。找出这些文章主要关注的问题焦点，将报纸文章讨论的话题与本章讨论的话题进行比较。这些文章对本章内容进行了怎样的补充？请将你的发现与全班同学分享。

(4) 访问美国公共广播公司网站的"从第一到倒数第一"，它是"美罗系列报告"的一个指南，这些文章按时间顺序记载了加州政府为学校筹措资金的历史，网址是http://www.pbs.org/merrow/tv/ftw/index.html。该网站还对里程碑式的案件"塞拉诺诉普里斯特案"以及降低财产税并限制用于加州公立学校经费的《第13号提案》提供了深度报导和多媒体的全方位报道。浏览该网站之后，请就上述两个话题准备在班上作一次演讲报告。

(5) 采访地方教育委员会成员，向他们提出以下问题：

■ 他们对经费和预算过程的关注；

■ 他最优先考虑的预算项目；

■ 解决预算问题的创造性方法；

■ 一旦预算制定完毕，如何赢得公众对预算的支持。

第九章 教育的法律问题

在过去60年间，越来越多的美国公共教育问题要诉诸法院来解决。教育诉讼案件的增加也反映了一个事实，那就是教育在当今社会中发挥着几十年前从未有过的重要作用。在教育诉讼案增加的同时，州和联邦的教育立法也大幅增加，从某种程度上说，越来越多的州和联邦教育法律刺激了教育诉讼案件的增多。

本章对美国的法院系统进行了综述，同时也讨论了那些对今天的学校和教师最有影响的法律话题和法院裁决。我们讨论的主要主题包括(1) 教师和学生的权利和义务；(2) 宗教与学校[1]。在阅读本章时请思考下列问题：

焦点问题：

- 教师有哪些合法权利和义务？
- 什么是学生的合法权利？
- 公立学校能否开展宗教活动？
- 政府能为非公立学校提供支持吗？

第一节 法院系统

多数教育案件在州法院起诉

与教育问题有关的案件既可以在联邦法院审理，也可以在州法院审理，这取决于**起诉人**(plaintiffs，原告)的诉讼主张。联邦法院负责对涉及联邦法律和法规或是涉及宪法的案件进行裁决，州法院负责对涉及州法律、州宪法条款、学区教育委员会政策或与联邦法律无关的案件进行裁决。大多数与中小学教育相关的案件都由州法院负责审理，但是为了避免法院的日常工作负担太重，联邦法院和州法院通常都要求**诉讼人**(litigants，法律诉讼各方)尽量通过所有可用的行政途径来解决问题，行政手段无法解决再提交法院系统。

[1] 本书其他章节也讨论了一些特定的教育法律问题。有关学校财政的法院裁决，请参阅“公共教育财政”一章。有关废除种族歧视的法律以及有关特殊教育的立法在“提供平等教育机会”一章中有讨论。

一、州法院

州法院的类型

州法院的组织形式并非全国统一,每个州司法系统的具体组织形式都能在州宪法中找到。大多数州的最低一级司法组织都是有初审司法权的法院(通常被称为市法院或高等法院),在那里对案件进行初审。只要事实成立、证据确凿、有证人作证并接受法官的盘问,就能根据适当的法律条文作出判决。

败诉的一方可以向更高一级法院提出上诉,通常是到中级上诉法院,这一级别的法院会对低一级法院送交的案件记录和诉讼双方提供的其他书面材料进行审查。中级上诉法院设立的宗旨是要确保正确运用了适合的法律,这些法律要适合提供的事实情况,还要确保没有剥夺公民宪法权利的情况发生。

如果某一方当事人对判决结果还不满意,则可以向州最高级别的法院提出上诉,这个法院也被称为州最高法院。一般来说,州最高法院的裁决就是最终判决,但如果案件涉及了美国宪法,此时希望提起上诉的一方也可以向美国联邦最高法院提出上诉。

二、联邦法院

联邦三级法院

联邦法院是由三级法院构成的系统组成的,包括联邦地区法院、联邦巡回上诉法院和联邦最高法院。这些法院的司法权和审判权都是由美国宪法规定的,并受国会的限制。联邦地区法院是联邦最低级别的法院,负责受理案件。为处理向更高一级联邦法院提起的上诉,整个国家被分为 12 个区域,被称为联邦司法管辖区。每个司法管辖区的法院被称为巡回法院或上诉法院,只负责受理该管辖区内地区法院提交的上诉。败诉方可以向美国最高法院提出申请重新审查自己的案件。如果九名法官中有四名同意重审该案,那么联邦最高法院就会受理此案件,如果没有四名法官同意重审案件,则维持联邦巡回上诉法院的裁决[1]。

相互冲突的裁决

由于美国最高法院以下的某个法院只能在自己管辖的区域内行使司法判决权,这

---

〔1〕 本章有些案件的引述中包含了"提审被驳回"这个术语,意思是败诉方向美国最高法院提出重审的要求,但他们的要求被驳回。

就导致可能出现同类案件在不同司法管辖区内获得的裁决相互冲突的情况。因此，法官经常要查看以前的案件所依据的法律，寻求对案件判决的指导，这样他们很可能发现虽然都是针对同一问题，却能采用多种多样合法辩护立场的判例。

《第一修正案》和《第十四修正案》

《第一修正案》

尽管教育一直以来被认为是州政府的职责，但还是产生了很多联邦诉讼案，尤其是与美国宪法《第一修正案》和《第十四修正案》有关的诉讼。《第一修正案》规定：公民享有宗教、言论、新闻出版和集会的自由，以及公民“向政府要求申冤的权利”。因此大量涉及《第一修正案》的案件，处理的都是公共教育中宗教作用的问题，以及保护教师和学生的言论自由程度的问题。法律诉讼中，常常引用《第一修正案》的法律条款有两项：一是**禁止确立国教条款**(establishment clause)，要求禁止确立政府认可的宗教；二是**自由行使条款**(free exercise clause)，要求保护公民自由言论和表达的自由。为解释这些条款，法院通常会使用一些标准或“准则”来判断是否符合宪法规定，如图 9.1 所示。

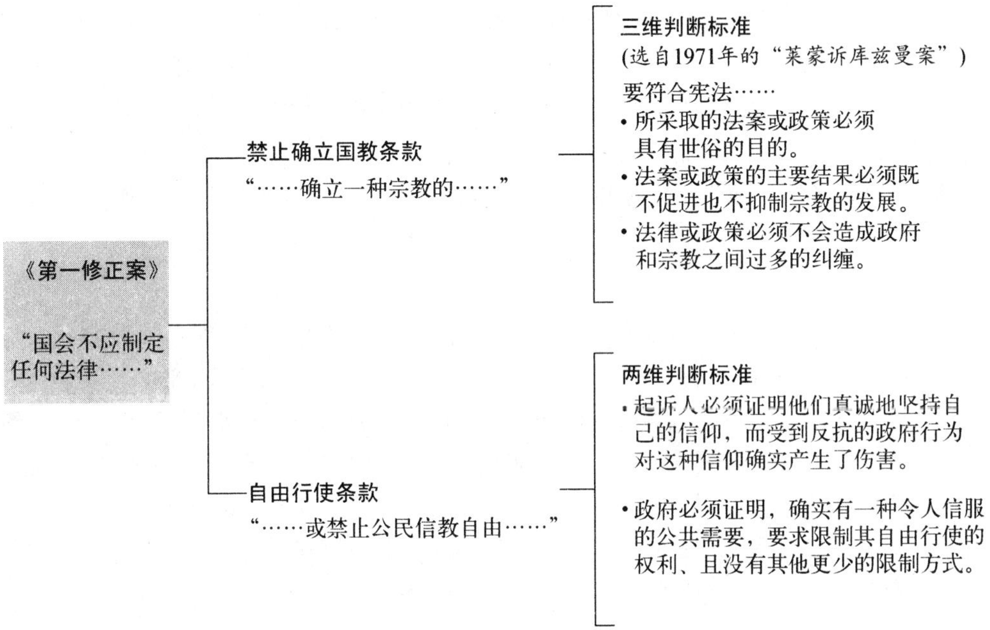

图 9.1 宗教和《第一修正案》

《第十四修正案》:自由权益和财产权益

涉及《第十四修正案》的案件主要集中在该修正案的这一条款,要求任何一州"在没有经过正当法律程序的情况下,不得剥夺任何人的生命、自由或财产的权利,也不能拒绝其管辖区内的任何人享受法律平等保护的权利"。这一条款的前半部分是**正当法律程序条款**(due process clause),后半部分是**平等保护条款**(equal protection clause)。《第十四修正案》相关的案件主要涉及学校废除种族隔离问题以及让学生停学和开除学生的问题。援引《第十四修正案》的诉讼人必须展示"自由"或"财产"权益是该案件中最主要的元素。如果"一个公民的名誉、声望、荣誉或诚实受到危害",就表明他的自由权益受到侵害。涉及财产权益的案件主要涉及那些获得法律保护的享有终身任职权的雇员,例如,一名试用期结束后的教师享有继续被雇佣的财产权益,同样,学生也有受教育的财产权益。如果有人提出自由权益或财产权益的诉求,学区必须为当事人提供正当的法律程序(保证进行一次公正、无偏袒的听证会,并保证当事人提供证据的机会)。本章接下来将继续探讨在学校实际环境中如何使用上面提到的法律概念以及其他的法律概念。

第二节 教师的权利和义务

在"教师职业"一章中我们曾经指出,教师在过去很容易被地方教育委员会以任何莫须有的原因解除职位,而且无处求助。如今,集体谈判法令、终身任职法律、强制性的正当法律程序和其他法律措施已经建立起来,目的是限制类似的权力滥用以及保障教师的合法权益。与权利相伴的是义务,而且教师的很多义务也被写入法律之中。

一、教师资格认证或聘用的准则和审查

背景核查

在美国几乎所有地方,任何想到幼儿园—12年级教书的个人,都必须拥有教学资格证书,该证书通常由州政府颁发。近年来,很多州都通过立法形式,要求对未来教师进行全面彻底的背景核查,有些州还对已经被聘用的教师进行再次认证。例如,纽约州和得克萨斯州现在就要求所有申请教师资格证书的人必须接受指纹审核,以查看是否有犯罪前科。还有一些州将政府职位申请人的背景资料通过电子方式进行分享。未来教师必须非常留心自己在网络中发布的信息,因为有些学区已经开始对类似"我的空间"和"脸谱网"等网站进行调查,查找有关求职者的信息[1]。

---

〔1〕 安妮·布里奇曼,"安全聘用",《美国地方教育委员会杂志》(2005年12月);斯科特·麦丁茨,"谈谈'我的空间'这一代人",美国有线电视新闻网络财经频道,2006年2月1日,p. 27,网址:www. money. cnn. com:搜索"Medintz";"得克萨斯州现在要求学校雇员提供指纹验证",《美国地方教育委员会杂志》(2008年3月),p. 10。

这些趋势都是由于两个互补的发展结果引起的。一方面是由于技术的发展，用指纹和其他信息源与地方、州和联邦执法机构的信息进行核查更加可行；另一方面是由于公众越来越关注猥亵儿童犯以及有犯罪前科者却可能成为学校雇员的人可能对儿童造成的危险。

无歧视的教师资格要求

在“教师从教的动机、准备及条件”一章中曾经提到，除了对希望成为教师的人进行背景核查以外，各州还要求未来教师要通过一种或多种能力测试以获取教师资格证书。在有些情况下，现任教师也必须通过能力测试才能继续被聘用。在有些州，少数群体的教师候选人通过能力测试的比例远远低于非少数群体的候选人，这样的州已经遭到指控，控告这些指定的测试存在对少数群体申请人的歧视。为应对这些法律指控，聘用教师的人就必须详细说明这个测试所测量的特性是什么，还要说明这些特性对担任这份工作是必不可少的，最后还必须证实该测试与受到质疑的工作行为具有相关性。

大多数控诉教师能力测试存在歧视的诉讼以失败或撤诉告终，因为无法提供有效数据证明这类考试中有明确的歧视或是有歧视的意图。而从另一方面看，由于各州担心可能要面对法律问题，尤其是来自少数群体的质疑，这毫无疑问有时会迫使各州政府让及格分数保持一个较低的水平。例如，在某种程度上，马萨诸塞州教育委员会因为担心遭到有关歧视的起诉而大幅降低了本州通过教师资格证书考试的最低分数[1]。

二、雇佣合同和终身任职权

在选择聘用教师的时候，地方教育委员会必须遵守有关法律条文，严禁产生年龄、性别、种族、宗教或国籍等方面的歧视。在确定了要聘用的教师后，教师会收到一份书面的合同并要在合同上签字。该合同会详细说明教师必须遵守教育委员会的政策和规章制度，如果学区和某一教师组织之间有协议，那么这些协议条款也适用于所聘用的教师。

违约

合同对双方都具有法律约束力。如果某一方不能履行约定，这种行为就被称为**违**

---

〔1〕 戴安娜·普林，“实施教师测试和资格认证的关键问题”，《教育法律季刊》(2001 年 7 月)，pp. 383—429；马克·沃尔什，“在有关纽约教师测试案件中法院征询戴普特法官的观点”，《教育周刊》(2007 年 12 月 12 日)；詹姆斯·瓦兹尼斯，“前教师对资格认证考试的起诉”，《波士顿环球报》(2009 年 5 月 15 日)。

约(breach of contract),该合同就被破坏。在这种情况下,违约的一方就要受到控告并负责赔偿损失。如果教师违约的话,有些州允许撤销教师的资格证书;如果是学区违约的话,教师可以获得损失赔偿或者重新获得他们以前的职位。

任职期限

几乎每个州都制定了某种形式的终身任职权法律。**终身任职权**(tenure)保护教师不会无缘无故地被开除,每个州对开除教师的"缘故"都作出了详细的定义,通常的原因包括能力不足、道德败坏、不服从管理以及有违反职业道德的行为等。此外,正如下节将要解释的,如果学区希望解聘一名具有终身任职权的教师,它必须遵循正当的法律程序。

从终身任职权这个概念出现之初,它就引起了很多的争议。对终身任职权的赞成和反对意见将在本章的"热点问题争鸣"栏目中详细列出。

续聘

一旦获得终身任职权,而不是与学区签署一份年度任职合同,这就意味着教师签署了**连续契约**(continuing contract),可以一直被聘用。这个术语意味着他们下一年的再次被聘用是有保障的,除非学校官方在某个具体的日子通知该合同不再续签。

试用期

大多数州在教师获得终身任职权前都设置了一个试用期。另外,很多拥有终身任职权的教师如果到另一个学区任教,就会丧失他们的终身任职权,而且必须经过另一个试用期。试用期通常要三年时间,要连续三年提供满意的服务,但有的州一直在努力缩短试用期,这样在试用期结束时可以快速让新教师离职。

在有些州内,试用期合同允许在合同结束时可以因为任何原因而无需任何解释将教师解聘,也就是说不需要经过正当的法律程序,除非教师能证明他被解聘违反了宪法保障的自由或财产权益(有关正当法律程序的含义可参见下一节)。在另一些州内,试用期的教师通常拥有使用正当法律程序的权利,但是这个程序可能反而简化了解聘那些被认为不能胜任教学工作的候选人的过程[1]。

---

〔1〕 佩里·A. 泽克尔,"过时的教学",《卡潘》(1996 年 2 月),pp. 449—451;马克·F. 伯恩斯坦,"为了教育的益处延迟教师终身任职权",《学校行政人员杂志》(2006 年 5 月),网址:www. aasa. org;利比·怀德,"在教师审查上州政府的得分为 D⁺",2009 年为 Newsvine 网站提供的报道,网址:www. newsvine. com。

表 热点问题争鸣:教师的终身任职权

过去,大城市中的很多教学职位是由能提供政治庇护的人或团体控制的。在有些城市,到某个学区委员的办公室里就能出价买到校长的职位,教学职位的获得还是失去也是管辖区官员说了算。因此总而言之,教师很害怕与行政管理人员之间发生矛盾,也不敢得罪有影响力的家长。开始实行终身任职权制度后,上述滥用职权开除教师的情况部分得到缓解,并让教师获得了更多课堂内外的独立自主权。但是,现在有些教育工作者则反对终身任职权体制,认为这种制度已经失去了时效。

争论问题:
教师的终身任职权制度应当继续执行吗?

正方观点:	反方观点:
1. 教学工作就其本质而言就是很容易引起争议的。一个好教师也不可避免会冒犯某个级别的某个人。教师只有在学术自由的氛围中才能更好地完成自己的工作,而终身任职权制度能很好地保护学术自由。	1. 有些教师以争论为伪装,利用他们的职位促进某些有关个人、社会或政治观点的传播,而另一些教师只是很懒惰或是能力不足。这些处于边缘的教师,也就是不好的教师,常常会因为终身任职权的保护而受益匪浅。
2. 终身任职权制度不会保护没有能力胜任工作的教师。现在已经有相应的程序能将那些明显无能的教师清理出教师队伍。导致存在无能教师的责任应当归结于州政府制定的太过宽松的教师资格认证程序,以及那些行政管理人员太不愿意在试用期期间将不合格的教师解聘。	2. 要将一名获得终身任职权的教师开除需要非常复杂的程序,也会引起其他教师极大的愤恨,因此行政管理人员一般不愿意尝试这样做。此外,尽管有了更先进的筛选方法,但还是有很多工作效率低的教师能够继续成为漏网之鱼。唯一的解决办法就是授予学校官员权力,让他们像私营老板开除没有生产力的雇员那样,解聘没有效率的教师。
3. 教师必须学会应付来自各个方面的压力,包括来自家长、社区其他成员、行政管理人员和议员的压力。上述任何一方对教师的抱怨都可能导致该教师的解聘。从这个原因出发,教师都需要而且值得获得终身任职权提供的特殊保护。	3. 来自多方的压力事实上能够增强教师的安全性。积极的家长和社区成员通常会运用他们的影响力去保护优秀的教师。如果一名教师的职位受到威胁,学校各级管理人员都会为他提供上诉的途径。因此,就算没有终身任职权制度,有能力的教师仍然能安全地保有他们的工作。
4. 终身任职权制度最初是用来应对严重的滥用政治和行政权力解雇教师的情况,尤其是在大城市中。导致这种问题出现的相同势力目前依然存在,如果没有了终身任职权的保护,那么类似的滥用职权的情况还会再次出现。	4. 现在教师已经拥有了强大的专业组织,能捍卫他们免受不正当的政治和行政的干扰。有这些组织保护教师的权利,终身任职权制度就已不合时宜了。

三、解聘教师的正当法律程序

教师解聘的公正性

正当法律程序(due process)指运用法律规章和原则来保护被告的权益。这些原则对一名要被解聘的教师而言尤为重要。正当法律程序的核心元素就是公平公正。尽管各州的要求不同,但在教师解聘案件中通常都使用表 9.1 中所列出的规定。

表 9.1 解聘终身任职权教师的正当法律程序

1. 必须及时、详细地向该教师提供对其指控的书面通知。
2. 必须为该教师提供一次听证会,并给予充分的准备时间。
3. 该教师有权让法律顾问作为自己的代表。
4. 该教师可以提交书面和口头的证据,包括提供证人。
5. 该教师可对证人和其他有质疑的证据进行交叉质证。
6. 听证会必须由一个公正的团体负责召开。美国最高法院已经根据对"霍顿维尔学区诉霍顿维尔教育协会"一案的裁决作出下列规定,依照美国宪法,教育委员会应该是公正的团体,除非有证据证明其存在偏见。
7. 该教师有权获得听证会的文字记录稿。
8. 该教师有权向更高一级法律机构,通常是州法院系统,对不利于自己的裁决提出上诉。

【资料来源】参见"霍顿维尔学区诉霍顿维尔教育协会案",《美国判例汇编》第 426 卷第 482 页(1976);理查德 · S. 瓦卡,"教师评价与法院",《教育成绩和信息中心教育法律新闻通讯》(2003 年 12 月),网址:www. cepionline. org/newsletter;本杰明 · 道林-森德,"解聘工作失败时",《美国教育委员会会刊》(2005 年 4 月);理查德 · S. 瓦卡,"公立学校教师",《教育成绩和信息中心教育法律新闻通讯》(2006 年 10 月),网址:www. cepionline. org/newsletter。

为有困难的教师提供帮助

因为教师能力不足而解雇教师,需要提供学校曾努力帮助这名教师取得进步的文件证明。但是要获得所有相关人员的这些文件是非常繁重的任务,因此几乎很少有获得终身任职权的教师是通过正式的法律程序而被解聘的。

解聘教师的其他程序

相反,行政管理人员有时会使用一些非正式的程序来取代正式的法律程序,以便使能力欠佳的教师离开学区。这些非正式程序包括劝说能力欠佳的教师自己离职,或者建议他们提前退休并给予一定的经济补助[1]。

四、谈判和罢工

多数州允许进行谈判

教师有权组建和加入工会及其他专业组织。20 世纪 60 年代以来，这一类的教师组织已经通过游说让州议会允许学校教育委员会与这些教师组织进行谈判以达成一些协议。这种努力在大多数州都取得了成功，但是，有少数几个州依然禁止教师和教育委员会之间进行谈判协商。尽管各地的法律实施情况差距很大，但大多数州都允许学校和教师双方进行集体谈判，或者至少允许双方进行"会面和商谈"。有些州还详细规定，如果双方未能达成协议，必须遵循指定的办事程序（例如，在堪萨斯州，就要进行实情调查；而在马里兰州就要给出强制性仲裁）[2]。

对罢工的处罚

由于教育一直被视为一种重要的公共服务，因此法律通常会禁止教师罢工（有少数几个州根据已经写入州法律条文的具体情况，允许教师停止提供教学服务）。但是，有时教师还是会不顾法律的禁止而举行罢工。在这种情况下，学校官员就可以寻求法院禁令，命令教师返回课堂。违抗法院的命令会导致遭受处罚，例如，佛罗里达州和明尼苏达州就禁止参加罢工的教师在罢工后的一年中获得加薪资格；纽约州的法律允许对罢工教师处以罚薪，教师每参加一天罢工，就要被扣除两天的薪水；而密歇根州允许开除参加罢工的教师。

五、保护教师免受攻击

人身攻击

最近几十年里，对教师和行政管理人员的人身攻击已经成为一些学校的重要问题，尤其是大城市里的中学。对这一类案件，法院通常判定被告有罪，因为他们违反了教育法规或州刑法。一些分析人士对这类案件进行了总结，认为教育工作者可以通过

---

〔1〕 埃德温·M. 布里奇斯:《对不称职教师的管理》(第 2 版)，(俄勒冈州尤金:教育资源信息中心教育管理数据交换中心，1990)。参见安吉拉·帕斯科佩拉，"腐烂的苹果"，《学区管理杂志》(2006 年 5 月)，pp. 66—74；扎克·麦拉，"让糟糕的教师离开"，《学区管理杂志》(2008 年 5 月)，p. 12；詹森·宋，"解聘拥有终身任职权的教师会是一项昂贵而痛苦的任务"，《洛杉矶时报》(2009 年 5 月 3 日)。

〔2〕 汤姆·洛夫莱斯(编辑)，《冲突的使命》(华盛顿特区:布鲁金斯学会，2000)；史蒂文·克莱恩，"千锤百炼"，《美国地方教育委员会杂志》(2008 年 4 月)，pp. 31—35。

主动对攻击和殴打事件提出刑事和民事诉讼来保护自己和同事。另外，很多学区都制定了有关政策，加强了对攻击教师的学生、家长或其他人的惩罚措施，同时也制定了帮助教师对这类事件寻求法律保护的政策[1]。

合同中的保护原则

■ 教师应该运用理智且必要的力量来保护自己免遭攻击、避免学校财产遭受破坏或毁坏，同时还要防止任何其他人遭到伤害；

■ 如果一名学生对正在履行自己职责的教师进行攻击，哪怕是在进行课外活动期间，这名学生都会立刻受到停学的处罚；

■ 如果类似事件发生后，教师所在学校对此置之不理，教师可以拨打热线电话报告这次攻击事件。

六、保护教师免受无理搜查和监视

开放式财产搜查

教师可以根据《第四修正案》规定的隐私权保护自己的财产免遭开放式搜查，例如，搜查教师在教室中上锁的课桌，或是停在学校停车场内的汽车。学校官员、警察或其他人员必须有某种证据为他们的搜查提供理由。

在有些情况下，行政管理人员在教室安装了视频和声音监控装置，可以监视到任何可能对学生造成危险的行为。在法院受理的一个案例中，学校在特殊教育教室里安装了录音装置，教师因此认为自己的权利受到了侵害。联邦法院对此案的裁决是，这样做没有侵害教师的权利，因为教室是一个公共场所，理应经常接受监视。但是后来，一个州的法院发现这个学区的做法违反了该州的窃听法。

概述 9.1 影响教师权利和义务的美国最高法院裁决节选

案件	判决摘要
皮克林诉学区教育委员会案(1968)	只要不破坏学校的日常运作，教师就可以说出自己的观点。
州立大学董事会诉罗斯案(1972)	试用期结束后，教师具有继续被聘用的财产权益。

[1] 凯文·布什维拉，“劳拉·马克斯的回归”，《教师杂志》(2001 年 11 月/12 月)，pp. 72—79；佩里·A. 泽克尔，“对学校人员的攻击”，《校长杂志》(2002 年 9 月/10 月)；莱斯利·A. 马克斯威尔，“费城严厉制裁学生攻击教师的现象”，《教育周刊》，2007 年 3 月 21 日；佩里·A. 泽克尔，“捆绑教师”，《卡潘》(2008 年 11 月)，pp. 227—228；蒂姆·沃克尔，“间谍游戏”，《今日全国教育协会》(2009 年 5 月)，网址：www.nea.org/neatoday。

续 表

案件	判决摘要
克利夫兰市教育委员会诉拉弗勒尔案(1974 年)	教育委员会可以为怀孕的教师制定休假政策,但是这些政策不能包含强制性的休假和返回日期。
霍顿维尔学区诉霍顿维尔教育协会(1976 年)	在正当法律程序的听证会上,教育委员会可以作为主持召开听证会的公正组织。
华盛顿诉戴维斯案(1976 年)	在劳动力队伍中,某一群体的代表名额比例过低,该事实本身并不能证明有违反宪法的雇佣歧视存在,但在这种情况下,雇主必须证明听证会不存在歧视。
纳索县教育委员会诉艾琳案(1987)	因为身体损伤或患有接触性传染病而解聘教师是违反宪法的。
莱纳特诉费里斯教师协会案(1991)	不能要求没有加入工会组织的教师支付会费,用于与集体谈判协议无关的政治目的。

七、言论自由

法院一直倾向于捍卫教师在公共场合和学校表达自己的意愿和观点的自由权利(参见概述 9.1)。但是,要判断这些言论是否受《第一修正案》的保护,法院要考虑这些言论对学校运作、教师绩效、教师与上司的关系、同事的影响,同时还要考虑这些言论发表的时间、地点、方式是否恰当。

皮克林案:保护言论自由

马文·皮克林(Marvin Pickering)的案件是保护言论自由的案例之一。皮克林是一名获得终身任职权的中学教师,他发表了一封写给当地报纸编辑的信,在信中就批准发行债券及债券的使用问题对教育委员会和教育局长提出了批评,这封信导致他教师生涯的中断。在"皮克林诉教育委员会"(Pickering v. Board of Education)一案中,美国最高法院裁定,发表这封信并没有妨碍皮克林"恰当地履行他在课堂中的日常职责,也没有干扰学校的常规运作",因此,皮克林被解聘是不恰当的。在另一个类似的案件中,俄勒冈州波特兰一名教师因为发表意见说给她需要特殊教育的学生提供的机会太少而被学区解聘,法院判决给予该教师 100 万美元的奖励[1]。

〔1〕 皮克林诉教育委员会案,《美国最高法院判例汇编》第 391 卷第 563 页(1968)。另见约翰·卢卡维纳,"皮克林案仍然是《第一修正案》的主导性判决",《消防队长》,2002 年 6 月 1 日,网址:www. firechief. com,搜索"Pickering";莎拉·肯尼迪,"一名教师的心声",2005 年发表在网站:www. handsandvoices. org,搜索"Settlegoode";理查德·S. 瓦卡,"2006 年教师的《第一修正案》言论自由","教育成绩和信息中心",《教育法律新闻通讯》(2006 年 1 月),网址:www. cepionline. org/newsletter;杰罗姆·巴罗、托马斯·蒂安尼斯:《第一修正案简介》(第 4 版)(明尼苏达州依根:西汤姆森出版社,2009)。

教师效能受损

但是另一方面，阿拉斯加的两名教师因为写了一封严厉批评他们的教育局长且包含很多不实控诉的信而遭到解聘。对这封信的回应是直接而持久的。阿拉斯加最高法院裁定，这两名教师的言辞损害了他们的效能，同时他们与同事进行密切合作的能力也因此被削弱[1]。

三步分析法

对比这类案件我们发现，法院对案件的判决不仅仅取决于行为本身，而且还取决于行为所造成的后果。法院使用一种三步分析法来评估教师言论自由的权利：(1) 教师表达的观点是否与某一政治、社会的公共事件有关？或者是否与公众关心的问题有关？(2) 如果是，法院就必须在《第一修正案》授予雇员的言论自由权利，及教师应该创造一个富有成效的、和谐的教育学生的氛围的义务之间进行权衡。如果只考虑义务，那么教师的政治观点如果影响到他们对课程的传授，法院就可能把教师拥有发表自己政治观点的权利抛到一边。(3) 只有证明他所表达的观点，是他被解聘或受到其他惩罚措施的诱因，教师才有权获得司法救济。最高法院大多数时候都会重申 2006 年在处理“加塞迪诉塞巴罗”(Garcetti v. Ceballos)一案时使用的这一推理过程[2]。

非公立学校教师不一定受保护

“皮克林案”和其他类似案件的判决不适用于那些不在由公共资金兴办的学校里任教的教师。私立学校及教会学校教师的公民权利，包括终身任职权、言论自由权、正当法律程序等民权，主要根据他们个人与学校的合同条款而定。

对学生的语言和情感虐待

语言暴力不可原谅

教师虽然有言论自由的权利，但并不意味着可以对学生进行言语或情感的虐待。如果教师有这样的行为，那就可能遭到起诉、停职或解聘。例如，有一个担当篮球和足球教练的教师，被指控在训练学生时会使用诸如“傻瓜”一词来称呼印第安学生，用“从

---

〔1〕 瓦特诉西华德地方教育委员会案，《太平洋判例汇编》第 2 辑第 454 卷第 732 页(阿拉斯加，1969)，提审被驳回，《美国最高法院判例汇编》第 397 卷第 921 页(1970)。另见埃德温 · C. 达登，“何时言论不自由”，《美国地方教育委员会杂志》(2007 年 12 月)，pp. 42—43。

〔2〕 本杰明 · 道林-森德，“自由表达会导致被开除吗”，《美国地方教育委员会杂志》(1990 年 3 月)，pp. 8，46；“加塞迪诉塞巴罗案，第 04 - 473 号”，2006 年发表于网站：www. nsba. org：搜索“Garcetti”；理查德 · S. 瓦卡，“加塞迪诉塞巴罗案”，《教育成绩和信息中心教育法律新闻通讯》(2007 年 10 月)，网址：www. cepionline. org/newsletter；迈克尔 · 辛普森，“权利观察”，《今日全国教育协会》(2009 年 1 月)，网址：www. nea. org/neatoday。

林兔子"来称呼黑人学生。尽管还允许他教科学和体育课，但他因为这种违背职业道德的行为而被禁止继续担当球队教练。其他一些教师被勒令停职或解聘的原因是对学生使用了一些下流的咒骂，这让学生非常苦恼，还有的是因为一直用讽刺挖苦的语言给学生施加压力，让学生难堪。有的家长认为，自己的孩子受到教师的语言暴力或情感虐待，或是教师布置的阅读材料过于粗俗，他们就会对教师个人进行民事或刑事诉讼[1]。

八、学术自由

对教材和其他材料的质疑

学术自由(academic freedom)是指教师具有选择学科内容及相关教学材料的自由，不受来自行政管理人员或外行人员的干扰。近年来，这样的干涉事件很多，很多家长或其他人试图取消公立学校使用的某种教学材料或限制使用这些材料，这些材料包括那些据说是不道德或不健康的作品，如《小红帽》、《哈利波特》系列、《白雪公主》、《哈克贝利·芬历险记》及《鸡皮疙瘩系列丛书》等。从 1990 年以来，至少已经有 9000 起尝试禁止美国学校和图书馆出现某种读物的事件发生。一些法院对这类事件的裁决是，学校可以不允许使用那些粗俗的读物，但不能因为读物的思想和观点的不同而禁止读物的使用。一般情况下，教师应该对他们选择的阅读材料出具一份书面的选择原则，用来解释这些读物如何适合课程的教学需要，同时如果学生或家长对教师选择的读物持反对意见，那么教师还应给学生选择另一些替代材料的权利[2]。

对教师的支持

法院对下列案件中的教师给予了支持。上诉法院在一起案件中支持了一名中学教师的权利，这名教师在布置学生阅读的杂志文章中包含有"一个粗俗的描述一个乱伦的儿子的词"；在另一起案件中，一名教师在教学中使用了一部电影，这部电影讲述的是一个小镇的居民每年要随机杀死一个人；还有一个案件，一所学校的图书馆中包含了涉及巫术和神秘学的书籍；另外的一个案件是一名小学教师使用了一

---

〔1〕 佩里·A.泽克尔、伊万·B.格拉克曼，"对学生的言语暴力"，《校长杂志》(1991 年 5 月)，pp. 51—52；马克·沃尔什，"'奴隶贩运船'案件尘埃落定"，《教育周刊》，1998 年 7 月 8 日；埃德温·C.达登，"伤人的言语"，《美国地方教育委员会杂志》(2008 年 3 月)，pp. 42—43。

〔2〕 教育委员会诉皮可案，《最高法院判例汇编》第 102 卷第 2799 页(1982)；"美国学校、图书馆受到挑战的不仅是'每日一书'"，2006 年发表于网站：www. ala. org/bbooks；彼得·L.詹金斯，"道德与公立学校的言论"，《杨百翰大学法律评论》(2008 年第 2 期)，pp. 593—621。

部文学选集，在进行教学时教师要求学生们假装是女巫，然后练习写作儿童诗歌[1]。

对限制条件的支持

另一方面，法院有时也支持学校官员限制教师的学术自由。例如，一名西弗吉尼亚州的美术教师因为（无意中）分发给学生明显有性内容的漫画书而被停职；一名俄亥俄州的英语教师被禁止给青少年学生分发图书《飞越疯人院》（*One Flew over the Cuckoo's Nest*）和《应许地之子》（*Manchild in the Promised Land*），除非学生家长表示赞同；一名北卡罗来纳州的教师受到纪律处分，因为她的学生在一次州的戏剧比赛中表演了一出含有成人语言的话剧。

法院所考量的问题

一般而言，法院需要考量以下问题：(1) 学生的年龄和年级水平；(2) 受质疑的阅读材料与课程之间的相关度；(3) 阅读材料使用的时间长短；(4) 同行对这种有争议的教学方法的总体接受程度；(5) 教育委员会先前制定的控制选择阅读材料和教学技巧的政策；(6) 这些阅读材料是要求必须阅读的还是可任选的；(7) 对教师采取的惩处措施是否是对教师自由言论的报复[2]。

九、作为榜样或角色模范的教师

道德标准

几十年前，教师的行为受到非常严密的审查，因为社区群众相信教师应当是模范，也就应该向学生展示什么是高尚的道德标准和无懈可击的人品，什么是保守的装束和仪容，什么是优雅的举止。尽管现在人们对教师的这些标准已经有所放松，但在某些地方，教师仍然可能因其不符合道德规定的行为而被解聘，如因酒后驾驶导致事故、同性恋、与异性未婚同居等。有些似乎并不重要的行为也可能成为被解聘的原因，例如与学生打水仗而使学生产生了轻度的皮肤刺激，或是拿学生的男性生殖器和月经期开

---

〔1〕 基弗诉吉娜科斯案，《联邦判例汇编》第2辑第418卷第359页（第一巡回法院，1969）；普拉特诉831号独立学区案，《联邦判例汇编》第2辑第670卷第771页（第八巡回法院，1982年）；布朗诉联合学区案，第42-15772号（第九巡回法院，1994）。另见托德·A.德米切尔、约翰·卡尼，"哈利波特与公立学校"，《卡潘》（2005年10月），pp. 159—165；克里斯蒂娜·A.詹金斯，"书本的挑战、有挑战性的书以及年轻的读者"，《语言艺术》（2008年1月），pp. 228—236。

〔2〕 德维托诉教育委员会案，《东南判例汇编》第2辑第317卷第159页（西弗吉尼亚州，1984年）；另见本杰明·道林-森德，"谁有选择的权利"，《美国地方教育委员会杂志》（2002年3月）；维多利亚·里维罗，"寻找合适的人选"，《美国地方教育委员会杂志》（2006年12月）；迈克尔·英博，"教师观念中对教育法律的普遍误解"，《教师教育行动》（2008年夏季刊），pp. 88—97。

玩笑，而这些话题并不是一名科学教师所教授课程中的一部分[1]。

再度强调角色模范的责任

近年来，人们开始再度重视教师在学校内外充当道德楷模的责任。很多家长已经要求学校在学生中间强化传统价值观的教育，很多学校也引进了品格教育计划。学区的政策通常仍然要求教师担当正面的角色榜样。部分由于这些要求，印第安纳州法院坚持解聘了一名在当地的一所餐馆里当着学生面喝啤酒，然后开车送学生回家的教师。还有一些教师因为在互联网上发表具有性倾向的材料而受到训斥、停职甚至开除。根据"全国教育委员会联合会"辩护律师的观点，教师在校外不正确的行为会降低教师担当正面模范的能力，只要没有侵害教师自由言论的权利，以及与朋友或自己认识的人自由结社的权利，那么对这名教师处以训斥或开除的惩罚就是合理的。有些法院根据这种推理方式，允许学区对教师和其他工作人员随机进行毒品检测。但是，在教师中检测出非法使用毒品或被指控使用毒品的可能性远远低于大多数其他行业的专业人员，因此大多数教师会认为对他们进行随机检测是侵犯了他们的隐私权[2]。

禁止歧视同性恋者

道德标准也很容易屈从于不断变化的社会道德观念。例如，在过去的几年中，一些州和很多的司法管辖区都通过法律禁止歧视男女同性恋者。一些法院已经引用这些法律拒绝对那些男或女同性恋教师（或学生）实施解聘和其他惩处的行为[3]。

教师衣着和仪容的案例

法院曾经对有关教师衣着和仪容与学区的政策或传统产生冲突的案例进行过裁决。加州的一个法院曾作出一项判决，认定在波莫纳（Pomona）"回归基础"学校任教的女性教师，如果更喜欢穿长裤套装的话，可以不要求她们穿裙装。另一个加州法院作出裁决，认定保罗·菲洛特（Paul Finot）这名教师留胡子是受到《第一修正案》保护的象征性表达方式，也是受到《第十四修正案》保护的个人自由。但是另一方面，马克

---

〔1〕埃弗雷特地方学区诉阿尔特案，《大西洋判例汇编》第2辑第548卷第1341页，（宾夕法尼亚州，1988）；鲍德里奇诉董事委员会案，第97-230号（华盛顿，1997）；理查德·S. 瓦卡，"公共信任与课堂教师的角色作用"，《教育成绩和信息中心教育法律新闻通讯》（2005年3月），网址：www. cepionline. org/newsletter；埃德温·C. 达登，"不得体的行为"，《美国地方教育委员会杂志》（2007年10月）；若恩·科尔伯特，"教师求职者的时装、文身和人体穿孔"，《儿童教育》（2008年春季刊）。

〔2〕罗瑞尔·S. 沃尔特斯，"价值观教育同样考验着教师"，《基督教科学箴言报》，1997年11月5日；迈克尔·D. 辛普森，"全世界（互联网）都在观看"，《今日全国教育协会》（2008年4月、6月），网址：www. nea. org/neatoday；佩里·A. 泽克尔，"我的空间"，《卡潘》（2009年1月），pp. 388—389。

〔3〕迈克尔·D. 辛普森，"同性恋学生和教师的巨大法律胜利"，《今日全国教育协会》（2003年1月），网址：www. nea. org/neatoday；凯伦·格拉芙，"从事公共事务"，《教育研究》（2007年2月），pp. 7—32；苏珊娜·E. 埃克斯、玛莎·M. 麦卡锡，"双性恋和跨性别恋教师"，《美国教育研究杂志》（2008年第3期），pp. 530—554。

斯·米勒因为留了长长的络腮胡，所以学区没有继续跟他签订聘用合同，巡回法院也坚持开除了他。法官对该案件作出了这样的陈述："作为拥有公众特殊信任的公务员，教师在他们的职业生涯中应当受到很多适当的限制，如果只是按普通职业那样要求教师，教师的职业生涯就可能毫无效用。"在任何情况下，不管是否有法律的要求，适当的穿着和仪容对教师这个职业而言都是非常重要的[1]。

教学资源视频案例

教学的法律和伦理维度：今日教育工作者的反思

观看学生学习网站上的视频"教学的法律和伦理维度：今日教育工作者的反思"，思考作为一名教师，你可能在哪方面与法律产生联系。该视频的内容主要涉及教师每天都要面对的道德两难问题、对虐待儿童问题的关注，以及法律对行动方案的影响等。观看视频后，请思考以下问题：

(1) 讨论你对学术自由问题的看法。你认为教师应该能向学生分发其他人(如家长)可能认为有争议的那些学习材料吗？解释你的回答。

(2) 该视频向观众介绍了教师日常会面对的各种法律和道德问题。选择视频中特定的一段或一个故事，然后解释如果你就是视频上的那位课堂教师，你该如何应对这种状况。运用本章的内容，告诉大家你为应付这些问题会采取哪些措施。

十、侵权行为的赔偿责任与过失犯罪

学生伤害

侵权行为(torts)属于民事不法行为。根据侵权行为法律的规定，个体如果由于别人不正当的行为而遭到伤害，可以对造成伤害的人起诉。例如，如果学生在教室内、操场上或学校任何其他地方遭受伤害，而且这种伤害是由于教育工作者没有采取恰当的保护措施造成的，那么这些教育工作者就可能被判定为过失犯罪。当然，不可能每次儿童遭到意外伤害都会提出起诉申请，但如果伤害是由于教师的疏忽或故意行为导致的，受害者就可以寻求法律救助。

豁免权的丧失

上一代人以前，几乎每个学区都能免除对侵权行为的赔偿责任。这种豁免权源于英国的习惯法，国王作为国家最高统治者，不能受到起诉。但是从 1960 年开始，大多数州取消或修改了政府具有豁免权的这种观点。在那些允许对政府机构提起诉讼的

[1] 米勒诉伊利诺伊州库克县第 167 号学区案，《联邦判例汇编》第 2 辑第 495 卷第 65 页(第七巡回法院，1974)；费诺特诉帕萨迪纳市教育委员会案，《加州判例汇编》第 58 卷第 520 页(1976)；贝司·凯勒，"镇静，别着急"，《教师杂志》(1997 年 4 月)；琼·米利安，"教师需要着装规范吗"，《教育文摘》(2004 年 1 月)，pp. 59—61；"密苏里州学区禁止教师有看得见的文身"，《教育周刊》，2008 年 10 月 22 日，p. 5。

州里，被起诉的这一方很可能包括学区，也可能是指定的某位行政管理人员、教师或其他工作人员。例如，如果学校官员对教师的监管很少甚至根本没有，或是忽视来自家长和学生的长期抱怨，那么这样的学区就会被认为应该对他们职员的过失或恶意行为负责，这些行为包括性侵害、忽视学生中戏弄或欺负他人的行为，或是未及时报告学生的自杀意图等，这种职责甚至还扩展至那些到学校来做义工的志愿者的恶意行为或过失上[1]。

教师必须试图预知潜在的危险状况，防止学生受到伤害。

适当关爱的标准

法律要求教师保护学生不受伤害或危害。在几乎所有各州，教师关爱学生的传统标准是任何一个有理智、谨慎的人在相似情况下都应该做的事情。在一个案件中，一名幼儿园教师被控过失犯罪，因为当一个孩子从体育场上的一个器械上掉下来时，该教师正在照料别的孩子。最后法院的判决是：不可能要求该教师在同一时间将所有孩子都放在眼里，在事故发生时她正在附近的地点，这足以证明该教师正在履行她的职责。纽约州最高法院也对类似的一个案件作出了类似的裁决，推翻了陪审团对一名中学生运动员受伤的裁决，理由是学校官员在开展学校的橄榄球运动项目时

〔1〕 瑞贝卡·琼斯，“学校与法”，《美国地方教育委员会杂志》(2000年4月)；理查德·S. 瓦卡，“侵权行为的赔偿责任与学校职员”，《教育成绩和信息中心教育法律新闻通讯》(2000年1月)，网址：www. cepionline. org/newsletter。

已经行使了“合理的关照”。但是在另一些案件中，学区或教职员工却被认为要对学生的受伤负部分或全部的责任，因为这些受伤事件是任何一个理智的人都应当能预见的[1]。

危险能否预见

判处教师是否应该对学生的伤害事件负责，一个重要原则是这个伤害事件是否可以预见，因而也是可以阻止发生的。一名超重的学生向她的体育教师说，她很担心老师要求班上学生都做的后空翻这个动作，但是该教师却坚持让她做这个动作，结果该学生的脖子在她试着做这个动作时突然断了。法院认为，该教师对该学生的安全表现出完全的漠视，因此陪审团判处该教师赔偿学生 7.7 万美元。另一起类似的案件是，一名中学生在一堂化学入门课上，因为试图完成教师布置的制作火药的任务而炸断了一只手，法院判定这种伤害是可以预见的，而教师却太过粗心大意[2]。

家长同意书

在学生参加一些诸如校外参观学习或体育竞赛时，学区会要求家长签署家长同意书。签署这份同意书主要有两个目的：首先是告知父母他们孩子的去向；其次是万一发生伤害事故，可以减轻学校人员的赔偿责任。但是，如果伤害真的发生，父母肯定不会放弃就孩子的伤害进行起诉的权利，因此这些同意书实际上只起到了第一个目的的作用。另外，就算家长放弃追究责任，也不能让教师逃脱他们应当承担的保护学生安全和福利的法律责任。

法律要求报告教师的失职

近年来，因责任和过失引起的诉讼案件大量出现，这被观察家们称之为“案件大爆炸”。另外，近来司法裁决越来越多地强调“严格的赔偿责任”，而不是把已经采取了合理的预防措施作为对教师过失的辩护。在这种情况下，教师不能不非常小心，因为学校中有太多可能发生过失的环境和情况。体育课教师、辅导员、课外活动赞助商，甚至学校商店和实验室里的老师都必须特别小心。谨慎的防护措施还包括一系列明确的书面章程、对学生的口头警告、设备的定期检查、对有危险的活动要严格遵守州法律和

---

〔1〕 克拉克诉福尔奇案，《西南判例汇编》第 2 辑第 567 卷第 457 页（密苏里州上诉法院，1978）；本杰明·道林-森德，“周五夜晚的悲剧”，《美国地方教育委员会杂志》（2004 年 9 月）；佩里·A. 泽克尔，“法律说了什么”，《特殊儿童教学》（2008 年 9 月/10 月），pp. 73—75。

〔2〕 兰德斯诉第 203 号奥福尔伦学区案，《东北判例汇编》第 2 辑第 383 卷第 645 页（伊利诺伊州上诉法院，1978）。另见乔治·R. 舍菲尔、科林·马克格隆，“过失与主权豁免权”，《体育、娱乐与舞蹈杂志》（2006 年 8 月），pp. 10—11；埃德温·C. 达登，“一段滑溜的斜坡”，《美国地方教育委员会杂志》（2007 年 4 月）；贾斯汀·贝松，“非法监禁”，《在校门口》，2008 年 2 月 9 日。

学区政策、深思熟虑的计划安排以及勤勉的监督[1]。

十一、报告虐待儿童的事件

法律要求报告虐待儿童事件

由于学龄儿童受到虐待的比例相当高,学校在保护儿童方面扮演着一个非常重要的角色。在大多数州里,法律要求教育工作者要向教育当局或指定的社会服务机构报告疑似虐待儿童的事件。因此,越来越多的学区出台了书面政策,告诉教师如果怀疑有虐待儿童的事情发生时该如何处理。表 9.2 列举了一些警告性的信号,可能预示着儿童正在遭到虐待。

表 9.2 身体虐待与忽视、性侵害及情感虐待的身体和行为指标节选

身体方面的指标	行为方面的指标
身体虐待——儿童因为遭受击打、烧伤、勒脖子或被人咬等而出现的非意外造成的伤害。	
■ 不能解释原因的擦伤、淤肿; ■ 鞭痕、咬痕、某块头发脱落; ■ 不能解释原因的烧伤、骨折、损伤; ■ 有证据表明没有对受伤部位进行恰当处理。	■ 表现出自杀欲望; ■ 极端的沉默寡言或极端的攻击性; ■ 常常抱怨说自己很痛苦或不舒服; ■ 对受伤原因进行奇怪的解释。
身体忽视——未能给儿童提供基本的需要	
■ 无人过问孩子的医疗保健、孩子身上有虱子、卫生状况很差; ■ 一直缺乏必要的监管; ■ 一直处于饥饿、营养不良的状态; ■ 一直衣着不合适。	■ 经常出现疲劳,显得无精打采; ■ 从同学那里偷食物、包等物品; ■ 经常缺课或迟到; ■ 报告说家里没有人看管。
性侵害——性虐待,包括强奸、乱伦、性接触、让孩子看色情的东西等。	
■ 内衣裤被撕裂,或有污渍或血迹; ■ 阴部疼痛、肿大或瘙痒; ■ 性病知识; ■ 经常出现尿路感染或宫颈感染。	■ 退缩、有慢性抑郁症; ■ 歇斯底里、缺乏情绪控制能力; ■ 不当的性游戏、过早的性生活; ■ 过度展示性诱惑力。

〔1〕 乔纳森·斯科尔,"被出卖的信任",《教师杂志》(1996 年 2 月),pp. 37—41;罗伯特·J. 休博,"关爱标准的识别",《校长领导力》(2002 年 3 月);马克·S. 卡波修斯,"合理的建议",《美国地方教育委员会杂志》(2006 年 3 月);南希·特瑞本西,"自愿的捐赠",《高等教育纪事》(2008 年 4 月)。

续 表

身体方面的指标	行为方面的指标
情感虐待——这是一种攻击儿童情感发展的行为模式，如辱骂、贬低、恐吓、孤立孩子等。	
■ 言语障碍； ■ 身体发育迟缓； ■ 滥用药物； ■ 有溃疡、哮喘和严重的过敏症。	■ 习惯性障碍(吸手指、不停地摇晃、咬人)； ■ 情绪紊乱； ■ 神经质特质(睡眠障碍、运动抑制症)； ■ 反社会、破坏性、犯罪。

注："妈妈联合会"(参见下面的"资料来源")很强调以下这条建议："被虐待儿童的症状或迹象在每个孩子身上的表现都各不相同……有的有上述一种或几种症状，有的可能完全没有任何症状或迹象，但在一名正在被虐待的孩子身上一定有某种明显的迹象能让我们发现。就算没有找到任何迹象……也不意味着这个孩子没有被虐待，如果你怀疑存在虐待孩子的问题，不要只是尝试着自己诊断或判定问题的严重程度，请立即与专业人士联系。"

【资料来源】选自"妈妈联合会"出版的《保护我们的孩子》一书中的指导方针，已获得重印的许可，网址：www. soc-um. com。还可参考网站 www. childabuse. com 上的其他材料；菲利希亚·罗密欧，"教育工作者在汇报儿童受情感虐待中的作用"，《教学心理学刊》。(2000 年 9 月)；特蕾西·W. 史密斯、格伦·W. 兰比，"当青少年疑似受到虐待和忽视时教师肩负的职责"，《中间学校杂志》(2005 年 1 月)，pp. 33—40；理查德·S. 瓦卡，"父母的权利与儿童虐待事件"，《教育成绩和信息中心教育法律新闻通讯》(2008 年 10 月)，网址：www. cepionline. org/newsletter。

十二、版权法

合理使用版权的方针

版权给予作者和艺术家拥有复制和分销自己创作的作品的控制权，因此，要复制引用该作品，通常必须获得版权拥有者的许可。从 20 世纪 70 年代开始，复印机的广泛使用滋生了大量严重的违反版权法的事件。为解决这个问题，1976 年美国国会对最初于 1909 年制定的版权法进行修订，涉及对版权材料的复印和教育用途问题。另外，一个由图书馆管理员、出版商、作者和教育工作者组成的委员会制定了一套"合理使用版权"的方针。**合理使用版权**(fair use)是指在某些特定的有限条件下，人们可以在没有获得作者许可的情况下，使用受版权保护的作品的一种法定原则。表 9.3 总结了要将版权作品合理地用于课堂教学或其他教育目的时需要注意的限制条件[1]。

〔1〕 琳达·斯达特，"版权和错误的复制"，2000 年发布在"教育世界网站"上的论文，网址：www. educationworld. com/a_curr/curr280a. shtml；克洛伊·奥尔斑休斯，"判断：版权拥有者必须考虑的'合理使用'"，《个人电脑杂志》，2008 年 9 月 21 日，网址：www. pcmag. com；美国版权立法与实践，网址：www. loc. gov/copyright。

戏剧和音乐剧

作者通常都会为自己的戏剧和音乐剧作品申请版权保护，学校必须获得作者或作者代理人的允许才能排演这些戏剧或音乐剧作品。为了获得使用许可，学校常常需要支付版权使用费，版权使用费的数量要根据学校表演是否收费来定。

表 9.3 复制资料用于教育目的的指导方针

- 复制使用散文的限制是节选不超过 1000 个词。
- 复制使用文选或百科全书的限制是不超过一个故事或一个条目，或不超过 2500 个词。
- 如果一首诗不超过 250 个词，可以复制使用；如果是长诗，只能使用不超过 250 个词的节选。
- 一个学期内复制分发同一作者的作品超过一次、或者在一个学期内复制使用同一作品或文选超过三次，都是不允许的。
- 教师可以为学生每人复印一份使用。如果要收费，费用不能超过复印的实际支出。
- 如果使用影印本来制作一部文选或合集，而不是去购买同样或相似的作品，这是违法的。
- 消耗性的材料，如学生的练习簿，不能复印。
- 根据合理使用版权的原则，印刷物的复印单本应该用于个人学习、备课、科研、作品批判、作品评论以及新闻报道。
- 大多数杂志和报纸文章都能自由复制。但是，专门为学生设计的供课堂使用的周报和杂志，未经许可不可复制。
- 教师个人必须独自决定需要复印哪些材料，但他们不能在上级权威的指示下进行复制材料。
- 有三类材料是可以随意复印使用的，它们是 1978 年前出版的没有版权的作品；版权已超过 75 年的出版物；美国政府出版物。
- 使用与互联网和其他数字媒体相关、受版权保护作品的新限制也在不断出台。
- 如果你不能确定你是否属于合理使用某种材料，你最好直接链接该材料，而不要进行全文下载，这样更安全些。

电视录像

录像带和 DVD 光碟也在合理使用版权法指导方针涵盖的范围内。这些指导方针详细指出了教育机构在没有许可的情况下，不应该将自己录制的受版权保护的电视节目保存超过 45 天。在第一个十天内，单个教师可以使用录制的节目一次，十天后如果需要进行教学强化的话，可以再使用一次。45 天后，录像带或 DVD 光碟都必须被清除。另外，只有在提前接到某个教职员工的要求后，学校才能对电视进行录像，这样就不会经常发生在没有教职员工的要求之前就进行电视录像这样的情况。

软件

电脑软件和其他受版权保护的物质一样也适用于合理使用版权的限制条件。例如，教师不能复制一个受保护的电脑程序，并散布该程序，在学校的很多计算机上都使用该程序。从其他的资料来源下载电脑文件时有可能需要获得许可或缴纳一定的费用。例如，洛杉矶一所学校被发现拥有上千个盗版软件，此后学区官员同意支付 30 万美金用于整顿这种违法行为，同时还制定了一个数百万美元的计划，用于为其他学校类似的违法行为买单[1]。

互联网

与互联网有关的版权问题已经成为教师、学生和行政管理人员都十分关注的一个问题。版权持有者已经采取行动，在互联网或其他平台上禁止未获授权而使用作品的文本和图像，更正或限制张贴不完整的作品或错误的材料，或以其他方式减少或消除可能非法发表他们作品的情况。贸易团体和商业团体在娱乐业和软件业的带领下与联邦议员们共同制定了 1997 年的《反电子盗窃法》(No Electronic Theft Act)、1998 年的《千禧年数字版权法》(the Digital Millennium Act)、2002 年的《技术、教育和版权协调法案》(the Technology, Education and Copyright Harmonization Act)，以及 2008 年的《知识产权执行法》(the Enforcement of Intellectual Property Rights Act)，这些法律加重了对非法持有或散布电子拷贝的惩罚力度。这些法律中包含了一些条款，允许版权拥有者阻止其他人在未获得许可的情况下下载他们的作品，或允许他们对需要下载的人收取一定的费用。当然，法律也保护教师在网络上发表的材料的版权[2]。

焦点问题回顾：作为教师，上述材料建议你对哪些领域保持警惕？你需要进一步学习哪些主题，以确保你不会触犯法律，同时又能保护你作为教师的权利？

第三节 学生的权利和义务

学校作为学生"代替父母"的地位下降

20 世纪 60 年代，学生开始越来越多地挑战学校官员拥有的控制学生行为的权威。在此之前，学生的权利因其未成年而受到限制，而且由于人们认为学校教师和管理人员是学生的**代替父母**(*in loco parentis*)，所以学校当局承担了家长的权力，在学生在校期间对学生进行监管。但现在这种观念已经慢慢淡薄，法院已经更加主动地认定和支持学生应当享有宪法规定的权利。现在对学生应承担的义务的认识也比以往

〔1〕 有关数字材料版权的复杂问题，请浏览 www. wustl. edu/policies/computing. html。

〔2〕 琳达・豪依-斯提格、布莱恩・C. 多诺霍，"技术再次改变着教学中的合理使用原则"，《教育政策分析档案》，2002 年 1 月 12 日，网址：http://epaa. asu. edu；斯塔・劳伦斯，"违法的拷贝"，《教育乌托邦》(2008 年 4 月)，网址：www. edutopia. org；"版权法律责任和合理使用的初级读本"，2008 年由公民媒体法律项目发表，网址：www. citmedialaw. org。

增强了，也就是说，学生在享有受教育的权利的同时，也要承担与教育工作者共同确保学校高效运转的义务，这已经被人们所理解。

非公立学校学生未必受到保护

以下各节的内容和概述 9.2 对有关学生权利和义务的几个最重要的法院判决进行了概括。这些判决主要都适用于公立学校。和教师一样，非公立学校的学生也不能享有本章讨论的所有宪法规定的保障。除非这所学校和政府部门的关系非常紧密，否则州政府不会考虑私立学校的任何活动，因此也不会让州政府对私立学校承担宪法规定的义务。但是，由于教育券计划的推动（参见“公共教育财政”一章和“美国学校效能与学校改革”一章中有关择校的内容），到非公立学校上学的学生可以获得公共资金的帮助，这让公立学校和私立学校的差别变得模糊了。

一、言论自由

廷克尔案：自由言论的保证

1965 年，15 岁的约翰·廷克尔、他 13 岁的妹妹玛丽·贝斯以及他的朋友 16 岁的丹尼斯·艾克哈特参加了一个小组，这个小组计划让组员带黑色臂章到学校上学，以此作为对越南战争无声的、象征性的反抗。在听说这个计划后，行政管理人员害怕出现问题，于是出台政策禁止佩戴黑色臂章，只有摘掉臂章，才不会遭到勒令停学的处罚。廷克尔兄妹和艾克哈特仍然照计划佩戴了臂章，并且拒绝摘除臂章，结果受到勒令停学的处罚。他们的父母因此提出起诉，美国最高法院作出了有利于起诉人的裁决，至此勾勒出学生享有的权利的范围。因此，这起“廷克尔诉德梅因独立社区学区”案（Tinker v. Des Moines Independent Community School District），成了检查学生言论自由是否得到保证的标准[1]。

概述 9.2　影响学生权利和义务的美国最高法院裁决节选

案件	判决摘要
廷克尔诉德梅因独立社区学区案(1969)	学生有自由表达自己观点的自由，但这些言行不能扰乱班级的正常工作，不能造成骚乱，也不能侵犯他人的权利。

〔1〕 廷克尔诉德梅因独立社区学区案，《美国判例汇编》第 393 卷第 503 页(1969)；另见本杰明·道林-森德，“言语引起的怒火”，《美国地方教育委员会杂志》(2003 年 3 月)；本杰明·道林-森德，“法律的边界”，《美国地方教育委员会杂志》(2005 年 3 月)；詹妮弗·W. 格林班德，“莫斯诉弗雷德里克案”，《克雷顿大学法律评论》(2008 年 4 月)，pp. 481—514；史蒂文·M. 布朗、霍华德·J. 巴尔亭科，“廷克尔案件 40 周年”，《卡潘》(2009 年 7 月)，pp. 737—739。

续　表

案件	判决摘要
格斯诉洛佩茨案(1975)	学校勒令学生停学必须经过正当的法律程序。
英格拉罕诉莱特案(1977)	体罚不是残酷或不同寻常的惩罚，在得到州法律许可的地方，体罚是被允许的。
新泽西州诉 T. L. O. 案(1985)	要符合宪法，在对学生和学生财产进行搜查时必须符合两维判断标准。
贝瑟尔 403 号学区诉弗雷泽案(1986)	学校不允许有人发表攻击性或破坏性言论。
黑泽尔伍德学区诉库尔迈案(1988)	学校报纸不是一个公共论坛，应受到学校官员的监管。
霍尼希诉多依案(1988)	必须将具有破坏性的残障学生安置在原来的班级中，直至官方的听证会结束。
戈博瑟诉拉戈维斯塔独立学区案(1998)	如果有教师对学生进行性骚扰，学区并没有任何法律过失，除非学校“故意漠视”而不予以制止。

贝瑟尔诉弗雷泽案：自由言论的限制

为了证明学校禁止发表某些特殊言论是合理的，最高法院规定，学校官员必须能够证明他们的这些举措是由“某种其他原因造成的，而不是仅仅因为希望避免由某种不受欢迎的观点引起的不舒服和不愉快而造成的”。而学生的行为如果实质上扰乱了班级的工作，或造成很大的骚乱，或侵犯了其他人的权利，那么这些行为也必须遭到禁止。只要不存在这些受限制的理由，那么学生就可获得宪法保障的言论自由的权利。但是正如前文曾讲述的那样，在公立学校中的言论自由是有限制条件的。在“贝瑟尔 403 号学区诉弗雷泽”(Bethel School District No. 403 v. Fraser)一案中，美国最高法院确认，如果学生发表具有攻击性或破坏性的言论，学校可以对学生实施惩罚。2007 年，美国最高法院又新增规定，学校的行政管理人员可以禁止学生表达任何支持和推动非法吸毒的观点[1]。

从职前到实践

为学生报纸提供指导

莎拉·罗德里格斯不敢相信，她竟然被分配去给学生负责的报纸做指导教师。毕竟，她才刚刚开始教师工作。在大学和高中时，她都曾为学校的报刊写过稿，但她从未负责过编发报纸的工作。现在，莎拉发现自己不得不对那些 18 岁的学生进行监督和指导，他们只比自己小三岁。

[1] 贝瑟尔 403 号学区诉弗雷泽案，《最高法院判例汇编》第 106 卷第 3159 页(1986)。另见小大卫·L. 哈德森、小约翰·E. 弗格森，“不一致的最高法院处理方式”，《约翰·马歇尔法律评论》(2002)，pp. 181—210；佩里·A. 泽克尔，“被窃信件案”，《卡潘》(2003 年 4 月)，pp. 628—630；本杰明·道林-森德，“讨厌的人与胡言乱语”，《美国地方教育委员会杂志》(2004 年 3 月)；乔希·邓恩、玛莎·德斯克，“令人疑惑的法学原理”，《教育未来》(2008 年冬季刊)，网址：www. hoover. org。

续 表

从职前到实践
莎拉今年 21 岁,刚刚毕业,她的主修专业是英语,副修专业是新闻学,因此她应当教英语 II 和英语 III,帮学生办报纸则应该属于课外活动。 鲍勃·卡特莱特是一名学生编辑,一名高年级学生,他经常坦率地说出自己的信仰和观点。该学年开始一个月后,所有学生出席了一次要求学生必须参加的集会,该集会是有关一项反毒品的活动。第二天,鲍勃找到沙拉,说他准备写一篇社论,要重点强调学生的权利,他说他实在很讨厌被逼参加这样的集会,尤其是当他有更重要的事情要做的时候。 第二天,莎拉发现鲍勃写的这篇社论放在了她的办公桌上。 **学生权利被忽视!** 没有毒品的学校!我们要说不! 毫无意义的口号标语再次呈现在观众面前,可是这些观众对毒品知识的了解远胜过那些向我们介绍毒品危害的人!每年我们都不得不接受这样毫无意义的教育,这是对时间和精力多么可怕的浪费啊!如果这些人确实是知识渊博的,他们就应该知道,有些毒品在我们这个校园内就有种植。 因此本报编辑要对更多的关于要创建无毒品学校的集会说不!学校应该鼓励学生走出校园,让那些所谓的教育机会作为学生自己的需要出现在学生面前。让我们站起来坚持我们应该拥有的言论自由的权利,用我们自己的声音来决定哪些是我们必须参加的集会。请给本报写信,给校长和教育局长写信,让他们知道你对这类集会的看法,并且要求学校让学生参与制定将来所有集会的计划。 莎拉决定对此尽快作出回应,但她也不想无中生有制造问题。她想如果这篇社论见报的话可能会惹出麻烦,所以她最好找校长寻求帮助。她的英语课上得很好,但是她想,如果作为学生报纸的指导教师出问题,而且如果在处理这样的情况或类似情况中出问题的话,就可能会影响她获得终身任职权的机会或连续签约的机会。 思考问题 1. 作为学生报纸的指导教师,什么是莎拉应有的职责和权力? 2. 在接受这个职位前,莎拉应当作出什么决定? 3. 学生编辑的行为应该影响对她的评价吗? 4. 学生报纸编辑的权利和职责是什么?

黑泽尔伍德学区诉库尔迈案:规范学生出版物

学生出版物也可能引发问题。例如,在一起案件中,密苏里州圣路易斯县的东黑泽尔伍德中学规定,校长要审查该校学生记者创办的《七彩光谱》报纸的每次发行。有一次,校长反对两篇计划在同一期报纸中发表的文章见报。校长声称删除这两篇文章不是因为文章的主题，而是因为他认为这两篇文章写得不够好，而且在出版截止时间之前没时间进行重写。

三名学生记者对此提出起诉，认为他们的言论自由遭到侵犯。黑泽尔伍德学区诉库尔迈(Hazelwood School District v. Kuhlmeier)这个案件最后被送交到美国最高法院，法院最终支持了校长的做法。法官们发现《七彩光谱》这个报纸并不是一个公共论坛，相反，这是为了让学生记者获得一种有监管的学习体验。只要教育工作者的行为是出于“合理教学角度的考虑”，他们就能够以任何合理的方式对报纸内容进行管理。该判决进一步规定，一所学校不仅可以让自己远离直接干扰学校活动的言论，而且也能远离那些“文法不通、写作质量低下、未经充分研究、带有偏见、有失偏颇、粗俗污秽或不适合未成年听众的言语”。这个裁决非常清晰地对此前人们所理解的学生权利进行了约束[1]。

合法的规章制度

这些与学生创作的或散布的出版物有关的争论，已经促使很多学校教育委员会制定书面的规章制度，以便经受司法审查。一般情况下，这些规章制度详细规定了学生可以散布出版物的时间、地点和方式；确定了向学生公告这些规章制度的方法；规定了及时审查处理以及快捷上诉的程序。学生不可以散布那些法律上已经被定义为淫秽或诽谤他人的文学作品，或是那些在“廷克尔一案”中所明确指出的、可能导致实质性破坏的文学作品。在判断那些不具破坏性的材料是否能在学校的报刊和年鉴中出版方面，学校教育委员会也享有很大的灵活性。本章的案例研究就涉及了一名教师对她作为学校报纸指导教师的职责的担忧。

学生对互联网和电子设备的使用

互联网可接受的使用规则

互联网和电子设备的发展催生了新的法律问题，教育工作者们还将在未来很长一段时间内和这些问题作斗争。和商业组织和其他组织一样，大多数学校已经制定了“可接受的使用规则”，用来管理学生对电子产品的使用，以及学生的在线行为。这个使用规则还为学生提供了法律和宪法保护，以保护学生的自由言论以及其他权利不会因为使用电子产品和在线行为而遭到侵犯。目前互联网相关的法律进展主要包括以

---

〔1〕 黑泽尔伍德学区诉库尔迈案，《最高法院判例汇编》第 86 卷第 836 页(1998 年)。另见“向自由女巫询问你的自由言论权”，1997 年发表于“美国公民自由联盟”网站上的论文，网址：www. aclu. org：搜索“Sybil”；理查德 · S. 瓦卡，“学生言论与表达：2004 年”，《教育成绩和信息中心教育法律新闻通讯》(2004 年 2 月)，网址：www. cepionline. org/newsletter；佩里 · A. 泽克尔，“吸食大麻”，《卡潘》(2007 年 10 月)，pp. 158—159；佩里 · A. 泽克尔，“廷克尔回来了”，《卡潘》(2008 年 12 月)，pp. 308—309。

下几点:[1]

■ 学校已经安装软件,禁止学生接入已被电脑工程师归类为色情、淫秽或其他任何不适合儿童和青少年的网站。在有些案例中,学生黑客侵入了学校电脑,并接入被屏蔽的网站;另一个案件是学校官员因为上述原因以及其他违反规定的行为而对一群初中生提出指控,但最终这些指控被撤销,只是要求这些初中生到社区服务,并对学校道歉,以此作为撤销指控的交换条件。

■ 另一个案件是一名代课教师被判有罪,因为她允许学生浏览了色情网站,尽管她自己的辩解是学生的电脑受恶意软件感染,导致弹出式广告框不断出现,她无法阻止。

■ 一些学生因发送 email 或在网页上张贴有关内容而遭受惩罚,因为学校官员认为这些是恐吓性的、诽谤他人的、排外的、淫秽的或可能引起混乱或破坏的内容。即使学生使用的电脑并非学校的财产,但受到这些惩罚依然是合法的。但是,符合上文描述的电子资料具有与其他印刷文件一样的相同法律地位,因此也需要在保护个人合法权利和禁止伤害其他个体和团体的合法权利间寻找一种微妙的平衡。例如,俄亥俄州一个学区就不得不向一名中学生支付了三万美元,因为在这起案件中,这名中学生对学校因为他发帖嘲笑他的乐队老师而勒令他退学一事提出质疑,最终学校败诉。

■ 在一起案件中,学校官员因学生散布贬低教师的手机视频而惩罚了这些学生,法院支持了学校官员。有一些法院已经允许学校的行政管理人员禁止学生在教室中使用手机。

■ 包括学校图书馆在内的所有图书馆,都曾因使用过滤软件屏蔽色情网站而被控诉。图书馆也曾经因为没有使用这类软件而被起诉。现在所有接受了联邦资金的图书馆都被要求使用这类过滤软件。

着装规范和条例

混乱的裁决

很多法院不得不判断学校制定的着装规范和条例是否是对学生自由表达权的不符合宪法的限制。在有些情况下,如路易斯安那州的一个案件,学校要求橄榄球队的

---

[1] “库兹镇 13 名学生黑客悄然获得了一份到社区服务的交易”,《电子学校新闻报》,2005 年 8 月 30 日,网址:www.eschoolnews.com;托马斯·E. 维拉,“网络空间的抨击”,《美国地方教育委员会杂志》(2005 年 1 月);埃德温·C. 达登,“对技术的法律伏击”,《美国地方教育委员会杂志》(2008 年 10 月),pp. 50—51;理查德·S. 瓦卡,“学生表达与电子交流”,《教育成绩和信息中心教育法律新闻通讯》(2007 年 4 月),网址:www.cepionline.org/newsletter;史蒂文·贝斯,“40 年来女性不得不面对受色情感染的个人电脑”,《电脑世界》,2007 年 1 月 24 日,网址:www.pcworld.com;迈克尔·D. 辛普森,“不再有教室狗仔队”,《今日全国教育协会》(2008 年 10 月),p. 52,网址:www.nea.org/neatoday。有关学校“可接受的使用规则”的信息和解释,可以在互联网上通过输入这个术语关键词“acceptable use policies”轻松找到。

队员必须剃掉他们的胡子，法官最后的裁决是，宪法允许学校教育委员会强制实施衣着和仪容的规范，以达到他们的教育目的。美国联邦地区法院在另一起案件中作出了类似的判决，在这个案件中，学校禁止男生戴耳环，这是学校有关禁止学生展示任何黑帮标志的政策之一。

但是在其他的一些案件中，法官裁决学校禁止学生留长发的做法是专制而不合理的，另外学校也不能禁止女生穿裤套装或宽松长裤。这类案件判决的主要依据是，是否有论据和证据能够证明这类限制性规定是为教育目的服务的，违反这些限制就有引发混乱的可能性，以及确定着装规范和限制的范围，目的是为了实现一个正当的符合宪法规定的目标〔1〕。

理性依据

一般而言，学校官员会禁止某些可能会导致学校问题的产生的语言和符号，但他们必须展示提出这些禁令的“理性依据”。运用这种推断准则，几个法院还判定，如果学校官员能提供证据表明穿校服能帮助学校变得更安全和更富有成效，那么公立学校就能要求学生穿校服。在几起案件中，学校制定的着装规范，因为符合这个标准而获得支持。但在另一些案件中，由于学校的着装规范被判定为专制或反复无常的，学生对此提出的质疑和挑战获得了胜利〔2〕。

二、勒令停学和开除

下面这个案子是有关停学和开除学生的问题。在俄亥俄州哥伦布市的几所中学中，有九名学生因犯有各自不同的违反校纪校规的行为，而被处以停学十天的处罚。这次停学的处罚是依照州法律强制执行的，没有召开听证会，学校教育委员会也没有对停学处罚出具书面手续。因此学生们提出起诉，声称学校的做法剥夺了宪法赋予他们的权利。学校官员在为自己辩护时指出，美国宪法并没有对公民享有公共教育的权利作出任何规定，《第十四修正案》中的正当法律程序条款并不适用本案。

最基本的正当法律程序

1975 年，当“格斯诉洛佩茨案”(Goss v. Lopez)这起案件被提交至最高法院时，法

〔1〕 本杰明·道林-森德，“败坏的问题，而不是穿着的问题”，《美国地方教育委员会杂志》(1998 年 8 月)；温德尔·安德森，“学校的着装规范与校服政策”，《政策报告》(2002 年秋季刊)，网址：www. eric. uoregon. edu；玛莎·布特拉，“校服”，《教育文摘》(2008 年 2 月)。

〔2〕 佩里·A. 泽克尔，“校服政策”，《卡潘》(1998 年 3 月)，pp. 550—551；本杰明·道林-森德，“不该穿什么衣服”，《美国地方教育委员会杂志》，(2005 年 8 月)；马克·沃尔什，“美国上诉法院支持有关校服的规定”，《教育周刊》，2008 年 5 月 21 日，p. 8；“各州着装规范与校服政策”，发表于“教育政策与管理数据交换中心”的网站上，日期不详，网址：http://eric. uoregon. edu。

院的大多数人都认为学生有接受公共教育的合法权利,不赞成学校官员的做法。换言之,根据正当法律程序条款的要求,在没有通过最基本的法律程序的情况下,学生受教育的财产权益不能被剥夺。而且,法官还声明,“必须给面临停学处罚的学生某种通知,同时要为学生召开某种形式的听证会,包括给学生一个对事实进行解释的机会”。另外,“作为一个一般规则,通知和听证会必须在学生被开除前进行”。法院还补充规定,这些原则只适用于对学生采取停学十天的处罚,如果超过十天,就需要更复杂的正当法律程序[1]。

书面规定

为了回应法院作出的判决,大多数学区都制定了书面规定,用于对停学和开除学生进行管理。这些规定通常对短期和长期的停学处罚进行了区分。要对学生进行短期停学的处罚,学校必须提供口头和书面的通知,对学生的不当行为进行描述,同时还提供证明这个指控的证据,陈述计划进行的惩罚,另外还要给学生一次解释和反驳的机会,让学生在一位公正的人面前对事实进行自己的解释,或对事实进行反驳。要开除学生则需要完整的正当法律程序,类似于解聘教师时所需要的过程[2]。

有关残障学生的争议

残障学生的权利

法院最近的一些裁决限制了学校官员勒令停学或开除一些有破坏性或有暴力倾向的残障学生的权利。在“霍尼希诉多依”(Honig v. Doe)一案中,最高法院判定,在漫长的官方听证会结束前,学校必须将这些学生留在学校原来的班级。1990 年颁布的《残疾人教育法》(IDEA)详细规定了残疾人享有的额外权利,这让学校想开除残障学生或让残障学生停学变得非常困难,哪怕这些残障学生有严重的破坏性,或有暴力倾向。因此,教育工作者正在寻求新的方法,在处理残障学生中具破坏性的人的同时,还能确保其他学生的权利。国会已经通过相关法律,旨在对违反学校纪律规定的残障学生处以停学的处罚时,不让学校行政管理人员太过麻烦,但根据教育工作者的汇报,

---

〔1〕 戈斯诉洛佩斯案,《美国判例汇编》第 419 卷第 565 页(1975)。另见佩里·A. 泽克尔,“支持被停学的学生”,《卡潘》(1994 年 11 月),pp. 256—257;本杰明·道林-森德,“政策和悲剧”,《美国地方教育委员会杂志》(2002 年 12 月);理查德·S. 瓦卡,“学生享有的正当法律程序的程序”,《教育成绩和信息中心教育法律新闻通讯》(2006 年 2 月),网址:www. cepionline. org/newsletter;佩里·A. 泽克尔,“减少法律正当程序而受到处罚”,《卡潘》(2009 年 4 月),pp. 612—613。

〔2〕 佩里·A. 泽克尔、伊万·B. 格拉克曼,“勒令学生停学应遵守的正当法律程序”,《美国中学校长联合会新闻简报》(1990 年 3 月),pp. 95—98;理查德·S. 瓦卡,“根据《残疾人教育法》提供证据的负担”,《教育成绩和信息中心教育法律新闻通讯》(2006 年 3 月),网址:www. cepionline. org/newsletter;帕米拉·芬宁等,“行政管理人员采用的书面纪律政策”,《学校暴力杂志》(2008 年第 2 期),pp. 123—146。

在实践中这类事件仍然十分令人困惑[1]。

教学资源视频案例

课堂管理:处理具有行为问题的学生

请观看学生学习网站上的视频“课堂管理:处理具有行为问题的学生”。视频展示了两位教师的工作情况,他们正在与一名学生辅导教练一起,研究制定处理学生破坏性行为的策略和干预措施。你将看到教师们和专家们怎样运用有效的课堂管理策略,以对付课堂中发生的学生行为问题。观看视频后,请思考以下问题:

(1) 在这个视频中,有几位教师碰头讨论一个问题学生的问题。教师们在与这名学生打交道时,必须时刻把哪些有关道德和法律的责任牢记心上?

(2) 在该视频的花絮中,我们得知一名学生在学校穿着不得体的情况。根据你对本章的阅读,你认为视频中教师对这个情况的处理正确吗?你建议用什么其他方法来解决这个问题?

三、保护学生免遭暴力侵害

学校要对暴力事件负责

教育工作者有责任保护学生,避免在学校或学校发起的活动中受到暴力行为的伤害,这些活动的范围通常还扩展至校外的一些活动,如毕业典礼、班级舞会和学生聚会等。根据情况的不同,法院可能会找出学区及其聘用人员因未能保护学生而应承担的法律责任。例如,路易斯安那州法院判处一个学区应对学生遭到的枪伤负部分责任,虽然学校一名保安已经对这名受伤学生发出警告,但该保安拒绝护送他回到自己的车内。与此相反的是,伊利诺伊州上诉法院坚持认为,芝加哥中学的职员不应当承担该生遭到枪击的责任,因为他们并不知道有人将武器带入了学校。总而言之,如果学生遭到伤害的可能性是很容易预见的,那么教育工作者“关爱学生的责任”就转变为“保护学生的责任”。当然,不管是否涉及法律罪责的问题,教育工作者都应该尽可能保护学生不受暴力侵害[2]。

---

[1] 米切尔·L.叶尔,“霍尼希诉多依案”,《特殊儿童杂志》(1989年9月),pp. 60—69;佩里·A.泽克尔,“明白的判决吗”,《卡潘》(2001年2月),pp. 478—479;理查德·S.瓦卡,“2006年学生享有的正当法律程序”,《教育成绩和信息中心教育法律新闻通讯》(2006年2月),网址:www.cepionline.org/newsletter;琼·比斯丘皮克,“裸体搜身审查是对学校毒品政策范围的检验”,《今日美国》,2009年4月16日。

[2] 佩里·A.泽克尔,“安全有承诺吗”,《卡潘》(2000年4月),pp. 635—636;理查德·S.瓦卡,“保护学生免受危害的责任”,《教育成绩和信息中心教育法律新闻通讯》(2002年11月),网址:www.cepionline.org/newsletter;朱迪·布鲁纳尔、贝斯·艾门多佛尔、丹尼斯·路易斯,“评估学校面临的威胁”,《校长领导力》(2009年1月),pp. 40—45。

零容忍及其对学校的影响

《校园禁枪法案》

尽管有关学校安全的法律法规主要由州和地方政府(以及公立学校所在学区)负责制定,但随着全国上下对校园内外暴力事件的关注越来越多,联邦政府最终于1994年通过了《校园禁枪法案》。该法案规定,如果学区所在州政府不制定对枪支和其他潜在的危险武器在校园中实行"零容忍"的法律,该学区就不能获得联邦政府提供的用于提高弱势学生成绩的拨款。

零容忍

至1995年年底,50个州全部都引进了这部法律,一般都要求对持有学校官员判定是危险物品的学生处以自动停学的惩罚。大多数学区也制定了相关政策,详细规定如何实施这项法律,也详细规定了处以学生自动停学处罚的其他额外理由,如拥有非法物品等[1]。

零容忍有时也会失控

零容忍法律和政策已经使学校比过去更加安全,但也存在一些负面影响。哈佛大学的"公民权项目"所作的一项研究发现,零容忍的实践往往会失去控制,对学生一些很小的过失也处以严厉的惩罚。例如,某些被认为是危险品的物品让公众对学区大加嘲讽,这些物品包括午餐盒里的厨刀、边缘比较锋利的皮带搭扣、休息时幼儿园学生用来模仿手枪的手指、很粗的可以形成强力弹射的橡皮筋、画着一名学生正在攻击老师的画等。根据总部设在华盛顿的"进步项目"组的报告,更严重的问题是,由于学校的零容忍政策,很多弱势学生只因很小的违规行为而被赶出学校,投入监狱。为了避免产生这样的结果,改善学校的氛围,分析家们建议教育工作者在校内采取以下有关安全的措施:[2]

- 确保学生有机会与照看他们的成年人进行交谈和联系;
- 灵活对待开除学生的惩罚,并考虑其他替代该惩罚的措施;
- 明确定义什么是武器,什么是不当行为,或者什么是毒品;
- 遵守正当法律程序规定;
- 制定适合当地需求的政策,每年审核这些政策。

---

〔1〕 克里斯·皮弗,"在零容忍要求中生活",《卡潘》(1998年6月),pp. 725—726;"'零容忍'出现令人不安的发展趋势",《教育记者》(2006年10月),网址:www. eagleforum. org;格鲁·陈,"社区、学生、学校与学校犯罪",《城市教育》(2008年5月),pp. 301—318;斯蒂芬妮·马丁蕾丝,"变得疯狂的系统",《防止学校失败》(2009年春季刊),pp. 153—158。

〔2〕 朱迪丝·A. 布朗:《脱离轨道:从学校到监狱的轨道》(华盛顿特区:进步项目,2003),网址:www. advancementproject. org/STJAK. pdf;"不能容忍的物品",《今日全国教育协会》(2003年4月),网址:www. nea. org/neatoday;蒂姆·洛克特,"零容忍、零公正",《学习宽容》,2009年5月13日,网址:www. tolerance. org。

四、搜查和查封

《第四修正案》规定的权利

要进行合法的搜查必须具有合法签发的搜查证，但是由于学校中毒品的使用呈上升态势，与毒品相伴的暴力行为也不断增加，这促使某些学校官员（尤其是大城市的中学）安装了金属探测仪或X光仪，用于搜查学生是否携带武器。学校官员还禁止学生使用传呼机和手机（这些通讯工具有时被用于销售毒品），要求学生对着酒精测试仪呼气，搜查学生的书包，以及全面搜查学生的储物柜。法院对这些做法的质疑主要集中在是否违反了《第四修正案》，该法案明文规定："任何公民的人身、住宅、文件和财产不受无理搜查和查封，没有合理事实依据，不能签发搜查令和逮捕令，搜查令必须具体描述清楚要搜查的地点、需要搜查和查封的具体文件和物品，逮捕令必须具体描述清楚要逮捕的人。"

合理的搜查原因

法律中有几个术语用来表达不同程度的"怀疑"。《第四修正案》中提到的"合理"事实依据，意思是搜查人相信很有可能找到非法活动的证据，而不是说一定能找到这些证据，这是要求警察才能进行搜查的怀疑程度。相反，在那些支持学校搜查行为的地方，法院说只要有"正当的"理由就足以让学校官员实施搜查。因此这样的搜查经常发生，因为学校行政管理人员有理由怀疑学校建筑物内存在非法的或危险的物品。

T. L. O. 案：搜查钱包

在下面这个案件中，上述几个原则都被给予了充分考虑。在这个案件中，一名教师发现两个女孩在学校厕所抽烟。这是违反学校规章制度的行为，随后这两名学生被带到副校长办公室接受问询。一名女孩承认自己抽烟，但另一名14岁的女孩T. L. O. 拒绝承认所有对她的指控。副校长翻开了T. L. O. 的钱包，发现了一包香烟。在拿香烟的时候，副校长还注意到一些卷烟纸，于是决定清空该学生的钱包。这次搜查发现了大麻、一个烟斗、几个空塑料袋、大量的美元现钞，还有一个题为"欠款人"的清单。于是学校叫来了T. L. O. 的母亲，并将证据都移交给警察，T. L. O. 向警察承认她一直在学校内兜售大麻。

两维标准

T. L. O. 被青少年法庭判处一年的缓刑，随后她提出了上诉，声称副校长搜查她的钱包触犯了《第四修正案》的相关规定，是非法的。在这起"新泽西州诉T. L. O"

(New Jersey v. T. L. O.)一案中,为作出有利于学校当局的判决,美国最高法院确定了两维判断标准,以判断搜查符合宪法认可的标准。法院考虑的问题包括:(1) 这次搜查的开始是否有正当理由;(2) 当实际开始搜查后,"搜查的范围是否符合当时的情况,这些情况是否证实这种干预是合理的"。以上述两条作为标准,法院最终判定对因为教师报告学生在厕所抽烟而对 T. L. O. 的钱包进行搜查是合法的,教师提供的信息让副校长有理由相信钱包里有香烟,而 T. L. O. 拒绝承认抽烟使得副校长必须搜查她的钱包,以判断她是否诚实。在副校长看见香烟,又偶然发现了烟卷纸的情况下,他有理由怀疑学生,并对学生的钱包进行彻底的搜查。[1]

缉毒犬

法院也曾经作出判决,认为学校官员的怀疑不足以证明下列几种搜查行为是合理合法的。用受过训练的狗嗅闻学生的储物柜和汽车以找到毒品的证据,这个做法已经被接受,因为这样做时,学生的储物柜和汽车并没有被打开,而且是在公开的场合进行的。但是,使用这类缉毒犬进行学生搜查也可能出现问题。在印第安纳州海兰市(Highland),2780 名初级中学和高级中学学生在他们的座位上等了几个小时,与此同时,六名官员用受过训练的狗在学校搜查毒品。一名学校官员、一名警官、一名警犬员和一头德国牧羊犬进入了黛安·多依这名 13 岁学生所在的教室。牧羊犬在走廊上上上下下嗅探着学生,当它来到黛安身边时,开始嗅她的身体,并且反复用它的鼻子在黛安的两腿间蹭来蹭去。警官把缉毒犬的这个行为理解成一个发现毒品的警示信号,于是要求黛安掏空她的口袋,黛安照做了,但并未发现毒品。最后,黛安被带到护士的办公室,并对她进行裸体搜身,但仍然未发现毒品。原来在上学前,黛安曾与自己的狗玩耍,狗的味道留在了她的身上,这个味道让警犬变得很警惕。

裸体搜身违反宪法

随后,黛安·多依起诉了学校的做法。联邦地区法院和上诉法院都得出结论,尽管这次搜查程序最初是恰当的,但对黛安·多依进行裸体搜身是违背宪法的。上诉法院判决说:"对一个年仅 13 岁的小女孩进行裸体搜查,肯定是对宪法规定的公民权益的严重侵害,这一点是不需要宪法学者就能作出的判断。更重要的是,这是对任何已知的人类尊严的侵犯。"在 2009 年的一个类似案件中,最高法院裁定,对一名被指控给朋友提供布洛芬(止痛药)的女孩进行裸体搜查的做法是不符合宪法规定的,因为"命

---

〔1〕 新泽西州诉 T. L. O. 案,《最高法院判例汇编》第 105 卷第 733 页(1985)。另见安德鲁·特洛特,"裸体搜身的风险",《执行教育工作者》(1995 年 6 月),pp. 29—30;佩里·A. 泽克尔,"再次脱去学生外衣",《卡潘》(2008 年 3 月),pp. 538—541;迈克尔·辛普森,"权利观察",《今日全国教育协会》(2009 年 5 月),网址:www. nea. org/neatoday;乔纳森·托雷,"最高法院判决对初中生进行裸体搜身是违法的",2009 年 6 月 25 日发表于网站:www. jonathanturley. org。

令一名13岁的女孩脱去衣服，部分露出她的胸部和骨盆区域，仅仅是因为据说藏有布洛芬，这种做法是极度具有侵害性的"[1]。

搜查的指导原则

总而言之，在没有搜查许可证而不得不搜查时，应当遵循下列指导原则：[2]

■ 详细列出搜查过程和搜查内容；必须有正当理由怀疑每个被搜查的学生持有特定的违禁品或犯罪证据；

■ 储物柜被认为是学校财产，如果有正当理由可以对其进行搜查；

■ 可以使用犬类嗅探储物柜和汽车。只有在保证普通犬不接触学生的情况下，才能允许使用普通犬对学生进行嗅探；

■ 裸体搜身是违反宪法的，任何情况下都不许进行；

■ 在学校官员有正当理由怀疑学生可能携带了危险武器到校的情况下，可以用手从上到下轻拍学生以搜查学生是否携带武器。

■ 学校官员可以在学生到校外参观学习期间进行搜查，但必须符合搜查的一般标准；

■ 如果搜查行为不是故意违法行为，学校官员作出搜查的判断受到政府豁免权的保护。

录像监视和搜查

录像监视的合宪性

因为录像也可以用于搜查，以便辨认已经威胁或可能威胁学生和学校教职人员安全的人，所以学校官员越来越多地安装摄像头和其他监视设备。但另一方面，广泛的使用录像监视也会侵犯受《第四修正案》保护的公民不受无理搜查和查封的权利。因此，录像监视的合宪性取决于在某一特定情况下，使用录像监督是否一直都合理。很少有涉及这个问题的案件被提交法院，但是第六巡回上诉法院就接收过一起这样的案件，法院对该案件作出的裁决是，不允许对运动员的更衣室进行不间断的监视[3]。

---

〔1〕 多依诉润弗洛案，《联邦判例汇编》第2辑第635卷第582页（第七巡回法院，1980），提审被驳回，《美国判例汇编》第10卷第3015页(1981)。另见凯伦·M.布鲁姆，"第11巡回法院的步调不一致"，《全国法律周刊》(2003年4月)；佩里·A.泽克尔，"对学生的搜查"，《校长领导力》(2005年9月)，pp. 64—68；奥列格·K.西涅尼可夫、威廉·罗尔斯，"高中体育课的裸体搜身"，《体育、娱乐与舞蹈杂志》(2008年4月)，pp. 10—11。

〔2〕 本杰明·道林-森德，"前进中的纪律"，《美国地方教育委员会杂志》(2000年2月)凯特·爱尔伦伯格，"搜查学生的权利"，《教育领导》(2001年12月/2002年1月)，pp. 31—36；埃德温·C.达登，"模棱两可的麻烦"，《美国地方教育委员会杂志》(2007年1月)。

〔3〕 理查德·S.瓦卡，"搜查和扣押学生"，《教育成绩和信息中心教育法律新闻通讯》(2008年3月)，网址：www.cepi-online.org/newsletter。

作为一种搜查形式的违禁药物检测

运动员的违禁药物检测

一些学校教育委员会的成员和其他政策制定者，已经敦促管理人员引进随机检测机制，对学生运动员的尿样进行大麻、类固醇和其他违法物质的检测。过去，这类检测被视为潜在的违反宪法的搜查行为。但是在1995年，美国最高法院作出裁决，规定这类违禁药物的检测不一定是违反宪法的，甚至在没有特别的理由怀疑某个特定个人的情况下进行这类检测也不一定违反宪法。大多数法官得出结论，认为学校官员有合理理由特别关注运动员使用违禁药品的情况，因为运动员们都可能成为其他学生效仿的榜样。从那以后，最高法院也允许对参加其他校外活动的学生进行违禁药品的检测[1]。

五、课堂纪律和体罚

隔离处分的安排

在一起涉及6年级学生的案件中，课堂纪律成为案件的主要问题，因为只要这名学生的行为变得具有破坏性，他就被安排呆在教室的隔离处分区。这名学生一直有行为问题，他的教师已经尝试了其他维持纪律的方法，但都不成功。在被要求呆在隔离处分区的时候，这个男孩还被允许上厕所，到餐厅吃饭以及上其他的课。就此他的父母提出起诉，控告教师的行为：(1) 剥夺了他们儿子接受公共教育的权利；(2) 对孩子的惩罚和他的过错是不成比例的，这也侵犯了他享有正当法律程序的权利；(3) 对孩子造成了情感的伤害和痛苦。

联邦地区法院认为，学校官员具有很宽泛的权利来规定和实施校内的行为标准，但这种权利是受《第十四修正案》限制的。在这起案件中，该学生一直留在学校，因此他受公共教育的权利并没有被剥夺。法院宣布"隔离处分"是一种最小的对学生应享有权利的干涉，而且法院还注意到，对这名学生实施隔离处分的目的是要纠正他对其他学生的破坏性行为，也是为了保护教室中其他学生受教育的权利。因此，这名学生提出的所有指控被撤销[2]。

---

〔1〕 马克·沃尔什、琳达·雅各布森，"最高法院允许学校扩大毒品检查政策"，《教育周刊》，2002年7月10日；"检查毒品的争论"，《领导者的优势》(2007年11月)，网址：www.aasa.org；托尼·拉克鲁瓦，"学生毒品的检查"，《杨百翰大学教育与法律杂志》(2008年第2期)，pp. 251—279。

〔2〕 狄更斯诉约翰逊县教育委员会案，《联邦判例补编》第661卷第155页(田纳西州，1987)。另见"法院判决认为印第安纳州的体罚法律保护了教师"，《教育周刊》2008年4月23日，pp. 4—5；乔希·邓恩、玛莎·德斯克，"隔离处分"，《教育未来》(2009年春季刊)，网址：www.hoover.org。

体罚的使用

在为维持课堂纪律而使用的所有方法中，最受争议的就是体罚。体罚在美国教育中已经有了非常悠久的历史，可以追溯到殖民时期。对于许多教育工作者来说，这种方法是不可接受的，尽管这种方法依然享有教育界中某些人的大力支持，而且经常被使用的频率超过了教育工作者们愿意承认的范围。最近的一些调查表明，每学年都有几十万的儿童被打屁股或打巴掌，有上万儿童被打伤，需要医疗看护[1]。

州法律和地方政策的差异性

某些州议会已经禁止在公立学校中使用任何体罚措施，而有些州的法律对这个问题保持缄默，地方教育委员会有广泛的行动自由，如果它们愿意，可以选择禁止体罚。但是，如果一个州的法令明文规定允许实施体罚，那么地方教育委员会可以对体罚加以管理但不能禁止使用。在这种情况下，很多学校的教育委员会就会制定出非常详细的规定，来限制使用体罚。教师如果违反这些规定，就可能被开除；而且由于用力过度、因对学生的个人恩怨而进行体罚、或无理的使用体罚，都可能导致教师面临法律的指控。

打学生

佛罗里达州是允许使用体罚的州之一。1977 年，美国最高法院在处理“英格拉罕诉莱特案”(Ingraham v. Wright)时，参照了联邦政府的两个视角来判断佛罗里达州允许体罚的法律是否符合宪法规定。这两个视角分别是：(1) 体罚的使用是否侵犯《第八修正案》关于禁止残酷的和非同寻常的惩罚的规定；(2) 在实施体罚前，是否要求进行提前通知和其他形式的正当法律程序。

《第八修正案》不适用的情况

在这起案件中，詹姆斯·英格拉罕和罗斯福·安德鲁斯是佛罗里达州戴德县的两名初中生，因为英格拉罕在对教师的指示做出反应时动作慢了些，他就被带到校长办公室打了 20 下，导致他需要到医院进行治疗，旷了几天的课。安德鲁斯同样挨了打，但情况相对较轻。鉴于《第八修正案》的意图是对那些被定罪的人提供保护，因此法官

---

〔1〕 丹尼尔·古尔斯基，“放过孩子吗”，《教师杂志》(1992 年 2 月)，pp. 17—19；佩里·A. 泽克尔、大卫·W. 万·克里夫，“体罚是虐待儿童吗”，《校长杂志》(1996 年 1 月)，pp. 60—61；玛莎·M. 麦卡锡，“公立学校中的体罚”，《教育视野》(2005 年夏季刊)，pp. 235—240；伊丽莎白·T. 格肖夫、苏珊·H. 比滕斯基，“反对体罚儿童的案件”，《心理学、公共政策与法律》(2007 年 11 月)，pp. 231—272；萨曼莎·克里夫尔，“为什么我们还在打孩子”，《行政管理人员杂志》(2009 年 2 月)。另见网站 www. stophitting. com 上提供的材料。

认定该法案不适用于对在校儿童实施的体罚。至于正当法律程序，法院认为："我们的结论是正当法律程序条款并没有要求公立学校在强制实施体罚前给出通知和听证会，因为这是由习惯法授权并限制的。"[1]

可能担负的责任

尽管作出这样的裁决，法院还是对打儿童的严重程度作出了批评。法官陈述说，在这类案例中，校方可能也要承担对孩子造成伤害的责任，而且如果被证明是恶意伤害，那么学校的官员很可能遭受刑事起诉。在后来的一起案件中，法院还指出了本章前文已经讨论过的正当法律程序条款的作用。法院拒绝听证"米尔拉诉加西亚"(Miera v. Garcia)一案，维持了低级法院的原判："极度过分的"体罚可能构成对学生正当法律程序权益的侵犯。因此教师也会因为用力过度和侵害学生权利而被起诉[2]。

事实上，低级法院已经作出裁决，认定那些用赶牛棒惩罚学生、用学生头撞墙，或是打学生巴掌，并且因为用力过度以致学生需要治疗的教师和学校行政管理人员败诉，最高法院也很可能继续坚持原判。总而言之，因为最近的司法判决情况，以及始终存在被起诉的可能性，教育工作者们在使用体罚时已经更加谨慎小心。

六、对学生的性骚扰或调戏

不受欢迎的性接近

最高法院对"英格拉罕诉莱特案"有关身体惩罚的裁决，以及后来对"富兰克林诉格威内特案"(Franklin v. Gwinnett)的裁决，进一步加强了对学生的性骚扰和性调戏行为的禁止。对这两个术语的定义有很多种，但是就教师与学生之间的交往而言，这些术语通常就不仅仅包括会让教师的楷模作用遭到质疑的性接触，也包括不受欢迎的性接近或请求帮忙，尤其是在对方相信如果拒绝这些示好或请求，就很可能会影响他的学业成绩排名的时候。近年来，涉及学校聘用人员被控对学生进行性骚扰的法院案件极大地增多。尽管法院对什么行为构成对学生的性骚扰一直含糊不清，但有一点是清楚的，那就是如果学校职员被法院判定有罪，那么他们以及聘用他们的学区就会遭

---

〔1〕 英格拉罕诉莱特案，《美国判例汇编》第430卷，(1977)。另见佩里・A. 泽克尔，"让学生受伤，你就会败诉"，《卡潘》(1990年1月)，pp. 410—411；本杰明・道林-森德，"良心的震撼"，《美国地方教育委员会杂志》(2001年4月)；瑞贝卡・艾薇儿，"义务教育与实质性的正当法律程序"，2006年论文，网址：www. lclark. edu/org/lclr/objects/LCB10_2_Aviel. pdf；大卫・古德曼，"艰难的隔离时间"，《琼斯妈妈》(2008年7月/8月)，pp. 59—60。

〔2〕 米艾拉诉加西亚案，《美国法律周刊》第56卷第3390页(1987)；本杰明・道林-森德，"教师变得过于严厉之时"，《美国地方教育委员会杂志》(2000年5月)；格雷戈里・K. 弗利兹，"打孩子屁股也该是不合法的吗"，《儿童与青少年行为新闻通讯》(2008年11月)；埃德温・C. 达登，"体罚的法律问题"，《学校行政人员杂志》(2009年1月)，网址：www. aasa. org。

到严厉的惩罚[1]。

采取积极行动防止性骚扰

学校官员在教师对学生的性骚扰行为上负有一定的法律责任，这一点在 1998 年最高法院对“戈博瑟诉拉戈・维斯塔独立学区案”(Gebser v. Lago Vista Independent School District)作出的裁决中已经有所阐明。这个案件涉及一名 9 年级学生，被其科学老师诱奸，但从未向学校管理人员告知这种性关系。她的父母因女儿遭受的伤害而起诉学区，论据是 1972 年颁布的《教育修正案》第四条，要求学校积极采取行动识别和消除学校中的性骚扰事件。最高法院对此作出裁决，学校官员并不承担法律责任，除非他们知道骚扰事件，然后继续保持“故意漠视”。一些分析家对这个判决并不感到满意，因为他们相信这个判决会纵容学校官员避免识别性骚扰事件并与之作斗争，但其他人则相信这个判决加强了学校管理人员的信心，他们会进一步落实各项规章制度以显示他们对性骚扰行为的关注[2]。

触碰学生非法吗?

在“戈博瑟案”之后，尽管学校官员对此类事件的责任减轻了，但教职员工个人还必须提防做出任何让学生或家长认为是性骚扰或性攻击的行为。考虑到近年来大量对教师的指控，很多教师组织已经开始对其组织成员宣传如何避免不必要的触碰学生。这些组织还建议教师在他们与某位学生会面时，一定要保持房门敞开，最好还要有他人在场。法律顾问承认，触摸学生，甚至拥抱学生都是必要的，而且可能是有益于学生的，正如一名幼儿园教师帮助学生穿衣服或安抚一名伤心的小学生时应该做的那样，但很多法律顾问都建议，教师要尽量避免与学生发生身体接触，尤其是对年龄较大的学生。

处理潜在性骚扰的指导原则

一名学生遭到另一名学生的性虐待或性骚扰同样是一个非常严重的问题。如同学生受教师骚扰案中呈现的一样，有关一名学生对另一名学生进行性骚扰的法律同样未能很好地定义什么是性骚扰，而且非常含糊。用带有性色彩的言语辱骂和挑逗别人

---

〔1〕 玛莎・M. 麦卡锡，“管控公立学校性骚扰的法律”，《PDK 研究新闻简报》(1998 年 5 月)，pp. 15—18；本杰明・道林-森德，“他们知道什么”，《美国地方教育委员会杂志》(2002 年 8 月)；杰里米・贝克，“教师对学生进行性骚扰的实体责任”，《法律和教育杂志》(2006 年 1 月)，pp. 141—151；扎克・麦拉，“对虐待学生的教师实施更严厉的惩罚”，《学区管理杂志》(2008 年 3 月)，p. 30。

〔2〕 戈博瑟诉拉戈・维斯塔独立学区案，《最高法院判例汇编》第 98 卷第 1866 页(1998)。参见修订后的《性骚扰指南》(华盛顿特区：美国教育部民权办公室，2001)，网址：www. ed. gov；迈克尔・D. 辛普森，“同性恋学生和教师的巨大法律胜利”，《今日全国教育协会》(2003 年 1 月)，网址：www. nea. org/neatoday；爱德华・F. 德拉甘，“设置性骚扰的界线”，《学校行政管理人员杂志》(2006 年 12 月)，网址：www. aasa. org；马克・沃尔什，“法案或将改变第四条款有关案件中的责任标准”，《教育周刊》，2008 年 2 月 6 日。

已经被解释为非法骚扰，这种行为是教育工作者有法律责任去阻止的，但在某种特定的情况下，学校教职人员可以免除法律责任。某些学区出台的反性骚扰政策，明令禁止发表所谓不受欢迎的有关男女同性恋的言论，但是一个联邦巡回上诉法院却拒绝对一名发表这类言论的学生进行惩罚，因为法院认为，他们在行使《第一修正案》赋予的宗教言论自由的权利。另一方面，有几个学区已经对那些遭到同伴骚扰的男或女同性恋学生支付了赔偿金。那些认为可能有性骚扰情况发生的教育工作者可以参考以下的指导原则：[1]

1. 不要忽视这种情况，或是对这种情况听之任之；
2. 不要反应过度，找出实际发生的事情真相；
3. 不要为难或羞辱事件的任何一方；
4. 采取措施帮助声称受害的一方；
5. 依照学校的行为规范处理事件后果；
6. 不要假设这个事件是孤立发生的事件；
7. 为学生、教师、家长和学校的管理人员提供全面的告知程序；
8. 受害人和他的家长有需求时，应时刻能得到学校心理学家、指导顾问和社会工作者的帮助。

七、学生档案和隐私权

《家庭教育权利和隐私法案》阻止滥用档案

在1974年之前，学生或家长不能随意看到由学校保管的大多数学生的记录档案，但是，未来的雇主、政府机构以及信用局等却都能随意看到。正如大家所猜想的那样，滥用学生记录档案的情况发生了。1974年，国会通过了**《家庭教育权利和隐私法案》**(Family Educational Rights and Privacy Act)也被称为FERPA，或**巴克利修正案**(Buckley Amendment)，以阻止受联邦基金资助的机构中出现可能滥用学生档案的情况。

家长的权利

《巴克利修正案》要求公立学校学区制定相关政策，允许家长有权获取自己子女的官方学校记录。该法案还禁止学校在没有事先获得家长同意的情况下向第三方披露

〔1〕 佩里·A.泽克尔，“学生对学生的性骚扰”，《卡潘》(1995年4月)，pp. 448—450；佩里·A.泽克尔，“同性恋日”，《卡潘》(2003年1月)，pp. 412—413；“教学生宽容，还是攻击宗教”，《今日全国教育协会》(2006年5月)，网址：www. nea. org/neatoday；南森·L.埃塞克斯，“学生性骚扰案件中学区的脆弱性”，《今日全国教育协会》(2008年10月)，网址：www. nea. org/neatoday；理查德·S.瓦卡，“2009年学生对其同伴实施性骚扰的案件”，《教育成绩和信息中心教育法律新闻通讯》(2009年2月)，网址：www. cepionline. org/newsletter。

这些学生记录。如果家长质疑档案记录的正确性或信息的完整性，学区必须有相关规程来修补记录。对有争议的信息，学区也必须为家长提供听证会和上诉机制。家长保有获取自己孩子学校记录的权利，直至孩子年满 18 岁或被高等教育机构录取。

某些记录不能查看

但是，《巴克利修正案》也允许一些例外的情况发生，如教师和管理人员的私人笔记和备忘录（包括成绩册）就不在查看之列。另外，某些与公文档案分开保存以及用于执法目的的记录（例如，有关犯罪行为的信息）不能披露。任何危害到其他学生隐私权的记录都不能被透露。最后，学校可以在事先没有征得同意的情况下透露通讯地址、电话号码等类型的信息，但学生或家长甚至可以要求保留这类信息的隐私。另一方面，很多学校越来越愿意公开那些可能威胁校园安全的学生的信息[1]。

《哈奇修正案》

有关学生隐私的政策也受到了《哈奇修正案》（the Hatch Amendment）的影响。《哈奇修正案》是对 1978 年颁布的联邦《教育总则法》的修正。《哈奇修正案》详细规定，用于“任何研究或实验计划或项目”的教学材料，必须能让参与这些研究或实验的学生家长和监护人随时“获得并检查”。另外，不能要求任何学生参加那些以揭示学生的政治立场、性行为或性态度、心理和精神问题、收入以及其他个人隐私为目的的测试、心理检查或治疗。但是，对“教学材料”和“研究计划”这一类术语是很难定义的，而且很多家长利用《哈奇修正案》反对学校组织的对学生情感或信仰的调查活动。因此，教师和其他工作人员必须认真考虑，收集有关学生背景或信仰的信息是否是为一个合法的目的服务的[2]。

八、强制性入学和在家学习

现在每个州都制定了法律要求儿童必须上学，年龄从 6 或 7 岁到 16 或 17 岁。在过去 20 年中，这种强制性入学法已经受到人们越来越多的关注，原因是对在家学习感兴趣的人正在逐渐增多。越来越多的家长因为反对公立学校所教授的科目、教师所采

---

〔1〕 彼得·A. 沃克尔、莎拉·J. 斯坦伯格，“教育档案的机密性”，《法律和教育杂志》（1997 年 7 月），pp. 11—27；佩里·A. 泽克尔，“一次成绩为 D 的经历”，《卡潘》（2000 年 11 月），pp. 253—254；理查德·S. 瓦卡，“2004 年学生成绩档案”，《教育成绩和信息中心教育法律新闻通讯》（2004 年 5 月），网址：www. cepionline. org/newsletter；丹尼斯·布莱克，“重温《家庭教育权利和隐私法案》”，《学生事务领导人》（2008 年 9 月 1 日），pp. 4—5；埃德温·C. 达登，“地方教育委员会为《家庭教育权利和隐私法案》制作的指南”，《美国地方教育委员会杂志》（2009 年 2 月）。

〔2〕 本杰明·道林-森德，“隐私的问题”，《美国地方教育委员会杂志》（2004 年 11 月）；佩里·A. 泽克尔，“家长自主裁量权应得到推广吗”，《卡潘》（2006 年 5 月），pp. 557—558；“为保护隐私提供的选择”，《今日全国教育协会》（2008 年 9 月），网址：www. nea. org/neatoday。

用的教学方法，或是认为上学就不能参加宗教活动而选择在家中对自己的孩子进行教学。州政府一般都允许在家学习，但具体情况要看各州的法律法规，这些法律条文对在家学习的学习时间、测试、在家学习的儿童能否参加附近公立学校的课外活动以及其他相关事宜都进行了规定[1]。

在家学习的要求

有些让孩子在家学习的父母因为违反了强制入学法而被带上法庭，他们会被要求出示证据，证明在家上学的教学计划与公立学校提供的各科学习内容基本一致，还要能证明使用的课文具有足够的数量，每天具有足够的教学时间。在一些州，让孩子在家学习的父母还必须提交考试成绩，以证明他们孩子的教育与在学校接受教育的同龄人相当。家长在这类案件中通常能获胜，但法院也一贯支持州议会对在家学习制定并强制实施各种限制和要求的权利[2]。

九、权利和义务之间需要平衡

对法院的批评

在过去几十年中，由于法院一贯支持宪法赋予学生的权利，而对学校官员设置了很多限制，因此很多教育工作者和家长都认定诉讼程序有失平衡。他们认为法院太过重视学生的权利，而忽视了学校维持纪律的需要。正如前美国教师联合会主席阿尔伯特·珊珂(Albert Shanker)所说："这样做的结果就是，在学校很少能够或几乎不能学到什么东西，因为教师不得不承担学生监护人的重任。"[3]

关注合理性

但是，一些学者相信，自从 20 世纪 80 年代中期开始，最高法院就已经开始逐步再次强调平衡，并尽可能重新维持平衡。根据这种观点，法院在"T. L. O. 案"(1985)、"贝瑟尔 403 号学区诉弗雷泽案"(1986 年)以及"黑泽尔伍德学区诉库尔迈案"(1988)

---

[1] 露丝玛丽·所罗门，"在家学习与宗教自由"，《教育周刊》2004 年 10 月 20 日；布鲁斯·库柏、约翰·苏罗，"在家学习的政治学"，《教育政策》(2007 年 1 月/3 月)，pp. 110—131；乔希·邓恩、玛莎·德斯克，"在家上学学生的反击"，《教育未来》(2008 年秋季刊)，网址：www. hoover. org；米尔顿·盖瑟，"在家学习成为主流"，《教育未来》(2009 年冬季刊)，网址：www. hoover. org；有关"在家学习法律保护协会"的信息，可浏览网站：www. hslda. org。

[2] 内奥米·吉汀斯(编辑)：《宗教、教育与美国宪法》(弗吉尼亚州亚历山大：全国教育委员会联合会，1990 年)；佩里·A. 泽克尔，"家庭：温馨甜蜜的学校"，《卡潘》(1994 年 12 月)，pp. 332—333；金伯利·A. 尤瑞克，"脱离坐标的教育"，《加利福尼亚法律评论》(2008 年 2 月)，pp. 123—184。

[3] 阿尔伯特·珊珂，"我们学校内的纪律"，《纽约时报》，1991 年 5 月 19 日，p. E7。另见本杰明·道林-森德，"在自由言论与安全之间找到平衡"，《美国地方教育委员会杂志》(2001 年 12 月)；玛莎·麦卡锡，"反性骚扰条例的再思考"，《杨百翰大学教育与法律杂志》(2008 年第 2 期)，pp. 225—249。

中作出的裁决，使学校官员承担的责任远远轻于1969年对“廷克尔案”的裁决。现在，学校官员只需要表明学校的规定是合理的，而不需要证实其是必需的。这种对合理性的重视表明，法院“对学校官员寄予了很大的信心”，信任这些官员能够在维持学生权利和学校需要之间的保持平衡[1]。

第四节 宗教和学校

中立的政府

我们宪法的缔造者清醒地认识到了宗教迫害的危害，并寻求防止美国发生欧洲曾经发生过的严重甚至流血的冲突事件。正如在本章开头所说，1791年制定的《第一修正案》中就明文禁止设立国教（禁止确立国教条款），同时禁止政府干涉个人自由信仰和践行某种宗教的权利（自由行使条款）。阿方索·塔夫特（Alphonso Taft）法官曾经在100多年前就很简洁地陈述了政府对宗教的态度：“政府是中立的，在保护所有宗教的同时，它既不偏爱任何宗教，也不藐视任何宗教。”[2]

一、祈祷、阅读圣经和宗教祈福与展出

州编写的祈祷文是违宪的

1962年以前，新海德公园（New Hyde Park）的学生必须每天背诵纽约州评议委员会编写的与宗教宗派无关的祈祷文：“万能的主啊，我们承认对您的依赖，求您保佑我们、保佑我们的父母、保佑我们的老师和我们的国家。”尽管如果有家长的书面请求，学生可以免于背诵上述祈祷文，但美国最高法院在对“恩格尔诉维塔莱案”（Engle v. Vitale，1962年）的裁决中明确规定，让学生背诵州指定的书面祈祷文是违宪的。根据法院的判决，“尽管这个祈祷文在宗教教派方面是中立的，而且背诵祈祷文都是以学生自愿为基础的，这些事实都不能让该州免受‘禁止确立国教条款’的限制”[3]。

---

[1] 罗威尔·C. 罗斯，“合理性——法律有关学生权利案件的新标准”，《卡潘》（1988年4月），pp. 589—592。另见本杰明·道林-森德，“相关性的问题”，《美国地方教育委员会杂志》（2006年5月）；理查德·S. 瓦卡，“罗伯特家的法院”，《教育成绩和信息中心教育法律新闻通讯》（2008年12月），网址：www. cepionline. org/newsletter；内尔达·堪布隆-麦凯布，“对学生宪法规定的权利的权衡”，《卡潘》（2009年7月），pp. 709—713。

[2] 引自汤姆·克拉克法官在“阿宾顿市学区诉申普案”中的讲话，《美国判例汇编》第374卷第203页（1963）。另见“宗教自由、公共教育及美国民主的未来”，《教育领导》（1995年5月），pp. 92—93；本杰明·道林-森德，“天堂里的麻烦”，《美国地方教育委员会杂志》（2002年6月）；理查德·S. 瓦卡，“公立学校中的宗教信奉自由”，《教育成绩和信息中心教育法律新闻通讯》（2006年11月），网址：www. cepionline. org/newsletter；乔安妮·M. 玛歇尔，“谁的宗教价值观”，《学校行政人员杂志》（2008年5月），网址：www. aasa. org。

[3] 恩格尔诉维塔莱案，《美国判例汇编》第370卷第421页（1962）。另见“受宪法保护的祈祷指南”，2003年论文，网址：www. ed. gov；佩里·A. 泽克尔，“周五夜晚的仪式”，《卡潘》（2008年10月），pp. 146—147。

这个裁决引发了抗议的风暴，至今抗议之声仍未平息。一年后，法院再次禁止在公立学校中进行任何宗教活动。这一次，案件涉及的是口头诵读圣经章节和背诵主祷文，这很显然都属于宗教仪式，而且即使学生是凭自愿参与的，也是州政府"有意如此行事"。2000年，法院禁止在橄榄球比赛前由学生带头进行祈祷，因为这个比赛是由学校正式发起的，因此这个祈祷也就属于学校的官方行为。另一方面，法院也规定，学生可以在毕业典礼时带头祈祷或参加祈祷，只要这个祈祷的决定是由学生自己作出的，而没有牧师的介入[1]。

乞灵和赐福祈祷

最高法院也明确规定反对乞灵和赐福祈祷，因为乞灵和赐福祈祷通常是在公立学校某种仪式开始或结束时由牧师主持的向神灵乞求祝福的活动。在对1992年的一个案件的判决中，法院得出结论，这类祈福活动违反了在"莱蒙诉库兹曼案"(Lemon v. Kurtzman)(参见图9.1)中建立的标准，也就是禁止政府推行宗教的标准。然而，安东尼·肯尼迪(Anthony Kennedy)法官对此的主要意见是，州政府所做的可能与宗教有牵连的行动，并不一定都是违反宪法的，因为某些公民可能会反对这些行动，而且上述"莱蒙诉库兹曼案"的判决并不意味着要求州政府"努力残酷地将所有宗教相关的活动都排除到公众生活的任何方面之外"。

"默祷时刻"的政策

该判决的影响之一是延迟了对几个重要问题的全面合宪性的审查，例如，学校是否能实施"默祷时刻"政策，允许学生自愿在教室内进行默祷，在毕业典礼上学校的合唱团能否表演无疑属于基督教的歌曲，私人群体是否能在学校建筑内分发免费的圣经。

世俗氛围

在公立学校中为了推行某种特定宗教而展示宗教标志(如十字架或犹太教灯台)，这种做法显然是违反宪法的。但是，最高法院作出裁定，如果总的环境氛围是世俗的，那么有宗教倾向的人工物品是可以摆放在公共场所的。对这个判决的解释也纷争不断。在一起与学校无关的案件中，法院禁止在宾夕法尼亚州阿勒格尼(Allegheny)县政府大楼前面布置基督诞生的场景，因为县政府大楼还从未被圣诞老人的形象或其他世俗的符号"麻醉"过(这是县政府一名官员的原话)。在作出这个判决后，一名联邦法官要求纽约州斯勒维尔(Schuylerville)学区将一幅耶稣受难画除去，因为这幅画缺乏

[1] "阿宾顿县学区诉申普案"以及"默里诉科莱特案"，《美国判例汇编》第374卷第203页(1963)。另见本杰明·道林-森德，"赛前祈祷败诉"，《美国地方教育委员会杂志》(2000年8月)；理查德·S.瓦卡，"毕业祈祷的重新思考"，《教育成绩和信息中心教育法律新闻通讯》(2008年5月)，网址：www.cepionline.org/newsletter。

任何"有意义的"世俗特征。2002年,俄亥俄州一个学区被禁止在四所中学前张贴《十诫》的内容。从那以后,最高法院规定政府机构可以将《十诫》作为历史展览会的一部分来展示,但不能单独作为宗教内容来展示[1]。

二、宗教团体进入公立学校的途径

宗教团体的学校集会

布丽奇特·梅根是奥马哈中学高年级的学生,她组织了一个由25名学生组成的团体,他们请求获得允许能每周课前在校园中集会或一起阅读并讨论《圣经》。尽管类似的圣经俱乐部集会在其他学校都获得了允许,但奥马哈中学的行政管理人员拒绝了这个请求,部分原因是想避免为撒旦俱乐部、三K党或其他学校不欢迎的俱乐部开先例。布丽奇特的妈妈因此提出起诉。1990年,美国最高法院判决她胜诉。法院的裁决是,公立中学必须允许学生的宗教团体、哲学团体及政治团体,能够像其他课外团体一样在校园内集会。根据法院的陈述,允许这类集会,并不意味着学校认可或支持这类集会。此后,法院规定这类宗教团体不仅可以在课前和课后在学校集会,也可以在

联邦法官的结论是,如果背诵效忠宣誓词违背了学生自己的宗教或其他个人信仰,那就不能逼迫拒绝起立背诵效忠宣誓词的学生这样做。

---

〔1〕 罗伯·波士顿,"三K党、十字架与宪法",《教会与国家》(1995年3月),pp. 7—9;"法院不允许由城市赞助的宗教展出",《教会与国家》(1997年4月),p. 3;本杰明·道林-森德,"对《十诫》的裁决",《美国地方教育委员会杂志》(2005年10月);罗伯特·L. 马歇尔,"莱蒙案的35年影响",《应用教育研究杂志全国论坛》(2008年4月),pp. 4—29。

上学的非教学时间内进行，这个规定也适用于男或女同性恋学生组织的团体[1]。

学校的选择

“梅根案”的意义在于，这起案件引发了强烈的不确定感。显然，学校必须在允许任何学生团体集会或放弃所有课外活动之间进行选择。类似的忧虑也适用于有关宗教活动宣传单的散发。学校的第三种选择是只允许那些活动直接与课程相关的团体进行集会，但如何定义这类活动又是一个难题。最高法院最近处理的案件也未能完全澄清这个问题，但有一点很清楚，那就是宗教和其他团体活动必须满足下列标准：[2]

■ 这项活动必须由学生发起；

■ 学校不可以发起或赞助这个活动，但学校的聘用人员可以参加这些集会，学校可以支付一些附带的开销，比如说取暖费；

■ 校外人员不可以对该团体提供指导，或定期出席集会。

三、效忠宣誓词

宗教反对效忠宣誓词

教会和国家的分离原则也适用于对国家的效忠宣誓词上。在一个案件中，几个“耶和华见证会”的会员去法院提出起诉，控告西弗吉尼亚州要求他们的孩子每天早晨在学校背诵效忠宣誓词。家长的反对意见是以宗教教义为基础的。法院对此案的裁决是，可以免除这些孩子背诵效忠宣誓词的要求，因为这个要求与他们的宗教信仰相冲突。以这个裁决为先例，联邦法官得出结论，如果背诵效忠宣誓词违背了学生自己的宗教或其他个人信仰，那就不能逼迫拒绝起立背诵效忠宣誓词的学生这样做。最近的一些判决也进一步支持了这个结论[3]。

2002 年，一个联邦巡回上诉法院作出裁决，判定效忠宣誓词是违背宪法的，因为

〔1〕 西社区学校教育委员会诉摩根斯案，《最高法院判例汇编》第 88 卷第 1597 页(1990)。另见本杰明·道林-森德，“让其保持简单”，《美国地方教育委员会杂志》(2004 年 1 月)；黑文·布拉德福德，“学生、教师与宗教自由”，《自由在线》(2006 年 1 月/2 月)，网址：www. libertymagazine. org；托德·A. 德米切尔、理查德·弗赛，“学生的言论”，《杨百翰大学教育与法律杂志》(2008 年第 1 期)，pp. 89—124。

〔2〕 本杰明·道林-森德，“开放你的学校”，《美国地方教育委员会杂志》(1999 年 5 月)；“一个平等的问题”，《美国地方教育委员会杂志》(2003 年 2 月)；查尔斯·海恩斯，“公立学校应该禁止宗教宣传物吗”，《美国教师》(2004 年 12 月/2005 年 1 月)，网址：www. aft. org；科尔比·M. 梅，“学校校园内的宗教合法地位”，《学校行政人员杂志》(2006 年 10 月)，网址：www. aasa. org；柯克·约翰逊，“犹他州设立了学校俱乐部的规定，同性恋俱乐部可能成为靶子”，《纽约时报》，2007 年 3 月 17 日；凯瑟琳·A. 拉格、马丽娜·N. 罗宾逊，“宗教、支持联盟与美国公立学校教育政治学”，《教育政策》(2009 年第 1 期)，pp. 242—266。

〔3〕 西弗吉尼亚州教育委员会诉巴奈特案，《美国判例汇编》第 319 卷第 624 页(1943)；利普诉莫里斯案，《联邦判例汇编》第 2 辑第 579 卷第 834 页(第三巡回法院，1978 年)；佩里·A. 泽克尔、伊万·B. 格拉克曼，“效忠宣誓词”，《美国中学校长联合会新闻简报》(1990 年 9 月)，pp. 115—117；布莱恩·维拉，“教室中的效忠宣誓词与法院”，《杨百翰大学教育与法律杂志》(2008)，pp. 281—324。

在这个誓言中出现了“在上帝的庇佑下”这样的词句。这个判决毫无疑问激起了全国性的大争论，是否能实施这个判决，或者如何实施这个判决，这个判决是否将蔓延到其他司法管辖区，目前尚不清楚，这些问题还有待最高法院和其他法院解决[1]。

四、关于课程的宗教异议

质疑基础读物

20世纪80年代中期，田纳西州基督原教旨主义的家长起诉霍金斯县（Hawkins County）学区，控告学校让他们的孩子看霍尔特、莱因哈特和温斯顿出版社出版的基础读物系列，这是对他们宗教信仰的冒犯。这些家长们相信“阅读完霍尔特整套读物之后，儿童可能会采纳女性主义者的观点、人文主义者的观点、和平主义者的观点、反基督教者的观点、素食者的观点，或世界统一政府的提倡者的观点”。联邦地区法院判决这些家长胜诉，理由是田纳西州可以通过采用较少限制的方式而不是必修的方式来使用这套丛书，这样做同样也能满足州政府对本州学龄儿童识字的强制性要求。但是，上诉法院推翻了这个判决，认为没有证据显示学校要求学生肯定或怀疑任何霍尔特丛书中提到的观点。这个阅读丛书“仅仅要求学生认识到在这个多元社会中我们必须‘宽以待人’”[2]。

世俗人文主义

在几个类似的案例中，地区法院的法官支持了阿拉巴马州的一个家长团体，该家长团体认为学校的教材和活动推进了世俗人文主义的宗教；[3]法官还支持了一个来自纽约州的团体，该团体认为贝德福德（Bedford）公立学校要求学生背诵一份致地球的祷告文或出售过忧心娃娃玩偶，这是在推广无宗教信仰的宗教。但这个案件的第一次判决被联邦巡回上诉法院推翻了，联邦巡回上诉法院坚持认为，这些教科书没有认可世俗人文主义或任何其他宗教，而是企图向学生灌输诸如独立思想和宽容不同观点的价值观。上诉法院提出，如果《第一修正案》禁止的仅仅是“与某一宗教信仰的不一致，那么公立学校能够教给学生的东西就所剩无几了”。第二个类似的案件也以学校

---

〔1〕 斯科特·霍里蓝，“恢复效忠宣誓词的最初含义”，《资本主义杂志》（2003年3月2日），网址：www.capmag.com；马格利特·M.麦卡锡，“有关效忠宣誓词的论战还在继续”，《教育视野》（2005年冬季刊），pp. 92—97；格瑞斯·Y.考尔、杰罗姆·E.柯普勒斯基，“效忠宣誓与国民宗教的意义与限制”，《美国宗教学院院刊》（2007年3月），pp. 121—149；理查德·S.瓦卡，“向国旗致敬的争论”，《教育成绩和信息中心教育法律新闻通讯》（2008年11月），网址：www.cepionline.org/newsletter。

〔2〕 莫扎特诉霍金斯县教育委员会案，第86卷第6144页（田纳西州，1986年）；莫扎特诉霍金斯县教育委员会案，第87卷第5024页（第六巡回法院，1987）；罗伯·莱希，“教育之外的选择”，《教育理论》（2002年秋季刊），pp. 445—461；可琳·沃雅克，“莫扎特诉霍金斯案”，《教育理论》（2003年秋季刊），pp. 401—419；迈克尔·P.法瑞斯，“一条危险之路”，《有关在家学习的法院报告》（2006年7月/8月），网址：www.hslda.org；帕克诉赫尔利案，第07-1528号（第一巡回法院，2008年1月31日）。

〔3〕 世俗人文主义哲学不重视宗教教义，相反，它重视能通过理性达到自我实现的人的能力。

胜诉而告终。法院在听证了对加利福尼亚州和其他几个州采用的“新时代”课堂材料的抱怨后，也得出了相似的结论[1]。

进化论教学的争议

1987年，美国最高法院受理了“爱德华兹诉阿奎拉德案”(Edwards v. Aguillard)，这起案件对路易斯安那州的《平等对待神造论科学和科学进化论法案》提出了质疑。神造论科学，也被称为神创论，相信生命起源、人类出现等都是由超自然的神所创造的，而不是通过生物进化而来。路易斯安那州的这项法案要求无论在何种情况下，只要教授学生进化论，就必须同时教授学生神造论，并且要求学校根据该法案编制合适的课程纲要和教学材料。最高法院最终判决该法案违背了宪法。法院的理由是，路易斯安那州的法案事实上是要求学校“要么将进化论驱逐出学校，要么给学生介绍一种宗教观点，而这种宗教观点则是完全否定进化论的”，因此该法案是在推行一种宗教教义，这违反了《第一修正案》中的禁止确立国教条款[2]。

智能设计

对进化理论的批判

随着**智能设计**(intelligent design)的概念在越来越多的学校中推广，与神创论者的观点息息相关的争论在21世纪不断升级。智能设计论的观点认为，生命太复杂，是不可能通过达尔文所描述的自然选择形成，因此生命肯定是在所谓的智能设计者的指引下形成的。很多拥护智能设计论的人一直在避免明确提及神创论，相反，他们则强调在达尔文创立的进化理论中存在他们认为有瑕疵的内容(包括缺乏有效证据)[3]。

超出科学之外的教学

在智能设计论拥护者发起的行动中，就包括佐治亚州科布县(Cobb County)学校教育委员会提出的做法，要求在生物课本上贴上标签，表明“这本课本含有进化论的内容。进化论是一种理论，不是一种事实……要用开放的头脑来看待这个材料，要认真地学习和批判地思考”。另一个类似的课程陈述是宾夕法尼亚州多佛(Dover)学校教育委员会

---

〔1〕 史密斯诉莫比尔县学校教育委员会委员案，第87－7216号，第十一巡回法院(1987)；芭芭拉·福瑞斯特，“多年以来依旧信奉神创论”，《综合与比较生物学》(2008年8月)，pp. 189—201。

〔2〕 爱德华兹诉阿奎拉德案，《最高法院判例汇编》第197卷第2573页(1987年)；“路易斯安那州对达尔文的最新攻击”，《纽约时报》，2008年6月21日，p. 18。

〔3〕 H. 艾伦·沃尔，“退化论”，《纽约人》，2005年5月30日，网址：www.newyorker.com；伊丽莎白·库洛塔，“智能设计论要退出了吗”，《科学》杂志，2006年2月10日，p. 570；戈迪·史雷克：《为所有事物的意义而战》(旧金山：乔西-巴斯出版社，2008)。

提出的,它建议学生学习有关智能设计的知识。联邦法院对这些行动和其他几个类似的行动提出了质疑,联邦法官的结论是,智能设计也包含对特殊宗教的支持,并非一种科学的理论,因此不能成为科学课程必修的内容,也不能插入课程之中。但是,一些分析人士也强调,学生仍然可以在社会学科或其他课程中对智能设计论进行恰当的学习[1]。

五、教授有关宗教的内容

促进对宗教传统的理解

要确保教会与国家的分离,并不是一定要禁止公立学校向学生教授有关宗教或涉及宗教的有争议的话题。一些州和学区已经在不断完善教学方法,这样既能让学生理解宗教传统和价值观,同时又不会宣扬或贬低任何特殊宗教或非宗教的意识形态。此外,很多学校也一直在准备教学材料,用于教授宪法可接受的宗教课程内容[2]。

联邦政府的指导原则

美国教育部于 1995 年发布了一个宗教教学的指导原则,1998 年又再次重新发布。根据这个指导原则,学校可以教授的主题包括"宗教史、比较宗教学、作为文学作品的圣经(或其他经文),宗教在美国和其他国家历史中的地位"。联邦政府的指导原则也涉及了很多其他有关宗教和学校的争论,这些争论的内容在概述 9.3 中进行了总结。然而,法院并不一定会支持行政部门认为是正确的东西[3]。

六、政府对学校中祷告和宗教的指导原则

教师可采取既不鼓励也不阻止的态度

2003 年,教育部对公立学校中进行祷告及开展相关活动发布了更细致的指导原

〔1〕 约瑟夫·邓恩、玛莎·德斯克,"多佛的一场失败",《教育未来》,2006 年第 2 期,网址:www. hoover. org;本杰明·道林-森德,"在科学与宗教之间画条线",《美国地方教育委员会杂志》(2006 年 3 月);"教师仍在美国教室里宣讲神创论",《新科学家》,2008 年 5 月 24 日,p. 4;"审判日",2008 年公共广播事务局(PBS)发行的《新星》(*Nova*)电视剧,网址:www. pbs. org。

〔2〕 实例可参见苏珊·布莱克,"教授有关宗教的内容",《美国地方教育委员会杂志》(2003 年 6 月);马克斯·W. 费舍尔,"公立学校教授的有关宗教内容",2006 年论文发表于全国教育协会网站:www. nea. org/neatoday;卡利·科尔曼,"一个国家,诸多上帝",《教育文摘》(2007 年 11 月),pp. 14—20;迈克尔·J. 瑞斯,"科学教育工作者应该应对科学和宗教问题吗",《科学教育研究》(2008 年 9 月),pp. 157—186。

〔3〕 查尔斯·C. 海恩,"公立学校中的宗教",《学校行政人员杂志》(1999 年 1 月),网址:www. aasa. org;塞缪尔·J. 艾尔思、雪莉·瑞德,"小学教授的有关宗教内容",《社会研究》(2005 年 1 月/2 月),pp. 14—17;托马斯·哈顿,"《圣经》在你的教室中有一席之地吗",《美国地方教育委员会杂志》(2008 年 6 月);玛莎·麦卡锡,"超越隔离之墙",《卡潘》(2009 年 6 月),pp. 714—719;相关信息可浏览网站:www. teachingaboutreligion. org。

则。指导原则和建议如下：[1]

■ 课前学生可以组织祈祷团体和宗教俱乐部，许可范围与组织其他非课程相关的学生活动团体相一致……

■ 教师可以参加宗教活动，但该活动的所有环境都能清楚地证明他们不是以他们官方的身份来参加的。例如，在课前或午餐期间，教师可以与其他教师会面一同进行祷告或研究圣经，就像他们也可以参与其他谈话或非宗教活动一样……

■ 如果一个学校在校时间中设有"默祷时刻"或其他肃静时间，学生可以自由进行默祷，也可不作祷告。教师和其他职员既不应该鼓励、也不应该阻止学生在这些时间段进行祷告……

■ 学生可以在家庭作业、艺术品和其他书面或口头作业中表达自己对宗教的信仰，不会因为他们呈交的作业中的宗教内容而遭到歧视。应当用普通的学业标准来判断这些家庭作业和课堂作业的本质和相关性，以及是否违反了其他合法的教育问题。

概述 9.3　美国教育部对校内宗教的指导原则

学生祷告和宗教讨论：美国宪法并未禁止学生进行纯粹的私人宗教演说，因此学生在校期间，学生个人进行祷告或参加群体祷告以及进行宗教讨论的权利，与学生参加其他活动的权利是一样的。

一般而言，学生可以在没有参加学校活动时或非教学时间，以非破坏性的方式进行祈祷，同时必须遵守校方制定的适合于当时场合的相关规则。

毕业祈祷：根据当前最高法院作出的裁决，学校官员不应该强制或组织毕业典礼上的祈祷，也不能组织毕业班临别的宗教仪式。

官方保持中立：宪法禁止教师和学校行政人员请求开展或鼓励宗教活动，……以及因为活动中有宗教的内容而阻止开展该活动。

教授有关宗教的内容：公立学校不可以提供宗教教学，但可以教授有关宗教的内容……，宗教的历史、比较宗教学、作为文学读本的圣经（或其他经文）、宗教在美国和其他国家历史中的地位等都被允许成为公立学校的教学内容。

尽管公立学校可以在教学中教授涉及宗教节日的内容，也可以从世俗的角度庆祝宗教节日，但学校不能把这些节日作为宗教事件来庆祝，也不能促使学生把这些节日当做宗教事件来庆祝。

学生作业：学生可以以家庭作业、艺术品，以及其他书面作业或口头作业的形式表达自己的信仰……应该用普通的学术标准来评判这些家庭作业和课堂作业。

宗教文学：学生有权将宗教文学分发给他们的校友，如同他们可以分发其他与学校课程或活动无关的文学作品一样。

宗教豁免权：学校享有很大的自由裁定权，可以让某些个别学生不上他们讨厌的课，或是因为学生家长出于宗教或其他谨慎的理由而反对上的某些课。

---

〔1〕 罗德·佩奇，"公立中小学中开展受宪法保护的祈祷的指南"，2003 年发表于美国教育部网站的论文：www，ed. gov。另见埃德温·C. 达登，"停下来仔细思考"，《美国地方教育委员会杂志》(2008 年 5 月)，pp. 48—49。

续 表

提供自由时间：学校有自由裁定权，可让学生离开学校去参加校外的宗教教学，条件是学校并没有鼓励也未阻止学生参加这类教学活动，……在校时间内学校不应该允许校外人员在学校建筑范围内进行宗教教学。 教授价值观：尽管学校对有关宗教的问题必须保持中立，但它们也可以在对学生进行公民价值观和美德的教育上发挥积极作用。 学生装束：学生可以在服饰上表现出任何宗教信息，如同他们可以在服饰上表现出其他类似的信息一样。 平等机会法案：学生宗教团体享有与其他学生团体同等的使用学校设施的权利。 【资料来源】理查德·W. 赖利，“关于宗教言论的部长声明”(1998 年美国教育部于华盛顿哥伦比亚特区发表该声明)。

七、政府对非公立学校的规定和支持

州政府可以制定法规

1925 年，“皮尔斯诉姐妹社团案”(Pierce v. Society of Sisters)的裁决确定了学生注册到私立学校或教区学校上学同样符合一个州制定的强制入学法。此后公众关注的焦点转向另一个问题，州政府对非公立学校提供的教育能行使多少控制权？1926 年，“法林顿诉德重聪案”(Farrington v. Tokushige)的裁决给了非公立学校“对教师、课程和教材合理的选择权和自由裁定权”。但是，在那时定下的框架内，州政府已经通过各种不同的法律条文来规范对非公立学校的管理。有的州对非公立学校很少制定法规，另一些州则要求非公立学校聘用有资质的教师，详细规定了上学的天数和每天上学的时长，或是坚持要求学校必须达到州指定的认证标准。目前的一个争议涉及如何运用州设定的特殊教育标准[1]。

州政府对非公立学校交通的补助

另一方面，州政府也为非公立学校提供了很多种形式的帮助，包括提供交通、书籍和医疗服务等。1947 年，“艾弗森诉欧文市教育委员会”(Everson v. Board of Education of Erving Township)一案中，最高法院要考虑新泽西州宪法中允许州政府对私立学校和教会学校学生提供交通补助的条款是否合宪。最高法院认定，州宪法允许这

〔1〕 皮尔斯诉姐妹社团案，《美国判例汇编》第 268 卷第 510 页(1925)；法林顿诉德重聪案，《美国判例汇编》第 273 卷第 284 页(1926)。另见大卫·F. 索尔兹伯里，“佛罗里达州为我们提供的教训”，《卡托研究所简报》，2003 年 3 月 20 日，网址：www.cato.org；F. 迪尔幕德，“自由行使宗教权利的稀奇案件”，《第一件事》(2007 年 12 月)，pp. 35—40。

种对私立学校和教会学校的帮助，并没有违反美国宪法。在“艾弗森案”作出裁决之后，人们主要依据**儿童受益理论**（child benefit theory）来进行区分哪些州政府对非公立学校的补助是许可的，哪些是不许可的，那就是直接让儿童受益的资助是许可的，而主要让非公立办学机构受益的资助是不许可的[1]。

沃尔曼案：许可的州政府补助

在“沃尔曼诉瓦尔特案”（Wolman v. Walter，1977 年）、“阿格斯蒂尼诉菲尔顿案”（Agostini v. Felton，1997 年）、“米歇尔诉赫尔姆斯案”（Mitchell v. Helms，2000 年）以及“泽尔曼诉西蒙斯-哈里斯案”（Zelman v. Simmons-Harris，2002 年）中，最高法院作出了进一步的判决。在处理俄亥俄州和纽约州宪法允许州政府对非公立学校提供补助的案件时，法院运用“莱蒙诉库兹曼案”中确立的三维判断标准（如图 9.1 所阐释的），对具体问题进行了裁决。法院的裁决如下：[2]

- 政府为非公立学校提供世俗教材、标准化测验和计算机的采购或贷款是符合宪法的。
- 政府在非公立学校所在地提供演讲、听证会和心理诊断服务是符合宪法的。
- 政府为非公立学校提供其他教学材料和设备的采购与贷款，如投影仪、科学工具包、地图和地球仪、挂图、媒体播放器等，被认为是不符合宪法的，因为这样做会让政府过多地与宗教产生牵连。
- 政府为非公立学校提供资金资助学生的校外考察行为是不符合宪法的，因为“在校外教师是在一个教派机构中或为教派机构工作，资助这种活动一个不可避免的副产品就是，要承担促进宗教这个不可接受的风险”。
- 在中立的办公设施内，由公立学校的教职人员为非公立学校的学生提供“第一条款”的补偿教育服务，并不会造成教会与国家政府间过多的牵连。
- 只要不是对宗教学校的财政激励计划予以倾斜，政府为学生提供教育券用于支付非公立学校的学费是合法的，这种教育券并不违反州宪法。

法律的混乱

上面罗列的各种材料表明为什么很多法律学者有理由相信有关政府对非公立学校的补助问题多少有点混乱不堪。为什么政府为非公立学校购买教材、试卷和计算机

---

〔1〕 斯图尔特·J. 道格拉斯，“对非政府学校提供资助的比较研究”，《教育与法律杂志》（2001 年 3 月）；芭芭拉·麦拉，“密尔沃基市实施教育券制度简史”，《学校的再思考》（2006 年春季刊），网址：www. rethinkingschools. org；威廉·W. 巴西特，“改变对私立宗教学校的看法”，《杨百翰大学法律评论》（2008 年第 2 期），pp. 243—274。

〔2〕 克林特·伯里克，“选择的承诺”，《胡佛文摘》（2003 年春季刊）；克林特·伯里克，“投票否决教育券”，《教育未来》（2008 年春季刊），网址：www. hoover. org；罗伯特·凡布鲁根，“赞成选择”，《国民评论》，2008 年 10 月 20 日，pp. 60—62；小切斯特·E. 芬恩等，“当私立学校开始使用公共资金时”，2009 年为福德姆研究院准备的论文，网址：www. edexcellence. net。

是合乎宪法的，而购买地图、地球仪、挂图和录音机就是违宪的？为什么政府支持的心理服务就能在非公立学校内进行，而为学生提供补偿教育服务就必须到一个中立场所进行？为什么有些州规定使用教育券到私立学校就读是合法的，而有些州却是非法的？这些问题如此复杂，也就解释了为什么法院总是试图澄清问题，但只有部分取得了成功。

焦点问题回顾：你认为涉及教会与国家的这些争论是否将会对身为教师的你产生直接影响？哪些方面与你选择执教的科目最有关联？你所在社区内的学校中会出现什么与宗教相关的困难或挑战？

总结

（1）与教育相关的法庭案件在过去几十年内显著增加。这些案件因为涉及不同的问题而被提交至联邦法院或州法院。只有美国最高法院的判决适用于全国范围。

（2）除非有以下一些具体的原因，如教师缺乏能力、道德败坏、不服从管理和有违反职业道德的行为等，终身任职权能保护教师免遭解聘。被指控有这些行为的教师有权要求获得正当法律程序的保护。

（3）教师有权组建和加入工会及其他专业组织，但教师罢工行为在大多数州都是被禁止的。

（4）教师言论自由和学术自由的权利要与其他个人和政府的利益保持平衡。教师有权获得宪法对个人权益的保证，但学校教育委员会在综合考虑家长、教师和学生的权利的同时，也有义务确保学校“适当的”及“正常的”运行。

（5）对教师校外行为的限制，以及对教师衣着和仪容的限制，已经不像美国过去那么严厉，但人们仍然希望教师为人师表，行为举止可供学生效仿。

（6）学校必须坚持明确的安全标准，以避免在学生受伤害时学校因过失而被起诉。另外，教师必须遵守版权法。

（7）法院已经阐明并扩大了学生的一些权利，包括学生的言论自由权、在被停学或开除时的正当法律程序权、禁止在缺乏详细原因的情况下对学生身体进行搜查、体罚的限制以及学生档案记录的隐私权等。

（8）公立学校内不允许组织和强制进行祈祷和圣经阅读。如果学校课程忽视了宗教观点或宗教解释，学校课程并不自动构成违宪的宗教歧视。

（9）政府为非公立学校提供支持的法律基础非常混乱。例如，政府可以为非公立学校的学生提供教材、测试和心理服务，但是资助学生的校外考察、投影仪、科学实验包或地图等，却被认为会让教会与国家纠缠在一起。

关键术语

起诉人
诉讼人
禁止确立国教条款
自由行使条款
正当法律程序条款
平等保护条款
违约
终身任职权
连续契约
正当法律程序
学术自由
侵权行为
合理使用版权
代替父母
家庭教育权利和隐私法案(《巴克利修正案》)
智能设计
儿童受益理论

讨论题

(1) 应该要求教师比其他公民达到更高或不同的个人道德标准吗?为什么应该?为什么不应该?

(2) 就公立学校中的祈祷、阅读圣经和举行宗教庆典正反双方的观点进行辩论。应该改变当前有关这些活动的法律吗?

(3) 学生享有的正当法律程序应该与校外的成年人有所区别吗?为什么?什么样的区别可能是最合理的?

(4) 初等学校的学术自由与中等学校的学术自由有何种程度的不同?对丁作为教师的你而言这种不同有多重要?

(5) 想象一个情景,你个人看待体罚、学生着装规范或其他一些法律问题的观点与学校的政策相冲突。在这种情况下,你会发现要遵守这些官方的政策有多困难?如果你拒绝遵守这些政策,你可能很难与同事、学生或家长相处吗?你可能会修改这些政策的哪些方面,或你可能会如何解决这个问题?

专业发展的建议方案

(1) 对你所在州以及附近的一两个州有关教师终身任职权的规定进行研究。这些州在试用期、解聘的理由或其他事宜上有什么不同？你所在社区的教师了解这些政策吗？

(2) 收集附近一个学区中有关教师识别和报告虐待儿童事件职责的信息，并对这些信息进行分析。学区有哪些明确的政策规定？是否有教师因为未能履行这些职责而被解聘或受到其他纪律处分？

(3) 调查附近几个学区制定的有关学生和教师着装规范的政策。找出在过去10年或15年间，这些政策是否发生改变，如何改变的？你希望在不久的将来看到进一步的改变吗？

(4) 为丰富你个人档案的内容，请准备一份有关宗教节日的教案，要求既不能违反宪法宣扬宗教，也不能违反宪法贬低宗教。

(5) 访问网站：http://library.lp.findlaw.com，在该网站上搜索和下载教育部的报告《残障学生的纪律》。作为一名教师，该报告中的哪些结论和职责对你而言是最重要的，也可能是问题最大的？

第四部分

教育的社会基础

第十章 文化、社会化与教育

众所周知，世界正在飞速变化。通讯和经济全球化的步伐不断加快；要获得事业成功就要具备越来越先进的技能；美国和其他很多国家的移民潮正在加速；另外当今社会的家庭模式也与30年前有了很大的不同。所有这些变化都对从小学到大学的各层次教育产生了巨大的影响。

但是，一些有关如何抚养孩子的根本规则和影响因素依然十分重要，学生的发展依然受到家庭、邻居及朋友的强烈影响，同时还受到诸如大众媒体等广泛的文化和社会因素的影响，这一切依然和30年前、60年前，甚至90年前是一样的。

但另一方面，这些因素对儿童和青少年施加影响的具体方式却一直在随时间的改变而变化。例如，作为一名教师，你可能已经感到，在这个提供了大量极具竞争力的刺激因素的数字化世界里，要想抓住学生的注意力变得越来越困难。为了对这些变化作出适当的回应，教师必须了解家庭、大众传媒和学生同辈群体正在发生怎样的变化，还要了解文化和社会的发展变化趋势对学生带进教室的行为和观念产生了怎样的影响。

在阅读本章时，请牢记下列问题：

焦点问题：

- 什么文化模式影响着学校的教学？
- 学校文化如何将年轻一代社会化？
- 电视和其他大众传媒对学生产生了怎样的影响？
- 性别角色和性别差异会影响学习和成绩吗？如果有影响，是如何影响的？
- 青年文化的方方面面对学校产生了怎样的影响？

文化的层面

社会通过文化的方式来确保它的统一和生存。**文化**(culture)这一术语从广义上可定义为包含所有不断变化的获得性的行为和态度模式，可以在社会成员中传递。文化是一种思维和行为的方式；是一个群体的传统、记忆和文字记录；也是群体共享的规则和观念，不断积累形成的信仰、习惯和价值观。没有文化的参照，我们就无法理解某个人、某个群体，甚至无法理解整个社会。穿着、饮食和日常生活习惯等，都是日常生活中似乎无需思索的无数细节，但所有这些构成了人们的文化模式和文化身份。**社会化**(socialization)就是让儿童作好准备，以便能很好地行使自己的职责，首先是身为年轻人的职责，然后是作为成年人的职责；社会化的过程就是将文化进行传承的过程，社会因此能圆满地发挥自己的功能。

作为文化机构的学校

很多个人和机构在儿童和青少年社会化的过程中发挥着重要作用。当然，家庭对年幼的儿童而言是最重要的，但在现代社会，正式机构也有助于决定一个儿童该学习什么，并决定他如何为将来在社会中发挥作用作好准备。学校或许就是(除了家庭之外)由成年人设计的、用来维护和永久保存文化的最主要机构。学校为儿童提供生存必备的工具，确保将知识和价值观传递给下一代。学校不仅仅在学科课程内容中维护和传授社会的价值观、信仰及**规范**(norms，行为准则)，而且还通过教育系统的组织结构和运作来维护和传授它们。

在一个像美国这样多样化的社会中，学校有责任帮助年轻人学会分享国家文化，但学校也必须同时保持对文化差异的敏感，并确保来自少数群体的学生能拥有取得教育成功的平等机会。我们将在“提供平等教育机会”一章中的“多元文化教育”一节里讨论学校的这个要务所带来的挑战。

第一节 社会化的机构

主要的社会化机构

有很多不同的社会机构能帮助人们将文化传承给儿童和青少年。对大多数社会而言，教会、同辈群体、学校及家庭等一直以来都是这些机构中最重要的。其中的一些机构，如教会，对西方社会和其他社会的影响力越来越小。而另一些机构，如大众传媒，作为一种社会化的力量已经开始显现出来。在本节中，我们将讨论有关家庭模式对教育影响的几个问题，随后我们将继续探讨同辈群体对儿童社会化所起的作用和教育意义，以及学校文化、电视和其他大众传媒的影响。概述 10.1 总结了这些机构对儿童社会化的贡献。

一、家庭

家庭的早期影响

尽管家庭的组成方式各式各样，但家庭在任何一个社会中都是促进儿童早期社会化的主要机构。同样,家庭也是将文化传递给儿童的第一媒介。因为对年幼的儿童而言,家就是他们全部的世界,家庭成员会教一个孩子生活中重要的事情,而且常常没有认识到自己对孩子产生的巨大影响。那些能够获得成人鼓励或得不到成人鼓励的行为,以及成人用来维持纪律的方式,都会影响儿童看待世界的方式。

概述 10.1 主要社会化机构的影响

机构	趋势和特征	社会化的影响
家庭	● 贫困 ● 单亲家庭 ● 职业母亲的数量增加 ● 挂钥匙的儿童 ● 对孩子施加过多压力 ● 过度溺爱孩子 ● 无家可归	有些变化趋势,如越来越多的母亲外出工作以及学生课前和课后活动的选择范围越来越广,的确存在积极的潜在影响,但大多数变化却让儿童面临在校学习困难的风险
同伴	● 受人欢迎、体育运动、有魅力比学习好更重要 ● 课外活动 ● 欺凌行为	合作型的活动能降低欺凌行为的发生,也能培养同伴间相互促进学习的关系。课外活动的目的常常是要促进学生学习成绩的提高
学校文化	● 主动学习者角色带来的风险 ● 隐性课程具有更多样和更重要的影响力 ● 课堂文化的压力 ● 顺应、商议、妥协 ● 负担过重的教师只能给予学生有限度的关注	学校经常会教育学生降低他们的学习热情,转而喜欢被动学习
电视和数字媒体	● 电视与成绩的关系仍不清楚 ● 电视可能将攻击性的、不良的态度社会化 ● 互联网有望提供主动学习 ● 电子社交网络正变得越来越重要,但可能也会把问题摆在学生面前	电视和其他媒体对促进学生成绩的提高有帮助,但必须对这些媒体的内容和使用进行精心规划,否则它们会造成消极的社会化,还会让学生学到错误的东西

家庭环境和上学准备

很多儿童在学校表现良好,这是因为他们的家庭环境为他们提供了良好的准备,能让他们在传统课堂中获得成功。而另一些孩子在学校的表现欠佳,部分原因就是他们没有作好上学的准备,而通常学校也未能帮助他们克服这种不利因素(在后面的章节中,我们将介绍通过改变教学方法或其他方式来帮助不成功学生的可能性)。近年来,家庭的本质发生了改变,这种改变对儿童教育的发展及其是否能在学校获得成功有非常重要的影响。本节中我们将讨论几个最重要的影响家庭变化的因素,包括日益增加的贫困家庭、单亲家庭和职业母亲数量等;我们还将讨论因为给儿童施加过多的压力或过多的溺爱,家庭是怎样产生教育困难的;最后,我们将审视一些儿童在他们的家庭状况下所面临的严重问题,包括受虐待和无家可归。

贫困中的儿童

贫困是很多家庭的主要问题。美国有15%以上的儿童生活在贫困中,尤其是少数群体的儿童贫困率很高,大约30%的美国黑人和拉丁裔儿童与青年在低于贫困线的家庭中成长。贫困的儿童通常也面临教育的困难。我们将在“社会阶层、种族和学业成绩”一章中更深入地探讨社会阶层与教育成就之间的关系。

单亲家庭

单亲家庭

很多观察家把儿童和青年中的实质性贫困率与单亲家庭的高发生率联系起来。近几十年来,家庭中只有一位家长的比例有了大幅增长,通常这位家长是未婚、离婚或分居的女性。总体而言,现在单亲家庭在有18岁以下儿童的所有家庭中所占的比例达到32%,而其中大约34%的女性为户主的家庭位于贫困线以下,与之相对比的是双亲家庭中只有不到10%位于贫困线以下〔1〕。

一些观察家因此得出结论,现代婚姻是一场“轮盘赌”游戏,不让孩子降生单亲家庭的几率和轮盘赌的输赢一样。例如,2008年,所有非西班牙裔美国白人的孩子中有22%生活在单亲家庭中,而1960年只有不到10%的孩子生活在单亲家庭中。美国黑人儿童和青年人的这组对比数字更令人吃惊,2008年有62%的黑人儿童和青年生活在单亲家庭中。总体来说,一半以上的18岁以下年轻人在单亲家庭中度过了他们童年的某个时期〔2〕。

---

〔1〕 史蒂文·L.诺克,“作为一个公共问题的婚姻”,《儿童的未来》(2005年秋季刊),网址:www.futureofchildren.org;莎拉·麦克拉娜汉、克里斯蒂娜·波切斯基,“家庭结构与不平等的再生产”,《社会学年度评论》(2008年第1期),pp.257—276;《美国统计摘要》(华盛顿特区:美国政府印刷局,2009);另可浏览以下网站获取相关信息:www.childstats.gov。

〔2〕 克里斯汀·F.希菲尔德特、帕米拉.J.斯莫克,“公共政策议事日程中的婚姻”,《贫困研究观察》(2004年冬季刊),网址:www.npc.umich.edu;马格利特·L.俄丹斯基,“社会问题的出现”,《社会学研究》(2008年2月),pp.74—96;汤姆·爱德华,“随着生育高峰期出生的人老龄化,有18岁以下儿童的家庭越来越少”,《美国统计局新闻》2009年2月25日。

对儿童的影响

一直以来，大多数研究都集中在没有父亲的家庭对儿童成长的特殊影响上。其中只有少数几项研究几乎没有测量出这种家庭对孩子的影响，而绝大多数的研究都发现，没有父亲的单亲家庭要经历各种不同的负面影响，包括更可能陷入贫困、孩子更可能遭遇严重的情感和学业问题等。当然这些研究还缺乏结论性，主要原因是这种研究很难控制社会阶层的影响因素。大多数失去父亲的家庭也会经历社会阶层的下滑，这种社会地位的变化让研究人员很难确定每一种因素各自的影响效力[1]。

为了帮助身为教师的你，以便你能够更好地对单亲家庭的发展趋势做出反应，分析人士已经推荐了如下的措施：[2]

给学校的建议

■ 不要假设所有或大多数单亲家庭的孩子都有不寻常的问题。

■ 给未获得抚养权的父亲或母亲寄送家长交流信息的副本。

■ 在课程中加入代表单亲家庭的内容，在图书馆内添加一些展示不同生活方式的阅读材料，以帮助孩子知道如何面对父母的离异。

■ 与其他社会机构合作，完善课前和课后看护儿童的安排计划。

■ 开办研习班，帮助教师学会避免流露出他们可能会对单亲家庭儿童产生的消极预期。

■ 担任顾问工作，为个别学生提供适当的帮助。

■ 在单亲父母方便的时间安排与他们进行交谈和其他活动。

■ 组织一个由学校资助的援助小组，为单亲父母和他们的孩子提供帮助。

■ 帮助父母学习如何成功地监管自己的孩子。

职业母亲的增加

外出工作的母亲

在美国，孩子年龄在 18 岁以下母亲外出工作的人数比例从 1950 年以来一直稳步上升，这主要是以下几个原因造成的：女性获得了更好的就业机会；离婚率上升；家庭

〔1〕 盖里·N.马克，“家庭人数、家庭类型与学生成绩”，《比较家庭研究杂志》(2006 年冬季刊)，1—24；大卫·布兰肯霍恩：《婚姻的未来》(纽约：英康特出版社，2008)；金伯利·A.莎弗、尼古拉斯·H.沃尔芬格尔、洛里·考沃勒斯基-琼斯、肯恩·R.史密斯，“家庭结构的转变与儿童的学业成绩”，《社会学谱》(2008 年 11 月/12 月)，pp. 681—704。

〔2〕 阿黛尔·M.布罗金、梅尔巴·科尔曼，“教师不能独自行动”，《教师杂志》(1995 年 5—6 月)，pp. 25—26；琳达·S.帕加尼等，“预测失败之时”，《社会问题杂志》(2008 年 3 月)，pp. 175—194。

财政压力增加，需要有第二份收入；初婚年龄推后；要求母亲呆在家里带孩子的传统文化态度发生了改变。传统上学校一直依靠没有工作的母亲为学校提供自愿的帮助，但现在学校需要对此作出调整，尤其是当学校期望学生家长能够来参加会议或提供自愿服务的时候。大多数学校已经调整了学校的教学计划，以帮助解决父母双方都要工作，无法在上学时间结束后看管孩子的问题。

挂钥匙的儿童和社区学习中心

挂钥匙的儿童(latchkey children)是指那些放学后自己回到无人看管的家中的孩子，这种情况问题尤为突出，因为很多这样的孩子会花大量的时间看电视或在街上闲逛。全国性的数据表明，有上百万挂钥匙的儿童独自回到空荡荡的家中，或是到社区附近的大商场或街头等地方闲逛。部分由于这个原因，很多学校官员和市政领导人已经采取行动，为儿童和青少年提供更多机会参与学校放学后延长时段的活动项目，或是让儿童在放学后到社区中心参加各种娱乐和学习活动。因此校外的活动项目已经成为很多地区为学生提供的重要服务，你很可能会发现你教的很多学生都会参加这些课前或课后的活动项目。但是，课后或其他校外的活动项目都过于重视学生的学业，这就让学生变成了下一节中将要描述的“忙碌儿童”。[1]

忙碌儿童或父母管得过多的孩子

“超级宝宝”

由于意识到教育在当今社会的重要性，很多父母逼迫自己的孩子从婴儿开始就要在学习中出类拔萃。现在，将自己的孩子培养成“超级宝宝”这个愿望在中产阶层的父母中尤为流行。对于这些父母而言，童年的开始经常是以“焦虑、改善和竞争”为中心的。根据一些分析家的说法，这些孩子受到了父母的过多管教。为了迎合这类父母的要求，很多学前班和小学的课堂教学都会专注于系统的正规教学，以至于对孩子产生危害，因为这种想要大量生产小爱因斯坦的努力是一种错位的做法。

学校对“忙碌儿童”的反应

一些儿童发展心理学家将这种来自家长的压力归为一种“错误教育”的类型，这种

〔1〕 佩内洛普·里奇：《儿童优先》(纽约：维京出版社，1995)；苏西·博斯，“赤脚的时光”，《西北教育杂志》(2002 年夏季刊)，pp. 2—7，网址：www. nwrel. org/nwedu；乔迪·格兰特，“1400 万儿童处于无人监管状态”，《教育乌托邦》，2007 年 1 月 16 日，网址：www. edutopia. org；希瑟·罗德、约瑟夫·L. 马霍尼，“社区犯罪与自我保护”，《发展心理学》(2007 年 11 月)，pp. 1321—1333；梅根·K. 贝克特：《当代青少年活动》(加利福尼亚州圣塔莫尼卡：兰德公司，2008 年)；相关信息可在以下网址获得：www. afterschoolalliance. org。

教育催生了**忙碌儿童**(hurried children),剥夺了孩子的快乐童年。针对这个问题,学校做出的回应是提高儿童上幼儿园的年龄,并且让年满5岁但并未作好上1年级准备的孩子在幼儿园中再呆一年[1]。

被过度溺爱的儿童

过度溺爱的盛行

虽然很多儿童为了达到父母对其早期学习的要求而不堪重负,但还有不少其他的儿童却受到父母过度的溺爱,父母会为他们提供过多的物质用品或是过分保护他们免于经受各种可能会有助于儿童情感成长的挑战(当然,有些儿童会同时经历过度的压力和过度的溺爱)。很多观察者相信,过度溺爱有不断增长的趋势,尤其是在年轻的中产阶层父母中间,他们竭尽全力为自己的孩子提供丰富的有利条件。一些心理学家认为,过度溺爱孩子是一种传染病,正折磨着美国20%的孩子。这些"养尊处优的孩子"会发现难以容忍挫折,因此也会给他们的教师和同学带来特殊的问题[2]。

虐待儿童和忽视儿童

有关虐待和忽视儿童的报告日益增多

来自社会任何阶层的儿童都可能遭到父母或其他家庭成员的虐待或忽视。正如我们在"教育的法律问题"一章中所强调的那样,作为一名教师,你负有主要职责报告任何可能证明一名学生已经遭到虐待的证据。我们的社会对虐待儿童和忽视儿童的程度和后果有了更多的认识,确认受到虐待和忽视的受害儿童数量几乎达到每年100万人。半数以上的这类事件是忽视了为孩子提供必需的食物、衣物或医疗,大约七分之一的事件涉及性虐待,大约四分之一的涉及打孩子或其他身体暴力。因为虐待和忽视儿童的问题非常严重,致使很多儿童福利机构已经不堪重负,尽管这些福利机构的主要工作是在确保儿童安全的情况下尽量保持家庭完整,但也常常不得不将孩子从他

〔1〕 沃尔特斯·科恩、温蒂·科勒,"玩要到底发生了什么",2001年发表于《时代杂志》的网站:www.hyper-parenting.com/time.htm;大卫·埃尔金:《玩要的力量》(马萨诸塞州坎布里奇:达卡伯出版社,2007);玛德琳·莱文:《特权的代价》(纽约:哈伯出版社,2008年);阿曼达·莫林,"不要让你的孩子日程表太满的好处",Education.Com网站,2008年8月25日,网址:www.education.com/magazine;克里斯·科林,"就放养孩子的话题与勒诺·斯科纳兹的对话",《教育乌托邦》,2009年4月22日,网址:www.edutopia.org。

〔2〕 布鲁斯·A.鲍德温:《养尊处优的孩子背后》(纽约:方向动态出版社,1988);罗瑞尔·布拉德伟,"养尊处优的孩子",2004年论文发表于网站:www.helpingchildrengrow.com/cornucopia.php;乔安·阿柯希娜,"儿童的陷阱",《纽约人杂志》,2008年11月17日,网址:www.newyorker.com;哈拉·马兰诺:《一个懦弱的民族》(纽约:百老汇出版社,2008);M.琼斯,"孩子们不得不超速成长",《教育乌托邦》,2009年4月22日,网址:www.edutopia.org。

们家里带走，把他们安置到别的家庭中寄养[1]。

受虐待儿童的后续问题

对虐待儿童的研究表明，受虐待儿童更容易在情感、智力和社会发展方面遭遇严重的问题。当他们成年以后，他们酗酒、吸毒、犯罪、有学习障碍和精神障碍的几率相对更高。但是，这个研究的结果很难说明问题，因为大多数受虐待儿童来自低收入家庭。由于贫困与儿童发展问题、行为不端或犯罪之间也有明确关联，这就很难分辨出哪些问题是受贫困的影响，哪些是受虐待的影响。但虐待与上述问题之间的关系绝不简单，事实上，很多受虐待的儿童都在设法避免产生严重的情感和行为问题[2]。

学校和教师的回应

在任何情况下，教育工作者们都必须认识到受虐待或被严重忽视的学生可能不仅仅在学习上存在困难，而且很可能会做出干扰其他学生学习的行为。因此，“儿童电视工作室”和“全国教育协会”等一些组织已编制了能帮助教师处理受虐待儿童的教学材料，而且这些组织还与其他机构共同努力减少儿童被虐待和被忽视的情况发生[3]。

无家可归

对学校的启示

一些研究表明，无家可归的儿童遭受的虐待和身体疾病情况更严重。我们可以想到，这些儿童的到校上学率相对很低，成绩也相对很差。联邦政府对无家可归的成年人和儿童所提供的帮助相对甚少，几近于无，而且很多地方政府一直不愿意或不能提供很多帮助，但很多学校却在努力为无家可归的儿童提供适当的帮助。例如，有些学区和学校为此聘用了额外的顾问、主办了课后活动项目、招聘全职人员负责为无家可

---

[1] 恩里克·加西亚，“看得见却未报告的”，《虐待与忽视儿童》(1995年9月)，pp. 1083—1094；“儿童、家庭与看护”，《儿童的未来》(2004年冬季刊)，网址：www. futureofchildren. org；理查德·S. 瓦卡，“父母的权利与虐待儿童事件”，《教育成绩和信息中心教育法律新闻通讯》(2008年10月)，网址：www. cepionline. org/newsletter；玛利亚·R. 布拉萨德、埃里克·利沃利斯、维意耶卡·迪亚兹，“对受虐待儿童的校本咨询服务”，《学校心理学》(2009年3月)，pp. 206—217。另见网站 www. childabuse. com 提供的材料。

[2] 玛丽·P. 拉娜、卡罗·S. 史蒂文森、理查德·E. 贝尔曼，“保护儿童免遭虐待和忽视”，《儿童的未来》(1998年春季刊)，pp. 4—22；大卫·P. 法灵顿，“反社会行为源自儿童期”，《临床心理学与心理疗法》(2005年5月/6月)，pp. 177—199；“虐待儿童”，2008年发表于吉姆·霍伯的网站上，网址：www. jimhopper. com/abstats。

[3] 丽莎·欣克尔曼、米歇尔·布鲁诺，“如何识别和报告儿童性侵害”，《小学杂志》(2008年5月)，pp. 376—391；詹妮弗·B. 乐菲拉等，“手机与忽视儿童的测量”，《儿童虐待》(2008年11月)，pp. 320—333。

归的家庭提供服务，学校还试图避免让无家可归的孩子转校[1]。

2008年经济衰退以来，无家可归儿童的问题更加严重。例如，明尼阿波里斯市(Minneapolis)每十名学生中就有一名可能在2009年的某个时段成为无家可归者。联邦法律现在要求学区去帮助那些无家可归的儿童，让他们能一直留在某一所学校内。但是要落实这项政策，就要大量增加用于交通和其他必需品的开销，比如为这些孩子提供生活必需品并为他们提供咨询服务等。"全国无家可归者中心"发布的一个报告称，2009年全国大约有150万儿童无家可归，因此该中心呼吁各社区行动起来，为克服这个糟糕的状况所引发的多重困难作出更多的贡献。

家庭发展趋势的评估

对儿童的全面影响

我们一直在讨论各种不同但相互关联的发展趋势，它们使美国家庭的结构和功能都发生了巨大的变化。虽然目前研究尚未最终认定所有变化的结果是否都会对儿童造成损害，从某些方面看，母亲外出工作和其他相关的发展趋势还是会让儿童有所受益的，但很多的研究依然表明，母亲就业、单亲父母的生活或离婚家庭对很多儿童都造成了不利影响。无家可归和贫困这样的发展趋势显然更具危害性。

核心家庭的衰落

过去，很多分析家都认为，我们的全民教育制度因为**核心家庭**(nuclear family，指父母俩与他们的孩子生活在一起的家庭)的发展而获得了更多的支持。在过去的两个世纪中，核心家庭成为西方社会中的主流家庭形式。核心家庭被描述为是高度以孩子为中心的家庭，为了让孩子在学校取得成功，以及在未来的生活中取得成功，家庭不惜奉献大量的家庭资源来培养孩子。随着第二次世界大战以后核心家庭的衰落，教育工作者面临的任务似乎变得越来越艰巨[2]。

后核心家庭

戴维·波普诺(David Popenoe)对瑞典和美国等高度工业化国家中的家庭发展趋

[1] 约翰·H. 霍洛威，"处理无家可归学生的需求"，《教育领导》(2002年12月/2003年1月)；凯斯琳·维尔，"心在哪里"，《美国地方教育委员会杂志》(2003年6月)；丽奈特·莫欣尼-罗兹、杰瑞尔德·斯塔勒，"为无家可归学生制定的教育政策与改革措施"，《教育与城市社会》(2006年5月)，pp. 288—306；约翰·C. 巴克纳，"理解无家可归对儿童的影响"，《美国行为科学家杂志》(2008年2月)，pp. 721—736；凯文·斯维克，"通过有意义的家长教育与支持，强化无家可归父母与年幼孩子的联系"，《儿童早期教育杂志》(2009年2月)，pp. 327—332；有关信息还可浏览网站：www. homelesschildrenamerica. org。

[2] 爱德华·肖特：《现代家庭的形成》(纽约：基本图书公司，1975)。另见劳伦斯·斯通：《离婚之路：英国1537—1987年》(纽约：牛津大学出版社，1991)；戴维·波普诺，"没有羁绊的性爱，没有婚戒的关系"，2000年论文发表于"国家婚姻项目"网站上，网址：http://marriage. rutgers. edu/publications/pubsexwostrings. htm；戴维·波普诺：《家庭的战争》(新泽西州皮斯卡塔韦：交易出版社，2008)；戴维·波普诺，"家庭问题"，《学术问题》(2009年3月)。

势进行了调查，调查的结论是，这些发展趋势正在共同创造一种“后核心家庭”模式。后核心家庭很强调个体主义（也就是强调个人的自我实现、消遣玩乐、自我表现和自发性），这与核心家庭以孩子为中心的家庭观形成了鲜明的对照。波普诺进一步指出：“成年人不再需要孩子出现在他们的生活中，至少在经济意义上不需要依靠孩子。但问题是孩子们仍然需要成年人……这些成年人应积极为他们提供……大量的时间、耐心和爱。”很多社会科学家也对父母和孩子间的“总接触时间”感到担忧。一些研究表明，这种接触时间在过去几十年内减少了40％之多[1]。

超负荷的机构

在这种因家庭发生改变而产生种种问题的情况下，那些为帮助儿童和青少年而成立的社会机构有时就变得不堪重负，无法再提供有效的服务。例如，当有人问一位马里兰州的社会工作者为什么不把一名6岁儿童从他母亲经营的毒品站内搬离出来时，他的回答是“我的桌子上有20起类似的案件，我没有时间去完成将一名孩子从他父母身边带走这样耗时间的过程”，除非情况非常紧急。由于家庭服务机构的功能差强人意，家长们感到很愤怒，这也促使许多失望的家长跑到内布拉斯加州（Nebraska），把他们年龄较大的孩子放在医院里，那里是指定接受没人要的或难以管理的青少年的接待中心[2]。

很多儿童在危险状态中

“全国儿童工作委员会”认为，尽管大多数美国儿童能保持“健康、幸福、安全”的状态，但仍有很多儿童现在正处于“危险状态中”。就算那些并未遭受极端不幸的孩子，也可能面临困境，“他们不得不到混乱的问题学校上学，在经常发生危险的街道上行走。他们生活中的成年人往往也非常忙碌，无暇顾及他们……。上述影响综合起来就会让很多的儿童在进入成年期后仍未掌握必要的技能，或是毫无为社会作贡献的积极性”[3]。“从职前到实践”专栏描述了两名教师为激励家庭生活困难儿童所作的努力。

焦点问题回顾：作为一名教师，为了有效地与那些来自不同于传统双亲家庭的学

---

〔1〕 戴维·波普诺：《令人不安的巢》（纽约：阿尔丁·德·古鲁特出版社，1988），pp. 329—330；戴维·波普诺，“爸爸在哪里”，《优涅读者》（1997年9—10月），pp. 68—71，104—106；戴维·波普诺，“同居、婚姻与儿童健康”，2008年论文发表于网站：www. marriage. rutgers. edu；戴维·波普诺：《没有父亲的家庭》（纽约：交易出版社，2009）。

〔2〕 威廉·津斯迈斯特，“成长的恐慌”，《大西洋月刊》（1990年6月），p. 67；詹妮弗·麦琪，“研究发现城市中的福利案件非常高发”，《国家城市周刊》（2002年10月7日），p. 12；琳恩·伊塔利尔，“青少年父母对内布拉斯加州《安全避难所法案》的关注”，《华盛顿邮报》，2008年11月11日。

〔3〕 国家儿童委员会：《超越言辞》（华盛顿特区：美国政府印刷局，1991），pp. xvii—xviii。另见劳拉·D. 林德伯格、斯科特·博格斯、劳拉·波特、肖恩·威廉，“冒险的青少年”，2000年论文发表于城市研究所网站 www. urban. org；“美国儿童概述”，2008年论文发表于联邦跨部门论坛，主题为“儿童与家庭统计数据”，网址：www. childstats. gov。

生共同工作，你将采取哪些措施？

从职前到实践

协调一致

在马克和克劳迪娅的班上，有些学生的家庭生活非常困难，还面临不少其他问题。这两名教师正在讨论如何激励这些孩子，并为他们的学习提供帮助。

马克：克劳迪娅，我还能做些什么来激励那些孩子呢？我已经试过了我们教学方法课上教过的所有方法，你是怎样吸引并保持你学生的注意力的？

克劳迪娅：今年早些时候，我就试着找到了他们最喜欢的电视节目，然后我就利用这些节目中出现的两难困境，以及对节目中人物的讨论来引入我们学习的主要单元。这个方法应该还是有效的，但是你必须在学生之前就做好功课，你可以试试这个方法，马克。

马克：那么我该怎么开始找到他们喜欢的电视节目呢？你是怎么做的，是让他们在上课的第一天填写调查表吗？

克劳迪娅：不是，我只是在他们来到我身边时跟他们交谈，问他们昨天晚上看了这个或那个电视节目了吗？他们会告诉我他们看了什么节目。一个星期下来，我就有了一份孩子们最喜欢看的节目清单了。就是跟他们聊一聊，问问他们，他们会告诉你的。

马克：我想知道他们到底看了多少电视，我几乎没时间打开电视，但要是我要用这个方法，我猜我应该把它作为我的家庭作业中的一项。还有什么方法你认为很有用呢，克劳迪娅？

克劳迪娅：到目前为止，你应该知道哪些学生会是潜在的麻烦制造者，找找看他们喜欢什么，然后问问他们的辅导员，他可能会和你分享关于这个学生的一些事情。我们的很多学生来自有问题的家庭、贫困家庭或是无家可归的家庭。现在随着经济形势的恶化，我们会看到更多人符合领取免费或低价早餐和午餐的条件。这就是一个小小的预示，说明我们要应对的很多学生都缺少我们成长时曾拥有的有利条件。

马克：我的有些学生大多数上课时间都想睡觉，你认为药品能解决他们上课不专心的问题吗？

克劳迪娅：可能对有些人有用，但不是都管用的。我打赌你一些学生的家庭状况非常糟糕，还很可能营养不良，还有些学生可能是在学校以外还安排了过多的体育活动和工作，有很多原因让他们的睡眠远远少于他们正常的需要。另外，我读了一份最近的研究报告，表示青少年的脑化学改变了他们的睡眠时间表。教师要处理所有这些问题。当然，我也不想让你感觉太糟糕，要是我所有的学生好像都昏昏欲睡的话，我首先要检查的就是我的讲课是否让他们感到无聊。

马克：好吧，我要确保不是我的原因造成的！但我还是会和辅导员去聊聊这些学生，我也要跟体育指导员谈谈，她和其他的教练把那些出去进行体育活动的学生管理得好得很，可能我的那些差生或捣蛋鬼们这个秋季都选择了打排球或橄榄球呢。可能这样做，我们每个人，学生、教练和老师都会得到好处。

思考问题

1. 你认为教师可以用电视节目来帮助学生将注意力集中在教师要教的概念上吗？解释你的回答。

2. 为什么教师了解班上所有学生的背景很重要？

3. 你认为马克会采取其他什么措施来让自己成为一名高效能教师？

二、同辈群体

同辈群体的影响

尽管家庭关系是儿童对群体生活的第一次体验，但与同伴间的互动很快能让他们感受到社会交往的强大影响力。从幼儿的游戏群体到青少年时期的小集团，同辈群体为年轻人提供了很多意义重大的学习体验，如学习如何与他人交往，如何让别人接受自己，以及如何在朋友圈中树立自己的地位等。同伴之间是平等的，但是父母与孩子间或教师与学生间却不是，因为家长或教师有时会强迫年幼的孩子服从那些他们既不理解也不喜欢的规则，但同伴则不会有这种正式的权利来做到这一点。因此在同伴这个环境中，孩子们能够更容易地学习到交换、合作及平等的真正意义。

随着孩子的成长，同辈群体也变得越来越重要，在孩子青春期时同伴的影响力达到最大，这个时候同伴有时能决定一个青年人校内外的大多数行为。一些研究人员相信，此时同辈群体对青年人的影响比儿童早期的影响更重大，尤其是当孩子与他们父母的接触很少，也极少与更广阔的外界有较多联系时，同伴更为重要[1]。

同伴文化和学校

学生敬重的品质

教育工作者尤为关注校内学生文化的特性。**同伴文化**(peer culture)通常是与学校设立的学业目标背道而驰的。例如，1961 年詹姆斯・科尔曼(James Coleman)所作的一项里程碑式的研究发现，中学生要获得同伴的尊重，必须具有以下的综合特质：友善、有人缘、运动技能高、有迷人的外表和个性，或是拥有某些有价值的技能和物品(如汽车、衣服和音乐专辑等)。而学习上的成功并不在受欢迎的特质之列。总体上，同伴文化会阻碍而不是推动学校学术目标的实现[2]。

朋友、相貌、体育的重要性

20 多年后，约翰・古德莱德(John Goodlad)和他的同事们对 17000 多名学生进行

---

〔1〕 弗兰克・E. 福斯滕伯格，“20 世纪 90 年代青少年和青年的社会学”，《婚姻和家庭杂志》(2000 年 11 月)，pp. 896—911；罗伯特・加德纳等，“青少年社会的重新思考”，《青年和青春期杂志》(2006 年 12 月)，pp. 1023—1035；劳拉・M. 帕迪利亚-沃克尔、罗伊・A. 比恩，“消极和积极的同伴影响”，《青春期杂志》(2009 年 4 月)，pp. 323—337。

〔2〕 詹姆斯・S. 科尔曼：《青少年社会》(纽约：自由出版社，1961)。另见斯坦福德・T. 戈托，“书呆子、正常人与帮派成员”，《人类学与教育季刊》(1997 年 3 月)，pp. 70—84；“青少年社会”，《教育未来》，(2006 年第 1 期)，网址：www. educationnext. org。

教师应帮助学生形成积极的、有益于学习的同伴关系。

了调查,所提出的问题是“有关这所学校最美好的一件事是什么?”,正如表 10.1 中所示,最多的回答是“我的朋友”。接受调查的学生在被问到他们认为哪类学生最受欢迎时,只有 10%的初高中学生选择“聪明的学生”,而 70%的学生选择了“长相好的学生”或者是“身强体壮的人”。在认真思考了这些数据后,古德莱德得出的结论是“身体外貌、同伴关系以及游戏和运动”不仅仅是学生在学校所关注的,而且这些现象在学校里“显得很盛行”。古德莱德注意到科尔曼和其他研究者在几十年前也有类似的发现,他进一步思考“为什么我们几乎从未实际重视过学校中的这些现象呢?”[1]。

给教师的建议

为了培养促进学习而不是妨碍学习的同伴关系,一些教育工作者建议在学校开展一些能鼓励学生进行合作学习的活动。另外,教师应当鼓励儿童与同龄人交往,教会他们建立正确的人际关系和小群体相处的技能,分配儿童承担为他们的同伴谋福利的责任,还要鼓励年长的儿童学会与比他年龄小的儿童交往。这些措施可以帮助消除儿童因同伴关系紧张而做出的反社会行为[2]。

---

〔1〕 约翰·L.古德莱德:《一个被称为学校的地方》(纽约:麦格劳希尔集团,1984),p. 75。另见朱利安·R.贝茨、安德鲁·C.詹、罗瑞安·A.赖斯:《学生成绩的决定因素》(旧金山:加利福尼亚州公共政策研究所,2003);K. M.皮尔斯,“摆姿势、装模作样、等待铃声”,《中学杂志》(2005 年 12 月/2006 年 1 月),pp. 1—15。

〔2〕 大卫·W.约翰逊、罗杰·T.约翰逊、艾迪斯·J.荷卢贝克:《新的学习循环》(弗吉尼亚州亚历山大:督导与课程开发协会,1994);罗伯特·E.斯莱文、辛西娅·蕾克,“小学数学的有效教学方案”,《教育研究评论》(2008 年 9 月),pp. 427—515。

参加课外活动

民意调查的结果不断显示,学生把在课外活动中与同伴间进行的合作和交往当做他们学校生活中最重要的事情。很多教育工作者相信,这种活动的参与是学生生活中的积极力量,但是这种影响力到底有多大是很难进行测量的。困难就在于很难判定参加课外活动是学生其他方面发展的一个原因还是一个结果。例如,众所周知,在其他各方面条件同等的情况下,参加很多课外活动的学生通常学习成绩优于其他不参加课外活动的学生,但是,也可能是成绩更好的学生比学习成绩较差的学生更可能参加这些活动。

对教育抱负的积极影响

尽管存在这些判断上的困难,研究的结果还是建议学生多参加课外活动,尤其是体育、服务、领导活动以及音乐,参加这些活动能促进学生情感和身体的健康发展,还能让学生在完成学校学业多年以后,有志取得更高的教育和职业成就。研究还表明,这种积极的影响在小规模学校出现的可能性大于大规模的学校[1]。

表 10.1 中学生对问题"有关这所学校最美好的事是什么?"的回答

	我的朋友	体育运动	好学生的态度	什么也没有	我在学的课程	教师	其他
初中生的回答	37%	15%	10%	8%	7%	5%	18%
高中生的回答	34%	12%	12%	8%	7%	3%	24%

【资料来源】数据选编自约翰·L. 古德莱德:《一个被称为学校的地方》(纽约:麦格劳希尔出版社,1984 年),pp. 76—77。

对教师的重要性

这些研究结论对教育工作者而言意义非常重大。参加与学术课程无关的课外活动很可能比大多数与教育结果相关联的因素都更具有可操作性(是学校可以根据自身的具体情况进行调整的)。例如,家庭环境可能会导致学生的问题,教育工作者几乎不可能改变任何一名学生的家庭环境,但教师和学校行政管理人员却可以督促学生参加课外活动,因此,这可能是提高学生成绩的最有效的方式之一。

〔1〕 爱丽斯·霍兰德、托马斯·安德鲁,"参加中学的课外活动",《教育研究评论》(1987 年冬季刊),pp. 437—466;莎拉·J. 唐纳森、凯文·罗兰,"参加体育运动对青少年情感健康的影响",《青春期》(2006 年夏季刊),pp. 369—389;格拉斯·B. 里弗斯,"课外活动的优势",《教育领导》(2008 年 9 月),pp. 86—87;苏珊·A. 杜迈斯,"课外活动参与中的同伴与性别差异",《社会学谱》(2009 年 1 月/2 月),pp. 72—100。

教学资源视频案例

社会发展和情感发展：同辈群体的影响

请观看学生学习网站上的视频"社会发展和情感发展：同辈群体的影响"。在这段视频中，戏剧教师翁西尔·萝丝正在处理她6年级学生因同伴压力而产生的针锋相对事件。在观看视频的过程中，你将注意到翁西尔怎样通过公开讨论帮助她的学生摆脱他们所经历的同伴压力(例如感觉需要与特定社会群体达成认同)，随后你还将看到学生们怎样利用戏剧获得对他们所遇到的真实生活境况的看法，明白他们可以作出不同选择，以及这些选择可能带来的结果。观看视频后，请思考以下问题：

(1) 本章陈述了学校应该培养积极的能促进学生学习的同伴关系，视频中的翁西尔·萝丝老师是怎样做到这一点的？举出具体实例来说明。

(2) 在这个视频中，学生和教师通过戏剧和课堂讨论的形式讨论了同伴压力的问题，在观看视频后，你对当今学校中的同伴文化有怎样的见解？

焦点问题回顾：作为一名教师，你该如何促使学生之间的同伴关系向积极的方向发展？

有关欺凌行为及其预防方法的研究

欺凌行为产生的原因和预防方法

近年来，人们开始研究儿童欺凌行为产生的问题。欺凌行为是指那些在校内外严重侵扰同伴的儿童行为。大多数学校已经实施一些政策来减少欺凌现象的发生，尤其是涉及异性的欺凌行为和涉及使用计算机、手机和其他新型媒体的欺凌行为(网络欺凌行为)。在造成一些儿童欺负其他儿童的因素中，经常被引用的因素包括在家庭中被忽视或受到虐待、电视的影响以及缺乏社交技巧从而导致攻击性行为的恶性循环。大多数实施欺凌行为的是男性，但是女性的欺凌行为也在不断增加。教育工作者不仅关注欺凌行为对他人造成的伤害，也关注儿童呈现出的模仿成年人犯罪行为的欺凌倾向。你可能需要运用以下方法来帮助儿童改正他们的欺凌行为，包括与儿童签订行为契约、指导学生学会和平解决冲突的方法、设计能减少同伴嘲笑的课堂活动、争取让父母参与监管孩子的行为[1]。

[1] 安德鲁·S.坎特，"学校中的恃强凌弱行为"，《校长杂志》(2005年11月/12月)，pp.42—45；龙辛迪，"让网络欺凌行为销声匿迹"，《今日全国教育协会》(2008年5月)，网址：www.nea.org/neatoday；马修·S.罗宾逊，"因为害怕所以不能坦诚"，《教育乌托邦》(2008年2月)，网址：www.edutopia.org；杰西·赖特，"让恃强凌弱的人屈服"，《今日全国教育协会》(2008年11月/12月)，网址：www.nea.org/neatoday；维尼·胡，"绯闻女孩与男孩不再产生情感共鸣"，《纽约时报》，2009年4月5日。另见以下网站中的材料：www.bullyonline.org、www.stopbullyingnow.com、www.cyberbullying.us。

三、学校文化

学校的文化层面

与家庭或同辈群体环境中的学习体验相比，学校中的教育相对更加正式。在学校里，成为某个群体的成员并不是一种自愿的行为，而是根据学生的年龄、天赋来决定的，并且经常还根据学生的性别来决定。学生要接受学校的测试和评估，他们被告知什么时候可以坐、什么时候可以站，怎样在走廊中走路等等行为规范。学校集会、体育活动和毕业庆典的仪式，以及校徽、校歌、欢呼等这一切都在传递着学校的文化，并帮助学生实现社会化。一些较少程式化的活动和教师行为同样也在帮助学生适应学校的文化[1]。

教学资源视频案例

培养学生的自尊:同伴编辑过程

请观看学生学习网站上的视频"培养学生的自尊:同伴编辑过程"。在本视频中，一名教师正在示范她是怎样在课堂上开展同伴编辑活动来帮助学生成为更好的写作者，同时在这个过程中增强他们的自尊。在观看视频的同时，请思考当中学生对他们同学的写作进行评判时会发生什么？观看视频后，请思考以下问题：

(1) 视频展示的同伴编辑过程怎样帮助学生形成积极的同伴关系，增强学生学习的积极性？

(2) 从一名教师的角度看，使用同伴编辑策略有哪些好处和不足？如果你是一名教师，你会将这种策略运用于你的课堂吗？为什么是？或为什么不？

学生角色和隐性课程

三种主要的学生角色

吉塔·基达-沃瓦达斯(Gita Kedar-Voivodas)调查了小学课堂中教师对学生角色的期望，也就是教师所期望的学生行为和特征。她从中辨析出三种教师期望学生扮演的主要角色类型:小学生角色、接受型学习者角色以及主动的学习者角色。

"小学生角色"是三种主要学生角色之一。教师期望学生很"耐心、听话、顺从、甘心接受规章制度的约束、尊重权威、易于控制、有熟练的社交技巧"。"接受型学生角色"要求学生要"有学习的积极性、以任务为导向、……学习成绩好等等，要善于接受学

〔1〕 拉尔夫·派瑞希、弗兰克·阿奎那，"相信学校和在学校工作的文化方式"，《教育领导》(1996 年 12 月)，pp. 298—305；芭芭拉·B. 泰尔，《难以置信的真理》(纽约：师范学院出版社，2000)；珍·鲁达克、迈克尔·菲尔丁，"学生的声音与受欢迎的危险"，《教育评论》(2006 年 5 月)，pp. 219，231。

校对课程学习的要求”。根据基达-沃瓦达斯的定义,“主动型学习者角色”就是指学生不仅在内容上,而且在学习的过程中都能远远超越已有的学术课程的要求。主动型学习者的特征包括“好奇心重,敢于主动探究和探索、挑战权威,能独立思考和提出疑问并坚持获得详细的解释”。基达-沃瓦达斯注意到,很多教育哲学家,其中包括约翰·杜威和玛丽亚·蒙台梭利,都非常强调主动学习的价值[1]。

排斥主动学习者

然而,基达-沃瓦达斯同时也发现,那些典型的主动学习型学生有时却遭到教师的排斥,也就是说,很多教师会消极应对那些主动、独立而又十分自信的学生。基达-沃瓦达斯说,学校的学术课程与学校的隐性课程之间存在巨大的差距,学术课程要求学生成功掌握那些认知材料,而隐性课程却要求“遵守制度”[2]。

隐性课程的影响

隐性课程(hidden curriculum)是很多当代学校的批评者使用的一个术语,是指除了学术内容以外,学生从在校期间所做的或应该做的事情中学到的东西。隐性课程除了教学生在课堂中要顺从听话外,可能会让那些经济贫困的学生准备好在未来的生活中成为听话的工人,还可能通过教材中包含的(或是从教材中删除的)阅读材料传播消极的种族和性别成见,也可能引导儿童相信欺凌行为是可接受的,或者抄袭别人的功课是应该且可以原谅的。另外,由于过度强调成绩的竞争也可能创造一种隐性课程,这种隐性课程教育学生在学校系统中获得胜利比任何其他事情都更重要[3]。

课堂文化

日常课堂活动

菲利普·杰克逊(Philip Jackson)在对小学校的课堂程序进行研究之后发现,虽

〔1〕 吉塔·基达-沃瓦达斯,“小学生的学校角色与性别角色对教师态度的影响:一项互动分析”,《教育研究评论》(1983年秋季刊),p. 417。参见里贾纳·D. 兰格特、塞西莉·A. 米切尔,“参与性的情景”,《社区与应用社会心理学杂志》(2008年11月/12月),pp. 593—614。

〔2〕 同上,p. 418。另见迈克尔·阿普尔:《教育与权力》第2版(纽约:劳特利奇书局,1995);克里斯·理查德,“大众文化、政治与课程”,《教育研究者》(1998年6月/7月),pp. 32—34;克雷格·D. 杰瑞尔德,“学校文化”,《学校综合改革与改进中心(CSRI)问题摘要》(2006年12月),网址:www. centerforcsri. org;艾米·K. 西瓦特森、康斯坦斯·A. 弗拉纳根、迈克尔·D. 司陶特,“缄默法则”,《教育心理学杂志》(2009年2月),pp. 219—232。

〔3〕 玛吉·罗斯,“隐性课程”,《校长杂志》(1995年9月),p. 60;安妮特·拉鲁:《不平等的童年》(伯克利:加利福尼亚大学出版社,2003);安·C. 克鲁特、艾伦·布兹(编辑):《入学准备的早期差异》(新泽西州莫瓦:艾尔伯恩出版社,2006);乔纳森·马丁,“被疏远者的教育学”,《教育平等与教育卓越》(2008年3月),pp. 31—34;尼科尔·西本、拉雷恩·瓦咯维茨,“关注你所教的”,《英语杂志》(2009年3月),pp. 44—49。

然不同的学科课程有不同的课程程序，但课堂活动的形式却几乎千篇一律。"课堂作业、分组讨论、教师示范、问答环节"这几个术语就可以描述课堂上发生的大部分活动。另外，这些活动的实施也都遵照明确的规则进行，例如"在写课堂作业时不要大声讲话"，"如果有问题请举手"等。教师担当的就是一个"交通警察、法官、后勤中士、计时员的综合角色"。在这样的文化系统里，教室往往就会成为这样一个地方，在这里发生的事件"不是因为学生想这么做，而是因为该到这个事件发生的时候了"。[1]

强调秩序和服从

大多数小学课堂都是以维持秩序的各项规定为特征的，杰克逊得出的结论是，这样做主要是为了防止出现干扰。因此，在这样的学校文化和课堂文化中，最受欢迎的社会化模式就是最大限度地强调让学生扮演被基达-沃瓦达斯称为听话的"小学生角色"。其他一些研究基本上也得出了相同的结论。例如，约翰·古德莱德和他的同事在《一项有关学校教育的研究》中对学校最普遍的模式进行了描述：[2]

1. 教室内的学生通常就是一个组，教师将所有学生作为一个整体来对待，产生这种模式的原因似乎是在一个较小的空间内维持 20—30 人的有序关系的需要。

2. 热情受到控制。"热情、欢乐以及愤怒都必须得到控制"，结果，学生普遍的情感就是平淡或不带感情色彩。

3. 大多数的学生任务是"认真听教师讲课、写出问题答案、考试和小测验"，教材和练习册通常也是教学的媒介。

4. 随着学生年级的上升，这些模式变得越来越严格死板，也越来越对学生具有支配力。

5. 不鼓励好奇心。教师的教学一般就"只包含了某些信息"，教师相对而言很少努力试图激发学生的好奇心，或重视学生的思考。

总而言之，古德莱德写道："学生几乎不会计划或主动做任何事，很少读或写任何长一点的文字，或很少创作自己的产品，他们甚至很少思考意义。"[3]

---

〔1〕 菲利普·杰克逊：《课堂生活》(纽约：霍尔特出版社，1968 年)，pp. 8—9，13。另见菲利普·杰克逊：《教学实践》(纽约：师范学院出版社，1986)；弗里茨·K. 奥泽，"对课堂互动的道德复杂性的人种学探究"，《教育研究者》(1995 年 4 月)，pp. 33—34；大卫·T. 汉森、玛丽·E. 德里斯科、瑞雷·V. 阿西娜(编辑)《教室里的生活》(纽约：师范学院出版社，2007)；露丝·伍兹，"奖励和处罚都没用之时"，《国际教育质量研究杂志》(2008 年 4 月)，pp. 181—196。

〔2〕 古德莱德：《一个被称为学校的地方》，pp. 123—124，236，246。另见唐纳德·J. 威娄尔、威廉·L. 博伊德：《魏拉德·华勒的教育和学校观》(加利福尼亚州伯克利：麦卡琴出版社，1989)；安东尼娅·勒旺德斯基，"所见所闻"，《教师杂志》(2006 年 3 月)，网址：www. teachermagazine. org。

〔3〕 约翰·古德莱德，"一项有关学校教育的研究"，《卡潘》(1983 年 3 月)，p. 468。另见埃德加·H. 舒斯特，"坚持'学校教育的语法'"，《教育周刊》，2003 年 4 月 30 日；罗伯特·索恩博格，"学校学生对学校规定的推理"，《教育研究论文》(2008 年 3 月)，pp. 37—52。

劳动阶层学校的被动学习

本书中我们曾经讨论过，重视死记硬背的这种被动学习方式，是与现代最新的教育目的观念相悖的。在古德莱德和他的同事们收集数据之后，学校已经发生了很大的改变，但还是有很多课堂仍然沿袭着被动的机械式学习。尤其是那些学生成绩不好、学生大多出身劳动家庭的学校与学生成绩好、大多出身中产阶层的学校相比，更加重视这种被动的机械式学习。为研究这个主题，简·安咏(Jean Anyon)对五所社会地位显著不同的小学校进行了考察。安咏发现，在两所以劳动阶层的孩子为主的学校内，教师的教学主要强调一些机械的技能，如标点符号和字母大小写等；而在那些被划分为以中产阶层或"富有职业"家庭的孩子为主的学校内，情况正好相反，教师教学强调的是独立完成任务，培养学生的分析和理性思维能力。其他的研究者也给出了相似的报告[1]。

被动学习为何如此之多?

为什么课堂通常会如此来发挥其功能？这是一个非常重要的问题，很多分析人士都曾分析过这个问题，他们给出的原因包括以下几种：

制度现实

1. 维持秩序的制度要求。正如杰克逊所指出的那样，学校中大量的日常规定都是在争取对 20—30 名学生和一名教师间的互动进行控制。研究人员用"制度现实"和"组织动态"这样的术语来描述那些能够把对秩序的需要转变为重视被动学习的力量[2]。

学生的退缩

2. 学生对被动学习的偏爱。我们不应该低估很多学生反抗主动学习的程度。沃尔特·多伊尔(Walter Doyle)曾经写道，学生会"限制向教师提供输出的数量，目的是为了将出错的风险降到最小"。学生还能通过这种退缩的行为让其他同学或教师对自己提供帮助。正如一名年纪较大的学生所言："是啊，我几乎什么也不做，你所要做的

---

〔1〕 简·安咏，"工作的社会阶层与隐性课程"，《教育学杂志》(1910 年冬季刊)，pp. 67—92；在杰瑞尔德·亨德尔编辑的《儿童社会化》一书中重印(纽约：阿尔丁德古鲁特出版社，1990)；简·安咏：《贫民区的学校教育》(纽约：师范学院出版社，1977)；简·安咏：《理论与社会研究》(纽约：劳特利奇书局，2008)；简·安咏，"进步主义社会运动与教育公平"，《教育政策》(2009 年 1 月)，pp. 194—215。

〔2〕 古德莱德，"一项有关学校教育的研究"，pp. 469—470；芭芭拉·B. 泰尔，"学校教育的深层结构"，《卡潘》(1987 年 11 月)，pp. 281—284；马克斯·安格斯：《学校改革的规则》(伦敦：帕尔默出版社，1998)；丹尼尔·U. 莱文、瑞拉·F. 莱文，"引入教学干预的思考"，芭芭拉·普莱塞森(编辑)：《智力教学》(第 2 版)，(加利福尼亚州千橡市：考尔文出版社，2007)；布兰德·西蒙森、乔治·苏盖、玛德琳·尼格隆，"全校范围内支持积极行为"，《特殊儿童教学》(2008 年 7 月/8 月)，pp. 32—40。

就是装哑巴，然后某某老师就会告诉你正确答案，你只要在那儿等就行了。你知道，他肯定会告诉你的。”[1]

以低标准成交

3. 学生与教师间的妥协、讨价还价及和解。在这样一个既有对秩序的制度要求，又有学生偏爱被动学习的情况下，教师和学生之间就很可能达成一种妥协，或通过讨价还价，他们以最低标准的设定形成和解。例如，马丁·哈伯曼(Martin Haberman)在很多城市学校的教室里观察到，学校里存在一种被他称为“交易”的现象：只要教师忽视学生并未勤奋地完成他们的课堂作业这个事实，学生就不吵不闹。这种广泛存在的“基本原则”在很多研究中都有记录。迈克尔·塞德拉克(Michael Sedlak)和他的同事把这种状况称为“一种复杂而又心照不宣的合谋，目的是为逃避严格而苛刻的学术要求”[2]。

哪些学生能获得关注?

4. 教师注意力的分配。很多教师都感到他们不得不把他们大多数的时间和注意力花在一小部分的学生身上，有时是学习最迟钝的学生，也就是教师认为最需要帮助的学生。但大多数情况下，教师的注意力主要集中在最聪明的学生身上，因为教师相信给予他们额外的关注是最有成效的，尤其是当教师手下有如此多“学习迟钝”的学生，要帮助他们所有的人似乎是不可能的时候，这种态度尤为普遍。

海伦·古尔德纳(Helen Gouldner)和她的同事在一所位于市中心、全是黑人学生的小学校里发现了这种动态。这所学校里大多数学生来自低收入家庭，这种家庭环境未能将这些孩子培养成能在课堂上认真行使自己职责的学生。而少数一些家教好的学生(通常是来自社会地位相对较高的家庭)成为了教师的“宠物”，他们在学校学习期间都能全程获得教师的倾心帮助。相对而言，大部分的学生群体(那些无名小卒)几乎未能获得教师的关注，他们通常既不具有破坏性也不会获得特别的成功。剩下的学生是一小群“捣蛋分子”，他们既不能也不愿遵守课堂的日常要求。这些模式与学校的“分类筛选”功能非常吻合，因为这个学校里的教师大多数都是美国黑人，他们能感到，在这样一个困难的学习环境中，至少他们在帮助一部分黑人学

---

〔1〕 沃尔特·多伊尔，“学术工作”，《教育研究评论》(1983年夏季刊)，pp. 184—185。另见大卫·泰益克、威廉·托宾，“学校教育的‘语法’”，《美国教育研究杂志》(1994年秋季刊)；大卫·弗列罗，“学校内部的故事”，《教育未来》(2006年第2期)，网址：www.educationnext.org；艾莉森·兹穆达，“激发主动学习”，《教育领导》(2008年11月)，pp. 38—42。

〔2〕 迈克尔·W. 塞德拉克等，《低估学生》(纽约：师范学院出版社，1986)，p. 13；马丁·哈伯曼，“城市学校中学生不努力工作的意识形态”，《卡潘》(1997年3月)，pp. 499—503；杰弗里·米雷尔，“传统的中学”，《教育未来》(2006年第1期)，网址：www.educationnext.org；安妮·格雷戈里、迈克尔·B. 瑞普斯基，“青少年对教师的信任”，《学校心理学评论》(2008年第3期)，pp. 337—353；罗伯特·E. 斯莱文、格温·C. 霍尔姆斯、塞西莉亚·丹尼尔，“佛尼斯中学更上一层楼”，《教育领导》(2008年12月/2009年1月)；马丁·哈伯曼，“贫穷的教育学与优良的教学”，论文发表于以下网站，日期不详：www.ednews.org。

生去获得成功[1]。

作为社会需求的顺从

5. 社会要求学生学会顺从。 学校重视被动学习的潜在原因是基于这样的现实：年轻人必须学会在校外的社会制度中行使自己的职责。因为在当代社会中，大多数人必须应对各种经济、政治和社会制度，儿童必须通过社会化，才能遵循适当的常规和规章制度。菲利普·杰克逊把学校承担的促进儿童社会化的使命归结为下面的观点："人们期望儿童能适应教师的权威，成为'好学生'和'模范生'。那些在年幼时就养成了'良好工作习惯'的人，更容易适应从教室到工厂或办公室的转变。"学校教育的这个目的成为了前面提到的隐性课程的一部分[2]。

教师的负担

6. 教师的负担过重。 教师必须面对班级规模较大、教学任务繁重带来的各种要求，还必须处理各种课堂外的职责和任务，学习和处理大量范围很广的教学材料和技能，以及其他责任。在这种情况下，很难要求他们为学生提供积极的有意义的学习体验[3]。对此本书也曾进行过讨论，由于认识到教师的负担过重，很多改革者正在努力减轻教师的过重负担。

我们还能提供很多其他的理由来说明，为什么课堂教学模式未能受到当代学习理论的影响，但这些理由绝大多数都提及了制度性约束的问题，而制度性约束更支持被动的机械式学习[4]。为了克服这种约束，学校的组织结构和教学法都需要进行重大的革新，我们将在"美国学校效能与学校改革"一章中探讨这些革新方法。

---

〔1〕 海伦·古尔德纳：《教师的宠物、麻烦制造者与无名小卒》(康涅狄格州韦斯特波特：格林伍德出版社，1978)，pp. 133—134。有关古尔德纳和她的同事研究的自我应验的预言以及这种预言在学校运行的方式在瑞·C. 瑞斯特的《城市学校：制造失败的工厂》中有详细描述(马萨诸塞州坎布里奇：麻省理工大学出版社，1973)。另见西奥多·路易斯、程新宇，"职业教育的轨迹、期望和转型"，《美国教育杂志》(2006年11月)，pp. 67—99。

〔2〕 杰克逊：《课堂生活》，p. 32。另见安·A. 弗格森：《坏小子》(安娜堡：密歇根大学出版社，2000年)；大卫·M. 希米尔，"共同制定规则与公民教育"，《美国中等教育》(2003年夏季刊)，pp. 16—35；罗伯特·索恩博格，"这不公平——为小学生对学校规则的批评而呐喊"，《儿童与社会》(2008年11月)，pp. 418—428。

〔3〕 琳达·M. 麦克尼尔：《学校改革的矛盾》(纽约：劳特利奇书局，2000年)；马克·J. 加里森、汉克·布罗姆利，"社会环境、防御型教学法以及教育技术的(错误)使用"，《教育政策》(2004年9月)，pp. 589—613；布兰登·D. 马克西，"正在让孩子们掉队"，《教育管理季刊》(2006年第2期)，pp. 256—284；唐纳德·R. 拉马格德琳、大卫·W. 彼得森，"不让一个孩子掉队"，《圣·托马斯杂志》(2009年冬季刊)，网址：www. stthomas. edu。

〔4〕 其他经常被引用的原因还包括：教师倾向于采用自己曾接受的教学方式来进行教学；引进新的教学方法往往成本很高；缺乏足够的职前和在职培训。

积极的方面

本节中我们一直关注学校文化中消极的一面，但我们应该注意到美国中小学校中也存在着很多积极的方面。大多数学校为学生提供了秩序井然的学习环境，大多数学生学习了阅读和计算，并达到了能在社会上发挥作用的水平。教师、学生和家长之间的关系总体而言是非常积极的，大多数学生获得了中学毕业证书，还有很多学生继续接受各种高等教育。在“美国教育的历史发展”、“社会阶层、种族和学业成绩”、“国际教育”、“美国学校效能与学校改革”等章节中都详细描绘了美国教育系统取得的许多成功。

焦点问题回顾：你的中学教师对主动学习的重视能达到什么程度？你能回想起什么明显的障碍阻碍了更重视高级目标的主动学习吗？

四、电视和数字媒体

电视时间多于上学时间

一些社会科学家将电视称为“第一课程”，因为电视似乎影响了儿童发展学习技能和引导他们习得与理解知识的方式。由于使用电视和其他媒体几乎不需要付出什么努力，也无需任何技能，所以如何让学生对学校的功课保持兴趣和积极性，这是教育工作者不得不面对的一个可怕的挑战。一名 8 年级普通学生，用在看电视、上网和打电子游戏的平均时间，比他们用在课后做作业和课外阅读的时间多三倍。另外，大多数的儿童和青少年相信，他们同伴的价值观深受他们从媒体所看到的内容的影响。在“热点问题争鸣”栏中，我们将更进一步地讨论电视的影响。

电视和学习成绩

尽管有研究显示，学生在校成绩和看电视存在某种联系，但这种联系的本质目前还不是完全清楚。一些研究认为，看电视会减少学生的阅读活动，但这个结论尚未获得完全的证实，一些国际性的研究表明，有些国家的学生虽然看电视看得非常多，但也能获得相对较高的成绩。因此很难区分是因为看电视让学生失去了阅读的兴趣，还是因为本来成绩就不好所以用看电视的方式逃避读书。但是，很多教育工作者依然非常关注电视和其他媒体的使用是否可能降低多数学生的成绩，尤其是因为有调查显示，数百万的儿童看电视和使用其他媒体一直到夜里很晚的时候，而在第二天上学时却哈欠连天[1]。

---

〔1〕《对 6 年级学生学习成绩与看电视习惯的调查》(加利福尼亚州萨克拉门托：加利福尼亚州教育厅，1982)；史蒂文 · S. 斯科洛兹曼，“看还是不看”，《教育领导》(2003 年 12 月—1 月)，pp. 87—88；艾米 · 阿扎姆，“沉浸在媒体中的一代”，《教育领导》(2006 年 4 月)，pp. 92—93；“儿童与电子媒体”，《儿童的未来》(2008 年春季刊)，网址：www. futureofchildren. org；若恩 · 考夫曼，“电视和影音娱乐对学生阅读和写作成绩的影响”，发表日期不详，发表于“关掉你的电视”网站：www. turnoffyourtv. com。

大众媒体的普遍影响

除了可能对学生的学习成绩造成负面影响，电视和其他媒体，如电影、电子游戏、音乐制品等，还深深地影响着儿童和青少年的社会化进程。研究表明，媒体的狂轰滥炸产生了很多不受欢迎的童年产物，例如肥胖症和注意力分散等。媒体刺激并反映了我们社会上流行的态度和行为的变化，从娱乐、职业选择到性关系、消费及吸毒等等都能在媒体上看到。但不幸的是，目前还没有结论性的数据能判定到底媒体对儿童和青少年的影响有多深，媒体的总体发展和影响是积极的还是消极的也没有定论（这当然还要看一个人把什么看做是积极的，什么看做是消极的）。例如，有线电视一天 24 小时不间断地播放摇滚音乐节目，既可以被看做是让年轻人远离大街的手段，也可以被看做是西方文明终结的开始[1]。

表 热点问题争鸣：电视的影响

电视现在已经几乎是家家必备的设备，其影响无处不在，以至于有人将它称为另一个家长。由于大多数儿童花在看电视的时间超过了上学的时间，关于电视对学生学习和行为的影响的争论也就一直不断。

争论问题

一般而言，电视对学生的影响能够让教师受益吗？

正方观点：	反方观点：
1. 电视能丰富学生的背景知识，因此他们能更容易理解教学内容。如果教师善于利用学生从电视中学到的知识，他就能加快介绍教学主题的速度。 2. 电视不仅能为学生提供有用的信息，还能让学生对各种话题感兴趣，教师可以利用电视激发学生的兴趣，让学生更深地投入到课程的各个部分中。	1. 很多时候，学生从电视中获得的信息只是肤浅的事实的集合，而不是有用的背景知识。另外，电视可能会欺骗学生认为这些支离破碎的事实就代表了真正的理解。 2. 看电视会让学生养成一些教师肯定会阻止的心理习惯。虽然电视能激起学生对某一主题的兴趣，但通常这种兴趣稍纵即逝，而且还会让学生习惯于通过被动接受印象来学习，而不是通过深思熟虑的分析来学习。另外，儿童大量地看电视与儿童注意时长的降低有密切关系。

〔1〕 马克·保尔雷恩：《最愚蠢的一代》（纽约：塔切尔出版社，2008）；唐娜·圣·乔治，“媒体的狂轰滥炸对儿童期造成的不良后果”，《华盛顿邮报》，2008 年 12 月 2 日；马克·保尔雷恩，“美国青少年身处反知识的环境中”，《教育未来》（2009 年春季刊），网址：www.hoover.org。

续 表

3. 电视能帮助教师让年幼儿童的学习变得欢乐愉悦。一些类似于《芝麻街》的电视节目能让儿童们在快乐中学习，该节目已经起到了提高学生成绩的功效。 4. 电视提供了一种宣泄方式，可以帮助儿童释放出敌对和愤怒的情感。看电视剧的儿童可能会消耗掉那些可能会直接发泄到同学、家长或老师身上的暴力冲动。 5. 电视能提供一种良好的社会交往经验。研究显示，一些类似于《芝麻街》的电视节目能增加儿童间的合作行为。另外，很多儿童节目能让观众从成人世界中解脱出来。	3. 过早接触“快乐”的学习通常会让儿童对学校产生错误的期待。教师不可能像“大鸟”（《芝麻街》的主角，译者注）那样有趣，要与这样的电视节目竞争，会让教师的工作更加困难。 4. 对儿童模仿行为的研究表明，很多儿童在碰到他们曾在电视上看到的相似情境时，会按电视人物的所作所为做出相同的应对。换句话说，有关暴力的电视节目就会促使儿童产生暴力行为。 5. 儿童每看一集《芝麻街》的节目，就会同时看其他几十个试图让儿童远离学校和更广泛社会的价值观的电视节目。例如，有些节目会强化儿童对待社会制度的负面群体态度，还有些节目给儿童呈现的是过分简单或被扭曲了的是非观，还有很多节目是在鼓励儿童拥有危险的幻想。

与攻击性的相关度

很多成人尤为忧心的是，电视、电子游戏和其他媒体可能会让儿童具有攻击性或暴力行为。现在一个儿童在他完成小学学习阶段时，就会通过各种媒体目击平均上千次的模拟谋杀和上万次的其他暴力行为。这类节目的影响部分取决于情境因素，例如，孩子受挫或愤怒的程度，可能会承担的如疼痛或惩罚等后果，以前对暴力的感受性以及表现暴力行为的机会等等。但是，根据“行为科学家委员会”的看法，总体而言，“电视暴力与其他已测量的行为变量一样，与攻击性行为有很强的相关性。”“美国儿科学会”和“美国心理学会”也得出结论：儿童如果不断暴露在电视和其他媒体播放的暴力行为中，就会促使他产生暴力行为〔1〕。

社会科学家也特别关注媒体对女童的社会化影响。最近的研究表明，媒体对性的刻画影响了未成年怀孕的不断上升。此外，“美国心理学会”的一个特别任务小组对电视、音乐视频、音乐的歌词、杂志、电子游戏、网络以及广告和商业推销的影响进行了研究调查，结果表明，这些媒体所造成的影响包括摧毁了女孩的自我形象及身体健康发展。该学会对儿童和青少年的“性欲化”进行了谴责，并把性

〔1〕 美国卫生及人类服务部：《电视和人类的行为：科学进步的十年及其对八十年代的影响，第1卷，总结报告》（华盛顿特区：美国政府印刷局，1982），pp. 6，38—39；艾德·多雷斯坦恩等，《全国电视暴力研究》（圣巴巴拉市：加利福尼亚大学圣巴巴拉分校出版社，1998）；“进去的必须出来”，2003年论文发表于网站：www. mediafamily. org/research/index. shtml；“暴力电子游戏毒害青少年的大脑”，《美国地方教育委员会杂志》（2007年2月）；克雷格·A. 安德森等，“日本、美国暴力电子游戏对攻击性行为的长期影响”，《儿科学》（2008年11月），pp. 10l67—e1072，网址：www. aap. org。

欲化定义为"当一个人的价值仅仅表现在他的性吸引力或性行为方面,而把其他特性排除在外时所发生的一切,以及人们只从性的角度来客观具体地看待一个人,这就是性欲化。例如,把一个人看成是供另一个人性使用的东西(原文为意大利文)"[1]。

电视的积极利用

然而,电视和数字媒体也能成为推动儿童积极社会化的重要力量,这一点也是千真万确的。例如,研究表明,儿童电视节目《芝麻街》对中产阶层和劳动阶层的孩子提供了有效的学习帮助。这些孩子在观看了强调合作和礼貌行为的节目后能成为更具合作意识、更有教养的孩子。研究还显示,像"数学小先锋"(Cyberchase)这样的计算机软件能帮助小学生提高数学学习。一些分析人士相信,电子游戏和电脑游戏以及其他数字媒体能帮助儿童和青少年形成很多解决问题的能力和运动技能。一些分析人士还认为,数字化学习的轻松,正在创造一种认知盈余(cognitive surplus),这将让年轻人和成年人的生活和工作都得到巨大的改进。

改革的努力措施

由于认识到媒体带给儿童和青少年的影响有好有坏,所以很多人开始努力改进媒体节目的质量。"家长教师协会"已经把电视改革作为该协会的主要全国性目标之一,重点致力于减少在电视黄金时段出现有关性、商业主义、暴力的内容。还有其他一些组织,如"全国公民广播委员会"也在进行政治游说以图进一步的改革。

但是,改革进展还十分缓慢。一档典型的下午"儿童节目"仍可能是播放一群卡通超级英雄乏味的游行,很多节目持之以恒地诱导儿童要求父母带他们去最近的玩具商店玩耍。1996年,联邦政府发布规定,要求电视台每周至少要为儿童们播放三小时教育类和信息类节目,但这样的节目大多观众甚少,而那些以性和暴力为主的节目仍然并未减少[2]。

---

〔1〕 艾琳·L.楚尔布里根等,"美国心理学协会特别任务小组对女孩性欲化的报告",2007年为美国心理学会准备的论文,论文概要可在以下网站上获得:www.apa.org;安妮塔·钱德拉等,"观察电视中的性内容能预测青少年怀孕吗?",《儿科学》(2008年11月),pp.1047—1054,网址:www.aap.org。

〔2〕 丹尼尔·R.安德森,"教育电视并非一种矛盾修辞手法",《美国政治和社会科学学会年刊》(1998年5月),pp.24—38;史蒂文·约翰逊:《所有坏事都对你有好处》(纽约:河之源出版社,2006);珍妮·莱文,"游戏与图书馆",《图书馆技术报告》(2006年9月/10月);"游戏可以被当做一种学习工具",《电子学校新闻报》,2007年1月18日,网址:www.eschoolnews.com;罗伯特·L.雅各布森,"数字录像的兴起是怎样改变着教育的",《电子学校新闻报》,2008年1月2日,网址:www.eschoolnews.com;玛丽·普兰斯基,"年轻的头脑、快速的时代",《教育乌托邦》(2008年5月31日),网址:www.edutopia.org;克莱·舍基:《大家都来了》(伦敦:企鹅出版社,2008);雷拉·威尔,"Behaveyourself.com",《教育乌托邦》(2008年8月/9月),网址:www.edutopia.org;珍妮·莱文,"游戏与图书馆",《图书馆技术报告》(2009年7月),pp.5—35,网址:www.alatechsource.org;若恩·考夫曼,"电视形象怎样影响着孩子们",发表日期不详,发表于"关掉你的电视"网站:www.turnoffyourtv.com。

数字化时代的网络一代

与电视的差异

现在的儿童和青少年，生活在一个充斥着各种互动视频和无所不在的互联网这类数字通讯设备和信息资源的环境之中，一些分析人士已经开始探讨这种成长环境可能带来的变化。关注这种发展的第一本书是唐·塔普斯科特(Don Tapscott)撰写的《数字化成长》，塔普斯科特将在这个新兴数字时代中成长的年轻人称为"网络一代"，他相信互联网与电视是截然不同的，因为互联网能激发互动参与，而不像电视那样只能被动观看。塔普斯科特还预言，互联网将创造"不断对信息所包含的隐性价值提出质疑的一代人……这样做能够迫使孩子们不仅仅要练习他们的批判性思维，而且还训练他们的判断力……因此就能促使孩子们毫不留情地不断打破权威的观念"[1]。

个体解放与生产力

塔普斯科特相信，数字化革命的首要影响是解放个体和提高社会生产力。对个体而言，信息和知识将很容易获得，各种机会大量增加。此外，熟悉数字媒体的青年人能更有效地胜任各种复杂工作，能满足需要同时完成多重任务的工作要求。对社会而言，以知识为基础的经济能提高效率和生产力，各种新技术将使教育系统更成功地发挥自己的职能，以把年轻人培养成胜任各种技术工种的合格雇员。但是，和其他分析人士一样，塔普斯科特也很担心，数字媒体和数字学习会进一步扩大现在已经很棘手的那些能拥有媒体和不能拥有媒体的人之间的鸿沟，也就是能获得新技术的中产阶层青年和接触新技术的机会相对更少的低收入青年之间的鸿沟，低收入青年因为无力学习新技术将会处于更大的劣势中。

Web 2.0 和社交网络

社交网络问题

塔普斯科特和其他首屈一指的分析人士，如厄尔斯·加瑟、约翰·帕尔弗里以及克莱·舍基(Urs Gasser, John Palfrey and Clay Shirky)，都特别关注年轻人在使用 Web 2.0 时的体验。Web 2.0 是相对 Web 1.0(2003 年以前的互联网模式)的新一类互联网应用的统称，更增加了网络的互动性和社交性。这些分析家们指出，到年满 20 岁时，很多年轻人很可能已经在网络上度过了三万个小时甚至更多的时间，而大多数

---

〔1〕 唐·塔普斯科特:《数字化成长》(纽约:麦格劳希尔集团,1998),p. 26。另见唐·塔普斯科特,"网络一代已经成年",《商业周刊》,2008 年 11 月 3 日,网址:www. businessweek. com;"技术在导致批判性思维及分析能力的下降吗",《科学日报》,2009 年 1 月 29 日,网址:www. sciencedaily. com;其他信息可浏览网站:www. growingupdigital. com。

上网的时间是在与来自世界另一个地方的网友进行接触。甚至非常年幼的孩子也在登录一些能让他们与其他可能来自不同群体的网络使用者进行交流的网站。很多观察家们很担心这种情况会导致明显的负面问题，例如网上匿名的所谓“朋友”可能造成的危险，过分信任网站上搜索到的不可靠信息，还有就是网络过于耗费时间，常常让孩子不能集中精力于自己的学校功课和学习。但他们也指出，Web 2.0 网络由于其互动性和社交性能提供大量机会来改善儿童和成年人的生活，同时也能改进社会制度、政治制度和经济制度的运行能力。他们针对学校应着重采取的措施提出了以下建议：[1]

■ 教学生学会正确安全地使用 Web 2.0 工具，不要阻止他们，也不要放任自流；

■ 确保学生在学习和书写的是能接受的英文，而不是手机短信中使用的缩略语；

■ 把以教师为中心的授课模式转变为以学生使用互联网和通讯设备的技能为基础的教学模式，这种模式更适合于 Web 2.0；

■ 强调技能的学习，例如通过网络开展小组项目的技能，这些技能会让学生在未来求职时受益匪浅；

■ 鼓励学生使用那些以艺术、历史或科学为主题的电子游戏或电脑游戏，而不是暴力、色情类的游戏；

■ 帮助学生在他们与计算机的关系和接触，与他们的体育运动和俱乐部活动等现实生活中的活动之间掌握平衡；

■ 培养学生运用媒体的能力，包括数字素养、视觉素养以及其他方面的基本素养。

第二节 性别角色和性别差异

性别角色的早期强化

社会不仅仅需要人们遵循它基本的价值观和基本规范，也为每位成员分配了具体的角色，期望他们能遵循这个角色已有的行为模式。**性别角色**(gender roles)是一种关于男孩和女孩以及男人和女人应有的行为方式的观念，尤其受到社会化的强大影

---

〔1〕 苏西·博时，“项目参与”，《西北教育杂志》(2008 年春季刊—夏季刊)，网址：www. nwrel. org；内奥米·狄龙，“保护学生在线”，《美国地方教育委员会杂志》(2008 年 12 月)；斯科特·麦克劳德，“封锁未来”，《学校行政管理人员杂志》(2008 年 5 月)，网址：www. aasa. org；约翰·帕尔弗里、厄尔斯·加瑟：《出生在数字化时代》(纽约：基本图书公司，2008 年)；安妮·M. 斯拜尔特、安德里斯·万·丹姆，“数字视觉素养”，《理论与实践》(2008 年 3 月)，pp. 93—101；唐·塔普斯科特：《数字化成长》(纽约：麦格劳希尔集团，2008)；唐·塔普斯科特，“如何教和如何管理‘网络一代’”，《商业周刊》，2008 年 11 月 30 日，网址：www. businessweek. com；亚当·D. 蒂埃尔，“理解我们的数字化孩子”，《城市杂志》，2008 年 10 月 10 日，网址：www. cityjournal. com；山姆·安德森，“为分心辩护”，《纽约》，2009 年 5 月 17 日，网址：www. nymag. com/news/features/56793；简·大卫，“媒体素养教学，对此研究说了些什么”，《教育领导》(2009 年 3 月)；格鲁·唐尼，“脸谱网在腐蚀我们孩子的大脑吗”，《神经人类学》，2009 年 3 月 2 日，网址：www. neuroanthropology. net。

响。性别角色在不同文化中存在着差异,但在某一特定文化内,性别角色都有非常明确的规定,并通过精心安排的有选择的强化活动让男孩和女孩进行社会化发展。例如,一名学龄前男孩如果玩洋娃娃可能就会遭到讥讽,而年轻的女孩则被要求避开那些被认为粗野的活动。正如罗伯特·哈维格斯特(Robert Havighurst)所说的那样,到3岁以后,"男孩和女孩间的行为举止已经有了显著的不同"。甚至在更早的年龄,男孩就会显得更"活跃",而女孩则更"有依赖性"也更"贤惠"[1]。

性别角色和学校男生问题

当儿童上学后,他们会发现讲礼貌、保持清洁以及听话顺从等传统规范在学校占主导地位。教师通常会制止打架和其他攻击性行为,这就成为男生要面临的一个问题,因为研究表明,男孩一般比女孩要更具攻击性,这种不同几乎从出生之时就开始显现,很可能是因为荷尔蒙的不同所造成的。一些学者相信,教师倾向于奖励被动行为而阻止攻击性行为,这很可能就是更多的男孩被疏远和违反学校规定的原因。男孩受教师训斥要比女孩受训斥的几率多很多,而到学生升入中学各年级后,进补习班以及专为有情绪困扰学生开设的班级学习的男生数量就远远超过了女生[2]。

性别角色和学校女生问题

与此相反,在这样的教育系统中,女孩遇到的问题通常也反映了女子社会化的状况,她们被社会化为具有依赖性而非独立自信。过去,人们并不鼓励女孩从事诸如法律、医疗和其他高收入的技术类工作,以获取更高的社会地位;相反,人们期望把女孩培养成为贤妻良母,鼓励女孩考虑从事的少数几个职业,相对而言都是收入和社会地位较低的职业,诸如小学教师、社会工作者、护士等。这种类型的社会化并不激励女孩学习能让她们获得经济成功的有用技能。此外,大多数女孩更擅长于语言技能,但却不能让她们在数学和科学方面获得成功。结果,很多女孩被排除在受教育的机会之外[3]。

---

〔1〕 罗伯特·J.哈维格斯特,"性别角色的发展",《教育研究与发展杂志》(1983年冬季刊),p. 61;另见蒂莫西·J.莱恩斯米尔,"习得性别",《教育研究者》(1995年6—7月),pp. 31—32;朱迪丝·E.布莱克摩尔、克雷格·希尔,"儿童性别社会化量表",《性别角色》(2008年2月),pp. 192—207;哈里特·R.特伦鲍恩,"你应该擅长于此",《社会发展》(2009年5月),pp. 447—463。

〔2〕 克里斯蒂娜·H.索莫斯:《向男孩开战》(纽约:西蒙-舒斯特出版集团,2000);托马斯·纽柯克,"男孩素养的宁静危机",《教育周刊》,2003年9月10日;格里·加里波第,"学校如何欺骗男孩子的",《城市杂志》(2006年夏季刊),网址:www.city-journal.org;玛丽·A.克拉克等,"公共教育下男性成绩低下的原因考查",《美国中学校长联合会新闻简报》(2008年6月),pp. 111—132;詹姆斯·M.奥尼尔、玛丽莎·L.卢汉,"通过心理学教育计划,防止学校男孩的问题",《学校心理学》(2009年3月),pp. 257—266。

〔3〕 苏珊·L.加布里埃尔、艾赛亚·史密森(编辑):《教室里的性别》(乌尔班纳:伊利诺伊大学出版社,1990);卡杨·M.普拉姆,"教室里的技术",《计算机与教育》(2008年4月),pp. 1052—1068。

不鼓励女孩的竞争力或领导力

虽然小学期间的社会化常常要求男孩更听话更合作,但到了中学,由于更加重视体育,这就意味着男孩比女孩能获得更多的机会学习领导艺术和竞争技能,这些在今后的生活中都非常有用。尽管人们也期望女孩善于合作,甚至非常温顺,但传统上却极少鼓励女孩去学习这些技能,而具备这些技能的女孩,则被认为违反了美国社会中形成的关于女性行为的适当规范。

男性同辈群体与女性同辈群体

拉法拉·贝斯特(Raphaela Best)发现,学校中的同辈群体也能把这种对男孩和女孩的传统期望传递给孩子们。贝斯特的报告中提到,男性同辈群体很重视"总是争第一"以及"不与失败者交往"等"准则",而女性同辈群体相对而言更注重的是在一起很开心,而不太在意输赢,更注视合作而不是竞争。她的报告中还提到,随着她所研究的学生逐渐长大,他们在克服陈旧观念方面也取得了一些进步。这些陈旧观念限制了女孩流露自己的志向,同时也阻止了男孩情感的成长。巴利·索恩(Barrie Thorne)对小学生进行了研究,也得出类似的结论:性别角色是在幼年时期通过社会建构形成的。她还总结说,教师应当试图通过推行合作行为,以及增加学生参加各种不同活动的机会,来消解社会上形成的性别成见[1]。

一、学习成绩和能力的性别差异

阅读和数学

美国近期的研究表明,学生学业成绩的性别差异相对较小,几近于无。例如,9岁、13岁、17岁学生的阅读成绩表明,女孩的分数比男孩稍微高一点。相反,在17岁年龄组中,男孩的高等数学成绩也就比女孩的成绩略微高一点,但是这些成绩间的差异比1970年的差距要小;9岁和13岁年龄组女孩和男孩的数学分数基本没有什么差别。研究还显示,女学生的数学成绩获得提高,部分原因是在过去几十年里女学生比男学生上了更多的数学课[2]。

---

〔1〕 拉法拉·贝斯特:《我们都有伤疤:男孩和女孩在小学能学到什么》(布卢明顿:印第安纳大学出版社,1983);巴利·索恩:《性别游戏》(新泽西州新伯朗士威:罗格斯大学出版社,1993)。另见凯瑟琳·E. 马修等,"挑战5年级的性别偏见",《教育领导》(1998年1月),pp. 54—57;伊娃·安格阿德,"芭比公主和恐龙",《性别与教育》(2005年12月),pp. 539—553;克拉尔·贝鲁比、杰弗里·格兰兹,"平等的机会",《校长领导力》(2008年5月),pp. 28—32。

〔2〕 裴玉平等,《女孩和妇女获得平等教育的趋势》(华盛顿特区:国家教育统计中心,2000),网址:www. nces. ed. gov;克莉丝提安·科贝特、凯瑟琳·希尔、安德瑞斯·圣罗斯,"女孩们在哪里",2008年为"美国大学女性协会"准备的论文,网址:www. aauw. org。

教学资源视频案例

课堂中的性别平等:女孩和科学

请观看学生学习网站上的视频“课堂中的性别平等:女孩和科学”,然后思考作为教师,你怎样能够促进所有学生的学习,不管女孩还是男孩。在这个视频中,一名教师讨论了他是如何保持班上女孩对科学课的兴趣的。他强调角色楷模以及导师的重要性,这些人能帮助学生维持她们对科学的兴趣,让这个兴趣持续整个青春期,甚至更长时间。观看视频后,请思考以下问题:

(1) 像视频案例中放映的“女子科学俱乐部”这样的活动,能让今天学校中的女孩子受益吗?

(2) 仔细观看本视频案例中的课堂教师,他是怎样试图让他的学生,尤其是女学生,投入到科学课的学习中的?注意他所使用的具体策略。

先天差异?

虽然学习成绩的性别差异正在缩小,或者正在消失,但对男女先天能力的可能差异还是存在很多争论。这些争论通常都集中于这个问题,在高等数学或抽象思维方面拥有不同寻常的先天能力的男孩数量总体是否比女孩多。有关这个问题的研究显示,男孩比女孩在能力上具有更多的差异性,男孩的能力很可能要么非常高,要么非常低。但是一些最近进行的研究表明,女孩和女性占最高能力学生数的比例正在不断增加[1]。

不同的大脑功能

那些相信性别能力差异的人认为,性别的能力差异不仅在出生之时就已经显现出来,而且这种差异还存在于男孩和女孩之间的大脑功能差异方面。对大部分的人来说,左脑负责语言功能,而右脑负责非语言功能,包括在数学中非常重要的空间功能。在这点上,大脑研究显示了与性激素相关的一些差异,而这些性激素从人一出生甚至更早就开始发挥功能。在右利手人群(大多数人)中,女性比男性更多地使用左脑来处理空间问题,女性也比男性更多地使用右脑的语言功能。除此以外,研究还报告了大量的其他性别差异[2]。

---

〔1〕 伊丽莎白·芬妮玛等,“有关数学学习性别差异的新观点”,《教育研究者》(1998年6—7月),pp. 19—21;多琳·木村:《性别与认知》(马萨诸塞州坎布里奇:麻省理工学院出版社,2000年);多琳·木村,“大脑的性别差异”,《性别的战争》(华盛顿特区:科学美国人,2005);尤金·A. 盖斯特、马格利特·金,“有差异、无优劣”,《教学心理学刊》(2008年3月),pp. 43—52;希瑟·麦克唐纳,“数学对女孩而言更困难吗”,《城市杂志》,2008年7月28日,网址:www. city-journal. com;穆拉·侯赛因、丹尼尔·L. 米莉梅,“虚构的‘男孩危机’”,《教育经济学评论》(2009年2月),pp. 38—48。

〔2〕 理查德·M. 雷斯塔克,“男孩与女孩间的其他差异”,《教育领导》(1979年12月),pp. 232—235;迈克尔·古瑞安、帕特丽夏·希利:《男孩与女孩不同的学习方式》(旧金山:乔希-巴斯出版社,2001);拉里·卡希尔,“他的大脑与她的大脑”,《科学美国人》,2005年4月1日;劳安·布里曾丹:《女性的大脑》(纽约:摩根罗德出版社,2006);汉娜·豪格,“大脑的性别”,《新科学家》,2008年7月19日,pp. 28—31;莎伦·贝格磊,“性别、种族与智商”,《新闻周刊》,2009年4月20日,p. 53。

数学焦虑和对成功的恐惧

然而，其他的一些观察家认为，不同的经历和不同的期望是解释男孩和女孩在学习和成就上存在差异的主要甚至全部原因。他们非常关注女性中存在的“数学焦虑”。数学焦虑指的是由于某些社会惯例让女性对数学分析感到焦虑和害怕，从而导致了女性在数学领域（以及以数学为基础的科学和其他领域）相对表现更糟糕的可能性。还有一个相关的论述是，女性害怕在传统上属于男性的活动和职业中取得成功，因为这种成功会冒犯有关性别的成见，因此很可能遭到嘲笑。也有些分析家相信，女孩进入青春期后更容易将她们的注意力转移到社会关系上，但这种情况很复杂，目前几乎没有人能对此进行全方位的概括[1]。

尽管学习成绩方面的性别差异在逐渐缩小，但人们依然对造成性别差异的源头以及处理性别差异的方式争论不休。

〔1〕 琳·弗里德曼，“数学中的空间因素”，《教育研究评论》（1995 年春季刊），pp. 22—50；莱斯利·罗杰斯：《大脑的性别化》（纽约：哥伦比亚大学出版社，2001）；简·S. 海德，“性别相似性假说”，《美国心理学家》（2005 年 9 月），pp. 581—592；“神经突触因性别而不同吗”，《新科学家》，2008 年 9 月 18 日，p. 17；米凯尔·沃伦丁，“言语能力与语言皮层的性别差异的推论”，《大脑与语言》（2009 年 3 月），pp. 175—183；“研究背后的理论”，发表日期不详，发表于 Girls Tech 网站：www. girlstech. douglass. rutgers. edu。

二、女性的教育和职业成就

女性的教育成就

在整个美国历史的大部分时间中，女性比男性完成学校教育的年限要少。但是在1979年，大学新生中女性的数量第一次超过了男性。自1992年以来，超过半数的学士学位和硕士学位获得者是女性。现在近60%的大学注册人数是女性[1]。

女性的职业成就

女性的职业地位也取得了相应的提高。例如，1950年，只有15%的会计为女性，而到了2006年，60%的会计是女性；女性律师的百分比也从1950年的4%增长至2006年的33%。学校和全社会都目睹了各种努力所带来的明显成效，这些努力包括消除学校课程中的性别歧视，鼓励更多女孩进入大学并为从事某种专业职业而作准备，支持女孩和青年女性进入科学领域和计算机领域，以及采取均衡机会的各种行动[2]。

许多工作尚待完成

然而，需要努力实现的事情还有很多。尽管取得了不少的进步，但很多女性仍只能从事低收入、低社会地位的工作。尽管女性科学家和工程师的比例已经比1973年增加了两倍，但仍然不到总数的四分之一。为进一步提高女性受教育的平等机会，研究者给出了以下建议：[3]

- 为教师提供更多处理有关性别问题的培训；
- 在职业教育中更密切地关注性别平等；
- 消除标准化测试中的偏见，降低这些测试在大学入学中的作用；
- 减少性别成见，进一步增加教学材料中代表女性的内容；
- 保护怀孕少女和未成年父母的权利；
- 引进能顺应学习风格差异的"性别公平"的课程；
- 引入特殊活动计划，鼓励女孩参与数学、计算机和科学项目；

---

[1] 布伦达·费根：《不是男孩中的一员》(纽约：诺夫出版社，2000)；"根据特定特征进行的大学招生"，《美国统计摘要》(华盛顿特区：美国政府印刷局，2009)。

[2] "职业女性"，美国劳工联合会-产业工会联合会发表的《2008年情况报道》，www. aflcio. org。

[3] 艾琳·V.海克、卡罗·V.康伟-格哈特：《教育中的性别公平》(伊利诺伊州布卢明顿：国际教育发展联合会，1994)；苏珊·K.戴尔(编辑)："显微镜下"，2004年论文发表于"美国大学女性协会"网站：www. aauw. org/research/microscope. cfm；詹姆斯·A.瑞希克，"对性别差距的重新思考"，《美国中等教育》(2008年夏季刊)，pp. 98—101；丹尼斯·E.奥古斯托，"有关女孩与年轻女性的电子信息设计与内容偏好的研究"，发表日期不详，发表于网站：http://girlstech. douglass. rutgers. edu。

■ 努力防止很多女孩因为对自己外貌的关注而经历自尊心减退的现象发生。

焦点问题回顾：作为一名教师，你可能会做什么来鼓励女孩，或有同样情况的男孩，克服过度的消极倾向？

第三节 青少年和青年问题

在很多传统的非工业化文化中，年轻人在进入青春期后就开始了成年人的生活。有时人们举办一些特殊的仪式来证明年轻人已经有能力承担成年人的职责，以此开始他们的成年生活。在这样的社会中，一个人要么是孩子，要么就是成年人，两者之间如果有分隔的界线的话，这种界线也非常小。

作为现代现象的青春期

在现代技术社会里，年轻人被迫推迟进入成年期，他们必须经历一段被称为青少年期或青年期的阶段才能步入成年期。这主要是因为现代社会不再对这个年龄群体有任何经济需求。然而一个不幸的结果是，年轻人越来越脱离社会其他部分。近几十年来，这种脱离社会的现象加重了很多以青年为中心的问题，例如吸毒、酗酒、自杀、过早怀孕和少年犯罪等。同时，青年人与社会的脱离，也妨碍了学校及其他社会机构为帮助青年人向成年人过渡所作出的努力〔1〕。

一、吸毒和酗酒

使用模式

年轻人对毒品和酒类的总体消耗量在过去的半个世纪中有了非常明显的增加，而近来，在经历了大约十年或十多年的下降后，毒品的使用量又开始上升。很多中学生都是酒类和(或)大麻的固定用户，还有少部分学生在吸食可卡因、冰毒及其他毒品。经常饮酒的学生基本还保持较稳定的数量，但是研究表明，15 岁以下开始饮酒的年轻学生数量正在不断增加，很多青少年还酒后驾车，有相当多的青少年学生在感到无聊或烦闷时常常独自饮酒〔2〕。

〔1〕 詹姆斯·S.科尔曼，“家庭与学校”，《教育研究者》(1987 年 8—9 月)，pp. 32—38；詹姆斯·B.科特：《被拘捕的成年》(纽约：纽约大学出版社，2000)；帕特里克·麦考米克，“逝去青春的袭击者”，《美国天主教》(2008 年 8 月)，pp. 42—43。

〔2〕 有关防止青年人滥用药物和毒品的发展趋势的信息，请浏览网站：www. jointogether. org。

吸毒和酗酒的危害

教育工作者担忧，年轻人因为使用酒类、大麻以及其他一些相对较为温和的毒品，可能会强化或刺激青少年与社会其他机构的脱离，或者会阻碍他们向成年人过渡。这不是说由于吸毒一定就会产生诸如成绩差、具有叛逆性以及做出违法行为等问题，很有可能是先有这些问题，然后才导致学生吸毒。很多年轻学生都在用毒品和酒类来逃避他们在向成年人过渡时遇到的困难。但是不管这种因果关系的顺序如何，现在美国年轻人吸毒、酗酒率要比其他工业化国家都要高。另外，与人们的早期意见相反，一些权威学者相信，一些类似于大麻的温和毒品，会让人进一步追求更强劲的毒品，如安非他命、可卡因和海洛因等。年轻人自己也相信毒品和酒类在他们的生活中起负面的影响，全国性的调查一直表明，很多中学生把毒品或酒类视为是他们生活中"一种最坏的影响"〔1〕。

二、自杀

不断上升的自杀率

教育工作者现在已经越来越关注年轻人的自杀事件。儿童和青少年的自杀率从1950年以来已经增加了将近四倍，一些调查显示十个学龄儿童中就有一个有自杀的企图。自杀率不断上升的原因包括：禁止自杀的宗教价值观的影响在削弱；大众媒体的影响；为在学校中表现优异而承受过大的压力；普通处方药中不确定的副作用；与同伴关系的破裂；父母离异或其他家庭问题造成的压力或意志消沉〔2〕。

教师应掌握一些自杀的预兆信号

教师和其他学校工作人员必须对自杀问题高度警觉。可能是自杀的预兆信号包括：远离朋友、家人和日常活动；有暴力或反叛行为；离家出走；酗酒或吸毒；对个人形象超乎寻常的不注意；人格发生根本性的改变；持续的烦恼；很难集中注意力；家庭作业的质量下降；情感或身体症状，如头痛和胃疼。教师还应当牢记美国联邦地区法院作出的判决，认定学校官员对学生的自杀事件负有部分责任，因为当这名青年人出现

---

〔1〕 丹妮·里威奇，"性、毒品——以及更多的性和毒品"，《教育未来》，(2006年第1期)，网址：www.educationnext.org；西莉亚·C.娄、杨·S.金姆、韦斯利·T.丘吉，"滥用毒品对受害过程的影响"，《药品的使用与滥用》(2008年第10期)，pp.1340—1361。

〔2〕 格拉斯·费歇尔，"让青少年保持'活泼与欢乐'"，《卡潘》(2006年6月)，pp.784—786；艾莲娜·齐默尔曼，"青年人焦虑已经非常严重"，《今日心理学》(2009年1月/2月)，p.30。

自杀征兆时他们未能给予该学生合理的关爱和帮助[1]。

三、青少年怀孕

未婚生子现象增多

将青少年作为一个总体来看，在过去 50 年里，青少年的数量和出生率都呈现实质的下降趋势，部分是因为人们可以采用避孕药、流产等措施，另外也是某些社区开展的节欲运动的成功体现。但在另一方面，青少年妈妈婚外生子的百分比却从 1960 年的 15%急剧上升至过去十年中的 90%。研究者们已经将这种趋势与其他各种社会问题联系起来。例如，由年轻妈妈支撑的家庭比其他家庭更可能生活在贫困线下，青少年妈妈比适龄妈妈得到的产前护理要少。因此，青少年妈妈所生的孩子健康状况差以及在校表现差也就不足为奇了。更糟糕的是，社会每年都要花费几十亿美元供养这些青少年妈妈所生的孩子[2]。

青少年怀孕增加的原因

青少年生子在美国生育总量中所占的比重，要远远高于其他大多数工业国家。根据一些社会科学家对生育数据的分析，青少年非婚生子的高发主要源于以下几个相互关联的因素，包括社会对青少年性行为的认可、过早而且过于频繁的性交、早婚现象的减少、缺乏可能的结婚对象、社区和父母对年轻人的影响力的降低、媒体的鼓励、认为社会机构有责任帮助年轻的妈妈[3]。

学校的反应

很多学校已经对此采取了应对措施，建立了学校诊所，为怀孕的少女和新妈妈提供服务，另外还增加了针对性教育、性健康、个人发展和家庭生活的课程。尽管这些行动措施在实施之初的数据总体不是很理想，但近来的一些研究表明，这些措

〔1〕 玛丽莎·艾特琳，“怎样帮助想自杀的学生”，《今日全国教育协会》(1990 年 5—6 月)，p. 6；波尔·施耐德，“预防损失的措施”，《教育乌托邦》(2006 年 9 月)，网址：www. edutopia. org；卡洛琳·M. 拉特里奇、唐·奈美、迈卡·斯科特，“脆弱的哥特式青少年”，《学校健康杂志》(2008 年 9 月)，pp. 459—464；理查德·奥康纳，“青少年自杀”，2009 年论文发表于“心理健康问题”网站：www. mental-health-matters. com。另见以下网站的“青少年自杀主题页”及其他链接，网址：www. cln. org/themes/suicide. html。

〔2〕 简·毛尔德隆、克里斯汀·卢克，“自由主义会导致性开放吗?”，《美国瞭望》(1996 年冬季刊)，pp. 80—85；凯·S. 汉默维茨，“这是在美国的一个早晨：宿醉之后”，《城市杂志》(2004 年春季刊)，网址：www. city-journal. org；卡罗·波特拉，“媒体中的性和暴力对青少年行为的影响”，《美国护理杂志》(2009 年 2 月)，p. 20。

〔3〕 金斯利·戴维斯，“美国青少年怀孕的理论”，凯瑟琳·S. 切尔曼(编辑)：《青少年怀孕与生子》(华盛顿特区：美国政府印刷局，1980)；凯西·加里等，“突然间青少年怀孕变得很酷吗”，《麦克琳杂志》，2008 年 1 月 28 日，pp. 40—44；克里斯汀·A. 摩尔，“青少年生育”，《儿童研究简报》(2009 年 3 月)，网址：www. childtrends. org。

施能有效地防止或至少能减少少女怀孕引发的各种问题。另外还有报告说，1996年以来实施的由联邦政府资助的“全国防止青少年怀孕运动”的各种方法取得了积极的效果。另外，一些组织，如“少女权益促进组织”（Girls, Inc.）也开展了一些综合的服务项目，为女孩提供自信心训练、健康服务、沟通技能、个人咨询以及各种与性相关的信息等。近期的一些数据显示，这些努力似乎已经大幅降低了青少年怀孕的发生率[1]。

四、少年犯罪和暴力行为

总体趋势

最近几十年来，青少年犯罪的数量一直不断上升，与之相关联并同步增长的是单亲家庭、同伴文化的影响、吸毒和酗酒以及大城市低收入街区的增加。与暴力行为和少年犯罪行为相关联的问题在年轻的美国黑人男性中尤为严重，1985年以来，黑人男性因谋杀而导致的死亡率已经增加了三倍。然而，甚至白人年轻男性中因谋杀而导致的死亡率也比其他工业化国家高出两倍多[2]。

对青少年犯罪和暴力行为的研究支持了下列的概括性结论：[3]

■ 来自社会各阶层的年轻人犯罪率都很高，但来自劳动阶层的年轻人暴力犯罪的情况比来自中产阶层的年轻人更频繁；

■ 尽管大多数犯罪行为是25岁以下年轻人所为，但大多数过失犯罪者会安定下来开始自立的成年生活；

■ 帮派的增加催生了年轻人更多的暴力行为；

■ 犯罪行为往往与失业相联系。从这个角度看，青少年犯罪问题的产生部分是由于现代社会中一些年轻人能获得的就业机会受到限制；

■ 与青少年犯罪相关联的家庭特征包括：缺乏父母有效的监管、缺乏与社区的联系、缺少父亲；

■ 女孩违法和暴力犯罪率比男孩的增长速度更快。但是，一个社区内男性

---

〔1〕 迪恩·F. 米勒:《校本健康诊所的案例》(印第安纳州布卢明顿:国际教育发展联合会,1990);“美国儿童学会致学校健康中心的报告”,《健康和学校卫生保健》(2001年2月),网址:www.healthinschools.org:点击“e-journal”;珍妮丝·D. 可依等,“一项对青少年母亲进行的全面校本干预的效果”,《青少年健康杂志》(2008年4月),pp. 394—400。

〔2〕 桑德拉·理雅各,“青年和暴力”,《青年发展新方向》(2008年秋季刊),pp. 17—24;莫妮卡·H. 斯瓦恩、罗伯特·M. 波萨特,“高风险的评估和量化”,《公共健康报告》(2009年3月/4月),pp. 224—233。

〔3〕 克里斯多夫·詹克思:《社会政策的重新思考》(马萨诸塞州坎布里奇:哈佛大学出版社,1992);保罗·V. 克纳尔蒂,“天生的杀手”,《政策评论》(1995年冬季刊),pp. 84—87;珍妮·维勒,“女孩与暴力”,《科教信息中心评论》(2000年春季刊),pp. 14—15;史黛丝·诺夫茨格,“自我控制力低下的原因”,《犯罪与违法研究杂志》(2008年5月),pp. 191—223;杰里米·斯塔夫、德里克·A. 科瑞格尔,“对学校来说太酷了吧”,《社会力量》(2008年9月),pp. 445—471;凯·S. 汉默维茨,“孩子们的时刻”,《城市杂志》(2009年冬季刊),网址:www.city-journal.com。

和女性的犯罪率高度相关，某一性别犯罪率高的社区，另一性别的犯罪率也会较高；

■ 青少年犯罪与青少年的学习能力低下及学校成绩差相关；

■ 同伴影响是青少年犯罪最有力的一个预测指标，但这种影响是与家庭、邻居和其他因素相互作用的；

■ 郊区和乡村地区的年轻人暴力犯罪率已经有了大幅增加。

五、对学校的影响

对学校造成的主要后果

正如我们所见，年轻人在进入校门后并不是简单地把他们在社会上习得的文化模式抛之脑后，相反正如我们在本章中讨论的其他话题一样，年轻人的文化特征对美国的教育系统产生了巨大的影响。最直接的问题就是校园内的吸毒和酗酒、暴力行为、偷盗以及破坏学校秩序等。因此，在过去 30 年里，校园里或校园周围可能发生反社会行为的迹象，已经成为长期讨论的话题[1]。

尽管暴力行为和故意破坏行为在大城市低收入学生集中的学校内十分普遍，但在很多非市中心的学校内也是很严重的问题，尤其是当学校深受青少年和刚成年的年轻人组建的帮派、滥用药物和毒品销售而引发的犯罪，以及潜入学校的入侵者的困扰时。过去十年中，将近 200 名学生在学校内或学校周围被杀死，其中有些人就死于受到高度公开报道的科伦拜恩中学和桑蒂中学(Columbine and Santee High Schools)枪杀事件中。近年来，精细的安全计划已经就位，学校内的零容忍政策（参见“教育的法律问题”一章）也开始实施，学校也实施了多种方案来降低学生的欺凌行为和帮派之间的敌对行为[2]。

校内的社会服务人员

为应对一般的青年问题，学校现在聘用的咨询顾问人员、社会工作者和其他社会服务人员比过去几十年更多。例如，城市地区的中学任用了各类专业人员从事各种服务，如指导和职业咨询师、心理医生、安保人员、护士、旷课检查员、家校协调员等。在很多这类专家的帮助下，学校开展了各种有针对性的活动项目，以减少学生的酗酒和

---

〔1〕 罗威尔·C. 罗斯、亚历克斯·M. 盖洛普，“国际教育发展联合会第 38 次年度盖洛普民意测验”，《卡潘》(2006 年 9 月)，pp. 41—56；詹姆斯·N. 洛卡，“21 世纪美国学校内的暴力死亡”，《学校健康杂志》(2008 年 1 月)，pp. 58—61。

〔2〕 琳达·兰提尔瑞，“在我们的学校内缔造和平”，《卡潘》(1995 年 1 月)，pp. 386—388；苏珊·布莱克，“对世界的愤怒”，《美国地方教育委员会杂志》(2003 年 6 月)；艾伦·弗朗士，“风险因素的分析与青年问题”，《青年研究学报》(2008 年 2 月)，pp. 1—15；蒂莫西·O. 爱尔兰德、卡洛琳·A. 史密斯，“生活在有伴侣暴力的家庭中”，《青年和青春期杂志》(2009 年 3 月)，pp. 323—339。

吸毒、青少年性行为、辍学及自杀行为，同时帮助改善帮派间的关系和提高父母管教孩子的技能。

此外，很多学校正在积极与其他机构合作，开设校内诊所，或与其他机构一起提供联合服务，为有心理和身体健康问题的学生和家庭提供帮助，帮助学生为将来就业作好准备，同时也帮助解决其他让学生分心不能好好学习的问题。成千上万的学校还开始实施各项措施，以改善整个学校的纪律，教授学生解决矛盾冲突的技能，建立同伴调停机制，控制帮派活动等。本书其他相关章节也提供了其他努力改善学校氛围和环境的信息[1]。

焦点问题回顾：你认为青少年的各种问题，如暴力行为、吸毒、怀孕等，对你的教学会产生怎样的影响？在处理这些问题时，你需要哪种帮助？

总结

(1) 家庭构成的变化可能对儿童的行为和在校成绩表现产生不利影响。尽管情况复杂，但单亲家庭和职业母亲数量的增多似乎对很多孩子都产生了负面的影响。

(2) 随着儿童在学校不断升入更高年级，同伴文化也变得越来越重要，它对各级各类学校的教育都存在重要影响。教育工作者应该清楚地认识到，参加课外活动能带给学生潜在的积极效果。

(3) 很多中小学的学校文化(就是学校实践的各种日常活动)似乎更强调被动的机械式学习，尤其是以劳动阶层学生为主的学校和学生出身成分混合的学校，那里相对会有更多成绩差的学生。这种现象的产生，部分是因为学校作为一种机构，必须维持有序的环境；因为很多学生偏爱被动学习；因为一般情况下教师无法充分照顾到所有学生的学习需求；因为社会要求学生学会如何在制度内行使自己的职责。

(4) 电视很可能会导致一些儿童和青年人攻击行为和暴力行为的增加，也可能减损学生的成绩，尤其是阅读成绩。分析人士也一直在研究数字技术对社会和文化的影响，并建议教学生上网的技能，帮助学生提高他们的媒体素养。

(5) 传统上，人们并不鼓励女孩接受教育并完全参与广大的社会生活，而且女孩和男孩在学校都经历着性别角色的压力。虽然如此，女性能获得的教育和职业机会正在快速增多。尽管学业成绩的性别差异一直在下降，但在语言能力(偏女性)和高等数

---

[1] 《学校心理学》杂志的 2003 年 5 月刊，主要讨论了校本健康中心的话题。另可参见苏珊·布莱克，“现在一起来吧”，《美国地方教育委员会杂志》(2004 年 3 月)；曼尼·费休博格，“为青少年健康创设学校诊所”，2009 年论文发表于 Colors 网站：www.colorsnw.com。

学(偏男性)方面会一直存在某些能力的差异。

(6) 青年已经成为一个独立的生命阶段,是以陷入各种亚文化为标志的。青少年吸毒、酗酒、自杀、怀孕、犯罪、暴力行为等现象,已经引起人们高度关注校内外青少年和青年人的发展。

关键术语

文化
社会化
规范
挂钥匙的儿童
忙碌儿童
核心家庭
同伴文化
隐性课程
性别角色

讨论题

(1) 城市青少年和农村青少年的社会化经历有何异同?这种不同会随时间逐渐减少吗?如果是,为什么?

(2) "学校教育"与"教育"有何异同?作为一名未来的教师,从这些分析中你看到什么对你有启示的内容了吗?

(3) 在你的经验里,哪种类型的学生最受欢迎?你认为受欢迎的学生类型在最近几十年中已经有了很大变化了吗?如果是,为什么?

(4) 学校能够做什么来减少吸毒、暴力、青少年怀孕这些问题的发生?学校应当做什么?你认为"能够做"和"应当做"不同吗?为什么是?或为什么不?

专业发展的建议方案

(1) 根据记忆描述你所就读的中学的校规,将你的描述和你同学的描述相比较,这些不同学校的校规存在较大的差异吗?如果有差异的话,是什么差异?

(2) 与邻近城市的地方政府官员联系,或使用互联网,获取有关家庭生活和家庭组成模式发生变化的数据。该城市是否有数据显示这些变化对学校产生了怎样的影响?你能从这些数据中学到什么或预见什么?

(3) 采访当地学区官员,看看他们管辖的学校正在采取哪些措施,以减少毒品的使用和虐待儿童等问题的发生。列举一些证据表明这些努力颇有成效。为使这些措施更加有效，他们还可以做些什么？

（4）以本章中引用的图书馆和互联网资源为基础，制定一个计划，以帮助一所学校或一名教师有效应对由家庭境况困难的学生带来的挑战。你可以考虑将该计划放入你的个人档案袋中。

第十一章 社会阶层、种族和学业成绩

本章中，我们将首先简要解释什么是社会阶层，并简略探讨学生的社会阶层、种族和民族背景与学生在教育系统中的成绩表现之间的关系。然后我们将讨论为什么来自较低社会阶层的学生，尤其是贫困的少数群体学生，通常学业成绩和成就都排名靠后。最后我们将从美国历史上一直努力争取平等的教育机会这个背景出发，考察上述三者关系的启示，并以此作为本章的总结。

和第十章“文化、社会化与教育”一样，本章也无法提供简单的答案，但是，我们希望本章能帮助你对这些问题有进一步的理解。我们要探讨的是，为什么那些社会经济地位处于弱势的学生往往在学习成绩上表现不佳，尤其是如果这些学生来自于那些普遍受人歧视的少数群体，学习成绩低下的状况往往是最普遍的状态。本书其他章节将探寻采取哪些努力措施以改变这种普遍的状况，并帮助这些弱势学生提高成绩。但首先，我们必须关注产生这种问题的各种根本原因，以及这些原因对教学与学习的启示。在阅读本章时，请思考以下问题：

焦点问题：

■ 社会阶层和在现行教育系统内取得成功之间有怎样的关系？

■ 如果不考虑社会阶层差异这个因素，种族和民族与学业成绩之间有联系吗？

■ 环境和遗传因素如何导致了学生的学业成绩水平低下？

■ 社会经济地位低的学生学业成绩普遍较差，主要原因是什么？

■ 家庭和家庭环境在鼓励或挫伤学生取得好成绩的积极性方面起什么作用？

■ 社会阶层和学业成绩之间的关系，是怎样影响为所有学生提供平等教育机会这一国家教育目标的？

第一节 社会阶层与在学校中取得成功

美国社会通常由三个广义的阶层组成：劳动阶层、中产阶层和上层阶层。众所周知，社会阶层和学业成绩之间存在密切关系。一直以来，来自劳动阶层的学生，其成绩表现要差于来自中产阶层和上层阶层的学生。在阅读本节的分析时，你可以问自己这样两个问题：为什么提高劳动阶层学生的学业成绩这么难？今后应该做些什么来提高这些学生的学业成绩？

一、社会阶层的分类

社会阶层和社会经济地位

20 世纪 40 年代，W. 劳埃德·沃纳（W. Lloyd Warner）和他的同事们用“职业、受教育程度、收入和住房价值”这四种主要变量，将美国人及其家庭划分为五种类别：上层阶层、中上阶层、中下阶层、下上阶层和下下阶层。具有很高职业声望、受教育程度高、收入高、房产价值高的个人处于较高的社会阶层，这类人被称为享有较高的**社会经济地位**（socioeconomic status，SES）。也就是说，别人将他们视为上层人士，他们在其所属的群体内享有较高的影响力和权威。相反，社会经济地位较低的人，则被认为缺乏威望和权势[1]。

社会阶层的界定

今天，“劳动阶层”这个术语比“社会底层”的使用更广泛，但社会科学家仍然将人们的社会经济地位分为 3—6 层，从最高端的上层到位于底部的劳动阶层。**上层阶层**（upper class）通常被界定为拥有大量财产和投资的富人；**中产阶层**（middle class）则包括专业人士、管理人员、小商业主（属于中上层）以及技术工人、技师、销售人员和文员（属于中下层）；**劳动阶层**（working class）一般分为高级劳动阶层（包括熟练的手工艺人）和低级劳动阶层（不熟练的体力劳动者）。熟练工人既可能属于中产阶层，也可能属于劳动阶层，这取决于他们所受的教育程度、收入状况和其他需要考虑的因素，例如他们所生活的社区等等[2]。

代际贫困

近年来，观察家们已经认定，劳动阶层内还存在一个**底层阶层**（underclass）群体，底层阶层总体上与低级劳动阶层相类似，但其大多数成员已经连续三代或四代生活在贫困中，要依靠公众救济才能维持相对可怜的生活。通常这个群体成员集中在城市中

---

〔1〕 W. 劳埃德·沃纳、玛西亚·米克、肯尼思·埃尔斯：《美国的社会阶层》（芝加哥：科学研究协会出版社，1949）。另见德尔波特·C. 米勒：《研究设计与社会测量手册》（第 6 版）（加利福尼亚州纽贝利公园：圣人出版社，2002）；理查德·豪根，“赖特错了吗”，《社会科学季刊》（2005 年 9 月），pp. 645—653；格拉斯·S. 梅西：《绝对的不平等》（纽约：圣人出版社，2007）；安妮特·拉鲁、道尔顿·康利（编辑）：《社会阶层》（纽约：圣人出版社，2008）。

〔2〕 威尔·巴拉特，“巴拉特社会地位简易测量法”，2006 年由威尔·巴拉特撰写的论文，网址：wbarratt. indstate. edu，参考书目可在以下网站获得：www. pbs. org/peoplelikeus。在后一个网站中，你还能参与一个互动游戏，从社会阶层的角度确定你对家具的偏好。

心的贫民窟，或贫困的农村地区，这个阶层的成员通常对改善自己的经济和社会状况不抱任何希望[1]。

另外，有些分析人士已经作出了更进一步的研究，并确定存在一种（或超越阶层的）社会体制，他们相信这种社会体制一方面在现在这个充满竞争的国际经济中蓬勃发展，但与此同时，大多数人口却在经济上保持停滞不前。与大多数观察家们所作的有关底层阶层发展的研究一样，这些分析人士通常都强调教育在确定一个人的社会地位和收入上的重要性。此外，还有一些分析人士已经确认存在一种"创造性阶层"，该阶层由受过高等教育的城市居民构成，他们的工作主要重视创造力的发挥[2]。

二、对社会阶层和在校学业成功的研究

对"米德尔顿市"的研究

20 世纪 20 年代，罗伯特・林德和海伦・林德（Robert and Helen Lynd）对"米德尔顿市"（Middletown，一个位于美国中西部的小城市）进行了一项调查研究，该调查是对社会阶层与学生在校成绩的关系所进行的第一次系统研究之一。林德夫妇研究得出的结论是，不管来自何种社会阶层的家长，他们都已经认识到了教育对孩子的重要性；但是很多出身劳动阶层的儿童，他们在开始上学时，尚未具备在课堂上获得成功所必需的语言技能和行为特性。林德夫妇对社会阶层与学校关系的观察结果，被 W. 劳埃德・沃纳和他的助手在位于新英格兰、美国南方腹地和中西部地区的乡镇和小城市所进行的一系列研究反复验证。此后，数百份已经公布的研究结果都证实，社会阶层与美国教育之间存在非常紧密的关系，事实上，这种关系在世界各地的教育中都存在[3]。

全国教育进展评估

例如，从**全国教育进展评估**（National Assessment of Educational Progress，NAEP）和其他机构收集的全国学生学业成绩代表性样本中，我们可以清晰地看到这两者

---

〔1〕 克里斯多夫・詹克斯、保罗・E. 彼得森（编辑）：《城市的底层阶层》（华盛顿特区：布鲁金斯学会，1991）；希瑟・麦克唐纳，"移民的帮派瘟疫"，《城市杂志》（2004 年夏季刊），网址：www. city-journal. org；道尔顿・康利，"贫困的地理分布"，《波士顿评论》（2007 年 3 月/4 月），网址：www. bostonreview. net；科林・韦伯斯特，"被边缘化的白色人种、种族与犯罪"，《理论犯罪学》（2008 年 8 月），pp. 293—312。

〔2〕 大卫・布鲁克斯：《天堂里的波波族》（纽约：西蒙-舒斯特出版集团，2000）；保罗・荷菲克，"精英的崛起"，《公共组织评论》（2005 年 3 月），pp. 3—33；大卫・威尔逊、罗杰・凯尔，"真正有创造力的阶层"，《社会和文化地理》（2008 年 12 月），pp. 841—847。

〔3〕 罗伯特・S. 林德、海伦・M. 林德：《米德尔顿市：对美国文化的一项研究》（纽约：哈考特、布雷西和世界出版公司，1929）；多丽丝・R. 恩特韦斯特尔、南・M. 阿斯顿，"测量年轻人的种族或民族及社会经济地位的一些实用指南"，《儿童发展》（1994 年 12 月），pp. 1521—1540；路德格尔・沃尔斯曼，"教育机会平等的状况如何"，2004 年 3 月，欧洲经济顾问组织（CESIFO）工作文件第 1162 号，网址：www. ksg. harvard. edu/pepg/PDF/events/Munich/PEPG-04-15Woessman. pdf；塞西莉・R. 哈达威、沃尼・C. 麦克罗伊德，"逃脱贫困与巩固中产阶层地位"，《青年和青春期杂志》（2009 年 2 月），pp. 242—256。

间关系的画面。如表 11.1 所示，来自不同群体的学生在数学和阅读能力上的得分随他们所属的不同社会阶层而不同。父母受过良好教育（这是社会阶层的一个主要测量标准）的学生成绩分数要远远高于父母未能受到良好教育的学生。这种差距甚至达到下面这种程度，父母受过某些大学教育的 9 岁学生的平均成绩，并不比父母未能完成中学教育的 13 岁学生的成绩差。2003 年以后，联邦政府不再发布这种特定类型数据，但这也表明 2003 年的这些数据模式在此后并未发生根本变化。例如，2007 年，有资格获得减免午餐费用的 8 年级学生中，只有 15%的人阅读水平刚好达到或高于熟练水平；与之相比较，没有资格获得减免午餐的学生中，有 39%达到或超过熟练水平。

学生成绩与社区的相关性

学业成绩与学生所居住的社区类型也存在相关关系，因为社区类型也反映了居民的社会阶层。如表 11.1 所示，居住在“城市边缘地区或大型城镇”（这些地方的居民大多数从事脑力工作或管理工作）的学生，其阅读和数学的平均分数相对而言大大高于那些居住在“市中心”区域（那里的居民大多依靠公共救济生活或处于失业状态）的学生。2003 年，在市中心学校就读的 8 年级学生中，只有 27%的学生阅读能达到熟练水平[1]。

表 11.1 8 年级学生阅读水平达到或超过熟练水平的百分比

		数学	阅读
家长教育程度			
	中学未毕业	9	13
	中学毕业	17	20
	中学毕业后受过一些高等教育	28	33
	大学以上教育	40	43
社区类型			
	市中心	24	27
	城市边缘地区/大型城镇	32	36
	乡村/小城镇	29	32

注：“全国教育进展评估”将社区类型定义为：“市中心”包括大城市的中心闹市区；“城市边缘地区/大型城镇”通常包括大城市的其他区域。“大型城镇”指的是至少有 2.5 万人的大城市以外的地区。

【资料来源】詹姆斯·S. 布拉斯韦尔、葛罗瑞亚·S. 迪奥、玛丽·C. 黛安、金颖：《2003 年全国数学成绩报告卡》（华盛顿特区：美国教育部，2005）；以及帕特里夏·L. 唐纳修、玛丽·C. 黛安、金颖：《2003 年全国阅读成绩报告卡》（华盛顿特区：美国教育部，2005）。

---

[1] 帕特里夏·L. 唐纳修、玛丽·C. 黛安、金颖：《2003 年全国阅读成绩报告卡》（华盛顿特区：美国教育部，2003）；李知炫、温蒂·S. 格里格、帕特里夏·L. 唐纳修：《2007 年全国阅读成绩报告卡》（华盛顿特区：美国教育部，2007）。

贫困密集的学校

在对几个大城市的贫困街区进行调查之后，社会阶层与学业成绩的关系得到进一步的证明。例如，莱文(Levine)和他的同事，对七个大城市的1000多所以低收入家庭学生为主的学校6年级学生的成绩分布形态进行了考察(他们把这类学校称为“贫困密集的学校”)。报告发现，除了少数学校外，几乎所有学校的阅读平均分数低于全国平均分数的时间超过两年。他们还指出，这类学校里至少有四分之一的学生在进入中学时还不能很好地进行阅读，被认为属于功能性文盲。这种现象在美国各地大城市贫困密集的学校内都能见到[1]。

农村的贫困现象

很多教育工作者也很关注农村学生的成绩，尤其是那些生活在贫困农村的低收入地区和落后地区的学生成绩。尽管农村学生的成绩通常能接近全国的平均水平，但研究表明，贫困和不平等会妨碍这些学生的进步。有三分之二的农村教育工作者相信，他们班上的低收入家庭学生的学业成绩要么“急需”提高，要么“相当强烈地需要”提高[2]。

有效学校

尽管如此，我们依然强调，的确有办法能改善社会经济地位低下的学生的学习成绩。尤其是20世纪80年代开展的引人注目的“有效学校”运动，表明在学校范围内采取适当的努力措施来提高教学，确实能帮助弱势学生的学习成绩获得可观的提高，甚至在大城市贫困密集的学校和贫困地区的农村学校，这种努力也颇有成效。与10年或15年前相比，今天人们更容易找到能让低收入家庭学生的学业成绩提高的学校。我们在其他章节，尤其在“美国学校效能与学校改革”一章中，会详细讨论有效学校运动以及为提高弱势学生成绩而付出的其他努力。

社会阶层、就读大学及全国性问题

上大学的比例

社会阶层除了与阅读、数学和其他科目的成绩相关外，还与很多教育结果相关。

---

〔1〕 丹尼尔·U.莱文、瑞拉·F.莱文:《社会与教育》(第9版)(马萨诸塞州尼德汉姆高地:阿伦、培根出版公司，1996)。另见理查德·D.卡伦贝格，“返回教室”，《美国瞭望》(2007年1月/2月)，网址:www.prospect.org;理查德·罗斯坦，“贫困是谁的问题”，《教育领导》(2008年4月)，pp.8—13。

〔2〕 艾伦·J.德阳、芭芭拉·K.劳伦斯，“印第安纳州人、纽约扬基人与山地人”，《卡潘》(1995年10月)，pp.104—112;达德利·巴罗，“美国被遗忘的学校”，《教育文摘》(2008年4月)，pp.67—70。

一般来说，劳动阶层的学生不仅仅学业成绩分数较低，而且与中产阶层的学生相比，能完成中学学习或是能被大学录取并完成大学教育的可能性更少。在社会经济阶层中位于最低的两个四分位的中学毕业生（按照家庭收入测量，收入排名最低的50%的学生）中，只有大约25%的学生能进入大学学习并获得中学以上学位。而在社会经济阶层位于最高的一个四分位的学生中，有80%以上的中学毕业生能进入大学并获得中学以上学位（每一个四分位包含四分之一的学生）[1]。研究者们发现，社会阶层与大学入学率和毕业率相关联，甚至他们在对学业成绩水平相当的学生进行比较时也能发现这一点。例如，一项研究表明，社会经济地位较低的中学高年级学生，与跟他们阅读成绩相当的社会经济地位较高的中学高年级学生相比，不能进入中学后教育机构学习的可能性竟高出近50%。造成这种情况的其中一种原因是，联邦政府的财政救助金有限，这已经导致近年来这种差距在逐年上升[2]。

一个研究国际读写能力状况的研究小组最近得出结论，认为“不公平深深植根于美国的教育系统和工作场所……我们的国家重视生产和奖励一流的技术，因此我们国家是世界第一的强国。但是，我们不得不承认，事实也非谦虚之辞，我们的基本技能却是不入流的”。这样的读写能力现状让美国“教育考试服务中心”的一位资深研究员发表评论说，美国还未充分“认识到消除由家庭背景造成的成绩障碍的必要性，也未认识到缺乏资源如何影响学生的学习成绩”[3]。

焦点问题回顾：你参观过大多数学生来自不同社会阶层的学校吗？那里的多数学生与你就读学校的学生有所不同吗？你观察到什么差异？你认为这些差异对学习成绩有何影响？

第二节　种族、民族与在校学业成功

种族和民族的界定

在美国，社会阶层和教育成就之间的关系模式，因为种族和民族的因素而变得更

〔1〕 保罗·L.巴顿、理查德·J.科莱：《学习成绩与不平等的窗口》（新泽西州普林斯顿：美国教育考试服务中心政策与研究中心，2008），网址：www.ets.org。

〔2〕 保罗·E.巴顿，“教育前沿封闭了吗”，《美国教育考试服务中心政策信息中心报告》（2002年9月），网址：www.ets.org/research/pic；大卫·L.柯普，“为少数人开办的大学”，《美国瞭望》（2008年12月），pp.40—41，网址：www.prospect.org；凯西·克里斯托弗，“被大学压垮”，《福布斯》，2009年2月2日，pp.60—65。

〔3〕 保罗·E.巴顿，“走向不平等”，《美国教育考试服务中心政策信息中心报告》（1992年10月）；安德鲁·山姆、欧文·柯西、罗伯特·塔加特，“平庸与不平等的双重挑战”，《美国教育考试服务中心政策信息中心报告》（2002年2月），pp.31—32。两份报告都可从以下网站中获得：www.ets.org/research/pic。另见《教育传递途径上的裂缝》（华盛顿特区：经济发展委员会，2005），网址：www.highereducation.org；约翰·布伦南、拉加尼·奈杜，“高等教育与公平和社会公正的成就或妨碍”，《高等教育》（2008年9月），pp.287—302。

加复杂。**种族**(race)是从共同的祖先和血统以及身体特征来区分的不同人群,而**民族**(ethnicity)则是根据人们共同分享的文化来区分的不同群体。一个**族群**(ethnic group)的成员通常有共同的祖先,共享同一种语言、宗教以及其他文化特质。由于单纯的种族是不存在的,所以有些学者避免使用种族的概念,取而代之的是以民族的词条来讨论某种群体特征的。

少数群体的地位

在"美国教育的历史发展"一章中我们已经看到,美国人口是由很多不同种族和不同民族的群体混合构成的。美国国内某些种族和少数民族群体中的个体虽然取得了很大的成就,但作为一个群体,却一直经历着社会的和经济的压迫。例如,尽管不少美国黑人的社会经济地位要远高于很多白人,但总体而言,美国黑人的社会经济地位要低于占绝大多数的白种人。美国的其他主要少数民族群体,如墨西哥裔美国人和波多黎各人,其社会经济地位也格外低下(这两个群体,再加上古巴裔美国人以及中美洲、南美洲血统的居民,共同构成了西班牙裔美国人,或被称为拉丁裔美国人,其人口数量一直在快速增加,现在已经超过了美国黑人的人口数量。本章用西班牙裔美国人这个术语来报告一些官方出版物中的数据,而在本书的其他地方通常使用拉丁裔美国人这个术语)。教育工作者持续关注的一个事实是,这些种族和少数民族群体在学业成绩、中学和大学毕业率以及其他教育成就的衡量标准上都相对较低[1]。

8 年级学生的样本

在图 11.1 中我们可以看到,社会阶层、种族或民族与学校成绩表现之间存在着紧密的联系。这个图表展示了全国 8 年级学生的代表样本在数学和阅读考试中的成绩分数。美国黑人学生社会经济地位评分最低(这反映了黑人的贫困比例最大),他们的数学和阅读分数也最低。相反,非西班牙裔美国白人在社会经济地位方面的评分最高,他们的数学成绩位居第二,阅读成绩位居第一。总体而言,学校的成绩分数与学生的社会经济地位相一致,社会经济地位的评分越高,学生在学校的成绩分数也越高[2]。

少数群体学生取得的进步

美国"全国教育进展评估"部门收集的数据表明,美国黑人学生和拉丁裔学生与白

---

[1] 玛丽莎·科尔尼,"美国女性与少数群体的代际流动",《儿童的未来》(2006 年秋季刊),网址:www. futureofchildren. org;"论成绩差距",《政策报告》(2008 年夏季刊),网址:www. ets. org。

[2] 对这些数据和其他数据的进一步分析表明,在一个大的种族和民族分类下面也存在着很多差异。例如,在西班牙裔美国人中,古巴裔美国人的社会经济地位和成绩分数要比墨西哥裔和波多黎各裔学生高。在亚裔美国人中,赫蒙族和越南裔学生往往在社会地位和学习成绩上都相对较低。

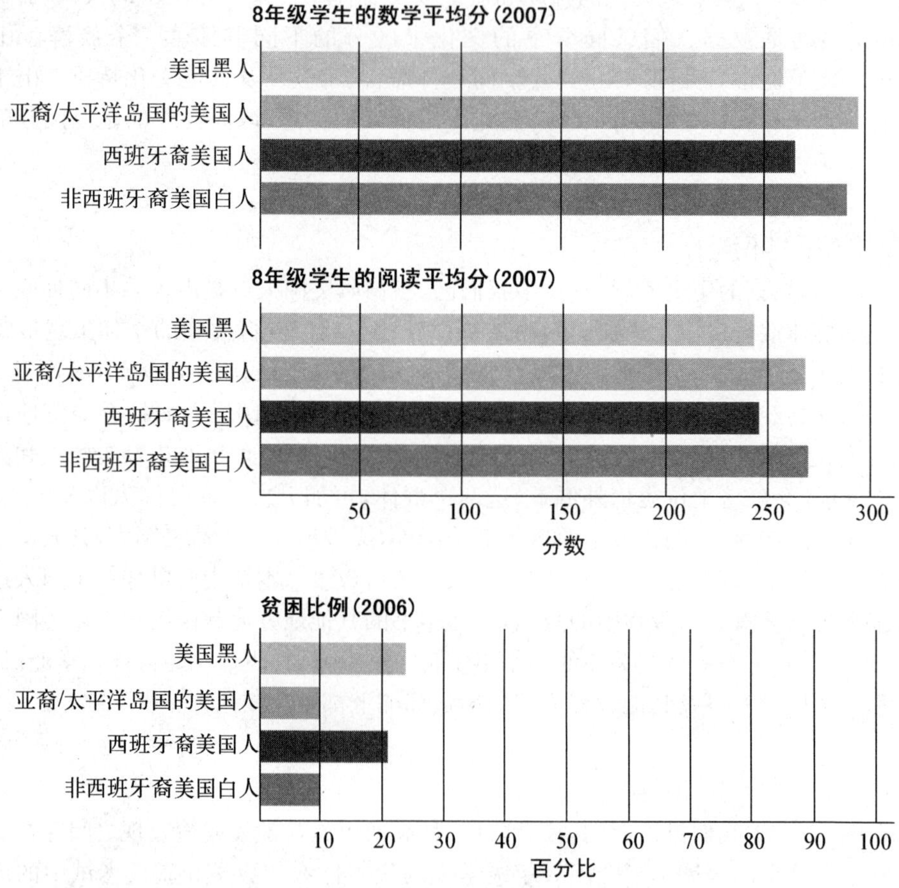

图 11.1 各种族和民族的学校成绩表现和社会经济背景指标

【资料来源】李金云、温迪·S. 格里格、葛罗瑞亚·S. 迪奥:《2007 年全国数学成绩报告卡》(华盛顿特区:美国教育部,2007);李金云、温迪·S. 格里格、葛罗瑞亚·S. 迪奥:《2007 年全国阅读成绩报告卡》(华盛顿特区:美国教育部,2007);《2009 年美国统计概要》(华盛顿特区:美国政府印刷局,2009)。

人学生之间的差距正在逐渐缩小。美国黑人学生和拉丁裔学生在阅读、数学和其他科目上都已取得明显的进步。一些观察家将这种进步的取得部分归功于联邦政府"第一条款"和《不让一个孩子掉队》法案规定的项目,以及在废除种族隔离方面增加的投入(参见"提供平等教育机会"一章中有关"第一条款"、《不让一个孩子掉队》法案以及废除种族隔离的讨论)。但是,这种差距绝不可能被填平,美国黑人和拉丁裔美国学生在阅读和其他科目的分数,仍然低于其他白人学生,而 17 岁美国黑人和拉丁裔美国学生的阅读平均成绩依然与 13 岁白人学生的平均成绩基本相同[1]。

辍学率

根据图 11.1 展示的成绩数据，你可以作出以下推测，非西班牙裔美国白人学生和亚裔学生（不包括越南裔美国人）比美国黑人和拉丁裔美国学生完成中学学业的可能性更大。图 11.2 显示，1975 年以来，美国黑人学生完成中学学业的人数一直在上升，但其比例仍然低于其他白人学生的完成率。拉丁裔学生的中学毕业率一直也非常低，以至于国家领导人都非常关注拉丁裔青年的未来。此外，大城市贫困地区的美国黑人学生和拉丁裔美国学生的中学辍学率仍然非常高。熟悉情况的观察家们估计，某些大城市的辍学率在 40%—60%之间，而在大多数学生都是来自底层阶层的学校内，辍学率甚至可能超过 75%—80%[2]。

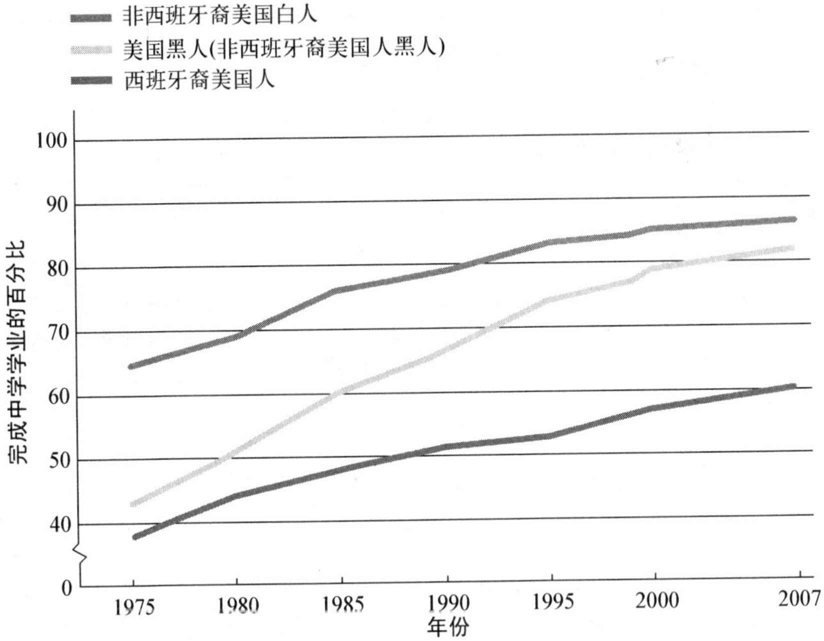

图 11.2　25 岁及 25 岁以上人群完成中学学业的比例（1975—2007）

【资料来源】《2009 年美国统计概要》（华盛顿特区：美国政府印刷局，2009）。

---

〔1〕 詹斯·路德维希，“教育成就与黑人-白人间的不平等”，《教育未来》，（2003 年第 3 期），网址：www. hoover. org；迈克尔·J. 克耶夫尔，“迎头赶上还是落到后面”，《教育心理学杂志》（2008 年 11 月），pp. 851—868。

〔2〕 《从风险到机会》（华盛顿特区：西班牙裔美国人优质教育总统顾问委员会，2003），网址：www. yic. gov/paceea/final. html；凯瑟琳·葛维兹，“中学学业完成率”，《教育周刊》，2008 年 9 月 10 日，p. 5；杰塔·萨克-鸣，“入学人数大幅上升带来的新挑战”，《美国地方教育委员会杂志》（2008 年 8 月），pp. 6—7。

大学就学情况

美国黑人和拉丁裔美国学生能进入大学和其他中学以上教育机构学习并完成学业的可能性更少。在20世纪60年代和70年代初，美国黑人和拉丁裔美国中学毕业生被中学后教育机构录取的比例显著上升，但随后却一直增长缓慢。因此，美国黑人和拉丁裔美国学生被高等教育机构录取的学生数比例不到总录取学生数的30%，低于全国大学年龄段的人口总数中非洲裔和拉丁裔人口的比例。导致这种状况出现的原因包括：学费的增加、联邦教育经费的降低以及削减了特殊招生计划和特殊援助项目等。有些教育工作者也注意到，生存在毒品文化中，会使很多来自少数群体的年轻人丧失各种能力。来自一些重要教育机构的报告指出，少数群体学生被高等教育机构录取的比例低得“令人震惊”，而且“无法容忍”。这些报告通常提出的结论是，学院、大学和政府官员应该采取措施增加少数群体的录取率[1]。

从职前到实践

希望获得成功

大卫·卢西亚提仔细审视着他所教8年级英语课程的第一个班级。他同意到这所市中心学校教书，是因为这所学校正是自己开始接受学校教育的地方，但现在学校周围的街坊邻里与他几年前住在这里时已经完全不同了。

大卫明白，这对他将是具有挑战性的第一年。事实上，已经有几个很有经验的教师告诉他，他们可不愿意处于他现在的境地。他的时间表安排得满满的，要上五个班的8年级英语课。现在上的第一个班好像混杂着来自不同民族的学生，他们各自的背景也大不相同。据指导顾问所说，这个班大多数学生的成绩都很差，他知道至少有四个男孩和两个女孩去年就已经上过8年级了。

大卫听到不少学生在偷笑和交头接耳。在他点名的时候，当每个学生举起手表示他们已经在场时，他都注意轻轻拍拍学生的背部或拍拍手表示友好。他记得他的指导教授去年曾告诉他：“记住，大卫，第一天和第一个星期都非常重要，你必须掌握节奏，并确定规矩，否则第一年你就完了。”

大卫已经根据教授的建议认真准备了他第一天的课程，时刻牢记要定好课堂的基调。他的前提设想是要让所有学生积极投入到自己的学习当中，根据这个前提设想，他制定了一系列的问题和课堂活动。但是就在他实施这个行动计划之前，学校副校长走进教室并把他叫到一边。副校长低声说：“不要激怒那边的那个托马斯·戴维斯，有人告诉我他的衬衫下藏着一把小型手枪，我已经叫了校园警察，一下课他们就会逮捕他，他对有关他女朋友的一些事感到心烦。如果在逮捕他之前你碰到什么麻烦，你可以用墙上的电话通知我，我想你没问题吧？”

---

〔1〕 提到的机构还包括：州教育协会、州高等教育执行官、美国民权委员会、美国教育委员会。另见《空洞的承诺》(华盛顿特区：大学生财政补助咨询委员会，2002)；“人口统计的命运”，2006年为卓越教育联盟准备的论文，网址：www.all4ed.org；维多利亚·B.撒兹、路易斯·彭娟，“能接受高等教育的拉丁裔男性正在消失”，《拉美裔高等教育杂志》(2009年1月)，pp.54—89。

续 表

从职前到实践
"是的,没问题。今天我都安排好了。"副校长走了,大卫开始想他自己是否真的没问题。接下来一切都进行得很顺利,直到他叫学生写一段话记述今年夏天最愉快的经历。几个学生开始相互讨论、开玩笑,还大声地笑。大卫不太确定他应该允许这样的事在什么样的程度内发生,所以他微笑着,鼓励那些正在写作的学生继续写作,同时还在班上转来转去,与每个没有写作的学生交谈。 他快速地察看了全班,注意到学生的参与程度存在差异。他真应该多学点有关如何教一群背景各异的学生的知识,也要学习有关如何教每个学生的知识,也许这才是最重要的。 思考问题 1. 第一年从教的教师应该被分配到这样一个困难班上任教吗?论证你的答案。 2. 要成为一名高效能教师,大卫必须克服什么障碍? 3. 你该作哪些准备来掌控这样一个班级? 4. 大卫可能想将什么教学政策用于这个班级?

一、少数群体社会地位及城市贫困的特殊问题

被隔离的市中心

正如我们已经指出的,位于市中心贫困街区内的学校内,学生的学业成绩通常都相当低下。我们也曾指出,尽管美国黑人学生完成中学学业的人数比例在全国范围内呈上升趋势,但在大城市,其辍学问题依然十分严重。这些问题所反映的事实是,美国很多大城市的中心地区已经成为被隔离的社区,这里居住的是属于劳动阶层和底层阶层的美国黑人和拉丁裔居民。造成这种社会经济和种族或民族分层的原因和结果包括以下几个方面:

美国黑人的两极分化

1. 美国黑人人口在经济上越来越严重的两极化。从1950年以来,这个群体总体的社会经济地位和收入已经得到实质的增加。例如1950年以来,美国黑人中已婚夫妇的平均收入(以美元实际价值计)大约翻了一番,而年收入达到或超过五万美元的黑人家庭数量已经增加了四倍。但是,仍然有很多美国黑人居住在城市的贫困地区,他们居住的街区中大多数家庭是由单身女性为户主的,在这些街区,犯罪、行为不良、吸毒、未成年人怀孕的比例以及其他用来判断社会是否面临解体危险的指标一直都非常高[1]。

---

[1] 巴特·兰德里:《新生黑人中产阶层》(伯克利:加利福尼亚大学出版社,1987);威廉·J.威尔逊:《真正的弱势群体》(芝加哥:芝加哥大学出版社,1987);小亨利·L.盖茨,"美国黑人的两重天",《布鲁金斯评论》(1998年春季刊),pp. 4—7;卡特里娜·B.麦克唐纳,"黑人中产阶层",《社会力量》(2007年12月),pp. 853—855;乔·考特金,"向上流动的终结",《新闻周刊》,2009年1月26日,p. 64。

对于西班牙裔或拉丁裔美国人人口，我们也可以作出类似的论断。在不断增加的中产阶层群体和大部分住在大城市贫困街区的群体之间存在着实质的社会区隔，把他们分隔开来，而在大城市贫困街区出现社会解体的几率非常高[1]。在本章的"从职前到实践"栏中，我们看到了在这种街区任教的老师不得不面临的挑战。

功能失调的机构

2. 城市中心地区的社会机构，诸如家庭、学校和执法体系等，好像经常处于崩溃的状态。父母觉得很难控制自己的孩子，执法机构不能应对如此高的青少年违法行为和成年人犯罪[2]。

日益上升的社会区隔状态

3. 大城市贫困区域低收入少数群体人口的聚集，增加了他们与更广大社会的区隔。与 50 年或 100 年前的城市贫民窟和少数民族的集中住宅区不同，今天贫困人口聚集的区域在地理范围上更大，在大多数情况下，这里的居民更加趋向于属于单一类型的(低)社会经济地位。不需要技能或只需要半熟练工人的工作越来越难以找到，而且很多工作已经被迁至海外或郊区，住在市中心的居民实际上无法找到那样的工作。安德鲁·海克(Andrew Hacker)指出，当代的这种"将贫困和种族连接在一起的隔离模式，相对而言是全新的，居住在这个大多数人都过着散漫生活的地方，实在难以让人能够突破这种生活模式"[3]。

年轻黑人男子的问题

4. 年轻黑人男子遭遇的问题急剧增长。一些知情的观察家相信，生活在市中心贫困地区的年轻男子，他们所面临的困境是其他一系列更严重问题的根源，例如高非婚生育率、持续依赖救济、暴力犯罪和青少年犯罪等。城市贫困地区女性为户主的家庭在日益增多，这与年轻黑人男子不工作、被监禁或正在假释的比例很高有直接关系，

---

〔1〕 彼得·德雷尔、大卫·莫伯格，"从'街区'搬走"，《美国瞭望》(1996 年冬季刊)，pp. 75—79；乔治·J. 布加斯，"在美国获得成功"，《儿童的未来》(2006 年秋季刊)，网址：www. futureofchildren. org；大卫·艾特尔、约翰·泰勒，"西班牙裔美国人是新威胁吗"，《社会科学研究》(2008 年 12 月)，pp. 1102—1115；瑞克·弗莱、费丽莎·冈萨雷斯，"五个中有一个且快速增长"，2008 年为西班牙人救济中心准备的论文，网址：www. pewhispanic. org。

〔2〕 克雷格·伯内特，"是我们未来的刀锋战士吗"，《法律与社会评论》(2002—2003 年第 2 期)，网址：www. lawso. ucsb. edu/projects/review；理查德·J. 科莱、保罗·E. 巴顿，"被关押与被赶出家门"，2006 年为美国教育考试服务中心准备的论文，网址：www. ets. org；王发辉、马丁·T. 阿诺德，"收入不平等的地方化、贫困与杀人犯的集中化"，《应用地理学》(2008 年 10 月)，pp. 259—270。

〔3〕 安德鲁·海克：《两国两民》(纽约：贝兰亭出版社，1995)；纳拉杨·萨斯特里、安妮·R. 派贝利，"社区、贫困与儿童健康"，2003 年为兰德公司准备的论文，网址：www. rand. org；马杰里·A. 特纳、丽奈特·罗林斯，"克服聚集的贫困与隔离"，《城市研究所政策简报》，2005 年 7 月 29 日，网址：www. urban. org；凯伦·F. 帕克、艾米·瑞克登沃尔德，"聚集的贫困、传统男性角色模式与非洲裔美国青少年暴力"，《犯罪学》(2008 年 8 月)，pp. 711—735。

或者说他们被排除在主流机构以外，或自己主动脱离了主流机构，结果就是能被选择组建稳定家庭的男子数量大幅下降，同时能不断积累资源以不断向上层社会流动的男子数量很少〔1〕。

二、社会阶层和民族对学生成绩的影响比较

社会阶层是首要因素

社会阶层、种族或民族与学业成绩之间密切的相互关系，使得研究者经常询问这样的问题，如果不考虑美国黑人较低的社会经济地位以及其他少数群体面临的不利因素，种族或民族与教育系统内的学生成绩表现之间是否仍然存在必然联系？一般而言，这个问题的答案是，社会阶层是造成各种族和民族教育成就不同的最主要原因。也就是说，如果你知道一群学生来自哪个社会阶层，你就能很准确地预测他们的学业成绩、能力分数以及大学入学率是高还是低。而这群学生属于哪个种族或民族这样的信息，对是否能进一步提高预测的准确性而言几乎没什么用。这也就意味着，如果把劳动阶层的白人学生作为一组，而来自中产阶层的少数群体学生作为另一组相比较，那么前一组学生在学业成绩和大学成就上要相对低于后一组学生〔2〕。

在美国，处于弱势的少数群体在很大比例上仍然属于劳动阶层和底层阶层，他们的孩子也就比出生中产阶层的孩子更可能在教育系统内较少取得成功。此外，由于受教育是在职业市场中获得工作的非常重要的渠道，那些来自少数群体、社会经济地位低下的学生也就很少有机会在他们今后的生活中获得经济上的成功。从这个观点来看，学校不能有效地教育来自劳动阶层的学生，也就变相地帮助维持了现有的社会阶层体系，也就让贫困和低成就的负担过多地压在了美国这些少数种族或民族群体的肩上。

分化的人口

对教育工作者而言，他们所面临的挑战是要提高所有低社会阶层学生的学业成绩，无论他们来自哪个族群。美国人口总体而言已经越来越分化，高收入人口在不断

〔1〕 罗杰·多伊尔，“糟糕的事情发生了”，《科学美国人》(2002 年 6 月)，pp. 26—27；凯瑟琳·布，“婚姻的疗法”，《纽约人杂志》，2003 年 8 月 17、25 日；罗纳德·B. 明西：《黑人被甩在后面》(华盛顿特区：城市研究所，2006)；“只要给一点机会”，2008 年为肖特基金会准备的论文，网址：www. blackboysreport. org；格拉斯·S. 梅西、罗伯特·J. 桑普森：《重温莫伊尼汉报告》(加利福尼亚州千橡树市：圣人出版社，2009)。

〔2〕 伊恩·麦克伦、费伊萨·德米，“社会阶层、民族与教育成绩”，《教育研究》(2001 年夏季刊)，pp. 147—159；塞西莉亚·E. 罗兹、丽莎·巴罗，“美国中小学校：平等机会还是复制现状”，《儿童的未来》(2006 年秋季刊)，网址：www. futureofchildren. org；尼基·L. 艾肯、奥斯卡·芭芭拉，“阅读发展轨迹的社会经济差异”，《教育心理学杂志》(2008 年 5 月)，pp. 235—251。

增加，低收入人口也在不断增加，而中产阶层人口却在不断缩减。很多评论家都很赞同前劳工部部长罗伯特·赖克(Robert Reich)的警告:"如果我们失去了我们的中产阶层而变成一个两极社会，我们就不仅要面临国家未来是否繁荣的危险，而且还要面临社会是否能协调稳定的风险。随着经济的增长，那些操作机器的人、在办公室打扫卫生的人以及那些为我们提供基本的物品和服务的人，都应该分享经济增长带来的收益，但是事实上这样的事情并未发生。"[1]

焦点问题回顾：如果中等收入人口的数量不断缩减，而低收入人口数量不断增加，那么作为一名教师，你就很可能经常在你的班上发现来自低收入家庭的学生了。你现在要做什么，才能让自己准备好，以有效地为来自所有社会阶层的孩子提供教学呢?

第三节 社会地位低的学生成绩低下的原因

过去40年中，很多研究一直旨在理解和克服学习成绩低下学生总体的学业缺陷，以及来自劳动阶层和贫困家庭的特定学习成绩低下学生的学业缺陷。这些研究给出的解释并非相互排斥，我们将按照以下几个主要的因素来对这些解释进行分组。这几个主要因素是:家庭环境、遗传与环境因素、教室中的障碍等。这些因素在概述11.1中也进行了归纳。

一、家庭环境

在"文化、社会化与教育"一章中我们曾经指出，儿童的家庭是最重要的对儿童进行早期社会化和教育的机构。我们还注意到，家庭环境的特征密切地反映了家庭的社会阶层。因此，家庭环境中的社会阶层差异是与教育成绩和学生成就相互关联的。很多来自劳动阶层的学生在无法培养他们为上学作好准备的家庭中长大。尽管他们的父母可能也很强调教育的重要性，但这些学生更可能在典型的课堂上表现较差。

知识和理解力

儿童的家庭环境能培养儿童具备以下三类非常关键的特性，这些特性对儿童的在校成绩有重要影响，它们分别是:(1) 知识和理解力;(2) 认知和语言能力;(3) 价值观

〔1〕 引用于基斯·布拉德肖的文章,"生产力就是全部，但生产力的报酬并不高",《纽约时报》,1995年6月25日,p. 4E。另见克里斯多夫·詹克斯、约瑟夫·斯温戈尔,"没有一张网",《美国瞭望》,2000年1月3日，网址:www. prospect. org;布鲁斯·韦斯特恩、迪尔德莉·布鲁姆、克里斯蒂娜·波切斯基,"美国有孩子家庭中的不平等,1975—2005年",《美国社会学评论》(2008年12月),pp. 903—920。

和态度。就“知识和理解力”而言，中产阶层的儿童比劳动阶层的儿童更可能获得家庭以外的世界的广泛知识，因为他们能通过阅读书籍和到一些文化机构（如博物馆）获取知识，他们还能得到家长的教育，也有更多的机会去探索不同的环境。通过跟广阔世界的接触而获得的知识和理解力对儿童进入学校以后相当有帮助，而今天来自劳动阶层的学生可能比早些时代的劳动阶层的学生要面临更大的劣势，因为与中产阶层的学生相比，他们能在家中使用电脑的可能性更小[1]。

认知和语言技能

学生的“认知和语言技能”同样反映了家庭语言环境中的社会阶层差异。巴兹尔·伯恩斯坦(Basil Bernstein)发现，中产阶层和劳动阶层的儿童都能在“普通的”或“限制性”语言方面掌握足够的技能，但在使用“正式的”或“精致性”语言方面，中产阶层出生的儿童明显优于劳动阶层出生的儿童。普通的、限制性语言通常来说语法都比较简单，可以通过肢体语言和进一步的解释来澄清所要表达的意义。而精致性、正式的语言相对来说语法要复杂很多，它为人们能在一个抽象的意义系统里对经验进行组织提供更大的潜能。很多学者相信，使用精致性语言的熟练程度能帮助中产阶层的儿童在认知发展方面更胜一筹[2]。

概述 11.1　不同区域内影响劳动阶层学生成绩的障碍

影响区域	影响劳动阶层学生成绩的潜在障碍
家庭	家庭环境的不利因素会对一些劳动阶层学生产生影响，尤其是在生命的最初几年里，这些不利因素会让这些儿童没有作好到学校学习的准备。具体影响是： **知识和理解力**。缺乏对文化和技术世界的接触，儿童在学校所需的理解力的发展受到限制。 **认知和语言技能**。限制性语言不能帮孩子为上学作好准备。 **价值观和态度**。只关注控制孩子，并不能鼓励孩子发展高级思维或形成独立的问题解决能力，这也是在学校中非常需要的能力。

〔1〕 安妮特·拉鲁，“家校关系中的社会阶层差异”，《教育社会学》(1987年4月)，pp. 73—85；贝蒂·哈特、托德·R. 瑞斯丽，“早期的灾难”，《美国教育工作者》(2003年春季刊)，网址：www. aft. org/american_educator；“美国幼儿语言学习环境中的意义差异”，2006年PBS对托德·瑞斯丽的采访，网址：www. childrenofthecode. org/interviews/risley. htm；凯特琳娜·波夫斯基、乔治·帕卡斯，“小学中的协作培养与不平等的成绩”，《社会科学研究》(2008年9月)，pp. 903—919。

〔2〕 巴兹尔·伯恩斯坦：《教育论述的结构化》(纽约：劳特利奇书局，1990)；詹姆斯·艾瑟顿，“语言代码”，2003年论文发表于Doceo网站，网址：www. doceo. co. uk/background；珍妮·S. 雪儿、维琪·A. 雅各布森，“贫困儿童的四年级成绩暴跌”，《美国教育工作者》(2003年春季刊)网址：www. aft. org/american_educator；罗伯·摩尔等(编辑)：《知识、权利和教育改革》(纽约：劳特利奇书局，2006)。

续 表

影响区域	影响劳动阶层学生成绩的潜在障碍
遗传与环境	劳动阶层的儿童在智力测试中的平均分数较低，这可能与环境因素或遗传因素有关，或者与二者都有关。有关为什么这些儿童的分数很低的讨论，至少有以下三种观点： **遗传论者的观点**。智能的差异是天生的，环境对其影响甚微。 **环境论者的观点**。家庭、学校和文化环境是决定儿童智商(IQ)测试成绩的主要因素。 **综合派的观点**。环境和遗传共同影响儿童的智商和在校成绩表现，因此教师和家长应该尽可能为每个孩子提供最好的环境，将他们的天赋能力尽可能最大限度地发挥出来。
教室	教室中存在的导致劳动阶层学生学习成绩差的障碍包括以下几种： · 课程内容和教学方法不适宜 · 缺少先前在学校成功的经验 · 执着于无效的低水平学习 · 以劳动阶层学生为主的学校教学条件困难 · 教师对学生不足的认识 · 无效的同质分组 · 提供服务的问题 · 班级规模过大 · 缺少教师培训及缺少有经验的教师 · 来自同伴的负面压力 · 教师和学生背景之间存在差异 · 对学生课堂表现的预期与学生实际的行为模式或学习风格之间存在不一致 · 由于家庭和街区的信息贫乏而产生的累积效应

价值观和态度

在有关“价值观和态度”的问题上，很多劳动阶层家庭中的社会化实践活动并未能让儿童作好充分准备，使其能在学校和教室中独立履行好学生的职责。另外很多来自较低社会经济背景家庭的儿童在学校中处于劣势，因为这样的家庭对儿童的社会化要求主要是听话和顺从，而中产阶层家庭更强调儿童的独立学习和自主思考。在对英国诺丁汉市(Nottingham)的 700 个家庭进行深入研究之后，约翰·纽森和伊丽莎白·纽森夫妇(John & Elizabeth Newson)对几种不同的社会化模式进行了总结：[1]

〔1〕 约翰·纽森、伊丽莎白·纽森：《家庭环境对 7 岁儿童的影响》(伦敦：艾伦、尤恩出版社，1976)，p. 406。另见菲利克斯·蒙特斯，“研究表明模范学习社区对年轻儿童大有益处”，《跨文化发展研究协会(IDRA)新闻通讯》(2006 年 9 月)，网址：www. idra. org；盖里·W. 埃文斯、詹妮弗·罗森鲍姆，“自我调节和收入-成绩的差距”，《早期儿童研究季刊》(2008 年 12 月)，pp. 504—514；帕特丽夏·V. 格林菲尔德，“社会变革与发展性变化的联系”，《发展心理学》(2009 年 3 月)，pp. 401—418。

> 位于社会高端的父母更可能使用民主的管教原则，主要通过语言来控制孩子。这样的家庭规矩很可能让孩子养成良好的个性，既能成功地与社会系统保持一致，又能为实现自己将来的目标服务。而位处社会底层的（很多）父母……选择使用高度专制的管教原则，主要是一些非语言的控制手段，言语主要用来威胁和哄骗孩子听话，而不是让他们懂得社会行为背后的基本原理……因此，出生于社会最底层的这部分孩子周遭的一切都不利于他们的成长，包括父母教养孩子的方法。

养育儿童的不同做法也反映了这个事实，很多劳动阶层的生活环境对儿童而言是较为危险的，而父母用来抚养孩子的方法对孩子将来在学校的学习没有任何帮助，因为这种方法是要帮助他们的孩子应对他们生活的那个不利环境。其他的差异来自于家长自身受教育水平、拥有资源的有限，以及家长缺乏实际能帮助孩子智力发展的知识等。

中产阶层出生的孩子相比劳动阶层出生的孩子而言有更多机会通过阅读书籍和父母的教诲而获得关于世界的广泛知识。

家庭环境的刺激作用

家庭和家庭环境对儿童一般智力发展所起的重要性也已经被J. 麦克维克·亨特和马丁·多依奇（J. McVicker Hunt and Martin Deutsch）及其他研究者的研究所证实。这些研究通常表明，劳动阶层家庭的环境刺激与中产阶层的家庭环境刺激相比，总体来说更不利于儿童的智力发展。多依奇概括了各种限制很多处境不利儿童作好入学准备的因素，其中包括缺乏富有成效的视觉和触觉刺激。多依奇和其他研究者研制了一种环境不利因素的指数，与儿童出身的社会阶层指标相比，环境指数与儿童的智力分数和在校成绩有更紧密的相关关系[1]。

早期的认知发展

不利环境影响理论认为，儿童早期的发展比后期的发展更重要。正如本杰明・布鲁姆和大卫・汉博格(Benjamin Bloom and David Hamburg)以及其他研究者所指出的那样，大多数人类特征的发展最快阶段出现在上学前，这些人类特征包括认知能力。另外，儿童的智力发展甚至在胎儿期就受到母亲的总体健康状况、饮食习惯、是否摄入酒精和毒品、压力和其他情感因素的影响。尽管现在我们能对因为儿童早期环境的不利而造成的学习缺陷进行补救，但这就意味着对年龄较大的孩子，我们要想改变他们会更加困难，因为我们需要一个更有影响力的环境才能达到这样的改变。这也就进一步意味着，作为一个社会，我们应该用更多的资源来解决这些因早期生活环境引起的问题和不利因素。对上述问题的理解有利于促进补偿教育的发展，这种教育试图通过提供学前教育和改善中小学校的教学，来对因为环境的不利因素而造成的影响进行补救[2]。补偿教育将在"提供平等教育机会"一章中进行详细介绍。

早期的大脑发展

随着科学家对大脑如何发展的了解，以及人们越来越了解这些大脑相关知识对教育工作者意味着什么，人们也越来越关注贫乏的环境对儿童认知表现所产生的负面影响。一般而言，神经学家和其他调查人员进一步肯定了布鲁姆有关积极的家庭环境在生命最初两三年内至关重要的结论，这一段时间内大脑的生长最为迅速，会建立数十亿个神经细胞间的连接。很多教育工作者不仅重视良好的学前教育的价值，而且也在探索如何将脑科学的新发现运用于教学方法的设计中，以及如何在设计教学方法时考虑大脑的工作原理。但是，可能还需要很长一段时间我们才能掌握足够多的脑科学知识来实质性地改善课程和教学[3]。

---

〔1〕 马丁・多依奇，"社会阶层对语言发展和认知的影响作用"，A. H. 帕索、M. I. 哥德博瑞、A. J. 坦南鲍姆(编辑)：《弱势群体的教育》(纽约：霍尔特出版社，1967)，pp. 214—224；理查德・J. 科莱，"参差不齐的开始"，2002 年提交美国教育考试服务中心论文，网址：www. ets. org/research/pic；荷云娟・帕克，"家庭文化环境与儿童阅读成绩"，《教育研究与评估》(2008 年 12 月)，pp. 489—505；苏珊・B. 纽曼，"改变处于危险之中儿童胜算的有效的科学"，《卡潘》(2009 年 4 月)，pp. 582—587。

〔2〕 本杰明・S. 布鲁姆：《人类特征的稳定性与变化》(纽约：威利出版社，1964)；本杰明・S. 布鲁姆：《人类特征与学校学习》(纽约：麦格劳希尔集团，1976)；延斯・路德维希、伊莎贝尔・索希尔，"十岁时的成功"，汉密尔顿项目讨论论文(2007 年 2 月)，网址：www. brookings. edu；格拉斯・贝沙洛夫、克雷格・雷美，"学前的困惑"，《教育未来》(2008 年秋季刊)，网址：www. hoover. org；莎伦・L. 凯根、珍妮・L. 里德，"投资早期儿童教育"，《卡潘》(2009 年 4 月)，pp. 572—576。

〔3〕 茱蒂・维莉丝，"教育工作者应该信任哪个大脑研究的结果"，《卡潘》(2007 年 5 月)，pp. 697—699；海伦・阿巴德兹，"贫困人群的有效学习"，《国际教育评论》(2008 年 11 月)，pp. 581—604；玛莎・J. 法拉等，"环境刺激、父母的养育与人类的认知发展"，《发展科学》(2008 年 9 月)，pp. 793—801；奈乐・麦克艾尔瓦尼、克德尤拉，"家庭中的系统阅读训练"，《学习与教学》(2009 年 2 月)，pp. 79—95。

平均差异并不是普遍模式

我们在本节中所讨论的社会化差异，反映的是社会阶层各群体的平均差异。作为一名教师，你必须牢记，并没有一些普遍模式能帮助你区分所有的中产阶层学生和劳动阶层学生。有很多儿童虽然来自劳动阶层，在学校学习表现却极佳，也有不少中产阶层的儿童表现很差。很多家庭虽然社会经济地位较低，但确实为孩子提供了一种有利于取得好成绩的家庭环境，而且绝大多数低收入的父母都努力试图为他们的孩子提供一个积极的学习环境。另外，现在似乎劳动阶层家庭抚养孩子的方式正在越来越接近中产阶层家庭父母所使用的方法。不过，来自低收入家庭和劳动家庭的儿童，更多的是在一个不能帮助他们为在现代学校中获取成功作好准备的环境中成长。

焦点问题回顾：作为一名教师，你怎样能让低收入家庭的父母与你舒心地谈谈有关他们能在家中做什么，来帮助孩子提高学业成绩的话题？

二、遗传与环境的争论

在过去的一个世纪中，一个问题一直被人们热烈争论：智力这个与儿童的在校学习成绩有很强相关度的因素，主要是由遗传来决定，还是由环境来决定？

遗传论者的观点

早期的智商测试

20 世纪早期，当智商测试快速发展的时候，很多心理学家相信，人的智商主要是由遗传决定的。持有这种**遗传论者的智力观**(hereditarian view of intelligence)的人认为，智商测试以及其他类似的工具能测量出一个人出生时就显现的天生个体能力差异。那些经济贫困的群体和某些少数群体，如美国黑人，他们的智商测试分数明显低于其他群体，针对这一现象，遗传论者相信，这些智商成绩分数低的群体，在智能上是先天差于其他群体。

遗传论者的观点在 20 世纪 70 年代和 80 年代再次复兴，特别是以亚瑟·詹森和理查德·赫恩斯坦(Arthur Jensen and Richard Herrnstein)的著作为基础，以及以群研究者进行的"明尼苏达州双胞胎研究"为基础。这些研究者对前人的研究以及自己所作的研究进行了总结，他们把遗传看做决定一个人智力的主要因素，能解释至少 80%的智商测试分数差异量[1]。

---

〔1〕 亚瑟·R. 詹森，"我们能够提高多少智商和学习成绩"，《哈佛教育评论》(1969 年冬季刊)，pp. 1—123；理查德·J. 赫恩斯坦、查尔斯·莫雷：《钟形曲线》(纽约：自由出版社，1994)；弗兰克·美诺、亚瑟·R. 詹森：《智力、种族与遗传学》(科罗拉多州博尔德：韦斯特维尔出版公司，2002)；查尔斯·莫雷，"不平等的禁忌"，《评论》(2005 年 9 月)，网址：www. commentarymagazine. com；丹尼尔·H. 罗宾逊、霍华德·维纳，"研究中的数据图表"，《教育和行为统计学杂志》(2006 年秋季刊)，pp. 327—352；吉姆·霍尔特，"变得更聪明"，《纽约时报》，2009 年 3 月 27 日。

詹森和他的批评者

1969 年，詹森在《哈佛教育评论》杂志上发表了一个备受争议的研究成果。该研究成果指出，美国黑人的平均智商成绩比白人的低 15 分。詹森将产生这个差距的原因归结为这两个种族在学习能力和学习模式上存在的基因差异。而对此提出异议的批评家们驳斥了詹森的观点，认为一系列的环境因素会对人的智商产生影响，其中包括营养不良以及父母的照顾等，但这些因素都很难进行测量，也不可能与遗传因素完全分开来。这些批评家们认为，智商测试是有偏见的，甚至测量的未必就是智力[1]。

詹森在 1969 年发表了那篇文章以后，继续引用那些他认为能说明智力主要受遗传影响的数据。他的批评者也继续采用能证实环境因素，尤其是学校教育，对人的智商有主要影响的证据作为回应[2]。

环境论者的观点

强调补偿的作用

20 世纪中期，大量的研究结果与遗传论者的观点针锋相对。大多数社会科学家都认为，环境在决定智力水平的高低上和遗传同样重要，甚至比遗传更重要。那些持**环境论者的智力观**(environmentalist view of intelligence)的社会学家们，通常会重视从婴儿期开始就持续进行补偿教育课程的需求。还有很多人也对智商测试的使用提出批评，因为他们认为这些测试从文化角度来说是带有偏见的。例如，很多人将美国黑人的智商分数与白人的分数之间存在的差距，归结于社会阶层与家庭环境的差异以及经常出现的种族歧视。

智商的增长

桑德拉·斯加和理查德·温伯格(Sandra Scarr and Richard Weinberg)研究了在亲生父母家里长大的黑人孩子和在养父母家里长大的黑人孩子之间的差异。结果发现，环境的影响远远大于遗传的影响。托马斯·索维尔(Thomas Sowell)检验了 1920—1970 年间收集的各种族群的智商分数，发现某些群体的分数，包括意大利裔美国人和波兰裔美国人在内，都获得了显著的提高。其他人的研究也表明，美国黑人和

---

〔1〕 詹森，“我们能够提高多少智商和学习成绩”，pp. 273—356；H. 尼伯格(编辑)：《人类智力的科学研究》(纽约：帕加马出版社，2003)；卡罗·吉玛，“智力的本质”，《科学美国人》(2008 年 10 月)，pp. 68—75；史蒂文·罗斯，“达尔文 200 周年诞辰”，《自然》，2009 年 2 月 12 日，网址：www. nature. com。

〔2〕 亚瑟·R. 詹森，“一般智力：人造物还是客观现实”，《职业行为杂志》(1986 年 12 月)，pp. 330—331；亚瑟·R. 詹森：《一般智力因素》(康涅狄格州韦斯特波特：普雷格出版社，1998)；亚瑟·R. 詹森，“种族差异、一般智力和‘默认值假设’”，《心理学》，2000 年；斯蒂芬·赛西、温蒂·M. 威廉，“达尔文 200 周年诞辰”，《自然》，2009 年 2 月 12 日，网址：www. nature. com。

波多黎各人的智商测试分数比一般人群的分数增长更迅速，这反映了他们的教学和生活条件的改善[1]。

智商增长的原因

詹姆斯·费林(James Flynn)还收集了其他国家类似的智商测试分数数据，发现在20世纪期间，有14个国家的智商测试分数获得大幅的上升。根据费林的分析，这种智商增长的主要原因并非是遗传基因的改善，而是环境的变化让人们提高了各种智商测试所评估的技能。托斯顿·胡森(Torsten Husen)和他的同事们在对大量的数据进行检验后也得出结论，认为经济和社会状况的改善，尤其是能获得学校教育，是让新一代人比上一代人的平均智商成绩大幅增加的原因。总而言之，那些决心要提高差生学业成绩的教育工作者们认为，这些研究非常鼓舞人心[2]。

综合派的观点

中立的立场

在这场争论中，某些社会科学家采取了一种折中的或综合的立场。**综合派的智力观**(synthesizers' view of intelligence)认为，遗传因素和环境因素共同造成了人类可测量的智力差异。例如，克里斯多夫·詹克思(Christopher Jencks)在检验了大量数据后得出结论，造成智商差异的因素中，遗传占45%，环境占35%，以及两者间的交互作用占20%("交互作用"的意思是指某种特殊能力在某一具体环境中得到迅速发展或衰退)。罗伯特·尼科斯(Robert Nichols)审核了所有上述数据和其他一些数据后得出的结论是，遗传的真值(t值)应该位于0.40—0.80之间，但确切的数值对于政策的制定而言并没有什么重要价值。

遗传与环境的交互作用

总体而言，尼科斯和其他持综合观点的学者坚持认为，遗传对智力的影响度维持在某些固定的限制范围内。在这些限制范围内，环境和遗传的交互作用产生了每个个体实际的智力水平。这种观点得到了近期一些研究成果的支持，这些研究表明，在贫困家庭中，儿童大部分的智商差异与环境质量相关，而在较为富裕的家庭中(可假定这

---

〔1〕 桑德拉·斯加、理查德·A.魏恩伯格，"白人家庭收养的黑人儿童的智商测试成绩"，《美国心理学家》，(1976年7月)，pp. 726—739。另见托马斯·索维，"种族与智商"，《资本主义》，2003年10月18日；李·M.巴切尔、罗伯特·普罗明，"后天教养的本质"，《行为基因学》(2008年7月)，pp. 361—371；卡歇尔·格伦，"无理的智力"，《高等教育纪事报》，2009年1月30日。

〔2〕 玛格丽特·霍洛威，"费林效应"，《科学美国人》(1999年1月)；托米欧·卡拉雅、马修·H.斯卡林、斯蒂芬·H.赛西，"费林效应与美国政策"，《美国心理学家》(2003年10月)；詹姆斯·R.费林：《智力是什么?》(剑桥：剑桥大学出版社，2007)；理查德·琳，"费林效应是怎样产生的"，《智力》(2009年1月)，pp. 16—24。

种家庭已经提供了较好的环境)，遗传对儿童智力水平的影响明显高于环境的影响。根据这个观点，我们可以看到，虽然由于遗传和环境之间的交互作用让我们无法确切界定一个儿童的智力水平到底有多少受到环境因素的影响，但教师(和家长)还是应该为每个孩子提供一个富有成效的环境，让孩子在这个环境中发挥他最大的潜能[1]。

焦点问题回顾：作为一名教师，你应该做什么来创建一种课堂环境，能让学生各方面能力得到全面发展？

三、教室中的障碍

我们已经指出，来自劳动阶层的学生家庭和家庭环境中缺乏能让学生在课堂上获得成功的教育刺激。但是，某些学校和教室的动态环境也导致学生未能获得较高成就。下面列出了教室内会阻碍劳动阶层学生获得好成绩的最重要的障碍。

概念越来越抽象

1. 不适宜的课程和教学。小学各年级所使用的课程材料和教学方法通常都假设学生已经熟悉了某些词汇和概念，但事实上来自劳动阶层的学生很少或甚至完全没有接触过这些词汇和概念。到了 3 年级后，大多数课程要求学生具备高级学习技能，而大多数来自劳动阶层的学生尚未掌握这些技能，因此他们在其他学科领域上的成绩会更加落后[2]。

学生对自身不足的认识

2. 缺少先前在学校成功的经验。由于在最初的学习阶段，学生缺乏学业成功的经历，这让这些学生在以后学习更难的材料时感到气馁，也损害了学生对自我的认识。他们可能不再认为自己是有能力的学习者，而认为自己不会在学校和将来的生活中有机会取得成功。一旦学生相信自己是能力不足的学习者，缺乏对自己将来的控制，他

〔1〕 罗伯特·C. 尼科斯，“智商争议对政策的启示”，李·S. 舒尔曼(编辑)：《教育研究评论》(伊利诺伊州艾塔斯卡：孔雀出版社，1978)；约翰·罗内，“智胜我们的基因”，《科学美国人》(1998 年 5 月)；埃里克·特克海默等，“社会经济地位对幼儿智商遗传性的改变”，《心理科学》(2003 年 11 月)，pp. 623—628，网址：www. people. virginia. edu/～ent3c/papers2/papers. htm；珍妮·伯连纳，“先天与后天”，《生命科学》，2006 年 7 月 19 日，网址：www. livescience. com；大卫·L. 柯普，“先天、后天与命运”，《美国瞭望》(2007 年 11 月)，网址：www. prospect. org；克里斯多夫·谢尔，“先天-后天之争的回归”，《高等教育纪事报》，2009 年 1 月 9 日。

〔2〕 伊维特·杰克逊，“理解与纪律素养”，《学习新视野》(2002 年 12 月)，网址：www. newhorizons. org；丽莎·德尔皮特，“从教师身上总结的教训”，《教师教育杂志》(2006 年 5 月/6 月)，pp. 220—231；伊丽莎白·邦迪、多瑞恩·D. 罗斯，“教师是亲切的要求者”，《教育领导》(2008 年 9 月)，pp. 54—58；芭芭拉·麦克柯南汉，“帮帮我！在我的世界历史课上，我有不会阅读的学生！”，《防止学校失败》(2009 年冬季刊)，pp. 105—112。

们也就不太可能努力学习以克服学习中的不足[1]。

不充分的高层次教学

3. 执着于无效的低水平学习。如果一个学生或一群学生的学习情况远远低于正常的年级水平，教师通常就会重点对学生的阅读、数学和其他科目的基本技能进行补救。教师的这种反应对于那些确实需要深度帮助，以获取最基本技能的学生而言无疑是非常恰当的，但是对那些能从更具挑战的学习经验和任务中受益的学生而言则危害极大。尽管帮助差生掌握高级学习技能对教师而言是个挑战，但某些教学策略是可能成功做到这一点的[2]。

教师面临的问题

4. 劳动阶层学校中困难的教学情况。由于学生学习落后很多，而且由于学生和教师都会经历挫败感并感到气馁，学生在教室里的行为问题就会增加，教师更难提供一种高效的学习环境。因此有些教师放弃了教差生的尝试，或是离开学校寻找其他不那么令人失望的职业[3]。

5. 教师对学生不足的认识。在劳动阶层学校工作的教师很可能在自己班上找到差生，并因此得出结论，班上大多数学生不会学习。这种观点很容易就成为一个能自我应验的预言，因为教师首先对学生的学习潜能产生了怀疑，就不大可能会努力工作来提高学生的学习成绩，尤其在要取得这种成绩提高，需要教师付出几乎全部精力去作出不懈的努力时[4]。

将“学习迟缓”的学生单独分组

6. 无效的同质分组。当面对一大群差生时，教育工作者通常解决该问题的办法是将这些差生与班级其他人员隔离开，将他们单独分班或分组，然后对他们进行单独

---

〔1〕 马文·马歇尔，“元认知”，《教师网公报》(2003 年 6 月)，网址：www. teacher. net/gazette/JUN03；吉姆·赖特，“对学习吃力学生的学习干预”，《教育文摘》(2006 年 1 月)，pp. 35—39；迈克尔·F. 肖尼西，“与斯坦利·博格娄的访谈”，《北美心理学杂志》(2008 年第 2 期)，pp. 347—362；凯·S. 汉默维兹，“儿童的时光”，《城市杂志》(2009 年冬季刊)，网址：www. city-journal. com。

〔2〕 理查德·罗斯坦，“测试我们的耐心”，《美国瞭望》(2004 年 2 月)，网址：www. prospect. org；艾莉森·兹穆达，“激发主动学习”，《教育领导》(2008 年 11 月)，pp. 38—42；南希·弗雷、格拉斯·费歇尔，“放松学习”，《校长领导力》(2009 年 2 月)，pp. 18—22。

〔3〕 斯坦利·博格娄，“让为教育劣势学生进行的改革产生作用”，《教育领导》(1995 年 2 月)，pp. 20—24；理查德·D. 卡伦贝格、伯纳德·瓦索，“什么让学校有效运作”，《波士顿评论》(2003 年 10—11 月)，网址：www. bostonreview. net；保罗·塔夫：《不计一切》(波士顿：霍顿米芬出版社，2008)；泰瑞·斯洛特，“为城市学生创造一种成功的学术氛围”，《技巧》(2009 年 1 月)，pp. 16—19。

〔4〕 查尔斯·M. 佩恩：《得到我所要求的》(康涅狄格州韦斯特波特：格林伍德出版社，1984)；丽莎·德尔皮特：《别人的孩子》(纽约：新出版社，1995)，pp. 173—174；查尔斯·M. 佩恩：《如此多的改革，如此少的变化》(马萨诸塞州坎布里奇：哈佛教育出版社，2008)。

授课，这个单独班级的课程进度可以比较缓慢，但不会影响优等生的成绩表现。但不幸的是，教师和学生都更容易将这种由成绩较差的学生集中组成的群体视为“学习迟缓”的学生群体，教师对这个群体学生的学习期望值很低，甚至根本不存在期望。

“学习迟缓”的学生获得的支持较少

瑞·李斯特(Ray Rist)在圣路易斯(St. Louis)的一所劳动阶层学校中，对这种被称为**同质分组**(homogeneous grouping)的学生分配形式进行了研究。一个幼儿班被分成“快班”和“慢班”两个组。快班学生获得“教师的教学时间最长，奖励最多，关注也最多；而慢班学生获得的教学时间很少，却受到更多的控制，很少获得甚至几乎没有获得教师的帮助。”自然，到了年底，在为上1年级作准备的情况好坏方面，两组学生出现了明显的差异，随后1年级的教师又根据他们对学生准备情况的了解对学生进行了分组[1]。

教学安排的替代方法

如果将学生留在异质班级里(也就是由学习成绩不同的学生组成的班级)，但给学生实施个性化教学，这样每个人都能按照自己的速度取得进步，那么李斯特所描述的情况可能会得到改善。但是，要对学生实施个性化教学非常困难，通常需要学校实践的全面改变，而这从经济的角度来看几乎是不可能实现的。因此，在这种学生主要来自低收入家庭的学校工作的教师，不得不面对异质班级，并且通常无法对班级中大量的差生实施有效的教学。

解决这个问题的一种方案是将差生进行同质分组，分配到阅读班、数学班或其他科目班，但一定要确保这些分组规模很小，而且是暂时的分组，并且负责给他们上课的是教学水平很高、并很善于教这种学生的教师。这些替代性教学安排方法符合研究的结果，研究结果表明，有限制的教学环境(就是将差生单独安排在一起)，要么产生积极的结果，要么产生消极的结果，主要看教育工作者的所作所为是否能让教学高效。这类方法常被称为“灵活性分组”。我们将在“美国学校效能与学校改革”一章以及本章的“热点问题争鸣”栏中进一步讨论同质分组还是异质分组的问题[2]。

---

〔1〕 瑞·C.李斯特：《城市学校：制造失败的工厂》(马萨诸塞州坎布里奇：麻省理工大学出版社，1973)，p. 91。另见瑞·C.李斯特，“学生的社会阶层与教师对学生的期望”，《哈佛教育评论》(2000年秋季刊)，pp. 257—266；莎伦·克伦威尔，“同质分组还是异质分组：该走哪条路”，1999年论文发表于《教育世界》，网址：http://www. education-world. com/a_issues/issues046. shtml；乔治·安萨隆，“美国与日本对能力和平等的认识”，《激进教育学》(2006年春季刊)，网址：http://radicalpedagogy. icaap. org；克里斯提·耶拉斯、克劳迪娅·兰格尔，“小学能力分组实践与美国黑人和西班牙裔美国人的学业成绩”，《美国教育杂志》(2009年2月)，pp. 279—304。

〔2〕 迈克尔·斯克里文，“个别化教育的问题与展望”，哈里特·塔马格(编辑)：《个别化教育体系》(加利福尼亚州伯克利：麦卡琴出版社，1975)，pp. 199—210；盖亚·莱恩哈特、艾伦·派雷，“有限制的教育环境：驱逐还是收容”，《教育研究评论》(1982年12月)，pp. 557—558；斯坦利·博格娄，“美国教育的百慕大三角”，《卡潘》(2006年10月)，pp. 142—150；劳拉·罗伯，“但他们的阅读水平各不相同”，《教师杂志》(2008年1月/2月)，pp. 47—51；斯坦利·博格娄，“让出生贫困家庭的四五年级学生加速学习”，《卡潘》(2009年2月)，pp. 408—412。

表 热点问题争鸣：同质分组

很多学校和班级按照学生在某些特定科目上的能力来对学生进行分组，将学得慢的学生与学得快的学生分开来，或是把优等的学生与低等的学生区分开来。支持进行同质分组的人认为，这样做既公平又有效，但批评这种做法的人却指控说，这样做会对学生造成伤害，尤其是那些学习成绩较差的学生。

争论问题

根据学生的能力进行同质分组是一种普遍有效的课堂教学方法吗？

正方观点：	反方观点：
1. 在一个人数较多，而且学生水平差距很大、成绩不平均的异质班级中，教师不可能给予那些最迟钝的学生所需要的特殊关注。事实上，教师可能一开始就会把那些掌握课程很吃力的学生看做问题学生，而把那些能很快掌握课程的学生当成自己喜爱的学生。因此根据学生具体科目的能力不同而对学生进行能力分组是有道理的。	1. 研究表明，能力分组更容易让学得慢的学生对自己形成成见，并阻碍他们取得进步。因为教师对这个群体的期望值很低，所以为他们提供的教学内容通常是比较低级的，这些学生也因此极少碰到挑战，从而更加落后于其他优等生。总体而言，学习进度缓慢的学生在异质班级中表现要更好一些。
2. 对那些有能力快速学习的高分学生而言，放慢教学节奏以适应中等生是不公平的。如果不将那些优等生与其他学生分开来，让他们能按较快的速度学习的话，这些优等生就会因无聊而感到气馁。	2. 尽管优等生在异质班级中可能会受到某种程度的妨碍，但只要他们能感觉到教师非常欣赏他们的才能，就会依然保持高度的积极性。而且让他们了解不同学术水平的学生都会作出某种有价值的贡献也是非常重要的。
3. 同质分组能促进小组成员间团队精神的增长。通过合作和友好的竞争，水平相当的学生能相互鼓舞，共同前进。	3. 被放在一起的优等生可能会形成一种特殊的荣耀感，但是如果把差生放在一起，差生可能将感到受了污辱，这通常会导致他们形成负面的群体态度，也许他们从此会不断与学校和社会疏远。
4. 很多教师在对某一类学生进行教学时，效率高于对其他类别的学生的教学。同质分组能让教师把更多时间用在他们喜欢或最适合教的学生群体身上。	4. 只有少数优秀的教师才具备应对一个差生群体的必备技能和必需的耐心和热忱，从而能真正高效地对差生群体实施教育。而大多数被分配教差生班的教师会感到很有挫败感，并感到沮丧。
5. 同质分组向家长表明，学校认可不同的学习风格。我们可以把学校视为正致力于满足每个孩子的个体需求。	5. 差生的家长也不太可能因为看到自己的孩子与其他孩子隔离而感到高兴。异质班级这种环境才是学校关注所有学生的最好标志。

教学资源视频案例

全纳教育：全纳班级中的分组策略

请观看学生学习网站上的视频“全纳教育：全纳班级中的分组策略”。在该视频中，你将观察到一个班级，并看到谢尔乐·赛布拉老师如何与一名全纳教育专家及另一名后勤人员一起工作，以确保每个孩子都能获得成功。观看视频后，请思考以下问题：

(1) 在阅读本章“热点问题争鸣”栏目和观看完该视频后，你是支持对学生实施异质分组还是同质分组策略？解释你的观点和立场。

(2) 在这个视频案例中，我们可以直接看到异质分组(也就是将各种不同的孩子安排在一个教室里)的好处，请描述你从中观察到的异质分组的积极方面。

不堪重负的教师和学校

7. 提供教育服务的问题。我们前文描述的问题都表明，要为差生比例高的学校或班级提供有效的教育服务是相当困难的。例如，一名在劳动阶层学校工作的教师，他的班级共有学生25名，其中有10—12名差生，而另一名在以中产阶层学生为主的学校工作，班上只有4—5名差生。那么在劳动阶层学校工作的教师就要比另一名教师承担难度高出许多倍的任务，才能为学生提供有效的教学。处于前一种境况的教师不仅需要花费几乎所有的时间来克服差生的学习问题，而且由于学生的挫败感和不良行为而形成的负面动力，会对教师的任务要求更迫切。这些问题对新教师而言尤为严重，因为新教师缺乏快速应对这些任务的经验。在劳动阶层学生为主的学校工作的管理人员、辅导员以及其他专业人士都会经历相同的困境：为应对各种学习和行为问题而带来的负担，他们几乎没有时间去提高为所有学生提供的教育服务的质量。这类超负荷学校(overloaded schools)具有特有的严重问题，这让教育工作者很难有效地发挥自己的职责[1]。

小班化的好处

8. 班级规模过大。如上文所建议的那样，如果班级规模过大，教师就无法提供足够的帮助，使学生克服学习问题，这样也导致了教师对差生教学的无效。给大班上课的教师会发现很难帮助差生掌握一些复杂的技能，如批判性思维、阅读理解、数学问题解决以及其他高级思维技能[2]。

---

〔1〕 大卫·F.菲尔顿，“认知负荷与课堂教学”，《教育心理学家》(2007年夏季刊)，pp. 123—137；乔·赫尔，“你能接触的学生越多，你能教的学生也越多”，《教育文摘》(2008年5月)，pp. 4—8。

〔2〕 布莱恩特·古德温，“提高差生的成绩”，《McREL政策简报》(2000年5月)，网址：www. mcrel. org/topics/policy-Brief. asp；芭芭拉·A.奈，“处于弱势的学生能从小班化教学中获益吗”，《美国教育杂志》(2000年11月)，pp. 1—25；杰里米·D.芬恩、苏珊·B.戈博、杰恩·博伊德-查哈丽娅斯，“低幼年级小班化教学、学业成绩与中学毕业率”，《教育心理学杂志》(2005年5月)，pp. 214—223；查尔斯·M.阿奇里斯，“班级规模”，《教育周刊》，2008年3月19日，p. 28；艾米·霍尔库姆，“整体大于部分之和”，《校长领导力》(2009)，pp. 32—36。

一项对田纳西州学生的重要研究评估了班级规模对学生成绩的影响。研究人员发现，在小规模的幼儿园和一年级班级就读的学生，其阅读和数学成绩分数远远高于同年级普通规模班级的学生成绩分数。他们还指出，这些学生在以后各年级中仍能保持他们成绩上的优势。这种影响在那些以低收入家庭少数群体学生为主的学校中尤为显著。一些后来进行的小规模班级研究也得出了类似的结论[1]。

学生拥挤的班级、没经验的教师、或者学校和教师对学生的期望值与学生背景和学习风格不匹配等情况，都会导致学生的成绩低下。

提高教师培训能帮助学生提高成绩

9. 教师的培养和经验。一些对大城市中极为贫困的学校进行的研究显示，那些在低社会经济地位学生聚集的学校内工作的教师，他们所接受的培训往往少于那些在大多数学生来自中产阶层的学校工作的教师，他们对教授科目的教学经验往往也不足。因此，很多分析人士认为，提高教师培训和培养质量，以及聘用有适当经验的教师，应该是最先要努力办到的事情，这样才能提高低收入家庭和劳动阶层家庭学生的学业成绩[2]。

〔1〕 杰里米·D. 芬恩、查尔斯·M. 阿奇里斯，"有关班级规模的问答"，《美国教育研究杂志》(1990年秋季刊)，pp. 557—577；戴安娜·W. 斯堪仁巴琪，"从'生师成就比率'(STAR)项目中研究人员能学到什么"，2006年论文发表于布鲁金斯会议，网址：www. brookings. edu/gs/brown/bpepconference/Schanzenbach_Presentation. pdf；弗雷德里克·M. 赫斯、朱莉叶·斯库艾尔，"从研究到政策"，《美国地方教育委员会杂志》(2008年8月)，pp. 38—41；有关材料也可浏览网站：www. heros-inc. org。

〔2〕 琳达·达琳-哈蒙德，"教师素质与学生成绩"，《教育政策分析档案》(2000年1月)，网址：http://epaa. asu. edu；辛西娅·D. 普林斯，"吸引好教师和好校长到困难学校工作所面临的挑战"，《学校行政人员杂志》(2002年8月)，网址：www. aasa. org；卡米尔·B. 霍尔特、佩德罗·加西亚，"为贫困儿童培养教师"，《学校行政人员杂志》(2005年12月)，网址：www. aasa. org；理查德·J. 默南、詹妮弗·L. 斯蒂尔，"问题是什么"，《儿童的未来》(2007年春季刊)，网址：www. futureofchildren. org；"改善成绩低下中学的教师分布"，《政策简报》(2008年4月)，网址：www. all4ed. org；斯蒂芬·索恰克，"经济刺激计划重点关注教师"，《教育周刊》，2009年3月18日。

嘲弄优等生

10. 来自同伴的负面压力。一些研究人员已经发现,在那些以劳动阶层学生为主的学校内,以学习为重的学生往往因为遵守学校规范而受到其他学生的嘲弄和摒弃。约翰·奥格布和西格里西亚·福德汉姆(John Ogbu and Signithia Fordham)在研究后发现,来自同伴的负面压力对出身劳动阶层的黑人学生而言尤为巨大。在一些大城市中心的学校中,非常多的学生都会把成绩好、学习努力的学生看做"怪才",同时嘲笑他们是在"扮演白人"[1]。一名黑人教授在对这种现象进行评价时总结说:"这种观念将那些渴求知识的人看做是'种族的叛徒',……他们似乎是白人险恶的阴谋。在以前那种社会里,黑人为了接受教育而不得不忍受监禁、枪杀和私刑处死,而现在的黑人青年则把学业失败看做是光荣的标志,这似乎完全是不可思议的……"一些分析人士相信,巴拉克·奥巴马出任第一位美国黑人总统,很可能会重新激发那些被边缘化的年轻黑人的积极性,从而减少这种现象的发生[2]。

认识教育的重要性

一些研究者已经报道说,在中产阶层的黑人学生中,或那些在没有种族隔离的学校上学的黑人学生中,这样的态度似乎已经不是那么流行,甚至可能已经不存在。另外,露易丝·威斯(Lois Weis)和她的同事也认为,随着来自劳动阶层的学生越来越清楚地认识到教育对将来获得成功的重要性,这些学生中存在的"反学校"的同伴压力已经不断减少。尽管劳动阶层的青少年一直以来都倾向于认为文化学习与他们将来的就业无关,但在威斯的研究中,她发现中学男生会把学校教育看做是为他们获得技术性工作提供的"有利机会",因此他们愿意在学校"投入时间",甚至愿意上大学[3]。

语言和文化的差异

11. 教师和学生的背景差异。来自中产阶层家庭背景的教师,很可能会难以理解

---

〔1〕 保罗·威利斯:《学会劳动》(英格兰威斯密:撒克逊书屋,1977);西格里西亚·福德姆,"失去种族身份是黑人学生在学校取得成功的一个因素",《哈佛教育评论》(1988 年 2 月),pp. 54—84;约翰·U. 奥格布:《住在富裕郊区的美国黑人学生》(新泽西州莫瓦:艾尔伯恩,2003);罗兰德·G. 福莱尔,"'扮演白人'",《教育未来》,(2006 年第 2 期),网址:www. hoover. org;格拉斯·B. 唐尼,"黑人学生与白人学生的学校成绩表现差异",《社会学年度评论》(2008 年第 1 期),pp. 107—126;迈伦·马格尼特,"伟大的非洲裔美国人在觉醒",《城市杂志》(2008 年夏季刊),网址:www. city-journal. com。

〔2〕 普鲁登斯·L. 卡特尔,"评论:种族和文化在非洲裔美国青年人取得的学术和社会成就中所起的作用",《美国黑人研究视角》(2000 年秋季刊),pp. 65—73;佩德罗·A. 诺古埃拉,"种族身份是怎样影响学校成绩表现的",《哈佛教育通信》(2003 年 3 月/4 月);格鲁·维根,"从反对到参与",《城市评论》(2008 年 11 月),pp. 317—349;约翰·麦克沃特,"黑人书呆子的复仇",《纽约》,2008 年 11 月 17 日,p. 16。

〔3〕 马克辛·塞拉、露易丝·威斯:《超越黑人和白人》(奥尔巴尼:纽约州立大学出版社,1997);另见露易丝·威斯:《班级再团聚》(纽约:劳特利奇书局,2004);露易丝·威斯(编辑):《班级有效工作的方式》(纽约:劳特利奇书局,2007);唐娜·Y. 福德、塔雷克·C. 格兰瑟姆、吉尔曼·W. 怀亭,"重新审视成绩差距",《城市教育》(2008 年第 2 期),pp. 216—239。

和难以激励弱势群体学生。尤其是当白人教师负责对处于弱势并属于少数群体的学生进行教学时，两者间存在的方言、语言或文化背景的差异，使得教师很难有效地与学生进行交流。这种教师和学生之间的背景差异，也会阻碍中产阶层的少数群体教师在低收入学校的工作[1]。

学习风格和行为的多样性

12. 对学生课堂表现的期望与学生行为模式或学习风格的不一致。很多分析人士已经得出结论，教师可能并未作好准备应对班级中学生学习风格和行为的多样性。很多劳动阶层的学生以及一些属于少数群体的学生，在行为模式和学习风格上不同于其他来自中产阶层或非少数群体的学生。当教师对班级的期望只适用于中产阶层的高成就学生的学习风格和行为模式时，这种学习风格和行为模式的差异就能导致学校的失败。

例如，有些研究人员认为存在以下几种行为模式，他们建议教师通过以下几种方式去调整自己的教学，以帮助表现出这类风格的学生[2]。

■ 很多美国黑人学生常常在课堂上表现得精力充沛(研究者将这种行为模式称为处于“活跃”度很高的水平)。如果教师要求他们坐在一个地方很长时间，或是禁止他们的冲动反应，这些学生就无法取得良好的成绩表现。因此，作为教师，如果你的班上有这类高度活跃的学生，你应该设计能允许学生身体活动的课堂学习活动。

■ 如果教师没有采取强制性或专制的行动，一些低收入家庭的美国黑人学生常常会感到困惑。研究人员因此建议，作为一名教师，你要保持你的权威，避免将学生当做“好朋友”来对待。

■ 美国黑人和拉丁裔美国学生大多属于“场依存”型学生，即当教学以一些抽象、脱离情境的概念开始时，他们会学得非常糟糕。你可以先呈现具体材料，然后再转入抽象的分析，这样的教学步骤能帮助这些属于场依存型的学生。给学生提供更多的同伴学习机会，或合作小组学习机会，也会很有帮助。

我们应该强调的是，在劳动阶层或少数群体学生中，是否的确存在这种区别明显的行为模式或学习风格，目前的研究尚未得出结论性结果。虽然低收入的美国黑人、拉丁裔美国人或其他少数群体学生和非少数群体学生之间的学习差异，主要源自社会

---

〔1〕 阿曼多·拉瓜迪亚，“向更平等的未来前进”，《西北部教育》(2002 年秋季刊)，pp. 32—33，网址：www. nwrel. org/nwedu；贝蒂·阿辰斯坦恩、朱莉娅·艾格尔，“文化匹配或文化的怀疑”，《师范学院学报》(2008 年 8 月)，pp. 1505—1540；乔伊·M. 巴尔内丝-约翰逊，“培养少数群体教师”，《黑人教育杂志》(2008 年冬季刊)，pp. 72—81；乌万尼·梅勒，“他们不像我们这样与黑人有关联”，《教育政策杂志》(2009 年 1 月)，pp. 1—21。

〔2〕 杰奎琳·J. 欧文：《黑人学生与学校的失败》(康涅狄格州韦斯特波特：格林伍德出版社，1990)；拉雯妮·尼尔等，“美国黑人运动风格的影响”，《特殊教育杂志》(2003 年春季刊)，pp. 49—58；胡安妮塔·M. 科莱、A. 韦德·博伊金，“以不同类型的音乐运动机会，审视由文化建构的学习环境”，《黑人心理学杂志》(2008 年 8 月)。

经济地位的不同，而不是种族或族群的不同，但是大量的研究确实对以下的结论提供了证据支持：如果你尽可能去适应你所有学生不同的行为和学习风格，你就能帮助那些成绩低下的学生提高他们的成绩。我们将在下一章的“多元文化教育”一节中讨论其他类似的替代性教学方法[1]。

教学资源视频案例

小学教学中的多元智能

请观看学生学习网站上的视频“小学教学中的多元智能”，看看弗雷德里克·文·帕克老师如何利用多元智能理论帮助他的学生提高写作能力。在阅读了有关学生的学习风格多样性的讨论后，请回答下列问题：

(1) 你认为来自不同社会经济背景的学生能从多元智能的教学方法中获益吗？为什么？

(2) 请描述你在观摩了视频案例中展示的这节课后有怎样的反应。你赞同视频案例中展示的多元智能理论的核心原理吗？你能从自己的学习状况中找出几种不同的智能吗？

13. 信息匮乏家庭和街区的累积效应。儿童在贫困的环境中成长而造成的劣势（参见本章上一节有关家庭影响的内容）不仅在婴儿期和儿童早期会不断累积，还会在儿童进入学校之后进一步累积。研究表明，相对而言，贫困街区和学校的学生能获得高质量的印刷学习材料与数字化的学习材料的机会更加有限，因此在暑期和其他不用上学的时间内，这些学生的学业成绩就会进一步远远落后于中产阶层的学生[2]。

我们到目前的分析已经清晰地指出，很多学生如果经济贫困，那么他们在学校和班级中也会经历教育的劣势。最近的一项研究表明，弱势学生如果能拥有杰出的教师，并对其采取适当的教学策略，同样也能增加他们在教育系统中获得成功的机会[3]。但是，学习成绩和社会阶层方面令人沮丧的现实，已经引发了有关学校是否切实需要改变这个问题：这些学校真的都能显著地帮助弱势学生消除生活经历带给他们

〔1〕 玛奇·G. 威利斯，“美国黑人儿童的学习风格”，《黑人心理学杂志》(1989 年秋季刊)，pp. 47—65；A. 韦德·博伊金、凯伦·T. 贝利，“文化因素对学校相关的文化功能所起的影响作用”，2000 年论文发表于“处于危险中的学生研究中心”，网址：www. csos. jhu. edu/crespar/reports. htm；卡洛琳·泰森、小威廉·达瑞提，“它不是‘一个黑东西’”，《美国社会学评论》(2005 年 8 月)，pp. 582—605；肯尼思·M. 泰勒等，“对美国黑人和欧洲裔美国家庭内部文化社会化的考察”，《文化多样性与少数民族心理学》(2008 年 7 月)，pp. 201—204；丽塔·邓恩等，“关注学习风格的教学策略对学生学业成绩和学习态度的影响”，《信息交流中心》(2009 年 1 月/02)，pp. 135—140。

〔2〕 唐娜·塞拉诺、苏珊·B. 纽曼，“当学校放假时，知识的差距在加大”，《卡潘》(2008 年 12 月)，pp. 256—262。

〔3〕 丹尼尔·U. 莱文、鲍尔·弗莱琼斯，“掌握学习”，理查德·戈顿、盖尔·施耐德、詹姆斯·费舍尔(编辑)：《学校行政及监督百科全书》(亚利桑那州凤凰城：羚羊出版社，1988)；斯坦利·博格娄，“教师的特征”，《教师网公报》(2002 年 1 月)，网址：www. teachers. net/gazette/JAN02；南森·格雷泽，“在考试工厂内”，《教育未来》(2008 年冬季刊)，网址：www. hoover. org；托马斯·R. 古斯克，“缩小成绩差距”，《高级学术杂志》(2008 年秋季刊)，pp. 8—31；詹姆斯·P. 拉雷、罗纳德·J. 简泰尔，“确保学生达到掌握水平的课堂评估和评分方式”，《理论与实践》(2009 年 1 月)，pp. 28—35。

的影响吗？本章剩余的部分将主要关注这个问题。与该问题相关的章节，尤其是“美国学校效能与学校改革”一章还将讨论一些通过改善教学的组织方式和实施方法来巩固学生成绩的办法。

焦点问题回顾：对你而言，导致来自低收入家庭的学生成绩差的最重要原因是什么？你能找出一些在本章中未列出的其他可能的解释吗？（提示：很多低收入家庭的父母经常四处搬迁。）

第四节 学校使教育机会平等化了吗？

上一节中提到的研究表明，太多来自低收入家庭的学生，在他们进入学校时，并未作好在传统课堂上取得成功的准备，并且在随后几年中，他们在学校的成绩排名也相对较低，其他能证明他们在学校中获得成功的标志也很少。如果我们将平等的机会定义为“克服家庭背景带来的劣势，从而让来自不同社会经济地位的所有学生都表现得同样好”，人们肯定会得出这样的结论：教育系统没有使机会平等化。

科尔曼的研究

自从1966年詹姆斯·科尔曼(James Coleman)和他同事出版了他们所开展的一项大规模全国性调查研究的成果后，教育机会均等的话题受到了相当多的关注。成果的题目是“教育机会均等”，这是一项由联邦政府提供资助的研究，收集了超过4000所学校大约60万名学生的数据。来自议会的赞助商期望这项研究能证实，那些社会经济地位低下的学生普遍存在的成绩低下的情况，这是由于用于他们的教育经费太低造成的，这样就可以证明增加学校经费是正当的。

学校经费与社会阶层的影响

正如所料，科尔曼和他的同事报告说，学生的成绩与学生所属的社会经济背景有很强的相关性，而且劳动阶层和社会底层的学生人数比例很高的学校，通常比中产阶层学生为主的学校获得更少的资金。但是，他们还发现，如果已经考虑了“学生个人的社会经济背景”以及“学校其他学生的社会阶层状态”这两个因素，那么用于缩小班级规模、实验室、图书馆和学校运作其他方面的各项开支与学生的学业成绩基本没有关系。很多读者对这个数据进行了错误解读，认为这些数据意味着学校不能提高贫困学生的成绩。但事实上，这个调查结果支持了以下两个结论：(1) 单纯地增加用于弱势学生的教育经费并不可能从实质上改善这些学生的学习成绩；(2) 把学生从劳动阶层学生占绝大多数的学校转到中产阶层学生为主的学校能提高学生的成绩[1]。

詹克斯的结论

在接下来的十年里，克里斯多夫·詹克斯和同事出版了两本很有影响力的书，大力支持了上述分析的结果。在验证了大量数据后，詹克斯和他的同事们得出下列结论：[2]

1. 学生取得的学业成绩很大程度上依赖于学生家庭的特征；

2. 家庭背景对职业地位变量的影响度达到将近50%，对收入变量的影响达到35%；

3. 在减少社会经济地位高和社会经济地位低的学生成绩差异方面，学校相对没有取得任何成就。

国际的对比研究

很多其他国家的研究也支持了类似的结论。例如，世界银行的学者评论了几十年来进行的国际研究结果，得出了家庭背景对学生的学习成绩具有“最早而且显而易见最持久的影响”的结论。同样，在英国所进行的研究评论也得出结论，那里的学校充当了“将中产阶层公民的特权从上一代人传递给下一代人的机制的作用”[3]。

但是，这并不意味着所有或大多数来自低收入家庭的学生，都会如他们的父辈那样作为成人也不成功；我们也不应该认为，学校在帮助具有不同社会经济背景的学生提供教育机会的努力基本上也是不成功的。研究成果对以下概括性结论提供了支持：

显著的社会经济阶层流动

1. 尽管低社会经济地位的学生往往在学校表现不良，长大后也因此只能获得有

---

〔1〕 詹姆斯·S. 科尔曼等：《教育机会均等》（华盛顿特区：美国政府印刷局，1966）；弗雷德里克·莫斯特勒、丹尼尔·P. 莫伊尼汉（编辑）：《论教育机会均等》（纽约：兰登书屋，1972）；詹姆斯·S. 科尔曼：《教育平等与教育成绩》（科罗拉多州博尔德：韦斯特维尔出版公司，1990）。另见格雷戈里·J. 弗瑞兹伯格，“学校不能单独承担这一切”，2003年论文发表于学习新视野网站，网址：www. newhorizons. org/strategies/multicultural/fritzberg. htm；亚当·加墨瑞恩、丹尼尔·A. 龙，“40年来的科尔曼报告”，2007年论文发表于威斯康星州教育研究中心，网址：www. wcer. wisc. edu。

〔2〕 克里斯多夫·詹克斯等：《不平等》（纽约：基本图书公司，1972）；克里斯多夫·詹克斯等：《谁会领先?》（纽约：基本图书公司，1979）。另见丹尼尔·P. 麦克摩尔、伊莎贝尔·V. 索希尔：《遥遥领先》（华盛顿特区：城市研究所，1998）；德波潘·巴恰塔亚、巴希卡·玛藏德，“代际收入流动的非参数性分析及其对美国的应用”，2008年论文发表于芝加哥联邦储备银行，网址：www. chicagofed. org；“克里斯多夫·詹克斯访谈录”，发表日期不详，通过公共广播系统发表于互联网，网址：www. pbs. org/fmc/interviews/jencks. htm。

〔3〕 玛莱恩·E. 洛克希德、布鲁斯·福勒、罗纳德·尼隆戈：《家庭背景与学校成绩》（华盛顿特区：世界银行，1988），p. 23；尤西·沙维特、汉斯-彼得·布罗斯菲尔德（编辑）：《持久的不平等》（科罗拉多州博尔德：韦斯特维尔出版公司，1993）；盖里·N. 马克斯，“父亲或母亲的社会经济特征对学生成绩有更重要的影响吗?”，《社会指标》（2008年1月），pp. 293—309；阿娜特·戈芬，“家庭资本”，《家庭关系》（2009年2月），pp. 104—120。

限的就业机会,但还是有相当大比例的来自劳动阶层及一些生活在贫困家庭中的孩子最终成为中产阶层的成员。例如,尽管美国劳动力人数中有近三分之二的男性在工人阶层家庭或农场中长大,但他们中有超过50%的人是从事中等或高等社会地位的工作。美国有近40%的人从事的是中上阶层的职业,却只有不到25%的人是在中上阶层家庭中长大的。社会经济各阶层之间的这种流动在美国整个历史中不断地出现,但是,这种流动在近年来却有所减少[1]。

教育的角色作用

2. 教育系统已经帮助很多人超越了父辈的社会地位。随着中等和高等地位的职业变得越来越复杂,并且越来越依靠专门的教育技能和资格认证,同时技术和经济的变化也极大地减少了很多不需要技术的工作,这一切都让教育在推进社会经济阶层流动中发挥越来越重要的作用[2]。

作为分界线的大学

3. 由于教育越来越能决定一个人的社会经济地位及流动,上大学和大学毕业就成为一种分界线,将能获得高社会经济地位的人和不能获得的人分割开。100年前,上中学可能就是最好的能预测一个人社会经济地位的教育指标;50或60年前,中学毕业则成为一个明确的分界线;然而今天,中学后教育已经基本成为要获得中等或高等社会地位职业的先决条件。

底层阶层的持续劣势

4. 尽管很多劳动阶层的学生获得了成功,但这类学生能获得的机会,不论是教育机会,还是社会机会和经济机会都太少,以致不能完全克服底层阶层不得不面临的不利条件。只能到贫困且成绩低下的学校上学的学生仍然很可能继续保持父辈较低的社会经济地位。

---

〔1〕 大卫·L.非瑟曼、罗伯特·M.豪瑟:《机会与变革》(纽约:学术出版社,1978);迈克尔·豪特,"更多普遍主义、更少结构性流动",《美国社会学杂志》(1988年5月),pp. 1358—1400;伊莎贝尔·V.索希尔,"还是机会之地吗",1999年为城市研究所提供的论文,网址:www. urban. org;艾米丽·贝尔、迈克尔·豪特,"代际社会流动",《儿童的未来》(2006年秋季刊),网址:www. futureofchildren. org;伊莎贝尔·V.索希尔,"在美国的机会",《儿童的未来》(2006年秋季刊),网址:www. futureofchildren. org;保罗·阿特威尔、大卫·E.莱文:《传递星火》(纽约:圣人出版社,2007)。

〔2〕 豪特,"更多普遍主义";格尔贵·坎伯诺夫、爱奥瑞尔·马诺娃斯基,"职业流动与工资不平等",《经济学研究评论》(2008年8月),网址:www. econ. upenn. edu/~manovski。

一、传统派与修正派的解释

有关美国学校的相反观点

随着人们越来越清楚地认识到社会阶层和学生学业成绩之间紧密的联系，两个不同的观察家群体对美国教育的看法就产生了根本上的不一致。根据**传统派的学校观**(traditional view of schools)，教育系统成功地为经济上处于不利地位的学生提供了很多有意义的机会，帮助他们获得社会地位和经济状况的提高。但是**修正派的学校观**(revisionist view of schools)却正相反，认为学校未能为大多数弱势学生提供有意义的机会，以使他们在社会中取得成功。你可能听说过**批判理论**(critical theory)或**批判教育学**(critical pedagogy)，它们都是修正派观点的同义词。以下几小节将探讨这两派争论之间存在的分歧[1]。

二、传统派的观点

作为均衡卓越与机会的教育

传统派观点的支持者虽然承认社会阶层、教育成绩以及经济成功三者之间存在的联系，但他们更重视用现存的机会和数据，以说明有很多劳动阶层的年轻人通过学校和其他教育机构而成功流向更高的社会阶层。大多数传统派的持有者相信，我们的教育制度和经济制度已经达到了平衡卓越与机会的要求。从这个观点看，每个努力学习的个体，不管他面临多么不利的条件，都有机会在小学、中学中获得成功，并有机会进入大学深造。

多重机会

传统派指出，美国的教育系统比其他很多国家的教育系统为个人提供了更多进大学深造的机会(参见“国际教育”一章)。美国的学生并不像其他国家的学生那样，需要在11或12岁时面对一场考试，以此决定自己无法逃脱的教育轨道。即使美国学生的中学学习成绩很糟糕，他们依然可以到社区学院上学，然后再转至大学学习。更有甚者，很多四年制大学的录取标准很低，能录取除了成绩最差的学生以外的所有中学毕业生。

---

〔1〕 如果修正派相信必须彻底废除或根本改变资本主义制度，以达到为所有学生提供平等教育机会的目的，这样的修正派有时也被称为新马克思主义者。

作为筛选工具的学校

传统派承认学校充当了筛选工具,将不同的个体分配从事不同的工作,但它们不相信这是以种族、民族或收入为基础来系统进行的筛选。相反它们相信,受到更好教育的人能获得更好工作的主要原因是,学校将他们培养成为了更加有生产力的人。受学校教育的时间越多,就意味着这个人更加有生产力。雇主需要一些标准来指导自己选择雇佣人员,而且在一个看重社会流动和机会的民主社会里,教育的质量能决定一切,而不是由应聘者的家庭关系、种族和民族出身,或是应聘者所属的社会阶层来决定的。

三、修正派的观点和批判教育学

作为维持精英统治的教育

修正派认为,精英群体控制了学校,因此他们将弱势学生引导入二流中学学习二流的课程,再到三流的社区学院学习,最后只能获得四流的工作。很多批判教育学家也相信,建立这种教育系统的主要目的是为了培养位于社会结构底层的守纪律的工人,这个目的已经部分实现,因为以劳动阶层学生为主的学校都非常强调纪律,而且劳动阶层家庭和工厂的劳动系统也都很强调纪律[1]。

学生抵制的原因

批判教育学的很多分析被称为**抵制理论**(resistance theory),这种理论试图解释为什么一些社会经济地位较低的学生拒绝遵从学校的期待,或者拒绝遵守老师的要求。从这个观点来看,学生对学校产生抵制,部分是因为学校的规范和对学生的期望,与这些学生持有的对男性气质和女性气质的传统要求相矛盾。另外,一种"叛逆的同伴生活"刺激着这些学生的抵制行为,使他们抵制他们视为与自己毫不相干的教师所持有的中产阶层价值观。一些研究表明,这种叛逆行为在男性学生中尤为盛行。在"教育的哲学基础"一章中我们曾经描述过,抵制理论家们已经进一步得出结论,认为传统的课程使这类学生熟悉的日常知识边缘化,因此增强了劳动阶层文化中形成反知

---

〔1〕 修正派学者和批判教育学者的主要著作包括以下著作:马丁・卡诺伊(编辑):《公司社会中的学校教育》(纽约:麦凯出版社,1975);乔尔・H. 斯普林:《筛选机器》(纽约:麦凯出版社,1976);塞缪尔・鲍尔斯、赫伯特・金蒂斯:《资本主义美国的学校教育》(纽约:基本图书公司,1976);迈克尔・W. 阿普尔、洛依斯・维特(编辑):《学校教育中的意识形态与实践》(费城:坦普尔大学,1983);亨利・A. 吉鲁:《文化工作者和教育政治学》(纽约:劳特利奇书局,1991);迈克尔・W. 阿普尔:《意识形态与课程》(纽约:劳特利奇书局,1994);亨利・A. 吉鲁,"将儿童商业化",2009 年论文,网址:www. truthout. org;相关材料可浏览网站:www. henryagiroux. com。

识的倾向[1]。

教师应做什么

批判理论家对教育工作者怎样才能改善这种情况给予了极大的关注。他们使用了大量不同的相关术语，如批判性对话、批判性参与、批判素养等，强调教师成为"转型知识分子"的目标，教师要努力工作以拓展学校在促进民主社会发展进程中的作用。例如，宝琳·利普曼(Pauline Lipman)认为，教师不仅应该只提升劳动阶层少数群体学生的"个人效能感"，而且还应当促进他们的"社会效能感"，并帮助他们为成为当地社区的领导人作好准备。她还相信，教师应当追求这种类型的目标，成为改革公立学校这个更伟大努力措施中的一部分。一些分析人士相信，计算机和其他新技术能帮助低收入家庭学生克服他们所面临的许多不利条件[2]。

四、中间派的观点

本章提供的数据表明，劳动阶层的学生作为一个群体，普遍学习成绩表现不如中产阶层的学生。在仔细审视了用于说明这种差异的各种原因之后，我们要对近几十年来所作的研究进行总结，我们的结论是，中小学校常常未能帮助劳动阶层的学生克服这些学生带到学校来的不利条件。尽管近来的一些研究已经指出有一定数量的学校获得了成功，但学校的总体情况仍然支持了修正派得出的结论。

学校的失败与成功

另一方面，我们应当看到，并非所有劳动阶层和少数群体的学生都在学校中失败了，也并非所有中产阶层的学生能获得成功。位于修正派和传统派的观点之间的某个观点才能对社会阶层和学生成绩之间的关系进行准确描述。学校并未完全将现存的社会阶层结构保留下来传递给下一代，但也未能提供足够的机会打破现有的一般模式，将大多数劳动阶层的学生保持在能预见的低水平成绩表现上。莱文(Levine)夫妇

---

〔1〕 罗伯特·W. 康奈尔等，《造就不同》(波士顿：乔治艾伦、尤恩出版社，1982)；亨利·A. 吉鲁，"青年与代理政治学"，《教育研究者》(1997年5月)，pp. 27—30；凯斯琳·K. 阿伯维兹，"对抵制理论的实用主义修正"，《美国教育研究杂志》(2000年冬季刊)，pp. 877—907；莎伦·M. 秋巴克、米切尔里诺斯·赞巴拉斯，"社会公正教学的情感矛盾"，《美国教育研究杂志》(2008年6月)，pp. 274—318；彼得·麦克雷米，"能让被疏远的青年人参与进来的批判教育学"，《教育的批判性研究》(2009年2月)，pp. 29—35。

〔2〕 亨利·A. 吉鲁：《作为知识分子的教师》(马萨诸塞州格兰比：伯金、嘉维出版社，1988)；宝琳·利普曼：《学校重建中的种族、社会阶层与权力》(奥尔巴尼：纽约州立大学出版社，1998)；西玛·赛德基，"英语作为外语(EFL)教学环境中的批判教育学"，《批判教育政策研究杂志》(2008年5月)，网址：www. jceps. com；亨利·A. 吉鲁，"教育与青年危机"，《教育论坛》(2009年1月)，pp. 8—18。

对争论双方的研究进行了评论，提出了一个中间派的观点，主要强调以下几点：[1]

最底层阶级的社会地位大多被冻结

■ 对美国社会地位流动的研究表明，处于社会最底层的人们几乎被冻结在他们父母所处的社会地位。尽管的确存在着很多沿着社会经济阶梯的代际升迁，有时也有代际跌落的情形，但具有最低社会阶层背景的大部分美国人，并不能超越他们的父母而获得更高的社会地位。

少数群体和贫困集中的学校

■ 社会和人口结构的变化趋势让很多城市或乡村社区低收入家庭的孩子集中在那些成绩非常差的学校里。在这些学校上学的学生中，有很大比例的学生来自于少数种族或民族群体。

过去与现在的机会均等

■ 尽管很多劳动阶层的学生主要到劳动阶层的学校上学，这种学校的低效教学往往会增加他们原有的劣势，但也有很多学生到那种由各社会阶层学生混合组成的学校上学，那里的教学条件更有利于他们获得更好的成绩。此外，越来越多的劳动阶层学校也开始重视高级思维技能的学习。

学校促进流动

■ 尽管我们不能明确指出劳动阶层学生在学校内取得成功，或是利用自己所受的教育成功提升自己社会地位的确切百分比，但对很多经济贫困的儿童而言，学校的确是一个非常重要的能够帮助他们流动至更高社会阶层的途径。

历史上，贺拉斯·曼等教育领导人努力建立并扩大了公共教育系统，这样做的部分原因就是因为他们相信，学校教育能帮助所有美国儿童，不管他们出身的背景如何，都应该获得自己在今后的生活中取得成功的平等机会。本章中引用的数据显示，传统的公立学校提供平等教育机会的功能，现在已经承载了更多的内容。社会是否能够提供平等的教育机会，现在取决于是否能为那些到很贫困的学校上学的孩子们，尤其是给那些具有少数群体背景孩子们，提供高效的教学。在后面的几章中我们将继续讨论平等的教育机会这一问题。

---

〔1〕 莱文、莱文：《社会与教育》；另见盖里·N. 马克斯，“教育的跨国性差异及其社会阶层不平等的归因”，《国际社会学》(2005 年 12 月)，pp. 483—505；格鲁·J. 邓肯，爱丽莎·C. 休斯顿、托马斯·威斯奈：《更高境界》(纽约：圣人出版社，2009)。

焦点问题回顾：对于提供平等的教育机会这个话题，你的立场最切合哪种观点？是传统派的观点，还是修正派的观点，或者是中间派的观点？为什么？

总结

（1）学生所属的社会阶层与其中小学的在校成绩以及是否能被大学录取和大学毕业相关。社会经济地位低下的学生更容易在教育成就中排名靠后，而中产阶层的学生更可能排名靠前。在大城市中的贫困地区，学生的学习成绩低下是一个特别严重的问题。

（2）低收入的少数群体学生通常学习成绩也低下，但如果考虑社会阶层这个因素，那么他们所属的种族或民族与成绩之间几乎没有或完全没有独立的联系。

（3）造成这些学生成绩低下的主要原因包括以下几点：① 学生的家庭和家庭环境不能让他们为在传统学校内获得成功作好准备；② 基因因素（也就是遗传）在某些情况下会与环境因素之间发生交互作用，从而进一步阻碍了这些学生获得好的成绩；③ 按传统方式组织和运行的学校已经无法为那些经济贫困的学生提供有效的教育。

（4）学校中存在的很多问题也会限制学生成绩的进步，其中包括课程内容和教学方法不适宜学生的学习、学生缺少先前在学校成功的经验、教学条件困难、教师对学生的认识不足、将学生进行无效的同质分组、为学生提供的教育服务存在问题、教学班级规模过大、来自同伴的负面压力、教师和学生背景的差异、对学生课堂表现的期望与学生行为模式的不一致等等。

（5）对社会阶层和教育的研究，在某种程度上支持了修正派看待学校的观点，认为学校助长了现存社会阶层系统的长期延续。这个观点与传统派的学校观完全相反，传统派的观点认为，美国社会及其教育系统为儿童和青少年，无论他们的社会阶层背景如何，提供了获取成功的平等机会。

（6）因为最近的研究表明学校可以更加高效，所以我们应该在未来逐渐接近能为所有人提供平等教育机会这个远大的理想。

关键术语

社会经济地位（SES）
上层阶层
中产阶层
劳动阶层
底层阶层
全国教育进展评估（NAEP）
种族

民族
族群
遗传论者的智力观
环境论者的智力观
综合派的智力观
同质分组
超负荷学校
传统派的学校观
修正派的学校观
批判理论(批判教育学)
抵制理论

讨论题

(1) 为克服每个与学校相关的导致经济贫困的学生成绩低下的问题和障碍,教师和学校能做什么?为成功克服这些障碍并解决问题,你能做什么?

(2) 修正派的哪些观点最有说服力?而哪些观点最经不起批评?

(3) 想象一下你已经被一所学校聘用而成为新教师,这所学校的种族、经济以及语言构成都与你自己的背景完全不同。你能做什么来提高你成功的机会,你应该向谁请求帮助?

(4) 在中学时你对同质分组和异质分组的经历是什么?这些分组安排对成绩好和成绩差的学生都有好处吗?可以或应该怎么做才能让这两种分组方法更加有效?

(5) 当你成为一名教师,学生成绩差到什么程度时你会想到与其家长联系?你认为这是课堂教师职责的一部分吗?

专业发展的建议方案

(1) 准备一份对非常有效的学校的分析材料并放入你的档案袋,在这所学校内学生的成绩比其他有相似社会背景的大多数学校学生的成绩都高。这些有效学校的特征是什么?与哪些因素相关?在互联网上检索"有效学校",这样你就能访问那些专门关注有效学校的网站。

(2) 与附近的一所小学联系,判断这所小学的教师采取了哪些步骤来提高低收入家庭或来自少数群体的学生成绩?将你的发现和你同学的相比较。你可能希望与同学合作找出可以在你自己课堂上使用的观点和方法。

(3) 采访一位来自低收入家庭却在教育系统中获得成功的人,看看他将自己的成功归结于什么原因?他个人是否碰到什么特别的障碍,他是如何克服的?

(4) 从报纸、杂志及互联网中查找有关公立学校学生成绩低下的讨论，并将这些文章进行汇编。这些资料是否对本章前文材料中所提到的那类问题进行了考虑？是怎样考虑的？作者们提出了什么样的解决方案？你对这些解决方案的有效性有什么评判？

第十二章 提供平等教育机会

美国的学校是世界上第一个把为所有学生提供中学和中学后教育机会作为目标的学校。然而，正如在“社会阶层、种族和学业成绩”一章中所指出的那样，经济贫困的学生和少数群体学生依然难以获得有效教育。在民权运动的推动下，很多人已经认识到不仅要为弱势学生，也要为残障学生提供平等教育机会。

在本章中，我们将讨论废除种族隔离、为贫困学生提供补偿教育、多元文化教育（包括双语教育）和为残障学生提供的教育。这些主题反映了四个重要的运动，这些运动都试图为我们所有学生扩大和提供平等的教育机会。你可能会赞成学校应该为学生提供平等教育机会，但却把这件事看做是政府、地方教育委员会和民权团体的问题。它是怎样影响课堂中的你的呢？这种影响体现在以下几种方式：

■ 第一，不论你在哪所学校任教，你将发现，自己无论从职业要求上，还是从道义的角度出发，你都必须为那些差生提供具体的帮助；

■ 第二，学生人口的种族和民族的日益多样化，意味着你很可能需要适应来自不同族群、不同文化背景和不同语言的各种学生；

■ 第三，和以前相比，更多的学生被划分为残障学生，而这些学生越来越多地被吸纳入正常班级。作为一名教师，你至少要承担部分责任来应对他们的特殊需求。

为了帮助你形成自己有关教育机会均等的哲学思想和方法，请在阅读本章时仔细思考以下问题：

焦点问题：

■ 废除种族隔离、补偿教育、多元文化教育以及残障儿童教育的理论基础是什么？

■ 在废除学校种族隔离的过程中，主要障碍是什么？主要使用的方法是什么？

■ 实施补偿教育的主要方法是什么？

■ 什么是多元文化教育？在中小学校中，多元文化教育主要以哪种形式出现？多元文化教育的主要益处是什么？主要危险是什么？

■ 法律对学校为残障学生提供教育作出了什么规定？残障学生教育的主要问题是什么？

第一节　废除种族隔离

废除种族隔离和种族融合

学校中的**废除种族隔离**(desegregation)是指将来自不同种族群体的学生招收到同一所学校就读的做法。而**种族融合**(integration)通常而言意味更多，不仅是让来自不同种族的学生在同一所学校上学，而且意味着要采取有效措施以实现以下两个基本的废除种族隔离的目的：(1) 克服少数群体学生在学习成绩上的不足以及其他的不利因素；(2) 建立各种族间积极友好的关系。在过去 40 年间，人们的关注重心越来越多地从单纯的废除种族隔离转向种族融合，目标是为所有不同背景的学生提供平等且有效的教育机会。但是，为了完全实现这两个目标中的任何一个，我们都还有很多要做。

一、美国教育种族隔离简史

从美国建国伊始，种族歧视和压迫就深深植根于美国的国家制度中。例如，美国《宪法》规定实行自由民的代议制度，但只允许五分之三的人作为"其他所有人"(主要指奴隶)的代表("代议制度"指的是美国众议院席位的分配)。美国内战前的南部大多数州内，教奴隶读书写字是一种犯罪行为。

奴隶制和宪法

南北战争之后，《宪法》第十三、十四、十五修正案试图不考虑种族因素，将公民的权利扩展至所有人。在战后重建期，美国黑人的权利有所增加，但 1877 年后，美国再次通过立法将南部和其他地区的黑人隔离开来。黑人被要求到隔离学校上学，被禁止与白人竞争好工作，同时还被剥夺了选举权[1]。

隔离的设施

一项被称为《吉姆·克劳法》的法律使美国黑人成为受害者，他们被要求使用隔离的公共服务和设施，例如，在交通、娱乐、卫生间和自动饮水机的使用上都要与白人分隔开，而且他们往往根本无法使用所有的私人设施，如私人的旅社、饭店、剧场等。很多黑人被三 K 党和其他极端组织成员杀害或重殴。

---

[1] 本章中的"白人"术语指的是非西班牙裔美国白人，也就是那些不属于以废除种族隔离为目的而划分的某个种族或民族的少数群体成员。

1957年,在国民警卫队的护送下,美国黑人学生进入位于阿肯色州小石城(Little Rock)的一所先前全部是白人学生的公立中学。从此以后,为废除美国中等城市和农村地区市镇公立学校内的种族隔离,人们作出了不懈的努力并取得了相当可观的进步。

亚裔美国人、拉丁裔美国人、印第安人和其他少数群体也经历了类似美国黑人经历的种族歧视,不过总体来说没有那么强烈。例如,有些州根据法律规定不许华裔美国人获得薪酬丰厚的职位,还要求他们的子女到隔离学校上学[1]。

不平等的隔离学校

无论从哪个方面来衡量是否平等,供美国黑人上学的学校几乎完全不可与美国白人上学的学校相匹敌。例如,20世纪40年代早期,密西西比州每年用于白人学校的生均经费是52.01美元,而用于黑人学校的生均经费只有7.36美元。很多时候,美国黑人学生不得不自费长途跋涉到离家最近的一所黑人学校去上学,而在大多数情况下,黑人高级中学往往离某个黑人学生的家有100英里之遥甚至更远[2]。

20世纪50年代早期,一系列法律诉讼案件开始对中小学校中实施的种族隔离政

〔1〕 格温·金·基德,"唐人街-1号",《纽约人杂志》,1991年6月10日,pp. 45—83;詹姆斯·A.佛格卡蒂玛,"黑人、白人和棕色人种",2004年为墨西哥裔美国人法律辩护和教育基金准备的论文,网址:www. maldef. org/pdf/LatinoDesegregation. pdf;格雷格·巴里奥斯,"水晶城里的罢工",《学习宽容》(2009年春季刊),网址:www. tolerance. org。

〔2〕 国家研究委员会:《共同命运》(华盛顿特区:美国国家科学院出版社,1989);"重温我们的过去",《布朗季刊》(2001年冬季刊),网址:http://brownvboard. org;彼得·麦考米克,"一群高中生怎样影响了废除种族隔离运动",《布朗季刊》(2009年冬季刊),网址:http://brownvboard. org。

策发起了挑战。美国最高法院判决的第一起案件发生在堪萨斯州的托皮卡市(Topeka),律师为一位名叫琳达·布朗(Linda Brown)的黑人学生提出了让她到该市白人学校上学的诉求。原告对学校可以是“隔离但平等”的法律条文发动了攻击,认为隔离学校就算能获得同等的经费,在本质上也比其他学校低一等,因此到隔离学校的强制入学政策就是自动告知黑人学生,他们是二等公民,这会损害很多黑人学生的学习动机,导致他们无法在学校和社会中获得成功。

布朗案

1954 年 5 月,一个毫无异议的判决从此永远地改变了美国的历史,美国最高法院对“布朗诉托皮卡市教育委员会”(Brown v. Board of Education)一案作出判决,裁定在公共教育中“隔离但平等的条文没有一席之地”。法院认为,这种隔离制度是剥夺了人们受《第十四修正案》保证的平等保护权利[1]。

“布朗案”判决的影响很快显现在美国社会的各个领域,包括就业、选举以及所有公共支持的服务项目中。1955 年 12 月,罗莎·帕克斯(Rosa Parks)女士在阿拉巴马州蒙哥马利市(Montgomery)拒绝坐在公共汽车的后部,从此美国很多地区都发起了反对种族隔离的抗议运动。

民权运动

马丁·路德·金博士(Dr. Martin Luther King Jr.)和其他民权运动领导人开始对美国根深蒂固的种族歧视模式发起挑战。对民权示威运动的强烈反对,常常成为 20 世纪 50 年代末期和 60 年代初期的报刊头条,狗和高压水枪有时也被用来驱散和平示威的人群。在密西西比州的三名参加民权运动的工人被谋杀之后,美国国会于 1964 年颁布了《民权法案》以及其他法律,旨在确保少数群体公民能获得法律的平等保护[2]。

反对废除种族隔离

地方政府官员对“布朗案”判决的最初反应通常是持否定态度。1955 年最高法院对“布朗第二案”进行了判决,规定废除学校种族隔离的行动应当以“从容不迫的速度”推进,这一裁决在美国大多数地方都遭遇了巨大的抵制。抵制的方式有推迟将黑人学生分配入白人学校;用公共资金开办收取学费的私立学校;不公正地重新划分学区以

---

〔1〕 威廉·L.泰勒,“社会科学在学校废除种族隔离中的作用”,《黑人教育杂志》(1998 年夏季刊),pp. 196—203;沃尔特斯·格里森,“作为美国 20 世纪历史力量的黑人身份和白人身份”,《多元文化视角》(2009 年 1 月),pp. 49—53。

〔2〕 弗兰克·布朗,“布朗案与教育政策的制定 40 年”,《黑人教育杂志》(1994 年夏季刊),pp. 336—348;路易斯·梅兰,“民事诉讼”,《纽约人杂志》,2001 年 2 月 12 日,pp. 91—96;布莱恩·威洛比,“布朗诉教育委员会案”,《学习宽容》(2004 春季刊),网址:www. tolerance. org;玛利亚·S. 霍姆斯,“自由的骑手”,《史密森学会会刊》(2009 年 2 月),网址:www. smithsonian. org。

增加种族的隔离;暂停或废除义务教育法;关闭那些废除了种族隔离的学校等。1957年,阿肯色州州长奥瓦尔·福伯斯(Orval Faubus)拒绝让小石城市中学的学校官员接纳五名美国黑人学生入学,德怀特·艾森豪威尔总统(Dwight Eisenhower)派出国民警卫队护送这几名学生进入学校。到1963年,仅有2%的美国南部黑人学生与白人同上一所学校。

二、废除种族隔离制度取得的进步

种族隔离的种类

20世纪60年代初期之后,中等规模的城市和城镇以及农村地区的学区在反抗**法律上的种族隔离**(de jure segregation,这种隔离是由法律、政府行为或学校政策造成的,是为实行种族隔离专门设计的)以及**事实上的种族隔离**(de facto segregation,这种隔离是由于事实的居住模式造成的,而非法律或政策引起的)上都取得了长足的进步。

减少对美国黑人的隔离

为了响应法院的命令,学校官员开始减少美国黑人学生到实施种族隔离的少数群体学校上学的人数(少数群体学生数占50%或更多的学校,或者占90%或更多的学校,通常被定义为少数群体学校)[1]。如图12.1所示,1969年,全美64%的黑人学生到少数群体学生数占全校学生数90%或更多的学校上学,到1988年,这个比例下降至33%(这种进步在美国南部最为显著,上述百分比从1969年的78%下降至80年代的不到35%)。但是,这种改善未能彻底保持下去,美国黑人学生到少数群体学生占学校总人数的90%或更多的学校上学的人数比例在1988—2007年间又从33%增长至39%[2]。

拉丁裔美国人日益增加的隔离

然而对西班牙裔美国学生而言,从1969年以来,到少数群体学生为主的学校就读的学生人数比例却不断增加(参见图12.1)。1969年,有23%的拉丁裔学生到少数群

---

〔1〕 术语“少数群体”在本文中指的是联邦政府定义的美国黑人、亚裔美国人、拉丁裔美国人、印第安人以及其他一些人数较少的种族或民族群体。2010年,如果学生或学生家长在被要求标出自己的种族/民族时选择了“少数群体”这个类别,政府就会把这些学生视为“多元种族”学生。

〔2〕 加里·奥菲尔德、埃里克·弗兰肯伯格,“现在我们在哪儿”,《学习宽容》(2004年春季刊),网址:www.tolerance.org;加里·奥菲尔德、李钟梅,“历史的逆转、种族隔离的加速复活,以及需要新的融合策略”,2007年为“公民权项目”准备的论文,网址:www.civilrightsproject.ucla.edu;加里·奥菲尔德,“重振建立融合社会的目标”,2009年为“公民权项目”准备的论文,网址:www.civilrightsproject.ucla.edu。

体学生比例超过 90%的学校就读，而到 2007 年，这个比例已经增加至 40%。这个变化趋势反映了拉丁裔人群不断拥入大城市的市中心社区，尤其是墨西哥裔美国人，他们主要迁移至亚利桑那州、加利福尼亚州和得克萨斯州的大城市，而波多黎各裔美国人主要迁移至新泽西州、纽约州、芝加哥及其他东部和中西部的城市〔1〕。

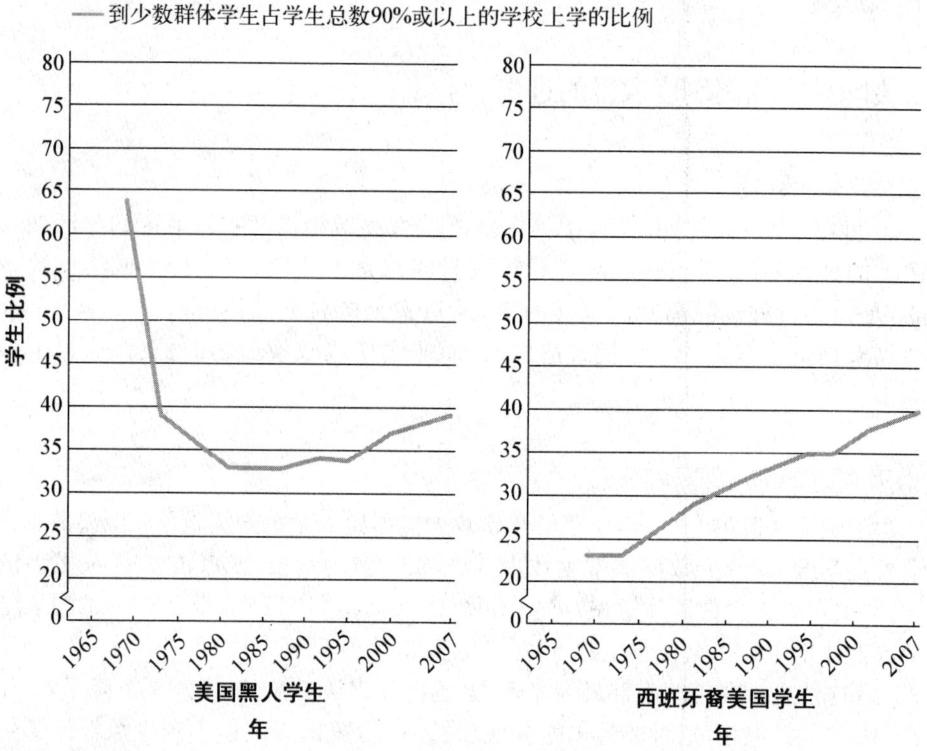

图 12.1　美国黑人和西班牙裔美国学生在种族隔离公立学校内就读的人数比例（1969—2007）

【资料来源】该数据摘录自加里·奥菲尔德和李钟梅，"种族转型与隔离性质的变化"，2006 年为参加哈佛大学的"公民权项目"而准备的论文；加里·奥菲尔德，"重振建立融合社会的目标"，2009 为参加洛杉矶的加州大学的"公民权项目"而准备的论文，网址：www. civilrightsproject. ucla. edu。

大城市的种族隔离依旧存在

在小城镇和乡村地区已经显著有效地废除了种族隔离的同时，大都市的种族隔离

〔1〕 路易斯·M. 劳莎，"从波多黎各移民至美国的儿童的废除学校种族隔离制度"，《教育政策分析档案》，2001 年 1 月 1 日，网址：http://epaa. asu. edu；加里·奥菲尔德、埃里克·弗兰肯伯格，"最后已经变成第一"，2008 年为"公民权项目"准备的论文，网址：www. civilrightsproject. ucla. edu。

现象却依旧继续在增加，主要原因是这些地区的居住模式引起的隔离现象越来越严重。如今，亚特兰大、芝加哥、底特律、纽约州、费城等大城市中大多数公立学校的学生主要由少数群体学生构成，他们大多数都是在以少数群体学生为主的学校内就读。在学校内废除种族隔离所遇到的最大绊脚石是，大多数白人以及很多少数群体学生的家长希望能让孩子在自己所住街区的学校内就近上学。但是因为在大多数大城市区域，居民居住模式分隔的现象非常严重，这就让不同街区的学校内种族隔离的情况也很严重。

中产阶层的撤离

在大多数情况下，以少数群体为主的街区同时也拥有非常高的贫困率，社会经济地位的排名也相当的低。在这些少数群体学生比例相当高、学生大多来自低收入家庭的学区内，反对废除种族隔离的呼声也相当强烈。正如在“社会阶层、种族和学业成绩”一章中所讨论的那样，这些街区的学校不得不与贫困聚集所带来的影响作斗争，因而大多数这类学校都未能为学生提供有效的教育。白人家长和中产阶层的家长们通常都会尽快让他们的孩子离开那些废除种族隔离的学校，这些学校就会大量增加低收入家庭学生的人数比例。这样做的最终结果就是，在大城市的学区和学校内，学生的构成越来越以低收入和少数群体学生为主〔1〕。

终止废除种族隔离的趋势

20 世纪 90 年代和 21 世纪的第一个十年中，很多学区取消了所有或部分在前几十年中引进的废除种族隔离计划，他们为这样的决定找到了各种不同的理由：

■ 一些城市街区内所有的学校都以少数群体学生为主，这些学校发现就算派出大量接送学生的班车，要继续维持非种族隔离学校依然非常困难，甚至是不可能的；

■ 在某些地区，法院作出裁定，认为学区在克服由于最初违反宪法而造成的种族歧视的影响方面，已经实现了足够多的目标；

■ 在另一些地区，公共官员和学校官员得出结论，认为废除种族隔离的努力对少数群体学生的实际帮助甚微；

■ 2007 年，最高法院规定学区不允许再把种族作为唯一或主要的考虑因素来设计废除种族隔离的计划；

〔1〕 巴利・A. 苟德：《隔离与不平等依旧》(纽约：师范学院出版社，2007)；贝丝・塔拉莎娃，“种族隔离的新模式”，《南部空间》，2009 年 1 月 19 日，网址：www. southernspaces. org。

三、废除种族隔离的计划

废除种族隔离计划的组成部分

为实现废除种族隔离而制定的计划通常包括以下一种或几种行动：

■ 改变招生区域以吸纳更多没有种族隔离的学生人群入学；

■ 建立**磁石学校**(magnet schools)，开设特色课程项目，聘用专门人员，以吸引学区内所有的学生；

■ 用校车强制性接送学生到废除种族隔离的学校上学；

■ 为学校联袂，将邻近的两所学校合并为一个大的就学区。例如，由学校 A 负责招收 1—4 年级的所有学生，学校 B 负责招收 5—8 年级的学生；

■ 允许学生进行**受控的选择**(controlled choice)，根据这个制度，学生可以选择自己希望入学的学校，只要这个选择不会导致种族隔离；

■ 允许城市学生自愿转学至郊区学校。

密尔沃基废除种族隔离的实例

上述各种废除种族隔离的手段至少在很多中小城市内暂时达到了实质上废除学校内种族隔离的目的，一个很好的例子就是密尔沃基市(Milwaukee)内的废除种族隔离。该市学生总人数中的美国黑人学生比例曾经达到大约 40%。实施废除种族隔离计划后，密尔沃基市内废除种族隔离的学校(黑人学生数占学生总人数比为 25%—50%的学校)数量则从 1976 年的 14 所增加到 1978 年的 101 所。这种快速的增加主要是通过以下几种方式完成的：(1) 建立磁石学校；(2) 实施自愿的城市与郊区转学计划；(3) 重新划定学校招生范围。尽管在实施城市与郊区自愿转学计划结束时，废除种族隔离学校的学生数量极大减少，但这种模式说明，除了那些最大的、种族隔离现象最严重的城市外，其他所有城市都可能实现自愿的废除种族隔离[1]。

大城市的障碍与强调教学质量

大型的城市中心学区，尤其是入学人数中少数群体学生占 50%以上的学区，会发现要在学校内消除种族隔离非常困难。例如，在一个 80%的学生为少数群体学生的大城市中，要采取行动减少学校中人数占多数的某种族学生人数，可能就要让学生乘

[1] 罗伯特·S. 彼得金，“密尔沃基市正在发生什么”，《教育领导》(1991 年 1 月)，pp. 50—52；托马斯·佩蒂格鲁，“被延迟的公正”，《美国心理学家》(2004 年 9 月)，pp. 521—529；格拉斯·N. 哈里斯，“迷失的学习、被遗忘的承诺”，2006 年为“美国进步中心”准备的论文，网址：www. americanprogress. org。另参见埃里克·弗兰肯伯格、吉娜维夫·西格尔-霍利，“被遗忘的选择”，2008 年为美国磁石学校准备的报告，网址：www. civilrightsproject. ucla. edu；德拉·戈德斯坦，“穿过学区分界线”，《美国瞭望》(2009 年 6 月)，网址：www. prospect. org。

坐一小时左右的校车，将学生从一所以少数群体学生为主的学校送至另一所以少数群体学生为主的学校。因为这些原因或其他类似原因，废除种族隔离的计划在很多大城市就转变为以提高教学质量为主。

磁石学校

根据研究，就算是大规模的、种族隔离严重的城市，也能通过扩展磁石学校的规模，来更有效地废除种族隔离。这种方法比大规模用校车强制性地将学生运送至其他以少数群体学生为主的学校效果更好。磁石学校最常用的主题包括艺术、商务、外语、卫生健康专业、国际研究、蒙台梭利儿童早教、科学和数学、技术等。实行或已经开办大量磁石学校的学区包括布法罗（Buffalo）、休斯敦（Houston）、杰克逊维尔（Jacksonville）、明尼阿波里斯市（Minneapolis）等[1]。在本章的“热点问题争鸣”栏目中我们将一起探讨磁石学校的有效性。

四、非黑人的其他少数群体

什么是少数群体？

废除种族隔离特别值得关注的另一方面就是非黑人少数群体的社会地位。根据区域和地方的情况以及法院判决的先例，各个地方可能会为达到废除学校内种族隔离的目的而把不同的少数种族群体认为属于少数群体或不属于少数群体。例如，在20世纪70年代，法院判决美国西南部的墨西哥裔美国学生和美国黑人学生一样，是种族歧视的受害者。但是在一些城市，法院却没有在一项废除种族隔离的计划中明确将墨西哥裔和其他拉丁美洲裔学生指定为少数群体学生，尽管有很多甚至大多数拉丁裔学生都在以少数群体学生为主的学校内上学[2]。

表　热点问题争鸣：磁石学校与废除种族隔离

近年来，很多城市的学区已经制定了废除种族隔离的计划，这些计划的一部分就是建立磁石学校。磁石学校主要针对儿童特殊的兴趣爱好，开设富有特色的课程，以吸引城市各部分或各区域的学生，从而创设学校中混合的种族或民族群体。但是批评者们认为，磁石学校通常所产生的问题比其所解决的问题更多。

争论问题

磁石学校是一种能促进废除种族隔离并实现提高学校成绩目标的有效方式吗？

---

〔1〕 克里斯蒂娜·H. 罗素，“磁石学校对废除种族隔离的有效性”，《城市事件评论》(2003年5月)；凯利·D. 凯里，“为了公平的规划”，《美国地方教育委员会杂志》(2006年4月)；“探讨种族隔离的教育结果的报告”，(美国地方教育委员会，2007)；“创建并维持成功的幼儿园—8年级磁石学校”，2008年为“美国教育部”准备的西部教育报告，网址：www.ed.gov。

〔2〕 但是，联邦政府的收集数据活动采取了标准化的分类，要求根据以下群体分别报告学生招生人数：“黑人学生”、“美国印第安人”、“西班牙裔美国人”、“葡萄牙人”、“亚洲人”、“阿拉斯加土著人”、“夏威夷土著人”及“非少数群体”。

续 表

正方观点：	反方观点：
1. 很多城市的研究已经表明，包含建立磁石学校的协调计划能在废除种族隔离中取得很大的成就。例如，密尔沃基市以及布法罗市都有效地使用了磁石学校来废除种族隔离。	1. 目前只有有限的证据支持“磁石学校能对废除种族隔离作出卓越贡献”这个观点。因为建立和维持磁石学校往往花费高昂，这些学校很可能为学区增加不合理的经济负担。
2. 磁石学校提供的特色高水平课程，能吸引中产阶层和有望上大学的学生进入公立学校系统，因此能帮助扭转白人和中产阶层学生大批离开公立学校的趋势。他们的离去长期以来让废除种族隔离的努力不能取得成功。	2. 磁石学校通常会挖走最好的学生，而把差生留给学区内其他公立学校。这样一来，其他学校就更加难以维持教师和学生的士气，也更难为学生提供良好的教育。
3. 磁石学校不仅能吸引不同民族或种族群体的学生，而且还能让来自不同的社会经济阶层的学生混合在学校里。劳动阶层和中产阶层的学生在一起学习的环境，更有利于促进学生的社会化。	3. 将一所地方学校转变为一所磁石学校，有时会导致社会各经济阶层群体之间的关系越发紧张。当地的学生会不信任这些从其他街区来上学的“外来者”(通常也是来自另一个社会阶层的学生)。
4. 与其他没有特色的学校系统相比，资源集中的磁石学校可以提供更优质的教育。最重要的是，无论种族、社会阶层和文化背景如何，磁石学校能让每个人都享受到高质量的教育。	4. 很多磁石学校事实上并不是为所有人开办的。相反，它们是选拔性的。学生必须达到一定的成绩才能被录取。这样一来，成绩差的学生，也就是那些最需要帮助的学生，与其他学生相比，更不可能从磁石学校中获益。
5. 随着学生在磁石学校因为优异的学业成绩而获得认可，社区的自豪感也不断增加。磁石学校将成为提升社区认同感的手段，将各种族和各阶层的人们团结起来共同奋斗。	5. 磁石学校具有精英主义的本性，这使得学校不可能培养学生形成社区感。学校更可能激起那些孩子未被录取的家长的愤恨，尤其是家长交纳的税款还被用来支持磁石学校的课程。

很多大城市里亚裔美国人的数量相对而言很多，情况也就更加复杂。随着菲律宾、韩国和越南裔学生人数的快速增加，再加上本来就数量众多的华裔和日裔学生，城市学区在设计针对多种族的废除种族隔离计划时，就会面临很多的不确定性。例如，旧金山法院颁布的一项命令，要求学校必须招收并用校车运送四个不同群体的学生，包括亚裔美国人、美国黑人、西班牙裔美国人以及非西班牙裔美国白人。

难题

随着越来越多的亚裔学生和拉丁裔学生搬迁至美国的很多地方，为废除对非黑人少数群体的种族隔离而引发的问题在将来可能会进一步增加。这些学生中的大多数需要提供双语教育服务，要为同一群体学生提供双语教育是最容易的，但是，要将同一群体的学生编组在一起，就会与废除种族隔离的目标相冲突，该目标强调的是学校要招收广泛的多民族学生。

五、对学生成绩和态度的影响

不一致的数据

在融合学校中学生能在多大程度上受益？对这个问题的研究很多，但研究结论却多少有些自相矛盾。有些研究表明，废除种族隔离和学生的学业成就之间存在着积极的关系，但另一些研究则表明，这两者之间几乎没有或是完全没有一点联系。一些分析家得出的结论是，废除种族隔离几乎不会导致白人学生的成绩下降，而常常能有助于少数群体学生的学业成绩提高。当低收入家庭的少数群体学生与中等收入家庭的非少数群体学生在同一所学校上学时，他们的成绩最有可能取得进步。但是，只有在废除种族隔离计划得到良好的实施时，而且只有在学校采取大量的行动来改善教学效能时，这种情况才会发生〔1〕。

实施的重要性

学生对来自其他种族或民族的人们持有怎样的态度？就学业成绩而言，一些数据表明，废除种族隔离对各种族之间的态度有积极的影响；而其他的研究表明，废除种族隔离对各种族之间的态度并没有影响或者甚至有负面的影响。如果废除种族隔离的计划实施情况良好，同时如果教育工作者能促进少数群体学生和非少数群体学生之间进行平等的交流，那么就能形成群体间积极的相互关系。

不过对学生志向的研究结果要更加一致，研究表明，废除种族隔离的计划通常能提高学生对教育的志向，同时能提高少数群体学生的大学入学率。因为废除种族隔离让这些志向更容易实现，学生也更多地了解了这些志向。还有一些研究也表明废除种族隔离的学校教育能帮助少数群体学生进入社会和文化交流的主流网络中，这些都有助于学生在将来生活中取得成功〔2〕。

---

〔1〕 罗纳德·A. 克罗尔，"关于废除种族隔离对学业成绩的影响的元分析"，《城市评论》(1980 年 12 月)，pp. 211—224；丹尼尔·U. 莱文，"废除种族隔离"，托斯顿·胡森、T. 内维尔·波斯尔思韦特(编辑)：《国际教育百科全书》第 3 版(牛津：帕加马出版社，1994)，pp. 1483—1486；理查德·D. 卡伦贝格，"新布朗案"，《法律事务》(2003 年 5 月—06)，网址：www. legalaffairs. org；理查德·卡伦贝格，"种族、阶层与教育"，2006 年为"世纪基金会"所作的口头报告，网址：www. tcf. org；理查德·D. 卡伦贝格，"学校种族融合的新气象"，《美国瞭望》(2008 年 6 月 2 日)，网址：www. prospect. org；罗伯特·比福科、凯西·柯布、考特尼·贝尔，"跨学区择校能促进学生成绩的提高吗"，发表于"全美教育私有化研究中心"网站，日期不详，网址：www. ncspe. org/publications_files/OP167. pdf。

〔2〕 简·斯科菲尔德，"废除学校种族隔离制度与各群体间关系"，杰瑞尔德·格兰特(编辑)：《教育研究评论》第 17 卷(华盛顿特区：美国教育研究协会，1991)，pp. 335—412；艾米·斯图亚特·威尔斯，"重新审视对废除学校种族隔离制度的社会科学研究"，《师范学院学报》(1995 年夏季刊)，pp. 691—706；威利斯·D. 霍利，"谁知道？种族融合的学校能让所有学生受益"，《教育周刊》，2004 年 5 月 5 日；理查德·D. 卡伦贝格，"返回教室"，《美国瞭望》(2007 年 1 月/02)，网址：www. prospect. org；艾米·S. 威尔斯等：《现在的双方》(伯克利：加利福尼亚大学出版社，2009)。

对贫困学校中的少数群体学生的启示

废除种族隔离的复杂性及其对学生的成绩和态度的影响让很多人都很困惑：废除种族隔离，对那些到以少数群体学生为主、成绩差、低收入街区的学校上学的少数群体学生而言，到底意味着什么？将这样的学生分配到一所废除了种族隔离并且成绩好的学生比例非常高的学校上学，就是将他们放置在一个可能更正常的教育环境中，若是他们能获得恰当的支持和教学，那么他们的学业成绩肯定能大幅提高。我们在本书其他地方，尤其是在“美国学校效能与学校改革”一章中也强调，一些非常贫困的学校取得了不同寻常的成功，而且应该有更多这类学校获得同样的成功。在此之前，在已经废除种族隔离的学校内实施有效教学，就是一种非常重要的替代方法，能切实帮助成绩低下的少数群体学生。

有效废除种族隔离学校的特点

不幸的是，只有少数研究关注那些废除种族隔离政策似乎已经起作用的学校。这类研究中最全面的一个研究是对《学校紧急援助法案》进行的评估，该法案在 1972—1982 年间为实施废除种族隔离计划提供了数亿美元的资金。这项研究表明，废除种族隔离会有助于提高某些学校美国黑人学生的在校成绩。这类学校的特点是：(1) 能集中资源以达到目标；(2) 学校行政管理人员的领导能力突出；(3) 父母更多地参与课堂活动；(4) 学校职员能系统地促使学生形成积极的对待其他种族成员的态度[1]。

道德使命和政治使命

尽管各种证据形形色色，但在各种为什么需要进行种族融合的原因中，可能最引人注目的是来自道德和政治层面的原因。从道德上看，我们国家的教育政策必须反映出为实现美国的平等理想而付出的努力。从政治角度看，两个完全隔离的社会、对人们分别进行教育，这种现象在美国是不能长期持续存在的，它会对国家政体造成严重的破坏。

焦点问题回顾：在你所上的学校里，各种族人员能很好地融合吗？是否有某一种族或民族在学校学生中占主导地位？你是想在一所与你上学的学校相类似的学校内任教，还是到一所完全不同的学校内任教？为什么？

---

〔1〕 J. E. 库尔森：《“学校紧急援助法案”的全国评估》(华盛顿特区：系统开发公司，1976)。另见简・W. 斯科菲尔德、莱斯利・R. M. 豪斯曼，“学校废除种族隔离与社会科学研究”，《美国心理学家》(2004 年 9 月)，pp. 536—546；理查德・D. 卡伦贝格，“为所有学生开办的中产阶层学校”，《民主》(2008 年春季刊)，网址：www. democracyjournal. org。

第二节 补偿教育

为实现提供平等教育机会这个目标，国家为之付出的努力还体现在**补偿教育**(compensatory education)运动上。补偿教育试图克服(或补偿)出身背景不利的学生面临的困难，并以此提高差生的成绩，尤其是提高低收入家庭学生的成绩。20 世纪 60 年代，在民权运动的刺激下，补偿教育开始逐渐扩展，并成为林登·约翰逊(Lyndon Johnson)总统"向贫困开战"而采取的制度化措施之一。

第一条款

1965 年通过的《中小学教育法》(ESEA)和其他条款一起规定，要立即为经济弱势的儿童提供 10 亿美元的资金以改善他们的教育状况。弱势学生被限定为来自家庭收入低于政府制定的官方贫困线以下的学生。这项经费被称为"第一条款"(Title I)资金，名称源于《中小学教育法》"第一条款"对此项资金的使用进行的详细描述。联邦政府将这些资金分配给各个州，各个州政府以及学区一起识别出那些弱势学生数量足够多的学校，以便能够获得该项资金的一部分。1965—2009 年间，用于"第一条款"的资金已经有近两千亿美元。在 2009 年之前，每年有 140 亿美元的"第一条款"资金被用来帮助 500 多万名学生，另外还有很多其他学生加入了其他的补偿教育计划。在 2009 年和 2010 年，政府为补偿教育增加了大约 100 亿美元的年度拨款，这笔拨款是 2009 年颁布的《美国经济复苏和再投资法》的一部分。学校和学区能使用这些拨款建立大量的补偿教育项目，为学生提供学习辅导，延长上学时间，开展早教学习、更新教学技术以及提供其他更多的服务和活动等。

补偿教育服务

补偿教育中一些重要的服务和活动如下：

1. 家长的参与和支持。补偿教育项目的范围涉及面很广，从帮助父母学习如何教育孩子到改善家庭机能和父母就业能力。

2. 儿童早期教育。**开端计划**(Head Start)以及**跟踪计划**(Follow Through)是这类项目中最大的两项。开端计划主要试图帮助处于弱势的 4—5 岁儿童，让他们为上小学 1 年级作好相应的准备。跟踪计划则关注提高小学各年级学生的学习成绩。

3. 阅读、语言和数学的教学。大多数"第一条款"的项目都关注改善阅读、语言和数学的教学质量。

4. 双语教育。虽然拉丁裔儿童是接受双语教育的最大群体，但是目前已经开展了 60 多种语言的双语教育项目。双语教育项目将在"多元文化教育"一节中进行讨论。

5. 指导、咨询和社会服务。为弱势学生提供各种心理服务和社会服务。

6. 防止辍学。这项服务包括为学生提供职业和生计教育，目的是防止学生从学校中退学。

7. 教学人才的培训。为很多教师职前和在职培训项目提供资金，帮助教师提高教学能力。

8. 课后活动项目。这些课后活动项目可以为学生提供学业提高服务，或者更常见的是为学生提供各种丰富多彩的活动，有时两者同时提供。

9. 计算机实验室和网络。近年来，补偿教育资金已经帮助很多学校建立了计算机实验室和校园网络。

一、早期儿童补偿教育

令人沮丧的初步结果

在开始进行补偿教育的第一个十年中，为提高学生成绩水平和认知发展而进行的大多数干预措施似乎都是相对无效的。尽管每年的花费都在几十亿美元，但学生总体上并未能取得长期的学业成绩提高。

改进的补偿程序和资金供给

补偿教育这种令人沮丧的开始促使人们修改了补偿教育方案。联邦和州政府也改进了监督程序，要求进行更充分的评估，并且资助研究人员对如何改善补偿教育进行研究。一些州也开始为补偿教育项目提供额外资金。到20世纪80年代初，研究发现，在学前和小学各年级实施的补偿教育，的确能改善弱势学生的认知发展和学业成绩[1]。

早期儿童补偿教育项目的示范

特别是对几项出色的早期儿童教育项目进行的研究显示，如果早期儿童教育项目经过仔细的构思并有效实施，那么这种努力措施能对儿童产生长久的影响。据报道，密歇根州的伊斯兰提(Ypsilanti)、纽约州的雪城市(Syracuse)以及其他地区的一些卓有成效的学前早教项目，都已经对弱势学生产生了积极的影响，并取得了长期的成就。与未接受早期补偿教育的学生相比，接受这类补偿教育项目的学生将来接受特殊教育

---

〔1〕 托马斯·W.法根、卡米尔·A.赫尔德，"第一条款项目的改进"，《卡潘》(1991年4月)，pp. 582—585；大卫·齐费尔，"教育工作者忽视了已被证实能有效改善学生学习的方法"，《学校改革新闻》(2006年10月)，网址：www. heartland. org；詹姆斯·J.赫克曼，"学校、技能和神经突触"，《经济探究》(2008年7月)，pp. 289—324；弗拉维奥·库尼亚、詹姆斯·J.赫克曼，"不平等与人类发展学的经济学与心理学"，2009年为美国"国家经济研究所"准备的第14695号工作文件。

或留级(这两者都花费甚高)的可能性更小。接受早期教育的儿童更可能中学毕业,并有足够的技能和积极性去获得一份报酬可观的工作,因此会增加税收,减少对公共救助的依赖[1]。

总的优点和缺点

然而,这些令人难忘的成果往往来自于研究者作为示范来举例的项目,而绝大多数学前补偿教育项目并未得到足够的资金支持,或并未得到良好的实施,最终并未取得太多的成果。总体而言,"第一条款"的项目仍然未能确保大多数成绩低下的学生习得在现代经济中要获取好工作所必须具备的学术技能和智力技能。

二、综合生态干预

儿童早期家庭环境的重要性

对那些在危害特别大的环境中长大的学生,如贫困聚集的街区,教育工作者要帮助学生克服他们身上极端不利的因素,就必须面临非常困难的工作。因此,政策制定者和教育工作者越来越支持进行**生态干预**(ecological intervention),这是一种为改进年幼儿童家庭和邻里环境而作出的综合努力[2]。

成功项目的特点

生态干预的拥护者指出,研究已经证明重要的认知发展发生在婴儿期,他们同时还指出,"开端计划"直至 4 岁或 5 岁才开始对幼儿实施干预,这通常只能得到令人沮丧的结果。研究表明,如果在幼儿 2 岁或 3 岁之前就开始对他们实施干预,为他们提供综合的心理、社会和经济支持,这样的干预才能获得成功。一些对儿童进行早期干预的有效项目招收幼儿到以教育为主的日托班或学前班学习。这些成功的项目通常也包含为幼儿提供营养和卫生保健,能干的项目成员通常还为父母提供个性化的指

---

〔1〕 W. 史蒂文·巴奈特、科莱特·M. 埃斯科巴,"早期教育干预的经济学",《教育研究评论》(1987 年冬季刊),pp. 387—414;W. 史蒂文·巴奈特、克莱夫·R. 贝尔菲尔德,"儿童早期发展与社会流动",《儿童的未来》(2006 年秋季刊),网址:www. futureofchildren. org;杰瑞尔德·W. 布莱西,"预防胜于治疗",《卡潘》(2008 年 11 月),pp. 725—226;格拉斯·贝沙洛夫、克雷格·雷美,"学前的困惑",《教育未来》(2008 年秋季刊),网址:www. hooverorg;理查德·W. 赖利、特里·K. 彼得森,"在进入'二选一'时代之前",《教育文摘》(2009 年 1 月),pp. 9—13;格雷戈里·卡米力等,"早期教育干预对认知和社会发展的影响的元分析",《师范学院学报》(2010 年即将发表)。

〔2〕 莉斯贝丝·斯科尔:《在我们可以触及的范围内》(纽约:安可双日出版社,1989);亚瑟·J. 雷诺兹:《早期干预的成功》(林肯:内布拉斯加大学出版社,2000);"对芝加哥亲子中心的成本效益分析",《焦点》(2004 年冬季刊),网址:www. irp. wisc. edu;理查德·科尔文,"看护幼小的心灵",《教育界》,2007 年 3 月 8 日,网址:www. educationsector. org;罗伯特·C. 皮恩特、D. 莎拉·哈登,"我们所知的早期教育环境的质量",《州教育标准》(2008 年 7 月),网址:www. nasbe. org;保罗·塔夫,"学习区",《教育乌托邦》,2008 年 11 月 19 日,网址:www. edutopia. org;莎伦·L. 雷根、珍妮·L. 里德,"对儿童早期教育的投资",《卡潘》(2009 年 4 月),pp. 572—576。

导,帮助他们学会如何当家长[1]。

三、《不让一个孩子掉队》法案

《中小学教育法》的重新批准

2001 年,美国议会重新批准了《中小学教育法》及其第一条款,同时也为美国所有中小学校确定了彻底全新的要求。该法律的最新版本,也就是众所周知的《不让一个孩子掉队》法案(No Child Left Behind Act,NCLB),它的影响已经不仅仅局限于接受"第一条款"资金资助的学校,而是扩大至几乎所有的公立学校。除了我们在第一章中讨论的有关教师的规定外,《不让一个孩子掉队》法案还包含了以下几个关键领域的法律规定:[2]

具有挑战性的标准及年度测试

■ **标准和测试**。该法案要求各州和学区为所有学生制定阅读/语言艺术、数学和科学学科的有挑战性的学术内容和成绩标准,目的是让所有学生在 2013—2014 学年全部达到指定的能力水平。

为了检验学生是否朝着标准一步步前进,各州必须每年对 3—8 年级的学生进行一次阅读/语言艺术和数学测试,对 9—12 年级的学生至少要进行两次测试,至少总体学生的 95%必须接受测试,以及每个有特殊需求的学生群体(见下文)的 95%都必须接受测试。

单独的数据

■ **有特殊需求的学生**。各州、学区和学校必须确定哪些学生是英语语言学习者(ELL),并为他们制定教学基准以及能力考试,以检测他们在英语学习上的进步。尽管教育工作者可能要为这些学生提供经过合理改编的教学内容,以顺应这些学生的能力,例如可能要让英语语言学习者以他们的第一语言来参加考试,但学校和学区还必须让英语语言学习者和其他残障学生都参加年度测试,年度测试是所有学生都要参加

---

[1] 国家儿童委员会:《超越言辞》(华盛顿特区:美国政府印刷局,1991);麦克·罗斯,"体面的投资",《美国教师》(2004 年 12 月/2005 年 1 月),网址:www.aft.org;苏珊·布莱克,"早期教育、未来的成功",《美国地方教育委员会杂志》(2008 年 9 月),pp. 61—62;苏珊·B. 纽曼,"能有效改变处于危险中孩子命运的科学",《卡潘》(2009 年 4 月),pp. 582—587;有关信息可从美国"国家早期教育研究所"网站上获得,网址:www.nieer.org。

[2] 埃里克·罗波梭,"中小学教育法初级读本",《教育周刊》,2002 年 1 月 9 日;迈克尔·卡塞利,"推动变革",《教育未来》,2004 年第 3 期,网址:www.hoover.org;"《不让一个孩子掉队》法案概要",2006 年为"阿斯彭研究所"准备的论文,网址:www.aspeninstitute.org;吉姆·赫尔,"《不让一个孩子掉队》法案的现行法规",2009 年为"公共教育中心"准备的报告,网址:www.centerforpubliceducation.org;相关材料可在以下网址获得:www.ed.gov/nclb。

的。有特殊需求的学生可以分为不同类型的学生亚群体(包括英语语言学习者、残障学生、贫困学生以及少数种族或民族学生),它们的分数必须与学校中其他学生的成绩分开,单独进行统计,或是单独进行汇报。

需要改进的学校

■ **年度进步目标**。《不让一个孩子掉队》法案中的一项重要条款,就是要求所有学校和学区每年都必须达到**年度进步目标**(adequate yearly progress,AYP),直至完成他们的2013—2014学年目标。未能取得一定进步的学校和学区被认定为"需要改进",如果该学校整体的成绩分数或是某个单独统计成绩的群体未能达到州政府制定的分数要求,那么该学校就被认定为是需要改进的学校,该校就需要进行整改,以取得进步,并能实现2013—2014学年的目标。因为很多学校在进行分数汇编时,将学生分为了50个甚至更多的组别进行统计,这就很容易判断这所学校是否可以被认定为需要改进的学校。(例如,一所学校可能将每个年级的测试分数都分为4—5个种族/族群来分别统计。)2009年,全美大约有一万多所学校被认定为"需要改进"的学校。

而在将来,未能达到"年度进步目标"的学校比例可能会进一步上升,因为《不让一个孩子掉队》法案要求成绩达到熟练水平的学生百分比要不断上升,直至2014年达到100%。一个尤为普遍的问题是,成绩优良的英语语言学习者会很快转到正常班级,如此一来就会降低英语语言学习者组以后的平均成绩。

补充服务与重建

需要改进的学校将获得所属学区或州政府给予的特殊帮助,例如派遣咨询顾问,提供专业发展培训,或给予其他额外的资源等。如果学生在接受"第一条款"资助的"需要改进"的学校内上学,他就会获得"补充服务",例如辅导、提供课后帮助或上暑期学校等。如果在接受各种帮助几年后,该校仍然未能达到年度进步目标,那么该校的学生就有权转学至该学区内的其他公立学校上学。如果该校仍然不能达到年度进步目标,那么就会对该校采取"整改行动",或是"重建"该校,这些措施可能包括更换该校所有教职人员和管理人员,将该校转变为特许学校,或是让某一外部组织来接管该校,同时采用由某学校或学区选择的某种教学和课程创新方案。2009年的《美国经济复苏和再投资法》(也就是经济刺激法案)为鼓励和帮助学校重建投入了大量的资金[1]。

---

〔1〕 贾马尔·阿贝迪、若恩·迪特尔,"《不让一个孩子掉队》法案对英语语言学习者的挑战",《卡潘》(2004年6月),pp. 782—785;南希·科贝,"年度进步目标的悲哀",《美国教育工作者》(2005年春季刊),网址:www. aft. org;詹姆斯·H. 莱特尔,"《不让一个孩子掉队》法案的隐患",《教育周刊》第7期,2007年;纳尔森·史密斯,"特许学校是解决问题的办法吗",《教育未来》,(2007年第1期),网址:www. hoover. org;"重振学校的策略",2008年由公众视野教育与研究所发表,网址:www. massinsight. org;弗雷德里克·M. 赫斯、托马斯·吉福特,"学校的转折点",2009年为"美国企业研究所"准备的论文,网址:www. aei. org;巴萨·卡拉斯洛夫,"重建长期表现不佳的学校",《西北教育杂志》(2009年夏季刊),网址:www. nwrel. org/nwedu。

■ **教师和学校职员**。正如在第一章“教师从教的动机、准备及条件”中我们已经提到的，各州必须确保所有核心科目的教师，以及所有参加“第一条款”项目的教师和专业教辅人员都达到州制定的“高质量”教师标准。

困惑与不确定性

对于如何落实《不让一个孩子掉队》法案的要求，各州、学区、教师、学生和家长都经历了大量的困惑和不确定性，因为《不让一个孩子掉队》法案中包括了 700 多页的法律条文和几千页的各项规定。人们的困惑部分源自这样的事实：各州都对该法案中大多数术语和概念给出了自己的界定。各州不仅要决定哪些技能和概念需要进行测试，如何实施测试，而且还要决定学生怎样才是达到熟练水平，什么是可接受的成绩水平。

确定熟练水平的差异性

对达到熟练水平的界定不仅各州各不相同，而且甚至同一州内各地区也各自不同。例如，一项研究表明，具有相同技能的 8 年级学生在蒙大拿州属于第 36 百分位，而在怀俄明州则属于第 89 百分位。这项研究还显示，在华盛顿，4 年级学生的阅读熟练水平被确定为第 53 百分位，而数学的熟练水平则被确定为第 76 百分位。教育部长阿恩·邓肯(Arne Duncan)已经明确指出，根据《美国经济复苏和再投资法案》划拨给教育的一些联邦资金，将用于帮助各州建立更高、更统一的学业标准[1]。

各州自行确定标准和决策

各州还要决定学校需要哪种形式的进步，以及每年进步多少，才算是达到年度进步目标。一些州从减少各种群体学生之间的差距这个角度来定义什么是学校应达到的可接受成绩，而另一些州则根据绝对的成绩水平来定义可接受成绩。一些州认为，在 2014 年到来之前每年都达到相同的进步增量就可以了；但另一些州则要求刚开始时进步少些，而随着时间向 2014 年靠近，进步增量应当逐渐加大。各州同样必须决定如何处理那些未能达到年度进步目标的学校，还要决定是否对所有学校实施相同的规定和政策，或只对那些接受“第一条款”资金资助的学校实施这些规定和政策[2]。

---

〔1〕 达夫·纳吉尔，“教育部长邓肯希望‘修改’《不让一个孩子掉队》法案，发誓要扩展该法案中有效的部分”，《教育技术视野》(2009 年 3 月)，网址：www. thejournal. com；“聪明的选择”，2009 年为“学生成绩联盟”准备的论文，网址：www. coalition-forstudentachievement. org/economic_rec. asp。

〔2〕 G. 盖奇·金斯伯里等，“州成绩标准的状况”，2003 年由“西北评估协会”出版的报告，报告摘要可在以下网站获得：www. nwea. org/research/national. asp；斯坦·卡尔普，“驯服野兽”，《学校的再思考》(2004 年夏季刊)，网址：www. rethinking-schools. org；保罗·E. 彼得森、弗雷德里克·M. 赫斯，“密切关注州级标准”，《教育未来》，(2006 年第 3 期)，网址：www. hoover. org；约翰·克罗宁、迈克尔·达林，“对责任制的错觉”，2009 年为“福德姆研究院”准备的论文，网址：www. edexcellence. net；弗雷德里克·M. 赫斯、迈克尔·J. 派屈里，“学校改革之路上的致命弯道”，《教育未来》(2009 年 2 月/3 月)，网址：www. hoover. org。

很多学校“未能达标”

媒体对那些未能达到年度进步目标的学校的描述也会造成人们的困惑。报纸和其他大众媒体一直都倾向于报道未能给美国孩子提供良好教育的这类学校，甚至整个学区。然而统计学家指出，整个学校是否能达到年度进步目标会因为很小部分学生的考试成绩而受到影响。另外，小规模学校常常会出现在某一个特定的年级水平上，不同年份的学生能力测试成绩差距很大的情况。事实上，一些被认为不能达到年度进步目标这个标准的学校，同时却会因为学生的成绩优异而受到其他评估者的嘉奖。

与体制博弈

为了避免被贴上“失败者”的标签，学校官员和教育工作者很可能试着“与体制博弈”，也就是说，运用统计的手法来增加学校和学区达到年度进步目标的可能性。很多分析人士断言，以下这些做法会让学生很受伤害：

可能会降低标准

■ 一些批评者相信，《不让一个孩子掉队》法案已经导致了学术标准的降低和学生成绩的下降。例如，一些州已经重新设置了学生必须达到的熟练水平分数，这个分数甚至低于《不让一个孩子掉队》法案颁布前的水平。

未能识别的残障学生

■ 在决定一个学校的年度进步目标时，某一学生群的测试成绩是否要被算进整个学校的成绩内，要看这个学生群的人数是否达到最低人数，比如说 30%或 50%，这样就会让某些学校官员尽量减少确定残障学生的人数，因为只要这个学生群的人数低于要求的最低人数，他们的成绩就不会被统计入整个学校的成绩中。但这样就会导致部分学生因为未被认为有学习缺陷而得不到需要的帮助。

鼓励辍学

■ 还有些学校和学区甚至可能鼓励或促使那些成绩低下，会让学校达不到年度进步目标的学生退学或转学，或者会让很多学生留在中间学校或 9 年级，因为如果他们升入中学，很可能会让中学达不到年度进步目标。

牢牢抓住天才学生

■ 有报道称，有些学校的教职人员不鼓励有天赋的学生到其他地方的特殊学校或特殊项目中学习，因为如果这些天才学生离开，就会降低学校的年度进步目标分数。

过度重视即将达到熟练水平的学生

■ 很多学校和教师遭到指责的原因是将最好的教学资源集中于那些成绩分数接近于熟练水平的学生，因为这样做就会忽视或不能为那些成绩最差和最好的学生提供足够的帮助。

应试教学

■ 很多分析人士也相信，越来越多的教师现在非常重视一些低水平的技能，因为《不让一个孩子掉队》法案获得通过之后，在州进行的评估测试中，这些低水平的技能很可能会被考到。

一直以来，人们在报导所有这些问题时，都把它们当做产生州责任制相关问题的根源。但大多数观察者相信，《不让一个孩子掉队》法案的颁布大幅加重了这些问题。

如何对待英语语言学习者和残障学生

很多教育工作者和观察者，对有关如何对待英语语言学习者(ELL)和残障学生的政策与规定表达了特殊的不满。他们声称，为这些学生设置与其他正常学生一样的标准是不切实际的，这样做甚至可能事与愿违。这些批评者坚持认为，在大多数情况下，这个政策会导致学生不能理解要学和要考的内容，这样就会让教职人员和学生都经历令人沮丧的失败。现在各个州已经接到要求，允许根据这部分学生的实际情况，通过调整考试材料和程序等方法为接受特殊教育的学生和英语熟练程度低(LEP)的学生提供更合理的评测，但是为了更改考试而需要支付的费用往往超出了很多学校的支付能力。

未能提供辅导和转学服务

很多学生和他们的家庭也对《不让一个孩子掉队》法案所要求的给学生提供辅导和转学机会感到很失望，只有少数符合条件的学生才能享受这样的机会，而能真正使用这种机会的学生更少。为什么只有很少的学生能获得并真正利用这种机会？原因包括未能正式告知学生和家长他们有这样的选择；学校不愿将“第一条款”提供的资源转用于为学生提供辅导(尤其是提供私人辅导老师)；缺乏合格的辅导老师；其他学校缺乏空间，无法接纳想要转学的学生[1]。

---

[1] 丹·利普斯，“《不让一个孩子掉队》法案中家长选择权的惨淡记录”，2006年为美国“遗产基金会”准备的论文，网址：www.heritage.org；安妮·C.路易斯，“修订前的认真考虑”，《卡潘》(2009年1月)，pp.315—316；乔治·沃内、詹妮弗·李，“增加对《不让一个孩子掉队》法案许可的择校的参与”，2009年为“兰德公司”准备的政策简报，网址：www.rand.org。

四、《不让一个孩子掉队》法案的实施情况

为了应对人们对《不让一个孩子掉队》法案的抱怨，美国教育部已经对该法案进行了几处相对较小的修改。例如，法案已经规定，新的英语语言学习者的测试分数可以不计入年度进步目标的分数评测中；一些州还被允许实验性地使用学生成绩的增长，而不是使用某一时间点上取得的学生熟练水平状况来计算是否达到年度进步目标。

很多教育工作者并不开心

但是很多批评者仍然十分不满。尤其是很多观察家相信，使用简单的一张试卷一支铅笔的考试只能鼓励教师过度地重视死记硬背的技能；很多人还相信，学校如果想要达到《不让一个孩子掉队》法案的要求，学校就会面临资金严重不足的情况。后一种抱怨因为《美国经济复苏和再投资法》给予的资金资助而有所缓解，并且奥巴马总统的教育资金预算也有所增加，但经费问题仍然是很多学校官员最关注的问题。另外《美国经济复苏和再投资法》也激励各州对学生成绩实施更高的标准，同时采取更好的方法测量学生的进步状况以及学生是否学到高级思维技能。此外，在议会考虑于不久的将来重新修订《不让一个孩子掉队》法案的同时，上文提到的所有问题都可能引起人们的高度关注。

五、对补偿教育的质疑

20 世纪 80 年代以来收集的数据虽然表明，补偿教育能帮助弱势学生，但人们对补偿教育的性质和有效性仍然存在很多疑问。

无效的“抽调法”

1. 我们怎样才能让“第一条款”得到更加有效的实施？研究表明，“第一条款”在很多学校都相对收效甚微，部分是因为大多数补偿教育项目都使用了**抽调法**（pullout approach），也就是将成绩低下的学生抽调出正常班级，然后对这些学生进行阅读或数学的补充教学。这种将学生抽调出正常班级的方法通常要面临很多困难，因为这种方法会产生大量学生校内的移动，因此会在全校都造成混乱[1]。

---

〔1〕 迈克尔·S. 科纳普、帕特里克·M. 希尔兹（编辑）：《为贫困儿童提供更好的学校教育》（加利福尼亚州伯克利：麦卡琴出版社，1991）；斯坦利·博格娄，“加速出身贫困家庭的 4、5 年级学生的学习”，《卡潘》（2009 年 2 月），pp. 408—412；麦克·斯基默克，“对重要问题的测量”，《教育领导》（2009 年 1 月）。

近期的改善

近年来，包括《不让一个孩子掉队》法案在内的联邦法律，已经提供了全校范围内的改进方法，可以让成绩低下的学生在班上就能获得帮助，这种方法已经很轻易地替代了“第一条款”使用的抽调法。另外，教职员工培训的扩大，已经帮助教师学会如何拓宽补偿教育的范围，而不是仅仅局限于教授学生一些机械的次级技能[1]。

行为主义的方法与认知理论的方法

2. 我们应该为学生提供哪种类型的早期教学方式？对于早期儿童补偿教育，目前还有很多不确定的地方，主要有以下的疑问：这些早期补偿教育项目是否应当使用行为主义的直接教学方式？这种教学方式重视基本技能的教学，诸如对单词的解码或数学的简单计算；或者这些项目应当重视学生的概念发展和抽象思维的技能？一些采用直接教学法的项目，对3年级以下的学生都取得了不错的效果，但当参加实验的学生进入小学中年级时，其成绩水平通常会跌落。有些项目采用了以认知发展为导向的教学方法，通常很重视学生的独立学习和思维技能，这种教学方式对于小学最初几个年级学生在掌握机械技能方面，效果通常不太成功，但有一些最优秀的采用认知方法进行教学的项目，却获得了更大的成功，这种成功在以后逐渐显现出来[2]。

中学的不确定性

3. 在中学我们该做什么？中学个别班级以及“校中校”中的补偿教育已经取得了一定的成功。在个别班级和“校中校”内，一群经过挑选的教师对少数成绩低下的学生采取了高强度的教学方式。但到底哪种方法是对中学生进行补偿教育的最佳方法，研究者们仍然知之甚少[3]。

介于同化与隔离之间

鉴于这些问题的存在，有些教育工作者开始质疑补偿教育本身是否能显著增加一名学生在学校获得成功的机会，以及在将来的人生中获得成功的机会，尤其是对一名

〔1〕 玛丽·J. 维茨等，“战胜困难……为什么拥有拉丁裔美国学生的有些学校获得了成功而其他的却没有”，2006年为“亚利桑那州儿童未来中心”准备的论文，网址：www. asu. edu/copp/morrison/LatinEd. pdf；凯西·克里斯蒂，“各州寻求杠杆作用的资金援助”，《卡潘》(2007年3月)，pp. 486—486；凯·S. 汉默维兹，“孩子们的时刻”，《城市杂志》(2009年1月)，网址：www. city-journal. com。

〔2〕 莎伦·L. 卡根，“早期护理与教育”，《卡潘》(1993年11月)，pp. 184—187；瑞贝卡·A. 马可尼，“为儿童做正确的事”，《幼儿杂志》(1994年11月)，pp. 8—20；丹尼尔·J. 韦格尔、莎莉·S. 马丁，“识别儿童关键的早期识字能力与入学准备问题”，《儿童早期研究与实践》(2006年秋季刊)，网址：http://ecrp. uiuc. edu；“儿童早期教育只学习不玩耍造成的问题趋势”，《科学日报》，2009年2月12日，网址：www. sciencedaily. com。

〔3〕 丹尼尔·U. 莱文，“教育疏远了市中心的年轻人：街道学校的经验”，《黑人教育杂志》(1975年春季刊)，pp. 139—149；艾米利·A. 哈苏、布莱恩特·C. 哈苏，“巨大的U型转弯”，《教育未来》(2009年冬季刊)，网址：www. hoover. org。

生活在贫困集聚的街区、属于少数群体的学生而言。正如我们在“社会阶层、种族和学业成绩”一章中所提到的那样，修正派批评家认为美国的公立学校未能提供平等的教育机会，而且由于缺乏对社会总体进行的根本改革，公立学校将来还将继续使弱势学生边缘化。因此，一些观察者相信，要显著提高儿童的学校成绩，我们首先应该改善学生父母的经济状况，给予他们更多的经济机会。为改善弱势学生的教育状况而作出的种种努力，是否能有效地证明这些怀疑主义的悲观情绪是错误的，我们还将拭目以待[1]。

焦点问题回顾：你是否认为自己已经作好准备教授那些正在接受或应该接受补偿教育的学生？你该做什么让自己作好更充分的准备？

第三节 多元文化教育

为了全体学生的多元文化目标

多元文化教育（multicultural education）指的是学校采用各种方式充分考虑学生之间不同的文化背景，同时为那些文化背景不同于美国主流文化的学生提供更多的机会。多元文化教育的某些方面很重视改善为那些没有学过标准英语的学生提供的教学，或是为那些因为文化差异而在传统课堂上处于弱势的学生提供的教学。作为一名教师，你也应该关注多元文化教育的更大意义，多元文化教育对全体学生而言都是有价值的。通过培养学生形成积极的群体间和种族间的态度和交流，多元文化教育可以帮助所有学生在一个文化多元的社会中很好地发挥自己的功能（从这个观点来看，废除种族隔离运动也可以被认为是多元文化教育的一部分）。

历史上对同化的重视

尽管美国人口的构成一直以来都很多元，纵观美国历史（正如“教育先驱”一章中所提到的），美国大部分历史时期都很重视将不同的族群同化到美国主流文化中，而不是保持各群体的亚文化，这种做法将很多人都融合进美国这个大熔炉中。在对各个不同移民群体的教育中，公立学校系统一直都很强调美国民族同一性的发展。有时，在一个由 50—60 名小学生组成的班级中，他们是来自 10 或 15 个国家的第一代或第二代移民的代表，学生们学习的是美国人该有怎样的言谈举止、怎样的外貌特征、怎样的行为方式。尽管这种方法成功地将很多移民美国化，并允许很多移民进行社会流动，

[1] 约翰·奥格布，“美国的种族分层与不平等”，《师范学院出版社》（1994 年冬季刊），pp. 264—29；亚历克斯·科鲍斯基，“成绩差距的背后”，《哈佛政治评论》，2009 年 5 月 23 日，网址：www. hpronline. org。

但观察家们已经指出，美国黑人、亚裔美国人、拉丁裔美国人、印第安人以及欧洲的某些族群都曾遭到制度性的歧视，这也揭示了美国大熔炉这个概念存在的不足之处[1]。

教学资源视频案例

文化回应的教学：小学生的一堂多元文化课

阅读完本章后，请观看学生学习网站上的视频"文化回应的教学：小学生的一堂多元文化课"。在今天这个流行高利害关系考试的世界里，很多教师感到很难找到时间来将各种多样性文化融入到课程中，但在这段视频中，你将看到赫尔利博士这位心理学家是怎样将多元文化主义融入一篇由五个段落组成的传统课文中的。观看视频后，请思考以下问题：

(1) 观看视频和阅读本章后，请解释为什么赫尔利博士的课是一堂成功的多元文化教学(多民族教学)的示范课?

(2) 以你所阅读的有关多元文化教育的目标和宗旨为基础，你认为赫尔利博士的课使上了这堂课的学生收获了哪些特定的技能?

重视多样性

20世纪60年代，民权运动的领导人为减少少数群体遭到排斥而作出了艰苦的斗争，并将美国一直以来所强调的同化政策，转移至重视文化的多样性和**文化多元主义**(cultural pluralism)。为了替代美国"大熔炉"的隐喻，文化多元主义使用了新的隐喻，诸如"凉拌色拉"或"马赛克"，这就意味着允许各种不相同的群体特征存在于一个更大的整体中。根据"美国教师教育学院联合会"(AACTE)的观点，"赞成文化多元主义就是赞同不存在一种单一模式的美国人的原则"。从这个观点来看，美国公民间存在的各种差异也是一种积极的力量[2]。

但是请记住，强调文化多元主义并不意味着你支持了某种以制造文化、社会和经济分裂为目的的哲学思想。根据我们对文化多元主义的定义，文化多元主义可能强调、也可能不强调文化、社会和经济事务的整合。一般而言，文化多元主义是介于对各种族或民族群体实行完全同化和严格隔离之间的某种立场。随着美国日益转变为观察家们所说的第一个"世界性的国家"，文化多元主义比以往任何时候都更加重要，尤其是在教育方面。

---

〔1〕 周敏、卡罗·L.班克斯汤 III:《成长为美国人》(纽约:拉塞尔圣人出版社,1998);"乡土教育:苦涩的过去、满怀希望的未来",《美国西北教育》(2004年春季刊),网址:www.nwrel.org/nwedu;珍妮·鲍尔斯,"被遗忘的历史",《教育平等与卓越》(2008年10月1日)。

〔2〕 "不存在一种单一模式的美国人:对多元文化教育的声明",(华盛顿特区:美国教师教育学院协会出版社,1972),p.9。另参见南森·格拉泽:《现在我们都是多元文化主义者》(马萨诸塞州坎布里奇:哈佛大学出版社,1997);克里斯多夫·克劳森:《褪色的马赛克》(芝加哥:伊万·R.迪依出版社,2000);法拉纳克·米弗塔拉伯、艾琳·麦克康奈尔,"乡镇的多元文化化——对全纳教育规划的见解",《国际规划研究》(2008年11月),pp.343—360。

一、多元文化教学

多元文化教育所关注的一个重要领域是对不同种族和民族背景的学生所采取的教学方法。几种经常备受争议的教学方法涉及学生的学习风格、对方言差异的认可、双语教育和多民族的课程。

学生的学习风格

适应文化的学习模式

在“社会阶层、种族和学业成绩”一章中，我们曾简要地描述了学生的行为模式和学习风格(learning styles)，认为这两者与学生的社会经济地位之间存在关联，而且也可能与学生的种族或民族出身有关，我们还提到教师应当尝试改变教学方式以适应学生不同的学习风格。维拉·约翰-斯坦纳和拉里·史密斯(Vera John-Steiner and Larry Smith)对美国西南部普韦布洛(Pueblo)印第安村庄的儿童进行了一项研究，它是这类课题中的一个很好的研究例子。他们的研究结论是，在对这些儿童进行学校教育时，如果重视在辅导情境中(师生面对面)进行个人的交流，学校教育就能更加成功。其他对印第安学生课堂进行观察的人报告说，在以下几种情况下学生的成绩会有显著的提高：教师用一种恰当的文化方式(也就是以非直接的方式进行社会控制)与学生进行交往；将部落文化融入课程，同时重视学生掌握州制定的标准；避免把学生置身于竞争的情境中。其他几个研究者也作出了类似的报道，认为安排学生进行合作学习对一些墨西哥裔美国学生尤为有效，因为他们的文化背景并不重视竞争〔1〕。

少数群体榜样的成见

分析人士也检验了对亚裔美国学生成绩的研究。一些观察者相信，亚裔学生中的某些群体(如韩国和越南学生)在教室内倾向于缺乏刚毅坚定和自信，而他们这种不愿意参与的态度很可能阻碍其学业上的进步。但是，研究也显示，随着亚裔美国学生已经越来越多地被美国社会所同化，这种行为模式正逐渐减少或消失。此外，亚裔美国学生可能会受到一种成见的伤害，这个成见就是认为这些亚裔学生全都是少数群体学

---

〔1〕 维拉·约翰-斯坦纳、拉里·史密斯，“文化多元主义的教育承诺”，1978 年为“全国城市教育会议”准备的论文，密苏里州圣路易斯；波莱特·朗宁·沃尔夫、朱丽叶·A. 李卡德，“谈话的圈子”，《多元文化咨询与发展杂志》(2003 年 1 月)，pp. 39—43；布兰肯·瑞德，“在印第安国度找到成功”，《西北教育杂志》(2008 年冬季刊)，网址：www. nwrel. org；凯西·莫里森，“难得的有关多样性的教训”，《卡潘》(2009 年 1 月)，pp. 360—362；相关信息可从以下网站获得，网址：www. opi. mt. gov/indianed/teachers. html。

生的榜样，他们在学校内没有任何严重问题[1]。

对方言差异的认可

黑人英语

教师通常来说都会试图向那些说不标准方言的学生教授所谓正规的或标准的英语。但是，过分单纯地坚持要学生学习正规英语，往往会让学生放弃他们自己的文化背景，或是让学生把教师的这种努力视为有损他们人格并充满敌意的行为。近年来，教育工作者一直非常关注那些说黑人英语的学生所面临的学习问题。一些教育工作者已经研制了一些被称为“代码转换”的技巧，也就是用学生的方言来架设一座桥梁，让学生逐渐掌握标准英语。但是研究同样也显示，黑人英语不仅仅是一种俚语的形式，它在语法和句法上都完全不同于标准英语。由于黑人英语似乎已经成为很多低收入的美国黑人学生的基本口语形式，而这些学生通常都在为学习而痛苦挣扎，所以教育工作者已经提议让学校使用黑人英语来进行教学，直至让这些学生学会阅读。尽管这种方法看上去符合逻辑，但目前还几乎没有研究能提供支持这种做法的证据[2]。

奥克兰的埃伯尼语

人们对大多数美国黑人学生使用的方言进行了分析（也就是黑人英语），通常将这种方言称之为埃伯尼语（Ebonics）。1997 年，加州奥克兰地方教育委员会宣布黑人英语是一种有独特风味的语言，该教育委员会请求获得州和联邦教育资金，用于帮助教师使用黑人英语来实施那些用来改善黑人学生标准英语和阅读成绩的方法。这引发了一场有关埃伯尼语以及是否能用这种语言来提高黑人学生教学质量的重要争论。电视播放了教育委员会的话语片段，这被解释为奥克兰的学校要放弃教学生“优美”的英语。此后很多国家重要人物（包括杰西·杰克逊牧师，Reverend Jesse Jackson，美国黑人民权领袖和演说家，译者注）也对奥克兰地方教育委员会使用埃伯尼语进行教学的政策进行了批评。尽管“美国语言学学会”宣称奥克兰地方教育委员会的政策从“语言学和教学法的角度看都非常合理”，但奥克兰教育委员会还是不得不从其制定的政策条文中删除了包含“埃伯尼语”的术语，同时拨出 40 万美元用于一项名为“标准英语能力”的教育项目，旨在帮助教师在对那些语言模式中含有浓重黑人英语色彩的学生

---

〔1〕 张本吉、欧维尼，“你是亚洲人，你怎么在数学上无法成功”，《学校的再思考》（2007 年/2008 年冬季刊），网址：www.rethinkingschools.org；赵勇、邱伟，“亚洲人有多好”，《卡潘》（2009 年 1 月），pp. 338—343；申文菊、莫伟民，“触摸他们的文化”，由“国家英语学习信息交换中心”发表，日期不详，网址：www.ncela.gwu.edu/pathways/asian/cultures.htm。

〔2〕 J. R. 哈伯、D. N. 布莱恩特，“黑人英语和阅读教学”，《教育研究评论》（1976 年夏季刊），pp. 397—398；查尔斯·J. 菲尔莫尔，“从语言学角度看待埃伯尼语的争论”，1997 年论文发表于“应用语言学中心”网站，网址：www.cal.org/ebonics；艾卜哈·古普塔，“埃伯尼语咋了？你们大家”，1999 年发表于阅读在线，网址：http://readingonline.org/articles/gupta；H. S. 阿里、约翰·鲍（编辑）：《用黑人英语交谈》（纽约：师范学院出版社，2007）；“为什么我们应该用埃伯尼语教学”，《金钱》，2009 年 1 月 19 日，网址：www.filthylucre.com。

进行教学时，能理解和掌握这些学生使用的方言的特性[1]。

双语教育

"刘诉尼科尔斯案"的要求

双语教育(bilingual education)是指为英语不熟练的学生提供其母语的教学。随着移民人数的日渐增加，双语教学已经在美国公立学校中不断扩展。1968年，美国议会通过了《双语教育法》，随后在1974年，美国最高法院全体一致通过了对"刘诉尼科尔斯案"(Lau v. Nichols)的裁决，规定学校必须采取措施来帮助那些"确信完全不能理解上课内容"的学生，因为这些学生不能理解英语。尽管联邦和州政府出资为60多个语言群体提供双语项目，这些讲不同语言的群体有属于亚洲语系的，也有属于印欧语系和印第安语系的，但大多数享受双语项目的儿童都是母语为西班牙语的儿童。概述12.1概括了几种用来帮助第一语并非英语的儿童学习的方法。

概述 12.1 对英语语言学习者使用的各种教学方法的赞成和反对观点

方法	不同的类型	赞成观点	反对观点
双语教育	保留母语的双语教育——重视长期使用母语来进行教学。	● 这种方法能维持各少数民族或种族学生建设性的认同感； ● 能让学生在习得基本英语技能的同时，为学习更高层次思维技能，如阅读理解，提供更好的基础；	● 需要很多说母语的教师； ● 会将学生分割成不同的组群； ● 可能会阻止学生掌握英语的程度足够好，以致不能在学校以外更广阔的社会中成功地行使自己的公民职责；
	过渡型双语教育(TBE)——提供英语强化教学，然后尽早开始用英语教授全部科目。	● 得到联邦政府和大多数州政府的支持； ● 相对而言能更快地让学生进入正常班级上课； ● 相对而言所需用母语教学的教师数量很少；	● 在进入正常班级前，学生掌握英语的程度可能不够好，这将损害学生学习其他科目的能力。
	普遍双语教育——对所有学生实施双语教学，无论母语是英语，还是非英语的学生。	● 所有学生都要学习一种以上的语言，这将增加他们在这个全球化社会中的竞争力。	

[1] 韦恩·奥尼尔，"如果埃伯尼语不是一种语言，那告诉我，什么是"，《学校的再思考》(1997年秋季刊)，网址：www.rethinkingschools.org；约翰·H.麦克沃特，"把钱砸在一个错误的观念上"，《黑人学者》(1997年1月)；约翰尼·J.哈弗米克，"埃伯尼语的争论与美国黑人儿童的教育"，《教育研究者》(2000年11月)，pp.23,40；威廉·拉博夫，"未濒临灭绝的方言，濒临灭绝的人种"，2006年为乔治城大学准备的论文，网址：www.ling.upenn.edu/～wlabov；玛丽·E.弗兰诺雷，"嘿！从图派克(Tupac)到游吟诗人"，《今日全国教育协会》(2008年11月/12月)，网址：www.nea.org/neatoday。

续 表

方法	不同的类型	赞成观点	反对观点
英语教学	沉浸式教学——将英语语言学习者安置于正常课堂内，不因为他们的英语水平不高而对教学作任何调整。	学校的额外开支很少或没有。	学生通常不能学好英语或其他科目。
	结构型沉浸式教学——将英语语言学习者安置于正常的课堂内，为他们提供特殊的课内外帮助。		
	保护型沉浸式教学——在正常的班级课堂内使用双语学习的原理进行教学。		

双语教学项目的兴起

美国最高法院对刘的案件作出了一致的裁决，该案件涉及的是在旧金山的中国儿童。法院的裁决并未把双语教育看做唯一解决问题的方法，相反，法院表明："教那些祖籍中国的学生英语是一种选择，用中文来对他们进行教学是另一种选择，可能还有别的选择。"但在实践中，早期联邦政府为实施对该案件的裁决制定了一系列的条例，这些条例主要还是把双语教育作为针对英语语言学习者的最常见解决方案。这些规定通常都建议，如果学区内某个特定年级招收的学生中有 20 个以上使用某一特定语言的学生，那么学区就应该创办双语教育项目，因此双语项目激增。但是从 1983 年起，联邦政府开始接受，有时甚至鼓励使用英语作为第二语言的教学方法（ESL）或其他非双语教学的方法，来帮助那些英语语言学习者。

研究人员都一致认为，英语语言学习者在学习如何更好地在学校做好一名学生时，需要获得某种特殊的帮助。"沉浸式"的教学方式只是简单地将英语语言学习者安置在正常班级中，不提供特殊的帮助或教学上的变动，这样做通常会导致学生学习上的失败。此外，"全美州教育厅长理事会"和其他组织收集的数据表明，很大数量的英语语言学习者几乎得不到有助于他们学习英语和其他科目的专门帮助〔1〕。

〔1〕《满足英语能力有限学生的需求》（华盛顿特区：美国政府会计办公室，2001）；"英语语言学习者"，2006 年发表于"教育周刊研究中心"，网址：www. edweek. org/rc/issues/english-language-learners；朱素琳，"实施为美国移民学生提供的支持型学校项目"，《防止学校失败》（2009 年冬季刊），pp. 67—72。

教学资源视频案例

双语教育：小学双向沉浸式教学计划

在阅读完本节的内容之后，请观看学生学习网站上的视频“双语教育：小学双向沉浸式教学计划”。在这段视频中，你将看到两位教师如何采用双向沉浸式双语教学法来教所有学生学习阅读、写作，以及用英语和西班牙语在所有的课程领域中进行交流。观看视频后，请思考以下问题：

(1) 用你自己的语言来解释视频中展示的双向沉浸式双语教学模式，并说说你对这种方法的赞成观点或反对意见。

(2) 在阅读完双语教育的不同模式，并观看视频后，你对双语教育这个问题的立场是什么？你认为刚到美国的移民学生应该浸入到完全的英语语言教学中，还是应该先用他们的母语对他们进行较长时间的教学？请用教材中的内容来支持自己的论点。

争论：多少英语？多长时间？

有关双语教育的争论已经越来越白热化，就像对待是否应该用方言对学生进行教学一样，认为应当将儿童沉浸在一个全英语的语言环境中的人，与认为用儿童母语来开始最初的教学更有效的人之间，所发生的争论就像火山一样激烈爆发。教育工作者和很多关注英语语言学习者的门外汉之间也进行了争论，争论是否应该重视用学生母语进行一段长时间的教学，这种方法被称为**保留母语的双语教育**(first-language maintenance)，还是让学生先密集地学习英语，然后尽快用英语进行所有科目的教学，这种方法被称为过渡型双语教育(transitional bilingual education，TBE)。采用保留母语的双语教育的支持者相信，这种方法能帮助少数种族或民族学生之间保持有益的认同感，而且让学生在习得基本的英语技能的同时，也为学会阅读理解等更高级的思维技能打下更好的基础。反对采用这种方法的人相信，保留母语的双语教育计划是有害的，因为这种计划会将说不同语言的学生群体分割开来，还会阻止学生更好地掌握英语，以致不能在学校之外更广阔的社会中成功地发挥自己的功能[1]。联邦政府已经为过渡式双语教育制定了指导方针，某些州政府也立法表示支持。目前的研究表明，大约有75%的西班牙裔美国学生和将近90%的其他少数群体，如亚裔、俄罗斯裔学生在三年内退出了过渡型双语教育项目。《不让一个孩子掉队》法案制定的条文从总体上说是在不断推进学校发展双语教育，以便让学生需要接受常规课堂以外的教学年限越来越少。

〔1〕 罗莎莉·P. 波特：《骗人的假话》(纽约：基本图书公司，1990)；吉尔·K. 莫拉，“双语教育论战的路线图”，2003年为圣地亚哥大学准备的论文，网址：http://coe. sdsu. edu/people/jmora；凯利·D. 萨拉斯，“捍卫双语教育”，《学校的再思考》(2006年春季刊)，网址：www. rethinkingschools. org；赫尔曼·巴蒂娄：《一个国家一个标准》(纽约：哨兵出版社，2007)；罗伯·曼宁，“第58号措施引起全国关注”，2008年为俄勒冈公共广播公司准备的文章，网址：www. opb. org。

人员配给的争论

拥护和反对双语教育的人在有关人员配给的问题上也存在不同意见。支持对学生进行双语教育和保留二元文化教育的人大多相信，学校需要很多能用自己的母语来教英语语言学习者的成年人。而另一方面，支持过渡型双语教育或英语作为第二语言(ESL)教学项目的人往往相信，一个合理的双语项目只需要母语是其他语种或能说双语的几个人就行了。一些批评双语教育的人甚至声称，双语项目只是为那些英语水平不是很高的人提供用母语进行教学的工作的重要方式。

有多大的改进?

一些学者相信，双语教育对学生成绩的提高所起的作用微乎其微。其中一些学者重新评论了有关双语教育的研究，得出的结论是："结构型沉浸式教学"(将英语语言学习者安置在正常班级，同时在课内外为他们提供特殊帮助)和"保护型沉浸式教学"(在正常班级中使用二语教学的原理)比"过渡型双语教育"更加成功[1]。其他一些学者不同意这个结论，认为实施良好的双语项目确实能改善学生的成绩，而对这类研究的综述也表明双语教育比沉浸式或其他单语教学项目有效得多[2]。产生不同结论的部分原因是：应该对哪些研究进行综述，以及该用怎样的标准来选择用于综述的研究，对此人们还存在不同意见。

克劳德·戈登伯格(Claude Goldenberg)对有关双语教育的大多数研究都进行了综合评论，得出的结论是："用学生的第一语言进行教学有助于英语语言学习者学业成绩的提高……但是，在英语语言学习者接受用英语进行教学之前，某些适应性的教学是必须开展的，而且这样的适应很可能必须持续几年，直至学生对学术英语已经足够熟悉，确保他们能成功接受正常的英语授课。"他引用了大量重要的适应性教学策略，例如策略地使用学生的母语进行教学，进行拓展性的解释，并为学生提供广泛的实践机会。他还从多项关于英语语言学习者的教学研究中总结出下列结论：

---

〔1〕 罗莎莉·P. 波特，"反对双语教育的案例"，2007 年为"平等教育机会中心"准备的论文，网址：www. ceousa. org；金姆·吉拉德，"迷失在翻译中"，《教育乌托邦》(2008 年 4 月)，网址：www. edutopia. org；"什么是沉浸式"，《华盛顿邮报》，2009 年 2 月 2 日，p. B02。

〔2〕 安·C. 威利斯，"有关双语教育有效性的部分研究的元分析"，《教育研究评论》(1985 年秋季刊)，pp. 269—317；斯蒂芬·克拉申，"双语教育有效果"，《学校的再思考》(2000 年/2001 年冬季刊)，pp. 3，9，258；罗伯特·E. 斯莱文、张艾伦，"针对英语语言学习者的有效学习项目"，2003 年为"处于危机学生教育研究中心"准备的报告，网址：www. csos. jhu. edu/crespar/techReports/Report66. pdf；克劳德·戈登伯格，"提高英语学习者的成绩"，《教育周刊》，2006 年 7 月 26 日；克劳德·戈登伯格，"英语语言学习者的教学"，《美国教育工作者》(2008 年夏季刊)，p. 42，网址：www. aft. org；建治·哈谷达，"克劳德·戈登伯格的文章简介"，2008 年 YouTube 视频，网址：www. youtube. com/watch? v=xtg6SWmkI_U。另见朱迪丝·兰斯-罗尼，"对青少年英语语言学习者的最佳教学实践"，《教育领导》(2009 年 3 月)。

有关双语教学的结论

■ 如果切实可行,应当用儿童的母语来教他们学习阅读……

■ 根据需要,帮助学生将他们用自己的第一语言所知的内容转化为用英语呈现的学习任务……

■ 用学生的第一语言和第二语言进行教学的方法应当相似,但是教学内容应当进行必要的调整和修改,这个调整可能要持续几年,而且至少是为一些学生作出的调整,直至这些学生对学术英语足够熟悉,并能在以英语为主的教学中取得成功……

■ 英语语言学习者需要全面的口头英语语言的发展(ELD),尤其是词汇和学术英语的教学……

■ 英语语言学习者还和所有其他学生一样,需要学术内容的教学;尽管英语语言发展非常关键,但对于促进学生掌握学术内容而进行的教学而言,它也必须只是补充,而不是替代。

加利福尼亚州和亚利桑那州限制双语教育

对双语教育的争论不仅仅局限于学术研究者之间。近年来,加利福尼亚州、亚利桑那州和马萨诸塞州的选民支持通过立法减少或废除了双语教育。每次选举都伴随着激烈的争论。支持立法取消双语教学的人认为,尽管双语教育从理论上说很吸引人,但总体而言在实践中并不成功;反对立法的人强调,英语语言学习者在接受他们不能理解的语言进行教学时要经历许多困难。在新法通过之后,这几个州内很多学区的教育工作者都寻求能让自己的学生免受这些法律条文限制的豁免权,还有一些教育工作者决定到法庭对这些法律提出质疑。现在,只有时间将证明这些刚颁布的法律能获得怎样的成功。同时,对其他大多数州而言,这些新颁布的法律似乎对它们的双语项目影响非常小[1]。

面向每一个人的双语教育

很多学者相信,所有学生,不论什么族群,都应该接受双语教育。这个观点源于下面的理由:从某种程度上说,一个国家的公民如果能懂得一种以上的语言,就会具有国际经济优势。在一所多民族的学校内为所有学生提供英语和另一种语言的教育,这种教育方案有时被称为“双向”或“二元”双语沉浸式教育。为了使这种教育类型在将来成为一种积极的力量,一些公民领导团体已经建议学校要重视学生的多语言能力,而

---

〔1〕 基斯·贝克,“结构式英语沉浸教学法”,《卡潘》(1998年11月),pp. 199—204;朗达·巴顿,“有关英语语言学习者的有效策略的研究成果”,《西北教育杂志》(2006年春季刊),网址:www. nwrel. org/nwedu;“无罪释放!后227号研究证据”,2008年为圣地亚哥州立大学准备的论文,网址:http://coe. sdsu. edu/people/jmora;凯文·克拉克,“结构式沉浸式英语教学法案例”,《教育领导》(2009年3月)。

不仅仅是对学生的英语进行补习，以及坚持让学生全面掌握英语[1]。

多民族的课程和教学

新的多民族教材和教学方法

从 20 世纪 60 年代中期起，教育工作者已经努力通过制定多民族的课程材料和教学方法，把文化多样性考虑到学校的教育中。很多课本和补充阅读书单已经进行了修订，把与不同种族和族群有关的内容增添进去。教师的在职进修也帮助教师发现多民族的教学材料来源，并帮助他们学习怎样使用能促进学生形成多元文化观点和积极的群际关系的教学方法。

针对印第安人的教学方法

针对印第安学生，人们已经作出了非常积极的努力来实施多民族课程。例如，“西北地区教育实验室”的教育工作者们已经编制了一套完整的以印第安人文化为基础的“印第安人阅读丛书”；对印第安学生的数学教学有时会使用他们熟悉的部落符号，在展示单词和故事时使用他们熟悉的手工制品，另外当地和地区的部落历史已经成为某些学校社会科学课程的重要组成部分。很多观察家们相信，这类方法能帮助印第安学生体验一种积极的认同感，这种认同感有利于学生在学校和社会中取得成功[2]。

但是，多民族课程也并不仅仅旨在支持学生的自我形象以及强化少数群体学生的学习，其关键目的是要确保所有学生都能了解并懂得欣赏其他的种族和民族群体。为达到这个目标而制定的指导原则，通常强调要帮助学生形成以下几种技能和理解力：[3]

构成多元文化理解力的要素

- **人际关系技能**，包括培养学生的自尊和人际交流能力；

---

〔1〕 朗达·巴顿，“创造信徒”，《西北教育杂志》(2006 年春季刊)，网址：www. nwrel. org/nwedu；卡莉·吉尔曼，“寂寞的语言学习者”，《学习宽容》(2009 年春季刊)，网址：www. tolerance. org；“有关双向沉浸式双语教学的常见问题”，在以下网站发布，日期不详，网址：www. cal. org/twi/FAQ. htm。

〔2〕 李小兵，“你的教室里有印第安人吗”，《卡潘》(1997 年 4 月)，pp. 650—653；巴菲·圣地-玛利亚，“超越秋天的成见”，《教育周刊》，1999 年 10 月 27 日，pp. 37，39；明迪·卡梅伦，“在我们祖先的语言中”，《西北教育杂志》(2004 年春季刊)，网址：www. nwrel. org/nwedu；龙辛迪，“拯救印第安人、拯救儿童”，《今日全国教育协会》(2008 年 11 月/12 月)，网址：www. nea. org/neatoday；“研究告诉我们怎样对印第安学生进行最好的教学”，《民族学院学报》(2008 年秋季刊)；布兰肯·瑞德，“第一民族、新生一代”，《西北教育杂志》(2009 年冬季刊)，网址：www. nwrel. org/nwedu。

〔3〕 朗达·巴顿，“渔网和船桨”，《西北教育杂志》(2004 年春季刊)，网址：www. nwrel. org/nwedu；伊丽莎白·邦迪等，“创建成功的和有活力的环境”，2007 年为“综合学校改革和改进中心”准备的论文，网址：www. centerforcsri. org；伊利斯·特朗贝尔、卡利·罗斯坦-费什，“和谐的文化”，《教育领导》(2008 年 9 月)。

■ **文化自我意识**，学生通过对自己的民族和种族群体、家庭历史和地方社区的研究而形成文化自我意识；

■ **多元文化意识**，部分源自于对历史的研究，也来自于融合了不同民族和种族的观点的文学或图画资料；

■ **跨文化经历**，包括与来自其他不同民族和种族群体的学生和成年人进行的讨论与对话。

近期的争论

减少欧洲中心主义

近年来，人们特别关注的问题是要确保课程和教学不是完全由欧洲中心主义（反映源自欧洲族群的文化和历史）所主导，相反要融合源自不同地方的民族和种族群体的文化、历史和所关注的问题。这类方法不仅包括引进有关少数群体的历史和社会地位的教学材料，而且还包含各种活动，诸如社区服务的任务和旨在让学生认识少数群体文化的合作学习的任务。

大多数这类课程中都包含了不同群体所作出的贡献，而其他一些课程只关注某一种群体所作出的贡献。例如，非洲中心主义课程项目就只关注美国黑人的历史和文化。在加利福尼亚州、纽约州和其他的州，以及在个别学区，人们由于只努力引进非洲中心主义课程主题或其他某种少数群体取向的主题，这种做法已经激起了争论。批评家暗示说，这类课程方案摒弃了西方文化和历史，会让学生缺乏对美国社会常识的了解。有些批评家还指出，很多这类课程中包含了历史的不准确性。人们所关注的另一个问题是，以少数群体为主的课程会将少数群体学生孤立在隔离学校或隔离班级内。还有一个批评是，重视少数群体的文化和历史，有时会取代了为改善少数群体学生学业成绩而应该努力实施的其他难度较大的行动〔1〕。

对批评的回应

面对批评，支持采用非洲中心主义课程及采用其他以少数群体为教学主题的人们对此作出回应，指出他们中几乎没有人希望将西方文化和历史从课程中完全删除。默勒费·阿桑特（Molefi Asante）认为，非洲中心主义运动追求的是通过增加适当的非

〔1〕 默勒费·阿桑特：《非洲中心主义观念》（费城：坦普尔大学出版社，1987）；查尔斯·德瓦瑞克斯，"非洲中心主义项目产生了学业成绩的提高"，《高等教育中的黑人问题》，1990 年 12 月 6 日，pp. 1，34；默勒费·阿桑特，"非洲中心主义课程"，《教育领导》（1992 年 1 月），pp. 28—31；查尔斯·C. 沃海文，"非洲中心主义教育中哲学的作用"，《黑人研究杂志》（2002 年 1 月），pp. 295—321；丹尼斯·伯恩，"非洲中心主义课程是支离破碎的、不统一的"，2006 年为"真正清晰的政治"组织准备的论文，网址：www. realclearpolitics. com；安吉拉·P. 库克，"用文化关联课程跨越成绩的差距"，《连接杂志》（2008 年 11 月/12 月），pp. 24—25。

洲问题材料来去除课程中对非洲人的偏见，并非要摒弃西方的经典著作。此外，他们还指出没有或只有相当少量的非洲中心主义支持者或相关教学方法的支持者会轻视学业成绩的重要性，或是提倡在课程中去除对成绩的重视。

二、未来的多元文化主义

对多元文化教育的忧虑

有关多元文化教育的争论，总体上类似于有关非洲中心主义和其他少数群体为主的课程的争论，批评者们很担心多元文化教育可能会增加民族分裂主义，让课程支离破碎，同时还会让经济贫困的学生或少数群体学生接受二流教育的趋势得到强化。为了避免这些潜在的危险，一个公民教育机构的主任提出了一份非常有用的指导原则，为身为教师的你如何使用多元文化教育项目提供了指导：

多元文化教育项目的指导原则

■ **找出正在教的西方文明的积极面**。如果学生不学习有关立宪政体、法规、个人权利至上等西方文明的标志，那么他们就不可能学会他们所继承的文化遗产的基本特征……

■ **弄清楚学生接受的教育是否表明了种族主义、男性至上主义、对同性恋的恐惧、帝国主义是某些时刻所有文化和文明的特征，而非某一特定文化中的邪恶**……美国的弱点不应当与其他国家的弱点分开来进行教学，不应该有双重标准。

■ **坚持让所有学生同时学习西方和非西方的文化**。学生除了要学习欧洲历史外，还必须学习有关拉丁美洲、非洲和亚洲历史等可靠的学术课程[1]。

学校是社区的延伸

尽管争论不断，大多数有影响力的教育家相信，现在迫切需要的是采取关注少数群体体验的综合多元文化教学方法。前任纽约州教育厅厅长托马斯·索博尔（Thomas Sobol）曾说："如果想让儿童在学业上表现良好，就必须让他们体验到学校是家和社区的延伸，而不是对家和社区的排斥。"我们相信，在未来的岁月中，通过多元文化来达到为所有学生提供平等教育机会的目标，将继续是美国教育中最突出的主题。索博尔还认为，美国教育的中心目标应该是在"形成一套所有人共享的价值观和一种共同

---

〔1〕 玛丽·S.汉尼，"多元文化教育的范围"，2002年为"学习新视野"准备的论文，网址：www.newhorizons.org/strategies/multicultural/hanley.htm；吉诺查·帕特耐克，"了解'他者'"，《儿童期教育》（2003年夏季刊），pp.204—211；赫瑞尔德·V.理查德、阿亚娜·E.布朗、蒂莫西·B.福德，"学校内多样性问题的处理"，《特殊儿童教学》（2007年1月/2月），pp.64—68；唐娜·W.泰斯顿、桑德拉·K.达琳：《贫困学生的教学与文化多样性》（加利福尼亚州千橡市：考尔文出版社，2009）。

的传统”的同时，帮助“每一位儿童在社会整体中找到他自己的位置”[1]。

焦点问题回顾：你将通过哪些方式让自己准备好与来自不同文化和语言背景的学生共同工作？作为一名教师，了解更多不同于自己的学生的文化背景可能让你获得什么收益？

第四节　残障学生的教育

特殊教育的发展

在过去30年中，教育中最主要的发展就包括对残障学生实施学校教育的问题。接受特殊教育通常意味着残障学生要在自足式的班级或资源教室接受单独的专门教学，有全日制的，也有部分时间制的。表12.1显示了2007年接受公共教育服务的不同类别残障学生的数量。美国教育部所进行的分析表明，几乎四分之三的残障学生是在常规班级中接受他们的大部分或全部教育（有些会安排部分时间到资源教室内接受教学，有些没有）；大约25%的残障学生在自足式特殊教室内接受教学；其他的在特殊学校或专为残障人设置的机构内接受教育。1988以来，在正常班级中接受教育的时间达到80%或80%以上的残障学生比例已经从不到三分之一增加至一半以上[2]。

表12.1　2006年接受公共特殊教育服务的不同残障类型学生的数量

残障类型	2006年
学习障碍	2 735 000
言语或语言功能受损	1 468 000
其他类型的健康受损	570 000
智力迟钝	556 000
情绪紊乱	477 000
发育迟缓	339 000

〔1〕托马斯·索博尔，“理解多样性”，《教育领导》（1990年2月），pp. 27—30。另见吉尼瓦·盖尔，“超越布朗案”，《课程和督导杂志》（2004年春季刊）；凯伦·M. 提尔、詹妮弗·E. 欧比达（编辑）：《在教室内构建民族和文化能力》（纽约：师范学院出版社，2008）；里奇·戴维斯，“学习多样性的价值”，《教师网公报》，2009年1月1日，网址：www. teachers. net。

〔2〕美国教育部：《确保所有残障儿童能获得免费的适当教育》（华盛顿特区：美国教育部，1996）；琳·A. 韦卡特，“对残障学生进行隔离安置的模式”，《教育政策》（1998年7月），pp. 432—448；托马斯·D. 斯奈德等：《2007年美国教育统计年鉴》（华盛顿：美国政府印刷局，2008）；特尼·莫罗，“哪种特殊教育安置方法对你的孩子有用”，2008年为About. com网站准备的论文，网址：www. specialchildren. about. com；马克·C. 韦伯，“特殊教育相关法律”，《卡潘》（2009年6月），pp. 728—732。

续 表

残障类型	2006 年
孤独症患者	223 000
听力受损	79 000
肢体残疾	71 000
视力受损	29 000
创伤性脑损伤	24 000
总数	6 713 000

注：因为并非所有残障种类都在表中列出，因此这里并非真正的总数。

【资料来源】托马斯·D. 斯奈德等：《2007 年美国教育统计文摘》(华盛顿特区：美国政府印刷局，2008)，表 47。

公法第 94—142 号和《残疾人教育法》

联邦政府对教育残障学生的要求，已经通过一系列的联邦法律规定列举出来，这些法律包括 1975 年颁布的《全体残障儿童教育法案》(Education for All Handicapped Children Act，以公法第 94—142 号而为人们所周知)、1990 年颁布的《残疾人教育法》(Individuals with Disabilities Education Act，IDEA)以及 2004 年的《残障人教育改进法》(Individuals with Disabilities Education Improvement Act，IDEIA)。这些法案清楚地说明了对残疾人教育的基本要求，同时还有其他法律和司法解释也对此作出了说明，其中包括：

特殊服务的基本要求

1. 不能以单项标准，如 IQ 的分数，将儿童贴上残疾人的标签，或让他接受特殊教育；测试与成绩评定服务必须公正全面。

2. 如果认定某个儿童属于残障，学校官员必须对其进行功能测评，并为其制定恰当的干预策略。

3. 父母或监护人必须能够获知诊断的信息，也可以对学校官员的决定提出抗议。

4. 必须根据**个别化教育计划**(individualized education program，IEP)对每个有资格获得特殊教育服务的学生实施教学，该教育计划包括长期和短期的教育目标。因为个别化教育计划是一份有关学校同意提供资源的书面协议，是一所学校努力帮助残障学生的基础，所以它必须根据该学生的需要，详细列出学校将要提供哪些特殊的和相关的服务。当宣布该学生有资格获得特殊服务后，必须在 30 天内由一个委员会为其制定个别化教育计划，这个委员会的成员中必须包括该学生的教师、家长或监护人，以及由学校行政主管指派的人员。

5. 必须在"最少限制环境"(least restrictive environment)中提供特殊教育服务,这就意味着残障儿童应该最大限度地留在正常班级中。只有根据判断认为必须为他们提供一定时间量的适当服务时,才可以将他们安置到特殊班级或单独的班级中。如果一个学区能够证明将这名残障学生安置在正常的教育环境中不能得到令人满意的效果时,必须让该学生接受正常班级以外适合他的教学,费用由学区承担。

主流化及全纳教育

由于上述这些对特殊教育的法律强制性规定,全国各地的学区都已经作出努力将残障学生纳入正常的班级环境中,让残障学生在校的大部分时间或全部时间都在正常班级中度过,**主流化**(mainstreaming)这个术语最初就是用来描述这类努力的。新近,**全纳**(inclusion)这个术语被应用于对这种努力的描述中。"全纳"通常表明,人们要付出更多的努力、尽最大可能地将残障学生吸纳入正常班级中。即使学生的残障很严重,而且需要花大量的时间把该学生带到正常班级以外进行特殊教育,但仍然要鼓励该学生参与对其他孩子开放的活动,例如艺术和音乐等。

当然,不论是主流化的方法,还是全纳教育的方法,都没有消除为残障学生提供特殊服务或为有异常需求的学生开设特殊班级的意图。被主流化或吸纳入全纳式班级的孩子可以获得各种额外的支持,范围从接受善于与某种特殊残障学生打交道的专家的咨询,到为学生提供某些特殊的设备等[1]。

含糊不清的研究结果

对主流化及全纳教育的研究已经产生了模棱两可的结果。在对主流化和全纳教育的早期研究中,大多数未能找到证据证明,如果将残障学生安置在正常班级中度过在校的大部分时间或全部时间,一定能始终改善他们的学业成绩、提高他们的社会接受度或完善他们的自我概念。但是在早期的研究中,接受调查的班级中几乎没有一个能为残障学生提供公平的测试,因为对教师的培训工作几乎没有,也未能引进合适的教学方法,或提供一定数量的适用教学材料,或能确保教师能有效地对由残障学生和非残障学生组成的异质小组开展有效的工作。在对这些批评进行反思后,研究者们又开展了几项局限在某些学区和州内的研究,这些研究被认为在为残障学生提供回归主流或全纳的机会上做得非常出色。但事实上,要有效实施主流化或全纳式教育是非常

[1] 赖因哈德·戴瑞克·史密斯、蒂芙尼·魏尔德,"为有视觉损伤的学生提供的最少限制环境",《视觉损伤和失明杂志》(2006年10月),pp. 592—593;帕特里克·A. 施瓦茨,"特殊教育",《教育领导》(2007年2月);龙辛迪,"走向主流化",《今日全国教育协会》(2008年2月),网址:www. nea. org/neatoday;肖纳维·瓦基尔等,"全纳意味着每个人!",《儿童早期教育杂志》(2009年2月),pp. 321—326。

困难的，而且，相对几乎没有迹象可以表明，主流化或全纳教育能一直对残障学生有益[1]。

要有效地将残障学生主流化，纳入正常的班级中，需要很多特殊的资源，班级规模相对要小，而且教育工作者必须善于并愿意致力于创造一个有效的学习环境，并能接纳所有学生。

基于系统化改革的努力措施的示范

另一方面，有几项对个别学校的评估还是十分令人鼓舞的。一般而言，这些被认为整改成功的示范学校都有以下特点：它们都对学校进行了系统化的改革，让教师作好应对异质小组的准备；它们都能提供特殊资源，以帮助需要帮助的学生和教师；它们都拥有能促进特殊教育教师与其他常规教职员工之间进行协调合作的管理人员；而且它们都把班级规模控制在相对较小的范围内。此外，教师都很善于对学生进行个别化教学，也善于开展合作学习。研究者们基本达成了一致的观点，认为要在全国范围内实现成功的主流化或全纳教育，需要全美的学校也进行类似的有效整改[2]。“从职前到实践”专栏将呈现选择进入教师职业的你和其他人可能对全纳教育存在的关注。

---

〔1〕 安德鲁·R. 布鲁尔，“合适且有尊严的教育”，《卡潘》(1991 年 2 月)，p. 487；内奥米·兹格蒙德，“残障学生该在什么地方接受特殊服务”，《特殊教育杂志》(2003 年秋季刊)，pp. 193—199；安·C. 迪布维克，“自闭症和全纳教育的规定”，《教育未来》(2004 年第 1 期)，网址：www. hoover. org；摩根·琪提耶尔、约翰·J. 维拉，“学校教师在学校系统中实施积极行为支持所面临的挑战”，《补偿教育与特殊教育》(2009 年 1 月/2 月)，pp. 58—63。

〔2〕 艾伦·加德纳、多萝西·科兹纳·利普斯基，“超越特殊教育”，《哈佛教育评论》(1987 年 11 月)，pp. 367—395；韦斯利·夏普，“全纳式特殊教育(第 2 部分)”，2001 年论文发表于“教育世界网站”，网址：www. educationworld. com/a_curr/curr320a. shtml；保罗·T. 辛德拉等，“全纳型学校改革的可持续性”，《特殊儿童》(2006 年春季刊)，pp. 317—331；朱莉·柯士顿-西鸥哈瑞斯、乔治·西鸥哈瑞斯，“创建针对所有学生的全纳学校”，《学校行政人员杂志》(2008 年 9 月)，网址：www. aasa. org；芭芭拉·麦克柯南汉，“帮帮我！在我的世界历史课上，我有不会阅读的学生！”，《防止学校失败》(2009 年冬季刊)，pp. 105—112。

从职前到实践

满足所有学生的需求

乔希和罗伯今年就要毕业了，即将开始他们第一年的课堂教学工作。乔希看着罗伯，并对他说道："我不知道你的情况怎样，罗伯，但是我真的感到不堪重负，因为我们要面对的是一个包括有特殊需求学生的全纳教育方案。我知道，让有特殊需求的学生尽可能多地呆在最少限制环境中，这对他们来说非常重要，但是光应付正常学生的各种要求对我来说就已经责任重大了，毕竟我刚开始教书。"

罗伯点点头说："我同意。我怀疑全纳教育对学区的财政状况有帮助，瞧瞧州政府的收入计算公式，为特殊教育提供了多少资金，实行全纳教育的学区就能获得更多的资金。但是我并不确定全纳教育对大多数有残障的学生来说是不是最好的教育方式。我的确也没有受过培训，不知道该如何应对那些有心理残疾的学生。要是一个残障学生开始制造混乱，教师该如何正常进行教学呢？"罗伯一边说一边用手指敲着桌子。"我也确实很想知道所有这一切对正常学生的学习会造成怎样的影响。我们要根据为所有残障学生制定的个别化教育计划对他们进行教学，而正常学生却不能享受个别化教育计划，这样是否有时会让正常学生怀疑这是不公平的？在我今年选修《特殊教育概论》这门课之前，我甚至曾经以为，需要特殊教育的学生其实可以几乎什么都不做，并把这称为'改编课程'。哎，我该怎样给我的班级解释这种差异呢？"

乔希叹息道："我只担心怎样才能满足残障学生的特殊需求，但是我也已经能看到，要对正常学生进行进一步的有效教育，或是仅仅维持现有的有效教育，已经存在一些潜在的问题了。为了尽量为残障学生提供服务，我可能会忍不住放松为正常学生而做的教学准备工作，反之亦然。另外，哪怕只有一个学生有行为问题也会让全班学生分散注意力，这就会让我们所有人不得不浪费大量宝贵的时间。我想知道新教师一年以后对这种事情有什么样的感受。"

罗伯往他的记事本上做了一个记号，然后说："我们去问问杰克逊教授，看看我们能不能进行一次专题讨论会，她应该知道这个学校去年的毕业生中谁正在全纳班级中教书，然后我们就可以向这位教师询问我们有关这个事情的所有问题了。"

乔希仔细看了看了记事本后说："我们应当把那些经验丰富的教师邀请进来，还有那些认为其他的教育安排方式有效的教师也邀请来，一起参加讨论。我想起了那些老的资源教室，以前他们都是把大多数残障学生送到那里去的，我觉得那个地方对有的孩子来说可能更有效，但我也记得，每次他们收拾东西去上他们的特殊教育课时给班上造成了一片混乱。"

"可能那些在职教师能谈谈团队教学的方法，"乔希补充说，"我们不一定要单独工作，你知道，我听说过分担教学责任这种说法，是让一个特殊教育的教师与担任正常学生课程的教师组成一个团队一起合作。我非常想对此有进一步的了解，也希望总是有个副手在我身边。一些特殊教育教师就算没有教师资格证也应该可以充任教师。讨论会时我们就问问所有这些问题，还可以再找些问题来问一下。"

思考问题

1. 地方学校一般采用哪种安排形式为需要特殊教育的学生提供服务？

2. 你认为哪种方式能最有效地为残障学生服务？

3. 你是否关心如何与某种类型的残障学生一同工作？

4. 安排一次与教正常班级和特殊教育的教师的谈话。特殊教育教师认为哪种安排形式能最好地为需要特殊教育的学生提供服务？教授正常班级的教师如何回答同一问题？

法律对残障学生的教育要求为教师和学校行政管理人员提出了几个挑战，首先一个挑战就是要确定哪些学生具备接受特殊教育的资格。一旦确定适当的人选，学校必须评估这些学生需要哪些服务，这些服务是否能很好地满足学生的需求。我们将探讨上述挑战，以及其他有关特殊教育的问题。

一、学生的分类和标签

分类的困难

教育工作者在确认哪些学生需要特殊教育服务时面临很多困难。例如，很难确定一名学生成绩低下是否是因为智力障碍引起，是否能在特殊教育服务中受益，或者这名学生仅仅是迟缓的学习者，他所需要的只是更多的时间和学习上的指导。同样，要判断一名不堪学习重负的儿童是有学习障碍，还是因为学习动机不足、教师教学质量差或在文化方面未能对测试的材料作好准备，而导致他未能完全表现自己的能力，这些都是非常难以判断的事情。尽管"学习障碍"一词是现在最常用的一个标签，可以涵盖所有在阅读、数学、写作、听力或其他能力上有欠缺的学生，但是专家们之间不仅对是什么造成了这种能力障碍存在歧义，而且对应该提供怎样的服务以改善这种状况也未达成一致意见。在如何区分严重的情绪困扰和轻度的情绪困扰，以及如何区分部分耳聋和完全耳聋上，专家们也面临着类似的问题。尤其难以分类的是那些正处于残障状态临界线上的儿童（这个临界线本身可能也非常模糊）。

差异模型、干预反应法及贴错标签的诱因

《残障人教育改进法》的要求

自从《残障人教育改进法》通过以后，人们不再使用"差异模型"来划分学生，也就是说不再根据学生的成绩分数和 IQ 分数的差异来划分学生是否具有学习障碍，取而代之的是根据学生特定的问题给予帮助。如果学生对这种干预未能做出令人满意的反应，再将其划分为具有学习障碍的类型。这种方法被称为**干预反应法**（Response to Intervention，RTI），要求把有学习困难的孩子留在常规的学校教学项目中，同时为他提供适当的干预；只有在干预无效的情况下，才为该学生提供特殊教育或残障人员服务。"干预反应法"主要是在 20 世纪 90 年代发展起来的，从那以后它就转变为一种全校改进的方法，这种方法我们将在"美国学校效能与学校改革"一章中进行详细介绍[1]。

---

〔1〕 佩里・A. 泽克尔，"对有学习障碍的学生进行分类"，《卡潘》（2001 年 4 月），pp. 639—641；莎拉・N. 法斯科，"特殊教育服务和干预反应法"，《第三方教育集团评论》（第 2 卷）（2006 年第 9 期），网址：www. thirdeducationgroup. org；朗达・巴顿，"针对儿童进行教学"，《西北教育杂志》（2008 年秋季刊），网址：www. nwrel. org/nwedu；朱迪・艾略特，"干预反应法"，《学校行政人员杂志》（2008 年 9 月），网址：www. aasa. org；詹妮弗・斯特潘尼克，"干预反应法"，《西北教育杂志》（2008 年秋季刊），网址：www. nwrel. org/nwedu；雪莉・伯克利等，"干预反应法的实施"，《学习障碍杂志》（2009 年 1 月/2 月），pp. 85—95。

“学习障碍”的分类越来越模糊

很多分析人士已经提出，由于“学习障碍”(LD)这个类别如何划分非常模糊，这就刺激学区利用这个分类，作为获得联邦政府专为差生提供的改善教育服务资金的一种方式。因为大多数有“学习障碍”的学生在正常班级中度过大多数的在校时间，只是在资源教室内获得额外的帮助。因此学习障碍服务常常被用来为那些不能获得“第一条款”服务的弱势学生或成绩低下的学生提供补偿教育，这可能有助于说明为什么 20 世纪 70 年代以来，被划分为有学习障碍的学生人数增加了三倍多。研究表明，半数或半数以上有学习障碍的学生可能达不到特殊教育专家普遍认可的学习障碍标准。而另一方面，分析人士相信，有些学校和学区避免将学生划分为具有学习障碍，以便这些学生的低分会和其他占大多数的正常学生的分数混合在一起，从而被遮盖住，否则这些学生的成绩应当按照《不让一个孩子掉队》法案的规定作为一个小群来计算(参见上文)，而这个群的低分会导致学校不能完成年度进步目标。

贴标签的影响

贴标签的危害

批评者还非常关注对学生进行分类的问题，认为贴上不同标签可能会成为一个自我实现的预言。例如，被贴上“情绪紊乱”这个标签的学生很可能行为越来越失常，因为这个标签会让人们把学生的任性行为看做是可接受的和可预料的。

没有结论的研究

研究者们已经在设法判断，把一名学生安置在特殊班级或特殊项目中，对这名学生会产生积极影响，还是致命的不利影响。在各种变量中，他们所考虑的是同伴接纳及其对自我概念的影响。总体上看，这个研究尚未得出结论。难以开展这类研究的原因包括对术语的界定、如何测量各种教育项目的效果，再加上还要考虑允许学生对某一指定项目有不同的反应。尽管一些研究者报道说，特殊教育班级限制了很多学生的进步，但其他的研究者已经发现，如果教学经过认真规划，并且适合残障学生，那么将残障学生安置在特殊班级，对学生可能是有益的[1]。

---

〔1〕 盖亚・雷恩哈特、艾伦・帕莱，“有限制的教育环境”，《教育研究评论》(1982 年冬季刊)，pp. 557—578；道格拉斯・福克斯、琳・S. 福克斯，“有时分开更好”，《教育领导》(1994 年 12 月—1995 年 1 月)，pp. 22—26；拉里・弗洛莱恩，“特殊教育还是全纳教育”，《英国特殊教育杂志》(2008 年 12 月)，pp. 202—208；内奥米・兹格蒙德等，“重组学校的特殊教育”，发表于“新视野”网站，日期不详，网址：www. newhorizons. org/spneeds/inclusion/systems/jenkins. html。

二、少数群体学生的安置比例过大

给少数群体学生和贫困学生贴上“智力迟钝”的标签

有关安置特殊教育学生的数据表明，来自某些少数群体的学生，比非西班牙裔的白人学生，更可能被指定参加为智力迟钝学生设计的项目。例如，美国黑人学生被分配到“可教育的智力迟钝儿童”班级中的人数，可能是白人学生的三倍。另外，接受特殊教育的黑人学生比有残障的白人学生花在正常班级以外的时间大约多两倍，大概将60%或60%以上的时间用于接受正常班级外的特殊教育。智力迟钝这个类别的学生也与学生的社会经济地位较低和贫困状况具有密切的相关性。

原因和结果

很多分析人士相信，在确定哪些学生应该被安置到为智力迟钝学生特设的班级中时，人们过分地依赖了智力测试，而这种测试是为中产阶层的白人设计使用的。有些人也相信，过多的少数群体学生被分流至为情绪紊乱或智力迟钝的孩子开设的班级，这样做的目的主要是能减少教师为应对不同文化背景的儿童和青少年所面临的各种问题。很多教育工作者和家长很担忧，认为这样的安置方式可能会形成新的隔离和歧视，迫使少数群体学生被分配到特殊班级中，而教师对这种班级的教育期望值相当低，甚至没有报以任何希望[1]。

法院的干预

一些对这种批评持同情态度的法院颁布了一些规定，要求尽可能减少将学生错误地分配至特殊教育班级。例如，在1970年的“戴安娜诉教育委员会”(Diana v. Board of Education)一案中，加利福尼亚州法院规定：(1) 所有母语不是英语的儿童必须接受用英语和他们的母语同时提供的测试；(2) 这些测试不能只考查词汇、一般信息或其他以经验为基础的题目；(3) 如果在一个学区中，正常班级和特殊教育班级的墨西哥裔美国学生比例不相一致的话，学区必须能证明造成这种不一致的合理分类方法。在另一起案件“拉里诉赖利案”(Larry P. v. Riles)中，加利福尼亚州法院听取了有关证据，证据表明，美国黑人学生的无效智商测试分数是由于方言和家庭环境造成的。

---

〔1〕 詹姆斯·莱特尔，“特殊教育在为少数群体学生服务吗”，《哈佛教育评论》(1988年2月)，pp. 116—120；凯文·维尔纳，“来自其他各种文化、语言背景的学生接受特殊教育的人数过多”，《特殊儿童教学》(2006年7月/8月)，pp. 60—62；贝斯·哈利、杰奈特·克林拉，“摒弃有缺陷的模式”，《教育领导》，(2007年2月)；格雷格·巴瑞坦，“歌声依旧”，《种族、族群与教育》(2008年12月)，pp. 337—354。

随后法院作出判决，不能根据“现在实施的”智商测试分数，把这些学生分配到为可教育的智力迟钝儿童开设的班级中。和其他有关特殊教育的争论一样，这个争论也将会一直持续下去[1]。

三、问题和困境

我们已经涉及了几个有关特殊教育、主流化和全纳教育的问题。在本节中，我们将集中讨论四个问题和困境，它们在今后几年中可能会变得特别突出。我们怎样解决这些问题，将会影响身为教师的你的日常生活。

财政困境

1. 我们该如何控制开销？法律规定学校必须为残障学生提供适当的免费教育，这个规定通常被解释为学校必须提供必要的服务来帮助有特殊需求的学生，让他们从教育中获得其他学生能获得的同样利益，这可能意味着要为所有需要特殊帮助的学生建设一个最佳的学习环境。但是，要为那些残障严重的学生建立最佳的学习环境（或者也可能是为任何学生），这是非常昂贵的。根据《不让一个孩子掉队》法案，联邦政府提高了对残障学生的学业标准要求，但仅仅提供了部分资金来支持这些服务。在研究这个问题时，一名立法委员承认，联邦政府未能提供足够的资金来实施有关残障人教育的法律法规，这成为“这个国家制定的所有无资金保障的强制责任的根源”。2009—2010年间，《美国经济复苏和再投资法》分配用于特殊教育的资金，部分被用来纠正这种状况[2]。

权利与费用

学校官员与家长和其他支持者之间也产生了争论。学校官员声称，他们无力支付为所有残障学生提供最有效教育的费用，而家长和其他支持者相信，这类学生拥有宪法赋予的权利，他们有权利获得任何能确保他们获得最大教育收益的服务。学校行政管理人员不得不因此面对一系列的两难局面。尽管一些关键的法庭案件已经提出，学校必须提供能给予残障学生“基本机会”的服务就可以了，但联邦政府的法律似乎要求学校不断提高服务的层次。因此，学校行政管理人员不仅必须判断他们的法律义务是

---

〔1〕 贝琪·B. 沃特曼，“评估儿童表现出的残障”，2000年论文发表于“儿童资源在线”网站，网址：www. kidsource. com/NICHCY/assessing. 1. html；苏珊·布莱克，“一种值得注意的方法”，《美国地方教育委员会杂志》（2007年1月）；拉塞尔·J. 思齐巴等，“实现特殊教育的平等”，《特殊儿童》（2008年春季刊），pp. 264—288；马克·古博森，“特殊教育中西班牙裔美国人的代表”，《防止学校失败》（2009年春季刊），pp. 167—176。

〔2〕 “数字说明什么”，《课程评论》（1998年4月），p. 2；朱莉·罗、瑞塔·希利，“谁为特殊教育买单”，《时代周刊》，2006年9月25日，pp. 62—63；山姆·狄龙，“刺激计划或许能为特殊教育提供大量资助”，《纽约时报》，2009年1月27日。

什么，还必须决定是否在最基本的义务之外再提供其他额外的服务，同时还要判断这样造成的额外开支对这个孩子而言是否能产生值得的教育结果，然后他们还必须决定如何支付这些费用。

一种可能的方法就是转移地方经费，另一种方法是将更多的学生划分为有学习障碍的学生，这样就可以获得额外的政府经费。还有一种可能的办法是将残障学生安置到正常班级中，不给他们提供昂贵的额外服务，也不对学校进行全面的调整。尽管上述几种方法中的任何一种都会危害残障学生和非残障学生的教育，但在很多学区，这些应对措施却已经非常普遍[1]。

2. 特殊教育学生该如何准备州统一测试？直到最近，大多数州都允许参加特殊教育的学生享有考试豁免权，但这种情况已经开始发生改变，因为决策者认识到很多学校扩大了各种残障类别学生的招生，目的是为了对学校的总体成绩进行保护。发生改变的另一个原因是《不让一个孩子掉队》法案开始对那些不对残障学生进行测试或不上报残障学生考试分数的学校进行处罚。但正如我们在本章前面所讨论的那样，很多教育工作者都很关注的问题是，如果对有学习障碍以及其他需要特殊教育的学生也采用州的成绩标准，这样做可能会是灾难性的[2]。

对非残障学生的潜在影响

3. 为教育残障学生而作出的各种安排和各种服务，在何种程度上会损害非残障学生的教育？如果学校官员将大量用于正常学生的预算经费转移用于支付单独安置残障学生或为残障学生提供特殊服务的费用，或者如果学校官员把残障严重的学生安排至正常班级，而正常班级的教师不能有效地处理残障学生的问题，那么为非残障学生提供的课堂条件会受到损害吗？观察家们不同意这种看法，一些人认为主流化及全纳教育并没有大幅损害非残障学生的教育机会和效果；但其他一些观察家相信，由于正常班级的教师通常只能接受很少甚至完全没有得到任何帮助，来帮助他们处理有严重智力或情绪问题的学生，这导致一些教师现在面临更多的困难，无法为所有学生提供有效的教学[3]。

---

〔1〕 乔丹·克洛斯，“25年未支付账单”，《学校行政人员杂志》(2000年11月)，网址：www. aasa. org/publications；“为特殊儿童提供的特殊员工”，《专业辅助人员与学校相关人员(PRSP)通讯》(2003年冬季刊)，网址：www. aft. org；约瑟夫·夏皮罗，“经济衰退对发育迟缓儿童的伤害”，2009年为“国家公共无线电台”准备的文章，网址：www. npr. org。

〔2〕 “《不让一个孩子掉队》法案颁布两年后”，2004年发表于“公平测试网站”的声明，网址：www. fairtest. org；詹妮弗·兰德尔、小乔治·安格哈德，“条件改善后残障学生和非残障学生的成绩”，《特殊教育杂志》，2009年2月12日。

〔3〕 韦斯利·夏普，“全纳式特殊教育”，2001年论文发表于“教育世界”网站，网址：www. educationworld. com/a_curr/curr320. shtml；琳达·S. 泰勒，“没有一个孩子不受伤害”，2005年为lewrockwell. com网站准备的论文，网址：www. lewrockwell. com；内奥米·狄龙，“迷失在翻译中”，《美国地方教育委员会杂志》(2007年3月)；蕾切尔·霍拉、佩里·A. 泽克尔，“第504节计划中合法的最佳实践”，《学校行政人员杂志》(2008年9月)，网址：www. aasa. org；卡罗·萨德勒、乔治·苏垓，“有效的行为和教学支持”，《积极行为杂志》(2009年1月)，pp. 35—46。

实施的诸多问题

4. 我们应该为哪些学生在何时何地以哪种方式提供何种服务？提出这个综合的问题意味着我们所讨论的很多问题都还悬而未决。例如，对严重残障的学生和轻度残障的学生，我们应该在何种程度上提供不同的安排？或者对每一类别中不同的学生，我们应当提供怎样不同的安排？学校应当在多大程度上采用“完全全纳”的方式安置残障学生，让他们在正常班级中度过在校的大多数或所有时间？与之相对的是“部分全纳”的安置方式，让残障学生在资源教室或单独的学校内度过大多数的时间？在何种程度上这类决定需要依赖父母来做，而他们对这些安置方式在全校内的影响几乎完全不了解？或这些决定是否需要由专业人士来抉择，他们可能对单个学生的特殊问题不敏感？在什么程度内为正常班级提供辅助服务是令人满意的，同时也是可行的？例如为耳聋的学生配备手语翻译，或为大小便失禁的学生配备一名护士来帮助他？使用资源教室会使整个学校的运行复杂化吗？或是会干扰整个学校的运行吗？还是将一系列的辅助服务带到正常班级中会制造更多的混乱？学校范围内实施调整，部分原因是为了适应完全全纳教学，这样做会导致为所有学生提供的学校教育质量大幅提升吗？期望在不久的将来对学校进行广泛的有效调整是不理智的，也是不现实的吗？这些问题仅仅是教育工作者们需要获得更好答案的问题中的一部分。

建议性的政策和指导原则

学校官员对于如何为残障学生提供平等教育机会可能会面对不确定性，他们应该能受益于下面的政策和指导原则，从而能决定应该做什么。很多见识广博的观察家相信，要想成功地对残障学生实施教育，需要对美国教育系统的各个层面进行改革，包括以下几个层面的变革：[1]

■ 议会应当提供更多的资金来帮助学校实现法律规定的强制性责任；

■ 应该制定法律要求教师接受足够的培训；

■ 各州和学区应该找到方法，以快速判定采用完全全纳教育或其他方式安置残障学生的班级或学校是否工作成效不佳；

■ 各州应该通过法律，以促使能快速将有暴力倾向或极端具有破坏性的残障学生从正常班级中带走；

■ 选择采用完全全纳方式的学校，应该能够获得任何有必要的技术帮助；

■ 全纳班级中的教师和其他职员应该接受培训和援助，掌握如何使用适当的教学策略帮助班上所有学生掌握基本的和高级的学习技能，这些教学策略包括同伴调解

〔1〕 皮尔·德金，“教育系统改革已深入98%”，《城市教育之声》(2006年夏季刊)，网址：www. annenberginstitute. org/VUE；托马斯·R. 古斯克，“缩小成绩差距”，《高级学术杂志》(2008年秋季刊)，pp. 8—31；李·科恩、亚历山大·希尔特-帕纳宏、娜塔莉·G. 索科尔，“对三角尖的进一步检查”，《学校心理学》(2009年1月)，pp. 18—32。

式教学、掌握式学习、差异化教学和合作教学等。

焦点问题回顾:对你而言,作为一名教师,在与全纳学生一同工作时,哪方面的工作你认为最具挑战性?现在你将做什么来为这个挑战作好准备?

总结

(1) 对平等教育机会的关注范围已经越来越广,人们重视的问题包括废除种族和民族的隔离、提高低收入家庭学生的成绩水平、引进双语教育和多元文化教育,以及将残障学生吸纳入正常班级等。为扩大教育机会,确保所有学生切实获得教育的益处,这些问题中的每一个以及相关的一系列问题都涉及相当可观的费用问题。在你进入教育领域后的未来十年里,你将发挥重要的作用,以决定这些努力能获得何种程度的成功或失败。

(2) 尽管在小型学区中废除种族隔离已经基本实现,但是在大城市的学区中,由于少数群体和经济贫困的学生居住非常集中,已经形成了很坚固的阻碍废除种族隔离的困难。

(3) 补偿教育过去一直似乎都很不成功,直到20世纪80年代,不断积累的证据开始证明应该可以对补偿教育作出一个更积极的结论。但很多严重的问题依然存在,这些问题都关系到补偿教育能在何种程度上获得大规模、实质性、持久的结果。《不让一个孩子掉队》法案(NCLB)不仅让补偿教育,还包括面向所有学生的公立学校教育都产生了彻底的改变。

(4) 通过教育来实现建设性文化多元主义的努力措施包括:采用考虑学生不同学习风格的多元文化教育方法、认识学生方言的不同、为学生提供双语教育、引进包括多民族内容的课程材料和教学方法。这些方法能够帮助贫困的少数群体学生提高成绩,同时也能够促进富有成效的多元社会的发展。

(5) 法律和法院的强制规定已经极大地扩展了对残障学生的教育。作为这个进程的一部分,教育工作者们正在试图将这些残障学生尽可能主流化,以避免因为对残障学生进行贴标签和隔离而对他们造成危害。但是,目前的研究尚未得出清晰的结论,到底让残障学生主流化或实行全纳教育,总体的得与失是什么。还有很多问题尚待研究。

关键术语

废除种族隔离

种族融合

法律上的种族隔离

事实上的种族隔离
磁石学校
受控的选择
补偿教育
第一条款
开端计划
跟踪计划
生态干预
《不让一个孩子掉队》法案(NCLB)
年度进步目标
抽调法
多元文化教育文化多元主义
学习风格
埃伯尼语
双语教育
保留母语的双语教育
过渡型双语教育(TBE)
《全体残障儿童教育法案》
《残疾人教育法》(IDEA)
《残疾人教育改进法》(IDEIA)
个别化教育计划(IEP)
最少限制环境
主流化
全纳
干预反应法

讨论题

(1) 要成功实现废除种族隔离,哪些行动和政策是最重要的? 在哪种情况下,最难以有效实施废除种族隔离?

(2) 为什么补偿教育是一项重要的全国性问题? 哪种方法最有希望提高低收入家庭学生的成绩?

(3) 多元文化教育的主要目标和组成是什么? 在以非少数群体学生为主的学校内任教的教师能做什么以促进这个目标的实现?

(4) 作为正常班级中的教师,你该怎样帮助班上的残障学生? 这些残障学生可能碰到什么困难? 你该如何帮助他们克服这些困难? 如果你打算成为担任特殊教育的教师，你该怎样帮助那些被完全纳入或部分纳入正常班级的学生？

专业发展的建议方案

(1) 采访附近小学的教师，判断他们是否正在使用或考虑使用全纳教育来安排残障学生。他们对全纳教育持怎样的态度？从他们身上你能学到什么？这些可能会对你自己的职业生涯有用。

(2) 与附近学校的行政管理人员进行交谈，找出学区正在做些什么来实施"第一条款"和《不让一个孩子掉队》法案的相关规定。学校真的有所改进吗？在过去几年内，学校发生了哪些改变？你打算申请就职的学区是否也有类似的变化？

(3) 如果附近学区内有磁石学校，请访问其中的一所，询问学生和教职人员磁石学校取得了哪些成就，磁石学校与其他常规的非磁石学校相比有何异同。询问磁石学校的行政管理人员，学区对该校的教育目标是如何界定的，该校基本成功达到这些目标了吗？你认为你会喜欢在这种学校工作吗？为什么是？或为什么不？

(4) 组织并参加一场有关双语教育是否值得赞赏的辩论会。作为为辩论会准备的一部分，找出能帮你形成有效结论的文章和书籍。下面的网址能帮助你开始网络搜索：www. ncela. gwu. edu、www. ceousa. org。

(5) 开始准备一份能展示你对本章讨论话题的研究和经历的资料，并把它放入你的档案袋。

第五部分

教育的课程基础

第十三章 不断变化的美国教育目的

当代社会处在不断地变化和发展中。随着这种变化，我们也必须不断作出调整以适应新时代、新情况带来的挑战。纵观我们的历史，美国人一直都依赖学校的帮助来应对社会发展变化中的起起落落。作为一个社会，我们通过修订教育目的，以及要求学校改变它们的教学计划，来对这种变化和社会压力做出反应。

作为一个国家，我们对教育系统持有什么目标？作为教师和教育工作者，我们真正的教育目的是什么？这些教育目的又怎样受到已有的教育哲学和理论的影响？这些教育目的应该如何指引我们的工作？

本章以你对以下问题的思考为开始：我们的动态社会和教育系统在应对社会变化和影响社会变化所起的作用之间存在怎样的互动关系？在阅读本章时，请思考以下问题：

焦点问题：

■ 21 世纪美国社会的教育目的应该是什么？

■ 教育目标和教学目标之间的关系是什么？

■ 纵观 19 世纪结束以来的美国历史，教育目标是怎样不断改变的？

■ 在过去的一个世纪中，随着课程目标不断发生改变，哪些学生群体分别成为人们特别关注的目标群体？

■ 美国主要教育政策报告的主题是什么？

■ 哪种哲学思想或教育理论可能会影响课程钟摆的下一次摆动？*

随着社会为应对各种国际事件、科学革新、政权更替、社会运动而不断发生变化，在“教育的哲学基础”一章中所讨论的哲学流派和教育理论对美国学校的教育目标一直保持着不同程度的影响，并最终影响课堂教学。在美国教育的某些时代，某种特定的哲学流派占据了主导地位。随着时代的变迁，占主导地位的哲学流派或理论也常常发生更替，这种影响在全国各地的课堂内都能感受到，这些课堂都与你即将进入的课堂一样。

* 本章由陶森大学的大卫·E. 沃克博士负责修订。

作为一名新教师，你将进入的学校正受着当前某种社会状况的影响，你需要在你的教育哲学和你即将就职的学区及学校的教育价值观之间寻求契合点。请仔细考察你所在学区的教育目标及你所在学校的教育目标，怎样将这些教育目标转化成课程和教学方法？同时最重要的是，怎样让你从哲学的角度认同这些问题的答案？

本章描述了教育哲学和教育理论与美国教育历史不同时期盛行的教育目的之间的关系，还考察了近年来在一些有影响力的报告推动下，教育目标发生的重要改变。但首先，本章将展示的是，我们如何用教育目标和教学目标这两个术语来定义教育目的。

焦点问题回顾：社会、知识或关于学习者本质的信念等方面的变化，都有什么现实的例子？作为一名教师，你认为这些变化将影响你的教育目标吗？

第一节 设立教育目标和教学目标

教育目的的层次

当我们谈论教育目的时，我们可能是指下面一个或几个层次的教育目的：国家的、州的、学区的、学校的、科目或年级的、单元计划的、课时计划的。尽管意见不统一，但大多数教育工作者使用了**教育目标**(goals)和**教学目标**(objectives)两个术语来区分不同层次的教育目的。“教育目标”是对教育意图进行的宽泛说明，而“教学目标”则是对课堂教学的具体指导。这两个术语都描述了一种方向，即我们正试图实现的发展方向。很多教育工作者把教育目标和教学目标称为教育的“终点”或“归宿”。

然而，所有的“归宿”都受到社会因素和盛行的教育哲学或教育理论的影响。社会因素与哲学思想结合在一起，共同塑造了国家和州一级所采用的教育目标，这些教育目标随后又影响了特定学校和班级所采用的更具体的教育目标和教学目标。随着时间的流逝，社会因素的改变也能导致盛行的哲学思想和教育理论发生变化。影响哲学思想和教育理论的社会因素主要有三种：(1) 社会总体；(2) 知识的发展；(3) 关于学习者本质的观念[1]。

三种影响因素

在“文化、社会化与教育”和“社会阶层、种族和学业成绩”这两章中，我们曾考察过多种社会影响因素，如家庭、同辈群体、社会阶层和经济等。“社会”的变化就包含了这些影响因素的重心转移；“知识”的变化主要包括科学技术的新发展、信息加工和存储

〔1〕“变化的三个来源”这个概念源自博伊德·波特、约翰·杜威于大约85年前发表的著作。这些观点在拉尔夫·泰勒的推广下于1949年开始流行，后又得到当代课程理论家艾伦·奥恩斯坦、J.盖伦·塞勒、罗伯特·扎伊斯等的进一步发展。

的新方法、界定和创立研究领域的新方法等；最后是关于“学习者”本质的观念的变化，如认知科学的新发现，也可能导致教育理论和教育目的的改变。

一、教育目标

作为教育目的广义表述的教育目标

尽管教育目标对教育发展发挥着重要的指导作用，但我们并不能对教育目标进行直接的观察或评估；相反，它们只是一种广义的表述，用来描述一种人们期望获得的有价值的能力，是一种适用于教育总体的主题或者所关注的方面。最一般性的教育目标也常常被称做“教育宗旨”(aims)。

国家或州教育目标

国家或州政府通常会制定国家或州的教育目标或教育宗旨，通常由权威的委员会或特别任务小组来完成。下面是一个国家教育目标的实例，“所有美国儿童将在开始上学时已经作好学习的准备”，[1]它是 20 世纪 90 年代很有影响力的一个国家教育目标，摘选自《国家教育目标研制专家小组报告》(National Education Goals Panel Report)。国家或州教育目标的另一个例子很可能是“把学生培养成具有民主意识的公民”。尽管这些是值得称赞的教育目标，但地方学区该如何实现这些目标却含糊不清，这些目标仅仅给出了一个让大家追随的总方向。

学区教育目标

学区这个层次的教育目标开始缩小关注的焦点。例如，与国家制定的“作好入学准备”这个教育目标相关的学区教育目标，可能就变成了“所有儿童将能获得高质量、适合儿童发展的学前教育项目，帮助儿童作好入学准备”。而就国家培养公民的教育目标，学区很可能把关注焦点具体地落在“学生应积极参与社区的政治和社会生活”上。这些教育目标中的每一个都有助于教师、校长及教育局长朝着某个总的终点前进。

学校教育目标

学校层次的教育目标通常范围更小但更加具体清晰，是将国家、州和学区的教育目标转换为与地方学校社区的哲学思想和优先考虑事项相一致的表述[2]。学校层次

〔1〕《国家教育目标》(归档信息，1995)，网址：http://www.ed.gov/pubs/CommInvite/neg.html(2009 年 2 月)。

〔2〕艾伦・C. 奥恩斯坦、弗朗西斯・P. 亨金斯：《课程的基础、原理及问题》(第 4 版)(波士顿：阿伦、培根出版公司，2004)；“学校改进计划”，中北部学校认证及学校改进联合委员会，网址：http://www.icsac.org/standard/sp/sip(2009 年 2 月)。

教育目标的表述，通常出现在《学校改进计划》这一类文件中，通常由校本管理小组制定。这些教育目标首先从陈述学校总的“使命”开始，这个使命表达了学校在教育本社区年轻人中的作用[1]。例如，与国家制定的“作好入学准备”这一目标相关的学校教育目标，就很可能是“将幼儿园的课程由半日制扩展为全日制”。

泰勒的四个问题

20 世纪 40 年代末，拉尔夫·泰勒(Ralph Tyler)提出了一个关于如何制定和实施学校教育目标的提纲，至今该提纲仍然很有影响力。泰勒提出了四个必须思考的基本问题：

1. 学校应该努力达到什么教育目的?
2. 提供什么教育经验最有可能达到这些教育目的?
3. 怎样有效地组织这些教育经验?
4. 我们如何确定这些教育目的是否已经实现(以及在何种程度上得以实现)?[2]

古德莱德的 12 个主要教育目标

大约 30 年后，另一个有影响力的教育家约翰·古德莱德(John Goodlad)研究了全国各地地方教育委员会公布的学校教育目标，并把它们归纳为可以体现所有教育目标精髓的 12 大类。表 13.1 用一句简短的基本原理表述进一步对每一类教育目标进行了界定性的说明。从那时起，这些教育目标并未发生较大变动，当然，由于某一特定学区或学校所持有的哲学观，以及学校或学区对社会变革因素的理解方式不同，其教育目标的侧重点也各不相同。

表 13.1 美国学校的主要教育目标

1. **掌握基本技能或基本过程**。在我们的技术文明中，个人参与社会活动的能力取决于他对这些基本过程的掌握。
2. **生涯或职业教育**。一个人对生活的满意度将在很大程度上与他对工作的满意度相关联。要作出明智的职业抉择，个人需要获得与可能从事的职业相关的个人才能和兴趣方面的知识。
3. **智力发展**。社会文明的发展日益复杂，人们不得不更多地依赖自己的能力。每个社会成员都充分全面地发展自己的智能是非常必要的。

---

[1] “创建一个愿景”，《教育领导工具包》(国家地方教育委员会基金会)，网址：http://www.nsba.org/sbot/toolkit/cav.html(2009 年 2 月)；卡拉·巴法尔，“富有远见的使命陈述：你的学校将走向何方”，《教育世界》，(2008)，网址：http://www.educationworld.com/a_admin/admin/admin229.shtml。

[2] 拉尔夫·W.泰勒：《课程与教学的基本原理》(芝加哥：芝加哥大学出版社，1949)。

续 表

4. **文化适应**。那些阐明了我们与过去的关系的研究让我们获得对社会和社会价值的见解，这些见解进一步强化了个体的归属感、认同感和他自己生命的方向感。
5. **人际关系**。学校应该帮助每个孩子理解、欣赏和尊重那些属于与自己不同的社会、文化和族群的人们。
6. **自治**。如果学校不能培养出能自我引导的公民，就会导致社会和个人的失败。随着社会越来越复杂，对个人的要求也越来越复杂。学校可以通过发展学生的能力，让学生有能力承担满足自己需求的责任，这将有助于帮助儿童为将要面对的快速变化的世界作好准备。
7. **公民权利与义务**。为了抵消当今人类具有的破坏人性和环境的能力，这就要求公民参与本国的政治和社会生活。只有通过所有成员的参与，一个民主国家才能生存。
8. **创造力和美感**。创造新的有意义的事物以及欣赏其他人类的创造，这对于人的自我实现和对社会的利益而言都是非常必要的。
9. **自我概念**。个人的自我概念是个人奋斗目标和志向的参照点和反馈机制。学校环境中能够提供有助于学生形成健康自我概念的促进因素。
10. **情感和身体的健康**。人们把情绪稳定、身体健康视为达到其他目标的必要条件，而且它们本身也是很有价值的教育目的。
11. **道德和伦理品质**。个人需要形成一种判断能力，从而能判断行为的正确或错误。学校能促进这种判断力的发展，也能将学生培养成为勇于追求真理、正直、行为合乎道德的人。
12. **自我实现**。为实现更好的自我而付出的努力，也能为发展更美好的社会作出贡献。

【资料来源】摘选自约翰·I.古德莱德:《学校的目的是什么?》(印第安纳州布卢明顿:国际教育发展联合会,1979),pp.44—52。经许可转载。

公民的参与

一个学区或单个学校在制定教育目标的过程中，应当允许市民、家长、偶尔包括学生进行有意义的参与。在与那些了解儿童发展和学习过程的专业教育工作者的共同工作中，公民也能提供有价值的观点，以帮助决定公立学校该教些什么[1]。

无论教育目标是由国家制定，还是由州、学区或学校制定，这些教育目标总是用一些非行为的术语来表述，而且不限于特定的内容或主题。这些目标旨在提供一种永久的指导，通过描述学校教育应该达到什么要求来提供一个教育发展的方向。但这些目标对教师和学生来说都太宽泛、时间要求太长，以致在课堂教学中不能被直接运用。因此，为了方便课堂教学的使用，教育目标必须被转换成更具体的教学目标。

〔1〕“地方教育委员会和学生成绩：成绩好与差的学区的管理比较”，《教育研究服务系列》(2001年冬季刊)，pp.38—40；罗纳德·S.布兰德、拉尔夫·W.泰勒，“教育目标与教学目标”，转引自艾伦·C.奥恩斯坦、琳达·S.波哈-霍伦斯坦、爱德华·F.帕杰克：《当代课程问题》(第3版)(波士顿：阿伦与培根出版公司，2003)。

二、教学目标

教学目标是把教育目标变得具有可操作性的工具，通常可以从教学的三个层次来表述教学目标：学科（年级）层次的、单元计划层次的和教案层次的[1]。和教育目标相比，这些教学目标拥有更短期的需要完成的任务，尽管教学目标比教育目标更具体，但教育工作者对教学目标应该具体到什么程度尚不能达成一致意见。一些人更倾向于制定相对笼统的教学目标，而另一些人则提倡制定的教学目标要足够精确，这样就可以从学生的行为或表现方面来测量教学目标是否实现，也就是通过可观察的学生行为来测量。

课堂教学目标

在课堂教学实践这个层次上，你更可能在脑海里将总体教学目标和具体教学目标相结合，以此来组织自己的教学。总体教学目标的特征是使用表示"结果"的术语，如"认识、学会、懂得、理解、欣赏"等，这些教学目标将帮助教师为一个年级或一个单元制定一个循序渐进的课程计划。

教案的教学目标

在单个的教案这个层次上，教学目标通常更加具体。正如罗伯特·马杰（Robert Mager）所建议的那样，教师用词要明确，所用之词经常是行为动词，如"通过写作描述、口头陈述、比较、列举、辨别、解决"等。有时这些教学目标的陈述也被称为行为或成绩目标，包含具体要掌握的内容或具体技能，要求学生具备特定行为或成绩，这些行为或成绩都是可观察及可测量的。一旦这种教学目标经过教学得以完成，教师和学习者都能够对这种学习的数量和程度进行评价[2]。在"从职前到实践"栏目中，你将看到一个关于教师和他们的学生如何因为教师备课时制定清晰的教学目标而从中受益的例子。

从职前到实践

教育目标与教学目标

"乔安妮，你的学生从我刚刚观摩的你上的这一课中学到了什么？"叶慈教授问道。

---

〔1〕 希尔达·塔巴：《课程开发：理论与实践》（纽约：哈考特与布雷西出版公司，1962）；乔治·J. 波斯纳、艾伦·N. 拉蒂尼特斯基：《课程设计：教师课程开发指导手册》（第 7 版）（波士顿：培生集团/阿伦与培根出版公司，2006）。

〔2〕 罗伯特·F. 梅杰：《教学目标的准备》（第 3 版）（亚特兰大：有效学业表现中心，1997）；W. 詹姆斯·波帕姆：《现代教育测量》（第 3 版）（波士顿：阿伦与培根出版公司，2000）；马特·狄龙、戴尔·温特，"以学生为中心的教学目标方法"，《监督长》（2001 年 3 月），pp. 27—52。

续 表

从职前到实践
“叶慈博士，在这一个案例课中，我是想让所有学生学会欣赏鸟类为适应不同环境所采用的各种不同方式，”乔安妮回答道，“然后我希望他们能把适应性这个概念运用到我们当地的某种或某些鸟身上。如果他们能做到这一点，他们就应该能理解适应性这个重要的科学概念了。” “我不是很确定学生是否已经学会了你刚才讲的东西，我听课后觉得我学到的是有很多不同大小、不同颜色的鸟，以及可以在很多不同地方发现不同的鸟。适应性这个概念好像并不是你讲课的重点。如果你能在一开始上课的时候就把这堂课的教学目标写在黑板上，可能对学生更有帮助。你希望这个知识点与哪些技能和态度相关联呢？” “呃，”乔安妮说道，“我希望他们能学会观察，能对他们观察的结果进行反思，还要能欣赏自然界中这些神奇的各种适应方式，尤其是鸟类的适应方式。我会在明天上课时先进行一次复习，根据今天上课的内容问学生一些有针对性的问题。这样就能很快让我明白孩子们是否能理解鸟类适应性这个概念。叶慈教授，你对这个安排有什么看法？” 叶慈教授点点头说：“这是一个可以尝试的策略，我还希望你能和你校内的指导老师谈谈，巴特勒女士能帮你出很多主意。在你备课的时候，你需要制定这堂课的具体教学目标。如果你期望学生能从这堂课中学到什么，这个目标就能很好地指导你上这堂课。另外如果在你上课的过程中你能不断问一些与你制定的教学目标相关的问题，你就能确保这堂课是在按照你事先考虑的模式进行。现在我再给你提些启发性问题，供你对你的授课进行思考。你的教学目标与州制定的哪些科学课程标准相一致？” “天啦，我甚至没有想到这一点，”乔安妮有点不安地说道，“我想只要努力把有关鸟的特性准备到上课内容中就足够了。我想我需要扩展我的视野，更多地了解你所说的一切是怎样联系在一起的。这个学期的实习对我来说已经很困难了，但我明白如果我能了解所有这些东西是怎样组合在一起的，我就能更好地有的放矢，完成教学目标。我想我要重新思考明天的课。你能再给我些指导吗，叶慈教授？” “我可以，但我不会这样做，”叶慈教授回答说，“我希望你能和巴特勒女士一同合作，同时你应该自己思考这些问题。你学生的反应将表明你是成功还是失败。你要确定你了解课程标准，这些标准将构成你的课程目标和具体的教学目标。下个星期我会再来听你的课。同时，记住在备课时，你要把注意力集中在制定具体的教学目标上。” 思考问题 1. 为什么叶慈教授要让乔安妮考虑具体的教学目标，同时把教学目标与州制定的科学课程标准联系起来？ 2. 如果乔安妮是在你所在的州教书，她可以利用什么资源找到她所教领域的州教育目标？ 3. 如果学校特别关注帮助学生适应不断变化的生活条件，乔安妮该怎样扩展她的这堂课，使这堂课超出生物课的范围？

作为一名即将踏上工作岗位的教师，你已经学习了解了州制定的课程标准。每个州都制定了州一级的标准，要求地方学区和教师都要使自己的课程及教学目标与这些

州制定的标准相一致[1]。

教学目标实例

“学生将理解为什么18世纪70年代美国殖民地居民想从大英帝国的统治下独立出来”，这就是一个单元总体教学目标的例子。我们要把这个总体教学目标转变为一个具体的课时教学目标，可能得出的课时目标是：“学生可以写出美国殖民地居民支持从英国独立出来的三个原因。”这个教学目标涉及一些具体的知识，陈述了对学生的期望，同时也给出了“三个原因”这样明确的标准。

概述13.1对不同层次的教育目标和教学目标间的差别进行了总结。在我们从国家教育目标开始逐渐向下看到课时的教学目标时，我们会发现这些例子变得越来越具体，也就是说越来越容易观察和测量。

概述 13.1　教育目标和教学目标

终极目标	指导层次	制定者	例子
国家和州教育目标	国家、州	专业委员会、特别任务小组、美国教育部、州教育厅、各学科的专业协会	提高基本的识字技能
地方教育目标	学区、学校	行政管理人员、教师以及（或者）社区成员组成的团体；专业协会	通过读、写、说和数学符号获取信息和意义
总体教学目标	学科/年级	以学科为中心的专业协会；州教育厅的课程部门或课程委员会；大型学区	提高阅读理解能力；阅读欣赏完整的一本书
	单元计划	教科书作者；特定科目或年级的教师小组；教师个人	发展字词识别技能；倾听朗读的故事
具体教学目标	教案	教科书作者；教师	辨别作者的中心思想；描写主人翁的性格特征

焦点问题回顾：作为一名教师，你在制定自己的课堂教育目标和课时教学目标时，你该怎样找到你所在州和学区的教育目标？

〔1〕“错失目标：《不让一个孩子掉队》法案要求的大多数测试与课程标准不一致”，《美国教育工作者》（2006年秋季刊），p. 5；“州级标准与评估体系”，《各州能从“不让一个孩子掉队”法案文件和访谈记录中学到什么有关州级标准和评估体系的内容》（2008年3月），pp. 2—5。

第二节 教育目的的历史回顾

作为一名教育工作者，你将发现政策制定者和大多数公众一直都在质疑美国的教育目的。我们的学校应该努力做些什么？这个问题的答案各种各样，而相关的争论也经常达到白热化的程度。要想理解这种争论，我们就必须知道历史上的教育宗旨是如何逐渐形成和如何变化的。在接下来的章节中，我们将阐释美国教育目标所经历的许多转变。

心智训练：锻炼大脑

20 世纪到来之前，美国教育主要受到永恒主义理论的统治。人们把学科课程作为信息唯一的陈述方式来进行组织和呈现。支持**心智训练法**（mental discipline approach）的人相信，人的大脑能通过一些智力活动得到加强，就像可以通过锻炼来强健身体一样。语言（拉丁语、希腊语、法语和德语）、数学、历史、英语、物理、化学、政治、生物等传统学科对培养智能都很有价值。学科越难越能锻炼学生的大脑，也就越有价值[1]。

进步主义呼唤改革

渐渐地，为了满足不断变化的社会秩序的需求，人们对学校教育提出了各种变革的要求。移民和工业发展的步伐，使得越来越多的教育工作者开始质疑古典课程以及对心智训练和重复训练的重视是否正确。新兴教育学的拥护者代表了教育界进步主义的呼声，他们强调学校科目的设计应该满足所有儿童在当今世界中日常生活的需求。到 20 世纪初期，学校改革的努力沿着更加进步的路线稳步向前推进。

关注完整儿童

与第一次世界大战前盛行的永恒主义哲学和心智训练法相反，从第一次世界大战到第二次世界大战战后这段时期内，进步主义哲学观和儿童心理科学占据了统治地位，两者都很重视**完整儿童概念**（whole-child concept）和生活适应教育。这种盛行的观点坚持认为，学校必须关注儿童整体的成长和发展，而不仅仅有选择地关注某些心智方面的发展。生活适应教育运动很关注满足所有学生的需求，尤其关注那些处于中间的学生的需求，他们既不在大学教育的轨道上，也不在职业教育的轨道上[2]。因此，与认知和心智成长相关的教育目标应该与其他重要的教育目的，如涉及社会、心

---

〔1〕 艾尔伍德・P. 卡伯雷：《美国公共教育》（修订本）（波士顿：霍顿・米夫林出版公司，1947）。

〔2〕 “对学校的挑战——课程变化的影响因素”，《国会文摘》第 37 卷（1958 年 8 月），pp. 199—224。

理、职业、道德及公民发展的目标等,共同分享教育这个舞台[1]。表13.2描述了这个时代中两种最重要的教育目标。完整儿童概念以及儿童心理学的相应发展,对学校产生了巨大的影响,我们至今依然可以感觉到这种影响。

回归学术要素

在冷战时期以及苏联第一颗人造卫星上天(1957)的时代背景下,国际事件带来的巨大冲击力让人们对生活适应教育课程发起了质疑,并且重新审视了学术性学科,将其视为学校教育的重点。由于意识到失去了对苏联的技术优势,整个美国陷入一片恐慌,其民族自豪感受到挑战,国家目标受到威胁。

国家立法

在永恒主义和要素主义教育理论的影响下,批评者们呼吁教育应当回归到学术要素和心智训练上。因此,苏联第一颗人造卫星发射后不久,美国颁布了全国性法案,大力支持与国防紧密相关领域的训练、设备和项目计划。1958年颁布的《国防教育法案》(The National Defense Education Act of, 1958)就把提高科学、数学及现代语言的教学以及为学生提供指导作为主要目标(这种对学生的指导通常被人们视为引导青年人进入上述三门学科领域和升入大学的一种方式)。人们呼吁科学社团、大学学者和课程专家对学科内容进行重新编排,尤其是中学阶段的课程,同时呼吁政府和基金会组织提供资金[2]。这种新的教育气候还包括更加重视为有学术天赋的儿童提供最优质的教育。

表13.2 教育目标:进步主义方法的两种主要表述

《中等教育的基本原理》(1918)	《青年人十大迫切的需求》(1944)
1. **健康**:提供健康教学和体育活动计划;与家庭和社区合作共同促进学生的身体健康。 2. **掌握基本过程**:发展基本思维过程,以满足现代生活的需要。 3. **有价值的家庭成员**:培养学生形成良好的品质,让学生个体成为家庭中有价值的成员。	发展技能和(或)态度,以增强以下素养: 1. 富有成效的工作经验和职业的成功; 2. 良好的健康状况和身体素质; 3. 民主国家公民的权利与责任;

---

〔1〕 罗伯特·V.布洛、克雷格·克里德尔,"青少年的需求、课程和八年研究",《课程研究杂志》(2003年3月),pp. 151—169。

〔2〕 玛丽·M.哈里斯、詹姆斯·R.米勒,"征求:1958年《国防教育法》的再生",《科学教育与技术杂志》(2005年6月),pp. 157—171;杰米·B.特西:《教育的历史基础》(新泽西州马鞍河:培生/梅林出版社,2007),p. 227—228。

续 表

《中等教育的基本原理》(1918)	《青年人十大迫切的需求》(1944)
4. **职业**:让学生具备谋生能力,能通过某种职业很好地服务于社会,并通过这种职业实现个人的发展。 5. **公民教育**:培养学生的素质,这些素质能帮助个体在社区中发挥作用和理解国际问题。 6. **善于利用闲暇时光**:让人们能找到"身体、心灵及精神的娱乐",从而丰富他们的个性。 7. **道德品质**:通过教学方法和教师与学生之间的接触培养学生的道德品质。	4. 成功家庭生活所需的条件; 5. 明智的消费行为; 6. 对科学和人的本质的理解; 7. 对艺术、音乐和文学的欣赏; 8. 善于利用闲暇时光; 9. 对伦理价值观的尊重; 10. 理性思维的能力和清楚交流思想的能力。

【资料来源】中等教育改组委员会:《中等教育的基本原理》,第35号公报(华盛顿特区:美国政府印刷局,1918),pp. 11—15;教育政策委员会:《为了全体美国青年的教育》(华盛顿特区:全国教育协会,1944)。

关注不能升入大学的学生

20世纪60年代,随着人们对贫困、种族歧视、教育机会平等的关注不断增加,人们关注的焦点发生了变化,这种变化产生了新的教育优先考虑事项,而且这种变化通常是与进步主义和社会改造主义教育理论相关的。教育工作者们注意到,大多数学生并不能进入大学,很多学生未能毕业,或是在毕业时还是功能性文盲。在当时那种情况下,如果教育目标继续仅仅狭隘地局限在大多数有能力的学生身上的话,那么可以预见将要发生很多严重的问题[1]。

学生多样性

关注那些被认为是具有"弱势"特征的学生,这个关注焦点一直延续到20世纪80年代,并进一步扩展至对英语能力有限的学生和残障学生的关注。国家为扩展多元文化教育和双语教育付出了大量的努力,这些努力的特点是联邦政府增加了对西班牙裔、亚裔及印第安美国学生的教育资金投入,另一特点是为英语能力有限的学生提供法律支持(刘诉尼科尔斯案,美国最高法院,1974)[2]。

在20世纪70年代至90年代期间,人们对特殊教育,尤其是对有学习障碍或有其他特殊需求的学生的关注也浮出水面。《全体残障儿童教育法案》(公法第94—142

〔1〕 约翰·W. 加德纳:《学业优异:我们能兼顾平等和优异吗?》(纽约:哈珀与罗出版公司,1961),pp. 28—29,77;弗吉尼亚·R. L. 普朗科特,"从'第一条款'到'第一章':补偿教育的演变",《卡潘》(1985年4月),pp. 533—537。

〔2〕 玛利亚·E. 布里斯特:《双语教育:从补偿型到质量型学校教育》(新泽西州莫瓦:劳伦斯厄尔鲍姆出版公司,2005);"英语语言学习者与法律:立法与判例",《教育周刊》(2009年1月8日),pp. 8—9。

号,1975)和《残疾人教育法》(IDEA,1990)是两部里程碑式的法律,详细制定了各项政策和程序,要求将残障学生尽可能纳入常规课堂,[1]这种方法被称为"全纳教育"(更多关于这个主题的讨论参见"提供平等教育机会"一章)。

受进步主义哲学影响的教育方法注重教育"完整儿童",而不是严格地把学术内容传授给学生。哪种方法更接近于你个人的教育哲学呢?

然而,在20世纪90年代,对这些发展变化趋势,保守主义的反对呼声日益高涨。正如在"社会阶层、种族和学业成绩"一章中所提到的那样,多元文化课程和双语教育课程遭到了严厉的批评,认为这些课程会导致文化的支离破碎和分裂主义,而不是文化统一。在"采用什么方式实施特殊教育最有效"这个问题上,教育工作者的观点也分裂成几派。有些人希望采用完全全纳式的特殊教育(取消为特殊教育学生特设的单独教室,安排特殊教育教师和其他教师一起在常规班级实施教学);另一些人支持采用部分全纳式的特殊教育(凭借这种方式,把有学习障碍的学生尽可能地安置在普通教室里);还有一部分人支持为特殊教育的学生保留大多数的单独班级[2]。

---

〔1〕"特殊教育的里程碑",《国会文摘》第84卷(2005年1月),p. 9。

〔2〕德维里·R.莫克、詹姆斯·M.考夫曼,"培养教师为完全全纳教育作好准备:这是可能的吗?",《教师教育工作者》(2002年冬季刊),pp. 202—215;莫娜·曼德拉维茨:《每个教师都应该知道的有关2004年〈残疾人教育法〉的法律和规定》(波士顿:阿伦与培根出版公司,2007)。

注重结果的教育

20世纪末，人们对教育责任制的要求也日益增加(这是由选举产生的官员和商业领导人以及非专业人士提出的要求)。很多人提出，教育应该更多关注明确的教育结果或产出，也就是可测量的学业成果，而不是关注投入了多少金钱、项目、努力措施和意图。根据一些批评者的意见，如果学生不能将他们所受的教育运用于真实的生活情境中，那么单纯的完成课程就几乎没有什么意义。这种关注的结果是，大多数州提出了一种**以结果为基础的教育**(outcomes-based education，OBE)方法，并以此来进行课程开发。尽管很多教育工作者相信，关注学生的学习结果是考虑教育目标的明智方式，但对"以结果为基础的教育"也并不缺乏批评者。有人害怕这种重视结果(即价值)和批判性思维过程的教育会有损于宗教信仰和家庭价值观。而另一些人则声称，"以结果为基础的教育"重视过程而不是内容，所以这种教育促进了模糊不清、水平低下的学业标准，同时降低了课程难度。还有其他一些批评者声称，"以结果为基础的教育"花费太高，却得不到相应的结果[1]。

州级标准

在21世纪的第一个十年里，在一些教育工作者关注学生成绩结果的同时，其他一些教育工作者和政策制定者却呼吁制定明确的**州级标准**(state standards)，并据此对所有学生实施教学。州级标准的拥护者希望制定可信的方法来测评学生的熟练程度，明确清楚的标准和进步测评应当能帮助学生、教师、学校和学区担负起帮助每个学生学习的责任。联邦政府2001年颁布的《不让一个孩子掉队》法案强调的是标准和对学生学习进步情况的年度成绩评定(也被称为"年度进步目标")。

高利害关系测试

作为一名教师，你所在州制定的州级标准将对你的教学计划产生深刻的影响。根据《不让一个孩子掉队》法案的要求，各州在制定州级标准的同时，还必须制定责任问责制度，根据这个问责制，对那些可能受到标准影响的人实施奖励或问责。由于测评对于参加考试的人来说具有高度的利害关系，很多州级标准运动的观察家对此表示担忧。在很多州内，测试的结果成为决定学生能否升级、能否毕业以及制定学校课程的依据，测试结果还关系到帮助学生准备这些考试的学区和专业人员可能面临的一系列后果，包括学校遭到制裁，影响工资增长、奖金等[2]。

---

〔1〕 比尔·兹拉特斯，"以结果为基础的激进做法也有两面性"，《教育文摘》(1994年1月)，pp. 26—27；布鲁诺·Y. 曼诺，"新的学校战争：以结果为基础的教育之战"，《卡潘》(1995年5月)，pp. 720—726。

〔2〕 桑德拉·迈尔斯，"高利害关系测试"，《教育研究初学者》(大颈出版社，2008)。

教学资源视频案例

让教学与联邦法律保持一致的基础

请观看学生学习网站的视频"让教学与联邦法律保持一致的基础"。在这个视频中,你将看到教师们和一名校长在讨论联邦政府制定的法律如何对课堂教学产生影响。在观看视频的过程中,想一想你将来的教学生涯,你认为与教育相关的法律将怎样影响你和你的学生?观看视频后,请思考以下问题:

(1) 本章探讨了公共教育的目的和目标。以本章的阅读和观看的视频为基础,你赞同《残疾人教育法》和《不让一个孩子掉队》法案设定的教育目标吗?

(2) 根据视频中教育工作者的观点,对《不让一个孩子掉队》法案所要求的成绩评定标准有哪些赞同意见,又有什么反对意见?如果学生未能达到标准,教师该做些什么?

(3) 本章参考了有关残障学生教育的全国性大讨论,在观看了本视频展示的实例后,你对这个重要的事件有什么新的见解?

尽管各州都面临上述这些问题和其他绊脚石,但《不让一个孩子掉队》法案的拥护者们依然坚持认为,这些标准是值得维持下去的。他们声称,这是美国公共教育历史上第一次为所有儿童设立的严密的教育目标,而且甚至确立了这样的观念:即使只有一个孩子落后都是不可接受的。但是《不让一个孩子掉队》法案的一些批评者认为,有一点似乎没有得到认真考虑,那就是每个孩子都按照不同的节奏、不同的方式来学习,因此就可能需要对不同的儿童实施不同水平的测试,并采用不同的测试途径[1]。

焦点问题回顾:几十年来,针对不同学生群体已经制定了不同的教育目标,例如为有学术天赋的学生或处于危机中的学生都制定了相应的教育目标。现在,哪个学生群体是大多数教育目标针对的主要群体?

第三节 呼唤卓越的教育目标

记住美国教育目标是如何随着时间的推移而发生的改变,我们就可以更密切地关注当代对学校改革的要求。近年来各种各样的提议如何反映了美国教育目的的重大变化?某些特别的改革在何种程度上切合了你自己的教育目的观?

一、政策报告概述

全国报告呼吁进行改革

到 20 世纪 80 年代初,全国的注意力都集中在教育卓越人才的需求,以及为所

〔1〕 安德鲁·波特,"正确使用高利害关系成绩评定",《学校行政人员杂志》(2000 年 12 月),pp. 28—31;杰瑞尔德·布雷西,"公共教育状况的第 13 次年度布雷西报告",《卡潘》(2003 年 10 月),pp. 148—164;保罗·帕克森,"政治经济学与《不让一个孩子掉队》法案的政治体制:责任、标准与高利害关系测试",《教育论坛》(2009 年冬季刊),pp. 44—57。

有学生制定更高的学术标准，尤其是那些被忽视的普通学生，而不仅仅是困难学生或天才学生。在过去的25年中，大多数的全国性政策报告都反映了一种所谓的新要素主义观点，都敦促改革以改善美国教育的质量。其中最有影响力的六份报告分别是：

■《追求卓越的行动》(1983)
■《为了21世纪的美国人教育》(1983)
■《中学》(1983)
■《国家处在危险之中》(1983)
■《启蒙教育：美国小学教育报告》(1986)
■《国家教育目标》(1990、1994、1997)

为了获得人们对报告提议的支持，这些报告都展示了大量令人沮丧的细节，以及表明美国教育正严重下滑的统计数据。例如：

1. 学生成绩和能力的下降。从1966年开始至1990年，学术性向测试(SAT，现在被称为"学术能力评估考试")的平均成绩分数一直在稳步下降。语文成绩平均分下降了42分(从466分下降至424分)，数学成绩平均分下降了16分(从492分下降至476分)。近年来，学术性向测试的计分方案已经被重新定位，这让纵向比较变得非常困难。但是，从1997—2007年，关键的阅读成绩分数从505分轻微下降至502分，数学分数则从511分增长至515分[1]。

2. 尽管1995—1999年期间，在《2000年目标：美国教育法案》的指引下，联邦、州和地方政府协调一致、共同努力提高数学和科学成绩，但8年级学生的数学和科学成绩几乎没有什么变化[2]。

3. 国际比较。当我们展望新世纪时，美国15岁学生与来自其他工业化国家(总共28个国家)的同伴相比，数学依然低20分，科学低15分，与《国家教育目标》所要求的达到"世界一流标准"的成绩表现相去甚远。[3] ("国际教育"一章将进一步讨论国际比较的问题)。

4. 功能性文盲。根据《国家处在危险之中》的报告，"通过对日常阅读、写作和理解力进行最简单的测试后，发现大约有2300万的美国成年人(1983年的统计数据)属于功能性文盲"[4]。一项最近的研究发现，有3000万成年人在参加最简单最具体的

---

〔1〕"表135——准备升大学的高三学生的学术性向测试平均成绩"，《2007年美国教育统计年鉴》(华盛顿：美国政府印刷局，2008)，网址：http://nces.ed.gov/programs/digest/d07/tables/dt07_135.asp?referrer=list。

〔2〕《2006年教育概况》(华盛顿特区：美国政府印刷局，2006)，表11.2、表12.2。

〔3〕玛丽安·莱姆克、帕特里克·冈萨雷斯，"特别分析：美国学生和成人在国际教育成就评估中的成绩表现"，《2006年教育概况》(华盛顿特区：国家教育统计中心，2006)。

〔4〕国家优质教育委员会：《国家处在危险之中：教育改革势在必行》(华盛顿特区：美国教育部，1983)。

读写能力测试时，得分不及格；大约有 1100 万成年人被认为不具备英语的读写能力[1]。

5. 据报道，很多 17 岁的年轻人并没有掌握他们应该掌握的批判性思维技能，而且近 40%的 17 岁青年人不能根据书面材料进行推论，只有 20%的 17 岁青年人能写论说文[2]。

技术的重要性

所有这些报告都强调必须加强英语、数学、科学、外语和社会科学等核心学科的课程，技术和计算机课程也经常被提及。另外，在 21 世纪初，提高学生的技术技能，以及从技术上对学校进行全面升级的必要性，也几乎成为一条准则，出现在绝大多数的报告中。高级认知和思维技能也得到重视。尽管在 20 世纪 80 年代和 90 年代期间，某些报告也讨论了为特困学校和残障学生提供的培养方案和人员配置等问题，但这些信息的表达并非一直清楚有力。

更高的标准、更严格的要求

这些报告进一步强调要制定更高的学术标准和更严格的课程，同时大多数报告都建议大学提高入学要求。大多数报告也谈到要增加家庭作业，延长学习时间和在校时间，同时提出要制定更严格的升级、考试、家庭作业及纪律的要求。他们还提到要对教师资格证书进行更新，提高教师工资，增加数学、科学教师的数量，并为这些教师支付更高的工资，还要对那些工作成绩卓著的教师支付绩效工资。总而言之，这些报告都强调学术成绩，而不是完整儿童；强调提高学校生产力，而不是适切度或人本主义。

学校扮演过多的角色

大多数报告都表达了大家关注的一些问题，诸如学校被迫扮演了过多的社会角色；学校不可能满足所有这些期望；学校还处在忽视自己关键教育目的——教学生学会基本技能和核心学术科目、学习使用计算机所需的技能，以及学习将来工作和技术世界里所需的高级认知技能——的危险境地[3]。很多报告不仅关注学术生产力，而且也关注国家生产力，把人力资本与经济资本联系起来。对学校的投资就是对经济的投资，也是对国家未来社会稳定的投资。如果教育失败了，我们的劳动力大军和国家也将面临失败。因此，商业、劳工和政府都必须承诺与教育工作者一起共同努力，帮助

---

〔1〕《全国成人读写能力评估(NAAL)》(华盛顿特区：国家教育统计中心，2003)，网址：http://nces.ed.gov/naal/。

〔2〕国家优质教育委员会：《国家处在危险之中：教育改革势在必行》(华盛顿特区：美国教育部，1983)。

〔3〕G. T. 西沃，“反对混乱和健忘症：80 年代的基础教育意味着什么”，《卡潘》(1982 年 5 月)，pp. 603—606。

对所有美国人接受教育和训练。

近年来，教育目标的转变已经让人们开始重视对教师、学生、学校进行评价和问责，包括使用颇有争议的"高利害关系"测试，这种测试的结果被用来对诸如学生毕业和升级等关键事件作出决定。

在接下来的章节中，我们将进一步关注两个最流行、最有影响力的报告：1983 年发表的《国家处在危险之中》(*A Nation at Risk*)和 1990 年发表、1994 年修订的《国家教育目标》(*The National Education Goals*)。在"热点问题争鸣"栏中，争论的问题是这些全国报告是否有用。

《国家处在危险之中》

日益加剧的"平庸"浪潮

《国家处在危险之中》这份报告是由国家优质教育委员会负责，由美国教育部任命的一个专家组编撰的。报告明确指出"日益加剧的'平庸'浪潮正在腐蚀国家的健康"[1]。这种平庸与我们教育机构的基础息息相关，并且这股平庸的浪潮正在席卷工作场所和社会的其他领域。该报告列举了 20 世纪 70 年代末和 80 年代初教育质量下滑的几个方面，这种下滑的状况不论对教育工作者还是对市民都是显而易见的：更低的学习成绩、更低的考试要求、更低的毕业要求、教师对学生的期望值越来越低、学术

〔1〕 国家优质教育委员会：《国家处在危险之中：教育改革势在必行》(华盛顿特区：美国教育部，1983)；杰瑞尔德·W. 布雷西，"四月的愚蠢：《国家处在危险之中》发表 20 周年"，《卡潘》(2003 年 4 月)，pp. 16—21；詹妮弗·波罗克，"《国家处在危险之中》发表 25 周年"，《卡潘》(2008 年 4 月)，pp. 572—574。

课程越来越少、补救课程越来越多、选修课程太多、文盲率越来越高。报告陈述了一个事实：由于人们对美国学校提出的要求相互冲突，美国只好减少提高教育质量的努力。报告还作出总结，认为学校一直在努力解决过多的社会问题，这些都是家庭和其他社会机构不愿解决或不能解决的问题。

《国家处在危险之中》的建议

该报告提出了一系列的建议，其中包括：制定更加严格的毕业标准，包括设置更多科学、数学、外语以及“新基础”课程，如计算机技术等；延长在校时间和学年时间；布置更多的家庭作业；完善和更新教科书；设置更严格、可测量的标准，提高对学生成绩的期望值；根据业绩表现增加教师工资，建立职业等级制度来区分新教师、经验丰富的教师和专家教师；证明教师具有入职能力，为教师制定更严格的教师资格标准；建立从教育工作者到政策制定者的责任体系；市民为教育提供更多的财政支持[1]。

诸如《国家处在危险之中》的这一类报告，通常是变革时期公众对公共教育广泛关注的产物，这类报告的目的就是要为改进教育提出一些实用的建议，同样为州和地方教育委员会、学区及教师做教学计划时提供指导。《国家处在危险之中》造成的影响具有实质的价值，对提高中学毕业要求、增加数学和科学课程、回归学术基础、技术的改变、提高大学入学要求等都起到推动作用。大多数变革都发生在地方学区一级教育机构，并影响了 20 世纪 80 年代和 90 年代期间学校内发生的变革。

联邦政府现在颁布的《不让一个孩子掉队》法案是这些全国报告传统的延续，同样关注变革时期公共教育的总体质量，也为改进教育提供了大量建议。但与全国报告不同的是，该法案为州和地方教育委员会及学区提供了明确的官方指令，由联邦资金为这些指令的实施提供部分支持。

表 热点问题争鸣：重要的报告：它们有用吗？

在 20 世纪 80 年代和 90 年代期间，有非常多的全国报告对美国公共教育提出批评。我们的教育目标、学生的成绩表现、学术的严谨性、教学的方法以及教师培养等教育的很多方面都受到了教育评论家的质疑。为了回应各种报告，人们随后投入了大量的时间、精力进行研究和讨论。

争论问题

鉴于公众对美国教育这种已经能感知的下滑状况表示关注，这些全国报告及接踵而至的对教育的普遍批评，能为学校改革提供恰当的指导和方向吗？

---

〔1〕 托马斯·A. 基辛格，“为国家教育改革所付出的努力：一项要素主义的政治议程”，《中西部教育研究者》(2007 年春季刊)，pp. 16—23。

续 表

正方观点：	反方观点：
1. 全国报告能帮助我们把注意力集中在公共教育的问题和批评上。比过去更多的人害怕美国教育的滑坡，学校改革也因此获得更多议员、政治家和公众提供的政治和财政支持。	1. 对于那些名人群体而言，要提出批评意见并给出一些宏大的解决方案来修补我们的教育系统是很容易的事情。但学校是一个复杂的系统，会抵制简单的治疗方案。没有持之以恒的努力和源源不断的资源，改革很可能难以实现。
2. 全国报告提出的建议能帮助政府、企业、教育集团，以及家长和公众达成共识，明确哪些是教育改革核心举措中最应该优先考虑的事项。	2. 资深的教育工作者已经懂得并没有改革学校的灵丹妙药，虽然这有时是很难以懂得的。正如大卫·科恩(David Cohen)所说："美国充斥着大量相互冲突的拯救学校的计划。"这些报告让人们对教育目的更加困惑，而不是更加明了。
3. 在全国报告的推动下，教育标准得到提高，尤其是州和国家的标准。联邦政府推动实施的教育计划反映了这一点。近年来，我们已经看到联邦政府更多地参与教育和投资教育，同时也看到了新出台的全国性测试和对学生成绩进步的年度评测。	3. 全国报告和随后颁发的政府命令通常看起来很理想，但实施起来却很昂贵。至于全国性测试，争论一直围绕着到底最终的测试分数意味着什么。
4. 一些改革者相信我们始终需要的是一场公共教育的彻底变革，而这些报告能维持一种良好的政治氛围，为支持这种变革作好准备。	4. 全国报告忽视了一个基本的关于学校变革和改进的事实，那就是这个变革过程非常复杂，要涉及教师、学校管理人员、家长、社区成员、政治家等各方的合作，而这些人对学校改革都有各自不同的观点。

《国家教育目标》

需要彻底的变革

1994年，国会通过了《2000年目标：美国教育法案》(Goals 2000：Educate America Act)。该法案制定了一系列完整的教育目标，作为"国家教育目标"公布于众。这个法案通常被简称为《2000年目标》，表13.3列出了其中的教育目标。这些教育目标中最重要的主旨是努力培养有教养的公民，他们训练有素、责任心强、能适应不断变化的世界、能充分了解自己的文化遗产和世界共同体、并愿意接受并维持美国在21世纪的领导地位。研制这个教育目标的专家小组声称：必须赋予教育工作者更多灵活性去设计教与学的策略，让这些策略为所有学生服务，不管学生有怎样的能力或兴趣；同时，教师还应当为自己的教学负责。家长必须参与到自己孩子的教育中，尤其在孩子上学之前的几年中。社区、市民和商业团体都在教育改革中起关键作用。最后，学生必须承担对自己教育的责任，这就意味着他们必须在学校刻苦学习[1]。

表 13.3 《国家教育目标》

目标 1：入学准备

到 2000 年，所有美国儿童要在开始上学时已作好入学准备。

目标 2：完成学业

到 2000 年，中学毕业率要增加到至少 90%。

目标 3：学生成绩和公民

到 2000 年，所有学生在 4、8 和 12 年级结束时必须在关键学科中，包括英语、数学、科学、外语、公民和政府、经济学、艺术、历史和地理，展示出应有的能力，并且每所学校都要保证所有学生能够学会运用他们的心智，从而将他们培养成负责任的公民，同时为进一步的学习作好准备，并为成为国家现代经济发展中的生力军作好准备。

目标 4：教师教育和专业发展

到 2000 年，国家的教师队伍将有机会为进一步提高他们的专业技能而接受进一步的深造，同时也有机会获得有关知识和技能的培训，这些知识和技能是教授和培养 21 世纪所有美国学生所必需的。

目标 5：数学和科学

到 2000 年，美国学生的数学和科学成绩要达到世界第一流水平。

目标 6：成人脱盲和终身学习

到 2000 年，每个美国成年人都要具备读写能力，并掌握参与全球经济竞争和行使公民权利与义务所必需的知识和技能。

目标 7：安全的、纪律严明的、远离酗酒和吸毒的校园

到 2000 年，美国的每所学校都要避免毒品、暴力、未经许可携带武器、酗酒等现象的出现，并为学生提供一个纪律严明的、有益于学习的环境。

目标 8：家长参与

到 2000 年，每所学校都要促进与家长的合作关系，增加家长的关注和参与，共同促进儿童在社会、情绪和学业方面的发展。

【资料来源】《2000 年目标：美国教育法案》(1994 年 3 月 31 日)；《国家教育目标》(华盛顿特区：美国教育部，1994)。

制定国家标准

在 2001 年，“国家教育目标研制专家小组”发布了小组的最后一次重要报告，对《2000 年目标》中设置的八个教育目标和 26 个指标的进展情况进行汇报。尽管国家整体上并未在 2000 年年底实现国家制定的教育目标，事实上，要完全实现这八个雄心

[1] 《众议院第 1804 号法案——2000 年目标：美国教育法案》(1994 年 1 月 24 日)，网址：http://www.ed.gov/legislation/GOALS2000/TheAct/index.html。

勃勃的目标是不可能的，但很多州都取得了显著的进步[1]。随着"国家教育目标研制专家小组"于2002年解散以及《不让一个孩子掉队》法案的出台，美国对教育的期望转而更加关注以下具体的问题：提高学生阅读、数学成绩；让每个教室内都拥有高质量教师；识别学生尚未达到标准的学校并帮助它们提高等。未来的报告将详细描绘各州在努力向《不让一个孩子掉队》法案制定的目标前进中所取得的进步。

焦点问题回顾：20世纪80年代发表的一系列全国报告都很重视核心课程学科、更严格的标准和责任。你认为其中哪个因素对自己的学生生涯影响最大？作为教师哪些因素对你而言最重要？

第四节 教育目标的"钟摆"现象

旧主题的重现

在考察20世纪初到今天美国的教育目标时，我们看到教育目标发生了相当大的变化，同时也发现一些古老的观念以新的形式重新出现。例如，重视严格的心智训练显然是20世纪初主要的教育目标，然而到20世纪50年代和冷战时期，这个教育目标重新出现了，而到20世纪80年代至21世纪初，由于人们关注与其他国家进行的经济竞争，这个目标再次出现了。同样，随着20世纪60年代和70年代的社会骚动，人们对低收入群体和少数群体的权利与心声的关注日益增加，早期进步主义教育家的观点因而再次露面，只是这次重点关注的是对弱势学生的教育。在这个强调责任、评估、高质量教师的时代里，你能及时判断此刻教育目标的"钟摆"摆到了什么位置上吗？

对学校的期望太高？

纵观美国的教育目的，你可能想问自己，人们对学校的期望是否超出了可能实现的范围？人们通常把学校视为一个能解决国家问题的理想机构，但学校真的能做到这一点吗？社会中很多人拒绝承认自己也担负着帮助儿童发展和学习的责任。同样，家长和政策制定者通常也期望教师和学校管理人员能独自承担学校改革的重任。事实上，没有来自家长和社区成员的有重大意义的合作，学校很可能在困难中挣扎，改革的努力也可能受挫。

应对变化

毫无疑问，教育的目标必须与时代紧密相连。如果学校不能适应不断变化的情况

---

〔1〕《国家教育目标研制专家小组——创建全民学习的国家》，网址：http://govinfo.library.unt.edu/negp/。

和社会因素，怎么能指望学校能培养出适应社会变化的人呢？今天，我们生活在一个高度技术化、自动化、科层化的社会中，我们不得不面对很多紧迫的社会和经济问题，包括城市老化、学校和教育基础设施的恶化、几个世纪种族歧视的影响、人口老龄化、经济混乱、恐怖主义、自然环境的污染等。我们是让时代将我们吞噬，还是能应对这些持久的难题，这在很大程度上取决于我们教给了今天的学生哪些技能，也取决于我们是否制定了恰当的教育优先发展重点[1]。

焦点问题回顾：作为教师，你的主要教育目标是什么？向其他一些教育工作者和未来的教育工作者提出同样的问题，把你的答案和他们的答案进行比较和对照。

总结

(1) 教育目的不仅受到不断变化的社会因素的影响，也受到教育哲学和教育理论的影响。

(2) 国家或州这一层次制定的教育目的通常是广义的表述，要由学区或各个学校将其转换为更具体的教育目标，然后再将这些教育目标转换为学科、年级、单元计划、教案层次的更具体的教学目标。

(3) 从20世纪之交开始，美国教育目标关注的焦点已经经历了多次转变，包括学术严谨性和心智训练、完整儿童、学术天才学生、贫困学生、少数群体学生、残障学生、对所有学生提出更严格的学业要求、让学校承担让所有学生达到标准的责任。

(4) 1983年以来，大多数发表的全国报告都很强调需要优质教育和更高的学术标准。尽管教育工作者们并不完全同意很多报告的建议，但大多数州都以这些报告为基础实施了变革。

(5) 我们必须学会接受有关学校教育目的的一些分歧。不同群体的人们需要共同致力于规划未来教育工作的重点。

(6) 我们经常期望学校成为解决技术或社会问题的关键机构，并为未来培养劳动力。这些对学校的期望是否能实现，未来岁月将对此进行严格的检验。

关键术语

教育目标

教学目标

国家教育目标研制专家小组报告

心智训练法

---

〔1〕 查尔斯·尼维，“拯救标准”，《卡潘》(2001年2月)，pp. 460—461。

完整儿童概念
以结果为基础的教育(OBE)
州级标准
《不让一个孩子掉队》法案(NCLB)
《国家处在危险之中》
《国家教育目标》
《2000 年目标:美国教育法案》

讨论题

(1) 从教育目标的不同类型和不同层次这个角度来说,为什么"学校的目的是什么"这个问题如此复杂?

(2) 进步主义的教育目标,正如表 13.2 中所概述的那样,是今天我们所希望的教育目标吗?以你个人的教育哲学为基础,你认为这些教育目标应该被吸纳入今天的教育目标吗?

(3) 幼儿园-12 年级教育中最重要的五个目标应该是什么?为什么?什么哲学倾向和社会因素影响了你对这个问题的回答?

(4) 你对《不让一个孩子掉队》法案所暗含的教育目标持什么观点?和班上其他同学一起讨论你的想法。《不让一个孩子掉队》法案是对《2000 年目标》的一个改进吗?这些教育目标与你正在形成的教育哲学在何种程度上是一致的?

(5) 对你自己的中小学教育经历进行反思,以这些个人经历为基础,你会把什么视为教育的主要目标?

专业发展的建议方案

(1) 在实习期参观学校的时候,你可以要求查看任何能获得的有关教育目标的陈述,如关于学校使命的陈述和学校改进计划。将这些陈述记录到你的日志中。教师和行政管理人员认为这些教育目标的执行情况将会怎样?你能看到什么明显的证据证明州的教育目标正在影响学校的日常运行吗?

(2) 选择一所制定了年度教育目标的学校,要求查看该校的教育目标陈述报告。与教师和行政管理人员交谈,从而发现以下几方面的信息:教育目标制定的过程、由谁负责制定、家长和社区怎样参与制定学校教育目标的过程、如何对该目标进行评估。如果你能参加制定教育目标,你可能对此过程产生怎样的感觉?你认为自己扮演的角色是什么?

(3) 撰写一份将于 2025 年完成的教育目标。既要如你所愿的那么理想,也要具有现实性。作为一名教师,你在多大程度上对你将努力工作以实现的 2025 年目标抱有信心？

（4）采访几位学校的在职教师，询问有关《不让一个孩子掉队》法案对他们的课堂教学产生了怎样的影响。精心组织这些采访，从而判断近年来哪些教育目标的变化已经被教师察觉？州教育厅和学区中心办公室的职责发生了怎样的变化？教师认为什么才是学校最恰当的教育目标？

第十四章 课程与教学

从本书各章中不难看到，美国人要求从他们的学校中获得最大的收益。我们要求学校教会儿童思考、帮助他们实现社会化、减少贫困和不平等、降低犯罪率、保存文化遗产，同时还要求学校培养智慧、民主的公民。毋庸置疑，美国学校很难承担所有这些责任。但这些要求一直存在着，结果由此产生的影响力最终都集中在了**课程**（curriculum）问题上。课程是通过教学为学生提供的一种预先规划的教学体验，随着人们不断修订教育目标、发展新方法、争论新的社会问题以及新利益群体的出现，课程也在不断作出调整。

在"不断变化的美国教育目的"一章中，我们描述了教育目标如何随着国家重点和社会压力的变化而变更。在本章中，我们将关注近几十年中为了迎合不断变化的国家教育目标而采用的几种主要课程制定方法。你将看到，这些课程制定方法同样与"教育的哲学基础"一章中讨论的哲学流派和教育理论存在紧密的联系[1]。请反思这些课程制定方法与你正在形成的教育哲学之间有何联系。

当我们考察与课程相关的各种论题时，我们也将考察近年来与课程相关的教学活动。本章将帮助你回答以下问题：

焦点问题：

■ 在今天的学校中，能找到哪些学科中心课程和学生中心课程的证据？

■ 作为教师，合作学习或差别化教学对你的工作可能产生何种影响？

■ 你如何在教室内使用技术或直接教学法来提高你的教学质量？

■ 哪些变化趋势可能会影响未来的课程和教学？

第一节 课程的组织

学科内容与学生需求

我们可以从两种视角来认识美国学校内各种不同类型的

* 本章由陶森大学的大卫·E. 沃克博士负责修订。

〔1〕见 R. 弗里曼·巴茨：《公民学习的复兴》（印第安纳州布卢明顿：国际教育发展联合会，1980）；劳伦斯·A. 克雷明：《美国教育：国家的经济》（纽约：哈珀与罗出版公司，1980）；劳伦斯·A. 克雷明：《学校的转型》（纽约：兰登书屋，1964）。

课程组织方法。一种方法强调被教的学科，另一种方法则重视学生本身。第一种视角把课程看成是教学内容的体系或学科内容，能导致一定的成绩结果或产品。第二种视角则从学生的需求和兴趣方面来定义课程，它最关心的是过程，换言之，课程就是学生如何形成自己获取新知识的能力。在制定学校课程以及确定教学与学习过程方面，几乎没有哪个学校只采用纯粹的学科中心课程或学生中心课程。你将发现，尽管大多数教师倾向于更重视其中一种课程，但他们在作出课堂教学如何进行的专业决定时，会将两种选择结合起来。

一、学科中心课程

按学科来组织课程

学科内容是最古老、最实用的课程组织框架，也是最根深蒂固的课程组织方法，主要因为这种方法很方便，正如你可以从中学和大学的系科结构设置中感受到的一样。甚至在小学，虽然独立自主的教室迫使教师都成为通才，但课程仍然常常是根据不同的科目或学术学科来组织的。

赞成与反对的观点

支持**学科中心课程**(subject-centered curricula)的人认为，科目能够为组织和解释信息提供一种逻辑基础，教师通过培训成为学科内容的专家，而教材和其他教学材料也通常根据科目来进行组织。批评者们声称，学科中心课程常常是让学生分别学习一堆凌乱的事实和概念。他们认为这种课程既不强调当代生活体验的重要性，也未能考虑学生的需求和兴趣。批评者们指出，在学科中心课程中，教师是权威，主宰着课堂的话语，几乎不允许学生的参与。

下面我们将讨论以学科为中心组织课程的几种不同方法，诸如学科领域课程、回归基础课程和核心课程等。这几种方法并不代表所有可能出现的方法，也不代表这种分类不可更改。很多学校和教师都采纳一种以上的方法并综合使用它们。

学科领域课程

借鉴古典课程传统

学科领域课程的方法是使用范围最广的课程组织形式[1]。这种存在已久的课程方法源于古希腊和古罗马的“七艺”：文法、修辞、辩证法、算数、几何、天文和音乐。现

---

〔1〕 彼得·F.奥利瓦：《课程的编制》(第7版)(波士顿：培生教育集团公司，2009)，p. 257。

代学科领域课程的倡导者认为威廉·哈里斯(William Harris)的工作是这种课程方法的起源。哈里斯是19世纪70年代圣路易斯学校系统的教育局长和19世纪末美国教育委员会委员长[1]。哈里斯精通古典传统,他确立了一种以学科为导向的课程。从他那个时代开始一直到现在,这种课程实际上一直主宰着美国的课程设置。尽管这个委员会的提议已经有100多年的历史,但它对学科的分类至今依然获得人们的承认。作为一名学生,你最可能要学习的某种形式的学科有"代数"和"英语语法"、"阅读"和"写作",另外还有"历史"和"地理"。

学科的分类

现代**学科领域课程**(subject-area curriculum)把每一门学科都看做是一个专门的、基本独立的知识体系。那些被称为"基础"的学科被认为对所有学生而言都是必不可少的,这些基础学科通常包括小学阶段的读写算,以及中学阶段的英语、历史、科学和数学。其他的专门学科能帮助学生发展某个特定职业所需的知识和技能,如商业数学和物理等。最后,还有一些根据学生的兴趣和需求定制的一些可供学生选择的选修课程。

探索性学科

"探索性学科"指的是学生可以选择的一系列科目,旨在适应学生不同学习风格、能力和兴趣。这些科目包含舞蹈、科技、创意写作、戏剧等,能让学校为学生提供多样性的选择,也让学生有机会对那些传统学科之外能激发学生兴趣的主题进行探索。这种探索性学科大多在初中和小学后期的课程中出现[2]。将探索性学科纳入课程的学校,往往比那些支持使用传统的学术学科的学校在观念上更进步、更开明。

永恒主义和要素主义对课程的影响

永恒主义:历史的精华

在"教育的哲学基础"一章中,我们论述了永恒主义和要素主义两种教育理论,它们从根本上说都是以学科为中心的[3]。因为相信教育的主要作用是培养智能,所以永恒主义者将初等教育的课程重点放在读写算、拉丁语、文法、修辞和逻辑学上,在中

---

〔1〕 亨利·沃伦·巴腾,"十五人委员会",《教育史季刊》(1965年12月),pp. 253—263。

〔2〕 艾伦·C. 奥恩斯坦、托马斯·莱斯雷、盖尔·曼德斯:《中等学校和中间学校的方法》(纽约:阿伦与培根出版公司,2005);史蒂文·斯卡帕,"中间学校的转变",《学区管理杂志》(2005年4月),p. 19;莎拉·德弗雷塔斯、马丁·奥利弗,"如何最有效的评估课程中具有游戏和模拟的探究式学习",《计算机与教育》(2006年4月),pp. 249—262。

〔3〕 希欧多尔·布拉梅尔德:《教育哲学的模式》(纽约:霍尔特出版社,1950)。

等教育阶段又添加了经典名著的学习。根据罗伯特·M. 哈钦斯(Robert M. Hutchins)的观点,**永恒主义课程方法**(perennialist approach to curriculum)的假设是,历史的精华,也就是所谓的永恒学科或经典,在当代一样有效,因为这些经典讨论的根本问题在任何历史时期都与人类息息相关[1]。

要素主义:主要学科、文化素养

要素主义者相信,小学的课程应该包括读写算,而中学课程应该由 5—6 门主要学科构成,即英语(文法、文学、写作)、数学、科学、历史、外语和地理[2]。**要素主义课程方法**(essentialist approach to curriculum)的支持者相信,这些学科是组织信息的最佳方式,也是能跟上当代知识爆炸的最佳方式。他们坚持认为,有一种成年人已经在岁月中掌握的关键信息存在,必须把这些要素信息传递给社会中的年轻人。学生需要一种学术知识基础,即"要素知识",以应对他们在未来生活中将要面对的各种新观念和新挑战[3]。

高学术标准

要素主义和永恒主义具有相同的观念,相信课程应该关注严格的智能训练,只有通过对某些学科的学习才可能达到训练智能的目的。永恒主义和要素主义都很提倡英才教育,它们支持设置高学术标准和严厉的评分与测试制度,以帮助学校根据学生的能力进行分类。今天,很多教区学校和以学术为导向的公立学校,都很重视永恒主义和要素主义课程的各个方面。

回归基础课程

支持"基础"的公众观点

20 世纪 80 年代,很多教育工作者及普通民众都呼吁使用一种**回归基础课程**(back-to-basics curriculum)[4]。和要素主义课程的影响力一样,"回归基础课程"意味着对阅读、写作和数学的高度重视,所有年级都被要求开设英语、历史、科学和数学

---

〔1〕 罗伯特·M. 哈钦斯:《美国高等教育》(康涅狄格州纽黑文:耶鲁大学出版社,1936);罗伯特·M. 哈钦斯,"普通教育的组织形式和学科内容",选自福利斯特·W. 帕克、埃里克·J. 安可提尔、格伦·哈斯:《课程规划:当代的方法》(波士顿:培生教育集团公司,2006),pp. 31—34。

〔2〕 亚瑟·贝斯特:《学习的恢复》(纽约:诺夫出版社,1956);詹姆斯·B. 科南特:《今日美国中学》(纽约:麦格劳希尔集团,1959)。

〔3〕 威廉·C. 巴格莱,"要素主义在教育中运用的案例",《今日教育:全国教育协会杂志》(1941 年 10 月),pp. 201—202;G. T. 西沃,"反对混乱和健忘症:80 年代的基础教育意味着什么",《卡潘》(1982 年 5 月),pp. 603—606。

〔4〕 "回归基础真的扼杀创造力吗?"《新闻周刊》(1986 年 1 月 27 日),p. 59;安妮·维斯考特·多德,"课程的情绪波动",《教育周刊》(1993 年 6 月 9 日),pp. 26、46。

这些所谓的"硬学科",而且"回归基础课程"的支持者甚至比要素主义者更怀疑那些试图将课程扩展至这些坚实基础之外的做法。因此他们并不鼓励开设选修课。而对这种课程方法表示批评的人担忧,对基础的重视将会抑制学生的创造力,学生会故意减少其他领域的学习,它鼓励的是循规蹈矩和学生对权威的依赖[1]。

最低能力测试

回归基础课程的支持者坚持认为需要维持最低的标准,20 世纪 70 年代后期以来到 20 世纪 90 年代,大多数州颁布实施的有关学校改革的立法都反映了这种流行的立场。回归基础运动的一个主要组成部分是"最低能力测试"(minimum competency tests, MCT)。在这一时期,大多数州都执行了这种测试。为了从中学毕业,学生被要求参加这些能展示学生是否掌握最基本技能的全州性考试。支持者们声称,这种考试是对中学毕业证书的验证,中学毕业生应该被视为已经掌握一定有用的最基本技能的人,这些基本技能是学生将来参加工作所必需的。进入 21 世纪之后,《不让一个孩子掉队》法案和高利害关系的中学毕业考试都要求学校在全校范围内实施成绩评定计划,最低能力测试则被当做这种成绩评定计划的前期考试[2]。有关高利害关系中学毕业考试的更多争论,可参阅"热点问题争鸣"栏。

表 热点问题争鸣:高利害关系的中学毕业考试

很多州都已经制定了高利害关系的中学毕业考试,把通过考试作为中学的毕业条件。为了获得中学毕业证书,学生必须通过一整套与州教育内容标准相一致的考试,考试成绩如果达不到通过标准,就意味着拿不到中学毕业证书。

争论问题

每个州都应该要求学生通过高利害关系的毕业考试才能获得中学毕业证书吗?

正方观点:	反方观点:
1. 如果这些考试与州制定的课程标准相一致,毕业考试就应该以课程为中心,而且确保课堂教学中已经覆盖了中学毕业生应该掌握的关键内容。	1. 全州性的毕业考试很繁琐,花费也很高,却不一定能对教育质量的提高起多少作用。提高教育质量的努力措施必须由地方一级的教育单位负责,那儿的教育工作者更清楚自己的学校有哪些优点和哪些弱点。

〔1〕 艾略特·W. 艾斯纳,"在学校什么真正最重要",《教育领导》(1991 年 2 月),pp. 10—17;大卫·W. 贾迪娜,"回归基础:重新思考什么是教育的基础",《艾伯特教育研究杂志》(2001 年夏季刊),pp. 187—190。

〔2〕 詹姆斯·S. 卡特罗尔,"标准和学校辍学率:对中学毕业考试的一个全国性研究",《美国教育杂志》(1989 年 11 月),pp. 1—34;艾伦·C. 奥恩斯坦,"全国改革和教学责任制",《中学杂志》(1990 年 10 月/11 月),pp. 51—56;玛利亚·古尔德,"最低能力",《教育研究初学者》(2008 年 6 月),pp. 1—7。

续 表

2. 中学毕业考试提高了中学毕业的要求，这对那些贫困学生而言尤为重要，因为为了打破贫困和失业的恶性循环，这些学生必须获得生产性就业所必需的技能，这些技能都在中学毕业考试中体现出来。	2. 对来自低收入、成绩低下的学校的学生而言，中学毕业考试通常是不公平和不利的，这些学生未能通过考试的比例相当大，这种失败会不公正地让他们蒙受羞辱，从而进一步损害他们的就业前景。
3. 毕业考试向公众展示了学校要对学生的成绩负责。考试的结果能帮助公众判断学校是否正在很好地完成自己的工作。	3. 对有中学毕业考试的教育系统而言，在其中学阶段，学校提供课程的灵活度会降低。学生被迫只关注属于毕业要求范围内的科目或学科，这可能需要采取大量补救课程。
4. 随着要求越来越严格和绩效责任的增加，学生将获得高质量的教育，可以帮助他们为通过这些考试作好准备。对于那些少数有困难的学生，学校也提供了毕业的其他途径，例如为这些学生布置替代性作业或是让学生免考。	4. 毕业考试是在学生毕业前设置的又一个障碍，对于一些学生而言，这是非常艰难的，结果很可能让更多的学生在中学高年级前就辍学了。
5. 通过使用由中学毕业考试提供的数据，教育工作者能发现总的问题在哪儿。然后可以据此对政策进行修订，还可以针对有问题的领域对课程进行重新设计。	5. 大多数教师已经知道学生成绩的问题所在。此外，从毕业考试制度刚刚建立之初起，就有很多教师为了考试而教。因此，从这样的考试中获得的数据毫无意义，而且具有误导性。

核心课程

课程中基础学科的重要性也可以用“核心课程”这个术语来表达。不幸的是，在第二次世界大战以后，这个术语一直被用来描述两种不同的课程组织方法。

第一代核心课程

第一代我们后来称之为“核心课程”的课程组织方法是在 20 世纪 30 年代和 40 年代获得人们喜爱的，它对初级中学层次的课程影响最大。根据这种课程的组织方法，学生要用一种综合的方式来学习学科内容，通常是对某一跨学科的社会、个人问题或主题进行研究，例如，对当地环境问题进行一次跨学科的考察。教师也用一种跨学科的方式来组织教学单元，向学生展示不同学科间是如何相互关联的。这种方法通常以拓展时间段的形式来组织教学，有时由两到三节课的时间构成，通常把问题解决作为最主要的教学方法，这种方法也是与进步主义教育理论联系在一起的[1]。

〔1〕 麦克·M. 卡斯基，“为核心课程作证——过去和现在”，《中间学校杂志》(2006 年 1 月)，pp. 48—54；彼得·F. 奥利瓦：《课程的编制》(第 7 版)(波士顿：培生教育集团公司，2009)，p. 248—251。

新核心课程

第二代的核心课程方法与第一代的方法相反，是在 20 世纪 80 年代的教育改革运动中诞生的，反映了更保守的要素主义理论。这种方法我们称之为**新核心课程**(new core curriculum)，也称为**核心学科方法**(core subjects approach)，学生们要学习大量共同的必修学科，因为提倡者认为这些必修学科对所有学生的教育都很重要[1]。正如在"不断变化的美国教育目的"一章中所讨论的，推动"新核心课程"的是《国家处在危险之中》这份著名的改革报告。这份报告认为，学生并未充分准备好应对中学以后的生活，不论是继续上大学，还是进入工作世界。该报告还批评了那种自助餐式的课程，因为学生都喜欢"甜点"和"开胃菜"(指那些不是很严格的选修课)，而不喜欢那些较难的核心学科。要对这种课程缺陷进行补救，就必须增加毕业所需要修习的课程，减少对选修课的重视，还必须要求学生学习数学、历史、英语和科学等"硬学科"，以确保学生能获得成功毕业所必需的知识[2]。

更严苛的要求

新核心课程的支持者帮助全国的学区都改变了对学科内容的要求，这种改变肯定也对身为学生的你产生了影响[3]。图 14.1 就对这些变化进行了总结。从 1982 年开始，也就是在《国家处在危险之中》发表前，一直到 2005 年，那些完成了该报告建议的核心基础课程的中学毕业生人数比例从 2%上升至 36%以上[4]。

对新核心课程的批判

新核心课程也和其他以回归基础为目的的课程一样受到了相类似的批评。现在，越来越多的学生准备上大学，但最近的一项研究则表明，这种传统核心课程的当代版本并未能让中学生为升入大学作好充足的准备[5]。这个研究主要通过对美国大学入学考试(ACT)成绩的研究来判断中学生对大学入学准备的情况，该研究建议对核心课程的要求应该比现行的要求更加严格才行。学生的确应该在中学时选择恰当数量的科目，但核心课程的质量必须得到加强，才能为学生提供在大学或工作中成功的

---

〔1〕 约翰·I.古德莱德，"旧观念的新看法：核心课程"，《教育领导》(1986 年 12 月—1987 年 1 月)，pp. 8—16；理查德·W.赖利：《世界一流标准：教育改革的关键》(华盛顿特区：美国教育部，1993)。

〔2〕 国家优质教育委员会：《国家处在危险之中：教育改革势在必行》(华盛顿特区：美国政府印刷局，1983)；约翰·卢瑟，"核心课程"，《教育研究初学者》(大颈出版社，2008)，pp. 1—6。

〔3〕《2007 年美国教育统计年鉴》(华盛顿特区：美国政府印刷局，2007)，表 140，网址：http://nces.ed.gov/programs/digest/d07/tables/dt07_140.asp。

〔4〕《2007 年美国教育统计年鉴》，表 144。

〔5〕 "研究表明核心课程未能让学生充分作好上大学的准备"，《美国地方教育委员会杂志》(2007 年 7 月)，p. 7。

机会[1]。

还有一些批评者认为，核心课程因为只关注进程和内容，而忽视了教育的重要组成部分“学生”。下一节中我们将考察把学生放在课程中心的其他课程方法和理论。

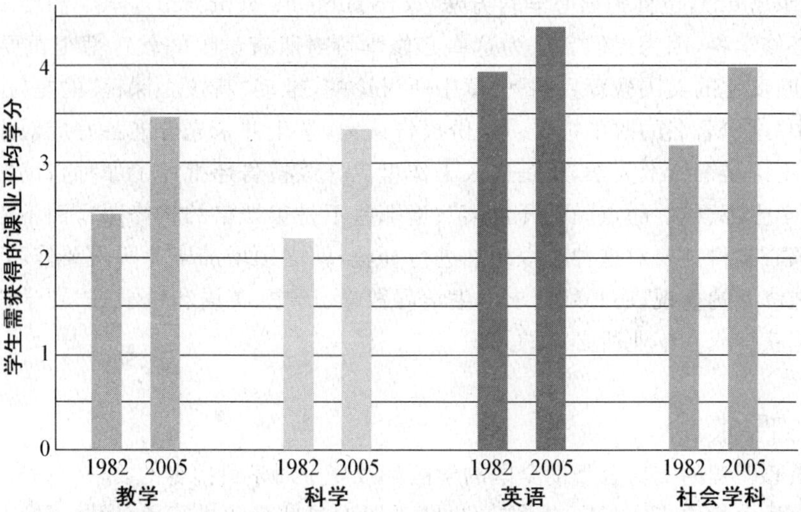

图 14.1 中学课业完成情况的变化(1982—2005)

【资料来源】《2007 年美国教育统计年鉴》(华盛顿特区：美国政府印刷局，2007)，表 140。

二、学生中心课程

重视学生的需求

与学科中心课程完全相反，各种类型的**学生中心课程**(student-centered curricula)很注重学生的兴趣和需求，包括对学习情感方面的关注。从最极端的做法看，以学生为中心的课程源自于让·雅克·卢梭的哲学思想，卢梭积极鼓励儿童的自我表达。卢梭哲学思想的深层观念是必须让儿童用自己的方法独立处理问题，要允许儿童拥有成长必需的创造力和自由。

进步主义的影响

进步主义教育推动了现代学生中心课程的发展。进步主义教育工作者相信，当学习者的兴趣和需求与课程相结合的时候，学生内在的学习积极性才能被激发，学生的

〔1〕 美国大学入学考试机构：《严格的风险：重申中学核心课程的质量》(爱荷华州爱荷华市：美国大学入学考试机构，2007)。

学习将会更加成功。这并不意味着学生的奇思妙想或一时的兴趣都可能决定课程的制定。但是，对学生中心课程的一种批评就是，这种课程有时忽视了重要的学术内容。

杜威呼吁保持平衡

约翰·杜威是学生中心课程的主要倡导者之一，他试图建立一种能在学科课程与学生兴趣和需要之间保持平衡的课程。早在1902年，杜威就指出这两种极端课程的错误，他认为学生既不是"一个只知道听话、接受事实的容器"，也不是学校活动的"出发点、中心和终点"[1]。他试图强调在保持好两者平衡的同时，创建一个能让儿童为现代民主世界作好准备的课程。

随着时间的推移，现在至少已经形成了五种学生中心课程的组织方案，它们分别是：活动中心课程、相关课程、人本主义课程、替代性或自由学校以及价值中心课程。

活动中心课程

生动、有目的的活动

活动中心课程(activity-centered curriculum)运动对公立小学产生了极大的影响。威廉·克伯屈(William Kilpatrick)是杜威的同事之一，也是这场运动的早期领导者。与杜威不同的是，克伯屈相信教师无法预知儿童的兴趣和需求，因此要事先制定课程是不可能的。他因此攻击传统的学校课程与现实生活无关、脱离现实生活，进而提倡学校要尽可能让教学活动有目的性、与生活相关、生动有趣，还要与学生的需求和兴趣挂钩，[2]如开展小组游戏、戏剧表演、讨论故事项目、野外实地考察、考察社会企业及兴趣中心等。活动中心课程所有各方面的内容都涉及问题解决和学生的积极参与。这些课程同样也很重视学生的社会化，以及形成紧密的学校与社区的联系。因此，即使今天这些课程依然很适用。

建构主义

在"教育的哲学基础"一章中，我们介绍了"建构主义学习理论"的最新发展情况，这种学习理论也吸收了上述观念和其他类似的一些理念。建构主义者可能使用这样的活动中心课程，让学生在这些活动中与知识和其他学生之间形成(脑力的和身体的)

---

〔1〕 约翰·杜威:《儿童与课程》(芝加哥:芝加哥大学出版社,1902),pp. 8—9;威廉·J. 里斯,"进步主义教育的起源",《教育史季刊》(2001年春季刊),pp. 1—24。

〔2〕 威廉·H. 克伯屈,"设计教学法",《师范学院学报》(1918年9月),pp. 319—335;里奥纳德·J. 沃克斯,"后工业时代教育中的设计教学法",《课程研究杂志》(1997年7月),pp. 391—406。

积极互动,以此为自己建构意义和新知识[1]。

相关课程

20 世纪 30 年代末期,一些进步主义改革者开始抱怨传统的学校课程已经变得与生活毫不相关,这种课程已无法适应社会的变化,因为其所重视的技能和知识都与危机中的现代民主社会无关。20 世纪 60 年代和 70 年代,人们开始重新关注**相关课程**(relevant curriculum),但侧重点有所不同。批评家们对这种课程是否能反映不断变化的社会状况关注较少,关注更多的是这种课程是否与学生个人的需求和兴趣相关。

实施的选择

今天,这种方法的支持者认为,这种方法能让那些不适合传统课程的学生获得最佳收益。教育工作者可以用以下几种方式来实施这种课程:(1) 通过自主探究和特殊项目等教学方法来使教学个别化;(2) 对现有的课程进行修订或将学生关注的某个主题编制成新课程,例如环境保护、毒瘾、贫困及不宽容等;(3) 为学生提供可选择的教育(如选修课和开放课堂),允许学生有更多选择的自由,并满足情况特殊的学生的需求,如那些无家可归的学生;(4) 通过社区服务项目和野外实地考察等手段,把课程扩展至学校校园之外[2]。

人本主义课程方法

心理学基础

人本主义课程方法(humanistic approach to curriculum)很重视那些与态度和情绪有关的情感结果,而不仅仅是认知结果。这类课程在很大程度上吸收了心理学家亚伯拉罕·马斯洛、卡尔·罗杰斯及阿瑟·库姆斯(Abraham Maslow, Carl Rogers and Arthur Combs)的工作成果[3]。支持人本主义教育的人认为,当代学校课程遭到惨败,教师和学校都只知道强调认知行为的发展和控制学生,这一切都是从成人的利益出发,而不是为了学生的利益。人本主义教育工作者不仅仅重视情感过程,他们还试

---

〔1〕 洛依斯·T. 斯托弗、葛罗瑞亚·A. 纽波特、詹姆斯·C. 劳勒:《在中等学校创建互动环境》(华盛顿特区:全国教育协会,1993),pp. 20—23;詹姆斯·H. 万西瓦,"母亲、苹果馅饼和差别化教学",《卡潘》(2005 年 3 月),pp. 534—535。

〔2〕 迈克尔·W. 阿普尔、琳达·克莉丝提安-史密斯:《教科书政治学》(纽约:劳特利奇书局,1991);威尔玛·门切斯,"为西班牙裔儿童提供一种文化相关课程",《多元文化教育》(2001 年春季刊),pp. 18—20;朱莉·兰兹曼,"承载希望的人",《教育领导》(2006 年 2 月),pp. 26—32。

〔3〕 亚伯拉罕·H. 马斯洛:《迈向存在心理学》(纽约:凡诺兰德莱因霍尔德出版社,1962);阿瑟·W. 库姆斯:《教学的个性方法:成就差别的信念》(阿伦与培根出版公司,1982);卡尔·罗杰斯:《学习的自由》(第 2 版)(俄亥俄州哥伦布:梅林出版社,1983)。

图追寻更高的精神、意识、审美和道德等领域的发展[1]。他们强调教师与学生之间、学生独立和自我指导之间,以及更多地接纳自己和他人之间的更有意义的关系。从人本主义的观点来看,教师的角色应当是帮助学生应对他们的心理需求,建立一个积极的课堂环境,这个环境能培养学生的积极自尊,促进学生间的自我理解,从而使更有效的学习成为可能。

选择性学校或自由学校课程

学生的自由

在**选择性学校或自由学校**(alternative or free schools)内,你很可能发现学生中心课程方案的使用。这类学校通常属于私人或实验性办学机构,有些则是由对公立学校不满的家长和教师组建。这些学校的主要特点是给予学生更多的自由、教室里吵吵闹闹,另外就是通常有一个结构松散的学习中心,在那里学生可以自由探索自己感兴趣的东西。尽管这些学校的很多理念都源自知名的进步主义以学生为中心的学说,但大多数这类学校还是被认为是非常激进的、反主流教育的学校。

有关自由学校的争论

保罗·弗莱雷、伊凡·伊里奇、赫伯特·科尔和约翰·霍尔特(Paulo Freire, Ivan Illich, Herbert Kohl and John Holt)等都很强调建立以学生为中心的选择性学校或自由学校的必要性,而且事实上他们已经建立了很多这类学校[2]。然而批评者却责备这些学校,认为在这些学校里几乎没有认知方面的学习,也几乎没有纪律和秩序。这类学校的支持者反对这种说法,认为在以学生为中心的选择性学校内,学生实实在在地在学习,这种学习并非一味强调一致性,相反是让学习适合每个学生,迎合他们的需求。

---

〔1〕 凯罗尔·维斯瑞尔、内尔·诺丁斯:《学校中的关爱所面临的挑战》(纽约:师范学院出版社,1992);艾略特·艾斯纳:《教育想象力》(第3版)(纽约:麦克米伦公司,1993);乔纳森·科佐尔,"国家的耻辱",《卡潘》(2005年11月),pp. 265—275;艾伦·C. 奥恩斯坦,"教学中的关键问题",选自艾伦·C. 奥恩斯坦、爱德华·F. 帕亚克、史黛丝·B. 奥恩斯坦(编辑):《当代课程问题》(第4版)(波士顿:培生教育集团公司,2007)。

〔2〕 见保罗·弗莱雷:《被压迫者的教育学》(纽约:赫尔德和赫尔德出版公司,1970);伊万·伊里奇:《非学校化社会》(纽约:哈珀与罗出版公司,1971);丹妮·瑞威奇:《陷入困境的改革运动》(纽约:基本图书公司,1983);亨利·A. 吉鲁:《作为知识分子的教师》(马萨诸塞州格兰比:伯金和嘉维出版公司,1988);若恩·米勒,"约翰·霍尔特:他的预言之声",《教育革命》(2002年秋季刊),pp. 28—33;卡米尔·A. 里尔、谢莉尔·M. 兰格,"选择性学校为有残障和没有残障的学生提供服务:现有问题和挑战",《防止学校失败》(2003年冬季刊),pp. 59—65。

公立选择性学校

第二种选择性学校的类型是由公立学校系统为那些一直有纪律问题或表现出危险行为的学生专门开设的学校。这些学校开办的假设前提是学校系统必须进行变革，从而能提供更灵活的学习方法。在制定创新性课程和运用多样化教学方法方面，这类学校通常很重视教职员工间以及员工和学生间更紧密的协同合作。学生通常是经过重新分配而来到这类学校的，在他们的行为得到改善后，就可以重新回到原来的传统学校内[1]。

从职前到实践

课程的选择

桑德拉·海伦斯基、鲍比·欧文斯和劳拉·瑞特里尼是弗雷德里克·道格拉斯(Frederick Douglass)中间学校的新教师，刚刚开始教学工作。他们都被分配到7年级学生教学组，桑德拉负责教英语，鲍比教生命科学，劳拉是乐队教师。所有人都会说他们应该把教学生做人放在第一位，而应该把所教的科目放在第二位。

今天，教师休息室内的讨论在不断升温，因为他们正在与弗雷德里克·道格拉斯这所学校内几个最有经验的教师讨论几个他们关心的问题。

维波女士是一名老教师，她说："我不明白你怎么会花时间给学生上'品德'课，如果你想让学生都通过三月份的全州成绩评定，你肯定要把精力集中在数学、阅读这些要考试的内容上。如果你想在这所学校呆的时间长一点，我想你就应该时刻确保你的学生能书写正确、阅读良好、能做好数学题。另外，你还必须非常小心，你确定自己知道社区或家长的价值观吗？如果你对多样性保持宽容的态度，而其中还包含对同性恋的宽容，那么很多保守的、有宗教信仰的家长就会不高兴。这是很容易被误解的，而且也很容易伤害别人。"

"但是，如果我碰到非常好的机会，能通过一些特殊项目或分发图书来教学生州课程中与价值观有关的概念，同时还能把学生的需求和兴趣运用到教学中，我为什么不应该这样做呢？"桑德拉回应到，"例如，为什么学生不能学习寻找和评价作者对诚实的陈述，这和他们能学会寻找隐喻和评价隐喻一样容易。"

鲍比说："我正在把一些强调尊重环境的活动放进我的教学中。学生们将要检测水的质量、获取我们县的垃圾填埋场附近的空气标本。然后他们将分组对自己在实验室的实验结果进行分析，最后把报告送至县委委员那里。毫无疑问，用这种教学方法，我们能将多种价值观也包括在内。"他转向那些老教师："你们认为呢？"

一名更有经验的教师回答道："哦，我可能首先确定我的时间是否得到明智的使用。那种活动会远离你的，在你明白这一点之前，你应该知道三月份就要到了，你的学生还没有为全州考试作好准备。所以，你要仔细考虑如何制定和实施你的教学目标。"

---

〔1〕 玛丽·梅杰·奎恩、杰弗里·M.波伊莱尔、苏珊·E.帕力特、罗伯特·A.戈博、史蒂文·W.托奈森，"对有效采用选择性课程的学校的氛围的考察"，《防止学校失败》(2006年秋季刊)，pp. 11—17；彼得·E.奥利瓦：《课程的编制》(第7版)(波士顿：培生教育集团公司，2009)，p. 281；胡安妮塔·卡曾斯，"田纳西州的课程计划规范了选择性学校教育"，Tennessean. Com网站(2009年2月12日)，网址：http://www.tennessean.com。

续　表

从职前到实践
劳拉插进来说了她的观察，她说每个乐队成员的技能、知识、性情对她来说都很重要。她想确定是否每个学生都很看重自己是这个团队中的一员，同时是否也看重纪律和努力工作，这些都是需要所有成员都具备的，是组成一个成功乐队的要素。“当然，”她说：“我们每个人不论如何都在用自己的方式教价值观。也许我们需要反思的是，我们该教什么价值观才能公正地处理日常的事务。” 思考问题 1. 这三位新教师有哪些共同之处？他们所讨论的实际上是哪种课程的组织方法？ 2. 你会对经验丰富的教师对桑德拉的评论做何种反应？你可能会如何回答？ 3. 你支持使用哪种课程？为什么？ 4. 你同意劳拉所认为的所有教师都在教价值观这个观点吗？你期望经验丰富的教师对劳拉的这个观点做出何种反应？

价值中心课程

品格教育

价值中心课程(values-centered curriculum)更通俗的名称是“品格教育”，这种课程非常重视学生道德和伦理的发展。品格教育的支持者认为，越来越多的儿童正表现出有问题的行为和态度，因此，能在课堂内营造出相互尊重氛围的课程方案是相当必要的[1]。我们可以从更广阔的视角来看品格教育的目的，要认识到当今社会中存在的与品格相关的问题，如公司的贪婪、猖獗的吸毒、腐败的政治家等，这些都呼吁学校用品格教育来培养积极的、行为合乎道德的公民。为了达到这个目标，至少有 31 个州已经通过相关法律鼓励或强制实施品格教育[2]。

积极的美德

融入品格教育课程计划的各项办学实践很多，其中包括在学校范围内对那些展示出积极品质特征的学生表示认可，将表现出良好品质的学生名字张贴在学校主要公告板上，或在整个课程中添加那些介绍懂得尊重他人的人物的课文。展出各种积极的美德，例如自律、尊重他人、诚实，让学生在整个学校都能看到这些美德，这种做法也能对

〔1〕 戴安娜・布兰农，“品格教育：它是一种联合责任”，《KDP 大事记》(2008 年冬季刊)，pp. 62—65。

〔2〕 桑福德・N. 麦克唐纳，“美国的品格危机——及该做些什么”，《教育周刊》(2008 年 10 月 8 日)，p. 25；卡罗・戈博・欧瑞德，“改善学业、行为和品格”，《领导力》(2008 年 11 月/12 月)，pp. 26—29。

某些品格教育方案起促进作用[1]。

批评者关注的问题

这种将品格教育融入课程的做法引起了人们的很多关注，其中一个关注是：这种为学校制定的教育方案可能仅仅是在试图教化学生。学生接受如何做出合乎道德的行为训练，而不是参与分析思考什么是合乎道德的。通常情况下，学校的品格教育以奖励为基础，批评者们声称这种奖励机制只能鼓励学生为获得奖励而好好表现，而不是有意识地决定做出合乎道德的行为[2]。另一种批评认为，试图将品格教育融入课程的做法是低效的，也占用了学校用来完成自己应该承担的学术使命的时间[3]。

共同核心价值观

尽管各种批评之声不断，但很多教育工作者还是坚持认为，尽管我们的社会如此多样，把品格教育方案融入我们的学校，并建立一系列代表美国共识的价值观是可能的。例如，表 14.1 中列出了马里兰州巴尔的摩县学校系统的学生手册中所包含的“共同核心价值观”。这些共同核心价值观在整个课程中都得到重视，尤其是在社会学科和英语课中。尽管对某些概念，如“正直”、“爱国主义”和“宽容”等还没有确切的定义，这可能会让人们难以加以判断，但很多教育工作者依然相信找到类似的共同核心价值观是美国所有学校刻不容缓的责任。

三、课程对比回顾

正如我们前面所提到的那样，以学科为中心的课程和以学生为中心的课程代表了课程统一体的两个相反的极端。你将发现大多数美国的学校教育位于这两个端点中间的某个点上，在学科内容和学生需求间保持着一种细微的平衡，也在学生发展的认知和情感维度间保持平衡。

---

〔1〕 琳达·英雷，“价值观：隐性的课程”，《教育领导》(2003 年 3 月)，pp. 69—71；莎拉·艾弗龙、帕米拉·约瑟夫，“道德教育的七个世界”，《卡潘》(2005 年 3 月)，pp. 525—533；德隆·波义尔斯，“你想要那样的价值观吗”，《课程理论化杂志》(2005 年夏季刊)，pp. 45—62。

〔2〕 琳达·达琳，“公民教育的必要道德维度：我们该教什么”，《教育思想杂志》(2002 年 12 月)，pp. 229—247；阿尔菲·科恩，“品格教育的批判性考察”，选自艾伦·C. 奥恩斯坦、爱德华·F. 帕亚克、史黛丝·B. 奥恩斯坦：《当代课程问题》(第 4 版)(波士顿：培生教育集团公司，2007)，pp. 192—207。

〔3〕 肯尼思·戈德温、卡莉·奥斯布鲁克斯、瓦勒里·马丁兹，“在公立和私立学校中教学生学习宽容”，《卡潘》(2001 年 3 月)，pp. 542—546；黛布拉·维阿德罗，“只在少数几个品格教育计划中发现存在积极影响的证据”，《教育周刊》(2007 年 6 月 20 日)，p. 20。

表 14.1 马里兰州巴尔的摩县公立学校确定的“共同核心价值观”

同情心	正直	推理论证
礼貌	公正	尊重他人的权利
批判性探究	知识	责任心
正当法律程序	忠诚	负责的公民
机会的平等	客观性	法律的规则
思想和行动的自由	秩序	自尊
诚实	爱国主义	宽容
人的价值和尊严	理性赞同	真理

思考问题

1. 在表 14.1 中所列的各种核心价值观中，你认为哪些是最重要的，为什么？
2. 你还想将哪些核心价值观加入该列表？

【资料来源】《巴尔的摩县公立学校学生手册(2008—2009)》，(马里兰州陶森：巴尔的摩县公立学校，2008)。

学校哲学的影响

有关应该教什么，以及该如何组织教学课程，这些方面的决定经常会受到学校系统或学校的哲学倾向的影响。更加传统的学校会赞同永恒主义或要素主义的哲学观，也就更倾向于采用以学科为中心的课程。而那些更倾向于进步主义教育的学校，很可能使用以学生为中心的课程。概述 14.1 总结了各种以学科为中心和以学生为中心的课程观，以及它们相对应的哲学思想、内容重点及教学重点。在你开始严肃思考你想到哪个学区和哪所学校就职的时候，你可以考虑问面试者一些有关课程组织的问题，以确定你的哲学观与这个学区或学校的观点是一致的。在下一节中，我们要开始讨论课程编制的过程，以及因此引发的主要问题。

焦点问题回顾：本章开头列出的问题中，有一个问题是要求你关注课程内容是如何反映社会变迁的。你认为哪种社会变迁已经成为驱动课程重点改变的最重要因素？在你看来哪种社会变迁是最重要的？为什么？

概述 14.1 课程的组织方法

课程方法 学科中心课程	对应的哲学思想或理论	内容重点	教学重点
学科领域	永恒主义、要素主义	读写算；学术性科目、职业性科目、选修科目	知识、概念和原理；专门知识

续 表

课程方法 学科中心课程	对应的哲学思想或理论	内容重点	教学重点
永恒主义	永恒主义	读写算；人文学科；古典著作；永恒的价值观；学术严谨性	机械记忆；专门知识；心智训练
要素主义	要素主义	读写算；人文学科和科学；学术性学科；学业优异	概念和原理；问题解决；基本技能
回归基础	要素主义	读写算；学术性科目	具体知识和技能；操练；获得可测量的结果或能力
新核心课程（核心学科）	永恒主义、要素主义	面向所有学生的共同课程；关注学术性	共同知识；智力技能和概念；价值观和道德问题
学生中心课程			
活动中心课程	进步主义	学生需求和兴趣；学生活动；学校-社区活动	积极的、实验性环境；设计教学法；有效的生活
相关课程	进步主义、社会改造主义	学生体验和活动；感觉到的需求	社会问题和个人问题；反思性的思维
人本主义课程	进步主义、社会改造主义、存在主义	自省；选择；情感过程	个体和群体学习；灵活的、艺术性的、心理的方法；自我实现
选择性学校或自由学校	进步主义	学生的需求和兴趣；学生体验	以玩耍为导向；创造性表达；自由的学习环境
价值中心课程（品格教育）	社会改造主义、存在主义	民主价值观；伦理与道德价值观；跨文化的和普遍的价值观；选择和自由	感觉、态度和情感；存在主义的思维；决策制定

第二节 课程编制的问题

无论是学科中心课程，还是学生中心课程，编制课程的过程都包含了以下两个步骤：(1) 评估所有学习者的需求和能力；(2) 选择或创建能满足这些需求的教学材料和教学活动。

国家级和州级课程

由于近年来对课程标准和成绩评定的重视,国家级课程的制定发挥了更具影响力的一种作用。在州这一级别,课程编制的强度在各州各不相同。每个州教育厅至少都根据《不让一个孩子掉队》法案的要求制定了州级课程标准、成绩评定计划,并在一定意义上提出了相应的课程建议。这些标准和计划可能是在课程顾问和大学教授的协助下,由州教育厅的专业人员小组负责制定的。在过去,州出版的课程指导通常把焦点放在受到广泛关注的问题上,例如需要加强数学和科学课程的建设等。然而在今天,州制定的课程指导原则更加具体,包含了系列的"核心学习目标"或"州学习结果要求"以及教学材料。这些教学材料要么是强制使用,要么是推荐使用,都与州制定的课程标准保持一致〔1〕。

地方一级的课程

课程编制最主要的责任落在了地方学区的肩上,或者随着校本管理的推广越来越广泛,课程编制的责任可能由学校自己承担。大型学区有资源来聘用专业的课程编制人员,包括学科专家和成绩评定协调员等。小型学区通常把课程编制的任务分配给教师小组,这些教师小组按科目或年级水平来组成,有时家长、学校行政管理人员,甚至学生都能参与课程的编制。

大学入学标准对中学课程的选择影响很大。近年来,人们努力让学前到大学四年的课程连贯起来,这种做法也被称为 P-16 年级衔接(一种从儿童早期一直延伸到四年大学程度的连贯的教育制度,译者注),就是设想建立一个无缝衔接、相互关联的课程体系,以明确初等学校、基础学校、中等学校要学习的内容,为学生在大学的成功学习作好准备〔2〕。

教科书的影响

课程制定的另一个主要影响,也是常常被低估的一个影响因素就是教科书。一直以来,教科书是小学最初几个年级之后各级教育最频繁使用的教学媒介。同样,教科书也主导了课程进程的本质和顺序,还深深影响了学生的学习体验。因为课程的进程通常都要与教科书所提到的主题保持一致,尤其是在学区缺乏课程专家的情况下,教科书就体现了教科书作者的知识和偏见。因此,了解那些主宰着教科书的撰写和出版的一些因素,对你而言是非常重要的。

---

〔1〕 詹姆斯·W. 珀普汉姆,"课程很重要",《美国地方教育委员会杂志》(2004 年 11 月),pp. 30—33;芭芭拉·瑞斯、格伦达·拉彭,"共识还是混乱",《卡潘》(2007 年 5 月),pp. 676—680。

〔2〕 迈克尔·克斯特、安德鲁·威利斯亚,"缩小中等教育和高等教育间的巨大鸿沟",《卡潘》(2001 年 9 月),p. 97;约翰·R. 霍伊尔、蒂莫西·M. 库特卡,"让美国在 21 世纪保持在平等主义的边缘:为所有学生统一幼儿园-12 年级和中学后教育",《理论应用于实践》(2008 年秋季刊),pp. 353—362。

教科书的局限性

为了得到广泛的使用，赢得更大的潜在市场，教科书的内容往往很全面、没有争议性，而且缺乏特色，因为这些教科书通常是针对全国的读者来编写的，所以教科书作者会忽视一些地方或区域性的问题。由于针对的是数量最多的普通学生，这些教科书可能无法满足某些特殊群体或个体的需求和兴趣。同时为了尽量满足不同的州教育厅制定的标准，出版商会把多种话题和大量的事实囊括在教科书中，但几乎没有留下让学生进行概念思维、批判分析及评价的空间。由于教科书很昂贵，教科书的开支在学区自主开支中的比例很大，因此在应该更换教科书的时候，学区往往会选择继续使用旧的教科书[1]。

教科书的优点

虽然面临这么多的批评，但为什么教师还是非常倚重教科书呢？这个问题的答案是因为教科书也有很多优点。一本教科书能为教师提供一个用来规划上课内容和程序的大纲；对大量的相关信息进行了总结；能让学生方便地把大多数课程资料带回家；为所有学生提供了都可以参照遵循的公共资源；包含了有助于学生理解的图片、图表、地图和其他说明性材料；教科书通常还包括其他的教学辅助材料，如总结和复习问题等[2]。此外，教科书作者和出版商也会制作一些帮助教师达到州级标准的材料。简言之，只要正确选择和使用教科书，教科书就是一种合意的工具。但是，教科书不应该仅仅是学生获取知识的来源，也不应该限定了整个课程。

课程审查的趋势

有关课程编制的另一个问题就是课程**审查制度**(censorship)的问题。美国图书馆协会(ALA)对审查制度的定义是“消除某些人，包括个人、群体或政府官员认为有异议或危险的观点和信息”[3]。在那些为学校准备了教学材料列表的州内，“限制学生阅读内容”的趋势正在增长。最近，《独自和解》和《巧克力战争》这两本书也被列入了有异议的图书名册。如今，几乎所有包含政治或经济秘密、淫秽、性、裸体、脏话、俚语或值得怀疑的英语、伦理或种族的敏感材料，或者任何可能被解读为反家庭、反宗教或

---

〔1〕 哈维·丹尼尔斯、史蒂文·日梅尔曼，“扔出教科书，找回学习”，《教育领导》(2003年12月/2004年1月)，pp. 36—40；吉尔伯特·T. 西沃，“教科书的出版”，《卡潘》(2005年3月)，pp. 498—502；史蒂文·沃克，“为什么要上学”，《卡潘》(2007年5月)，pp. 648—658。

〔2〕 艾伦·C. 奥恩斯坦，“教科书驱动的课程”，《皮博迪教育杂志》(1994年春季刊)，pp. 70—85；杰斯·E. 豪斯、罗斯玛丽·T. 泰勒，“学习的杠杆作用：考试分数、教科书和出版商”，《卡潘》(2003年3月)，pp. 537—541。

〔3〕 美国图书馆协会，“维护知识自由和审查制度的常见问题与回答”，(美国图书馆协会，日期不详)，网址：http://www.ala.org/ala/aboutala/offices/oif/basics/intellectual.cfm(2009年3月)。

反美国的教学材料，都常常遭到审查和删除[1]。此外，学生在线访问各种网站和社交网络也让教师和家长非常担心[2]。

微妙的审查

尽管审查通常都是公开进行的，但也可以以一种很微妙的方式进行。课程开发者可能悄然避开会引起社区争议的问题和材料，而且教科书还可能省略那些可能让特定读者或利益集团感到不安的主题。甚至教科书中的图片也很重要，一些组织会对教科书中的图片数量进行统计，将某个族群与另一个族群的图片数进行对比，也可能对比男孩与女孩、商业和劳工的图片数。专业协会在建议对某一学科的内容进行更改，或是想暗自阻止某种其他教学法的使用时，同样也会实施某种形式的审查。教育工作者必须对课程审查制度具有敏感性，因为这是你在教师职业生涯中很可能碰到的一个问题。在处理这类问题时，我们经常发现，赫伯特・斯宾塞提出的基本问题“什么知识最有价值”，已经变成了“谁的知识最有价值”[3]。

随着教学越来越专业化，人们更多地期望教师能应对课程选择和选择课程时出现的复杂问题。为了避免让课程变成一个“政治足球”，这是迈克尔・阿普尔(Michael Apple)发明的一个术语，[4]你就必须对社区关注的问题、州级标准和学生的需求都有一个全面的了解。

焦点问题回顾：如果你感到审查教学材料的压力，或是遵循教科书规定的课程带来的压力，作为一名教师，你该如何应对？

第三节 教学方法

课程与教学的相互关系

尽管教育工作者对课程有着不同的定义，但大多数人都认识到课程和教学是相互关联的。课程的实施必须依赖于教学，包括教学的策略、材料和方法。大多数教师将各种不同的教学策略融入到自己的课堂中，甚至超过了课程的方法。人们在持续不断

〔1〕约翰・里奥，“现在把那些东西删掉！”，《美国新闻和世界报道》(2003年6月30日)，p. 8；弗兰・福克-罗斯、吉恩莱塔・卡布兰，“对审查制度的质疑”，《今日阅读》(2008年4月)，p. 20。

〔2〕杰里・M. 维斯，“轰隆隆、重拳出击、崩溃！审查制度的怒吼”，《青少年文学联合会(ALAN)评论》(2002年春季、夏季刊)，pp. 54—57；史蒂文・C. 斯科兹曼，“审查还是不审查”，《教育领导》(2002年12月)，pp. 87—88；玛丽・安・贝拉，“房间里的大象”，《学校图书馆杂志》(2007年1月)，pp. 40—42。

〔3〕大卫・L. 马丁森，“学校审查制度：存在形式多样，并非所有都是公开的”，《信息交流中心》(2008年5月)，pp. 211—214；派特・斯科尔斯，“举起手来！”，《学校图书馆杂志》(2008年11月)，p. 27。

〔4〕迈克尔・阿普尔，“有要求收回的课程呼声吗”，《卡潘》(1990年3月)，pp. 526—530。

地寻找新的教学方案和教学方法。尤其在过去的40年里，我们已经看到，为了提高学生的学习结果，让学生成为更高效的学习者，学校付出了大量努力。

尽管我们不能对所有主要的教学革新进行调查，但是下面各节中将要描述的是一些已经引起教育工作者很大关注的教学革新。在“美国学校效能与学校改革”一章中，我们将在学校改革和学校效能的这个背景下探讨教学方法这个主题。

一、差别化教学

让学习者的潜能最大化

近年来，教育工作者使用了**差别化教学**(differentiated instruction)这个术语来描述一种使用个性化教学技巧的方法，这种方法主要针对今天教室内学生中存在的巨大差异问题〔1〕。差别化教学法是个性化教学的一种形式，目标是最大限度地发挥每个学习者的潜能。这种教学法同样被描述为是使教学与个体学习者的需求相匹配的方法〔2〕。

学习的多种途径

差别化教学的一个关键要求是，课程的重心强调建构理解，而不是积累事实。首先，教师要清楚地明确学生应该知道、了解什么，同时学生应该发展何种技能；然后计划好能让学生参与的、富有挑战性的课堂体验；结合各种可能吸引学习者的媒体，提供多种作业选择让学生完成；最后还要总结出一系列可用的教学方法。在完成教学任务时，让学生选择分组方法也是很常见的。换言之，也就是给学生提供多种路径以达到一个单元课时预设的学习目标。这种教学方法的设计就是为了让学生参与，因为这种方法向学生展示了他们的经验与正在学习的课程间的联系。最根本的是，教师必须了解学习者的知识和技能水平，这样才能实施差别化教学，并达到事先制定的课程目标〔3〕。

差别化教学的支持者认为，这种教学方法特别适合21世纪课堂的一种教学策略。正如《不让一个孩子掉队》法案所要求的那样，所有学生都应该在学校获得成功，教室很可能更多地按照异质分组。那些过去可能被分到差班的差生，现在很可能被混编到更好的班级，以达到更高的学术标准。此外，随着学校继续将有特殊需求的学生包容

〔1〕 彼得·F.奥利瓦：《课程的编制》(第7版)(波士顿：培生教育集团公司，2009)，p. 268。

〔2〕 卡罗·安·汤姆林森，“制定差别化教学的路线图”，《教育领导》(1999年9月)，pp. 12—16；朱莉·安·哈特威尔，“差别化教学入门”，《新教师支持者》(2006年冬季刊)，pp. 6—7，12。

〔3〕 洛里·图基，“差别化”，《卡潘》(2002年9月)，pp. 63—65；詹妮弗·卡罗兰、阿比盖尔·桂恩，“差别化：专家教师的经验教训”，《教育领导》(2007年2月)，pp. 44—47。

进来，教室里可能会更具多样性。在这些学生努力掌握课程的时候，根据学生不同的需求而采用不同的教学方法，这就是差别化的教学方法，但并不是要使教学内容有所差别。这种教学法期望能达到的目标是，让所有学生对期望他们掌握的内容都应该达到一个相似的掌握程度[1]。

实施的困难

差别化教学的批判者认为，这种教学法太耗费时间，教师不可能不顾及自己所面临的其他要求而优先实施这种教学法。一些家长也抱怨，认为教师与其他小组的学生一同工作时他们的孩子可能被忽视[2]。

二、合作学习

竞争与合作

在过去30年间，合作学习而不是竞争学习已获得人们的认可，合作学习被认为是向学生实施教学的最佳方法[3]。在传统课堂结构中，学生要相互竞争以获得教师的认可和评分。相同的学生在多年后会因为其能力和成就的不同而被贴上"成功者"或"失败者"的标签。在这种典型的学校环境中，成绩好的学生不断获得奖励，从而激励他更加努力地学习，而差生则不断经历失败（或近似失败）和挫折。**合作学习**（cooperative learning）的观念就是要通过减少学生之间的竞争，增强学生的合作来改变传统的课堂结构，消除学生之间可能存在的敌对情绪和紧张压力，从而提高所有学生的成绩。

参与的动机

在合作学习中，学生分成小组共同学习，从而能满足人类相互交往的需求。另外，由于在努力达到一个共同目标的过程中，学生都在对群体作出了自己的贡献，所以他们都能主动参与到这个积极的学习体验中[4]。

一般而言，合作学习策略是经过精心组织的，这样就能在小组成员中形成一种积极的相互依赖关系。在大多数异质分类的小组中，身处其中的每个小组成员都必

〔1〕 詹姆斯·H. 万西瓦，"母亲、苹果馅饼和差别化教学"，《卡潘》(2005年3月)，pp. 534—535。

〔2〕 詹妮弗·卡罗兰、阿比盖尔·桂恩，"差别化：专家教师的经验教训"，《教育领导》(2007年2月)，pp. 44—47；凯特·法瑞希，"东哈特福德为不同阅读水平学生量身定做的差别化教学"，《哈特福德新闻报》(2009年3月6日)，网址：http://www.courant.com/news/education/。

〔3〕 伊丽莎白·G. 科恩、赛莱斯特·M. 布罗迪、玛利亚·莎彭-谢文(编辑)：《合作学习的教学：教师教育的挑战》(纽约州奥尔巴尼：纽约州立大学出版社，2004)。

〔4〕 南希·普罗瑟罗，"儿童怎样学习"，《校长杂志》(2007年5月/6月)，pp. 41—44。

合作学习为学生提供了在学校体验成功的新机会，同时也帮助他们形成了一系列人际关系技能和个人技能。

须贡献自己的力量以帮助完成小组任务。对每个小组成员来说为小组作出自己个人的贡献也是非常必要的，这是对个体责任的要求。在任何合作学习活动的最后，小组创造的最终产品必须包含每个成员的参与，这样就能保证小组任务的完成。为了让合作努力取得成功，学生必须培养积极的人际关系技能，同时也能体验面对面的相互交往[1]。

合作学习的益处

根据对相关研究的回顾，人们发现合作学习能：(1) 增强自尊；(2) 获得积极的学术成就；(3) 减少种族冲突；(4) 鼓励倾听、参与和移情；(5) 增加对全纳班级中有特殊需求学生的接纳；(6) 增加积极的课堂参与。这些数据也表明，合作学习在培养积极的人际态度、行为、价值观和技能方面都是非常有效的[2]。

“切块拼接”课堂

一种流行的方法

这种方法在当代的课堂实践中非常流行，这种方法也被称为**切块拼接策略**(jigsaw strategy)。在一个切块拼接活动中，一个班被分割成由 5—6 名学生组成的几个异质小组，小组成员合作完成一项任务。小组的每个成员都被指定成为一个较大小组任务中一小部分内容的专家，也就是说，每个小组成员都拿到一个大“拼图”中的一小

〔1〕 马丁·汉兹、罗兰·贝格，“合作学习、激励效应及学生特点：对 12 年级物理课程合作学习和直接教学比较的实验研究”，《学习与指导》(2007)，pp. 29—41；约翰·路易莎，“合作学习”，《教育研究初学者》(2008)，pp. 1—8。

〔2〕 罗伯特·E. 斯莱文：《合作学习：理论、研究和实践》(波士顿：阿伦与培根出版公司，1995)；大卫·W. 约翰逊、罗杰·T. 约翰逊，“让合作学习获得成功”，《理论应用于实践》(1999 年春季刊)，pp. 67—73；朱迪·威利斯，“合作学习开启大脑的活力”，《中间学校杂志》(2007 年 3 月)，pp. 4—13；艾略特·阿朗逊：《切块拼接课堂》(2009)，网址：http://www.jigsaw.org/overview.htm(2009 年 3 月)；南希·普罗瑟罗，“儿童怎样学习”，《校长杂志》(2007 年 5 月/6 月)，pp. 41—44。

块，这样每个学生都必须依靠其他小组成员才能共同完成这个拼图。这些小专家们最后再教他的同组伙伴们他们所拿到的那部分信息，然后小组成员一起将拼图的各个部分拼合在一起，共同完成布置的任务。值得注意的是，为了增加精确度，在教同组其他成员自己拿到的那部分信息之前，学生要和其他组的拿到同样信息的学生一起举行一个专家组成员会谈，共同复习这部分内容并准备一份报告用来教小组其他成员这部分内容。最后的活动是对每个小组进行评价，看他们将拼图拼接在一起的效果如何〔1〕。为了在这样的切块拼接课堂上取得成功，学生必须相互合作以完成布置的任务。

三、直接教学法

认真提前制定的功课

近年来，**直接教学法**（direct instruction）模式已经融入课堂，尤其是在初级学校的课堂内。倡导者认为，直接教学"强调对单元课时进行认真制定、精心策划，课时是围绕小的学习增量设计的，具有定义清楚、提前确定教学任务的设计特征"〔2〕。教师通常采用授课文本，以一种清晰的方式传递信息，在教师组织精良的展示中搭建非常详细的支架，帮助学生逐渐掌握信息的内容。在教师的指引下，授课内容秩序井然、有条不紊，指引着学生的练习和教师的反馈。在教师仔细的引导和清晰精确的教学中，学习者能了解那些必须学习和完成的内容和技能〔3〕。

直接教学法与《不让一个孩子掉队》法案

进入21世纪的最初几年中，《不让一个孩子掉队》法案和美国教育部一直在促进直接教学法的使用。《不让一个孩子掉队》法案非常关注提高所有学生标准化测试的分数，并把重点放在了那些学生成绩低于期望值、成绩不达标的学校，很多的直接教学项目都是针对这类学校的。那些希望遵从《不让一个孩子掉队》法案要求的学校，已经将商业出版社为很多科目编制的直接教学项目纳入学校课程，包括阅读、数学、语言、科学、社会科学、书法，还有为特殊教育准备的直接教学法项目〔4〕。这些项目的共同标志是，课程是由教师引领的，课程内容清晰明确，有授课文本。

---

〔1〕 马丁·汉兹、罗兰·贝格，"合作学习、激励效应及学生特点：对12年级物理课程合作学习和直接教学比较的实验性研究"，《学习与指导》(2007)，pp. 29—41；艾略特·阿朗逊：《切块拼接课堂》(2009)，网址：http://www. jigsaw. org/overview. htm(2009年3月)。

〔2〕 "什么是直接教学"，全国直接教学法研究所(日期不详)，网址：http://nifdi. org/index. html(2009年3月13日)。

〔3〕 南希·普罗瑟罗，"《不让一个孩子掉队》法案驳斥了对有效教学的重要研究"，《教育文摘》(2004年4月)，pp. 27—30；德亚娜·库恩，"直接教学是一个正确问题的正确答案吗"，《教育心理学家》(2007年春季刊)，pp. 109—113。

〔4〕 南希·E. 马尔尚-玛特拉、罗纳德·C. 马特拉、克里斯蒂·奥斯德摩，"直接教学法概述"，《学习新视野》(2005年9月)，网址：http://www. newhorizons. org/spneeds/inclusion/teaching/marchand%20martella%20ausdemore. htm(2009年3月)；"直接教学法是什么"，全国直接教学法研究所(日期不详)。网址：http://nifdi. org/index. html(2009年3月)。

教学资源视频案例

小学各年级的合作学习：切块拼接模式

观看学生学习网站上的视频“小学各年级的合作学习：切块拼接模式”。在这个视频片段中，一名经验丰富的教师将切块拼接教学模式作为一种合作学习策略来增进学生的学习，并最终让自己成为更好的教师。观看视频后，请思考以下问题：

（1）有证据证明合作学习能减少竞争、增加学生间的合作。在这个视频案例中，你看到什么证据能证明这个说法？

（2）在观看视频的基础上，从课堂教师的角度描述一下合作学习的益处和可能遇到的挑战。

（3）本书的课文已经表明，合作学习活动必须建立积极的相互依赖关系和个人的责任心。在这个视频案例中，学生是怎样展示这些的呢？

以证据为基础的教学

直接教学法由于能增加学生标准化的阅读测试分数，尤其是那些低收入家庭学生的阅读分数，所以已经获得人们的认可。使用这种教学模式的教育项目也已获得美国“国家阅读研究小组”和“美国教育部”的支持。这些项目通常会将“基于证据的阅读教学”(evidence-based reading instruction)这个术语与直接教学法联系在一起，因为这种教学法的确提高了学生的考试分数。其他一些支持者认为，直接教学法是科学和其他科目的最佳教学方式。另外还有人声称，直接教学法的应用强化了学生的一些情感行为，如自尊、责任感、对学校的积极态度等[1]。

直接教学法的批评者一般都更加重视以学生为中心的课程，他们对直接教学法以及那些证明这种教学法有效的研究提出了质疑。总体上说，采用直接教学法的阅读项目都系统清晰地吸收了严重照本宣科的自然拼读教学法。这种方法一直以来都遭到批评，原因是过分强调规范，重视孤立的技能，这可能会让孩子成为“单词读者”，但却几乎没有形成理解能力或没有读懂意思的能力。另外，那些提倡在科学课中采用基于问题的学习法的人认为，直接教学法是站不住脚的，因为科学课最基本的教学目标是使学生成为“探究者”，为了达到这个目标，学生必须参与探究[2]。

---

〔1〕 综合学校改革质量中心：《综合学校改革质量中心对小学综合学校改革样板的报告》(华盛顿特区：美国研究学会，2005)；保罗·A. 基尔斯纳、约翰·斯维尔特、理查德·D. 克拉克，“为什么在教学中提供最小限度的指导未能奏效”，《教育心理学家》(2006)，pp. 75—86；伊莱恩·布克维斯基，“教儿童如何阅读”，《KDP 大事记》(2007 年冬季刊)，pp. 58—65；特里希娅·史密斯，“直接教学法”，《教育研究初学者》(大颈出版社，2008)，pp. 1—7。

〔2〕 帕特·G. 威尔逊、普利斯卡·马顿斯、帕纳姆·雅莉、贝丝·奥特沃格，“阅读读本、教学与国家阅读项目”，《卡潘》(2004 年 11 月)，pp. 242—246；兰德尔·J. 瑞德、波顿、詹妮弗·林恩、安·西尔伯格，“1 年级到 3 年级直接教学法影响的纵向研究”，《教育研究杂志》(2006 年 1 月)，pp. 180—191；桑德拉·S. 韦斯特、杰瑞尔德·斯库格，“现行科学教育之战：探究法还是直接教学法”，《得克萨斯州科学教师》(2006 年 4 月)，pp. 8—10；德亚娜·库恩，“直接教学是一个正确问题的正确答案吗”，《教育心理学家》(2007 年春季刊)，pp. 109—113。

四、21世纪所需的技能

培养学生为全球化未来作好准备

在过去几年中，已经有人呼吁扩展课程标准和评价标准，以便能更好地用技能、知识和专长来装备中学学生，让他们在21世纪更好地工作和生活[1]。一个名为“21世纪技能合作伙伴”的倡议小组，就代表了这股推动课程向更综合的方向发展的力量。该小组呼吁通过教育努力培养学生，让他们能在竞争激烈的全球化就业市场中获得成功，同时也能在民主社会中积极履行公民职责[2]。为了让学生掌握21世纪必需的那些建议性技能，课堂教学必须变得比现在的课堂教学更加具有互动性，也更吸引学生。

必备的技能

在现代相互依存的全球化社会里，那些被认为学生必备的技能是：

■ 学习能力和创新技能（如创造力、创新力、批判性思维和问题解决）；

■ 信息能力、媒体和技术技能、核心学科及21世纪的主题（如全球意识、经济素养）；

■ 生活和职业技能（如主动性和自我引导）[3]。

与美国中学的传统做法相反，这些建议注重过程而非内容，因此，就要将这类技能的培养融入现行的课堂教学和课程之中。

例如，在培养学生的批判性思维技能时，应该给学生机会去作判断和达成决定，因为富有成效的成年人必须拥有这类现实世界需要的有价值的技能。这就要求学生对证据进行评估，对不同的观点进行分析，对信息进行综合，最后得出结论，并能对这次经验进行反思[4]。传统的课堂教学将无法满足这种要求，培养这类批判性思维技能的课堂教学要求学生具有团队精神和同伴间的合作能力，有时甚至需要通过电子媒介与其他国家的同龄人进行合作。另外，这种课堂教学还要运用基于问题的学习法，通过这种方法，学生可以运用他们可能在日常生活中遇见的真实世界情境，对具有挑战

---

〔1〕 埃伦·厄尔曼，“行动中的合作伙伴”，《教育更新》(2008年7月)，pp. 3—4；史黛西·特切尔·卡达鲁，“为了让学生为日新月异的未来作好准备，学校开始提供‘21世纪技能’，教师的教学也不仅局限于读写算的基本技能”，《基督教科学箴言报》(2009年1月8日)，网址：http://www.csmonitor.com/2009/0108/p03s03-usgn.html(2009年3月)。

〔2〕 “通往21世纪学习之路”，《各州新闻》(州政府委员会)(2004年8月)，p. 8；“民意调查：美国学生需要21世纪技能”，《今日阅读》(2007年12月)，p. 7。

〔3〕 21世纪技能合作伙伴：《21世纪学习的框架》(亚利桑那州图森：21世纪技能合作伙伴，2009)，网址：http://www.21stcenturyskills.org。

〔4〕 21世纪技能合作伙伴：《批判性思维和问题解决能力》(亚利桑那州图森：21世纪技能合作伙伴，日期不详)，网址：http://www.21stcenturyskills.org。

性的问题和话题进行调查研究[1]。要培养学生的 21 **世纪技能**(twenty-first century skills),教学必须在有吸引力、积极的环境中进行。

另一种时尚?

现在,至少有十个州已经作出承诺,要将 21 世纪技能融入它们的中学课程[2]。尽管支持者认为,随着我们逐渐步入一个更具竞争性的全球化社会,这是课程和教学演进所取得的进步;但批评者认为,这只不过是过去曾经出现过、现在再次出现的"时尚"[3]。他们坚持认为,现行的州级标准已经开始再次关注课程本来应该有的重点,也就是关注内容本身;而那些由于被"软"技能所分心,只重视过程而非特定学科内容知识的人,只会淡化近来对标准和测评的重视。

五、技术增强型教学

联网的教室

科技作为一种教学工具,已经和其他传统教学方法一样成为美国教室里的常见之物。1980 年,全美的学校装备了大约五万台微型计算机。到 1994 年年底,计算机联网的数量急剧增加,但只有 35%的美国学校和 3%的班级能连接互联网。而如今,实际上几乎每所学校和绝大多数教室都与互联网相连,正如图 14.2 所示,一般四名或更少的学生就可以共享一台能连接互联网的计算机[4]。

技术的广泛普及

今天的课堂教学包含了一些典型的技术增强型活动,如文字处理、概念图绘制、电子表格应用、网络研究、幻灯片演示、说明性图形[5]。诸如 WebCT、Blackboard、Moodle 这类课程管理系统通常也支持中间学校和中学的课程实施[6]。另外还有运用很

---

〔1〕 21 世纪技能合作伙伴:《21 世纪的课程与教学》(亚利桑那州图森:21 世纪技能合作伙伴,2007),网址:http://www.21stcenturyskills.org。

〔2〕 凯瑟琳·葛维兹,"各州推动'21 世纪技能'课程的发展",《教育周刊》(2008 年 10 月 15 日),pp. 21—23;格雷格·拓普,"学什么:'核心知识'还是'21 世纪技能'",《今日美国》(2009 年 3 月 4 日)网址:http://www.usatoday.com/news/education/2009-03-04-core-knowledge_N.htm。

〔3〕 杰·马修斯,"注定出现的最新教育学时尚:21 世纪技能",《华盛顿邮报》,(2009 年 1 月 5 日),p. B02;斯蒂芬·索库克,"'21 世纪技能'的支持者受到攻击",《教育周刊》(2009 年 3 月 4 日),网址:http://edweek.org(2009 年 3 月)。

〔4〕《2002 年美国教育统计年鉴》,图 31;卡罗·维诺格莱德·鲍赛尔,"追踪美国教育发展趋势",《教育周刊》(2008 年 3 月 27 日),pp. 39,40;"网络接入现在真正实现了普及",《教育周刊》(教育研究中心编辑项目,2008),网址:http://www.edweek.org/ew/tc/2008/30webonly.h27.html。

〔5〕"州教育协会教育政策问题网站:科技",州教育协会,网址:http://ecs.org/html/issue.asp? print=true&issueID=132&subIssueID=70。

〔6〕 布莱恩特·亚历山大,"网络 2.0 和迫在眉睫的多样化素养",《理论应用于实践》(2008 年 3 月),pp. 150—160。

广泛的升级版程序教学。在很多小学内，学生通过互动的电子数学或阅读程序而不是传统的教科书来学习。这类电子课程通常也符合州级标准，而且在教学完成后，会提供数据表明每个学生技能习得的进步情况。因此，这些课程就能为将来的学习发挥诊断功能[1]。

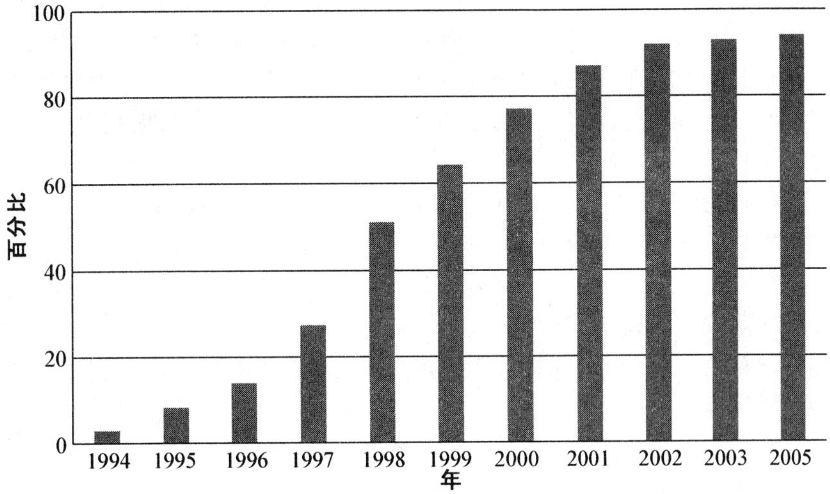

图 14.3 具有互联网接入的公立学校教学房间数

【资料来源】约翰·威尔斯、劳里·路易斯：《1993—2005 年美国公立学校和教室的互联网接入》(华盛顿特区：国家教育统计中心，2006)，网址：http://nces.ed.gov/pubs2007/2007020.pdf。

技术增强型教学融入的实例

最近，美国学校的教师正在通过各种不同方式，实施依赖于技术增强型学习(technology-enhanced learning)的教学策略。例如，为了在中间学校阶段增强学生的文学欣赏能力，根据学生喜欢与他人交流的特点，学校就开设虚拟的阅读小组。来自相距甚远的各个学校的学生组成阅读小组，他们通过视频会议的形式见面，并共同合作分析文学作品。另外，为了迎合学生对手机短信的痴迷，教学也可以设计为链接式电子讨论论坛，鼓励学生对某一首诗或故事交换观点[2]。

在技术增强型的科学课上，学生能通过数字视频观看实验过程，这就允许他们回放和重看实验程序的各个方面。在进行环境科学的野外实地考察时，可以用一台手提电脑来进行水质分析。野外实地考察结束后，学生返回课堂，打印出要用来进行数据

〔1〕 安德鲁·C.马特尔，“在其他学区的公用场地，更多学生在线进行学习”，themorningcall.com 网站，(2009 年 2 月 9 日)，网址：http://www.mcall.com。

〔2〕 莫伦·奥克曼、希瑟·维斯·沃尔什，“在虚拟空间真正地谈论课文”，《中间学校杂志》(2009 年 3 月)，pp. 53—61。

分析的图表，把这些数据放入他们最后的实验报告中。在天文学课上，一个名为“星空之夜”的软件程序能让学生在学校的任何时间观察到夜晚的天空[1]。

科技中学

从上述几个实例中我们可以看出，把教育软件、游戏和其他数字化学习方式融入课堂教学，是已经获得认可的教学实践方法。技术不仅能融入课堂，还有很多学校系统正着手于让整个学校都成为技术革新的重点，从而能提供让学生获得科技技能的教学，这些技能是他们能在21世纪的经济生活中取得成功的必备技能[2]。

在这些被称为“高科技中学”的学校中，纳帕谷联合学区占据领导地位。从1996年起，该学区将科技整合至一所名为“新科技中学”(NTHS)的教学项目中。新科技中学很重视以项目为基础的学习，在这种学习活动中，学生掌控自己的学习，同时使用计算机(这个学校的学生与计算机的比例是1∶1)来“进行研究、准备报告和演示”，通过协同工作来解决问题。这个高科技、综合的课程让学生能体验到在21世纪的工作场所中他们将遇见的很多问题。现在，这种教学模式正在得到推广，在全美至少有40所高科技中学[3]。

在线教学与虚拟学校

在线课程的扩大

近年来，数字化学习经历了巨大的增长，与之相关的其他领域是在线课程和虚拟学校。据估计，在2007—2008学年中，超过100万的幼儿园—12年级的学生注册了在线课程，有四分之三的学区提供了至少一种在线课程[4]。密歇根州于2006年颁布法令，要求所有学生在中学毕业之前要有一次“在线学习体验”。这项要求的支持者认为，通过在线课程而学习到的技能，与学生在其职业生涯中所必需的其他技能相类似[5]。

---

〔1〕 瓦莎莉·霍纳沃，“学习如何用科技进行教学”，《教育周刊》(2008年3月27日)，pp. 28—31。

〔2〕 “印第安纳州州长、俄亥俄研究集团推动高科技学校的发展”，《教育周刊》(2009年3月9日)，网址：http://www.edweek.org/。

〔3〕 约翰·格拉泽、芭芭拉·内姆克，“给纳帕谷学生一个21世纪的教育”，《纳帕谷登记注册簿》(2009年1月21日)，网址：http://www.napavalleyregister.com；“21世纪教育学生中心简介”，纳帕21世纪网站，网址：http://www.sc21napa.org/go/SC21Napa/about/；“印第安纳州州长、俄亥俄研究集团推动高科技学校的发展”，《教育周刊》(2009年3月9日)，网址：http://www.edweek.org/。

〔4〕 朱莉·Z.阿郎逊、麦克·缇姆，“选择网络，纯粹的收益：用在线课程补充中学课程”，《知识摘要》(旧金山：西部教育，2004年)；米歇尔·R.大卫，“基于网络的教室在学校迅速发展”，《教育周刊》(2009年1月29日)，p. 5；艾伦·德瑟弗，“虚拟教师的兴起”，《学区管理杂志》(2009年2月)，pp. 23—26。

〔5〕 约翰·沃森、詹妮弗·赖安：《跟上幼儿园—12年级在线学习的步伐：对2006年州级政策和实践的回顾》(2006)。

在线课程的好处

在线教学对农村或贫困学区的学生尤为有利，因为在那些地方，学生很可能无法获得高级课程。全国大约有半数的中学不能提供高级课程，即大学预修课程，或是只能提供一到两门大学预修课程。而且，由于有些较难的学科领域缺乏认证教师，这也让在线课程成为必要的需求。例如，达拉斯独立学区因为缺乏通过认证的英语作为第二语言的教师，所以开设了西班牙语的在线课程。还有那些需要重修某门课以顺利毕业的学生，也最好接受在线课程的服务。只要学校能接入互联网，学校就有可能为那些想要接受挑战的学生提供基于网络的课程。对于那些苦于系统老化的学校，政府或私人基金会的补助金或许能够帮其进行必要的技术升级[1]。

高效的在线学习体验能让学生受益颇多，因为他们能以自己的节奏进行学习，还被鼓励与其他学生合作完成某个学习项目、参与在线讨论、提交写作作业的草稿以获得教师不断的反馈[2]。州地方教育委员会认识到了这种教学方法的好处，已经通过创办虚拟学校（很多时候被称为 VHSs，或虚拟中学），让学生获得更多在线教学的机会。自从 2008 年秋季起，至少有 34 个州提供了州主导的在线学习项目作为课程的补充。这类项目的实例包括"佛罗里达州虚拟学校"和"爱达荷州数字化学习学院"。在这类能获得州政府资金资助和服务的虚拟学校学习的学生总人数正在快速增多[3]。

网络 2.0 及其以上版本

未来与虚拟社群

正如我们所见，仅仅在 25 年前，今天我们使用的教育技术事实上还未在美国课堂中出现。而在下一个 25 年之后，科技将把我们带向何方将是个很有趣的事情。看起来未来之旅中一定会涉及一个快速兴起的名为网络 2.0（Web 2.0）的环境。在线百科全书 Webopdeia 对网络 2.0 的定义是新一代网络，"注重让人们在线合作和分析信息的能力，包括针对虚拟社群使用者的开放式交流，以及更加开放的信息共享……博客、维基和网络服务都是现在可见的网络 2.0 的构成组件"[4]。

这个网络的升级版本不像过去那样只为人们提供一个消费信息的场所，而是允许人们参与创造信息、共享信息，并能对他们遇到的数字信息做出反应。一个很受欢迎

---

〔1〕 朱莉·Z.阿郎逊、麦克·J.缇姆，"选择网络，纯粹的收益：用在线课程补充中学课程"，《知识摘要》（旧金山：西部教育，2004）；"西部各州不断推广幼儿园- 12 年级在线学习"，《电子教育报告》（2007 年 9 月 21 日），pp. 3—4；格伦·库克，"科技的病毒性特征"，《美国地方教育委员会杂志》（2008 年 3 月），pp. 6—7。

〔2〕 朱莉·Z.阿郎逊、麦克·J.缇姆，"选择网络，纯粹的收益：用在线课程补充中学课程"，《知识摘要》（旧金山：西部教育，2004）。

〔3〕 约翰·沃森、布奇·戈明、詹妮弗·赖安：《跟上幼儿园- 12 年级在线学习的步伐：对 2008 年州级政策和实践的回顾》（科罗拉多州常青树：常青树咨询协会，2008）。

〔4〕 网络百科全书（网址：http://www.webopedia.com/TERM/W/Web_2_point_0.html）（2009 年 3 月）。

的由用户生成的网站是 YouTube 网，在这个网站上个人不仅可以观看网络中搜索到的视频，而且可以为世界观众制作媒体，也可以参与讨论网站上的内容。

网络 2.0 素养

由于学生如此熟悉在这个数字环境中通过诸如脸谱网、我的空间网、推特网和网络相册(Facebook, MySpace, Twitter and Flickr)的社交网络进行互动(96%的青少年通过手机和互联网保持社交网络在线)，教育工作者们正在研究一种策略，以便把这种被命名为“网络 2.0 素养”的基本技能融入课堂教学中[1]。博客或个人日志是这种技能的一个例子，这些技能能为学生提供一个论坛，让学生能为真实的读者写作，这或许能激励学生更加喜爱写作[2]。英语教师可以建立一个“读书会”作为自己的博客，在这里学生可以对他们阅读过的文学作品发表自己的感言，也可以对其他同学的帖子发表自己的评论。在这个论坛中，启人深思的讨论会出现。为了真实的同龄读者，学生能够就某个特定目的而投入到写作中[3]。

维基百科与课堂

维基(Wikis)是由很多参与者编辑、添加而形成的网站，通过课堂教学，维基也能成为另一种让学生投入合作创造产品的资源。“平坦的教室维基项目”是这种合作的一个很好的例子。来自世界各地的学生与来自不同国家的伙伴合作共同创建维基主题网页，网页的主题与托马斯·L. 弗里德曼(Thomas L. Friedman)的畅销书《世界是平的：21 世纪简史》相关。学生们不仅讨论这本书的主要概念，还学习有关如何与持有不同文化观的其他人共同工作的经验教训[4]。在更小的地方范围内，一堂社会科学课的任务可以是为某个特定历史事件创建维基网页。照片、原始文献、视频剪辑、链接其他资源的超链接、学生自己制作的播客故事，都可以成为这个集体维基网页中的一部分[5]。

对有些教育工作者而言，我们飞速发展的科技进步在促使铅笔技术的最终灭亡。在 21 世纪，教科书也可能不再是曾经的标准，可能只是偶尔被用到。专家们真切地认为，科技知识和技能将是所有教师的培养和储备中必不可少的一部分。科技在学校改革中的作用将在“美国学校效能与学校改革”一章中进行讨论，在介绍科技的同时，重点讨论教师培训。

---

〔1〕 阿曼达·雷恩哈特、玛丽·麦登：《青少年、隐私和在线社交网络》(华盛顿特区：皮尤互联网和美国生活项目，2007 年 4 月 28 日)；凯瑟琳·葛维兹，“在民意调查中发现青少年社交网络具有教育效益”，《教育周刊》(2007 年 8 月 28 日)，p. 4；米歇尔·罗贝尔、丹·威尔伯，“让我们以网络 2.0 的方式进行交谈”，《教育领导》(2009 年 3 月)，pp. 20—24。

〔2〕 丽娜·西弗莱特、谢丽·托莱多，“改头换面：为了 21 世纪全面升级课堂活动”，《学习与领导的技术》(2008 年 6 月)，pp. 34—35。

〔3〕 希瑟·格鲁恩索，“21 世纪的谈论书籍活动！”，《洛杉矶州立大学学报》(2008 年春季刊)，pp. 23—24。

〔4〕 马格利特·维格尔、霍华德·加德纳，“最好具有两种素养”，《教育领导》(2009 年 3 月)，pp. 38—41。

〔5〕 米歇尔·罗贝尔、丹·威尔伯，“让我们以网络 2.0 的方式进行交谈”，《教育领导》(2009 年 3 月)，pp. 20—24。

焦点问题回顾：作为一名教师，本节中列举的哪种教学方法（差别化教学、合作学习、21世纪技能和多种多样的电子教学法）让你感觉最舒服？为什么？对于那些你并不觉得舒服的教学方法，你要如何准备才能让自己高效地使用它们？

教学资源视频案例

用博客促进学生学习：一个跨学科的中学教学单元

观看学生学习网站上的视频“用博客促进学生学习：一个跨学科的中学教学单元”，看看这三名中学教师是如何在课堂上使用科技鼓励学生参与，并帮助学生理解重要概念的。观看视频后，请思考以下问题：

（1）根据视频中教师的观点，中学生使用博客有什么优点？

（2）很多教师可能对在课堂和教学中使用博客非常小心，以观看的这个视频案例为基础，你对在学校使用博客的赞同意见和反对意见有什么想法？

第四节 新兴的课程发展趋势：未来的议程

在讨论教学通讯技术时，我们其实已经开始了对未来的展望。随着科技的推广，学生将可能通过与技术的互动来增加学习。并非所有的学习都要放在学校教室内进行，通过使用学校和家中的计算机和互联网，就能极大地扩展你和你的学生获得信息的方式，同样重要的是，也极大扩展了你们能获得的信息。随着我们步入下一个新的十年，还有什么其他影响美国课堂的趋势呢？在下面一节中，我们将讨论几个可能出现的重要问题。

一、艺术的重要性

艺术课程的时间较少

近年来，大部分学校都增加了阅读、写作、数学、科学的教学实践，尤其是在小学阶段，因为这些科目都是在测量学校是否达到年度进步目标时要考试的科目。其结果就是很多学校缩减了本该用于艺术和其他创造性活动的时间，尤其是那些已经被贴上“需要改进”标签的学校，以及那些来自低收入家庭学生的比例过高的学校[1]。兰德

〔1〕 教育政策中心：《从首都到教室：〈不让一个孩子掉队〉法案颁布第4年》（华盛顿特区：教育政策中心，2006）；彼得·莱文、马克·雨果·洛佩斯、卡罗·巴里奥·马塞罗：《在底部缩小差距：〈不让一个孩子掉队〉法案颁布后的美国课程》（马萨诸塞州麦德福：公民学习与参与信息与研究中心，2008年12月）；迈克尔·塞克斯：《艺术教育合作伙伴（AEP）总结和政府问责办公室（GAO）报告的分析》，“通向艺术教育”（弗吉尼亚州雷斯顿：艺术教育合作伙伴，2009年3月6日）。

公司的一项研究提出，这种为核心课程而缩减其他课程的做法会对学生造成伤害，因为这样的课程设置不能让学生为将来参与丰富多彩的文化生活作好准备，而这也是公共生活的重要准备。尽管各州强制规定了艺术课的内容标准，但这些政策并未能提供时间和资源来保障这些标准的实施[1]。

艺术教育的积极影响

人们越来越关注的是，如果艺术在学校课程中被忽视，学生将错失一些非常重要的以后可能再也无法经历的体验。那些支持增加学校课程中艺术学习的时间量的人，还援引了其他一些证据来支持他们的理由。他们注意到 2009 年发表的一项研究，其结果表明参加音乐活动对儿童早期和青少年期的数学和阅读成绩都有积极影响。

另一项新的研究对具体各项阅读技能的形成进行了考察，发现定期接受音乐培训的 2 年级学生，在接受阅读各项技能的测试时，其表现远远优于其他没有学过音乐的学生组[2]。来自"古根海姆博物馆"的研究作出了这样的假定，学习绘画和雕塑能增强学生在其他科目中的能力，[3]另外，在图森联合学区中，一个跨学科的小学课程对学术性科目和艺术都给予了相当的重视，这个名为"用艺术放飞心灵"(OMA)的课程已经让学生在阅读、数学和写作方面的测试分数取得了显著的提高。在使用"用艺术放飞心灵"课程的学校就读的，主要是来自低收入家庭的学生、英语语言学习者以及临时家庭的学生[4]。

这个证据进一步证实，艺术是值得加入日常的"前幼儿园(PK)-12 年级"课程中的。然而有些人仍然建议为了艺术本身的价值而教艺术，上述的讨论支持了他们的建议，艺术不仅仅是个奢侈品，而应当被添加入现有的课程中[5]。

二、英语语言学习者的教育

英语语言学习者的数量不断增加

近年来，英语语言学习者或 ELL 学生(那些来自其他国家或少数民族的英语熟练程度有限的学生)进入美国公立学校的人数一直在增加，而且在将来还将继续增加。

---

[1] 劳拉·扎克拉斯、朱莉·F. 罗威尔:《培养对艺术的需求:艺术学习、艺术参与和州艺术教育政策》(加利福尼亚州圣塔·莫妮卡:兰德公司,2008)。

[2] 威利·布莱克威尔,"参与音乐活动的青少年在校表现更好",《科学日报》(2009 年 2 月 11 日),网址:http://www.sciencedaily.com/releases/2009/02/090210110043.htm;圣人出版社音乐心理学部,"音乐教育能帮助儿童提高阅读技能",《科学日报》(2009 年 3 月 16 日),网站:http://www.sciencedaily.com/releases/2009/03/090316075843.htm。

[3] "统计学、艺术和毕业考试",《美国地方教育委员会杂志》(2006 年 10 月),pp. 57—60。

[4] 弗兰·史密斯,"图森学校用艺术强化学生的学习",教育乌托邦网站(乔治·卢卡斯基金会),网址:http://www.edutopia.org/print/6103(2009 年 3 月)。

[5] 大卫·E. 嘉莱特,"通过艺术整合提高学生的学习:对教学职业的启示",《中学杂志》(2008 年 4 月/5 月),pp. 12—25。

全国范围内，大约有20%的人口在家说英语以外的语言，比2000年的18%有所增长，另外大约有三分之一的美国现有人口的增长是移民的结果[1]。2007年，美国幼儿园中有23%的儿童是西班牙裔美国人，而在新墨西哥州，西班牙裔美国学生的人数占到54%；在加利福尼亚州，西班牙裔美国学生的人数占到47%。据估计有510万美国学生被划分为英语语言学习者，这个总数在过去20年间增加了169%。总体来看，在美国学校内，一共有400多种不同语言被使用，其中70%的英语语言学习者说西班牙语[2]。

那些属于英语语言学习者或刚刚移民至美国的学生，代表了很多不同的文化和种族背景。全美各地学校中的很多学生出生在其他国家，尼日利亚、也门、孟加拉、利比里亚、埃塞俄比亚、马其顿仅仅是其中的几个国家。很多学生是从那种几乎未能提供什么正规学校教育的环境中移民而来的，或者他们的学校教育因为政治动荡而遭到中断，因此不得不从难民营来到美国。纽约市的学校系统已经将这类学生划分为正规教育中断的学生，并且正在制定相应的教育计划来帮助这类学生在学校环境中获得成功。但是，在这类学生对学校环境的体验非常缺乏的情况下，要培养他们并让他们能够达到严格的毕业要求是非常困难的任务[3]。在大多数情况下，英语不流利的学生可能会感到他们被所在的学校和社区排斥在外[4]。

学校的担心

那些为英语语言学习者，尤其是那些刚刚移民到美国的学生提供服务的学校官员，往往要面对很多值得关注的问题。最根本的问题是学校怎样才能高效地教育这些不会说英语的学生？这个基本问题由于以下多种因素而被混淆：什么是为英语语言学习者服务的最适合的教育方案；我们该如何对这些学生进行高利害关系测试；他们的考试成绩对达到学校的年度进步目标有什么影响；我们怎样为这些多样化的英语语言学习者群体提供高质量教师？[5]

解决这些问题的一个方法是为刚刚到来的新移民设立一个所谓的新移民学校。这种学校通常是“校中校”的设计模式，在那里将英语语言学习者与正常学生群体

---

〔1〕美国统计局，“新的统计局数据显示老龄工人、自有住房者、不说英语的人越来越多”，《美国统计局新闻》（华盛顿特区：美国商务部），2007年9月12日。

〔2〕大卫·J.弗朗西斯、梅布尔·瑞瓦拉：《对英语语言学习者的实用指南：对教学和学业干预的研究建议》（得克萨斯州休斯敦：教学中心，2006）；颜何博，“幼儿园-12年级学生中五分之一是西班牙裔学生”，《今日美国》（2009年3月5日），网址：http://www.usatoday.com/news/education/2009-03-05-minority-demographics_N.htm；金格·汤普森，“教育与同化发生碰撞之处”，《纽约时报》（2009年3月15日），网址：http://nytimes.com/2009/03/15/us/15immig.html。

〔3〕玛丽·弗兰诺雷，“几乎从零开始”，《今日全国教育协会》（2007年5月），pp.31—33；詹妮弗·麦迪娜，“在学校的第一次，青少年移民的斗争”，《纽约时报》（2009年1月25日），http://nytimes.com/2009/01/25/education/25ellis.html。

〔4〕娜塔莉·V.拉塞尔，“不仅仅是教英语：通过服务学习课程将英语作为第二语言（ESL）的学生与他们的社区联系起来”，《卡潘》（2007年6月），pp.770—771。

〔5〕贝琪·路易斯-莫雷诺，“分担责任：让英语语言学习者获得成功”，《卡潘》（2007年6月），pp.772—775。

分开来，这样他们就可以接受更加有针对性的教学，同时为了达到不断提升的学业要求而获得强化辅导。有些学校官员推动这种"校中校"的设计方案，把它作为满足学生需求的服务；然而批评者们声称，这种隔离会把英语语言学习者边缘化[1]。由于预计英语语言学习者总数将不断增加，学校官员在不远的将来将继续努力克服这个问题。

三、为了健康青年的教育

青年人的健康危机

新闻媒体已经在大肆宣传近年来美国青年人健康方面日益增多的问题。最引起人们关注的问题集中在儿童肥胖问题上。从 1980 年以来，小学年龄段超重儿童的比例增加了一倍。此外，三分之一的青少年超重或肥胖，据估计有 140 亿美元的直接医疗费用是用于治疗超重或肥胖儿童的。不幸的是，肥胖是与心脏病、Ⅱ型糖尿病、高血压和某些癌症的风险增加息息相关的[2]。"国家儿童健康与人类发展研究所"的研究证实，随着儿童年龄的增长，体育活动也逐渐减少，这正是儿童肥胖发生率上升的关键因素。根据这个研究的数据显示，9 岁儿童每天能参加三小时中等到高强度的体育活动，而 15 岁少年每天做类似活动的时间平均不到 50 分钟[3]。

这已经说明，学校减少了体育的时间，因为学校要把更多的时间分配给需要考试的阅读和数学上。另外，现有的体育教学方案因为不能提供足够的能保持身体健康的活动而受到质疑[4]。一个对俄勒冈州的学校进行的研究发现，小学生平均每天进行体育的时间只有 12 分钟，这个州内只有 4%的小学达到了每天进行 30 分钟体育锻炼的标准[5]。其他的研究也表明，在每 30 分钟用于体育的时间内，只有四分钟在进行剧烈运动，而在受到"第一条款"资助的学校内，体育的质量和数量最为不足[6]。这看起来很明显，学生并没有参与有效的体育教学。

---

〔1〕 克里斯汀·斯图尔特，"'新移民'学校注定要隔离吗"，《盐湖城论坛报》(2009 年 3 月 3 日)，网址：http://www.sltrib.com；金格·汤普森，"教育与同化发生碰撞之处"，《纽约时报》(2009 年 3 月 15 日)，网址：http://nytimes.com/2009/03/15/us/15immig.html。

〔2〕 斯科特·拉菲，"让我们动起来！为体育达标而奋斗"，《教育文摘》(2008 年 2 月)，pp. 49—52；维罗纳·M. 斯隆，"培养良好的营养习惯"，《教育更新》(2008 年 4 月)，pp. 5，7；艾伦·莫泽思，"比尔·克林顿，为解决儿童肥胖问题的健康小组"，《健康日》(2009 年 2 月 19 日)，网址：http://healthday.com/printer.asp? AID=624320。

〔3〕 "少年早期空前缺乏锻炼"，《跑步和健身新闻》(2008 年 7 月/8 月)。

〔4〕 肯尼思·W. 哈里斯，"为什么教育必须动起来"，《未来主义者》(2009 年 1 月)，pp. 30—32。

〔5〕 贝琪·哈蒙德，"州文件表明俄勒冈州学生体育课不足"，《俄勒冈人报》(2009 年 3 月 11 日)，网址：http://www.oregonlive.com/news/index.ssf/2009/03/oregon_students_get_scant_pe_c.html。

〔6〕 斯科特·拉菲，"让我们动起来！为体育达标而斗争"，《教育文摘》(2008 年 2 月)，pp. 49—52。

身体健康评估

2007年,得克萨斯州议会颁布一项草案,要求对公立学校3—12年级的学生进行身体健康评估,该草案成为全国第一个授权制定的相关法律。对得克萨斯州260万学生身体健康初步评估的结果发现,大约有"78%的4年级学生心血管达到健康范围,但中学高年级学生中只有20%的人达到这个健康范围"。初步评估的结果同样也表明,身体健康的学生更可能在成就考试中取得良好成绩,也更少出现纪律问题,辍学的可能性也更少[1]。得克萨斯州州长现在正在积极促进提高对初中阶段体育教育的要求。不足为奇的是,美术课教师正在组织起来反对这项立法,因为他们害怕这会让他们的课程时间更少[2]。

在一项被吹捧为体育教育未来的举措中,一些学校正在放弃团体运动,而是纳入了如骑固定自行车、在跑步机上跑步、练瑜伽以及玩电子游戏(如劲爆热舞游戏)等需要身体活动的健身运动。健康课内也在增加更多关于健康饮食习惯的信息,健康教育工作者建议把营养教育也融合进常规课堂中,例如,通过切水果来学习分数[3]。如果我们希望鼓励学生养成一种健康的生活习惯,课程制定者必须找到机会把相关活动结合到学校生活中。

四、绿色教育

提高环境素养

媒体对全球变暖、能源价格飞涨、环境的退化和可再生能源的报道,不断激起了各种有关重大决策的争论,这些决策都将影响美国国家的未来乃至地球的未来。学校正在通过增加对这类话题的考察,尤其是通过科学课程来对此作出回应。"国家科学教师协会"(NSTA)非常赞同把环境教育整合进"前幼儿园—16年级"的课程中,以提高学生的环境素养。根据"国家科学教师协会"的观点,"环境素养是学生应该具备的能力,能让学生掌握批判性思维技能,这种技能会培养学生对各种事件进行评估,以对有关地球的管理工作作出明智的决定"[4]。学生在日常生活中会碰到各种环境问题,这就为学生学习当代相关课程中的科学内容和概念提供了机会,这些当代相关课程可以

---

〔1〕 得克萨斯州教育局,"身体健康的学生更可能在学校表现优异,更少出现纪律问题",《得克萨斯州教育局新闻》(2009年3月9日),网址:http://ritter.tea.state.tx.us/press/09fitnessresults.pdf。

〔2〕 特伦斯·斯图兹,"研究:得克萨斯州身体健康的学生在成绩测试中表现更好",《达拉斯新闻晨报》(2009年3月10日),网址:http://www.dallasnews.com。

〔3〕 玛丽·卡米高,"体育教育尚未死亡",《新闻周刊》(2008年4月14日),p. 18;"选择性体育课",《美国地方教育委员会杂志》(2009年3月),p. 8。

〔4〕 国家科学教师协会:《国家科学教师协会对环境教育的声明》(阿林顿:国家科学教师协会,2003),网址:http://www.nsta.org/about/positions/environmental.aspx。

解决现实世界中的各种问题。环境教育支持者认为，在面对这些迫在眉睫的社会问题时，我们必须让学生具备作出决策所必需的技能，这样才能让他们为成为未来公民作好准备。

美国最近的一项有关环境素养的调查建议，应该通过让学生学习掌握由环境教育课程提供的内容和技能，让学生获得更好的教育服务。这个调查有下面两个发现，一是大约有 80％的美国人受到错误的或过时的环境神话的影响，二是只有12％的美国人能够通过对能源主题知识的基础测验[1]。环境教育支持者把这些发现作为证据，证明公众必须获得有关环境问题的教育，而学校是最适合做这件事的。

动手活动能被融入基于环境的课程中，以便激发学生对环境问题的兴趣。

以学生为中心的主题单元

通常，基于环境教育的课程往往是以学生为中心的，是围绕某个主题而开展的跨学科的教学单元，这些教育单元被融入幼儿园—12 年级课程体系的各个部分。例如，幼儿可以通过一个与文学相关的活动来获得对自然环境的欣赏。适合学生发展的书籍，可以为学生呈现他们身边自然世界的准确信息，与这些书籍进行交流，学生就很可

〔1〕 凯文・科伊尔：《美国的环境素养：十年来国家环境教育和培训基金会/罗珀研究及相关研究的成果对美国环境素养说了什么》(华盛顿特区：国家环境教育和培训基金会，2005)。

能被灌输一种尊敬自然的基本意识[1]。小学可以采用基于环境的教育作为整合学科内容的方式，而涉及探究学习的"动手"活动则适用于探究特定的环境主题。我们可以通过把语文课中的阅读和写作技能、数学课中的测量技能、社会科学课中的政治进程考察等内容都合并在一起来制定学习项目。例如在路易斯安那州的石油城（Oil City），一所小学选择园艺学作为主题，制定了一个为当地儿童医疗机构修建蝴蝶园的学习项目。学生必须运用各种不同的学术技能来设计花园、分析土壤、计算所需材料、研究适合种植的植物和花卉，而且学生还出版了一份活动手册，供那些可能使用花园的病人阅览[2]。这种基于环境的教育让学生获得了真实的学习体验，能让学生投入批判性思维，也鼓励学生参与了社区活动。

融合课程

绿色教育也已经开始对中学阶段的课程产生影响，当然绿色教育也不得不与那些涉及高利害关系测试的学科竞争以获得更多的课程空间。围绕某个环境主题制定的具体教学单元主题，可以融合到现有的生物、化学和物理课程中，或是单独开设一门环境科学课[3]。有些学校正在制定以替代能源为主题的选修科学课程。在密歇根州，其中一所这类学校让学生学习了可再生技术中的力学和经济学，如风能、太阳能、燃料电池，还在课程中加入了一个让学生制作太阳能汽车模型的项目。其他的调查研究主题还包括二氧化碳排放、温室气体和终止美国对石油的依赖的各种提议等[4]。

五、结语

你在课程连续统一体中的位置

在你的教学生涯中，你可以预见课程还将不断演化，以达到服务于不断变化的社会的目的。似乎可以肯定的是，未来的课程将继续在这个课程连续统一体的两端之间来回拉锯，一端是学科中心课程，而另一端是学生中心课程，这种来回拉锯将继续影响可能进入未来课堂的各种教学创新。当你在职业生涯中不断前行的时候，请考虑你在课程这个连续统一体中的位置，你的取向将怎样影响你对新观念和新教学策略的反

---

[1] 蕾切尔·威尔斯、宝琳·兹斯，"我的位置在我的世界里：基于场所的环境教育文献综述"，《儿童早期教育杂志》(2007年12月)，pp. 285—291；R. D. 梅里特，"环境教育"，《教育研究初学者》(大颈出版社，2008)，pp. 1—10。

[2] 托马斯·M. 欧文，"自然课"，《教育领导》(2007年5月)，pp. 54—56。

[3] 吉尔伯特·普洛尔克斯，"将科学方法与批判性思维融入环境问题的辩论中"，《美国生物教师杂志》(2004年1月)，pp. 26—33；"素养的差距"，《环境素养运动》(2007)，网址：http://www.fundee.org/facts/envlit/litgap.htm。

[4] 朱莉·恩斯特，"影响幼儿园-12年级教师使用基于环境的教育的相关因素"，《环境教育杂志》(2007年春季刊)，pp. 15—32；肖恩·卡瓦雷格，"'绿色'课堂在学校中的兴盛"，《教育周刊》(2009年4月日)，pp. 1，13。

应。不管对你影响最大的方法是什么，你一定要记住的是，课程的最终目标是培养学习者参与民主社会的意愿。

焦点问题回顾：你认为本节中提到的哪种发展趋势将对你的教师生涯产生最重要的影响？为什么？你将在哪些方面受到影响？

总结

(1) 在组织课程时，大多数教育工作者坚持传统的课程观念，把课程看做是学科体系或学科内容。然而，进步主义教育工作者更关注学习者的体验，把学生视为课程的中心。

(2) 采用学科中心课程方法的课程有：① 学科领域课程；② 永恒主义和要素主义课程；③ 回归基础课程；④ 新核心课程。

(3) 采用学生中心课程方法的课程包括：① 活动中心课程方法；② 相关课程；③ 人本主义课程方法；④ 选择性学校或自由学校；⑤ 价值中心课程。

(4) 近年来涌现了很多值得注意的教学创新，包括① 差别化教学；② 合作学习；③ 直接教学；④ 21 世纪技能；⑤ 技术增强型教学。

(5) 新出现的课程发展趋势包括：① 艺术的重要性；② 英语语言学习者的教育；③ 为了健康青年的教育；④ 绿色教育。

关键术语

课程
学科中心课程
学科领域课程
永恒主义课程方法
要素主义课程方法
回归基础课程
新核心课程（核心学科方法）
学生中心课程
活动中心课程
相关课程
人本主义课程方法
选择性（自由）学校
价值中心课程
课程审查制度

差别化教学
合作学习
切块拼接教学法
直接教学
21 世纪技能
技术增强型学习
网络 2.0

讨论题

(1) 讨论如果使用单一教科书作为一门课的课程基础，会具有哪些优点和局限性。

(2) 你的教师教育培养计划是不是似乎支持了某种课程方法而非另一种课程方法？为何会如此？你会推荐教师教育培养计划采用什么样的课程方法？将你的课程方法和你的教育哲学联系起来。

(3) 本章讨论的哪种教学方法更适合你的教学风格？为什么？与你的同学分享你的想法。

(4) 列出你期望在将来出现的课程发展趋势，这些发展趋势将怎样影响你的教师工作？

专业发展的建议方案

(1) 你所访问的学校是怎样组织课程的？要求看一看你所教学科领域或年级的课程指南。这个课程指南是一个教学内容和活动的总体大纲，还是详细列出了教学目的、教学活动、教学材料和教学资源等信息？该指南列出的教学目标与州级标准和学习结果的关联状况是怎样的？

(2) 本学期你参观学校的时候，与学校内的教师谈论他们所教的课程。他们使用的是学科中心课程方法吗？如果是，本章介绍的四种学科中心课程方法中的哪一种是对其课程程序的最好描述？如果他们使用的是学生中心课程方法，哪种学生中心课程方法是对其课程实施的最好描述？在你所参观的几所学校中，选择其中一所并解释其采用的课程方法如何与你对课程的观念最贴合。

(3) 与你所在大学的教育学教师进行交谈，看他们对学科中心课程和学生中心课程的支持观点和反对观点具有什么看法？

(4) 使用你最熟悉的教育资源数据库，对你选择的研究领域或你想教的学生层次，进行一项现行课程发展趋势的研究。在数据库中输入术语"课程"和你的学科专业或要教的学生层次(如输入"社会科学"、"识字能力"或"小学")，你就可以获得很多供你参考的资源。关注其中一个相关发展趋势，并准备一个演讲报告来向你的同学描述这个趋势。

（5）利用互联网，选择一个教学主题或一个教学单元，制定一个资料档案袋，并制定一名教师可以使用的一份教案样本。

第六部分

有效教育：国际和美国教育展望

第十五章 国际教育

许多教育改革者建议美国通过效仿其他国家来改善自身的教育制度，如在过去50年间，日本教育对日本经济的成功作出巨大贡献，因此备受世人的关注。但是模仿其他国家的教育实践也产生了问题。这种模仿在美国国情下也起作用吗？它们是否与美国人的信仰和价值观相吻合？

在回答这些问题之前，我们需要了解其他国家现行的各种教育制度，了解它们有何相似之处？有何不同？在哪种情况下哪种独特性最有效？在本章中，我们将简单介绍这类比较分析方法。然后我们要讨论发展中国家的教育以及有关学校改进问题的国际研究。最后，我们就美国学校在国际背景下取得的成就作一个简短的评论。在阅读本章时，请思考你对以下基本问题能形成什么样的答案：

焦点问题：

- 不同国家的教育制度有什么共同点？在哪些方面各不相同？
- 从对教育资源的配置和学生录取的比例来看，不同的教育制度之间有何不同？
- 与其他国家的学生相比，美国学生的成绩如何？
- 哪些国家提供了优秀的教育活动范例，值得别国效仿？
- 应该做些什么来改善发展中国家的教育？
- 如何比较美国学校与其他国家学校的教育目的和教育成就？

第一节 教育制度的共同性

乍一看，世界各地的教室似乎毫无共同之处。例如，我们来比较一下苏丹(Sudan)农村里的一间乡村教室与当代日本的一间教室。在苏丹，校舍里没有电，泥巴地板上没有其他覆盖物，所有学生都是男孩，教师很少拥有中学毕业证，课程和教学严重依赖于记忆和背诵，课程和教学是由国家教育部规定的。而在高度发达的日本，情况与之完全相反，男女学生一起在现代化的教学大楼中上课，几乎所有的学生都能完成中学学业，教师是令人尊敬的专业人员，拥有大学学位。在设计课堂活动以及采用教学材料方面，教师被授予相当大的自主权，只要能符合国家教学指导大纲就行。该教学指导大纲很重视儿童思考和解决问题能力的发展，也很重视有利于儿童全面发展的社会、道德和体育指导。

尽管世界范围内的教育制度千差万别，但还存在某些共同点。在下面几节中，我们将描述教育制度中广泛存在的特点和问题：学生的社会阶层出身与他们在学校取得成功之间的紧密关系；多元文化的人口带来的教育挑战；典型的教学方法以及教师们面临的职业现状。概述 15.1 对各种教育制度中存在的共同性和差异性进行了总结。

概述 15.1　世界教育制度之间相似和差异的领域

共同性——世界很多教育制度都面临着共同的挑战。	
社会阶层出身和学校教育结果	纵观世界大多数地区，来自低收入家庭的学生在教育中都处于弱势地位。
多元文化的人口	几乎每个国家都必须找到有效教育多样化学生人口的方法。
教学方法和教学条件	很多国家的教师都因相似的事情而遭遇挫折或受到奖励，研究发现不同的学校系统在教学和学习过程中存在着显著的相似性。
差异性——很多领域的独特性确定了一个国家教育制度的特征。	
教育资源	由于国家收入的不同和对教育的重视程度不同，各国用于教育的国内生产总值的百分比也不同。教育经费越多就能让更多学生入学，也就能提供更高水平的教育服务。
中央集权的程度	在地方一级和国家一级政府享有多大程度的教育决策权方面，国与国之间的差别甚大。
课程内容和教学重点	最受关注的学科和教学方法反映了每个国家的文化和优先考虑事宜。
职业教育与学术教育	在最初几年的普通教育结束后，一些国家的普遍做法是将学生分轨，分别进一步接受职业教育和学术教育。
高等教育入学人数	不同国家对早期学校学术性的重视程度、投入教育的资源状况和职业要求存在不同，这些方面的差异导致各国在大学和学院的入学人数和完成大学教育的人数上存在相当大的差距。
非公立学校	文化差异和政府结构差异也让各国在非公立教育的规模和功能上各不相同。
学业成绩水平	美国学生在大多数国际学术成就测试中排名处于中等，这让很多人认为美国学校需要改进。

一、社会阶层出身和学校教育结果

享有特权的学生与缺少特权的学生

正如我们在"社会阶层、种族和学业成绩"一章中所提到的，各种国内和国际的研究已经表明，学生的社会经济背景与他们在学校及经济系统中的成功之间存在密切的关系。例如，世界银行的研究报告说明，无论在工业化国家还是在发展中国家，家庭的社会经济背景都是能预测学生成绩的重要指标。同样，唐纳德·特雷曼(Donald Treiman)和其他人也发现，无论社会是富裕还是贫穷，政治上是自由还是保守，个人的社会阶层出身和背景都与他们的教育成就和职业成就相关〔1〕。大量的这类研究表明，其他国家低收入学生的家庭和家庭环境对其造成的教育劣势也与美国的情况一样〔2〕。

二、多元文化的人口及问题

不断增加的多样性

除了少数几个同质国家外，各国全国范围的教育系统都招收来自不同群体的学生，这些学生在种族、民族、宗教、母语和文化习俗上都有显著不同。(由于地理位置的隔离和文化的褊狭让日本成为一个例外。)历史上，许多大国一直都在把众多种族、民族和文化亚群包容其内，但在20世纪和21世纪，不同群体间跨国界或国界内的融合似乎已大大加快。世界和区域性的战争、全球的经济萧条和衰退、向能提供更多经济机会的大城市中心迁移和移民行动，这些因素和其他一些不稳定因素都让一些历史学家把近几十年视为一个移居者和难民的时代〔3〕。这些社会因素或多或少都会让作为教师的你发现，你的班上有来自其他国家的学生。正如"从职前到实践"栏目所描述的那样，你可能会考虑利用现在能轻松进行全球旅行的便利性来帮助你准备好应对教国际学生所带来的机遇和挑战。

---

〔1〕 唐纳德·J.特雷曼:《比较视野下的教师职业声望》(纽约:学术出版社,1977);玛莱恩·E.洛克希德、布鲁斯·福勒、罗纳德·里荣格:《家庭背景与学校成就》(纽约:世界银行,1988)。另参见威廉·斯图尔特,"贫困对学生成功的影响",《泰晤士报教育副刊》,2008年9月5日,p. 15。

〔2〕 艾伦·C.珀夫斯、丹尼尔·U.莱文(编辑):《教育政策和国际评价》(加利福尼亚州伯克利:麦卡琴出版社,1975);艾米丽·贝尔、迈克尔·霍特,"代际间的社会流动性",《儿童的未来》(2006年秋季刊),网址:www. futureofchildren. org;贤俊·帕克,"家庭读写环境与儿童的阅读成绩",《教育研究与评估》(2008年12月),pp. 489—505。

〔3〕 凯斯·G.班廷,"多元文化的福利国家",《社会政策与管理》(2005年4月),pp. 98—115;安东尼·M.梅西纳,"移民西欧的政治学",《西欧政治》(2009年1月),pp. 1—25。

从职前到实践

新视角

哈里斯博士为教育专业的学生介绍了今天的主要讨论议题："我在想是否有人知道在明尼阿波里斯、纽约市、休斯敦、或洛杉矶的学校内，学生一共讲多少种语言？就在明尼阿波里斯市，我们的学生讲97种以上的不同语言。"

"你们中有多少人会说的语言超过一种？你们中有多少人曾经到其他国家旅行过并看到世界各地的儿童是怎样接受教育的？不管你是否曾经旅行过，不管你是否是双语，你都将和来自不同文化的学生以及对教育工作者有不同期望的家长一同工作。"

"我们有责任为所有的孩子提供最好的服务，"他继续说道，"你认为我们能做什么来帮助你们这些职前教师为将来有效应对来自其他国家的学生而作好准备呢？"

"让我们阅读有关不同类型的教育和世界各地使用的教学方法的书籍，这是一种显而易见的方法。"迈克尔·欧文建议道。

"我们可以在互联网上对这些国家进行研究，了解它们是如何组织和经营学校的，"莎莉·纽曼提议道。

"我们为什么不利用校园资源呢？"鲍勃·巴雷特说道，"我们可以采访那些我们比较熟悉的国际学生，让他们谈谈自己国家的教育过程。"

余汤河补充道："我想，到学校进行实际参观，是最好的欣赏不同教育视角的方法。通过这种方式，不论我们是学生还是学生的教师，我们都能把自己融入学生的教育体验中。我8岁时从台湾来到美国，我可以告诉你们我在台湾和在这里对学校教育的不同体验，就算是学校早期的教育，两个地方也有本质的不同。"

哈里斯博士点点头，说道："对，这些都是很好的建议，汤河，我认为你的想法特别有价值。从9·11事件以来，我一直在想，我们真的需要帮助不同群体建立更多的相互理解。谁有兴趣到别的国家去旅游和学习？"班上大约有一半的学生都举起了手，"现在我们没有基金，但也许我们可以开始寻找能帮助我们的拨款机会。"

思考问题

1. 作为职前教师，你将怎样让自己作好准备，以应对那些在公立学校上学的、语言、文化背景上都与你不同的学生？

2. 对你所在社区内的学校进行观察，看这些学校是怎样与有着不同文化背景的学生和家庭共同工作的？你认为哪些策略是最有效的？

3. 你想参加一种类似哈里斯教授建议的旅游项目吗？如果是，你想到哪个国家旅行，为什么？如果不想，为什么不？

多元文化的挑战

其他国家在进行多元文化教育时，也会遭遇类似于美国所遇到的挑战：低效的传统教学、提供双语教育、废除对少数群体学生的种族隔离，这并不足为奇（参见"提供平等教育机会"和"不断变化的美国教育目的"）。遇到这些相同挑战的部分原因是，很多国家中的少数民族和宗教群体也像美国的一样，通常社会经济地位较低。英国、法国、荷兰以及其他欧洲国家都有很多来自非洲、亚洲、加勒比海地区和其他偏远地区的低收入学生。德国正在努力为吉卜赛、斯拉夫、土耳其移民提供有效的教育,另外大多数西非国家中包含了众多的来自弱势部落和少数民族语言群体的学生[1]。

三、教学方法和教学条件

相似的教学实践

尽管不同教师使用的教学方法差异很大,教与学的条件也因为教室和学校的不同而不同,但世界各地重视使用的典型教学实践活动却显示出很多相似点。两位研究人员在对十个国家5—9年级的数学课、社会科学课、科学课的数据进行分析后发现,“从教与学的过程来看各国存在惊人的相似”。总而言之,在所有十个参与调查研究的国家中,主要的课堂活动都包括教师的讲座或演示以及课堂作业活动[2]。

教师职业相似的正反两方面

很多国家的学者们报告说,教师也具有相似的挫折感和成就感。在世界各地,教师们都提到以下几个让教师感到“职业沮丧”的典型原因:缺乏时间完成优先目标、有时不得不承担相互冲突的多重角色要求、缺乏行政管理人员的全面支持。让教师感到具有“职业热情”的原因主要集中在师生关系和对学生成绩的满意方面。和在美国一样,无论是教师的热情还是沮丧,都反映了“学校的现实”[3]。

焦点问题回顾:你认为大多数国家的学校都共同拥有哪些其他特征?除了上述相似点之外,在哪些方面你可能会遇到的情况与其他国家教师遇到的相类似?

第二节 教育制度和教育结果的差异性

每个国家的教育制度在某些重要方面都与其他国家存在不同。我们将在下面讨论其中一些最显著的不同。

---

〔1〕 奈吉·格兰特,“身份与教育的若干问题”,《比较教育》(1997年3月),pp. 9—28;阿戈斯蒂诺·波特拉,“欧洲的跨文化教育”,《跨文化教育》(2008年12月),pp. 481—491。

〔2〕 安吉拉·希尔加德、希德·伯尔克,“为学习而教学:各国的共同点和不同点”,该论文在美国教育研究协会年会上宣读,芝加哥,1985年4月,p. 17。另见凯伦·B. 吉文等,“国家教学模式存在吗”,《比较教育评论》(2005年8月),pp. 311—343。

〔3〕 郝伯特·艾伯勒等,“对职业热情和职业沮丧原因的跨文化比较”,该论文在美国教育研究协会年会上宣读,旧金山,1986年4月,p. 21。另见马克斯·安格斯:《学校改革的规则》(伦敦:法默出版社,1998);乔纳森·米尔恩,“不良行为逼走了新教师”,《泰晤士报教育副刊》,2008年7月11日,p. 3。

一、教育资源

教育经费

让各国间存在根本差异的是各个国家投入教育的资源百分比的不同，而不是高速公路建设、卫生医疗、军事力量等其他重要事项的资源百分比不同。在那些平均收入低或对教育不重视的国家中，中小学和高等教育的公共经费占国内生产总值(每年生产的财富)的比例在3%—4.5%之间。而在国家平均收入较高或很重视教育的国家，这个比例在7%以上。在一些世界上最贫穷的国家中，用于军事力量的人均经费比用于教育的人均经费高了近三分之一[1]。

小学阶段的生师比

富裕地区的生师比例更佳

相对富裕的国家以及将很多资源分配给教育的国家与贫困的、资源较少投入教育

世界各地的教室、学校与学校系统在很多方面都有所不同。在这张照片中，有些差异明显而有些则不那么明显。学校之间也存在很多共同点，如大多数教师在与学生的共同工作中发现了快乐。

[1] 乔治·萨卡拉波罗斯:《教育规划:我们的立场在哪里?》(华盛顿特区:世界银行,1985);《教育概览》(巴黎:经济合作与发展组织,2005);凯文·马丁等:《2009年克服全民教育(EFA)不平等的全球监测报告》(巴黎:联合国教科文组织,2008),网址:http://portal.unesco.org。

的国家相比，能提供更高水平的教育服务。例如，贫困地区小学阶段的平均生师比往往远高于富裕地区的比例。非洲一半以上国家报告说，其平均生师比高于30：1，而大多数欧洲国家和北美国家的平均生师比是20：1，甚至更低。然而，我们在对富裕国家之间，或贫穷国家之间进行比较时，还是能发现很大的差异[1]。

入学率

富裕地区的入学率更高

投入教育的资源多少也能帮助我们判断是否大多数儿童和青少年都能上学，以及他们是否能获得毕业证书或学位。联合国教科文组织收集的数据表明，属于“较发达地区”一类的国家中（包括澳大利亚、日本、新西兰、北美和大多数西欧国家），几乎所有儿童都进入小学学习。而在联合国教科文组织指定为“较不发达地区”的这一类国家中（包括大部分非洲国家、阿拉伯国家、大部分亚洲和拉丁美洲国家）有近20％的学龄儿童不能上学（在诸如利比里亚和苏丹等“不发达国家”，多达60％的儿童未能上学）。发达国家和不发达国家的中等教育和高等教育入学率差距更大[2]。

男性和女性入学率

女性入学率不断上升

我们在“文化、社会化与教育”一章中指出，美国女孩的阅读分数比男孩更高，而且女性学生已经在高等教育机构中占多数。其他发达国家也存在类似的模式。除了少数一些国家，如日本和土耳其之外，富裕国家中女性的大学和高等学院入学率已经增长至相当高的程度，获得第一学位的女性人数已经超过了男性人数。但男女接受教育的模式在发展中国家中却各不相同，在有的国家中，高等教育、中等教育，有时甚至初等教育中的男性数量都要超过女性的人数。很多分析人士相信，非洲、亚洲的一些低收入国家中出现女童入学率低于男童的现象，既是国家经济发展问题的原因，也是这些问题导致的结果[3]。

---

〔1〕《教育概览》（巴黎：经济合作与发展组织，2008）。

〔2〕厄沃特·费克马，“发展中国家教育资源分配比较，1960—2005”，《社会指数研究》（2008年9月），pp. 437—455；C. 艾伦·乔伊斯（编辑）：《2009年世界年鉴和事实概览》（纽约：世界年鉴书局，2008）；另可到以下网站获取大量相关材料：www.unesco.org。

〔3〕克里斯多夫·克尔克拉夫等，“性别与全民教育”，2003年为联合国教科文组织全民教育全球监测报告准备的论文；斯蒂芬·克拉申，“缩小性别差距，促进经济与社会发展”，《国际事务杂志》（2005年春季刊），pp. 245—255；盖里·N. 马克斯，“学生阅读和数学成绩中的性别差异的解释”，《牛津教育评论》（2008年2月），pp. 89—109。

工业国家中的美国

为了特定的目的，与富裕的或高度工业化的国家进行比较，而不是与贫困或经济不发达的国家进行比较，其结果更有启发性。因为就算其他因素保持一致，在支持教育或其他政府服务方面，财富和资源更少的国家要比那些经济基础雄厚的国家面临更多的困难。因此，为了更好地分析美国分配用于教育的资源的好坏程度，我们将把美国和其他发达国家进行比较[1]。

美国教育经费的排名

最近就教育经费这个话题已经爆发了一些争论。尽管一些公立学校的评论人士称，美国公立学校的教育经费是其他国家无法超越的，但许多研究人员并不同意这个说法。如果我们减去对高等教育的投资，美国教育投入的排名低于教育经费最高的国家。表 15.1 用图形显示了这个比较的结果。从 1—12 年级的公共教育经费占国内生产总值的比例这个角度看，美国在 12 个工业国家中仅名列第五[2]。

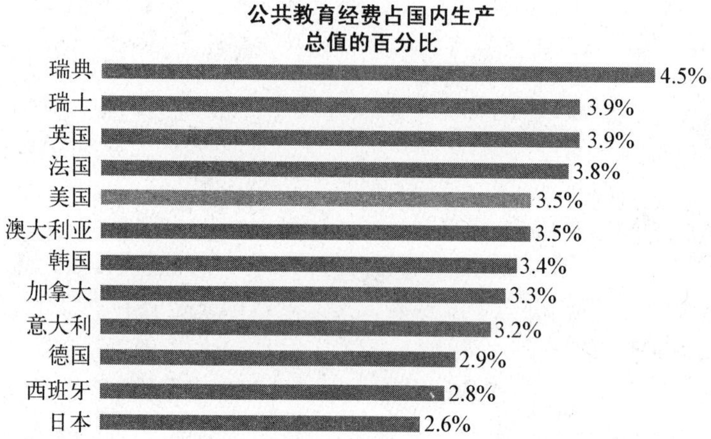

图 15.1　部分工业国家初等和中等教育的公共经费

注：这里的数据是小学 1 年级到中学的教育经费，但不包括基建投资和债息。为了增强原始数据的可比性，这些数据进行了各种调整。在“初等和中等教育”这个类别中包含了中等后非高等教育。

【资料来源】选自《教育概览》（巴黎：经济合作及发展组织，2008），表 B4.1。

---

〔1〕 根据联合国教科文组织对“发达”国家的分类，包括澳大利亚、加拿大、大多数欧洲国家、以色列、日本、韩国、前苏联、美国和新西兰。其他所有国家被划分为“发展中”国家。

〔2〕 卢德格尔·沃斯曼因，“为什么有些国家的学生学得更好”，《教育未来》（2001 年夏季刊），pp. 67—74，网址：www.hoover.org；托比·特藤鲍姆，“为公立教育辩护”，《美国地方教育委员会杂志》（2004 年 3 月）；安德烈亚斯·施莱克尔、薇薇安·斯图尔特，“向世界一流水平学习”，《教育领导》（2008 年 10 月），pp. 44—51。

教师工资的比较

分析人士还对美国教师工资是高于还是低于其他工业国家进行了争论。教师平均工资的相关数据表明，爱尔兰、挪威的新教师和有经验教师的平均工资均远远低于美国的教师工资，但其他一些国家的教师平均工资普遍高于美国[1]。

与社会福利经费的比较

有时，人们还把比较扩大到其他类型的能支持儿童健康发展的资源上。例如，蒂莫西·斯米丁(Timothy Smeeding)将美国与澳大利亚、加拿大、德国、瑞典及英国进行比较，发现这五个国家政府用于儿童教育和健康服务的平均支出占国内生产总值的比例大致相同。但他也发现，美国政府用于帮助提高儿童家庭收入保障的经费还不到这些国家平均数的一半。斯米丁得出的结论是，高离婚率、非婚生子女的出生，以及其他社会压力，在美国形成了一个较大的城市和农村底层阶层，因此"越来越难以认定美国儿童都有平等的生活机会"。此后联合国儿童基金会(UNICEF)所作的一项研究支持了这些结论，该研究报告称，在对儿童幸福指数的多项测量结果进行的排名中，美国在21个工业化国家中的排名中几近垫底[2]。

焦点问题回顾：如果国家投入更大比例的资源用于教育和儿童福利，你认为美国学校会受到怎样的影响？如果美国投入更少的资源，又会怎样？

二、中央集权的程度

所有政府都必须确定，是强调分权化的决策，还是集权化的决策。分权化的决策允许地方政府根据地方的情况对教育进行规划和发布指令，而集权化的决策则在国家或地区管理指挥系统内建立一种从上至下的责任体系。两种决策方式的实例基本上是背道而驰，相去甚远的。

分权体制与集权体制

在美国，教育的大多数重大决定是分权给数以千计的公立学区，由学区来制定的。

---

〔1〕 丹尼尔·U. 莱文，"教育经费：国际性比较"，《理论与实践》(1994年春季刊)，pp. 126—131；F. 霍华德·尼尔森：《美国政府对幼儿园-12年级教育是如何投入的，投入多少》(华盛顿特区：美国教师联合会，1996)；玛利亚·奥恩伯格、艾纳·博维茨，"谁是大富豪"，《皮博迪教育杂志》第2期(2006)，pp. 33—46；大卫·C. 米勒等：《美国和其他八国集团国家教育指标的比较》(华盛顿特区：国家教育统计中心，2009)。

〔2〕 蒂莫西·M. 斯米丁，"社会思想和贫困儿童"，《焦点》(1990年春季刊)，p. 14。另见李雨水、蒂莫西·M. 斯米丁：《贫困国家中的富裕儿童》(纽约：拉塞尔圣人出版社，2003)；蒂莫西·M. 斯米丁，"公共政策、经济不平等及贫困"，《社会科学季刊》(2005年12月)，pp. 955—983；彼得·艾德森，"儿童保育的过渡"，《因诺琴蒂成绩报告卡》第8期，2008年，网址：www.unicef-irc.org。

而在另一个极端，法国、希腊和日本这些国家都有高度集权的教育制度和决策，都要遵循全国性的标准，该标准涉及可接受的班级规模、特定科目在特定年级和时间应该教什么等。在一些国家，由于教育的集权制导致公民到国家教育部外排长队等待约见中央的学校官员，因为这些官员能决定儿童将到什么学校上学，学生该受到怎样的处理等[1]。我们将在“热点问题争鸣”栏中思考集权和分权的教育体系各自的问题。

表 热点问题争鸣：国家课程的制定

公共教育高度集权的国家通常期望教师能遵循国家课程，国家课程对需要教学的主题以及每个科目和年级水平需要强调的教学目标和教学材料作出详细的规定。遵循分权模式的国家主要是把学科课程和教学材料的决定权交给某区域内的一群学校（如学区）、个别学科或教师。在美国这样高度分权的国家，政府官员们正在考虑是否应该制定一个国家课程，以提供一个更标准的用于规划和实施教学的方法。

争论问题

一个统一的美国国家课程比允许单个学区、学校或教师选择教学目标和教学材料的分权政策更可取吗？

正方观点：	反方观点：
1. 具有国家课程是日本、韩国和其他一些国家教育成就很高的部分原因。	1. 制定国家课程违背了允许校本管理和教师专业自主性的承诺。
2. 由学科领域的专家和有经验的教师共同精心研制的国家课程，更容易实现对循序渐进的教学目标和教学材料的深入教学。	2. 国家课程是不可取的，因为其制定的教学目标和采用的教学材料让许多学生感到太难，但对其他人而言却太容易。
3. 由于教学目标和教学材料是统一的，当学生从一个班级、学校或学区转至另一个班级、学校或学区时，就会减少可能会遇见的学习问题和效率低下。	3. 尤其是在像美国这样庞大而多样化的国家内，构成国家课程基础的标准化材料对很多学生来说将是无趣的，也是难以催人奋进的。
4. 国家课程将进一步提高教师教育水平，因为教师培养方案能专注于受训者在获得工作以后将要教授的学科的教学目标和教学材料。	4. 就算国家课程在教学目标和教学材料上允许存在一定的灵活性，教师仍然会被迫遵循和别人一样的教学路径，而且教师很有可能无法获得用于购买其他教学材料的经费，因此将不利于那些能从其他教学材料中受益的学生。
5. 因为能利用大量资源，国家课程的规划能最好地将每个学科领域最优秀的现代思想吸收进来，还有助于编制技术上出色的测试。	5. 要准备具有一定挑战性的国家课程材料，并在全国范围的教室内使用，这是有相当大难度的，这可能加强了重视低级技能和缺乏创造性的教学材料的趋势。

[1] 杰克杨·李，“作为均衡行动的学校改革计划”，《教育政策分析档案》，2001 年 4 月 24 日，网址：http://epaa.asu.edu；布莱恩·J. 卡德威尔，“重新定义自我管理学校的概念”，《教育行政管理与领导》（2008 年 4 月），pp. 235—252。

三、课程内容和教学重点

正如我们所看到的那样，尽管世界范围内的大部分教学都是由教师授课和学生的课堂作业构成的，在课程内容和教学重点上各个国家之间还是存在很多的不同。以下一些著名的教学实践确实让某些国家与众不同[1]。

与众不同的课程与教学类型

■ 新西兰的小学以其系统化地重视通过“自然语言学习法”来进行阅读的学习而闻名于世。通过使用这种方法，儿童学会根据阅读的语境来猜测单词的含义，而不使用“自然拼读教学法”来学习阅读。

■ 芬兰的教育制度之所以著名，是因为芬兰各阶段的教育，从学前教育开始一直到高等教育，都有很高的成绩和成就(参见表 15.1 和 15.2)。不同的观察人士援引了以下一些他们认为有助于解释芬兰成功的特性：制定国家核心课程，重视学生的思维能力以及学生在学习中的积极作用的；建立一个几乎完全没有分流和分轨的教育制度；打造高素质的教学队伍；供应和更新科学实验设备、科学材料和计算机软件硬件；实施早期干预，帮助小学和中学的困难学生。

■ 某些伊斯兰教国家的学校制定的大部分课程都是围绕宗教内容组织的，同时非常重视宗教教规的记忆。

四、职业教育与学术教育

小学后的分流

在如何组织学校系统以提供中学后教育方面，世界各地也存在很大的不同。尽管大多数国家现在都提供至少四年的第一级教育，在这一阶段所有学生都能上初级学校或小学，但在这个级别以上的教育系统则存在很大的不同。大多数学生继续在普通第一级的学校内再上几年学，但在很多国家，在第一级接受四年或八年的教育后，学生被分流至以学术为主的学校和以职业为主的学校。这种教育安排相当于在“美国教育的世界根源”中所描述的传统欧洲双轨制模式，通常被称为**双轨制教育系统**(bipartite system)。

---

〔1〕 伊莱恩·亚霍夫，“值得从新西兰借鉴的十个观念”，《卡潘》(1992 年 1 月)，pp. 394—395；希瑟·贝拉，“在新西兰学习阅读”，《今日阅读》(2000 年 4 月、5 月)，p. 32；琳达·达琳-哈蒙德、劳拉·麦克罗斯基，“具有国际竞争力意味着什么”，《卡潘》(2008 年 12 月)，pp. 263—272；麦·K. 莱等，“持续加速阅读理解成绩的提高”，《阅读研究季刊》(2009 年第 1 期)。

差异巨大的教育分轨

被录取到主要教授职业课程学校的中学生比例各国也各不相同。在丹麦、美国这样的工业国家,录取比例不到十分之一,而德国的录取率则超过了五分之一。类似的差异也体现在以学术为主的教育轨道上。一些国家从中等教育开始,并一直延续到中等后教育,都招收很大比例的学生到学术性学校中接受教育,这种学术性学校是专门为培养中学和大学毕业生精英团体而设计的。而在其他包括加拿大和美国在内的国家中,大多数中学生继续在普通学校或综合学校上学,很多人到相对非选拔性的学院上学[1]。

五、高等教育入学人数

影响高等教育入学人数的因素

在那些将学生分流至职业教育的国家中,其年轻人到高等教育机构学习的比例往往较低;相反,在那些为大多数中学生提供普通学术学习的国家中,更多的青年人能继续接受高等教育。还有其他一些因素能帮助我们判断一个国家的高等教育入学人数,其中包括国家对高等教育的资源投入、对中学后教育的重视而不是对进入职业市场的重视、用高等教育来均衡教育机会的传统、大学和学院招收高分学生的程度等。

发展中国家与工业化国家

发展中国家相对来说能够用于高等教育的经费更少,而且还在努力增加初等和中等教育的入学水平,因此可以预言,其青年人能继续接受高等教育的比例很低。在阿富汗、中国、埃塞俄比亚、加纳和其他很多的发展中国家中,只有不到20%的青年接受高等教育。然而大多数工业国家则能为三分之一以上的年轻人提供中学后教育(见表15.1)。

工业国家间的差异

中学毕业生被高等教育机构录取后,决定他们是否会一直保有入学资格并最终获得学位的各种因素有:课程难度、经济救助的机会、动机水平、能进入心仪的学院和专业。在各工业国家中,青年人获得中学后学位的比例也存在很大的不同,如表15.1所示,在各工业国家中,年轻成年人完成高等教育的百分比从意大利的16%到日本、韩

〔1〕 杰瑞尔德·W.布雷西,“随意分轨和有计划的分轨”,《卡潘》(2003年12月),pp. 332—333;迈克尔·麦克威,“职业教育和培训在德国和英国为促进终身学习发挥的作用”,《国际教育评论》(2007年5月),pp. 325—327;安琪·巴拉巴奇、隋黄、罗伯特·劳森,“有计划的政策转移”,《比较教育杂志》(2009年1月),pp. 5—20。

国、加拿大的超过 50%不等。

表 15.1 部分国家 25—35 岁青年获得中学后教育(第三级教育)的人数百分比(2005)

澳大利亚	38	意大利	16
比利时	41	日本	53
加拿大	54	韩国	51
丹麦	40	荷兰	35
芬兰	38	挪威	41
法国	39	西班牙	40
德国	23	瑞典	37
冰岛	36	英国	35
爱尔兰	41	美国	39

【资料来源】选自《2008 年经济合作与发展组织资料手册》(巴黎:经济合作与发展组织,2008)。

美国大学就读人数排名的下降

美国排名的下滑

直至 20 世纪 90 年代,美国青年的高等教育入学率和完成率通常比其他任何国家都高,只有加拿大和美国比较接近。然而表 15.1 中的数据表明,美国的这种领先模式已经不复存在,现在几个国家中学后教育的就读人数已经超过了美国,同时其他一些国家的就读人数也在迅速增长。一位为"各州教育委员会"作研究的作者根据这个变化得出结论:"如果当前的趋势持续下去,美国学生的入学率继续保持现有的水平,美国很可能会落后于越来越多的发达国家,这些国家已经在过去的十年里加速努力提高了其教育达成度。"她进一步发出一个危险的严重警告,"相互竞争的公共优先事宜和萎缩的资源,将进一步让越来越多的美国人无法获得能负担的、高质量的大学教育"[1]。

〔1〕 桑德拉·S.鲁佩特,"缩小大学就读率的差距",2003 年为"美国教育委员会"准备的论文,pp. 6—7。另见"人口统计学的宿命",2006 年为"卓越教育联盟"准备的论文,网址:www.all4ed.org;《2008 年经济合作与发展组织资料手册》(巴黎:经济合作与发展组织,2008);丹尼尔·格罗斯,"教育因素",《教育未来》(2009 年春季刊),网址:www.hoover.org。

六、非公立学校

私立学校的学生比例

由于各个国家的历史、政治结构、宗教成分、法律框架及其他因素的不同，各国的非公立学校教育在规模和功能上都有很大差别。在少数几个国家，如荷兰，半数以上的中小学生到私立学校上学，而在另一个极端，古巴、朝鲜和其他一些国家政府禁止开办非公立的学校，目的是抑制那些不能获得这些国家支持的意识形态。在大多数国家里，私立学校学生占学生总数的不到10%〔1〕。

“私立学校”的界定问题

各个国家为非公立的学校或学生提供公共支持的力度也有很大的差别。至于政府对非公立学校系统的监管、人们对公立学校和非公立学校的看法，以及人们期望私立学校对国家发展发挥的作用等方面，各个国家也各不相同。在有些国家，非公立学校招收相对规模较少的精英学生群体，这些学生将进入最有名望的大学就读；而在其他国家，这些学生只是国家儿童和青年中更具代表性的一部分。还有一些国家，大部分私立学校是小规模经营，招收城市贫民窟里的贫困学生。鉴于这种不同，要给出一个私立学校的跨国定义，或是要对鼓励和阻止非公立学校的政策进行概括都是不可能的。很显然，针对非公立学校，富有成效的国家政策必须能反映每个国家独有的情况和挑战〔2〕。

七、学业水平

重要的研究

自从**国际教育成绩评估协会**（International Association for the Evaluation of Educational Achievement，IEA）从20世纪60年代开始进行跨国研究以来，各国之间学校学业成绩的差距已经受到人们相当的关注。在国际教育成绩评估协会的第一批主要研究项目中，有一项研究是收集和分析了来自19个国家的25.8万学生的公民教育、外语、文学、阅读理解及科学课程成绩。研究结果显示，各国平均学业成绩水平的

---

〔1〕 拉法克·皮沃瓦斯基，“现代教育制度中非公立学校的作用”，《国际教育评论》(2006年9月)，pp. 397—407；迈克尔·欧默勒瓦，“经济欠发达国家中的私立学校教育”，《国际教育评论》(2008年1月)。

〔2〕 琳·勒斯达尔，“政府资助民办学校的国际视角”，《教育论坛论文简报》(2003年3月)，网址：www.educationforum.org.nz；克莱夫·克鲁克，“便宜的解决方案”，《大西洋月刊》(2007年3月)，pp. 38—39；凯伦·埃文斯、安·罗宾逊-彭特，“公、私策略、监管制度和教育系统”，《比较》(2009年2月)，pp. 1—4。

分布差距很大。总体而言，在该研究涉及的国家中，美国的排名靠近中间位置。后来的一些研究，如**国际学生评估项目**(International Student Assessment, PISA)、**国际阅读能力进步研究**(Progress in International Reading Literacy Study, PIRLS)、**第三次国际数学和科学教育成就研究**(Third International Mathematics and Science Study, TIMSS)等也发现，美国学生的排名总体而言接近国际平均水平(见表15.2)[1]。

表15.2 31国15岁学生的阅读识字能力考试分数

芬兰	546	瑞士	494
加拿大	534	西班牙	493
新西兰	529	捷克共和国	492
澳大利亚	528	意大利	487
爱尔兰	527	德国	484
韩国	525	列支敦士登*	483
英国	523	匈牙利	480
日本	522	波兰	479
瑞典	516	希腊	474
澳大利亚	507	葡萄牙	470
比利时	507	俄罗斯*	462
冰岛	507	拉脱维亚*	458
挪威	505	卢森堡	441
法国	505	墨西哥	422
美国	504	巴西*	396
丹麦	497		
		平均分	**500**

*为非经合组织成员国。这里的平均分是27个经合组织成员国的平均分。

【资料来源】选自玛丽安·莱姆克等:《世界各国15岁成绩低下学生的特征》(华盛顿特区:美国教育部,2005)。

〔1〕珀夫斯、莱文:《教育政策与国际评价》;劳伦斯·C.斯特曼,“成绩危机是真实的”,《教育政策分析档案》,1996年1月23日,pp.1—11,网址:http://epaa.asu.edu;劳伦斯·T.欧格尔等:《4年级学生读写能力的国际比较》(华盛顿特区:国家教育统计中心,2003);贾斯汀·贝尔等:《国际背景中4年级学生的阅读识字能力》(华盛顿特区:国家教育统计中心,2007);帕特里克·冈萨雷斯等:《2007年第三次国际数学和科学教育成就研究中的亮点》(华盛顿特区:国家教育统计中心,2008)。

研究人员的结论

根据对这些国际研究中获得的数据的分析，学者们已经得出以下结论：[1]

■ 阅读、数学、科学等科目的全国分数往往具有高度相关性。例如，在国际学生评估项目收集的数据中，阅读分数最高的八个国家中有七个国家，其数学和科学分数也属于分数最高的前八个国家。

■ 美国学生的分数分布差距更大。如表 15.2 所示，美国学生的分数远低于分数最高国家的学生。一些国家，包括美国在内，其学生的最好成绩和最差成绩间的差距远大于其他一些国家，如芬兰、日本和韩国。然而，美国优等生的成绩表现与其他国家优等生的表现相当。

■ 几乎所有国家中，社会阶层与成绩测验分数有很强的相关关系。但是，在一些像美国这样的国家中，劳动阶层和中产阶层的学生成绩差距远远大于那些学生平均分数高、高分和低分之间差距小的国家，如芬兰和日本。

■ 重视被动学习。教学特征（包括班级规模、分配用于教学的时间量、教师资历、家庭作业量）通常与考试成绩无关。例如，包括美国在内的大多数被研究国家，普遍使用的数学教学法以“讲解和演示”为基础，这种教学法偏重的是被动、机械的学习，然而由于这些国家中有部分国家的分数远远高于美国，因此除非考虑这种教学法与其他变量的交互作用，否则不能单独用这类教学方法来解释美国平庸的数学成绩。

■ 美国数学课程的缺乏。一些分析人士总结认为，美国的课程和教学，尤其是数学，通常很有宽度却深度不够，由于这种肤浅的教学造成了学生平庸的成绩，也对国家的国际竞争力造成威胁。一些学者在国际背景下对美国数学课程进行研究，得出的结论是，这个数学课程没有重点，主题过多而且过于缺乏深度；高度重复；各主题之间缺乏逻辑次序，缺乏连贯性；要求不高，尤其是在初中阶段。另外，美国的数学课程与很多其他国家的相反，是高度分化的。也就是说，我们的中等水平的学生倾向于被分配到学习代数的数学学习轨道，而成绩优等生则学习其他高级水平的数学，成绩差的学生只学习简单的算术。因此，很多学业成绩较低或中等水平的学生很少有机会学到更多基本技能以外的东西。这与芬兰、匈牙利、日本及其他一些地区的做法完全不同。在那些国家和地区，大多数学生都必须接受挑战以表现出更高的学业水平。大多数分析人士在对这些模式进行重新审视后相信，必须采取行动

---

〔1〕 小帕斯卡 · D. 福吉奥尼，“对第三次国际数学和科学教育成就研究中 12 年级学生测评的常见问题的回应”，《卡潘》（1998 年 6 月），pp. 769—772；凯瑟琳 · S. 希勒，“超越‘一个最佳的教育制度’”，《国际教育政策、研究与实践杂志》（2000 年夏季刊）；黛博拉 · I. 尼尔森，“对学生成绩国际差异的解释”，《教育政策研究联盟政策简报》（2003 年 9 月），网址：www. cpre. org；艾瑞斯 · C. 洛特伯格，“为什么我们的神话那么重要”，《学校行政人员杂志》（2007 年 4 月），网址：www. aasa. org；“更多良好，更少不良，还需进一步改进”，《全优生》，2008 年 12 月 15 日，网址：www. all4ed. org。

来减少这种课程的差异[1]。

■ 要提高美国学生的成绩表现，需要进行全面的变革，包括设置标准、对学生进行成绩评定、教师培养、教学方法以及教育制度中的其他各个方面。

"国际阅读能力进步研究"、"国际学生评估项目"与"第三次国际数学和科学教育成就研究"报告的发表，点燃了一系列令人情绪激动的争论。一方面，观察家声称美国的教育制度比通常所描绘的更令人满意。而另一方面，在承认教育制度还需要重大改进的同时，这些观察家也指出以下一些值得思考的因素：[2]

为美国学校辩护

■ 学生在 4 年级期间通常表现出相对较高的阅读水平。

■ 造成学生成绩相对低下的大部分原因是文化因素，而非学校的缺陷。例如，根据报告，匈牙利、日本和韩国学生表现出高水平的数学成就，这可能主要归结于它们的文化对数学成绩的重视以及家庭对学生学业的强烈支持。

■ 与批评者的说法相反，美国学校的成绩在过去的几十年中已经有所提高，尤其是考虑到来自低收入家庭的少数群体学生的入学率一直不断增加。这种成绩的提高，部分应归结于补偿教育、学校废除种族隔离措施的积极影响（参见"社会阶层、种族和学业成绩"一章）以及为教育改革而付出的辛苦努力。

对美国学校的批判

对美国学生成绩表现的批判并未因为这些反驳而平息。批评者经常会一针见血地指出，美国学生在参加一些诸如数学问题解决等高级思维技能的评价考试时，成绩尤为低下。他们重申，提高学生的阅读理解、地理、数学、科学和其他学科的技能非常重要。他们认为，在众多国际学业成绩的研究中，美国学生的排名表现出凄惨的水平，如果不采取激进的改革措施，甚至用新的教育制度取代现有的教育制度，这种情况就无法得到彻底更正[3]。

---

〔1〕 汤姆·洛夫莱斯、保罗·迪潘纳，"美国学生的学习有多好"，《布朗中心的对美国教育报告》(2000 年 9 月)；威廉·H. 施密特、茨·W. 辛、柯蒂斯·C. 麦克奈特，"课程的连贯性"，《课程研究杂志》(2005 年 9 月)，pp. 525—559；肖霞·牛顿，"对美国数学改革的反思"，《卡潘》(2007 年 5 月)，pp. 681—685；艾瑞斯·C. 洛特伯格，"快速修复、考试分数和全球经济"，《教育周刊》，2008 年 6 月 11 日；威廉·H. 施密特，"数学标准缺少什么"，《美国教育工作者》(2008 年春季刊)，网址：www. aft. org。

〔2〕 珀夫斯、莱文：《教育政策与国际评价》；杰瑞尔德·W. 布雷西，"日本学生和美国学生考试分数'背道而驰'"，《卡潘》(2000 年 6 月)，pp. 790—791；俄林·E. 波、苏杰新，"美国真的在学术成就的国际赛马中失利了吗"，《卡潘》(2005 年 9 月)，pp. 688—695；杰瑞尔德·W. 布雷西，"美国学校的成绩表现，(再次)透过黑暗的玻璃来观看"，《卡潘》(2009 年 1 月)，pp. 386—387。

〔3〕 哈罗德·W. 史蒂文森，"第三次国际数学和科学教育成就研究的原始材料"，1998 年发表在以下网站上的论文：www. edexcellence. net/foundation/global/index. cfm；威廉·施密特、理查德·黄、里奥纳德·科根，"一个连贯的课程"，《美国教育工作者》(2002 年夏季刊)，网址：www. aft. org/american-educator；埃里克·汉纳谢克等，"教育和经济增长"，《教育未来》(2008 年春季刊)，网址：www. hoover. org；本杰明·C. 里格武戴克，"认知边缘"，2009 年为杰克逊州立大学准备的论文，网址：www. eric. ed. gov。

焦点问题回顾：作为一名教师，你的工作可能受到国际学业成绩比较的影响吗？它应该如何对你的工作产生影响？

第三节 发展中国家教育的问题和前景展望

教育和经济发展

在本章前面部分，我们看到贫困既是发展中国家教育不足的原因，也是教育不足的结果。因此，国家政府和国际组织已非常重视通过扩大和改进发展中国家的教育制度来促进它们的经济发展。教育通常被认为是经济发展的关键，因为它能给人提供在国际市场上竞争所需的技能和知识，它能有助于带来财富和权力更平等的分配，这反过来又会为政治稳定和长期经济增长作出贡献。

教育升级的问题

然而，事实证明，要让许多发展中国家的教育系统实现广泛、持久、均衡的提高，是极度困难的。例如，在卢旺达这样的国家中，极度贫困是每个小学生每年可获得的教育资金不到100美元的部分原因。而在印度和尼日利亚这样的发展中国家，由于人口的多民族构成，人们使用的不同语言多达几十甚至几百种，这些国家也在努力克服由此造成的教育问题。大多数发展中国家还面临着所谓**人才流失**(brain drain)的问题，虽然中学和大学毕业生人数增多，但由于没有适合他们教育水平的高薪职位，这些受过良好训练的人才就会移居至更富裕的国家，以获得更好的就业机会。

给发展中国家的建议

为了改善发展中国家的教育，研究者们已建议这些国家采取以下措施：[1]

1. 增加对小学的投入，以扩大能接受更高层级教育的学生基数。
2. 避免过度重视高等教育科目，接受高等教育的学生倾向于到海外学习，也许将不会返回。
3. 把私立学校作为教育扩展整体计划的必要部分。
4. 更努力地改善学生的认知能力。
5. 着手克服限制女童和妇女教育的障碍。
6. 从实质上改善师资培养。
7. 利用在线学习课程和系统、笔记本电脑网络以及其他现代科技来扩展所有层

〔1〕 盖里·斯迪克斯、保罗·沃利其，“第三世界的数字修复方案”，《科学美国人》(1993年10月)，p. 89；迪达卡斯·朱尔斯，“加勒比海地区教育的再思考”，《比较教育》(2008年5月)，pp. 203—214。

次的教育机会。

焦点问题回顾：你认为上述哪些建议对发展中国家最有用？

第四节 示范性教育改革选萃

和美国一样，世界上其他地方的教育工作者正为了让学校更加高效而采取了各种改革措施。其中一些改革是以对那些非常成功的学校及其运行机制的研究为基础的，这类对**有效学校**（effective schools）的研究主要在美国进行，但澳大利亚、加拿大、荷兰、英国以及其他国家也开展了一些重要的研究。在本章中，我们要详细探讨很多国家如何实质性地改革了自己的教育制度[1]。有的国家多年来一直深受钦佩，因为这些国家在提供早期教育机会、数学教学、职业学校教育或其他重要的教育经历上表现出高质量和高效能。我们将在下一章中具体探讨有效学校的特征，以及那些表明全面变革和长期的努力是学校成功关键的研究。

一、法国的儿童早期教育

多种多样的儿童保育安排

由于认识到学前教育对儿童的社会、身体和教育发展都至关重要，许多国家都采取措施为大多数或所有幼儿提供激励性的学习机会和积极的日托安排。例如，在比利时、中国香港和意大利，90%以上3—5岁的幼儿都接受了儿童早期教育项目的培训，与之相比，美国仅有一半左右的幼儿被送至这类机构中。整个斯堪的纳维亚半岛的家庭都能轻易获得很好的婴儿保育安排。各国的学前教育和日托项目在组合上差异很大，在幼儿教育工作者与父母和家庭合作的程度上，各国间差异也一样很大。然而总体来说，儿童早期教育已经成为世界大部分地区的热门话题。

法国的学前教育项目

法国的学前教育服务被很多观察家视为是学前教育的楷模。几乎所有3—5岁的幼儿都接受学前教育项目的培训，并且学前教育的教师工资远远高于美国和其他大多数国家学前教师的工资。在上学前和放学后、在假期以及学校放假期间，接受幼儿学前教育的儿童可以继续进行各项具有意义的活动。同样重要的是，政府给父母提供财

[1] 海伦·S.田伯烈、薇薇安·M.罗宾逊，“把合作伙伴作为自我管理学校的干预策略”，《学校效能与学校改进》（2003年9月），pp. 249—274；大卫·雷诺兹，“世界一流学校”，《教育研究与评价》（2006年12月），pp. 535—560；克瑞斯·詹姆斯等，“贫困地区中的高成就学校”，《教育管理国际研究》（2008年第2期），pp. 66—79；史黛西·T.卡达鲁，“国外最成功学校的经验”，《基督教科学箴言报》，2009年3月24日。

政激励措施，以促使他们送孩子报名参加那些高质量、能提供儿科服务和其他健康预防性服务的教育项目。美国儿童保育专家和公众领导人在考察了法国的早教系统后，报告了法国早教项目中几个值得思考的方面：[1]

法国早教项目的积极特点

■ 几乎所有儿童都进入一个协调统一的系统，这个系统可以把早期教育、日托和健康服务连接在一起。

■ 父母因生育或收养孩子后可以带薪离职，这有助于培养积极的亲子关系。

■ 幼儿教师的高薪和良好的训练，有助于让教师离职率保持很低的水平，而且使教育项目的质量维持较高的水平。

■ 几乎所有的幼儿都报名参加学前教育项目。

■ 在招收低收入家庭儿童的地方，政府为确保早教的高质量而提供额外的资源。

二、英国的小学阅读和数学

在各项学校改革措施中，英国的阅读和数学教学改革是最令人印象深刻的一个。在"国家读写能力和计算能力工作小组"的指引下，英国政府发起了多项行动和活动，其中包括以下一些方面，它们影响了近两万所小学的大约 300 万名学生[2]。

英国的读写和计算能力提高方案

■ 要求每所学校每天至少有一个小时的读写时间和一个小时的数学学习时间，同时为 5—11 岁儿童的各年级提供指导和制定标准，确定应该重点掌握的内容。

■ 缩减核心科目以外指定的课程内容。

■ 为成绩不佳的学校提供额外的资金和其他资源。

■ 为此项行动配备了提供咨询服务的数百名读写和数学教学顾问。

■ 重视对落后学生实施早期干预，帮助他们奋起直追，具体措施包括为需要额外帮助的学生提供课后、周末和假期的授课服务。

■ 任命 2000 名数学教师和几百名语文教师为首席教师，让他们作为同事进行最佳教学实践的示范。

■ 主要投资用于购置学校的书籍。

---

〔1〕 凯伦·怀腾：《促进丹麦、法国和意大利幼儿的发展》(华盛顿特区：美国政府会计办公室，1995)；迈克尔·康恩-鲍尔斯等，"早期教育的普遍设计形式"，《幼儿杂志》(2006 年 9 月)；理查德·M. 克利福德、吉赛尔·M. 克劳福德(编辑)：《起点学校》(纽约：师范学院出版社，2008)。

〔2〕 斯蒂芬·马欣、桑德拉·麦克纳尼，"英国人的实验"，《教育未来》(2005 年第 3 期)，网址：www. hoover. org；"教育部长对第二阶段的结果表示欢迎"，2008 年由"英国儿童、学校和家庭部"发行，另还可在以下网站获得更多出版物：www. standards. dfes. gov. uk/literacy/publications。

■ 由一个国家督导机构负责定期对学校进行监督和广泛的评价。

最终这些措施和活动使 11 岁儿童达到该年龄组儿童预期水平的百分比大幅上升，从 1997 年的 63%提高至 2008 年的 81%。英国的教育官员现正努力进一步提高学生成绩，同时还努力将取得的成功扩展至更高年级中。

三、日本的数学和科学教育

优异的成绩

国际学业成绩研究表明，日本学生一直在数学、科学和其他学科领域获得高分。例如，第二次世界数学成绩研究报告表明，日本 8 年级学生平均能正确回答 62%的考试题目，与之相比，美国学生的百分比是 45%，被研究的 18 个国家的平均百分比为 47%。至于 8 年级学生的科学成绩，日本学生获得的平均分为 554 分，而其他参加第四次国际学业成绩评定的国家的学生平均分只有 500 分[1]。

日本教育成功的可能原因

日本教育和社会的某些方面有助于解释日本年轻人的高学业水平。下面列出的大多数特征在日本教育中普遍存在，而不仅仅只适用于数学和科学教育。日本教育成功的相关因素列表很长，但研究人员尚未确定哪些因素是重要因素，也许这些因素都很重要[2]。

■ 杰出的儿童日托可以帮助孩子们为在学校获得成功作好准备。此外，家庭和儿童早期教育中的社会化实践活动帮助学生学会适应课堂的情境和要求。美国学校正相反，为了在课堂上达到良好的纪律，教师不得不尽量让教学更有吸引力，或是与学生讨价还价以获得学生的顺从（参见“文化、社会化与教育”一章），而这一切都是以牺牲学术标准和学术严谨性为代价的。

■ 家长参与。在日本，人们期待家长深度介入孩子的教育，尤其是母亲，更是深感对孩子在学校的成功负有重大责任。家庭为孩子提供长期不断的支持和激励，从精心设计的 1 年级入学庆祝到普遍报名参加的私人补习学校（juku），也就是学生在放学

〔1〕 芭芭拉·J. 雷耶斯、罗伯特·E. 雷耶斯，“日本的数学教育”，《儿童数学教学》（1995 年 4 月），pp. 474—475；《在为时已晚之前》（华盛顿特区：美国计算，2000），网址：www. ed. gov/inits/Math/ glenn；艾纳·V. S. 穆利斯等：《2007 年第三次国际数学和科学教育成就研究数学报告》（马萨诸塞州栗山：波士顿学院，2008），网址：www. timss. bc. edu。

〔2〕 罗伯特·D. 赫斯、藤原浩·武其，“学校教育的文化支持”，《教育研究者》（1991 年 12 月），pp. 2—12；托马斯·P. 罗伦，“造成差异的不同”，《教育政策》（1995 年 6 月），pp. 129—151；J. 丹尼尔·豪斯，“课堂教学策略和自信对日本小学生科学成就的影响”，《教育杂志》（2008 年冬季刊）；哈罗德·W. 史蒂文森、罗伯塔·赖瑞森-娄，“总而言之”，为美国教育部准备的论文，发表日期不详，网址：www. ed. gov/pubs/SumItUp。

后和周末去上学的学校。与美国家长相比，日本家长在被问到什么是在学校成功或失败的因素时，更强调刻苦努力的作用，而自身能力的作用要次之。

■ 学年时间长。日本学生全年到校上课时间为 240 天（与之相比，美国全学年不到 200 天）。

■ 从很早年龄开始，学生就被告知要对自己在学校的工作和学习负主要责任。

■ 与课堂教学相关的大量家庭作业有助于学生取得较高的成绩。

■ 国家课程。精心规划和实施的国家课程有助于学生在一个循序渐进、综合的框架内习得各种重要的概念。

■ 与美国和很多其他国家的小学教学实践活动相比，课程很少重视机械式学习。

■ 学校通过布置学生做家务活，以及让学生在学习中相互帮助，来重点培养学生的品格和责任感。

■ 教育工作者往往都对学生的学习负责。例如，很多教师主动联络家长，建议家庭作业的时间安排和熄灯就寝时间。

■ 教师的地位。未来教师必须通过严格的考试，并受到高度的监督，才能从事教师职业。

■ 相对而言，日本的教育工作者社会地位很高，这更强化了他们在与学生和家长共同工作时的权威性。部分源于这个原因，很多人申请教学职位，这也让行政管理人员能够选择高素质的教师候选人。

日本学生在数学、科学、其他学科领域的考试中一直保持高分。

■ 学校的日程安排为教师提供了大量可以用来辅导学生的时间，也可以参加其他能让教师工作更高效的活动。

■ 由于学习迟钝的学生能获得教师慷慨的时间和帮助，这就让学生成绩的差距小于美国和大多数其他国家。相对而言，日本学校成绩特别低下的学生很少。

对日本教育制度的批评

熟悉日本教育制度的人指出，日本教育制度中存在一些很明显的负面特征：[1]

■ 相对而言很少重视发散性思维的培养。一些观察者认为，由于对创造性的重视不够，这很可能会严重阻碍日本社会和经济的未来发展。

■ 阶层和性别的限制。劳动阶层和女性能进入中学后教育机构学习、并获得较高职业地位的机会显然受到严重的限制。例如，一项研究发现，在大学预备中学的学生中，只有 11％的学生父亲是中学未毕业的，而在其他学术性较少的中学里，这类学生的比例达到 32％。

■ 由于高等教育机会受到限制，日本的中等教育是以应试教育为主的，教学重点覆盖可能在大学入学考试中被考到的大量事实信息。反过来，考试压力进一步扼杀了学生的发散性思维能力，还经常导致学生的精神抑郁，甚至自杀。

■ 一旦学生考上大学或学院，学生要面对的要求却相对很少，甚至几乎没有。

■ 行为的循规蹈矩。日本有句老话“锤敲出墙钉”，因此很多学校对学生的行为标准和期望值都非常刻板和严格，以至于一些教育工作者认为这样会产生过分的一致性。

■ 日本年轻人似乎比以往任何时候更拒绝接受传统习俗和价值观，而那些传统习俗和价值观又是教育制度赖以建立的基础。

■ 很多残障学生几乎得不到帮助。

■ 恃强凌弱现象很普遍，而且已经成为学校内越来越严重的问题。

■ 日本学校相对较少采用计算机和其他现代科技。

不可忽视，也不宜模仿

在审视日本教育的各种长处和短处后，一些深思熟虑的观察家得出结论，我们可以从日本教育制度中学到很多东西，但他们又补充说，我们应该保证，从其他地方借鉴而来的那些很有前途的实践方法，必须是切实可行的，而且切实能适应我们的国情。同样，日本的政府教育委员会也一直在思考如何将更多美国教育的积极因素融合进日

〔1〕 肯·斯库兰德：《幕府将军的魂灵》（纽约：伯金与嘉维出版公司，1990）；玛索·米亚莫托：《穿紧身衣的社会》（东京：讲谈社，1994）；约翰·南森：《解开束缚的日本》（波士顿：霍顿·米夫林出版公司，2004）；艾米·波咯瓦屋，“隐藏的日本年轻人”，《文化、医学与精神病学》（2008 年 12 月），pp. 552—576。

本教育制度的改革建议中(例如,减少对一致性的重视等)。哈佛大学一名从事日本研究的教授对这种情况作出了以下总结：日本教育可以“作为一面能展示我们弱点的镜子,以及一把能衡量我们付出的努力的标尺”,日本教育对我们而言很有价值。但是,我们不应该“允许自己忽视或盲从”日本的方法。相反,在我们自己的文化和社会背景下,在我们独自开始强化学校和教育制度建设的同时,应该“定期照照这面‘日本镜子’”[1]。

四、威尔士的可持续发展教育

纳入国家课程

许多国家正在不断加强教育制度的建设,将有关能源保护、环境教育和其他可持续发展的学习内容融入教育制度中,这些学习项目通常与联合国、欧盟和其他国际组织的努力相关联。威尔士是联合王国(英国,译者注)的一个成员国,其可持续发展教育在各国中是首屈一指的。威尔士为可持续发展教育专门开设了网站(www. esd-wales. org. uk),其中有很多专为初等、中等、高等教育、进修和工作本位的学习、青年工作以及成年人的继续教育开设的专栏。该网站特意注明威尔士是“少数几个政府用心开展可持续发展教育的国家”之一。该网站为中小学校提供了大量信息,介绍如何将可持续发展教育纳入国家课程,及如何让教师为做到这一点而参与实施系统全面的计划。以下是该网站定期更新的为教师和学校行政管理人员开设的栏目信息：

- “实习教师和新教师信息”栏,包括怎样在教学中促进可持续发展的建议,以及对样板学校的案例研究。
- “行动策略”栏,包括以前的和计划中的有关可持续发展的教与学的行动,以及国家、地区和地方计划的其他方面内容。
- “课外学习”栏,包括专为教育机构,及与学校合作以推进可持续发展教育的伙伴单位制定的一套实践准则。

五、欧洲和北美洲的多元文化教育

可能目前还没有一个国家能充分回应人口的文化多元化带来的挑战。然而,很多国家已经采取了一些重要的努力措施,为来自不同群体的学生提供教育服务,尤其是为那些经历过种族、民族或宗教歧视的少数群体学生,或不能用自己在家使用的母语

---

〔1〕 托马斯·P.罗伦,“日本的教育：如果他们能做到,我们应该做吗”,《美国学者》(1985—1986 年冬季刊),p. 43。另见杰克杨·李,“学校改革动议计划”,《教育政策分析档案》,2001 年 4 月 24 日,网址：http://epaa. asu. edu;威廉·杰恩斯,“我们应该从日本和其他东亚教育体制中学什么以及不学什么”,《教育政策》(2008 年 11 月),pp. 900—927。

来学习的学生提供教育服务。以下所列出的方法可能会成为将来大家学习的样本：[1]

多元文化教育项目样本

■ 正如我们在“提供平等教育机会”一章中所指出的，美国正试图为数百万的英语语言学习者提供双语教育。

■ 加拿大已经实施了大规模的双语教育项目，同时采用大量方法促进多元民族课程和教学的实施。

■ 法国在全国范围内提供教师在职培训，帮助教师学习法语作为第二语的教学。

■ 比利时提供预备班，让那些移民的孩子在这里接受两年以上的教育，由一名比利时教师和一名母语教师实施教学。

焦点问题回顾：把其他国家的教育改革作为改进我们自己学校的样本有什么潜在的好处？有什么缺陷？在采用来自其他国家的学校改革方案时，教育工作者应当遵守什么注意事项？

第五节　结论：国际背景及美国学校面临的挑战

各国之间的相似之处不断增多

一些观察者相信，对教育的国际研究正变得越来越有用，因为发达社会正变得越来越相似。纵观世界，更多的公民成为中产阶级，学校系统和其他教育机构都强调为应对先进技术和快速的社会变革而作准备。大众媒体和其他科技正发挥着跨越国家边界的共同影响作用。尽管如此，没有两个社会是完全一样的，文化和社会差异也不会完全消失。然而，社会机构（包括家庭和学校）的特征仍然可能趋同。例如，大前研一(Kenichi Ohmae)已经作出评论，认为日本的“任天堂儿童”(Nintendo Kids，任天堂公司成立于1889年，原为生产纸牌的手工作坊，现是日本最著名的游戏制作公司，其制作的电子游戏及主机、掌机系列在全球范围内深受欢迎，译者注)，也就是伴随着电脑、游戏机和全球媒体成长起来的年轻人，“与其说他们与日本以前各代年轻人的共同

---

〔1〕 布鲁斯·卡林顿、阿拉斯泰尔·柏涅特，“另一种加拿大的‘马赛克’”《比较教育》(1997年11月)，pp. 411—432；伊丽莎白·雷格尔特，“欧洲跨文化教育的优良教学实践”，《教育与社会》，第1期，(2006)，pp. 45—56；保罗·马修、诺埃尔·克里克，“学校领导力与教育平等”，《学校领导与管理》(2007年2月)，pp. 35—49；丽莎·K.·泰勒等，“对多重归属的肯定”，《儿童早期读写能力杂志》(2008年12月)，pp. 269—294。

点更多,不如说他们与其他国家年轻人之间存在更多的共同点"[1]。

需要学习的经验有很多,可供学习的经验也很多

如果他所说的属实,我们就能从其他国家的有效教育中学到更多的东西。同样,其他国家也能向美国学习。尽管在本书中我们描述了很多美国教育的缺点,但美国过去很长时间内都在国际教育中占据领导地位,努力实施对所有学生的教育,不论学生的社会背景和以前的成绩如何。理查德·卡伦贝格和伯纳德·瓦索(Richard Kahlenberg and Bernard Wasow)考察了世界范围的教育制度和学业成绩模式,并总结出以下对美国的启示:"美国公立学校已经帮助一波又一波的移民成为美国人。据说,公立学校系统让相当数量的一部分人口失败,这种失败与这些人口的阶层和种族保持高度的一致性。"正如我们在本章提到的那样,我们学生的学业成绩是中等的,在大学入学率和大学毕业率上我们已经落后于其他一些发达国家。认识到这些不足之处之后,美国教育部长阿恩·邓肯就职后不久就表示:"历史上我们一直引领世界,但在过去的几十年中我们有些迷失了我们的道路。"他指出教育在《美国复苏和再投资法案》中是重要的组成部分,该法案的出台部分原因是为了促进学生总体学术能力的进步以及让学生重点掌握一些高级思维技能。他还进一步指出,"我们必须用教育来开创一条通往更好经济发展的道路"。在下一章中,我们将思考教育改革可能帮助我们用教育开创通往更繁荣、更平等社会的道路的各个方面内容[2]。

焦点问题回顾:你相信发达国家间的相似之处越来越多,最终会导致各国教育制度越来越相似吗?

总结

(1) 尽管各国教育制度间存在很大的不同,但各国在为大多数学生提供有效教学方面往往会面临类似的问题,这些学生的教育机会与成绩表现与他们的社会和文化背景息息相关。

(2) 世界各地的教学条件似乎在根本上是相似的。在大多数国家,教师和课程都强调信息的呈现,教师很难找到时间来完成那些困难的,有时甚至相互矛盾的教育目标。

---

〔1〕 大前研一,"中国的60万名雅芳小姐",《新视野季刊》(1995),p. 15。另见艾瑞斯·C.洛特伯格,"全球背景下的美国教育",《教育周刊》(2005年2月9日);龙辛迪,"我们还有竞争力吗",《今日全国教育协会》(2007年1月),网址:www.nea.org/neatoday;克雷格·C.维克卓莱克,"对美国和日本学校教育制度的对比分析",《教育视野》(2008年冬季刊),pp. 99—111。

〔2〕 理查德·D.卡伦贝格、伯纳德·瓦索,"是什么让学校有效运行",《波士顿评论》(2003年10月、11月);赵勇,"东方和西方中最好的和最差的",《卡潘》(2005年11月),pp. 219—222;斯蒂芬·拉桑德,"美国的公立学校",《社会史杂志》(2008年冬季刊),pp. 522—525;罗伯特·汤姆索,"学校援助资金应用来资助测试和训练",《华尔街日报》2009年2月7日。

(3) 世界各地的学校系统在以下几个方面都大不相同：教育资源投入、入学人数、生师比、男女生比例、教育权力的集中或分权程度、课程内容和教学重点、高等教育和职业教育机会、非公立学校的可获得性和作用，以及学生的成绩等。

(4) 研究发展中国家教育的学者提议，要注重提高师资培育和初等教育，发展学生的认知功能，扩大女童和妇女的教育。

(5) 一些国家的教育服务和教育实践具有示范性，它们是：法国的儿童早期教育、英国的小学阅读和数学教育、威尔士的可持续发展教育以及日本的数学和科学教育。加拿大和美国在多元文化教育的某些方面也比较成功。研究者可以从其他国家教育制度的研究中学到很多经验，但要辨认出一个教育制度成功或失败的原因却很难，或是要找出这个教育制度对其他不同社会有什么启示也很困难。

(6) 在为所有学生群体提供平等且有效的教育机会方面，美国一直处于国际领先水平，但与其他一些国家相比，美国在这一点上已经开始有所下滑。

关键术语

双轨制教育系统

国际教育成绩评估协会(IEA)

第三次国际数学与科学教育成就研究(TIMSS)

人才流失

有效学校

讨论题

(1) 为什么不同国家间在教学方法和教师体验的喜悦和挫折上竟然如此相似?

(2) 发展中国家中最重要的教育问题是什么? 什么可能是解决这些问题的最合适的政策?

(3) 美国的教育政策和教育实践在何种程度上是对日本教育政策和实践的效仿? 哪些实践可能是最值得引进的，哪些是最不受欢迎的?

(4) 为大多数年轻人提供高等教育的机会有何利弊? 可以做或应该做什么来消除这些弊端?

专业发展的建议方案

(1) 利用互联网资源寻找有关其他国家儿童早期教育的资料，(你可以尝试输入“儿童早期教育”再加上“国际”这两个关键词)。什么教育实践可能在其他国家是有用的? 要实施这些方法需要进行哪些改动?

(2) 考察一个或多个教育成就的国际研究(例如本章中引述的那些研究)，判断美国学生的成绩排名距第一名和最后一名分别差多少？美国的排名是有所提高，还是有所下降？

（3）对两到三个美国以外的其他国家的教育政策或教育方法进行研究，它们适用于美国吗？如果适用，在实施时可能会遇见什么问题？你准备怎样说服学校官员让你在你所教的学科或教学领域尝试这种政策或方法？

（4）哪些国家因为女童或妇女在学校各级教育中的入学人数比例很高或很低而引人注目？造成如此高或如此低比例的决定因素有哪些？在今后几年中可能出现什么变化？

第十六章 美国学校效能与学校改革

本书大部分内容均与中小学教育改革中存在的问题及发展趋势有关，而本章将选择几个有关学校效能和学校改革的关键问题进行进一步的明确讨论。在重点关注美国教育制度面临的几个主要挑战之后，我们将审视有关有效教学和有效学校的特点的争论与研究。我们同时也会关注学校改进和学校改革的过程，以及属于学校效能和学校改革方面的其他经常被讨论的重要话题。

有关学校改革的争论，可以通过分析实际的研究证据而得到部分地化解。本章不可能对所有可能出现的变革措施逐一讨论或提供综合全面的信息，但将会考察几种前景似乎特别光明或已经获得广泛关注的改革建议。在阅读本章时，请思考哪些观点已经获得确凿证据的支持，同时请对脚注中提供的一些资料来源进行调查，判断它们是否是对研究的真实报告或思考，而不只是提供支持或反对某个特定观点的论据。同时还请思考什么是改革成功的先决条件，什么潜在条件可能有助于让每个建议实施的改革方案更适合或不适合，这些改革对你的教师生涯可能会有怎样的影响？阅读本章时，请牢记下列基本问题：

焦点问题：

■ 能改善高级思维学习的有效教学和授课的特点是什么？

■ 对于那些异常高效的学校，研究都有什么发现？

■ 成功实施学校改革，需要具备什么关键因素？

■ 我们怎样才能改善课堂教学及学校层面的教学？

■ 学校怎样才能帮助各种特殊学生群体，如低收入家庭学生、农村学生、天才学生和聪明学生等？

■ 扩大择校计划会改善教育质量吗？

■ 某些州和学区正在实施的全面改革取得了什么成就？

第一节　改进学校的迫切性

准备不足的工人

人们对美国学校的关注大多集中在这样的需求上：学校必

须传授学生与工作相关的技能，以增强美国国际经济竞争力的需求，以及与此需求相关的要提高弱势学生学业成绩的迫切性。

一些重要的国家报告和研究表明，美国学生在毕业离开学校时并未作好有效参与工作的准备，而且在这样一个日益复杂、以技术为基础的世界经济社会中，工作岗位还要求他们能高水平地执行各项复杂的任务。为了回应这些报道，美国总统奥巴马为他的教育改革议案写下了如下的序言："未来属于公民能够得到最好教育的国家……我们拥有成为这样的国家所需的一切……然而，尽管我们拥有世界任何地方都难以匹敌的资源，但却在让我们学生的成绩下滑，让我们的学校崩溃，让我们的教师质量不达标，让其他国家赶超我们。"[1]

对教育公平的迫切需求

几乎所有有关教育改革的最新报告和研究都呼吁提高经济贫困学生的成绩，以便使教育结果更加公平。另外除了对公平的渴望，教育公平也一直与经济竞争力的需要联系在一起。因此，"教育组织领导人论坛"得出结论，"如果我们想维持或提高我们的生活水平，就必须更聪明地工作……但是如果只有来自稳定家庭的中产阶级能更聪明地工作，这是不可能成功的……人类历史上第一次，这种能力必须成为我们人口中的大部分人都具有的特性"。

"各州首席教育官员委员会"的建议

那些致力于改革弱势学生教育机会的教育工作者们还关注以下一些特殊的领域：

■ **处于危机中的学生和学校**。对于那些成绩低下的学生和那些没有过硬的中学后教育证书的学生而言，他们能获得的社会和经济机会一直在快速减少。在所有为帮助处于危机中的学生和弱势学生而提出的建议中，影响最深远的也许是"各州首席教育官员委员会"(CCSSO)的政策陈述。"各州首席教育官员委员会"在陈述中表明，各州制定的法律应当保证教育计划和其他教育服务"必须经过合理计划，能让所有人中学毕业"。

■ **市中心区的贫困**。为战胜不断减少的教育机会，需要各方协同进行改革。正如我们在"社会阶层、种族和学业成绩"一章以及本书其他章节中所指出的那样，在贫困聚集的市中心社区，各种教育问题尤为严重。要从总体上来应对这些社区中

---

〔1〕 保罗·E.巴顿，"教育前沿的封闭"，2002 年为"美国教育考试服务中心"准备的论文，网址：www. ets. org/research/pic；"学校在农村社区的重要性"，《督导与课程发展协会研究简讯》第 18 期，2005；埃尔文·柯西等：《美国的完美风暴》，2007 年为"美国教育考试服务中心"准备的论文，网址：www. ets. org；艾琳娜·希尔瓦，"测量 21 世纪技能"，2008 年为《教育界》准备的论文，网址：www. edsector. org；丹尼尔·格罗斯，"教育因素"，《教育未来》(2009 年春季刊)，网址：www. hoover. org；"从奥巴马到议会：教育是关键"，《电子学校新闻报》，2009 年 2 月 25 日，网址：www. eschoolnews. com；托尼·瓦格纳：《全球成绩差距》(纽约：基本图书公司，2010)。

存在的各种问题，就涉及以下问题：改善就业、交通、住房、防止种族与性别歧视的积极行动，以及社会福利援助等；对贫困人口实施废除种族隔离和消除贫困集中化的措施；减少犯罪和违法行为；其他让中小学校在其中发挥关键作用的努力措施。

■ **农村贫困集中的现象**。一些农村地区也存在和大城市的很多方面都类似的贫困聚集社区，这些社区主要是在美国东部的阿巴拉契亚山脉（Appalachian）地区和南部的欧扎克地区（Ozarks）。尽管很多贫困的农村社区大部分为非少数群体人口，但在社会解体的指标方面，那些贫困的农村社区与那些少数群体聚居的贫困城市社区的指标一样高或几乎一样高。这些社会解体的指标包括：青少年怀孕率高、青少年违法现象普遍、在校学业成绩非常低、普遍感到没有希望。从美国经济整体来看，要更聪明地工作，这些农村学生就要像那些在市中心区的同龄人一样，需要获得有效教育。

很多观察家相信，我们如何应对这些挑战，具有很高的历史重要性，将决定美国在21世纪是繁荣昌盛还是不断衰弱。

焦点问题回顾：你认为教育改革的最紧迫原因是什么？

第二节　有效课堂和有效学校的特征

1983年，推进教育效能更优化运动已经成为一项全国性的声势浩大的运动。此后该运动催生了数以百计的研究报告，以及成千上万的讨论文件和改进计划。很多研究的设计目的是为了确定有效课堂教学和**有效学校**的特征。

一、课堂管理

有效的课堂教学实践

有关课堂管理的研究表明，高效教师会使用各种不同的技巧，来营造富有成效的氛围，并激励学生的学习积极性。高效教师重视使用下列实践方法：(1) 确保学生了解教师对他们的期望；(2) 让学生知道如何获得帮助；(3) 坚持使用介于活动和奖励之间的手段来执行课堂规定；(4) 在不同活动中平稳过渡；(5) 分配给学生足够多样的任务以保持他们的兴趣；(6) 监视班级以发现混乱或注意力分散的迹象；(7) 小心避免让学生在同学面前感到尴尬；(8) 灵活处理意想不到的事件；(9) 利用学生已有的知识和经验来设计任务；(10) 帮助学生发展自我管理技能；(11) 注意学生的文化背景；(12) 确保所有学生是课堂学习共同体的一部分。

教学资源视频案例

小学课堂管理的基本策略

在阅读完本节中有关课堂管理的内容后，请观看学生学习网站上的视频"小学课堂管理的基本策略"。该视频中的教师在进行课堂管理时利用了尝试错误法，让她的学生在制定规则的过程中发挥积极作用。观看视频后，请思考以下问题：

1）在这段视频中，教师使用了上述12条课堂管理策略中的哪些策略？对你认为最重要的课堂管理策略进行解释。

2）请解释这位课堂教师是以哪种方式来高效运用向学生提问的策略的。另外，简要解释高效提问策略和高效课堂管理之间的关系。

二、用于任务的时间

积极参与的时间

正如各种研究所描述的那样，有效教学带给学生相对较多的**用于任务的时间**(time-on-task)，也就是学生投入学习活动的时间。正如你所料，积极投入相关活动的学生比那些并不能如此投入的学生要学到更多的东西。对学生用于任务的时间的研究已经指出，通过课堂的管理，可以增加学生用在实际学习活动上的时间。我们也可以延长学日和学年来支持学业的学习。但是，学生的学习涉及的不仅仅是花在学业学习的时间，还有其他的变量，如活动的适合性、学生尝试完成任务时是成功还是失败，以及教师使用的方法和材料的激励特性，这些变量也很重要[1]。

三、提问

熟练的提问技巧和等待回答时间

激发学生投入学习的一个方式是向学生提出适合的问题，提问的方式要能确保学生的参与，并有利于促进学生掌握学业内容。一些研究已经确认，提问技巧是有效教学的一个重要方面。研究还特别指出，较长的"等待回答时间"(指提出问题与选择或鼓励一名学生回答问题之间的时间间隔)能显著提高学生的参与和学习。研究也同样表明，"高水平"的提问需要学生动脑对观念和信息进行操作，这种提问比那些"认知难

〔1〕 科里·布鲁斯特、詹妮弗·菲戈，"增加学生的参与和动机"，2000年为"西北地区教育实验室"准备的论文；网址：www.nwrel.org/request；艾琳娜·希尔瓦，"时钟在滴答走"，2007年为《教育界》准备的论文，网址：www.educationsector.org；约瑟夫·S.任祖里，"参与是答案"，《教育周刊》，2008年7月16日，pp.30—31；乔治·卡帕卡：《课堂管理成功的八步秘诀》(加利福尼亚州千橡市：考尔文出版公司，2009)。

度较低”的、只重视把事实逐字逐句回忆出来的提问要有效得多[1]。

四、直接教学和显性教学

“直接教学”和“显性教学”这两个术语（经常被当成同义词）通常指的是由教师主导、分步骤进行的教学。（直接教学有时也被称为“积极教学”。）研究已经显示，这种教学方法在得到合理实施的情况下，与高水平的学生学业成绩相关。巴拉克·洛森夏因（Barak Rosenshine）认为以下六个教学步骤或教学功能是直接教学法的核心组成：[2]

教学六步骤

1. 开始上课时，首先复习已学内容和预习新内容，并陈述学习目标。

2. 一步一步呈现新的学习材料，每一步都进行清楚详细的解释，并鼓励学生在每一步的讲解完成后积极进行实践练习。

3. 指导学生进行初步的练习；提出问题以检测学生是否理解。

提问技巧，如确保足够长的“等待回答时间”和提出“高水平”的问题，是有效教学中一个重要的方面。

---

〔1〕 大卫·柏金斯，“让思维可视化”，《学习新视野》（2004 年冬季刊），网址：www. newhorizons. org；点击“Quarterly Journal”；艾伯纳·奥克斯斯、乔恩·R. 斯达，“去‘了解’一下”，《学校综合改革和改进中心通讯》（2008 年 3 月），网址：www. centerforcsri. org；本·约翰逊，“在课堂上提问的正确方式”，《教育乌托邦》，2009 年 3 月 30 日，网址：www. edutopia. org。

〔2〕 巴拉克·洛森夏因，“显性教学与教师培训”，《教师教育杂志》（1987 年 5—6 月）pp. 34—36。另见乔治·克劳斯，“新技能的教学”，《学校改革新闻》2005 年 12 月 1 日，网址：www. heartland. org；约翰·霍灵斯沃思、西尔维娅·芭拉：《显性直接教学（EDI）》（加利福尼亚州千橡市：考尔文出版公司，2008）；约翰·麦克沃特，“直接回答”，《新共和杂志》，2009 年 1 月 14 日。

4. 为学生提供系统的反馈并纠正错误。
5. 在教师的监督下让学生独立完成实践练习，巡视和帮助学生完成课堂作业。
6. 进行每周及每月的复习和测试。

五、显性理解教学

对显性教学的批评

直接教学法经常遭到批评，原因是这种教学法倾向于忽视重要的高水平学习（推理、批判性思维、概念的理解），而更侧重于对事实材料进行小步骤的学习。在许多学校，教师被告知要按照直接教学法这种指定的顺序进行教学，这种教学强调低水平的学习和愚蠢地对事实的重复，几乎没有给创造力和分析思维留出任何空间[1]。

关注高级思维技能的教学

然而，直接教学法并不一定只关注低水平的学习，教育工作者已经完善了显性教学理解的课堂技巧，可用于所有学科领域。大卫·皮尔森（David Pearson）和他的同事把很多这类方法统称为“显性理解教学”（explicit comprehension instruction）。巴拉克·洛森夏因对1970年以来这种方法的发展特征进行了总结，认为这是教育工作者应该感到无比自豪的巨大成就[2]。

和显性教学一样，显性理解教学重视复习和预习、反馈和纠错、教师指导以及学生独立练习，但专家建议教师还应该就概念学习进行系统的示范，帮助学生把新旧知识联系起来，监控学生的理解状况，培养学生的概括能力、推论能力及其他的学习策略。与显性理解教学相关的各种教学技巧和策略包括以下一些方面：[3]

---

〔1〕 琳达·M. 麦克尼尔：《学校改革的矛盾》（纽约：劳特利奇书局，2000）；桑德拉·麦希森、玛丽莎·弗里曼，“对小学教师工作的约束”，《教育政策分析档案》，2003年9月24日，网址：http://epaa. asu. edu/epaa；麦克·斯科默克，“测量什么最重要”，《教育领导》（2008年12月/2009年1月）。

〔2〕 P. 大卫·皮尔森、贾尼斯·A. 道尔，“显性理解能力教学”，《小学杂志》（1987年11月），pp. 151—165；巴拉克·洛森夏因，“显性的、教师主导的认知策略教学的案例”，1997年，论文可在以下网址获取：http://epaa. asu. edu/barak；奈尔·K. 杜克、P. 大卫·皮尔森，“发展阅读理解能力的有效实践方法”，《2003年教育研究报告》，2003年3月15日，网址：http://ed-web3. educ. msu. edu/reports；南森格雷泽，“在考试工厂之内”，《教育未来》（2008年冬季刊），网址：www. hoover. org；乔恩·R. 斯达、贝瑟利·瑞透-约翰逊，“问题解决中的灵活性”，《学习与教学》（2008年12月），pp. 565—579；迈克尔·D. 科因等，“阅读理解的直接教学法”，《阅读与写作》（2009年4月），pp. 221—245。

〔3〕 巴拉克·洛森夏因、卡拉·迈斯特，“交互式教学”，《教育研究评论》（1994年冬季刊），pp. 479—530；唐娜·彼得森、卡罗·范德·维格，“指导儿童成为有策略的读者”，《卡潘》（2002年2月），网址：www. pdkintl. org/kappan/khome/karticle. htm；“采访教育心理学家和研究者巴拉克·洛森夏因”，《上课笔记》（2005年12月/2006年1月），网址：www. baltimorecp. org，点击“Newsletter”；布兰肯·瑞德，“终身的教训”，《西北教育杂志》（2006年秋季刊），网址：www. nwrel. org/nwedu；巴利·K. 贝尔，“研究告诉了我们什么是思维技能的教学”，《社会研究》（2008年9月/10月），pp. 223—232；约翰·哈蒂：《可见的学习》（纽约：劳特利奇书局，2009）；鲍勃·克兹尼克，有关“策略教学、策略学习和思维技能”的信息，2009年发表于Adprima网站上，网址：www. adprima. com/strategi. htm。

显性理解教学的教学技巧

■ 预测活动。在预测活动中,学生以已掌握的知识为基础,预测将在新课文中学到什么;

■ 交互式教学、学生团队学习模式以及其他合作学习的方法。通过这些方法,学生能够学习如何承担更多的责任来互相帮助理解学习材料;

■ 用于组织信息的语义地图和思维地图;

■ 设计用于发展概念和思维能力的计算机模拟;

■ 元认知学习策略,学生以此来控制和评估自己的学习过程。

六、针对成绩低下学生的认知教学

在那些劳动阶层学生和成绩低下学生聚集的学校里,对低水平技能的被动学习似乎受到普遍的重视。要改变这种模式,需要采用新方法来进行认知教学,同时还需要整个教育系统的教育方案从根本上得到改进[1]。

以提高成绩低下学生的思维技能为目标的具体教育项目包括"高级思维技能项目"(本章后面将会讨论),这个由"思维基金会"发起的项目帮助教师使用思维地图,另外还包括"芝加哥掌握学习阅读(理解)项目"。研究表明,这些方法确实提高了学生的成绩。但是,有些具体的障碍必须得以解决,其中包括许多学生已经形成的低水平学习的偏好、教师对成绩低下的学生的低期望值,以及强调认知发展的有效教学带来的高财务成本[2]。

总之,对有效教学和有效授课的研究表明,成功的改革项目应该包括以下几方面的改变:提高教师课堂管理和提问的技能、增加用于任务的时间、扩大直接教学和显性理解教学的使用,以及为低成绩水平学生采用认知教学。

焦点问题回顾:你最有信心展示哪种有效教学的特征?你需要努力发展哪种有效教学的特征?

---

〔1〕 丹尼尔·U.莱文,"教处于危机中的学生如何思维",芭芭拉·Z.普莱赛森(编辑):《处于危机中的学生和思维》(华盛顿特区:全国教育协会和改善学校研究组织,1988);埃里克·J.库柏、丹尼尔·U.莱文,"为智力而教",选自芭芭拉·普莱赛森(编辑):《为智力而教》第2版(加利福尼亚州千橡市:考尔文出版公司,2007);夏洛特普·J.波玲、威廉·H.埃文斯,"在中学课堂取得阅读的成功",《防止学校失败》(2008年冬季刊),pp.59—68;茹雅·古萨勒-奥泽曼,"改进后的认知策略教学法",《学校干预与诊断》(2009年第4期),pp.216—222。

〔2〕 斯坦利·博格娄,"处于危机中的学生面临的挑战",《卡潘》(1990年1月),pp.389—397;斯坦利·博格娄,"加速4、5年级出身贫困家庭学生的学习",《卡潘》(2009年2月),pp.408—412;"个案研究",发表日期不详,本文描述了成功实施思维地图法来提高学生认知功能的学校,网址:www.thinkingfoundation.org。

第三节 有效学校的研究

关注更大背景中的改革

在前面的小节中我们已经讨论了在课堂层面上如何进行有效教学与授课的问题。然而归根结底,改革者们必须把学校作为一个教育机构整体来关注,同时还要关注包括学区和学校运营环境在内更大的背景。学校和整个学区的有效程度如何,能帮助我们判断在每间教室内发生了什么。

一、小学

埃德蒙兹的研究

大多数对有效学校的研究都主要针对小学教育,研究人员通常要部分地从学生成绩是否优秀这个角度来界定"效能"。例如,罗纳德·埃德蒙兹(Ronald Edmonds)和其他人将有效学校描述为具有以下特征的学校:[1]

有效学校的特征

1. 安全有序的环境。有利于教与学的开展,且不使人感到压抑的环境;

2. 学校使命清晰明确。根据这个学校使命,学校员工共同致力于完成教学重点、实施评估程序和承担绩效责任;

3. 教学领导。校长谙熟有效教学的特征;

4. 高期望。营造对学生期望很高的氛围,教职员工要表现出相信所有学生都能掌握有挑战性的技能;

5. 用于任务的时间。用于任务的时间很高,能让学生把大部分时间花在能让他们投入的计划活动上,从而掌握基本技能;

6. 监控学生的进步。经常监控学生的进步,用结果来提高个人成绩和教学计划的有效性;

7. 家校关系。建立积极的家校关系,让家长积极支持学校基本任务的完成,并在

---

〔1〕 琼·休梅克,"有效学校",《前邮政新闻》(1982),p. 241。另见罗纳德·埃德蒙兹,"城市贫困儿童的有效学校",《教育领导》(1979年10月),pp. 15—24;罗伯特 J. 马扎罗:《学校中什么是有用的》(弗吉尼亚州亚历山大:督导与课程开发协会,2003);丹尼尔·U. 莱文:《非常有效的学校》(印第安纳州布卢明顿:国际教育发展联合会,2004);卡琳·切诺韦斯,"正在做的",(坎布里奇:哈佛教育出版社,2007);J. E. 斯通、盖·S. 布鲁斯、丹·何什,"有效的学校、共同的实践",2007年为"教育消费者基金会"准备的论文,网址:www. mosteffectiveschools. org,点击"About Effective Schooling";詹妮弗·D. 莫里森、玛格丽特·罗特,"两个学校的故事",《教育领导》(2009年12月)。

帮助学校完成使命中发挥重要作用。

协调各种教学方法和教学材料

有助于提高学校效能的另一个特征是**课程关联**(curriculum alignment)问题，即教学计划、教学方法、教学材料和测试的相互协调。在进行教职员工培训时如果重视这种协调，教师就不太可能仅仅依赖教科书，而更可能选择或创建最适合用于向某个特定学生群体教授某项特定技能的教学材料[1]。

其他关键因素

根据几项研究的报告，那些特别有效的学校还具有以下几个其他关键特征：(1) 注意在学校的教育目标中加入文化多元主义和多元文化教育；(2) 重视对学生个人问题的回应，重视发展学生的社交技能；(3) 拥有致力于提高学生学习效能感的教职员工；(4) 长期关注如何把教学任务变得更实际、更易管理；(5) 有目的地对成绩低下的学生进行干预；(6) 全体教职人员协同解决各种问题。“西北地区教育实验室”的研究人员已经确定了有助于提高学校效能的 18 个类别 100 多项具体教学实践活动[2]。

二、中学

单独针对特别有效高级中学具有哪些特征的研究相对很少。因为中学的教育目标和教育方案非常多样和复杂，尤其是在把学生主体所属的社会阶层考虑进去的情况下，很难得出某所学校比另一所学校更有效的结论。另外，几乎没有哪所以劳动阶层学生为主的中学能因为成绩相对很好而引人注目[3]。

帮助成绩低下的学生

然而近年来，研究者们已经确认并描述过一些中学，它们在教育类别范围很广的学生方面显得非常有效。总体而言，这类学校非常注重在入学之初(也就是 9 年级或 10 年级)帮助成绩低下的学生，同时也很重视在随后的各年级中为他们提供额外的支

〔1〕 丹尼尔·U.莱文、乔伊斯·史塔克，“提高市中心区学校成绩的教学和组织安排”，《教育领导》(1982 年 12 月)，pp. 41—48. 另见罗伯特·A.马丁，“敲响警钟”，《教职员工培训杂志》(2006 年冬季刊)，pp. 53—55；麦克·斯科默克，“金钱不能买到的是什么”，《卡潘》(2009 年 3 月)，pp. 524—527。

〔2〕 丹尼尔·U.莱文，“有效学校的更新信息”，《黑人教育杂志》(1990 年秋季刊)，pp. 577—584；布兰肯·瑞德，“突飞猛进”，《西北教育杂志》(2007 年冬季刊)，网址：www.nwrel.org/nwedu；詹妮弗·L.斯蒂尔、凯瑟琳·P.布德特，“合作优势”，《教育领导》(2009 年 12 月/2009 年 1 月)；以及网站：www.achievementalliance.org/news 中的“成功故事档案”。

〔3〕 丹尼尔·U.莱文、尤金·E.尤班克斯，“有效中学的组织安排”，约翰·J.雷恩、郝伯特·J.沃尔伯格(编辑)：《组织学习》(弗吉尼亚州雷斯顿：全国中学校长协会，1988)；朱莉·卡西西耶、朗达·巴顿，“最重要的优先事项”，《校长领导力》(2009 年 3 月)，pp. 22—26。

持。这些学校也致力于进行个性化教学,避免根据学习成绩的优良中差把学生分入不变的、隔离的教育轨道。另外,以下几种方法也经常能获得成功:[1]

1. 为成绩低下的学生开办校中校。在入学之初,把阅读水平低于两或三个年级水平的学生分配到一个可容纳80—100个学生的班级中学习。如果学校根据教师的能力以及是否愿意与这些差生一起工作来选择教师,那么参加这个特殊班级的学生就能在基础技能方面得到很大收获,并最终又转回到常规班级。

2. 职业学院。职业学院就是一个招收不同年级、不同能力学生的校中校,它注重计算机、生物或其他学科、人文学科或艺术,以及诸如法律实施或新闻工作等职业的学习。已经有一些研究对职业学院中的学生参与和学生成绩提供了积极的数据报告。

3. 总体上更小规模的中学单位。那些招生人数较少或是已经被分为更小的像校中校那样的小教学单位的学校,比其他传统的招收类似学生的大规模中学,更容易让学生参与并取得更高的成绩。因为把学生分配到更小的学校或教学单位中,就能创造一个更加个性化的环境,在这个环境中,教职员工能为学生提供针对性强的个性化帮助。

三、对有效学校研究的评价

在我们对有关有效学校的研究进行评价时,请把以下几点牢记心中。

首先,定义存在差异。我们应该认识到,关于有效学校的定义存在着普遍的混乱,其定义几乎和讨论它们的人一样多。一些人认为,一所学校的学业成就高(要考虑社会阶层因素)就是有效学校,而另一些人则认为,有效学校是一所能自我更新的学校,可以识别并解决内部问题,或是一所能促进学生个人成长的学校,一所能证明其成绩提高的学校,或是一所专注于发展学生独立学习的技能、培养学生热爱学习的学校。

其次,研究主要集中在贫困学校方面。很多严肃的研究都重点关注某些高度贫困的小学,这些学校的学业成绩优于大多数其他有类似不利条件的学校。另外,要辨别哪些是非常有效的中学,哪些是市中心区以外学校成绩普遍优秀的学校更加困难。此

〔1〕 凯斯琳·科腾,"回到未来",《西北教育杂志》(2000年冬季刊),网址:www.nwrel.org/nwedu;苏珊·布莱克,"最关键的一年",《美国地方教育委员会杂志》(2004年2月);彼得·普拉斯特克、道格·罗斯,"准备上大学的学生",《蓝图》(2005年3月15日),网址:www.ndol.org;"为已经进入中学但学业技能依然很差的学生提供帮助",《人力示范研究公司问题聚焦》,2006年8月2日,网址:www.mdrc.org;吉恩·伯腾斯,"提高高中毕业率和学生成绩的十大策略"、"什么真正有用",2006年为"南部地区教育委员会"准备的报告,两篇文章都可在以下网站中获得,网址:www.sreb.org;简·奎恩:《应对中学改革的五大关键挑战》(华盛顿特区:人力示范研究公司,2006),网址:www.mdrc.org;朗达·巴顿,"精通101",《西北教育杂志》(2008年冬季刊),网址:www.nwrel.org/nwedu;杰奎琳·拉斐尔,"从一名善于帮助学生转变的专家身上学到的经验",《西北教育杂志》(2009年春季刊—夏季刊),网址:www.nwrel.org/nwedu。

外，在有效性的关键组成因素上，市中心区以外的学校和那些贫困学校也有所不同[1]。

其三，研究方法存在问题。由于存在研究方法的问题，很多研究都容易遭到批评。例如，在某一年内，某个学校的某个学科(如阅读)的教学被认定为是有效的，但在使用另一种测量方法或在下一年的测量中却可能不是有效的。另外，对学生的社会阶层和家庭环境的研究控制通常也不充分。例如，招收市中心区学生的磁石学校可能被判定为非常有效，但如果后续的研究表明，那些学校是从学习积极性很高并对附近学校不满的贫困家庭中招收学生的，那么该学校优异的成绩可能就应更多地归结于学生的背景而不是学校本身的特征[2]。

其四，回避问题实质。有关文献通常回避"教师和校长应该在学校中做什么"这个问题的实质。例如，一个孤立的声明表示，学校需要好的领导和富有成效的氛围，但并不具体指出好的领导和氛围是什么样的，怎样才能实现这个理想目标[3]。

焦点问题回顾：在你接受教师教育培养方案的过程中，你会采取哪些措施帮助自己形成上述有效教师该具备的技能？

第四节　成功的学校改革的特征

从分析过去为学校改进而作出的各项努力措施时我们可以看出，我们已经对那些能确保改革努力达到显著而持久的影响力的措施有了一些了解。下面我们将列举从以前的各种努力措施中学到的经验：

解决日常问题

1. 适应性的问题解决方案。一个新的举措往往对学生的成绩影响甚微，甚至毫无影响，因为在这个新举措实施的过程中，会出现很多的问题从而扼杀了它的实际应用。例如，专家们可能为 4 年级学生设计了一个非常棒的新科学课程，学区也可能为

〔1〕 丹尼尔·U. 莱文、罗伯特·S. 斯蒂芬森，"有效学校或值得称赞的学校是值得称赞的吗"，《城市评论》，(1987)第 1 期，pp. 25—34；大卫·雷诺兹等，"挑战受挑战的"，《学校效能与学校改进》(2006 年 12 月)，pp. 425—439；巴利·纽斯特德、艾米·萨克斯顿、苏珊·J. 科尔比，"夺取金牌"，《教育未来》(2008 年春季刊)，网址：www.hoover.org。

〔2〕 M. 唐纳德·托马斯、威廉·L. 班布里奇，"所有儿童都能学习"，《卡潘》(2001 年 5 月)，pp. 660—663；格拉斯·N. 哈里斯，"结束这场推卸教育不平等责任的游戏"，2006 年为亚利桑那州州立大学教育政策研究机构准备的论文，网址：http://epsl.asu.edu/epru；大卫·加西亚，"特许学校中的学术隔离和种族隔离"，《教育与城市社会》(2008 年 7 月)，pp. 590—612；埃里克斯·戴维森，"哈莱姆区的乡村节"，《福布斯》第 22 期，2009。

〔3〕 朱迪丝·查普曼，"领导力、管理和学校教育的效能"，《教育行政管理杂志》，(1993)，第 31 卷，第 4 期，pp. 4—18；丹尼尔·L. 杜克，"关于如何提高成绩低下学校的成绩，我们知道些什么，不知道些什么"，《卡潘》(2006 年 6 月)，pp. 729—734；保罗·T. 希尔，"在不清楚到底什么能够起作用时就花钱"，《皮博迪教育杂志》(2008 年 4 月)，pp. 238—258；谢莉尔·格雷、昆廷·比夏普，"领导力的发展"，《教职员工培训杂志》(2009 年冬季刊)，pp. 28—30。

这个新课程购买了大量的材料，但是教师却可能选择不使用这个课程，或者并不知道该如何使用这些课程材料。于是这个新课程往往就以失败告终，除非引进它的组织机构有适应能力，在某种意义上说就是这个组织能识别问题，并及时解决新课程在日常教学中碰到的问题[1]。

关注个别学校

2. 重视学校层面的问题，给予更多的支持。因为正在进行革新的组织机构必须解决各种日常问题，而很多问题都发生在单个学校这个层面，所以这些组织机构必须关注单个学校。反之，一所正在努力改进的学校，也需要获得来自学区中心办公室管理人员，以及其他机构的各种指导和支持[2]。

兼容性和可获得性

3. 实施的潜力。成功的学校改革同样取决于变革是否真的能在典型的学校内得以实现。能让一个创新举措更可能成功实施的三个特征是兼容性、可获得性、可行性：这个创新举措是与潜在用户的环境相兼容的；那些还没有理解该举措的潜在观念的人也能获得这个举措；从对教师的时间和精力的要求这个角度来看，该举措是可行的。莱文夫妇已经指出很多的改革方法是“潜在的恶作剧”，因为这些方法太难以实施了[3]。

共享一种愿景

4. 领导权和共享的协议。有意义的创新方案需要在很多制度安排上进行变革，包括教职员工和学生的时间安排、教学方法和教学材料的选择与使用，以及决策的机制等。学校的校长通常是作出上述安排的关键人物，但教职员工也应该对可能必须进行的变革保持一种共有的愿景，同时必须投入其中。否则，教职人员就可能忽视这些

〔1〕 克雷格·杰瑞尔德，“不仅仅要维护”，《学校综合改革和改进中心(CSRI)政策简报》(2005年9月)，网址：www.centerforcsri.org；马丁·哈伯曼，“水牛溪的胜利”，《教育新闻》2007年1月22日，网址：www.ednews.org；山姆·斯蒂琳费尔德、大卫·雷诺兹、尤金·C.谢弗，“注重改革的信度、提高中学生学业成绩”，《学校效能与学校改进》(2008年12月)，pp. 409—428；艾米丽·A.哈苏、布莱恩特·C.哈苏，“巨大的U型转弯”，《教育未来》(2009年冬季刊)，网址：www.hoover.org。

〔2〕 丹尼尔·U.莱文，“通过现场的员工培训、规划和组织文化的改善来创造有效学校”，大卫·H.哈格里夫斯、大卫·霍普金斯(编辑)：《学校改进的发展规划》(伦敦：卡塞尔出版公司，1994年)，pp. 37—48；迈克尔·富兰：《教育变革的新意义》(第4版)(纽约：师范学院出版社，2007)；大卫·克普，“哈莱姆区的大胆行动”，《美国瞭望》，2008年9月22日，网址：www.prospect.org；巴沙·克洛斯诺夫，“扭转长期表现不佳的学校”，《西北教育杂志》(2009年春季刊—夏季刊)，网址：www.nwrel.org/nwedu。

〔3〕 达林·Y.布鲁纳、博比·J.格里提，“实行学校综合改革模式的学校工作文化分析”，《教育领导者研究杂志》(2004年春季刊)，网址：www.uiowa.edu/~jrel；克雷格·杰瑞尔德，“实施的陷阱”，《学校综合改革和改进中心(CSRI)政策简报》(2005年8月)，网址：www.centerforcsri.org；丹尼尔·U.莱文、瑞拉·F.莱文，“对采取教学干预的思考”，芭芭拉·普莱塞森(编辑)：《为智力而教学》第2版(加利福尼亚州千橡市：考尔文出版公司，2007)；格拉斯·里弗斯，“你怎样改变学校文化”，《教育领导》(2007年12月/2007年1月)；吉姆·奈特，“关于教师的抵制我们能做些什么”，《卡潘》(2009年3月)，pp. 508—513。

要让他们作出重大改变的改革建议[1]。

必不可少的教职员工培训

5. 教职员工的培训。教职员工培训在学校改进的过程中是一项核心活动。在一所小学中，所有的教职员工都应该参加培训；在中学，以学科教研室为单位参加这类活动非常适合。教职员工培训应该是个互动的过程，教师和行政管理人员在这个互动过程中的每个阶段都共同工作[2]。

6. 连贯性。学校改革措施的连贯性至少涉及两个主要的维度。第一个维度指的是各年级间的连贯性。每个年级的教师必须帮助学生掌握本年级制定的课程和标准，不然学生就会缺乏在下一个年级要取得成功所必须掌握的技能。连贯性的第二个维度是指学校使用的不同教学计划和教学方法之间的一致性和兼容性。例如，如果教师在不同时期使用不同的教学材料以形成关键技能，而这些材料是相互冲突的而不是相互增强的，那么一些学生就很可能在掌握阅读技能方面面临困难。如果教师在不同的课堂上建立的是完全不同的行为规则，那么学生将不能掌握相应的社交技能[3]。

7. 专业社团。只有在教师合作努力、信任自己的同事、相互挑战，争先负责帮助差生掌握越来越具有挑战性的教学材料时，学校才能确保让所有的学生都能学好。分析人士把这个方面的改革称为"专业社团"的形成[4]。

"从职前到实践"栏目描述了一项学校改进计划，其中有很多高效能的标志。在阅读该栏目的内容以及本章余下的章节时，请注意哪种被描述的改革计划似乎是这些最佳改革实践的例证。

---

〔1〕 潘妮·B. 赛博灵、安东尼·S. 布里克，"学校领导力与芝加哥的底线"，《卡潘》(2000 年 2 月)，pp. 440—443；芭芭拉·O. 泰勒，"有效学校的进程"，《卡潘》(2002 年 1 月)，pp. 375—378；"当计划成为问题的一部分时"，《学校综合改革和改进中心(CSRI)新闻通讯》(2006 年 3 月)，网址：www. centerforcsri. org；玛吉·谢丽，"观点：所有教师都能学习"，《教育领导》(2009 年 2 月)；"专业学习社团"，2009 年为"学校综合改革与改进中心"准备的系列信息屏幕，网址：www. centerforcsri. org/plc。

〔2〕 "教师专业发展的重新定义"，《学校综合改革和改进中心(CSRI)新闻通讯》(2006 年 2 月)，网址：www. centerforcsri. org；格瑞斯·鲁宾斯坦，"新型的培训"，《教育乌托邦》(2006 年 2 月)，网址：www. edutopia. org；艾琳娜·希尔瓦，"本伍德市的计划"，《教育界报告》，2008 年 4 月 7 日，网址：www. edsector. org；托马斯·R. 古斯克、光·S. 尹，"什么对教师专业发展起作用"，《卡潘》(2009 年 3 月)，pp. 494—500。

〔3〕 福瑞德·M. 纽曼、贝茨安·史密斯、布莱恩·阿伦斯沃斯、安东尼·S. 布里克：《学校教学项目的连贯性》(芝加哥：芝加哥学校研究社群，2001)；贝茨安·史密斯等，"教学项目的连贯性"，《教育研究报告》(2003 年 5 月)，网址：http://ed-web3. educ. msu. edu/reports；崔西·威廉、迈克尔·克斯特，"重要的学校实践"，《领导力》(2006 年 3 月/4 月)，pp. 8—10；威廉·H. 施密特，"数学标准缺少什么"，《美国教育工作者》(2008 年春季刊)，网址：www. aft. org；丹尼斯·雪莉、安迪·哈格里夫斯，"变革的第四种方式"，《教育领导》(2008 年 10 月)；"明尼苏达州的奇迹以及转变数学的专家比尔·施密特"，《全美教师质量委员会新闻公报》，2009 年 2 月 2 日，网址：www. nctq. org。

〔4〕 迈克尔·富兰，"教育改革的三个故事"，《卡潘》(2000 年 4 月)，pp. 581—584，网址：www. pdkintl. org/kappan/khome/karticle. htm；麦克·斯科默克，"变革的机会"，《美国地方教育委员会杂志》(2007 年 4 月)；唐娜·福德，"有力的学校变革"，《卡潘》(2008 年 12 月)，pp. 281—284；威廉·R. 毗努伊勒等，"把教师在学校内的专业互动作为社会资本来分析"，《师范学院学报》(2009 年第 1 期)，pp. 124—163。

焦点问题回顾：作为一名教师，你该怎样参与实施你所在学校的改革？你认为教师能做什么来最大限度地帮助改革成功实施？

从职前到实践

学校改革

保罗和乔治是大学教育学院的同班同学，他们正在图书馆学习。保罗在图书馆桌子的另一边朝乔治挥舞着一封信，说道："乔治，你一定要听听！我姐姐梅勒尼去年开始到一所小型的农村学校里教书了。你该听听她的一些故事，看看那些老师怎样一起为孩子们做了些什么事情。与我们这里附近的那些市郊学校相比，他们虽然没有很多，但他们却让学生取得了很好的成绩。我在想等我毕业后，如果他们正好有空缺的教学岗位的话，我可能也想到那儿去。"

乔治把头从笔记本上抬起来望着保罗："你怎么知道那儿的学生成绩这么好呢，保罗？"

"我姐姐把学生参加州测试的成绩结果寄给了我，"保罗说道，"不仅是这个学区被评为模范，而且该学区三所学校中的每一所都被评为模范。这就意味着在这三所学校的所有学生中，有90%甚至更多的学生在所有被试科目中的成绩达到了熟练掌握的水平。规模较大的学校很难像这些学校一样达到这个评级。梅勒尼一直在说学校规模越小越好。"

"你说他们没有很多，这句话你指的是什么？"乔治问道。

"从根本上说，他们没有大多数学校里都有的设备，"保罗回答道，"他们没有多余的教职人员能帮忙应对日常的工作。教育局长要开一辆校车，而且每个校长也都要开一辆校车。"

学校图书馆里的书和杂志都很有限，这所中学只有 15 台电脑，都放在图书馆供教学使用。学校行政管理人员的办公桌上有电脑，但教师就不得不到图书馆去用电脑。另外两所学校的电脑更少，也都放在图书馆里。"

"太不可思议了！"乔治说道，"我不知道如果我没有笔记本电脑我还能做什么！那他们是怎样解释所获得的最高评级呢？他们还在为学生的学业水平而努力工作吗？"

"假期时我去看望了梅勒尼，而且确实采访了她和一位与她一起教学的朋友。她们说她们这个社区关系很密切，教职人员都感觉像在一个大家庭里一样。就好像时光倒流一样，因为这里的每个人都认识任何其他的人。所有学生都知道教师认识他们的家长，甚至认识他们的爷爷奶奶。梅勒尼说教育局长和校长们真的非常关心教师，他们把每个教师都看做一个负责任的个体，期望教师投入到工作中并能相互帮助，共同致力于帮助学生，当然，他们也为这些管理者提供需要的帮助。另一方面，这些行政管理人员也非常支持教师们。每个学校都采用团队工作的方法，而且每个需要培训的教师都能得到培训，所以当他们工作时，他们都非常努力地工作；当他们玩耍时，他们都很快乐，而且很喜欢其他同事的陪伴。"

"哦，是的，"保罗继续说道，"他们还在努力工作提高学生的学习成绩水平，梅勒尼在信中说他们的目标是让 100%的学生在州考试中达到熟练掌握的水平，他们还在寻找方法帮助学生。"

"你所说的所有这一切没有任何缺点吗？"乔治笑道。

"呃，缺点是工资很低，"保罗承认道。随后他又兴奋地说，"但是在那儿也没有什么要花钱的地方。"

续 表

从职前到实践
思考问题 1. 这个学区体现了哪些有效学校的特征? 2. 该学区是怎样对学校改进和改革的进程提供支持的? 3. 除了低工资,一个签约到这样一个小学区,并成为团队一员的新教师,还可能碰到什么障碍? 4. 你愿意到这样一所学校工作吗?为什么愿意或为什么不愿意?

第五节 年级或学校层次的改进方法

本章早先引述的那些有效教学实践主要适用于个别的课堂,但大多数教学方法的设计是为了在一所学校中的几个或所有年级中使用的。例如,很多阅读提高计划都是针对幼儿园和小学低年级学生的。在本节中,我们将讨论几个类似的改进措施。

一、高级思维技能(HOTS)方案

高级思维技能的组成成分

斯坦利·博格娄(Stanley Pogrow)和他的同事们共同开发的高级思维技能方案,是专门为4—6年级学生而设计的,以替换过去的补偿性阅读活动。这个高级思维技能方案由四个主要部分组成,分别是:(1)使用计算机来解决问题;(2)重视戏剧表演技巧,因为戏剧表演要求学生用言语表达,从而刺激语言发展;(3)苏格拉底式的提问;(4)开设思维技能课程,这种课程重视元认知学习、学会如何学习,以及前面描述过的各种能促进理解力的技巧。该方案现在已经在1000多所学校内得到使用,高级思维技能方案经常会带来学生阅读和数学成绩的大幅提高。根据博格娄的观点,高级思维技能方案的结果表明,处于危机中的学生有着"巨大的智力和学业潜能",但是很多学生没有"理解'理解力'","如果能有足够的时间和资源,那么这个基本的学习问题是能被消除的"[1]。

〔1〕 斯坦利·博格娄,"如何处理'第一章'条款",《卡潘》(1992年4月),pp. 624—630;斯坦利·博格娄,"教师的特点……",《教师网公报》(2002年1月),网址:www. teachers. net/gazette/JAN02;斯坦利·博格娄,"超级数学",《卡潘》(2004年12月),pp. 297—303;斯坦利·博格娄,"高级思维技能的重新思考",《卡潘》(2005年9月),网址:www. pdkintl. org/kappan/khome/karticle. htm;迈克尔·F. 肖尼西,"采访斯坦利·博格娄",《北美心理学杂志》(2008年第2期),pp. 347—362。有关高级思维技能项目的信息可在以下网站获得:www. hots. org。

二、全员成功方案

全面综合的变革

“全员成功”方案为小学生提供深入的教学支持，这可能是为提高弱势学生阅读成绩而提供的最全面综合的干预方案。该方案也很重视合作学习（在“课程与教学”一章中有过描述）和掌握教学法，并将全职的协调员和资源专家分配给参加该项目的学校，由它们为学校提供技术支持和教职员工培训。该方案能让学生成绩获得可测量的提高，这已经在很多城市和农村的低收入学校内得到证实。根据这个方案制定者的观点，“全员成功”方案已经证实，那些既非特殊、也非杰出的学校，通常也能确保弱势学生的成功。然而，该方案确实需要付出很大的努力来重新组织小学，还要对可获得资金的使用进行重新配置[1]。

三、阅读理解能力程度的发展方法

强调对现实生活的理解

“阅读理解能力程度的发展方法”在某种程度上是在美国大学委员会开发的“阅读能力等级”（DRP）考试的基础上发展而来的，这种方法在几个城市学校中获得了成功的实施。阅读能力等级测试与大多数其他的标准化阅读测量不同，该测试主要评估的是学生对自己在校内外碰到的书面文章的实际理解能力好坏如何，而非仅仅评价学生是否高于或低于一个抽象的年级水平。在使用阅读能力等级考试来判断学生的理解力水平后，各学科领域的教师都根据这个考试相应地调整自己的教学以保持与该考试的一致性。在家庭作业和其他要学生独立完成的任务方面，教师选择那些有挑战性的但不会让学生感到沮丧的材料，他们还使用稍稍超出学生理解力的课堂活动材料，目的是帮助学生提高理解能力[2]。

---

〔1〕 罗伯特·E.斯莱文，“教育能减少社会不公平吗”，《教育领导》（1997年12月—1998年1月）；罗伯特·E.斯莱文，“真正的羞愧”，《卡潘》（2006年4月），pp. 621—623；贝蒂·钱伯斯，“‘全员成功’方案中的技术渗透”，《小学杂志》（2008年9月），pp. 1—15。

〔2〕 丹尼尔·U.莱文，“能提高美国黑人学生学业成绩的教学方法和干预措施”，《黑人教育杂志》（1994年冬季刊），pp. 46—63；丹尼尔·U.莱文、埃里克·J.库柏、阿莎·赫利尔德Ⅲ，“国家教师专业发展城市联盟”，《黑人教育杂志》（2000年秋季刊），pp. 305—322，网址：http://nuatc.org/articles/pdf/achievement.pdf；迈克尔·B.杜贝克、埃里克·J.库柏，“用教师专业发展来缩小差距”，《阅读研究季刊》（2007年7月/8月/9月）；另可到以下网站获取相关信息：www.questarai.com。

四、科门学校发展方案

科门的方法

“科门学校发展方案”是由詹姆士·科门(James Comer)和他的同事们在耶鲁大学开发研制的，旨在通过加强为学生提供社会和心理服务、重视家长参与、鼓励和支持主动学习等措施来改善市中心区小学的学业成绩。学生家长参与到学校运作的各个层面(包括学校的管理)，同时教师、家长、心理学家、社会工作者、其他专家共同组成“心理健康小组”，该小组负责为有特殊问题的学生设计和监督个性化的学习安排。科门学校发展方案采用跨学科领域、相互协调的课程与教学，强调语言学习和社交技能的学习。在实施学校发展计划以及其他一些创新举措后，很多不同学区内的学校在学生成绩和行为习惯方面都取得了进步[1]。

五、2000年教育平等计划和代数项目

向代数过渡

“2000年教育平等计划”主要针对中学数学教育面临的各方面问题，为学生学习预备性的代数、代数、几何和其他数学课程提供帮助。“代数项目”包括各种课程干预，利用弱势学生的个人经历和直觉来帮助他们从算数思维过渡到代数思维。目前收集到的有关这两种方法的数据表明，学生通常表示在数学成绩上有了很大的进步。还有很多学生在代数和其他高等数学课程中获得了成功，这些课程都是以前他们可能不会选修的课程[2]。

六、知识就是力量方案(KIPP)

重视学习时间和严格的教学

在“知识就是力量方案”(KIPP)的推广信息中，使用该计划的学校被描述为是“实行

〔1〕 詹姆士·P. 科门，“教育贫困的少数群体儿童”，《科学美国人》(1988年11月)，pp. 42—48；托马斯·D. 库克、罗伯特·F. 墨菲、H. 大卫·亨特，“芝加哥的科门学校发展方案”，《美国教育研究杂志》(2000年夏季刊)，pp. 535—597；詹姆士·P. 科门，“儿童和青少年的发展”，《卡潘》(2005年6月)，pp. 757—763；托马斯·D. 库克、保罗·J. 赫奇菲尔德，“芝加哥的科门学校发展方案”，《美国教育研究杂志》(2008年3月)，pp. 38—67。另见以下网站中的信息：www. info. med. yale. edu/comer。

〔2〕 桑德拉·汉姆、埃里克·沃克尔，“获得正确的代数”，《人力示范研究公司工作论文》(1999年4月)，网址：www. mdrc. org；海伦·M. 克雷斯，“作为一种公民权利的数学”，《美国中等教育》(2005年秋季刊)，pp. 48—56；亚历山大·斯塔尔，“20世纪60年代的活动分子成为今天的教育家”，《美国退休人员协会杂志》，2008年10月23日，网址：www. arp. org；汤姆·洛夫莱斯，“错位的数学学生”，《布朗中心的美国教育报告》(2009年2月)，网址：www. brookings. edu；另见以下网址中的材料：http://thealgebraproject. org。

开放入学的公立学校，在那里，那些未得到充分教育服务的学生学到了知识、技能和优良品质，这些都是想在高质量的中学、大学和竞争激烈的广阔世界中获得成功所必需的”。KIPP 的核心运作理念是要有更多的学习时间。KIPP 学校的工作时间通常是每个工作日从早上 7:30 开始，一直到下午 5:30 结束，每周六学生要到校上学，暑期中学生还要到校学习三个星期。KIPP 学校特别强调，自己所使用的方法重视严格的“大学预科教学，能够在课外活动、体验性的实地学习和品格发展三方面保持平衡”〔1〕。

谨慎的扩张

自 1994 年创建第一所 KIPP 学校以来，KIPP 已经扩大至 66 所学校，其中主要是中间学校，但也有几所中学和小学，大多数 KIPP 学校是位于多个大城市的特许学校。这种学校模式的创建者们非常认真地实施学校办学计划，招收愿意长时间与学习困难的学生一同工作的敬业的教职员工，对行政管理人员和教师进行培训和评价，与附近的 KIPP 学校建立互助的支持网络，还建立了一个连贯的从幼儿园到中学毕业的高效能教育方案。

市中心区弱势学生的收获

该计划目前所取得的成果数据让人印象非常深刻。大多数从 KIPP 学校毕业进入中学的学生，都能够一直保持在学业轨道上直至毕业，并且大多数市中心区的学生普遍都取得了长足的进步。例如，刚开始到 KIPP 学校上学的 5 年级学生，其阅读百分位在 34 左右，数学的百分位在 44 左右，到 7 年级结束时，这些学生的阅读前进至 60 百分位，数学提高至 85 百分位。但是，有些分析人士警告说，这样的结果可能很难在其他市中心学生中复制，因为 KIPP 学校的学生是自愿来上学的，另一个原因是 KIPP 学校不能为残障学生提供专门的服务。另外，在成绩最差的学生中，辍学现象似乎也很显著，教职员工的离职现象也一样显著，这些教职员工在此后几年中都可能不再有教学的热情。

七、通过个人决心取得进步方案（AVID）

帮助成绩中等及低下的学生

AVID 是为 5—12 年级学生提供的支持项目，旨在帮助这些学生为进入大学并取

---

〔1〕 迈克尔·F. 肖尼西，“采访迈克尔·费因伯格”，《教育新闻》，2006 年 7 月 3 日，网址：www. ednews. org；朱莉·贝内特，“品牌冠名的特许学校”，（2008 年夏季刊），网址：www. hoover. org；杰弗里·R. 海尼格，“对实施‘知识就是力量方案’学校取得的成果，我们知道什么”，2008 年为“大湖区教育研究与实践中心”准备的论文，网址：www. epicpolicy. org；麦克·费恩伯格、戴夫·莱文，“‘是的，我们可以’，这对我们的学校意味着什么”，《华盛顿邮报》，2009 年 1 月 9 日；杰·马修：《努力学习、友善待人》（美国北卡罗来纳州教堂山：阿尔冈琴出版社，2009）；另见以下网站中的信息：www. kipp. org。

得成功作好准备。该项目主要针对那些以弱势学生为主的学校，为那些成绩中等及低下的学生提供很多种类的支持，包括帮助学生掌握学习技能、学习策略，对学生的个人问题和职业问题提供咨询和指导，帮助学生选修并完成高级课程。1980 年，第一所 AVID 学校在圣地亚哥成立，现在 AVID 已经在世界范围内的 3500 多所学校内运行，并且在帮助参加该项目的学生从中学毕业和进入中学后教育机构方面取得了令人钦佩的记录。事实上，大多数 AVID 学校内的学生从中学毕业了。2006 年，75%的 AVID中学毕业生被四年制大学录取，60%以上刚加入 AVID 的 8 年级学生选修并通过了代数课程（与之相比，全国的通过率只有 20%）[1]。

八、干预反应法与分层教学

“干预反应法”的关键要素

正如我们在“提供平等教育机会”一章中所提到的，“干预反应法”（RTI）最开始是为了避免对学生错误分类并错误安排他们接受特殊教育而采取的一种方法，但不久后这种方法就演变为具有更广泛用途的方法。在具体实施中，这种方法很多时候都要涉及对三个层次教学的识别。第一个层次的教学通常涉及 75%或 80%的学生，这些学生能遵循学校对教学的安排并取得令人满意的进步，这一层次的教学通常与灵活分组（参见“社会阶层、种族和学业成绩”以及“提供平等教育机会”）、不间断的整块教学时间、显性理解教学以及本书其他地方描述的其他改进策略相结合。

这种方法的一个关键要素是要认真监控所有学生的状态和进步情况，同时评估 20%或 25%的未能取得充分进步的学生可能出现的问题，进而根据评估结果选择接受第二层次教学的学生，并为他们提供适当的其他干预措施（如为学生提供个别辅导，以及提供适合他们阅读水平的材料等）。只有在这些更深入的干预仍然未能帮助学生达到标准时，才能判定这名学生需要接受特殊教育，也就是被视为第三层次的教育，并给予进一步的帮助。

大多数分层教学的实施目的是为了提高小学阶段的阅读，但有的学校已经开始将“干预反应法”用于其他学科和中学。很多学校也在采用这种方法来处理学生的行为问题，第一层是涉及全校范围的政策和实践活动；然后对那些行为还无法让人接受的个人或小群体提供干预[2]。

---

〔1〕 詹妮弗·雅各布森，“关注被遗忘的”，《美国教育工作者》（2007 年秋季刊），网址：www. aft. org；汤姆·霍尔曼，“‘通过个人决心取得进步方案’的价值主张”，《通往学校》（2009 年春季刊），网址：www. avidonline. org。

〔2〕 朗达·巴顿，“为孩子而教”，《西北教育杂志》（2008 年秋季刊），网址：www. nwrel. org/nwedu；劳拉·B. 凯西等，“一个更加迟缓的对《国家处在危险之中》的响应”，《卡潘》（2008 年 4 月），pp. 593—596；詹妮弗·斯特帕尼克，“干预反应法”，《西北教育杂志》（2008 年秋季刊），网址：www. nwrel. org/nwedu；W. 大卫·蒂丽等，“干预的三个层面”，《学校行政人员杂志》（2008 年 9 月），网址：www. aasa. org；雪莉·伯克利等，“干预反应法的实施”，《学习障碍杂志》（2009 年 1 月/2 月），pp. 85—95。

我们在"提供平等教育机会"一章中指出，有些或很多想让所有学生全部纳入正常班级的努力措施都失败了，原因是这样做需要面临的艰难挑战，必须开展大量的工作来培训教师、引进适当的教学方法、提供一系列合适的教学材料或其他方面的工作，最终目的是确保教师可以有效地与异质分组的学生共同工作。"反应干预法"旨在为几个层次的学生提供有效教学，它也面临着同样的、甚至更大的挑战。为了保证"反应干预法"能获得成功的措施，下面列出的是分析人士提出的一些应该得到良好实施的措施[1]。

必须执行的措施

- 用适当的技术评价手段监控学生的进步情况；
- 针对学生的问题选择和实施已被证实有效的干预措施；
- 遵循明确的规则来识别没有取得足够进步的学生；
- 至少每两周进行一次成绩评定来监控学生的学习成果；
- 确保为学生提供的干预是准确的、一致的；
- 判断学生需要获得何种强度的支持才能取得成功。

焦点问题回顾：你曾经参观过使用本节中描述的某种计划的学校吗？作为教师，哪种计划对你最有吸引力？为什么？

第六节 学校综合改革方案

综合改革

正如前面所提到的那样，很多改革都涉及针对单个班级或跨几个年级的教学干预。但是，人们还想找寻一些更宏大的改革方案，即改善整个学校所有年级中的大部分甚至所有学科的方法。人们用两个不同的术语"学校整体改革"或"学校重组"来指称这样的努力措施。学校整体改革方案通常反映了这样一个基于研究的认识（本章前面有描述），那就是学校全体教职员工的努力能最终决定学校改革的努力是否成功。这些方案也能促进教职员工获得深入、不间断的培训，还能获得需要的技术援助来帮助教师掌握新的或不同的教学方法。这些方案中最杰出的一个就是"学校综合改革示范项目"。

学校整体改革的样板

联邦的**学校综合改革示范**（Comprehensive School Reform Demonstration,

---

〔1〕 达丽尔·梅拉德，"干预反应法"，2005年为优秀学校网站准备的论文，网址：www. greatschools. net；"克服实施中存在的差距"，《西北教育杂志》（2008年秋季刊），网址：www. nwrel. org/nwedu；斯坦利·L. 得诺等，"形成一个全校范围的进步监控系统"，《学校心理学》（2009年1月），pp. 44—55；另见"国家干预反应法中心"的材料，网址：www. rti4success. org。

CSRD）项目于1998年开始启动，启动后的三年中，该项目每年为参与"第一条款"的学校提供了7.5万美元的资金，帮助学校引进"学校整体改革"模式。该模式对学校运作的所有方面都有影响，同时这些模式已经被证实成功地提高了其他地方学生的成绩。最初申请引进"学校整体改革"的学校可以在27个样板模式中进行选择，这些模式都已经有数据证实它们的潜在有效性。到2007年底，可供学校选择实施的样板模式已经超过50个。这些样板包括供小学使用的直接教学法、科门学校发展计划、有效学校方法、户外体验式学习法、派迪亚和巨著教学法（在"教育的哲学基础"一章中有介绍）。学校也可以接收资金，自己开发符合政府综合性标准的改革方案，以此替代可供选择的事先制定好的方案。1999年以来，议会已经拨款数十亿美元用于"学校综合改革示范项目"的各项活动，并把该项目作为一种改革方案，用于那些未能按照《不让一个孩子掉队》法案规定达到年度进步目标的学校[1]。

第七节 教育效能的相关努力措施和方向

我们没有足够的空间来描述所有与我们讨论到的创新方案相关的众多活动和提议，但接下来我们将介绍几个更重要的努力措施，并在概述16.1中对这些活动和提议进行小结。

一、商界、社区和其他机构的合作和参与

很多学校和学区都在尝试通过与其他机构，尤其是与商业和工业界的机构进行合作，以此来提高教育质量。下面列出的是一些很有前途的措施：[2]

合作类型

■ "伙伴关系"或"接管学校计划"：是指一个企业、教堂、大学或其他社会机构与一所学校进行密切合作，为学校提供帮助，如提供导师或讲师、为业务学习提供基金或设备、开展计算机教育或帮助学校进行课程开发；

■ 提供专家帮助和财政援助：帮助特许学校应对启动阶段面临的问题和运营挑战，如成绩评估和会计记账等；

---

〔1〕"学校综合改革"，2006年为"教育周刊研究中心"准备的论文摘要，网址：www2. edweek. org/rc/issues；"'学校综合改革质量中心'对小学'学校综合改革'模式的报告"，2006年为"学校综合改革质量中心"准备的论文，网址：www. centerforcsri. org；玛莎·A. 墨克依娃、格拉斯·J. 墨克依娃，"学校综合改革给城市中间年级学生数学成绩带来的增长"，《教育研究杂志》（2009年1月/2月），pp. 723—236；另见以下网站中的材料：www. nwrel. org/scpd/catalog，以及 www. centerforcsri. org。

〔2〕兰德·L. 迪尤尔、芭芭拉·斯布朗，"没有文凭，没有工作"，《美国地方教育委员会杂志》（1991年10月），pp. 38—39；亚当·R. 尼尔森：《难以捉摸的理想》（芝加哥：芝加哥大学出版社，2005）；安德鲁·桑姆，"到达终点线"，2008年为"波士顿私营行业委员会"和"波士顿公立学校"准备的论文，网址：www. bostonpic. org：点击"research"，然后再点击"College Going Studies"；保罗·塔夫，"哈莱姆区的男子与计划"，《琼斯母亲》（2009年1月/2月），网址：www. motherjones. com。

■ 开办教师专业发展学校:在那里教师和教师教育者一起工作,共同提高培训和教学的质量;

■ 学生奖励的资助:为阅读书籍或其他积极的行为而设置的学生奖项提供资助;

■ 捐赠:捐赠设备和物资;

■ 提供方法:开发能让雇主在雇佣学生之前核查学生在校表现记录的方法;

■ 实质性的财政支持:对类似"哈莱姆儿童地带项目"的改革措施提供实质性的财政支持。

概述 16.1 学校改革或改进措施的实例和发展趋势

改革或改进的领域	实例和发展趋势
商界和社区的参与	· 社区和商界给学校提供的自愿者、捐赠、奖励 · 波士顿合约
技术	· 近年来广泛引入计算机,增加互联网接入 · 能指导有效运用技术的研究 · 学校努力改善技术使用的机会平等 · 研究者和教育工作者都对无效的技术使用表示警告和关注
农村教育	· 针对农村地区学校有效改进方案的研究强调,农村学校改进需要独特的方法,因为农村地区存在多样性 · 远程学习也许能帮助农村学生
天才学生	· 因为存在很多可能的方法,因此很难确定哪种方法能满足天才学生的潜能 · 大多数方案都强调加快课程进度、丰富课程内容,或两者的结合 · 学校必须加大力度来识别弱势学生和少数群体学生中的天才学生
增加教学和学习的时间	· 延长学年的时间和全年制学校 · 延长学日的时间 · 课后和暑期学习计划 · 21 世纪社区学习中心

波士顿合约

波士顿合约是公立学校与商界合作的一个影响深远的例子。该合约于 1982 年签订,商界领导人同意招募至少 200 家公司,这些公司将愿意雇佣波士顿公立学校的中学毕业生并为学生提供就业机会。反过来,学校官员同意制定毕业能力要求,在增加继续接受高等教育的中学毕业生比例的同时,也增加全职就业者的比例,另外还要减少辍学率和缺勤率。城市学生从中获得这样的信息:"如果你留在学校中努力学习,掌握基本知识和技能,你就能获得帮助找到工作。"

合约的扩大

到21世纪初期，已经有400多家公司加入了这个合约。合约活动还进一步扩展，有20多所当地的大学和学院也参与其中，同时有数万名波士顿学生被安排参加了暑期工作计划，或得到帮助在毕业后获得了全职的工作。“波士顿合约”官方收集的数据表明，波士顿大部分的中学毕业生要么进入大学，要么受雇成为全职雇员，而且大多数高校新生一直坚持学习到毕业。

基金会的支持

“波士顿合约”的明显成功有助于刺激一些重要的公司和基金会开始努力帮助改善教育质量。例如，麦克阿瑟基金会(MacArthur Foundation)出资4000万美元用于支持芝加哥公立学校的改革措施，另外比尔和梅琳达·盖茨基金会(Bill and Melinda Gates Foundation)以及安南伯格基金会(Annenberg Foundation)各出资数亿美元用于改进芝加哥、洛杉矶、纽约和很多其他学区的学校[1]。

二、学校改革中的技术

在“把新兴科技引进学校，并以此作为学校改革措施的一部分”这个问题上，教育工作者面临了很多的问题和挑战。我们将考虑几个主要的议题，包括如何有效地将新技术引入学校和教室，教育平等与科技使用问题，以及过去几十年中已经引起人们警惕的与教育技术发展相关的注意事项[2]。

计算机和其他技术的有效引进

技术政策

分析人士已经明确，在判断引进基于计算机的技术，是否会产生或有助于产生中小学生成绩实质性的提高方面，需要考虑的注意事项很多。州和学区的决策者一直在考虑下面给出的建议，同时也经常按照这些建议行事：[3]

---

〔1〕 参见以下网站的信息：www. gatesfoundation. org 及 www. whannenberg. org。

〔2〕 “教育中的技术”，《2006年教育改革进展状况》(2006年1月)，网址：www. ecs. org；H. 麦克法兰，“笔记本时代正在来临！笔记本时代正在来临！”，《学校的再思考》(2008年夏季刊)，网址：www. rethinkingschools. org；亚历山大·摩西，“没有支持的技术”，《教育乌托邦》(2008年6月)，网址：www. edutopia. org；瑞克·科夫，“不再为技术而技术”，《行政管理者杂志》(2009年2月)。

〔3〕 道格·鲁恩，“什么会出问题”，《教师杂志》，2007年1月1日；苏西·博斯，“克服技术障碍”，《教育乌托邦》，2008年8月8日，网址：www. edutopia. org；苏西·博斯，“项目参与”，《西北教育杂志》(2008年春季刊—夏季刊)，网址：www. nwrel. org/nwedu；朱莉·穆乐等，“识别完全掌握计算机使用的教师和有限掌握计算机使用的教师间的差异变量”，《计算机与教育》(2008年12月)，pp. 1523—1537。

教师必须接受不间断的培训及获得不间断的技术支持,帮助他们掌握如何有效使用技术。无论在学区和学校内,教师都应该能获得技术保障人员的帮助。

■ 教师资格认证的标准,应该包括对教师是否具有将技术融入课堂教学的相关知识和技能的测试。

■ 必要的集中。计算机必须充分集中使用才能产生效应。例如,一项研究发现,在一间教室内放置一台计算机并不能改变学生的成绩,但如果为一间教室提供三台或更多的计算机就会产生更好的效果。

■ 培训必须足够深入才能产生效应。例如,一些研究发现,为教师提供十个小时以上的培训时间比更短时间的培训带给教学的变化更大。

■ 教师使用计算机的方式有助于决定学生的学习成果。例如,有一项使用来自数百所学校数据的重要研究,其研究结果支持了以下这个结论:在接受研究的 8 年级学生中,那些重视使用计算机进行问题解决和概念学习的教师,其学生的学习成效要显著高于那些只重视"死读书"、进行低级练习的教师所教的学生。

■ 必要的协调。计算机的使用计划必须与学校日程安排、测试、班级规模大小以及教学其他方面的因素相协调。如果一节课的时间太短或班级规模太大而不能让教师有效地上完一堂课,或者如果教师专注为考试或其他紧急任务而培养学生,那么有没有计算机,都不能产生多少区别或根本没有区别。

■ 大量使用技术的教师不应该忽视教学中的动机和情感因素。

必要的培训

在我们前面对各种基于计算机的技术和成功学校改革的回顾中,一个重要的主题一直贯穿始终,这个主题就是大量适当的教师培训毫无疑问是取得成功的先决条件。联邦政府已经认识到这一点的重要性,并在《不让一个孩子掉队》法案的条款中明确要求各州制订计划确保教师能有效使用新技术。很多州制定的相关计划都很重视教师的培训,从而让教师能在课堂中运用改进的新技术[1]。

技术的使用和教育平等

被忽视的贫困学校

从州和国家的层面上看,一个尤为关键的问题是如何确保所有学生,都能享有平等机会获得技术革新所带来的益处。不论是在学校还是在家里,低收入学生通常都比

〔1〕 兰·纽锦特、克里斯蒂娜·福克斯,"同伴辅导激发技术的融合",《学校电子新闻报》,2006 年 12 月 29 日,网址:www. eschoolnews. com;梅瑞斯·斯坦斯伯瑞,"有助于传授 21 世纪能力的项目",《学校电子新闻报》,2008 年 10 月 22 日,网址:www. eschoolnews. com;贝斯·布莱纳,"打造技术奇才",《学习与领导的技术》(2009 年 5 月),pp. 24—27。

中等收入学生更少有机会获得某种基于计算机的学习机会。直到最近，仍然有很多低收入家庭还买不起计算机。招收大部分是低收入学生的学校通常已经配备了计算机，但近年来美国学校对互联网和多媒体的使用越来越依赖，而很多大城市的极端贫困学校却被排除在这种发展趋势之外[1]。

社区技术中心

为了努力让学生获得更多平等使用新技术的机会，人们采取了很多措施让社区拥有计算机，而不是让学校拥有更多计算机。在低收入人口众多的城市和农村社区，社区计算机中心的建立能让当地居民、成年人和儿童都学到先进科技并从中受益。一位研究人员评价说："在我们步入21世纪经济社会的时候，社区技术中心能确保我们不会让人口中的一部分还停留在19世纪的技术水平上。"这种方法可能在将来会得到广泛推广，也可能与学校采取的减少技术教育不平等的其他努力措施挂钩[2]。

很多学区正在与商业和工业界进行合作，以进一步改进学校的教育质量，商业合作伙伴为学校提供导师、物资、资金以及实习机会或为学生提供就读高等学校的资助。

〔1〕 奥斯丁·古尔斯比、乔纳森·古里杨，"世界范围的奇迹"，《教育未来》(2006年冬季刊)，网址：www.hoover.org；乔纳森·D.贝克尔，"教育中的数字平等"，《教育政策分析档案》，网址：www.eppa.asu.edu；蒂娜·N.霍菲尔德等，"对幼儿园—12年级学校数字鸿沟的考察"，《计算机与教育》(2008年12月)，pp.1648—1653。

〔2〕 米歇尔·瑞斯尼克、娜塔莉·露丝克，"市中心区的电脑俱乐部"，《美国瞭望》(1998年7月/8月)；海伦·希尔维斯，"忘记隔离，现在我们都在线"，《西北教育杂志》(2000年冬季刊)，网址：www.nwrel.org；瑞贝卡·P.皮尔瑞克，"超越数字鸿沟"，《教育杂志》2003年1月1日，网址：www.gse.harvard.edu；龙辛迪，"小心差距"，《今日全国教育协会》(2008年3月)，网址：www.nea.org/neatoday；丹尼斯·皮尔斯，"教育工作者为数字平等而斗争"，《电子学校新闻报》，2008年7月7日，网址：www.eschoolnews.com；迈克尔·G.吉布斯、安东尼·J.达森、罗莎莉·B.格瑞罗，"消除数字鸿沟"，《城市教育》(2009年第1期)，pp.11—29。

有关教育中计算机技术的注意事项

硅谷蛇油?

并非所有人都对技术可能在教育系统中产生富有成效的改革持乐观态度。很多人对此表示怀疑,他们中包括一些对学校近期的发展和对计算机总体发展趋势都很有见识的分析家。例如,克利夫·斯托尔(Clifford Stoll),因其对互联网发展作出的卓越贡献而闻名于世。他撰写了一本名为《硅谷蛇油》(*Silicon Snake Oil*)的书,他在书中指出,尽管在教室中使用计算机可能让学生感到很开心,但娱乐不是学习的同义词。斯托尔认为计算机可能等同于那些旧电影以及教师多年前用来吸引学生的不连贯的电影幻灯片[1]。

盲目的点击?

同样,简·希利(Jane Healy)已经成为一个众所周知的人物,她热衷于相信计算机具有为学生打开一个新世界的潜能。她还用一本书震惊了很多读者,在这本书中,她对新技术在校内外对儿童的影响提出了质疑。她花了两年的时间参观各地的教室,得出的结论是很多教室中的计算机是由准备不足的教师在监控,这些学生大多数时候只能进行不用动大脑的练习,而且玩的游戏与学习目的没有一点关系,他们只是"愚蠢地在网上闲逛"或只是在"盲目地点击鼠标"。其他一些分析人士也在参观大量的学校和教室后得出结论,昂贵的多媒体设备大多数情况下更多的是充当课堂控制的手段而非学习的工具。在得出这样的结论后,希利、苏珊·格林菲尔德(Susan Greenfield)和其他怀疑者都提出了下面的警告和批评:[2]

■ 那些表明计算机正在让学生成绩普遍得到提高的研究大多数设计不良,或根本是无效的。

■ 创造力降低了吗? 计算机太容易降低学生的创造力,因为计算机会把学生限制在规定好的界限内进行思维和行动。

■ 教室应该装备先进技术,这可能是公众真实的要求和期望,也可能是公众假想

---

〔1〕 克利夫·斯托尔:《硅谷蛇油》(纽约:双日出版社,1995)。另见托德·奥本海默,"计算机的错觉",《大西洋杂志》(1997年7月),网址:www.theatlantic.com;托德·奥本海默:《飘忽不定的心神》(纽约:兰登书屋,2003);"新研究使人们对课堂技术的运用产生怀疑",2005年对托德·奥本海默进行的采访录音,网址:www.publicradio.org/columns/futuretense;马克·保尔雷恩:《最愚蠢的一代》(纽约:塔切尔出版社,2008);克里斯蒂·H.罗宾逊,"孩子们都好吗",《美国人》,2009年1月27日,网址:www.american.com。

〔2〕 简·M.希利:《未能成功连接》(纽约:西蒙-舒斯特出版集团,1998);保罗·萨夫,"新玩具",《文明》(1998年11月);杰米·麦肯齐,"技术的假定",《从现在开始》(2003年5月),网址:www.fno.org;约翰·康沃尔,"技术正在毁掉孩子们吗",《星期日时报》,2008年4月27日;"技术在让批判性思维和分析能力下降吗",《科学日报》,2009年1月29日,网址:www.sciencedaily.com;特伦斯·奥布莱恩,"脸谱网正在摧毁孩子的大脑吗",《交换》,2009年2月24日,网址:www.switched.com;柯兰·柯德斯、爱德华·米勒(编辑),"愚人的金子",发表于"儿童联盟",日期不详,网址:www.allianceforchildhood.net。

的要求和期望，学校对此的回应是购买昂贵的但很快就过时的设备。

■ 尤其是对年幼儿童，花在计算机上的时间经常替代了需要用来发展运动技能和逻辑思维能力的时间。

■ “屏幕少年”的注意范围降低了吗？数字技术甚至比电视更容易降低儿童和“屏幕少年”（在网络时代成长的青少年）注意力的持续时间和学习深度。这种趋势随着 Web 2.0 网站，如“脸谱网”和“推特网”等的日益流行而开始加速，这些网站可以让人们与其他人和资源保持不连续的接触。

■ 幻想的世界和其他虚构的数字化环境正在扭曲儿童的真实感。

■ 根据保罗·萨夫（Paul Saffo）的观点，数字化技术是比电视“更强有力的时间无底洞”，“是让家长担心的暴力和乏味空洞的胡言乱语”，这些东西构成了一个巨大的“网络空间荒漠”。

■ 加剧了问题的严重性。几间教室、几所学校、甚至几个学区，能有效使用基于计算机的技术，这只是孤立的案例，并不能告诉我们任何在大多数情况下会发生什么或可能发生什么。

在审视这些警告时，我们应该牢记这一节前面的内容，以及本章更前面出现的那些大量实质性举措，这些措施已经被确认为成功运用计算机技术的行动和其他为学校改革而采取的行动。为了让教师有效使用技术，学校和学区将会为教师提供所需的大规模长期培训和意义重大的技术支持吗？教育工作者会认真对这类技术的引进进行调整，并让这些技术与课程教学目的、测试和学校氛围的改善相协调吗？幸运的是，很多教育工作者正在努力让这一切发生。

三、农村教育

农村的多样性

大约有 20%的学生和 30%的学校位于农村地区，另外大约有一半的学区在农村。为了改善农村教育，教育工作者们必须面对农村地区的极端多样性，这使得要进行一个跨地区的概述很困难。一个研究小组把农村学区定义为位于每平方英里范围内的居民少于 150 人、至少 60%的人口居住在人口不超过 5000 人的社区的学区。但甚至在这个限制相当明确的定义中，还是能找出几百个显示出不同“亚文化”的农村社区类型，这些社区在种族和民族构成上、偏僻程度、经济结构以及其他特征上都各不相同[1]。

---

〔1〕 迈克尔·L. 阿诺德，“农村学校：多样的需求呼唤灵活的政策”，《大陆中部教育与学习研究会（McREL）政策简报》（2000 年 5 月），网址：www. mcrel. org/topics/policybrief. asp；杰瑞·约翰逊、马蒂·斯乾吉，“为什么 2007 年农村问题很重要”，2007 年为“农村学校与社区基金会”准备的报告，网址：www. ruraledu. org/whyruralmatters；大卫·芒克，“在农村地区招聘和留住高素质教师”，《儿童的未来》（2007 年春季刊），网址：www. futureofchildren. org；瑞贝卡·M. 克拉尔等，“远程的亲身实践”，《科学教育与技术杂志》（2009 年 4 月），pp. 173—186。

这种多样性也部分说明了为什么农村学校的特殊问题在过去50年中都未获得太多关注。然而近来，一小群学者已经开始尝试判断如何在农村环境中提供高质量的教育。他们已经得出了以下几点重要结论：[1]

关于农村学校的结论

1. 美国农村存在巨大的多样性，因此需要同样多样化的学校改进措施，这些措施也要应对多元文化教育目标。

2. 小规模农村学校有很多优势，教师能直接认识了解学生及其家长，学校能与社区机构紧密合作。

3. 农村学校的教师往往需要获得大量的技术支持。

4. 很多农村学校能从远程学习和其他先进科技中受益。

教师短缺和远程教育

很多农村学校都面临无法吸引合格教师的严重问题。由于各州都提高了颁发教师资格证书的要求，同时降低了聘用没有适当证书的教师的灵活性，这就让很多农村学区不能找到或是负担不起充足的教学人员，尤其是缺乏科学、数学和外语学科的教师。但学校系统能克服这个问题，办法之一是利用电视、交互式计算机以及其他形式的**远程教育**（distance education），这些远程教育手段能提供成本效益很高的教学[2]。

四、天才学生

天才儿童教育的发展趋势

现在对天才学生教育的研究已经越来越多，针对天才儿童的教育项目普遍存在的发展趋势包括：天才学生的学习机会急剧增加；为天才学生提供特殊指导帮助；对独立研究和研究性学习的重视不断增加；和残障学生一样使用个别化教育计划（IEPs）；提供参与高级教育项目的机会；根据学生的学习风格实施教学；建立特殊学校、星期六学习计划和暑期学校；更多地利用社区资源；采用不同的教学方法来适应学生不同的兴

---

〔1〕 卡利·阿瓜斯，“农村小学所有年级取得的成绩进步”，2005年为“霍顿·米夫林集团超越书籍网站”准备的说明书，网址：www. beyond-the-book. com：点击“Success Stories”；丹尼尔·A. 多梅内克，“城市-乡村合作伙伴关系”，《美国地方教育委员会杂志》（2006年8月）；玛西亚·玛鲁莫托、莎伦·布朗-威尔第，“加州农村地区成绩优异、高度贫困中学的领导实践和学校-社区交互关系个案研究”，《农村教育研究杂志》（2009年第10期），网址：www. jrre. psu. edu。

〔2〕 特洛伊·K. 科尔利，“在农村社区利用技术”，《教育领导》（1998年5月），pp. 71—73；凯西·克里斯蒂娜，“农村的领头羊”，《卡潘》（2001年2月），pp. 425—427；华莱士·H. 汉纳姆等，“远程教育在农村学校中的使用”，《农村教育研究杂志》（2009年第3期）。

趣和能力;压缩课程,缩减学生已知的教学内容,用更具挑战性的内容来替代这些内容[1]。

不同的方法

涉及天才学生的主要问题是怎样选择有效的课程和教学方法。总体而言,教育工作者倾向于加快常规课程的进度,或是为学生提供更深入的学习来丰富课程的内容,但也有一些教育工作者赞成采用两种方法相结合的方式。分析人士对这个想法进行了开发,倡议对以下几个元素进行合并:(1)"内容"模式,注重加速学习;(2)"过程-结果"模式,注重通过独立学习和研究来丰富教学内容;(3)"认识论"模式,注重对知识体系的理解和鉴赏。总而言之,分析人士相信,在为天才学生而采用上述模式或其他模式中的任何一种时,开放式、问题解决的方法都应该得到重视[2]。

吸纳更多的少数群体学生

人们开始越来越重视一个问题:只有很少的少数群体学生和贫困学生参与天才教育。有证据表明,天才学生的选择标准通常未能识别出那些可能从天才教育中受益的弱势学生,由于这个原因,现在人们正在努力拓宽对天才的定义,把具有很强的解决问题的能力、创造力、口头或非语言表达非常流畅以及不寻常的艺术成就和能力等指标加入天才的定义中[3]。

五、增加教学和学习时间

包括《国家处在危险之中》和《时间的囚徒》在内的几个全国性报告建议为天才学生提供更多的用于教学和学习的时间。增加时间的方法可能包括延长学年、延长学

---

〔1〕 莎莉·M.瑞斯,"不让一个孩子无聊",《学校行政人员杂志》(2007年2月),网址:www.aasa.org;约瑟夫·任祖里,"为优秀而教",《教师杂志》(2008年3月/4月);诺玛·费歇尔多里翁、苏珊·欧文,"超越基础,惠及所有孩子",《校长杂志》(2009年5 6月),p.26。

〔2〕 乔伊斯·万·塔索尔-巴斯卡,"为天才学生提供有效的课程和授课模式",《天才儿童季刊》(1980年秋季刊),pp.162—168。另见乔伊斯·万·塔索尔-巴斯卡,"全国天才儿童协会研讨会",《天才儿童季刊》(2006年秋季刊),pp.339—341;简·克拉伦巴赫,"所有天才都是当地的","藐视涟漪效应",两篇文章都发表在《学校行政人员杂志》(2007年2月),网址:www.aasa.org;布鲁克斯·A.麦卡利斯特、李·普劳尔德,"丰富性课程",《教育》(2008年秋季刊),pp.40—49;乔伊斯·万·塔索尔-巴斯卡、艾丽莎·F.布朗,"达到最佳实践",《天才儿童季刊》(2008年11月),pp.342—358;米歇尔·埃克斯坦,"丰富性课程web2.0",《今日天才儿童》(2009年冬季刊),pp.59—63。

〔3〕 温蒂·施瓦茨,"从多样化的学生中识别天才学生的策略","科教资源信息中心"的"城市教育数据交换中心"(1997年5月),网址:www.nagc.org;朱莉·D.斯旺森,"打破对低收入、少数群体天才学生的假设",《天才儿童季刊》(2006年冬季刊),pp.11—25,网址:www.hoover.org;埃里克·史密斯,"将天才儿童编织成完整的织物",《学校行政人员杂志》(2007年2月),网址:www.aasa.org;"天才学生和天才学生学习成绩不良的危机",《问题摘要》(2008年8月),网址:www.centerforcsri.org;陶乐丝·M.辛格尔顿等,"天才学生教育计划中美国黑人学生的代表性不足",《美国黑人研究视角》(2008年春季刊),pp.11—21;史蒂文·玛兹,"平等、种族与天才教育",《教育理论与研究》(2009年第1期),pp.5—25。

日，或提供课后和暑期学习计划。

更长的学年或学日

延长时间的争议

很多学区已经延长了学日或学年，有些甚至改为**全年制学校**（year-round schools）。这种学校采用循环时间表，这样能让四分之三的学生到校学习九周，同时让剩下的四分之一学生放假三个星期。全年制学校通常设立在那些严重拥挤的学校内，现在大约有200万学生在全年制学校上学。

开办全年制学校的举措通常引起人们的争议，因为这些学校的员工成本会显著增加，还可能会影响父母照顾孩子的安排。如果要提高学生成绩，为延长学习时间而采取的行动也要求大幅度改变课程与教学。马萨诸塞州已经开始努力帮助学区和学校对它们的教学实践和每天、每周、每年的时间安排进行重组，以便为学生提供更多的时间学习[1]。有关这个话题的讨论，参见“热点问题争鸣”栏目。

课后和暑期学习计划

21世纪学习中心

许多学区已启动或扩大了课外活动班和暑期学习项目，而不是为所有学生增加学年或学日的时间。这些课后和暑期的学习项目能为学习吃力的学生提供更多学习时间，或者为那些带钥匙的儿童和其他儿童提供安全的教育机会（参见“文化、社会化与教育”一章）。由于《不让一个孩子掉队》法案的实施导致有数千所学校被认为没有达到年度进步目标，这使得这些课后和暑期学习项目的数量在最近几年内快速增加。联邦政府目前也根据“21世纪社区学习中心”（21st Century Community Learning Centers）的法律规定，每年提供数百万美元的拨款用于支持课后和暑期的学习项目，州和地方也提供了更多的支持。“21世纪社区学习中心”在《不让一个孩子掉队》法案的支持下，为学生提供辅导、课后补习、暑期学校和其他为在成绩不佳的学校就读的学生准备的学术强化活动。对这类学习中心和类似的举措进行研究的分析人士和评估人员

〔1〕 国家教育时间和学习委员会：《时间的囚徒》（华盛顿特区：美国教育部，1994）；比利·布萨德，“全年的混乱”，《物质杂志》（2005年11月），网址：www.substancenews.com；希拉里·彭宁顿，“马萨诸塞州增加学习时间支持学生成功行动”，2007年为“美国进步中心”准备的论文网址：www.americanprogress.org；拉里·库班，“永久的改革”，《卡潘》（2008年12月），网址：www.pdkintl.org/kappan/khome/karticle.htm；罗伯特·M.斯通西尔等，“通过增加学习时间来强化学校改革”，2009年为“学习要点联合会”准备的论文，网址：www.learningpt.org；另见Summer Matters网站上的帖子，网址：www.summermatters.com。

已得出以下几个结论：[1]

1. 如果实施得当，课后和暑期学习项目能提高学生的学习成绩。

2. 实施这些项目时要特别考虑的事项包括：教职人员的选择和培训，提供适当的教学材料，还要有足够的可用资源。

3. 学生的进步难以衡量，因为就算是常规教育学生在考试中显示的进步相对而言都很小，更不用说课外活动班和参加暑期学习项目了。因此，行政人员应该测量学生的出勤率、家长的支持度、学生的努力程度以及可能与学生态度的改善相关的其他因素。

4. 一些非学术性目标，如提供一个安全的环境，扩大学生的兴趣，发展社交技能等，都是有价值的，应该在实施课外和暑期学习项目时得到重视。

表 热点问题争鸣：更多的在校时间

有人建议为了提高学生的成绩，延长学日、学年或同时延长二者来增加学生在校学习的时间。这个观点是在观察日本这类国家的基础上提出的。在这些国家里，学生在校的时间远远超过美国学生在校的时间。这也印证了那些表明用于任务的时间是学生成绩的重要决定因素的研究。

争论问题

美国应该增加学生的在校时间吗？

正方观点：	反方观点：
1. 延长学日或学年将给教师更多与学生的接触时间，也让教师有机会对学生进行深入的教学，这对那些处于危机中的学生而言是非常关键的，这些学生需要特殊的教学服务和补救工作。 2. 日本等国家的经验表明，增加在校时间有助于提高学生的成绩分数，很多国家的工作小组报告也建议延长学生在学校的时间。 3. 延长在校时间有助于解决那些不得不在父母外出工作时自己照顾自己的挂钥匙儿童的问题，通过这种方式，学校能在提高教育质量的同时让家庭受益匪浅。	1. 延长在校时间并不能补偿很多学校都存在的劣质教学，这是学校教育的质量问题而不是数量问题，更长的在校时间可能会降低教学质量。 2. 美国和日本之间存在如此多的社会和文化差异，因此简单的比较是无效的。目前还没有确凿的证据表明增加学生的在校时间会提高美国学生的成绩水平。 3. 延长儿童的在校时间将会加重对基本家庭生活的制度性干扰，而且不论这种干扰多么用心良苦，都会让现代家庭支离破碎。

〔1〕 琳达·拉姆斯登，“课后活动项目”，《研究综述》(2003 年秋季刊)，网址：http://eric. uoregon. edu/publications/roundup；“课后活动项目”，《2005 年教育改革进展》(2005 年 11 月)，网址：www. ecs. org；贝斯·弗雷尔金，“一个新的学习日”，《教育乌托邦》(2007 年 2 月)，网址：www. edutopia. org；布莱恩·利贝，“一千四百万儿童无人监管”，《教育乌托邦》，2007 年 1 月 16 日，网址：www. edutopia. org；凯特·C. 伯尼，“增加学习时间”，2008 年为“国家时间和学习中心”准备的论文；罗瑞·霍夫，“时间还没有站在他们这边”，《教育杂志》，2009 年 1 月 20 日；另见以下网站中的信息：www. mass2020. org。

续　表

4. 延长学生的在校时间将向纳税人表明，学校是很严肃地对待提高教育水平这个问题的，纳税人因此将更愿意支持学校。 5. 目前学校的上课时间安排系统起源于农业时期，那时的家庭需要儿童帮助完成农场的任务。在一个工业社会中，要充分利用学生的时间，就应该给予他们额外的学校教育，让他们为21世纪作好准备。	4. 延长在校时间将增加用于员工工资和修缮学校建筑的经费，纳税人将不愿意支付这些开销。 5. 我们对延长学日或学年的有效性知之甚少，生活在美国文化中的儿童需要充足的校外休息时间吗？让这些儿童长时间呆在教室内会让他们的独创性和创造力受损吗？在我们能够回答这些问题之前，我们不应该让学生的在校时间更长。

焦点问题回顾：如本节中所讨论的那样，你愿意到那些已经开始实施改革的学校或学区内教书吗？例如，你愿意到全年制学校教书吗？你如何准备为天才学生提供有效教学？

第八节　择校

近年来，人们一直倡议实行**择校**(school choice)计划，把它作为将更大的灵活性和责任制引入教育的一种方式。择校的基本观念是要增加学生选择在哪里就读和学习的机会。择校是一个很宽广的目标，有很多不同的教育项目为学生及其家庭提供了各种不同级别的选择。很多选择性学校已经建成，能为那些未能在普通公立学校中获得成功的学生提供教育。择校的支持者指出，通常情况下，父母在任何指定的公立学校街区内只能发现一种教育模式。一些倡议者赞成在公立学校系统内创造更多的选择机会；而另一些人则认为，唯一真正的选择是存在于学校系统之外的。近来为增加择校机会而作出的努力包括一系列计划，这些计划展示了介于上述两个极端之间的一系列观点和理念，这些计划包括：[1]

■ 磁石学校和选择性学校

今日磁石学校

很多学区为学生提供选择学区内**磁石学校**或选择性学校的机会。正如在“提供平等教育机会”一章中所描述的那样，磁石学校通过提供特殊的教育培养方案或课程，将

〔1〕 亚当·梅耶松，“一种文化领导的模式”，《政策评论》(1999年1月—2月)，网址：www. policyreview. com；克里斯蒂娜·罗素，“磁石学校”，《教育未来》，(2005年第1期)，网址：www. hoover. org；彼得·泰斯等：《择校的使用趋势》(华盛顿特区：国家教育统计中心，2006)，网址：http://nces. ed. gov；埃里克·弗兰肯伯格、吉娜维夫·西格尔-霍利，“被遗忘的选择”，2008年为美国磁石学校准备的报告，网址：www. civilrightsproject. ucla. edu；卡米尔·A. 李尔、谭齐斯、吉姆·耶瑟尔迪克，“选择性学校”，《补救教育与特殊教育》(2009年1月/2月)，pp. 19—32。

不止一个街区的学生吸引前来自愿入学。这些磁石学校通常也是为减少种族隔离，以及为学生提供机会参与当地学校没有的教学项目而进行的改革的一部分。现在美国公立学区中已经有1000多所磁石学校在运行。

选择性学校的类型

选择性学校(alternative schools)为学生提供在普通公立学校中无法获得的学习机会，从这个观点看，磁石学校也是选择性学校中的一种。同样，很多教会学校和其他非公立学校和机构也属于选择性学校中的一种，如街道学校、店堂学校以及中学的“前哨基地”(out-posts)等，这样的机构是为了让教育与市中心的学生有更强关联性而设立的。对选择性学校的研究已经表明，它们有时会招收那些在传统学校内未能成功的学生，以及那些想接受不同类型教育的学生。

选择性学校的优势

与传统学校相比，选择性学校允许学生进行更个性化、更独立的学习，对学校之外的社区也更加开放。这些学校往往会提供小规模的班级、高昂的员工士气、高到课率、满意的学生、免于外界的控制、更关注教育的非认知目标[1]。

■ 特许学校

自愿招生的特许学校

正如在“公共教育财政”一章中所讨论的那样，**特许学校**(Charter School)由公共财政资助，也经常为家长和学生提供选择学校的机会。特许学校可以由学区来建立，也可能由其他特许的官方部门来修建，还有些特许学校由私人的营利公司进行管理。在资金的支出、人员的使用以及学校运作的其他方面，特许学校通常都比一般的公立学校有更多的灵活性。但如果学校不能成功，它们获得的特许权也可能被撤销。现在有40多个州允许建立特许学校，全国范围内正在运营的特许学校已经有4000多所。大多数特许学校招收的学生主要是那些成绩低下、很可能会辍学的学生。到2009年底，在堪萨斯州的戴顿市和华盛顿特区这样的大城市学区内，特许学校招收了25%或更多的公立学校学生。奥巴马总统已经认识到特许学校正在成功地发挥自身的功能，因此他号召各州“对它们的特许规则进行改革，如果有上限的话，提高许可特许学校数量的上限”[2]。

---

〔1〕 丹尼尔·U.莱文，“教育被疏远的市中心区青年：从街道学院学到的经验”，《黑人教育杂志》(1975年春季刊)，pp. 139—148；“支持小型学习社群”，《西北教育杂志》(2000年冬季刊)，pp. 5—9，网址：www. nwrel. org；托马斯·托克，“投资重建中学”，《教育界》，2007年3月14日，网址：www. educationsector. org；莎拉·里默，“为了移民，特许学校中最好的两个世界”，《纽约时报》，2009年1月9日。

〔2〕 乔·威廉，“特许学校反对者玩的把戏”，《教育未来》，(2007年第1期)，网址：www. hoover. org；丹·利普斯，“择校”，2008年为“遗产基金会”准备的论文，网址：www. heritage. org；丽莎·M.斯道伯格：《种族、学校和希望》(纽约：师范学院出版社，2008)；金姆·班克罗夫特，“有和没有”，《教育与城市社会》(2009年1月)，pp. 248—279；巴拉克·奥巴马，“总统演讲”，2009年2月24日，网址：www. whitehouse. gov。

■ **开放的公立学校招生**

《不让一个孩子掉队》法案的选择

正如在“提供平等教育机会”一章中所提到的,《不让一个孩子掉队》法案的条款提出要求,学区要为那些在被认定为未完成年度进步目标的学校读书的学生提供转学到学区中其他学校的机会。

开放招生就学的选择

几个州已经制订计划,允许所有学生有机会在当地学区内的公立学校间转学,有时也可能是转学到学区外的其他学校。例如,科罗拉多州的法律要求所有学区都允许学生在学区范围内自由转学;华盛顿的法律为那些遭遇“特殊困难或有害情况”的学生提供了一种绝对的权利,能在空间许可的情况下到另一学区注册入学,法律还要求学区接收那些转学到靠近父母工作地或儿童看护场所上学的学生。

■ **由私人资助的择校教育券**

私人资助的教育券

很多地方的慈善家为学生能进入私立学校学习提供教育券。一群企业主管出资成立了一项奖学金,该奖学金在1998—1999年间帮助了2200百名纽约市的学生(选自4000多名申请人)到私立学校上学。此后一个更大的企业主管群体又募集了数百万美元,用于一项为城市中心学生提供类似奖学金的全国性计划,数千名学生已经接受了这类奖学金。现在,佛罗里达州和宾夕法尼亚州已经允许将所得税抵扣款用于私立学校的教育券项目。

■ **所得税扣抵学费**

亚利桑那州的税额抵免方法

从1997年开始,亚利桑那州实行了总体税额抵免方法,允许任何为孩子到公立学校或私立学校上学支付学费的纳税人在履行州纳税义务时享有一美元对一美元的税收抵扣(抵扣款高达地方公立学校近一半的开支)。除此而外,纳税人还能因为向“私立学校学费”慈善机构捐款而获得补助,这些慈善机构要将至少90%的捐款用于为来自低收入家庭的学生提供学费援助。其他一些州也已经开始提供这种援助。

■ **纳税人资助的奖学金**

纳税人资助的奖学金

亚利桑那州的择校在2006年得到进一步的推进,当时该州开始支付残障学生及寄养儿童到非公立学校上学的学费。其他几个州也提供奖学金来帮助一些学生到私立的中小学校上学。

■ **由公共资金资助的择校教育券**

政府资助的教育券

尽管在克利夫兰市以及科罗拉多州、佛罗里达州、缅因州、俄亥俄州和佛蒙特州，一些小规模的由政府资助的教育券项目已经开始实施，但最有名的是由威斯康星州州议会资助的规模相当大的教育券项目，该项目为密尔沃基市内的来自低收入家庭的学生提供帮助。密尔沃基教育券项目最初是为了帮助学生到非宗教性的私立学校上学，至1998年，该项目已经扩大至为到宗教性质的学校上学的学生提供帮助。2009年，教育券可以在100多所私立学校内使用，其中80%以上的私立学校属于宗教性质的学校(大多数是天主教和路德教会的学校)。另一个主要由政府资助的教育券项目是哥伦比亚地区的项目，该项目于2004年获得批准并开始实施[1]。

一、有关择校的争议

随着教育券项目的实施，择校机会不断扩大，同时大量支持或反对采取进一步行动的建议也被提出。那些支持择校的人建议采纳以下政策，如允许学生在学区范围内自由注册入学；对到公立学校和非公立学校上学的学生都发放教育券；让整个学区和地区都变得"磁性化"或"特许化"等。

支持择校的论点

择校支持者主要强调以下论点：[2]

■ 为弱势学生提供择校机会能让他们脱离原先质量较差的学校。

■ 对很多学生而言，由于他们能到自己选择的学校内上学，这将让他们有更多取得成功的动机，他们的成绩、志向和其他方面的成果都将有所提高。

■ 现有的公立学校和选择性学习机构(不论是公立的或非公立的)都将为学生提供更好的教育，因为这些学校的员工都将为吸引学生而开展竞争。

■ 学生将获得越来越多的机会让学校的教育项目和服务与学生的需求相匹配。

■ 家长将被赋予更多的权利，在他们子女的教育中扮演更重要的角色。

---

〔1〕 芭芭拉·麦拉，"密尔沃基市教育券计划简史"，《学校的再思考》(2006年春季刊)，网址：www. rethinkingschools. org；格瑞斯·鲁宾斯坦，"重视(成绩)差距"，《教育乌托邦》，2007年1月9日，网址：www. edutopia. org；"对哥伦比亚特区机会奖学金计划的评价"，2009年为"国家教育统计中心"准备的论文，网址：www. nces. ed. gov，及 www. eric. ed. gov。

〔2〕 马修·J. 布鲁奕莱特，"选择学校教育的案例"，2001年论文发表于公共政策麦基诺中心的网站，网址：www. mackinac. org/s2001—01；约翰·E. 丘博，"忽视市场"，《教育未来》，(2003年第2期)，网址：www. hoover. org；尼尔森·史密斯，"特许学校是解决问题的办法吗"，《教育未来》，(2007年第1期)，网址：www. hoover. org；雪莱·约翰逊、史蒂文·布诗，"公立学校能与特许学校的成绩匹敌吗"，《国家教育管理和督导论坛》(2009年1月)，pp. 97—111；"择校卓有成效！"，发表于西班牙裔美国人创新网站，日期不详，网址：www. hcreo. org/section/research。

反对择校的论点

择校计划的批评者们对这些论点都提出了质疑，尤其是那些涉及把公共财政收入用于非公立学校的措施。批评者们主要持以下观点：[1]

■ 择校计划将加剧社会各阶层的分化和隔离，因为动机更强、成绩更好的白人和少数群体学生将更可能从主要由成绩低下或社会地位低下的学生组成的学校内转学出去。

■ 学生转学主要是由中产阶层的学生转学到非公立学校构成，这将让中产阶级支持公立学校的意愿降低。

■ 用公共财政收入支持非公立学校是违宪的。

■ 学校间为了吸引学生转学而进行的竞争行为本身并不会导致学生成绩的提高，本章介绍的其他正在兴起的改革措施更加重要。

■ 根据学校是否具备竞争的吸引力来开办或关闭大量的学校，这种做法将会打乱整个教育系统的运作。

■ 没有或者很少有理由能让人相信，大多数目前只招收相对非常少量弱势学生的学校，在招收了这样的转校生后将比现在更成功。

■ 就算人们假设在择校计划中有很多能大幅提高差生成绩的学校，很多学生和家长也缺乏必要的知识来选择这些学校，而且这些杰出的学校也不可能接纳太多差生。

■ 尽管没有吸引力的学校将失去学生，甚至可能被关闭，从这个意义上讲学校的责任可能增加，但由于接受公共财政资金资助的非公立学校往往不受政府标准和要求的约束，如不用承担招收特殊教育学生的义务和实施州统一测试等，从这个意义上讲学校总的责任将会减少。而另一种做法是对非公立学校增加此类要求，就可能导致政府增加对这些学校的监管。

■ 用公共财政收入资助非公立教育机构将可能建立以分裂的种族主义者或宗教意识形态为基础的“邪教”学校。

对日益增多的分裂主义的恐惧

甚至那些支持扩大学生选择提议的人，也同样对择校存在担忧。例如，约翰·里奥(John Leo)认为，择校是“教育改革的最佳选择”，同时也是教育的“600 磅大猩猩”(英语谚语，指某种非常强大的政治、军事力量，或占有市场绝对份额的企业公司实体，也可译为“巨无霸”。译者注)。他相信如果资助那些鼓励实施社会、种族和经济分裂主义的学校，那么择校计划就会对教育造成危害。在这种情况下，很多分析人士已经开始试图找

〔1〕 郝伯特·J. 格洛佛，“私立学校的择校是错误的”，《教育领导》(1991 年 1 月)，p. 51；路易斯·本维尼斯特、马丁·卡洛伊、理查德·罗斯坦：《一切平等》(纽约：劳特利奇帕尔玛书局，2002)；杰·马修斯，“研究发现特许学校落后了”，《华盛顿邮报》，2006 年 8 月 23 日；丹尼斯·爱普、理查德·罗马诺，“教育券与刮脂效应”，《国际经济学评论》(2008 年 11 月)，pp. 1395—1435；芭芭拉·麦拉，“公共研究穿刺私有化泡沫”，《学校的再思考》(2007 年冬季刊/2008 年春季刊)，网址：www. rethinking-schools. org；若恩·吉玛等，“八个州的特许学校”，2009 年为兰德公司准备的报告，网址：www. rand. org。

出能让择校计划尽可能具备建设性的政策。他们建议实施的政策包括：[1]

建设性的择校政策

■ 确保学生和家长获得充分的咨询和信息。

■ 提供免费交通、奖学金和其他支持，确保择校是所有学生都能获得的，而不是以学生的社会地位为基础的。

■ 择校计划中要包含如何避免种族隔离和种族再次隔离的指导原则。

■ 择校计划中要包含适当的条款，能让政府运营的学校和非公立学校一样免受一些规章制度的束缚。

■ 创造一个能让普通公立学校和选择性学校都能提供有效教学的环境。放宽或取消资历规定是目前教师集体谈判中的一个主要方面。很多观察家相信，这个政策尤其会让招收来自低收入家庭学生的普通学校和选择性学校都受益匪浅。这样的变革将允许学校用那些更优秀、能满足学生需求的教师来替换那些不合格的或效率低下的教师。

■ 不要忽视其他改革措施的必要性和可能性。相反，应该将择校作为一项综合改革议程中的一部分，这个改革议程应当涉及本章其他地方所介绍的那种系统化的改革。

对替代性选择措施的研究

目前最新的研究还未得出最终的结论，择校的学生与那些留在普通公立学校、条件相当的学生相比，是否能获得更好的成绩，尚不可知。除了少数研究的结果或支持择校、或报告说毫无差异，大部分研究在对教育券项目、特许学校和其他的选择性计划进行评估时，都倾向于认为收效甚微而且不稳定[2]。

非公立学校的效能

对公立学校和非公立学校的效能进行的对比研究，已经引发了研究者和那些对资助学生到私立学校上学的择校计划特别感兴趣的人的争论。例如，詹姆斯·科尔曼(James

---

〔1〕 约翰·里奥，“学校改革的最佳选择”，《美国新闻和世界报道》，1991年1月14日，p. 17；克里斯蒂娜·坎贝尔等，“不再是城镇的唯一游戏”，2006年为“公共教育再造中心”准备的论文，网址：www. crpe. org；罗宾·J. 雷克：《希望、担心及现实》(西雅图：全国特许学校研究项目，2008)，网址：www. ncsrp. org；索尔·斯特恩，“择校还不够”，《城市杂志》(2008年冬季刊)，网址：www. city-journal. com；弗雷德·赫斯，“追随密尔沃基市的改革”，《美国人》，2008年9月24日，网址：www. american. com；利·丁格森等，“先知的动机”，《学校的再思考》(2008年夏季刊)，网址：www. rethinkingschools. org；迈克尔·明特姆，“促进教育中的地方民主”，《教育政策》(2009年3月)，pp. 329—354。

〔2〕 “对六个城市中到私人管理的学校上学的学生和到传统学校上学的学生的成绩比较”，2003年由美国政府印刷局出版的报告，网址：www. gao. gov/atext/d0462. txt；弗朗西斯·C. 福勒，“择校”，《教育研究者》(2003年3月)，网址：aera. net/publications/? id=331；理查德·D. 卡伦贝格，“返回教室”，《美国瞭望》(2007年1月/2月)，网址：www. prospect. org；托德·日野巴什，“特许学校的成绩”，2007年为“国家公立特许学校联盟”准备的论文，网址：www. publiccharters. org；杰瑞尔德·罗宾逊、埃德温·张，“成功的色彩”，《问题摘要》(2008年6月)，网址：www. publiccharters. org；阿迪拉·阿杜卡迪若格鲁等，“辩论通告”，2009年为“波士顿基金会”准备的论文，网址：www. tbf. org。

Coleman)和他的同事对非公立学校和公立学校进行了比较研究，得出的结论是：(1) 在考虑家庭背景这个变量后，在非公立学校上学的学生比在公立学校上学的学生成绩更好；(2) 非公立学校能为学生提供一个更安全有序的环境；(3) 除了天主教学校外，非公立学校规模普遍都较小，班级规模也较小，与公立学校相比更能鼓励学生参与课堂活动；(4) 非公立学校要求学生做更多的家庭作业，出勤率也更好；(5) 学校氛围和纪律更优。这些因素能解释为什么非公立学校的学生能取得更优异的成绩[1]。

丘伯和默的结论

布鲁金斯学会的约翰・丘伯和特里・默(John Chubb and Terry Moe)对公立学校和非公立学校学生间的成绩差异进行了研究。他们也得出同样的结论，认为非公立学校能创造更好的成绩。造成这种成绩差异的一个主要原因是，非公立学校往往在运营方面更自主，同时更少官僚主义。例如，在聘用和解聘教师方面，公立学校的校长要比非公立学校的校长受到更多的束缚[2]。

对研究发现的争议

但是，很多教育工作者都不同意这个结论，他们并不认为非公立学校能比公立学校创造更好的成绩。批评者用下列理由来为他们的反对意见提供支持：(1) 如果公立学校能获得更好的改革措施，或更多地考虑家庭背景这个变量，那么非公立学校在成绩方面的优势就会实质性地消除；(2) 更多考虑学生的学业成绩水平而不仅仅考虑中学升学率，同样也能消除或大幅降低公立学校和非公立学校间存在的成绩差异；(3) 研究者使用的统计方法不恰当，导致了误导和不合理的结论；(4) 不论天主教学校或其他非公立学校与公立学校之间存在怎样的不同，这些不同都是微不足道的，也很少有长期的影响[3]。

焦点问题回顾：你计划到公立学校还是非公立学校教书？在这两种情况下，你认

---

〔1〕 詹姆斯・科尔曼、托马斯・霍佛、萨利・基尔格：《公立学校和私立学校》(华盛顿特区：国家教育统计中心，1981)；芭芭拉・施耐德、凯瑟琳・S. 希勒、詹姆斯・S. 科尔曼，"公立学校的择校"，《教育评估与政策分析》(1996 年春季刊)，pp. 19—29；彼得・V. 马斯顿，"詹姆斯・S. 科尔曼的社会学"，《社会学年度评论》第 31 卷，第 1 期(2005)，pp. 1—24。

〔2〕 约翰・E. 丘伯、特里・M. 默：《政治、市场与美国学校》(华盛顿特区：布鲁金斯学会，1990)。另见保罗・E. 彼得森，"教育券与考试分数"，《政策评论》(1999 年 1—2 月)，网址：www. policyreview. com；保罗・T. 希尔，"旁观者清"，《教育未来》，(2004 年第 1 期)，网址：www. hoover. org；保罗・E. 彼得森、艾琳娜・劳德特，"国家教育统计中心对私立和公立学校的研究"，《教育未来》(2007 年第 1 期)，网址：www. hoover. org；胡里奥・戈麦斯，"困在失败学校里的孩子们的希望"，《皮博迪教育杂志》(2008 年第 2 期)，pp. 297—321。

〔3〕 埃尼斯・B. 裴吉、蒂莫西・Z. 凯斯，"美国私立学校的影响"，《教育研究者》(1981 年 8—9 月)，pp. 7—22；蒂莫西 Z. 凯斯、埃尼斯・B. 裴吉，"天主教高中提高了少数群体学生的成就了吗"，《美国教育研究杂志》(1985 年秋季刊)，pp. 337—349；"不值得把它们印在纸上"，《今日全国教育协会》(2008 年 10 月)，网址：www. nea. org/neatoday；克里斯多夫・鲁宾斯基、彼得・威瑟勒、莎拉・T. 鲁宾斯基，"择校和学习成绩间有'一致性'吗"，《教育政策》(2009 年 1 月)，pp. 161—193；"公立学校在数学教学上更胜于私立学校"，《科学日报》，2009 年 2 月 25 日，网址：www. sciencedaily. com。

为择校范围的扩大会怎样影响你的教学生涯?

第九节 系统重建和基于标准的改革

改善整个教育系统

近年来,很多有关**重建**(restructuring)整个教育系统或部分教育系统的改革措施一直被热烈讨论。尽管人们以很多不同的方式来诠释"重建"这个术语,它还是越来越多地被用来表示**系统改进**(systemic improvement)的需求,即同时针对整个系统全部或大部分组成部分的改革。例如,美国各州教育协会的官员已经指出,教育系统的所有部分,从"学校的房子到州议会大厦"都必须重建,以实现对教学和学习的系统改进。系统重建涉及教学方法、教师专业发展、学生、教师及学校业绩的评定、课程和教学材料、学校财政、学校管理、课程要求以及教育其他方面的问题[1]。

保持改革的连贯性

当很多变革在同时被采用时,各种重建和改革活动必须保持连贯性,必须能相互兼容、相互增强,而不能成为各自孤立的、把时间和精力从最重要的目标中分散出来的碎片。因为系统的全面改革是通过确定学生成绩的标准,然后根据标准来调整测试、教学方法和教学材料、专业发展及教育的其他方面来达到连贯性的,因此系统的改革经常被称为"基于标准"的改革。

一、州级的系统改革

州级系统改革的最佳实例之一是肯塔基州的改革。1989 年,该州最高法院宣布该州的共同学校系统违反宪法,因为其并不高效,也不平等。然后法院指示立法和行政部门要改进"整个学校系统——所有必要的部分"。因此,下面列出的变革,和其他变革一起已逐步成为"肯塔基州教育改革法案"(KERA)中的一部分[2]。

肯塔基州教育改革计划的条款

■ 课程、教学和学生成绩评定以成绩为基础,重视以掌握知识为导向的学习和标准参照测验。

---

〔1〕"什么是系统改革",2005 年发表于国家科学院网站,网址:www. nas. edu/rise/backg3. htm;本・莱文、阿维斯・格雷泽、迈克尔・弗兰,"没有排名或怨恨的结果",《卡潘》(2008 年 12 月),pp. 273—280;达尼特・帕斯里、麦克・高尔文,"系统思考、系统行动",《领导力与实践杂志》(2008 年冬季刊),pp. 4—10;莱德亚德・麦克法登,"让学区的学习与学生的学习相关联",《卡潘》(2009 年 4 月),pp. 545—553。

〔2〕托马斯・R. 古斯克、凯娜・彼得森,"通向课堂变革之路",《教育领导》(1995 年 12 月—1996 年 1 月),pp. 10—15;"严厉的爱",《洞察力》(2000 年 8 月),网址:www. sedl. org/policy/insights;"取得进步的证明",2009 年由肯塔基州教育厅发表的声明,网址:www. education. ky. gov/KDE。

- 家长能把自己的孩子从他们认为不满意的学校内转学出去。
- 在不成功的学校内工作的教师能从州指派的专家那里获得帮助。
- 在有20%或更多的学生来自低收入家庭的那些社区建立青年和家庭服务中心。
- 所有学区为处于弱势的4岁儿童提供学前教育项目。
- 增加数十亿美元的税收来支付变革所需的开支。

得克萨斯州取得的成绩

得克萨斯州的教育工作者和议员也一直在引进很多系统改革的成分。得克萨斯州学业能力测验(TAAS)已经被用于识别成绩低下的学校和学区,并为改善这些学校和学区的教学提供支持。已经有报告称,该州的教育改革让来自低收入家庭的学生及少数群体学生收获巨大。例如,布拉佐斯波特市(Brazosport)的学校采取了强化员工发展、辅导成绩低下的学生以及其他改革措施,以帮助提高来自低收入家庭的学生通过数学考试的比例,该比例从1992年的55%增长至2001年的96%。因为成功降低了不同收入和种族、民族间的成绩差距以及其他方面的提高,布朗斯维勒市(Brownsville)荣获了2008年的布罗德基金会奖(Broad Foundation award)。该市5年级学生达到州阅读标准的比例从2004年的64%增加至2007年的83%。从整个州来看,来自低收入家庭的学生通过得克萨斯州学业能力测验的比例从1994年的39%增加至2000年的70%。2008年,有91%的学生通过了州阅读测试,80%的学生通过了数学测试。有些观察者指出,为学生通过考试花费的时间太多,这些考试太容易,另外还把太多的成绩低下学生被排除在考试之外。尽管如此,还是有很多分析人士对得克萨斯州的教师为提高所有学生成绩所作出的努力表示赞赏[1]。

二、学区级的系统改革

表现出色的学区

在上一节中,我们提到了得克萨斯州布拉佐斯波特市和布朗斯维勒市的系统改革,全国的许多其他学区也实施了出色的教育改革方法,使学生成绩在州基于标准的评估中获得很大的提高。另外,对于学区应该做什么来保证它们的教育改革计划获得成功,我们也了解了很多。例如,"教育研究服务部"对六个表现最好的学区进行了研究,这些学区的选择是基于以下两点:这些学校取得了实质性的成绩提高,同时招收的大部分学生为低收入家庭学生。研究结果表明,这六个学区的特点是都采用了以下改

〔1〕 蒂斯·帕玛非,"获得金星荣誉的州",《政策评论》(1998年3—4月);琳达·斯科拉,"职责、平等和复杂性",《教育研究者》(2001年5月),网址:aera.net/publications/? id=331;"布罗德基金获奖者",2008年由布罗德基金会发表,网址:www.broadprize.org;"2008年得克萨斯州公立学校年度综合报告",2008年为得克萨斯州教育机构工作人员准备的报告。另见南森·N.帕克,"城市学区在阅读成绩上取得的显著提高",2006年为霍顿·米夫林出版公司超越书籍网站准备的说明,网址:www.beyond-the-book.com;点击"Success Stories"。

革实践措施：[1]

- 教育局长和其他领导达成广泛共识，认为有必要形成对学生的高期望值。
- 开展广泛工作，以保持课程与州级测试的一致性。
- 定期评估学生的成绩表现，有助于确保对落后生的辅导。

在那些确实在学生参加州级基于标准的评估中取得明显进步的学区中，有一些是美国规模最大的学区，这些学区招收了大量的来自低收入家庭的学生、少数群体学生和英语水平有限的学习者，全美“大城市学校委员会”(The Council of Great City Schools)对其大城市的学区成员进行了调查，结果显示，这些大城市学区在参加州级的成绩评估中，数学和阅读测试分数取得了很大的提高；另外，在参加其他一些独立的测试中，如“美国国家教育进展评估”，也取得了很大的进步，另外少数群体学生和非少数群体学生之间的成绩差距也正在逐步缩小[2]。

巴尔的摩取得的成绩

巴尔的摩和其他几个城市的改革让学生在州级成绩评估及其他测试中的成绩表现取得骄人的进步。在巴尔的摩，每个年级参加州测试的学生都在阅读和数学考试分数上取得长足的进步。巴尔的摩的小学生在全美标准化考试中也取得了很大的进步。5年级学生的阅读考试成绩达到或超过熟练水平的比例从2003年的44%增加至2008年的67%，相对应的3年级阅读成绩达到或超过熟练水平的比例从39%增长至72%。观察家们把这种由综合教育改革措施带来的成绩增长归结于以下做法：为帮助教师使用均衡读写教学法而开展的教师专业发展项目；基于标准的阅读、写作、数学教学；增加幼儿早期、课后和暑期的学习机会；对学生从一个年级升级至下一个年级提出具体要求[3]。

第十节　结论：对教育的挑战

提高全国的业绩

在本章开头，我们认识到在我们的教育系统中，提高学生的成绩是非常迫切的需

---

〔1〕戈登·卡维尔蒂、南希·普罗瑟罗：《怎样把六个学区变成高效能的系统》(弗吉尼亚州阿林顿：教育研究服务部，2001)。另见詹森·C.斯耐普斯、福瑞德·杜立特尔、科林·赫利希：《对城市学校系统如何提高学生成绩的案例研究》(纽约：人力示范研究公司，2002)，网址：www.mdrc.org/Reports2002/achievementgap/achievement_exsummary.htm；朗达·巴顿，“在学区这个层面上什么最重要”，《西北教育杂志》(2007年冬季刊)，网址：www.nwrel.org/nwedu；朱莉·L.彼得森，“学习的事实”，《教育未来》，(2007年第1期)，网址：www.hoover.org；梅根·图帕、莱德亚德·麦克法登，“学区，认识你自己”，《卡潘》(2009年4月)，pp.563—567。

〔2〕凯瑟琳·葛维兹，“报告发现城市学校继续提高考试成绩”，《教育周刊》，2006年4月5日；詹森·斯耐普斯等：《克服重重困难》(华盛顿特区：大城市学校委员会，2008)，网址：www.cgcs.org。

〔3〕“巴尔的摩为了成功的建设”，《美国教师》(2003年12月—2004年1月)，网址：www.aft.org；盖迪·德克特，“领导对学校成长的解释”，《巴尔的摩太阳报》，2008年7月16日。

求，尤其是要让所有学生群体都能发展高级思维技能的需求。在“不断变化的美国教育目的”一章中，我们描述了人们如何越来越把关注聚焦在全国性教育目标之上。在有关教师和教师职业的章节中，我们阐述了在培养和聘用合格教师时应当重点关注什么，以便他们在我们整个学校系统内都能高效地发挥作用。在其他几章、包括本章中，我们援引了一些成功地被整合入大规模改革计划的教学干预措施，目前，所有这些努力措施都获得了联邦政府经济刺激计划和教育改善计划的关注。政府还在为其他活动项目提供数十亿美元的资金，用于改善教师的培养和教师职能的发挥，鼓励和促进使用更高要求的、能在广阔基础上得以实施的教学标准，同时还要识别出处于弱势的学生，并支持能帮助这些学生的成功改革措施。

缩小成绩差距

至于要减少或消除由社会阶层与种族和民族的不同而引起的成绩差距这个更具体的需求，我们已经描述了有助于实现这个目标的总体改革的各方面内容。“提供平等教育机会”一章讨论了一些综合生态干预措施，这些措施能够应对婴儿和幼儿早期的学校、家庭和家庭环境；针对成绩低下、有某些特殊问题的学生的学校安排方法；缓和因种族隔离和贫困聚集而带来的不利因素。在应对这种种挑战中综合生态干预措施扮演着非常重要的角色。本章中所考虑的改革措施，如为提高不同年级水平学生的成绩或以全校为基础的改革项目、有效采用教育技术、专门为大城市中低收入家庭学生开办的特许学校，以及在整个学区中实施的由类似的改革措施组成的系统改革计划，都能产生巨大的成绩提高，同时能实质性地降低或消除成绩差距[1]。

新教师的关键作用

我们的学校系统和政府也在主动采取行动来迎接挑战。联邦和州政府正在努力增加和宣扬有关的研究，包括真正有效的教学方法、对高级思维技能的评估程序、为都市学校培养教师的培养方案，以及众多涉及学校改革的话题。我们已经了解了很多有关如何提高学区、学校、教室的教育效能的知识。但是，如何运用这些知识并从根本上改善一所学校，仍然是相当困难和复杂的任务。作为一名教师，你将面临这项任务，因为你将扮演重要角色，你的工作将决定教育改革是否能够获得成功。

总结

(1) 美国的教育系统正在面临如何提高学生成绩，从而能让美国保持其国际竞争力以及为弱势学生和其他处于危机中的学生提供平等教育机会的挑战。

〔1〕 格雷格·安瑞格，“建立在成功之上”，2009 年为“世纪基金会”准备的报告，网址：www.tcf.org；佩德罗·A.诺古埃拉，“掷数十亿资金给学校也不能修复它们”，2009 年为“美国有线电视新闻网政治”准备的评论，网址：www.cnn.com。

(2) 有关有效教学和有效授课的研究，支持把适当的重点放在有效的课堂管理、直接教学法、提高用于任务的时间、学生熟练提出质疑的技能、显性理解教学，以及其他能促进学生成绩提高的方法上。

(3) 研究表明，能非常有效地提高学生成绩的学校都有明确的使命、具有优秀的领导力、对学生具有高期望、具有积极的家校关系、较高的用于任务的时间、经常监控学生的成绩以及有序、亲切的校园氛围。研究还发现这些学校的一些更具体的特征，如课程的一致性和全校范围内对高级思维技能的重视。在中学方面，研究者已经发现，校中校、职业学院以及一些较小的教学单位有时更加高效。

(4) 现在，如果教育工作者能运用我们已经学习的有关促进学校改进计划实施的知识，那么创建更高效的学校是可能实现的。

(5) 很多改革努力措施，如"高级思维技能计划"，都试图改善各年级的教学质量。一种名为"干预反应法"的方法也越来越受到欢迎，但这种方法很难得到有效实施。

(6) 现在很多以改进整个学校为目的的研究，主要源于那些表明单个学校的改革是教育改革中至关重要的研究。

(7) 很多学区和州已经采取学校改进措施，其中包括与商界和其他机构的合作、全年制学校教育以及改善农村教育和为天才学生开展的教育等。

(8) 新兴技术为改进初等和中等教育提供了巨大的潜力，但有效地利用技术将需要相当认真的计划及相当多的努力和资源。

(9) 通过扩大择校范围来提高教育质量存在很多种可能性，但也存在很多潜在的危险。

(10) 人们正在实施前景光明的努力措施来进行系统的、连贯的重组和教育改革。系统的改革能迎接挑战，为减少或消除由社会阶层和种族、民族差异造成的成绩差距而发挥重大的作用。

关键术语

有效学校
用于任务的时间
直接教学
显性教学
显性理解教学
课程关联
学校综合改革示范项目(CSRD)
远程教育
全年制学校
21世纪社区学习中心

择校
磁石学校
选择性学校
特许学校
重建
系统改进

讨论题

（1）教师在努力提高学生的高级思维技能时会遇到哪些主要障碍？为实现这个目标应当做些什么？

（2）为什么学校效能对作为一个整体的学校所发生的一切非常具有依赖性，而不仅仅依赖于单个教室里发生的一切？一名教师能采取的最重要的有助于改进学校效能的行动是什么？

（3）对于非公立学校的效能，研究表明了什么？非公立学校能创造比公立学校更优异的成绩吗？如果是，哪些因素可以用来解释这种差距？

（4）为什么教育工作者在诠释有关有效学校的研究时应该保持谨慎？在对这些研究进行诠释时最可能犯什么错误？

（5）你愿意到非常贫困的学校工作吗，尽管到这样的学校教书可能比到一所中产阶级学生为主的学校教书要困难得多？在承担这个任务时，什么哲学信仰最重要？

专业发展的建议方案

（1）收集并分析有关你所在社区内的学校与其他机构（如企业和大学）合作的信息。这类合作在何种程度上对学校提供了帮助？

（2）参观附近一所大部分学生来自低收入家庭的学校，与该校的师生进行交谈。写一份对该校的介绍，把该校的教育培养方案和教学实践与本章中所讨论的非常高效的学校的特征进行比较，并把这份材料放入你的个人档案袋中。

（3）列举出你为了改善一所普通中学的效能而可能采取的最初行动，并为你的列表进行辩护。你的提议怎样反映了学校效能的研究？它们如何反映了你的个人哲学观？

（4）从近期的书籍、杂志或网络文章中找出有关公立学校的基本改革或重建的提议。作者提议改革的是什么？怎样进行改革？这个提议现实了吗？这个提议体现了哪种哲学观？要成功实施这项提议，需要具备哪些条件或资源？成功的可能性是多少？

术语表

A

academic freedom	学术自由
academy	文实学校
accountability	绩效责任
activity-centered curriculum	活动中心课程
adequate yearly progress	年度进步目标
aesthetics	美学
alternative certification	替代性教师资格认证
alternative schools	选择性学校
American Federation of Teachers(AFT)	美国教师联合会(AFT)
Americanization	美国化
apperceptive mass	统觉团
a priori ideas	先验观念
axiology	价值论

B

back-to-basics curriculum	回归基础课程
basic skills testing	基本技能测试
bilingual education	双语教育
bipartite system	双轨制教育系统
block grants	综合财政补助
boarding schools	寄宿制学校
brain drain	人才流失
breach of contract	违约

C

categorical grants	分类财政补助
censorship	审查制度
central office staff	中心办公室职员
certification	教师资格证书
character education	品格教育
charter school	特许学校
chief state school officer	州首席教育官员
child benefit theory	儿童受益理论
child depravity theory	儿童堕落理论
classical humanists	古典人文主义者

collective bargaining	集体谈判
Commission on the Reorganization of Secondary Education	中等教育改组委员会
Committee of Ten	十人委员会
common school	共同学校
community control	社区控制
community education	社区教育
community participation	社区参与
community schools	社区学校
compensatory education	补偿教育
Comprehensive School Reform Demonstration(CSRD)	学校综合改革示范(CSRD)
concrete-operational period	具体运算阶段
Confucius(551—478 B. C.)	孔子(前 551 年—前 479 年)
consolidation	学区合并
constructivism	建构主义
continuing contract	连续契约
controlled choice	受控选择
cooperative learning	合作学习
critical theory(critical pedagogy)	批判理论(批判教育学)
critical thinking	批判性思维
cultural pluralism	文化多元主义
cultural relativism	文化相对主义
culture	文化
curriculum	课程
curriculum alignment	课程关联

D

deconstruction	解构
deductive logic	演绎逻辑
de facto segregation	事实上的种族隔离
de jure segregation	法律上的种族隔离
Deprofessionalization	去专业化
desegregation	废除种族隔离
differentiated instruction	差别化教学
direct instruction	直接教学法
distance education	远程教育
dual-track school system	双轨学制
dual-track system of schools	双轨制学校系统

due process	正当法律程序
due process clause	正当法律程序条款

E

Ebonics	埃伯尼语
ecological intervention	生态干预
Education for All handicapped Children Act(Public Law 94—142)	《全体残障儿童教育法案》(公法第94—142号)
educational ladder	教育阶梯
educational voucher	教育券
effective schools	有效学校
empiricism	经验主义
enculturation	文化适应
environmentalist view of intelligence	环境论者的智力观
epistemology	认识论
equal protection clause	平等保护条款
essentialism	要素主义
essentialism approach to curriculum	要素主义课程方法
establishment clause	禁止确立国教条款
ethics	伦理学
ethnic group	族群
ethnicity	民族
exclusive product rights	独家产品销售权
existentialism	存在主义
experience	经验
explicit comprehension instruction	显性理解教学
explicit teaching	显性教学

F

fair use	合理使用版权
Family Educational Rights and Privacy Act(Buckley Amendment)	《家庭教育权利和隐私法案》(巴克利修正案)
first-language maintenance	保留母语的双语教育
Follow Through	跟踪计划
formal-operational period	形式运算阶段
free exercise clause	自由行使条款

G

gender roles	性别角色
goals	教育目标
Goals 2000	《2000 年目标:美国教育法案》
golbalization	全球化

H

Head Start	开端计划
hereditarian view of intelligence	遗传论者的智力观
hidden curriculum	隐性课程
high school	中学
highly qualified teachers	高质量教师
homogeneous grouping	同质分组
hornbook	角贴书
humanistic approach to curriculum	人本主义课程方法
hurried children	忙碌儿童
hypermedia	超媒体

I

idealism	理想主义
inclusion	全纳
individualized education program(IEP)	个别化教育计划(IEP)
individualized instruction	个别化教学
Individuals with Disabilities Education Act(IDEA)	《残疾人教育法》(IDEA)
Individuals with Disabilities Education Improvement Act(IDEIA)	《残障人教育改进法》(IDEIA)
inductive logic	归纳逻辑
in loco parentis	代替父母
integration	种族融合
intelligent design	智能设计
intermediate unit	中间部门
International Association for the Evaluation of Educational Achievement(IEA)	国际教育成绩评估协会(IEA)
Islam	伊斯兰教

J

jigsaw strategy	切块拼接策略

Judeo-Christian tradition	犹太教-基督教传统
junior high school	初级中学
Koran	可兰经

L

land grants	赠地
land-grant college	赠地学院
latchkey children	挂钥匙的儿童
Latin grammar school	拉丁文法学校
learning style	学习风格
least restrictive environment	最少限制环境
liberation pedagogy	解放教育学
litigants	诉讼人
local school board	地方教育委员会

M

macrocosm	宏观世界
magnet schools	磁石学校
mainstreaming	主流化
mastery instruction	掌握教学法
mediated entry	入职适应调整制度
mental discipline approach	心智训练法
merit pay	绩效工资
metaphysics	形而上学
microcosm	微观世界
middle class	中产阶层
middle school	中间学校
mill	密尔
monitorial method	导生教学法
Montessori schools	蒙台梭利学校
multicultural education	多元文化教育
municipal overburden	市政负担过重

N

National Assessment of Educational Progress(NAEP)	全国教育进展评估
National Board for Professional Teaching Standards(NBPTS)	国家教学专业标准委员会(NB-

	PTS)
National Council for Accreditation of Teacher Education(NCATE)	全国教师教育认证委员会(NCATE)
National Education Association(NEA)	全国教育协会
National Education Goals, The	《国家教育目标》
National Education Goals Panel Report	《国家教育目标研制专家小组报告》
national reports	全国报告
Nation at Risk, A	《国家处在危险之中》
naturalist theory	自然主义理论
new core curriculum(core subjects approach)	新核心课程(核心学科方法)
No Child Left Behind Act(NCLB)	《不让一个孩子掉队法案》(NCLB)
normal schools	师范学校
norms	规范
nuclear family	核心家庭

O

object lesson	实物教学
objectives	教学目标
occupational prestige	职业声望
outcomes-based education(OBE)	以结果为基础的教育(OBE)
overloaded schools	超负荷学校

P

Paideia Proposal, The	《派迪亚计划》
Parent-Teacher Association(PTA)	家长-教师协会
parent-teacher group	家长-教师团体
peer culture	同伴文化
perennialism	永恒主义
perennialist approach to curriculum	永恒主义课程方法
personal income tax	个人所得税
philosophies	哲学流派
plaintiffs	起诉人
Plato's *Republic*	柏拉图的《理想国》
postmodernism	后现代主义

pragmatism	实用主义
preoperational stage	前运算阶段
principal	校长
profession	专业
professional development school(PDS)	专业发展学校(PDS)
professional practice board	专业实践理事会
progressive taxes	累进税
progressivism	进步主义
property tax	财产税
pullout approach	抽调法

R

race	种族
realism	现实主义
reflective teaching	反思性教学
regional educational service agency(RESA)	地区教育服务机构(RESA)
regressive taxes	累退税
relevant curriculum	相关课程
reminiscence	回忆论
resistance theory	抵制理论
Response to Intervention	干预反应法
restructuring	重建
revisionist view of schools	修正派的学校观
rhetoric	修辞

S

sales tax	营业税
Scholasticism	经院哲学
school-based management	校本管理
school choice	择校
school infrastructure	学校基础设施
scientific method	科学方法
sensorimotor stage	感知运动阶段
Social Darwinism	社会达尔文主义
socialization	社会化
socialized education	社会化教育

social reconstructionism	社会改造主义
socioeconomic status(SES)	社会经济地位
Socratic method	苏格拉底法
Sophists	智者
staff development	员工发展
state board of education	州教育委员会
state department of education	州教育厅
state school code	州学校法规
state standards	州级标准
student-centered curricula	学生中心课程
subject-area curriculum	学科领域课程
subject-centered curricula	学科中心课程
superintendent of schools	教育局长
supply and demand	供求
synthesizers' view of intelligence	综合派的智力观
systemic improvement	系统改进

T

tax base	计税基础
tax credits	税额抵免
taxpayer resistance	纳税人的抵制
teacher empowerment	教师赋权增能
tenure	终身任职权
theories	教育理论
Third International Mathematics and Science Study(TIMSS)	第三次国际数学与科学教育成就研究(TIMSS)
time-on-task	用于任务的时间
Title 1	《中小学教育法案》第一条款
Torah	摩西五经
torts	侵权行为
town school	市镇学校
traditional view of schools	传统派的学校观
transitional bilingual education(TBE)	过渡型双语教育
tuition tax credits	学费税额抵免
21st Century Learning Centers	21世纪学习中心
twenty-first century	21世纪技能

U

underclass	底层阶层
upper class	上层阶层
U. S. Department of Education	美国教育部
user fees	使用费
utilitarian education	功利主义教育

V

values-centered curriculum	价值中心课程
vernacular schools	方言学校

W

whole-child concept	完整儿童概念
working class	劳动阶层

Y

year-round schools	全年制学校

译后记

一直以来我对教育就很感兴趣，不仅仅因为自己从事英语教学的工作，也因为自己是位母亲，有一个在中国教育体制中不断长大的女儿。而本书的翻译，让我这个关注教育的"外行"有了深入学习的机会，这个经历让我受益良多。

翻译的过程虽然很艰辛，但却是绝佳的学习过程，让我能非常详细地了解教育的基础知识，以及美国近现代教育发展的历程，同时也让我明白了美国教育发展迅速的关键原因，那就是本书中处处流露出的"实用主义"精神。从头至尾，本书作者都时刻将本书预定的读者——未来的教师——放在第一位，所有内容都围绕未来教师应该掌握了解、可能会在实际工作中遇到的问题展开。读者不仅经常能看到"身为教师的你，面对这种情况该怎么办?"这样实实在在的问题，也可以看到书中贯穿始终的对未来教师构建自己教育哲学的耐心指导。本书没有生涩难懂的术语解释，没有学究气的长篇论说，只有朴实生动的介绍和讨论，宗旨就是帮助未来教师理解教育的基本知识并能与实际工作相联系。

"实用主义"精神也体现在美国教育的发展历程中。20 世纪初至今的 100 多年中，各种教育思想、教育理论纷纷出现并影响了美国教育乃至世界教育的发展。这些不是虚华的学术繁荣，所有教育理论的更替和教学新方法的涌现都是因为旧有的思想和方法出了问题，为了解决这些问题而产生了新研究和新方法，而新的理论新的方法必须接受实践的检验，如果在实践中发现达不到预期效果，就会开始新一轮的调适或更新。因此，可以说美国的教育史就是一部解决问题、自我更新的历史，正因为能及时发现教育中的问题并针对问题进行大量研究，所以美国才能不断产生新的教育理论和新的教育方法。

阅读本书的过程中也不难发现，作者对美国的教育怀有深刻的危机感，在很多地方作者都尖锐地指出现阶段美国教育存在的问题，但其目的，仍然是希望有更多的研究来帮助解决这些问题，让美国教育更加完善。也许正是美国这种"实用主义"的精神才使得美国教育一直处于世界的领先水平。我深深地为本书所体现的这种精神所折服，也深切地盼望中国的教育界能更讲究实用和实效，不断发现问题并解决问题，让中国的教育有实质上的改变和提高。

我首先要特别感谢本书的审校、南京师范大学比较教育学专业的程晋宽教授，正是程教授逐字逐句地校对，发现了我很多翻译的错误和疏漏，确保了译文的专业性和准确性，提高了本书的翻译质量。程教授的治学态度非常严谨，不仅仅在译文内容上严格把关，就连文本的格式与排版、脚注的内容、术语的前后一致性等都细心查看，提出要求，这让我敬佩之感油然而生。在此谨向程教授表示我最诚挚的感谢！我还要特别感谢江苏教育出版社的孙兴春编辑，感谢他为本书翻译提供的指导和帮助，也感谢他给了我这次翻译的机会，让我能为自己热爱的教育事业作出一点点微薄的贡献。另外在我翻译的过程中，碰到过很多困难和问题，但大多数困难都能在网络上得以解决。如在翻译人名、地名、书名时，常常会出现同时存在多种译法的问题，为了采用最为人们广泛接受的译法，我会在百度或 Google 中搜索，比较各种译法出现的频率，选用检索数最多的那种。每当遇见哲学流派、教育理论和教育家等陌生的术语时，我都要先在百度百科或其他百科类网站上查找相关信息，在对这些内容有了充分的认识和理解后再翻译相关的内容，这样极大地提高了我理解的正确性。当碰到一些一时不能理解的句子时，我会在“百度知道”上提问，每次都会有热心网友帮我解答。虽然因为缺乏上下文，他们的理解也不一定正确，但透过他们的思路，我往往会恍然大悟，明白句子真正的含义。在此，我要衷心感谢这些不知名的网友的帮助。同时，由于本人的水平和精力所限，本书的翻译中也许还存在着疏漏之处，恳请读者能批评指正，并给予谅解。

苏　娟
2012 年 12 月于南京